Frank Haase, Walter Mäcken (Hrsg.)

# Handbuch Eventmanagement

Frank Haase, Walter Mäcken (Hrsg.)

# Handbuch Eventmanagement

kopaed, muenchen
www.kopaed.de

Bibliografische Information Der Deutschen Bibliothek
Die Deutsche Bibliothek verzeichnet diese Publikation in der Deutschen Nationalbibliografie; detaillierte bibliografische Daten sind im Internet über www.ddb.de abrufbar

ISBN 3-935686-80-3

Gestaltung: Oliver Turecek


Pfälzer-Wald-Str. 64, D-81539 München
Fon: ++89.68890098 Fax: ++89.6891912
E-mail: info@kopaed.de Internet: www.kopaed.de

# Handbuch Eventmanagement

## Inhaltsverzeichnis

## II. Medien und Kommunikation

## III. Grundlagen Produktions-, Studio-, Bühnen- und Veranstaltungstechnik



## IV. Rechtliche Aspekte bei Events



## V. Veranstaltungssicherheit

# Vorwort

Die Entertainmentindustrie boomt. Die Liste all jener Tätigkeitsbereiche, in denen Eventmanager gefragt und gesucht sind, ist groß: Eventagenturen, Rundfunk, Film und Fernsehen, Theater, Mehrzweckhallen, Kongresszentren, Messeveranstalter, Museen, Hersteller und Dienstleister im Bereich der Veranstaltungs- und Produktionsbranche, Hotels, Banken, Clubs, Reeder mit Veranstaltungsstätten, Freizeitparks und viele andere.

Doch im Gegensatz zur rasanten ökonomischen Entwicklung dieses neuen Wirtschaftszweiges hat das Berufsbild des Eventmanagers erst in den letzten Jahren Beachtung erfahren, so dass die Ausbildung zum Eventmanager als berufsbegleitender Studiengang an Fachhochschulen und Akademien Anerkennung gefunden hat.

Der Aufbau eines neuen Ausbildungszweigs ist Pionierarbeit. Das Berufsbild des Eventmanagers bedarf nämlich eines breit gefächerten Grundlagenwissens, das sich zusammensetzt aus Betriebswirtschaft, Medien- und Veranstaltungstechnik, Recht und Kommunikationswissenschaft. Das ist nicht überraschend, denn die Entertainmentindustrie braucht Manager, die alle Bereiche der modernen Medien- und Event-Industrie kennen, und in der Lage sind, von der Ideenfindung und Konzeption bis hin zur Abrechnung und Analyse kompetent wirken zu können.

Einen solchen Anspruch an Berufsbild und Ausbildungsgang möchte das vorliegende *Handbuch Eventmanagement* fördernd unterstützen und zugleich Kontur geben. Seine Gliederung entspricht dem Studiengang „Eventmanagement“, wie er an der Europäischen Medien- und Event-

Akademie Baden-Baden gelehrt wird. Seine Inhalte behandeln das Grundlagenwissen, das für das Berufsbild des Eventmanagers unabdingbar ist:

- Grundlagen Eventmanagement, -marketing und -sponsoring
- Medien und Kommunikation
- Grundlagen Produktions-, Studio-, Bühnen- und Veranstaltungstechnik
- Rechtliche Aspekte bei Events
- Veranstaltungssicherheit.

In den einzelnen Beiträgen kommen Autorinnen und Autoren zu Wort, die aus verschiedenen Fach- bzw. Praxisbereichen heraus das Aufgabenfeld des Eventmanagers beleuchten, und sich deshalb auch immer wieder mit dem Event-Begriff auseinandersetzen, was dessen Facettenreichtum unterstreicht. Ihre Beispiele beziehen sie aus ihrer beruflichen Praxis, die sich mit größeren kommerziellen Events beschäftigt.

Das *Handbuch Eventmanagement* wendet sich nicht nur an Studenten des Eventmanagements, sondern auch an jene, die in ihrem beruflichen Alltag mit solchen Aufgaben betraut werden. In diesem Sinne ist das vorliegende Handbuch auch ein Kompendium, das es erlaubt, sich gezielt wie grundlegend zu informieren und/oder Wissen aufzufrischen.

Unser Dank gilt allen Autorinnen und Autoren, die tatkräftig mit ihren Texten und somit zum Gelingen des *Handbuchs Eventmanagement* beigetragen haben. Ausdrücklich danken möchten wir Frau Christine Splietorp für ihre redaktionelle Mitarbeit.

Baden-Baden, im März 2004

Frank Haase
Walter Mäcken

# I. Grundlagen Eventmanagement, -marketing und -sponsoring

# Grundlagen der Veranstaltungskonzeption, -organisation und -realisation aus der Sicht einer Eventagentur als externer Dienstleister

*von Agathe E. Freudl*

## 1. Grundlagen der Veranstaltungskonzeption

### *1.1 Begriffsdefinition*

Der Duden übersetzt das aus dem Englischen stammende Wort „Event" mit „Veranstaltung".

Als innovatives Kommunikationsinstrument zeichnet sich Eventmarketing durch eine Reihe von Merkmalen aus:

- Ein Event ist eine von Unternehmen initiierte Veranstaltung, ohne vordergründigen Verkaufscharakter, das heißt: weder Verkaufsförderung noch kurzfristige Verkaufserfolge sind Ziele des Eventmarketing, sondern die emotionale Bindung des Teilnehmers an die mit dem Unternehmen beziehungsweise der Marke verbundene Erlebniswelt. Nur dann ist der Event für den Konsumenten glaubwürdig.
- Ein Event setzt Botschaften der Marketingkommunikation in tatsächlich erlebbare Ereignisse um. Die symbolische Welt einer Marke wird für den Eventteilnehmer zur emotional erlebten Markenwelt. Durch tatsächliches Erleben und eigene Erfahrung kann eine deutlich intensivere Einstellungs- und Verhaltensbeeinflussung erreicht werden als durch massenmediale Kommunikation.

- Ein Event ist interaktionsorientiert, das heißt die Teilnehmer werden aktiv über die Verhaltensebene in die dargebotene Erlebniswelt einbezogen.
- Ein Event unterscheidet sich bewusst von der Alltagswirklichkeit der Zielgruppe und bietet auf diese Weise eine Abwechslung für den Teilnehmer, das zur Aktivierung führt. Die Intensität der Aktivierung liegt in der Größe der Differenz zum Alltagserleben und im Gelingen einer zielgruppengerechten, emotionalen Umsetzung der Kommunikationsinhalte begründet.
- Ein Event wird zielgruppenfokussiert ausgerichtet. Dadurch wird mit dem Event ein hoher Grad an Individualität und infolgedessen auch eine hohe Kontaktintensität erreicht. Dialogische Kommunikation mit den Mitgliedern der Zielgruppe wird möglich. Streuverluste, wie für massenmediale, monologisch orientierte Kommunikation typisch, werden deutlich eingeschränkt.
- Ein Event sollte immer Bestandteil eines integrierten Unternehmenskommunikationskonzeptes sein. Er ist inhaltlich an die Kommunikationsstrategie des Unternehmens gebunden. Die konzeptionelle Vorbereitung sowie die Planung und Organisation der Durchführung eines Events ist allerdings ein selbständiges Aufgabenfeld der Kommunikationspolitik, das einer professionellen Bearbeitung bedarf.

## 2. Grundzüge der Event- & Veranstaltungskonzeption

### *2.1 Strategische Planung*

#### *2.1.1 Strategische Vorüberlegungen*

Hierbei sind die
- zielorientierte Planung
- systematische Planung
- konzeptionelle Vorbereitung
- organisatorische Vorbereitung
- Realisierung
- Nachbearbeitung

wesentliche Bestandteile, unter deren Berücksichtigung ein Event geplant werden sollte.

Jeder Event sollte der Imagepflege des Unternehmens dienen. Er ist in erster Linie Vertrauenswerbung. Daher müssen die einzelnen Projekte umsichtig und exakt im Detail (unter Berücksichtigung der oben genannten Punkte) geplant werden. Wer Events plant und organisiert, darf nichts dem Zufall überlassen. Allein Organisationsgeschick reicht hierbei nicht aus.

Es muss deshalb dringend darauf geachtet werden, dass der geplante Event eingebettet ist in die:

- Unternehmensphilosophie
- Unternehmensstrategie
- Marketingstrategie
- Kommunikationsstrategie

Fazit: Ein gelungenes Event muss in angemessenem Verhältnis zu Situation und Umfeld des gastgebenden Unternehmens stehen.

### *2.1.2 Strategische und operative Ziele*

Events bilden den inhaltlichen Kern des Eventmarketing und können als inszenierte Ereignisse in Form von Veranstaltungen und Aktionen verstanden werden, die den externen und internen Adressaten (Kunden, Händler, Meinungsführer, Mitarbeiter) formen- oder produktbezogene Kommunikationsinhalte erlebnisorientiert vermitteln. Auf diese Weise dienen sie der Umsetzung der Marketingziele des Unternehmens.

Anlässlich des immer stärkeren Wettbewerbsdrucks und dem zunehmenden Versagen massenmedialer Kommunikation sehen vor allem Unternehmen aus verschiedenen Wirtschaftsbereichen im Event ein innovatives Kommunikationsinstrument, das neue Wege zu Kundendialog und emotionaler Kundenbindung eröffnet. Aus dieser Perspektive versteht sich Eventmarketing als organisatorisch selbständiges Arbeitsfeld der Unternehmenskommunikation, das jedoch inhaltlich integrierter Bestandteil des ganzheitlichen Marketingkonzeptes eines Unternehmens ist und sein sollte.

Dabei ist es unabdingbar, dass das Eventmarketing in seinen Kommunikationsinhalten synergetisch mit den vorherrschenden Kommunikationsinstrumenten, wie klassischer Werbung, Public Relations oder Sponsoring verzahnt ist. Dies ist jedoch nur dann erreichbar, wenn Events in ihrer strategischen Dimension verstanden werden, die deutlich über das häufig in der Unternehmenspraxis verfolgte operative Ziel der Kundenunterhaltung hinausgeht. Marketingevents werden in diesem Sinn gezielt als strategisches Kommunikationsinstrument im Dienste der Marketingpolitik des Unternehmens eingesetzt und orientieren sich auf zwei Zielebenen:

**Strategische Ziele**

Diese richten sich auf

- die mittel- und langfristig positive Beeinflussung der Markenbekanntheit und der Einstellung zur Marke bei der Zielgruppe (Konsument, Verbraucher, Kunde etc.),
- die Verfestigung emotionaler Markenbilder,
- die emotionale Kundenbindung,
- das Kaufinteresse und die Kaufbereitschaft.

**Operative Ziele**

Diese setzen vorrangig auf kurzfristige Wirkungen, wie

- die Anzahl der geladenen Eventteilnehmer,
- die Relation tatsächlicher Teilnehmer zu eingeladenen Teilnehmern,
- die Direktkontakte zwischen Eventteilnehmern und Unternehmen,
- den Grad der emotionalen Aktivierung,
- die Intensität der Interaktion
- und die Dialogbereitschaft der Teilnehmer.

### *2.1.3 Zielgruppen und deren Erwartungen/„Nutzen"*

Events müssen nicht nur in organisatorischer Hinsicht überzeugen, sondern vor allem auch in ihrer Wirkung auf die Zielgruppen. Damit der Event für das Geschäftsergebnis des Unternehmens erfolgreich ausfällt, müssen zwei Faktoren in den Mittelpunkt der Planung gestellt werden:

**Die Zielgruppe**

Mögliche Zielgruppen eines Events können sein:

- Kunden
- Interessenten
- Mitarbeiter
- Geschäftspartner
- Branchenöffentlichkeit
- Politiker, Förderer, Prominente
- Meinungsbildner

Hierbei muss genauestens überlegt werden, welche konkrete Zielgruppe einzuladen ist, um sicherzustellen, dass die Besucher sich „wohl"fühlen. Der Kontakt zur Zielgruppe ist sehr wichtig, um diese besser kennenzulernen und persönliche Gespräche zu führen.

Events versprechen durch persönliches, aktives Erleben und einem unverwechselbaren Szenario ein hohes Aktivierungspotential und geringste Streuverluste bei der Zielgruppenerreichung.

Erwartungen/„Nutzen" aus Sicht der Gäste/Kunden:

Ein Event ist gelungen, wenn
- die Erwartungen der Gäste
- und dadurch die Ziele des Veranstalters

erreicht worden sind.

**Atmosphäre**

Die Atmosphäre ist unabdingbar mit der Zielgruppe verknüpft. Jeder Event sollte die Maßstäbe und Lebensstandards der Zielgruppe widerspiegeln. Programm, Speisen und Getränke sowie Dekorationen sollten nach deren Ansprüchen gewählt werden. Nur ein für die Zielgruppe wirklich einprägendes Ereignis bringt den gewünschten Erfolg. Gelungene, emotional prägende Ereignisse sagen mehr als viele Worte. Worte können überzeugen, Ereignisse sollen inspirieren und Emotionen wecken.

### *2.1.4 Leitidee*

Finden einer Leitidee mit Hilfe folgender Fragestellungen:
- Welche Botschaften aktivieren die anvisierte Zielgruppe?
- Worin besteht die emotionale Unternehmens- und Markenbotschaft?
- Wie kann diese Erlebniswelt in Szene gesetzt werden?

Daraus resultiert die Formulierung der Leitidee, die
- prägnant, auffällig, provokativ,
- interessant (Schlüssel-, Modewörter),
- positiv sein sollte
- sowie eine bildhafte Sprache,
- Fragen oder Aufforderungen

beinhalten sollte.

### *2.1.5 Rahmenplanung*

**Art des Events**

Bei der Rahmenplanung ist von vornherein wichtig, die konkrete Veranstaltungsart festzulegen.

Veranstaltungsarten können sein:

- Firmenjubiläum
- andere Jubilarfeiern
- Betriebsfeste
- Neubaueinweihung
- Inbetriebnahme einer neuen Produktionsstätte
- Empfang eines hochkarätigen Gastes
- Tagungen und Kongresse
- Vortragsveranstaltungen
- Tag der offenen Tür
- Werksführungen
- Product-Launches/Re-Launches
- Club-Events
- VIP-Veranstaltung
- Sportereignisse
- Premieren
- Konzerte
- etc.

**Ort des Events**

Die Art des Events wiederum bestimmt die dazu passende Örtlichkeit:

- beim Veranstalter/Kunden oder extern
- out- oder indoor
- Raum, Saal, Halle
- oder exklusive Location
- etc.

Und davon sind weitere Parameter abhängig wie:

- Ist die Infrastruktur ausreichend für die erwartete Teilnehmerzahl?
- Sind alle benötigten technischen Einrichtungen vorhanden?
- etc.

**Terminierung des Events**

Bei der Terminierung sollte unbedingt berücksichtigt werden:
- Ferienzeiten
- parallele Großveranstaltungen (Sport, Wahlen, ...)
- Branchentermine (Messen, Kongresse)
- lokale oder regionale Konkurrenzveranstaltungen
- Wetterprognose
- etc.

**Ablauf/Dramaturgie des Events**

Die Gäste sollten sich emotional angesprochen fühlen. Allen persönlichen Bedürfnissen wird Rechnung getragen:
- Information
- Unterhaltung
- Bewirtung
- Gelegenheit zur Kommunikation
- Der Ablauf der Veranstaltung sollte anhand eines klaren Zeitplanes strukturiert sein.

**Budget- und Ressourcenplanung**

- kalkulatorische Kosten (Arbeitszeit)
- Marketingkosten (Flyer, Einladung, Versand, ...)
- Kosten der Veranstaltung (Raum, Technik, Bewirtung, Give-Aways, ...)

### *2.1.6 Erfolgsfaktoren*

Der Erfolgsfaktor kann zum einen die Medienresonanz sein, wobei hier zu beachten wäre, dass zuvor festgelegt wird:
- Wer macht PR?
- Wie lautet die öffentliche Benennung des Events?
- rechtzeitige Einladung
- Ansprechpartner vor Ort und mögliche Gesprächspartner benennen
- Zeit für notwendige Abstimmung einplanen

Die wichtigsten Erfolgsfaktoren sind:
- Situationsanalyse und Medienbotschaft
- strategische Planung und Inszenierung
- operative Durchführung
- Schaffung einer attraktiven Erlebniswelt
- Einsatz von Massenmedien
- Erfolgskontrolle

Der Erfolg von Marketingevents kann am Grad der Erreichung der geplanten Ziele gemessen werden. Dabei geht es sowohl um den Nachweis der operativen Wirksamkeit von Eventstrategien in Bezug auf Kontaktziele und Aktivierung als auch um die strategische Wirksamkeit für Bekanntheit, Image und emotionale Bindung.

Es können sowohl quantitative als auch qualitative Methoden der Erfolgsbewertung zum Einsatz kommen.

## *2.2 Operative Planung*

Neben der strategischen Planung des Marketingevents ist vor allem ein professionelles Management bei der operativen Vorbereitung und Durchführung erforderlich. Das schließt die Auswahl und vertragliche Bindung von Locations und geeigneten Event-Dienstleistern, die massenmediale Vorbereitung der Zielgruppenansprache und die operative Steuerung des Gesamtablaufes sowie solcher Einzelbereiche, wie Licht- und Tontechnik, Special-Effects, Entertainment, Catering usw. ein.
Verantwortlich für diese Aufgaben zeichnen i. d. R. Eventagenturen.

### *2.2.1 Planungsphasen*

Die Planungsphasen erstrecken sich von der

Umsetzung der Rahmenvorgaben, wie
- Erstellen von Checklisten, Festlegen von Deadlines, Niederschreiben terminlicher Abfolgen
- Bestimmung der Location
- Versand der Einladungen
- Terminabstimmungen
- Entwicklung eines Ablaufplanes
- Briefing der Teilnehmer

bis hin zu

- Verträgen (mit Künstlern, Cateringservice usw.)
- Budget
- technische Voraussetzungen
- Zeitplan
- Motivation aller Beteiligten

### *2.2.2 Dokumentation*

Die abschließende Nachbetrachtung des Events unter Berücksichtigung der Zielgruppen-, Kosten- und Nutzenanalyse ist für die Erfolgsanalyse wichtig.

Genauso wie das Feedback der Teilnehmer, der beteiligten Partner, der Dienstleister und des Veranstalters. Dazu gehört auch die Medienresonanz und die Breitenwirkung.

### *2.2.3 Controlling*

Event-Marketing ist ein Bestandteil eines ganzheitlichen Marketingkonzeptes und wird nicht um des Erlebnisses Willen veranstaltet. Events sind, wie bereits erwähnt, inszenierte Ereignisse, die den Adressaten (Kunden, Händler, Meinungsführer, etc.) unternehmens- oder produktbezogene Kommunikationsinhalte erlebnisorientiert vermitteln. Ziel ist dabei, eine höhere Kundenbindung zu erreichen, als dies mit den klassischen Instrumenten heute noch möglich ist, und die Marken stärker zu emotionalisieren.

Damit das Event als Instrument jedoch wirken kann, sollten nach Angaben der Chemnitzer Marketingforscherin Prof. Dr. Cornelia Zanger folgende Forderungen aufgestellt werden:

- zielgruppenfokussierte Planung des Event-Marketing, um eine größtmögliche Aktivierung und emotionale Identifikation zu erreichen.
- angebotene Erlebniswelt des Events muss der mit der bisherigen Botschaft vermittelten Marken- beziehungsweise Unternehmenspositionierung entsprechen.
- synergetische Verzahnung mit den klassischen Kommunikationsinhalten, wie PR, Werbung oder Sponsoring.
- Event muss als strategische Dimension als Weg zum Kunden gesehen werden, der parallel zu den klassischen Kommunikationsinstrumen-

ten eingesetzt wird, und beim Konsumenten Einstellungs- und Verhaltensbeeinflussung bewirken kann.
- Das Angebot zum emotionalen Erleben muss für den Konsumenten glaubwürdig sein; dies schließt einen vordergründigen Verkaufscharakter des Events aus.

Daraus resultieren die wichtigsten Parameter, die für den Event-Erfolg stehen:

Stimmigkeit der inhaltlichen Konzepte
- Strategische Vorbereitung
- Zielgruppenfokussierung und -ansprache
- Integration in die Kommunikationspolitik

Originalität
- Innovativität
- Exklusivität
- Differenzierung gegenüber dem Wettbewerb

Professionalität der operativen Planung und Vorbereitung
- Location-Auswahl
- Auswahl des Event-Dienstleister
- organisatorische Vorbereitung des Ablaufes
- Mediale Vorbereitung

Professionalität der Umsetzung
- Organisatorische und technische Realisierung (zum Beispiel Licht- und Tontechnik, Mulitmedia, Special-Effects, Catering, Entertainment, etc.)

Aktivierungswirkung
- Ausnutzen des zielgruppenbezogenen Attraktivitätspotentials, emotionale Ansprache
- Dialogorientierung
- Erreichen sozialer Interaktionen

Strategische Zielerreichung
- Klare Erkennbarkeit der Botschaft
- Umsetzung der Unternehmens- oder Markenbotschaft auf der aktiven Erlebnis-Ebene
- langfristige Gedächtniswirkung bei unmittelbaren Teilnehmern
- mediale Breitenwirkung bei der gesamten Zielgruppe

Ableitend müssen die hieraus ergebenden Antworten auf zum Beispiel folgende Fragen gefunden werden und für die Planung, Organisation und Realisation weiterer Events berücksichtigt werden:

- Wurde die Zielsetzung qualitativ und quantitativ erreicht?
- Steht der Ressourcenverbrauch in einem angemessenen Verhältnis zum Ergebnis?
- Was kann für das nächste Mal noch besser werden?

### *2.2.4 Checklisten/Eventkonzeption*

Allgemeine Checklisten, die für die Vorbereitung, Planung und Organisation sowie Durchführung eines erfolgsorientierten Events unabdingbar sind, müssen u. a. folgende Inhalte vorsehen (mit genau festgelegten Verantwortlichkeiten und den jeweiligen Verantwortlichen):

- Zeitplan
- Teilnehmerliste
- Zusageliste
- Organisatorische Vorbereitungen
- Örtlichkeiten
- Begleit- und Hilfspersonal
- Bewirtung
- Rahmenprogramm
- Ablaufplan
- Nachträgliche Maßnahmen

Alle für den Event verantwortlichen und beteiligten Personen müssen diese Checklisten mit den jeweils für sie relevanten und zeitgenauen Maßnahmen zugänglich gemacht werden, und sie müssen ständig aktualisiert werden, um agieren zu können, somit die Kostenstruktur und das Ziel immer vor Augen zu haben. Dies schafft die Basis für die Erarbeitung der Event-Konzeption.

## 3. Weiterführende Hinweise

### *3.1 Veranstaltungsarten*

Unterschiedliche Veranstaltungsarten erfordern unterschiedliche Planungsraster.

Dazu gehören die unter Punkt 2.1.5 bereits aufgeführten Veranstaltungsarten wie:

- Firmenjubiläum
- andere Jubilarfeiern
- etc.

## 3.2 Drehbuch

Das zuvor festgelegte und für den Event als Basis fungierende Konzept bildet auch die Grundlage für das Schreiben des Drehbuches. Es beinhaltet die klare und eindeutige Regelung der Zuständigkeiten, berücksichtigt alle planbaren und auch evtl. unvorhergesehenen Parameter, definiert den transparenten Zeitablauf und die Ansprechpartner für Unvorhersehbares.

Je präziser die Konzeption ausgearbeitet wurde, desto klarer kann die Bearbeitung des Drehbuches erfolgen.

## 3.3 Krisenmanagement

Für „vorhersehbar Unvorhergesehenes" sollten Notfallpläne bereitgehalten werden, um möglichst sofort agieren zu können. Hierfür sind auch die direkten Ansprechpartner vorzuhalten, die sich ausschließlich um die „unmerkliche Krisenbewältigung" kümmern.

## 3.4 Kommunikation & Kooperation

Die Kommunikation und die daraus entstandenen Kooperationen zwischen dem Veranstalter/Unternehmen, der Event-Agentur und den weiteren Dienstleistern muss uneingeschränkt und offen vonstatten gehen. Es müssen klare, schriftliche/vertragliche Vereinbarungen getroffen werden, die es von den zuvor benannten Ansprechpartnern zu respektieren gilt, immer unter der Berücksichtigung der dafür zur Abstimmung vor Ort einzuplanenden Zeit. Und nicht zuletzt darf die persönliche Wertschätzung der einzelnen Kooperationspartner nie außer Acht gelassen werden, gerade bei oftmals situationsbedingten und zeitlichen Engpässen. Zu einem gelungenen Event sind alle Beteiligten in einem Boot und müssen gemeinsam in die gleiche Richtung rudern, unter manchmal stürmischer See.

Fazit: Bei einem Event gibt es keine Generalprobe! Ein Event ist Premiere!

## Literaturverzeichnis

W. Reineke / G. A. Pfeffer, STAMM-Verlag 2000.

C. Zanger:Event-Marketing: Ist der Erfolg kontrollierbar?
In: Absatzwirtschaft 8/98.

H. Hermanni: Das Unternehmen in der Öffentlichkeit. Heidelberg 1991.

# Grundlagen – Projektmanagement und Organisation

Ein Leitfaden für Projektleiter

*von Gerd Schwandner*

## Gut geklaut ist schon der halbe Projekterfolg

Jedes Event, jede Veranstaltung, jeder Messeauftritt, jedes New Pop Festival, jedes Fußball-Pokalfinale ist ein eigenständiges Projekt. Ein professionelles Projekt-Management und eine flexible, aber präzise arbeitende Organisation des Teams sind Voraussetzungen für das Gelingen des Projekts. Dabei ist es fast immer klüger, sich gute Ideen anderer abzuschauen, deren Tipps zu befolgen und dies dann nach eigenen Bedürfnissen zu optimieren. Der Ehrgeiz, in der Organisation und im Management eines Projekts seine Originalität und seinen Erfindungsreichtum zu zeigen, kann geradewegs ins Scheitern führen. Dies heißt nicht starr an Plänen festhalten, aber auch Flexibilität im Projektmanagement erfordert Regeln, Absprachen und Verantwortlichkeiten. Gerade in turbulenten Zeiten, also kurz vor dem Event, helfen diese, einen kühlen Kopf zu bewahren.

Und noch eines ist wichtig. Kein Projekt verläuft ohne Reibereien, Intrigen, Missgunst und Kritik. Befolgen Sie also den Rat des amerikanischen Management-Gurus Tom Peters: „Der „Verkauf" (ihres Projektes) beginnt vom ersten Tag an: Also fangen Sie an, ein Netzwerk von Sympathisanten/Fans zu bilden...jetzt."[1] Und falls etwas schief läuft, legen Sie schon zu Beginn fest, wer den Sündenbock spielen muss, damit es nicht Sie trifft.

## Was ist ein Projekt?

Was ist ein Projekt? Im Eventbereich ist diese Definition ganz einfach, denn ein Event erfüllt geradezu idealtypisch die Definition eines Projektes. Ein Projekt ist ein einmaliges Ereignis zu einem festgelegten Zweitpunkt, nach diesem Zeitpunkt ist das Projekt zu Ende.

Ein Event ist in der Regel ein einmaliges Ereignis. Zwar werden erfolgreiche Events gerne wiederholt, aber dann sind diese Wiederholungen oder Sequels ebenfalls einmalig und eben keine Routinetätigkeit, das sieht Ihr Kunden hoffentlich auch so.

Ein Event/Projekt hat einen festgelegten Zeitpunkt, an dem es stattfindet, und ist danach vorbei. Die Nachhaltigkeit eines Events, vom Kunden oft gewünscht, spielt sich außerhalb des Eventereignisses ab.

Und letztlich sind die Kosten für einen Event genau zuzuordnen, und die Mitarbeiter für dieses Projekt sind benennbar. Wenn nicht, haben Sie ein Problem.

Man kann grundsätzlich verschiedene Projektarten unterscheiden: Einmal-Projekte (einmaliges Gastspiel einer Band), Serien-Projekte (Konzerttournee), Projekte mit materiellen Ergebnissen (Fußball-WM), Projekte mit immateriellen Ergebnissen (Kirchentag), Abwicklungs-Projekte, (Treuhand)Forschungs-Projekte, Pilot-Projekte (Machbarkeitsstudie).

## Was will der Kunde genau?

Diese Frage konkret zu klären, ist nicht trivial. Oft herrschen beim Kunden unklare Vorstellungen darüber, was für ein Event er haben möchte („schlagen Sie mal was vor"), er hat nur ein begrenztes Budget zur Verfügung und will etwas Großartiges dafür bekommen („können Sie nicht ein großes Familienfest mit Bands und Unterhaltungsprogramm organisieren, wir haben dafür einen Etat von 5.000 Euro), oder die Ziele und der Nutzen sind diffus (Imagesteigerung oder die Umsatzzahlen sollen nach dem Event in die Höhe schießen).

Hier gilt es, zuerst die Ziele des Events klar zu definieren, und eine Reihe von Fragen zu beantworten:

- Was soll der Inhalt des Events sein?
- Welchen Umfang, welches Ausmaß und welche Qualität soll das Projekt haben?
- Wie ist der realistische Kostenaufwand dafür? Ist der vorgeschlagene Zeitplan realistisch?

Lieber ein Projekt absagen, als sich auf ein Abenteuer einlassen!

Die Art und Kriterien der Erfolgsmessung des Events müssen vorher eindeutig festgelegt werden (Umsatz, Gewinn, Besucherzahlen, Medienresonanz, Bekanntheitsgrad und anderes). Ebenso ist festzulegen, ob eine Nachhaltigkeit (Wirksamkeit) des Events erwartet wird, und wer das *wie* bewerten wird.

### Die drei zentralen Faktoren des Projekt-Managements

Bei jedem Projekt besteht ein Spannungsverhältnis zwischen Qualität, Projektkosten und dem Projektendtermin. Dieses Spannungsverhältnis kann man sich als magisches Dreieck vorstellen. Jede Änderung in einem Punkt hat unmittelbare Auswirkungen auf die anderen Punkte. Eine Erhöhung der Qualität (eine weitere Band, noch einen zusätzlichen Gang im Menu, zusätzliche Werbung für das Projekt) führt zu einem erhöhten Zeitaufwand und zu erhöhten Kosten (zum Beispiel durch mehr Mitarbeiter oder vermehrte Sachkosten). Jede Zeitüberschreitung bei Zwischenschritten führt zu einer Verringerung der Qualität (Weglassen von geplantem) und/oder zu verstärkter „Produktivität" der Mitarbeiter (Mehrarbeit, mehr Mitarbeiter), letztlich aber zu einer Kostensteigerung. Bei diesem magischen Dreieck müssen alle drei Elemente in ihrer wechselseitigen Bedingtheit stimmen. Es gibt dabei Projekte, bei denen allerdings von vorneherein ein oder zwei Elemente so feststehen, dass sie nicht verändert werden können. So ist zum Beispiel bei praktisch allen Events der Zeitpunkt der Durchführung nicht zu verschieben sein. Also hat jede Änderung der Qualität Auswirkungen auf die Kosten und jede Erhöhung der Kosten Auswirkungen auf die Qualität. Produktivitätserhöhungen zum Beispiel nicht vergütete Überstunden sind darin nicht berücksichtigt.

### Projekt-Phasen

Jedes Projekt kann in verschiede Phasen eingeteilt werden. Diese Phasen laufen zeitlich nacheinander ab. Das Controlling und das Marketing des Projektes sollten allerdings parallel erfolgen:

- Phase 1 ist der **Vorlauf**. Hier geschehen die Ideenfindung, die Definition des Projekts und die Zielvereinbarung.
- Phase 2 ist die **Planung** des Projekts.
- In Phase 3 erfolgt die **Durchführung**.
- Phase 4 ist das **Controlling** des Projektverlaufs inklusive der Mittel verwendung und des Erfolgs. Zu einem ordentlichen Controlling ge-

hört auch eine entsprechende Dokumentation. Das ist zwar oft mühselig, aber in einem Konfliktfall von einer nicht zu überschätzenden Bedeutung.

- In Phase 5 wird das gelungene Projekt gefeiert und vermarktet

## Vorlauf

### *Brainstorming*

Zweck des Brainstormings ist, verschiedene Fragestellungen, Ideen, Lösungen und Lösungswege zu sammeln. Bei einem Brainstorming sollte jeder sagen können, was er denkt, ungeachtet der Stellung und Erfahrung der einzelnen Teilnehmer. Eine gelungene Sitzung ist die Grundlage für eine zukünftig konstruktive Zusammenarbeit im Team. Ein Ergebnis des Brainstormings kann aber auch sein, dass das Projekt unter den vorgegebenen Rahmenbedingungen, wie Zeitvorgabe, Finanzierung, Location etc. nicht realisierbar ist. Dann heißt es, den Auftraggeber davon zu überzeugen, dass die Rahmenbedingungen verändert werden müssen. Hier zeigt sich dann die Kunst des „Absagen können"! Lieber auf ein Projekt verzichten, als den Ruf ruinieren. „Siegen wird der, der weiß, wann er kämpfen muss und wann nicht".[2]

### *Projektidee – Nutzenerwartungen*

Nach dem Brainstorming fällt es in der Regel leichter, eine erste Projektskizze zu entwerfen, die mit dem Auftraggeber durchgesprochen werden kann. Möglicherweise gibt es aber noch offene Fragen, die außerhalb Ihrer Kompetenz liegen und durch Expertenmeinungen beantwortet werden müssen. Trauen Sie aber Experten nicht blind, die Wahl der Experten ist Ihre Verantwortung. Wenn alle Fragen geklärt sind, gilt es, die Nutzenerwartungen festzulegen. Dazu gehört, das Projekt unmissverständlich zu definieren und in einer klaren Zielvereinbarung festzuhalten. Welches Ziel soll das Projekt für den Auftraggeber haben.

Unterschätzen Sie nicht die unterschiedlichsten Interpretationen scheinbar eindeutiger Sachverhalte. Lassen Sie keine Unklarheiten bestehen nach dem Motto „das klären wir noch im Verlauf ". Meistens entstehen Fehler und Pannen nicht durch Absicht, sondern in gutem Glauben.

## Planung

### *Projektstrukturplan*

„Ein Plan ist nichts, Planung ist alles" (Dwight D. Eisenhower)

Die Planung dient Ihnen als Modell des Events, so wie für den Architekten das Modell die Bauanleitung darstellt.

Legen Sie die Aufgaben, ihren zeitlichen Umfang und ihre zeitliche Reihenfolge in größtmöglicher Genauigkeit fest. Ordnen Sie die logischen Abhängigkeiten des ressourcenbedingten Einsatzes so, dass sie einfach zu erkennen sind. Ordnen Sie die Arbeitsschritten entsprechend einer Prioritätenliste. Prioritäten heißt aber auch Postprioritäten, das wird nur ungern gehört und noch „ungerner" befolgt.

Termine und Kapazitäten dürfen nicht eins zu eins umgesetzt werden. Sie sollten auf jeden Fall Puffer und Fehlzeiten von vorneherein einplanen. Unterschätzen Sie nicht den Mehraufwand für Besprechungen und Krisensitzungen.

Legen Sie Art und Weise Ihrer internen und externen Kommunikation fest. Hier gilt der Satz des amerikanischen Philosophen John Dewey: „Was man nicht klar ausdrücken kann, hat man selbst nicht verstanden". Vermeiden Sie Uneindeutigkeiten und stellen Sie gegebenenfalls durch Nachfragen bei Ihrem Auftraggeber sicher, dass Sie auch beide dasselbe verstanden haben. Legen Sie die Art Ihrer Dokumentation der Kommunikation (zum Beispiel Ergebnis-Protokoll, Aktennotiz) fest und vor allem, in welchem zeitlichen Abstand zum Geschehen die Dokumentation erfolgen soll. Bestehen Sie immer auf einer zeitnahen Dokumentation durch Ihr Team und halten Sie sich auch selbst daran.

### *Ressourceneinsatz*

Legen Sie in einem detaillierten Plan den vollständigen Mitteleinsatz und deren Verfügbarkeit fest. Dies ist vor allem dann wichtig, wenn Sie, wie bei einem Event üblich, sich von Dritten Dienstleistungen einkaufen müssen. Sie wissen zwar, was Sie brauchen, kennen aber die Planungen ihrer Partner nicht. Hier unterscheidet sich das Managen eines Events deutlich von einem konstanten Supply Chain Management in der Industrie oder im Handel. Je flexibler Sie sind und auch sein müssen, umso größer sind die unvorhersehbaren Risiken.

*Qualitätsplanung*

Legen Sie genau fest, welche Qualitätsstandards einzuhalten sind, stellen Sie sicher, dass auch alle einer Meinung sind, und nicht der eine einen Hamburger, der andere ein Sterne-Menu erwartet. Dass Qualität ihren Preis hat, ist so banal wie wahr.

*Feste Regeln und Verabredungen*

Legen Sie die Regeln und Verabredungen in Ihrem Team fest, nach denen gearbeitet wird. Dies bezieht sich nicht nur auf die zeitliche Verfügbarkeit wie Pünktlichkeit sondern auch auf Stil und Verantwortlichkeit der Arbeit (neudeutsch Commitment).

Definieren Sie, wie die einzelnen Arbeitschritte und das Ergebnis durch ein zeitnahes Controlling begleitet werden kann.

Formulieren Sie gemeinsam mit dem Auftraggeber, welche messbaren Kriterien für einen Erfolg des Projekts herangezogen werden sollen. Diese hängen stark von den Erwartungen ab. Hier sollten Sie auf Grund Ihrer Erfahrungen für ein gewisses Maß an Realismus sorgen. Bestehen Sie darauf, dass diese Kriterien von Anfang an feststehen.

Erstellen Sie eine detaillierte Checkliste der Planung und diskutieren Sie diese im Team. Sie können sicher sein, dass immer noch jemandem etwas einfällt, was zuvor vergessen wurde.

*Kostenplanung*

Ein heikler Punkt ist die Kostenplanung. Sie entwickelt sich zunächst aus Schätzungen und Annahmen sowie Erfahrungen aus ähnlichen, früheren Projekten. Meist steht bei Events jedoch der Kostenrahmen von Beginn an fest, und es ist nun Ihre Aufgabe, eine verabredete Qualität zu einem bestimmten Zeitpunkt zu liefern. Natürlich sollte für Sie auch ein Gewinn dabei herauskommen.

Planen Sie in dem Budget auf jeden Fall Reserven ein für den Fall, dass Sie in der Zielgeraden noch durch zusätzlichen Mitteleinsatz verlorene Zeit gut machen und in der Qualität nachbessern müssen. Es ist allerdings eine hohe Kunst, diese versteckten Reserven so zu tarnen, dass sie nicht transparent sind.

Die Kosten können grob in Sach- und Personalkosten eingeteilt werden. Dazu kommen Kapitalkosten wie Abschreibungen, Zinsen für den Kapitaleinsatz. Je feiner Sie die Kostenplanung machen, umso präziser können Sie steuern (Controlling), aber umso weniger können Sie stille Reserven einplanen. Planen Sie aber auf jeden Fall offen Gelder für Unvorhergesehenes ein; die Höhe dafür sollte sich nach der Art des Projektes und Ihrer Erfahrung richten. Sie müssen auf jeden Fall die genaue Zusammensetzung der Projektkosten kennen.

So, wie eine genaue Zeit- und Ressourcenplanung entscheidend für den Projekterfolg ist, müssen auch eine präzise Planung der Liquidität und des Mittelabflusses erfolgen. Die Zahlungsziele durch den Auftraggeber sollten konkret vereinbart werden.

Planen Sie rechtzeitig, wie eine Korrektur der Budgetplanung mit kontinuierlichem Soll/Ist- Abgleich erfolgen soll und wie dies dokumentiert wird.

*Aufgaben und Organisation*

Neben der eher theoretischen Einteilung in Projektphasen hat die sorgfältige Planung der einzelnen Arbeitspakete eine große Bedeutung. Wie Sie die einzelnen Arbeitspakete aufschlüsseln – in kleinere Arbeitseinheiten oder in größere inhaltliche Blöcke –, hängt natürlich von Ihrer Erfahrung und dem Projekt ab.

Zu festgelegten Zeitpunkten sollten Sie den Gesamtfortschritt des Projektes kontrollieren. Hierzu dienen die Meilensteine. Der geplante Zeitplan für die Meilensteine ist realistisch zu setzen und auch einzuhalten. Wie immer bei Zeitplänen, kann es Überschreitungen von Terminen geben, aber die Meilensteine dienen dazu, dass das Projekt nicht den kritischen Pfad (s.u.) überschreitet. Die Meilensteine sind somit die Zeitpunkte, an denen Sie an Ihrem magischen Dreieck Änderungen vornehmen sollten.

Ohne ein gutes Team nützt Ihnen auch die beste Planung, das großzügigste Budget (und wann gibt es das schon einmal) nichts. Die gelungene Teambildung ist Voraussetzung für eine erfolgreiche Arbeit. Verlassen Sie sich dabei auch auf den Rat von Freunden und Kollegen. Bei Events haben Sie es fast immer mit einer Mischung aus eigenen Mitarbeitern, Teilzeitmitarbeitern, Dienstleistungen Dritter und freien Mitarbeitern zu tun. Sie haben also viele unterschiedliche Interessen in einem gemeinsamen Projekt zu bündeln und zu koordinieren.

Größe und Organisation eines Teams richten sich nach der Größe des Projekts. Theoretisch werden dabei Stabs-Projektorganisation, reine Projektorganisation und Matrix-Projektorganisation unterschieden.

Eine Stabs-Organisation wird speziell innerhalb eines Unternehmens mit Mitarbeitern und möglicherweise auch Fremdarbeitern gebildet. Der Stab kann dabei auf die Ressourcen des Unternehmens zugreifen. Bei einer Projektorganisation ist das Team eine selbständige Einheit, die keine weiteren Aufgaben innerhalb eines Unternehmens hat, entspricht also im Modell einer Event-Agentur. Die Matrixorganisation ist eher ein Hobby von Organisations-Theoretikern, da sie in der Praxis ohne einen hohen Koordinierungsaufwand und Abstimmungsbedarf nicht auskommt. Bei Events bietet sich deswegen die Projektorganisation an, die aus einer Kerntruppe und zusätzlichen Mitarbeitern (zum Beispiel den „Hands") besteht. Entscheidend ist, dass die Projektorganisation auch die Entscheidungskompetenz für das Projekt hat und nicht weitere Entscheidungsrunden benötigt.

Bei allen Projekten ist stets ein genaues, aber auch flexibles Zeitmanagement kritisch. Vermeiden Sie vor allem Leerlauf durch langatmige Abstimmungssitzungen, planen Sie aber auch genügend Pufferzeiten ein. Sie werden sehen, dass Sie diese Reserven brauchen werden.

### *Zeit – Visualisierung der Abläufe*

Kennen Sie ein Projekt, das ohne Zeitproblem geplant und durchgeführt wird? Events stehen immer unter einem Zeitdruck. Der Termin steht fest und kann in der Regel nicht verschoben werden, und eigentlich fängt man immer zu spät an. Bei aller Hast helfen verschiedene Visualisierungstechniken, einen zeitlichen Überblick zu behalten.

Die einfachste, bekannteste und am häufigsten verwendete Methode ist das Balken- oder Gantt-Diagramm. Das Balkendiagramm wurde in der 1920er Jahren von dem amerikanischen Ingenieur Gantt entwickelt. Es verfügt über eine horizontale Zeitachse und eine vertikale Liste der Aufgaben. In dem Diagramm werden dann die Aufgaben mit einer Linie entsprechend ihrem Zeitverlauf eingetragen. Parallel verlaufende Aufgaben sind somit einfach zu erkennen, bei logischen Abhängigkeiten ist dies schon schwieriger darzustellen und der Plan kann rasch unübersichtlich werden. Hilfreich sind hier jedoch Software Programme wie MS Project. Computerbasierte Programme haben zudem den großen Vorteil, dass sie leicht aktualisiert werden können und übersichtlich bleiben. Haben Sie jedoch eine Papierplan an die Wand gepinnt und einige Änderungen eingetragen, wissen Sie nach kurzer Zeit schon nicht mehr, was jetzt die aktuelle Fassung ist.

Eine wesentlich genauere Projektführung ist mit der Netzplantechnik möglich. Diese ist aber auch deutlich aufwändiger und wird deswegen bei Events eher selten angewendet. Unter Netzplantechnik versteht man die Verfahren zur Planung und Steuerung von Abläufen auf der Grundlage der Graphentheorie (DIN 69900). Hier benutzen Sie Verbindungslinien und Knoten, um die Planung darzustellen. Da es sich dabei um gerichtete Verbindungen handelt, werden die Verbindungslinien als Pfeile dargestellt.

Welche grafische Darstellung Sie auch wählen, die Visualisierung ihrer Planung in einem Plan zwingt Sie zu einer gewissen Präzision und dient gleichzeitig der Dokumentation.

Der entscheidende Punkt bei jedem Event ist jedoch die Abfolge von Arbeitsschritten, bei denen der Event gerade noch stattfinden kann. Dies nennt man den Kritischen Pfad. Er beschreibt die kürzestmögliche Zeit, in der ein Projekt abgewickelt werden kann. Darauf sollten Sie sich zu Beginn eines Projektes im Zeitplan nie einlassen, am Ende gelangen Sie ohnehin so unter Zeitdruck, dass sich der kritische Pfad als der regelmäßige Pfad herausstellt.

Nochmals der Hinweis, bei jedem Projekt reichlich Pufferzeit einplanen! Achten Sie bei Ihrer Planung auf die logisch-zeitlichen Abhängigkeiten und Widerspruchsfreiheiten der Aufgaben. Unabsichtliche Pufferzeiten schädigen die Motivation des Teams, sind Ressourcenverschwendung und gefährden den Zeitplan.

Deadlines sind dazu da, eingehalten zu werden. Eine Verletzung der gesetzten Deadline ohne eine Sanktion ist unwirksam. Die Sanktionen müssen aber vorher in dem Team bekannt sein. Ständiges Verschieben einer Deadline ist Anzeichen einer schlechten Planung und eines schlechten Managements.

*Risiken*

Es gibt kein Projektmanagement ohne Risiken. Für jedes Projekt gibt es somit ein projektspezifisches Risiko. Das Risiko lässt sich mit einiger Erfahrung abschätzen. Manche Risken treten ganz selten ein, haben aber eine große Wirkung, andere Risken sind häufig, haben aber nur eine geringe Wirkung und lassen sich auch durch ein entsprechendes Risikomanagement beherrschen und steuern. Sie können zur Einschätzung eines Risikos die Wahrscheinlichkeit des Eintretens eines Risikos mit dem Schweregrad des Effektes multiplizieren, dann haben Sie zwar einen Wert, aber sagen Sie deswegen das Projekt ab? Unter Umständen ja!

Dieser Wert hilft ihnen in der Alltagspraxis nicht viel weiter. In den meisten Fällen müssen Sie sich auf die Erfahrung, das Wissen und das Können Ihres Teams verlassen.

Auf jeden Fall gehört zu jedem schwierigen Projekt eine sorgfältige Risikoanalyse. Scheuen Sie sich nicht bei Fragen, die Sie nicht einschätzen können, Experten um Rat zu fragen und dokumentieren Sie dies auch.

Ein Risiko hängt von vielen Bedingungen ab, auf die Sie keinen Einfluss haben oder wo Sie nur schwierig Ihren Einfluss geltend machen können. Beim Wetter sind Sie machtlos, aber bei der Abhängigkeit vom Handeln durch Personen können Sie oftmals etwas tun. Es gibt fast kein Projekt, das nicht Gegner oder sogar Feinde hat. Tom Peters meint zwar „Verschwenden Sie keine Zeit mit Ihren Feinden",[3] aber da hat er nicht an die deutsche Politik, Presse und Parteien gedacht. Wenn Sie bereits ein Projekt im Auftrag der öffentlichen Hand durchgeführt haben, werden Sie sofort verstehen, was ich meine. Oder kennen Sie ein Projekt, wo es nicht eine der Sache nach nichtdienliche Einmischung durch die Verwaltung und die Politik gab, in der Rücksichtnahme auf dieses und jenes gefordert wurde. Auch den muss man überzeugen, dem muss man den Bauch pinseln und dann sollen Sie noch auf die diversen Eitelkeiten eingehen und Freikarten für Ihren Event sind sowieso erwünscht. Berücksichtigen Sie also frühzeitig die Politik und ihr Umfeld, und haben Sie dafür auch einen Plan. Natürlich werden Sie die Gegner ihres Projektes, das Sie ja im Auftrag durchführen, nicht überzeugen können, wenn Sie aber dem Gegenwind etwas entgegen zu setzen haben, umso besser. Also nicht über die Kleinkariertheit ärgern, sondern Gegenmaßnahmen planen und Allianzen aufbauen. Bevor die Anwohner sich über den Lärm Ihres Rockkonzertes beschweren, lieber Einladungen zum Konzert aussprechen, dadurch informieren und die Polizei als Partner gewinnen.

Ein Risiko, dem Sie besondere Sorgfalt widmen sollten, sind alle Probleme, die mit Technikeinsatz zu tun haben. Als Manager werden Sie in der Regel weniger als die Experten von diesen Problemen verstehen. Oft bleibt Ihnen nur das Vertrauen in deren Kompetenz. Als Projektleiter tragen Sie jedoch die Gesamtverantwortung. Sie können sich nicht mit fehlender Technikkenntnis heraus reden. Seien Sie deshalb besonders sorgfältig bei der Auswahl der Personen, die für die Technik zuständig sind. Das Gute an der Technik ist jedoch, dass es hier feste Regeln, Normen und Vorschriften gibt, deren Einhaltung Sie entsprechend dokumentiert einfordern können.

Jeder will alles sofort und vor allem vor den anderen. Als Projektverantwortlicher müssen Sie den Ressourceneinsatz planen und die Planung absegnen. In Ihre Verantwortung gehört die zeitliche Steuerung des Mitteleinsatzes. Falls Sie diese Verantwortung einem Mitglied des Teams übertragen können, umso besser, aber auch hier sind Sie letztlich zuständig, vor allem, wenn etwas schief geht.

Risiken sind dann besonders heikel, wenn sie die Faktoren Zeit, Kosten und Qualität betreffen. Hier müssen Sie rasch Abhilfe schaffen und sich mit dem Auftraggeber rückkoppeln. Legen Sie, sobald Sie davon Kenntnis bekommen haben, alle Risiken und ihre Einschätzung darüber in dem Handlungskatalog schriftlich nieder. Im Konfliktfall hilft Ihnen dies nicht nur rechtzeitig und richtig zu handeln, sondern im Schadensfall Ihren Schuldanteil auch richtig gewichten zu können. Sie wissen ja, irgendwer muss als Sündenbock herhalten.

Vielleicht fragen Sie sich, wo denn der entscheidende Unterschied zwischen einem privaten und einem öffentlichen Auftraggeber bei einem Event ist.

Bei einem öffentlichen Auftraggeber haben Sie immer die Öffentlichkeit in Gestalt der Presse und die auf öffentliche Wirkung bedachten Politiker mit im Boot. Und der Deutschen Lieblingskind ist ja die Kritik.

Dies kann gravierende Auswirkungen auf Ihren öffentlichen Ruf haben. Setzen Sie ein Projekt bei einem privaten Auftraggeber in den Sand, können Sie hoffen, dass es sich nicht herumspricht. Bei einem öffentlichen Auftraggeber können Sie Ihren Ruf auch in der Öffentlichkeit verspielen. Und als Profi wissen Sie, es kommt nicht darauf an, wer Recht hat, sondern auf die Wahrnehmung, wem die Schuld zugewiesen wird.

*Projektabwicklung*

Jetzt glauben wir aber an das Gute, dass alle Fragen bis hierhin zu Ihrer Zufriedenheit geklärt und dokumentiert sind und wollen uns nun der Projektabwicklung zuwenden.

Sie starten das Eventprojekt mit einem Kick-Off-Meeting. Alle wissen dann: jetzt geht´s los (das hat natürlich nichts mit dem verunglückten CDU Wahl-Slogan vor einiger Zeit zu tun. Unterschätzen Sie nicht dieses

Einschwören auf die gemeinsame Sache, Sie schalten die Motivation der Teammitglieder gleich, ab jetzt läuft die Zeit gegen Sie, aber hoffentlich für das Projekt.

Die Delegation von Aufgaben und Entscheidungen ist oftmals der springende Punkt für den Erfolg eines Projekts. Natürlich können Sie sich immer mit Allerlei beschäftigen und so allen Mitarbeitern einen fleißigen und beschäftigten Eindruck vermitteln. Die Kunst des Delegierens setzt aber die genaue Kenntnis der individuellen Kompetenzen im Team voraus. Gebe Sie die Ziele vor und nicht di Wege zu diesen. Sie ermöglichen so die Kreativität der Mitarbeiter und das Einbringen ihrer Erfahrungen.

Es macht aber keinen Sinn, wenn Sie jede Entscheidung der Mitarbeiter wieder zurückholen wollen. Das demotiviert und führt zu einer passiven Strategie „nur nichts falsch machen".

Planen Sie die Aufgaben- und wo möglich Entscheidungsdelegation so früh wie möglich. Kommunizieren Sie diese Delegation eindeutig und dokumentieren Sie sie. Auch wenn Sie delegieren, die letzte Verantwortung haben immer Sie. Für den Auftraggeber sind Sie der Ansprechpartner.

Ihre Aufgabe als Projektverantwortlicher liegt vor allem in der Steuerung des Projekts und nicht im Erledigen von Kleinkram. Sie müssen in Ihrem Zeitbudget reichlich Spielraum einplanen, um jederzeit für ein Krisenmanagement und für Gespräche zur Verfügung stehen können.

## Durchführung

### *Kreatives Chaos oder Flexibilität nach Plan?*

Am einfachsten lässt sich durch regelmäßige Projektsitzungen (jour fixe) der Fortgang des Projekts kommunizieren. Legen Sie dabei die Häufigkeit, Dauer, die Teilnehmer und die Leitung, falls Sie es nicht selbst machen können oder wollen, fest. Als Projektleiter sind Sie jedoch der natürliche Leiter der Projektsitzungen. Legen Sie von vornherein die Verbindlichkeit der Teilnahme, die Vertretungsregelung und die Entscheidungskompetenzen fest. Die Tagesordnung sollte vorher bekannt sein und ebenfalls das Ende des Sitzung. Nicht jeder muss zu jedem seine Meinung sagen. Schwadronieren kann man woanders. Der Sitzungsleiter ist verantwortlich für einen straffen Sitzungsablauf. Von jeder Sitzung sollte zeitnah ein Ergebnisprotokoll erstellt werden, das von der Projektleitung zu autorisieren ist.

Legen Sie fest, wer außerordentliche Sitzungen einberufen kann. Sitzungen nützen nichts, wenn die Ergebnisse nicht kommuniziert werden und bei Planungsänderungen diese nicht ausreichend dokumentiert werden.

*Spielregeln beim Projekt*

Spielregeln, auf die man sich zu Beginn verständigt hat, sind dazu da, von allen eingehalten zu werden. Sie sind nicht Ausweis autoritären Charakters des Projektleiters und seiner rigiden und unflexiblen Einstellung. Den Kritikern jeglicher Autorität sei das Buch von Richard Sennett empfohlen.[4]

Autorität heißt aber gerade nicht, stets den Chef herauszustellen. „Von einer legitimen persönlichen Autorität nimmt man an, dass Sie zweierlei zu tun vermag: urteilen und Sicherheit gewähren."[5]

Spielregeln machen das Arbeiten in einem Team einfacher und tragen so nicht unerheblich zum Erfolg bei. Lieber etwas länger bei diesem Thema verweilen, um klare Regeln zu etablieren, als später ständig mit Sand im Getriebe wertvolle Zeit, Energie, Kosten und Nerven zu vergeuden.

Die wichtigsten Spielregeln sind dabei Festlegungen zum Informations- und Kommunikationsverhalten (Kooperation geht nur über Information) – etwa Festlegen, wer eine Bringschuld, wer eine Holschuld hat und in welchem Zeitrahmen. Sie schützen sich davor, sich mit dummen Ausreden wie „ich dachte, das hat noch Zeit bis..." herumschlagen zu müssen. Feste Zeiten sind feste Zeitpunkte und nicht ungefähre Zeitangaben, natürlich müssen die Zeitvorgaben zuvor realistisch sein. Ein unrealistischer Zeitplan schadet der Motivation im Team mehr als eine gelegentliche Unpünktlichkeit.

Unbeliebt, aber wichtig, ist ein sorgfältiges Berichtswesen vor allem bei Problemmeldungen. Zeitnähe und genaue Beschreibung des Problems sowie der Gegenmaßnahmen sind oberstes Gebot.

Als Projektleiter halten Sie die Kontakte zum Auftraggeber, es sei denn Sie delegieren dieses ausdrücklich.

In jedem Projekt geht etwas schief, dies heißt aber nicht, dass es jeder wissen muss. In der Kommunikation nach außen muss eine strikte Loyalität gegenüber dem Team herrschen (eine Ausnahme bilden kriminellen Handlungen).

Pünktlichkeit ist nicht eine verzichtbare Sekundärtugend, sondern Voraussetzung für die Einhaltung des Zeitplans und sie erleichtert allen Mitarbeitern die Tätigkeit. Wissen alle, dass ein Termin zur vorgesehenen Zeit pünktlich stattfindet und pünktlich endet, lässt sich der Arbeitsalltag stressfreier ertragen. Oft entsteht unnötiger Verdruss, wenn man seine wertvolle Zeit in langatmigen Sitzungen verbringen muss und einem die Zeit davon läuft.

*Das Team, seine Denker und Akteure*

Worauf kommt es bei der Bildung eines Teams an? Neben den fachlichen Fähigkeiten, die Sie voraussetzen müssen, zählen vor allem das persönliche Profil und die Charaktereigenschaften der Mitarbeiter. Oft sind deren soziale Kompetenzen zu Beginn nicht eindeutig zu bewerten. Sie sollten sich allerdings rasch von der Illusion trennen, dass Sie die Mitarbeiter im Laufe der Zeit noch erziehen können. Projekt-Management ist weder Kindergarten noch Therapiegruppe.

Nach Hedwig Kellner[6] lassen sich Mitarbeiter in mindestens acht Kategorien einteilen:
- Tüfteln
- Optimieren
- Ideen schleudern
- Kommunikatives Denken
- Aufgreifen
- Sammeln
- Visionäres Denken
- Planerisches Denken

Allerdings finden Sie nie jemanden, der nur in eine Kategorie passt. Sie haben immer Mitarbeiter, die Fähigkeiten in mehreren Bereichen haben. Ihre Aufgabe als Projektmanager ist jedoch, das Team so zusammenzustellen, dass für das konkrete Projekt die optimale Mischung heraus kommt. Ihre Aufgabe als Projektleiter ist es, möglichst frühzeitig die für das Projekt wichtigen Schlüsselpersonen zu identifizieren und zu Ihnen eine besonders gute Beziehung aufzubauen. Dies wird vor allem in Konfliktsituationen wichtig sein, denn da brauchen Sie Verbündete. Seien Sie nicht naiv und glauben, dass die Kraft Ihrer Argumente auch den letzten Zweifler überzeugen wird. Es geht in jeder kontroversen Diskussion immer um etwas anderes als um herrschaftsfreien Diskurs (daran glauben nur Habermas und seine Anhänger), es geht stets darum, wer sich in einer Gruppe durchsetzt und häufig auch darum, wer innerhalb einer Hierarchie dem Ranghöheren gehörig die Meinung sagt. In der europäischen Gesellschaft, einer Gesellschaft mit einer niedrigen Machtdistanz (Hofstede), gehört das offene Kritisieren mittlerweile zum zwar nicht guten, aber regelmäßigen Ton. Solange das die Stimmung im Team nicht nachhaltig stört und Ihr Standing unterläuft, müssen Sie nicht harsch reagieren.

Vielleicht hilft Ihnen ja auch die Ergänzung von Sima Qian zu Sunzi, dem berühmten chinesischen Kriegsstrategen:

> „Der fähige Anführer setzt den weisen Mann, den tapferen Mann, den habgierigen Mann und den dummen Mann ein. Denn der weise Mann freut sich daran, Verdienste zu erwerben, der tapfere Mann will seinen Mut im Kampf beweisen, der habgierige Mann sucht seine Vorteil, und der dumme Mann hat keine Furcht vor dem Tod."

Das Buch von Sunzi „Die Kunst des Krieges" sollten Sie ohnehin gelesen haben. Es hilft Ihnen auch, sich von manchen naiven Überlegungen der Menschenführung zu trennen, zum Beispiel dass jeder Mensch, wenn man ihn nur ausreichend motiviert, sein Bestes geben wird. Denken Sie immer daran, Ihr Team besteht aus Erwachsenen, die für ihre Meinungen, Handlungen und Unterlassungen verantwortlich sind!

Jetzt sind wir bei Ihnen angelangt, denn Sie sind ja auch Teil des Teams und als Projektleiter der wichtigste. Keine falsche Bescheidenheit also. Sie sind derjenige, der aus dem Team herausragt und nicht einfach ein Teammitglied.

Was für ein Profil sollten Sie mitbringen, damit Sie ein Projekt zum Erfolg führen? Dies hängt natürlich von Ihrer Persönlichkeitsstruktur ab.

Laut Tom Peters vereint jeder gute Projektmanager acht Paradoxa auf sich. Der erfolgreiche Projektmanager muss in der Lage sein, je nach Situation durch die richtige Mischung das Projekt zu leiten. Sollten Sie dazu nicht in der Lage sein oder sich bei einer Selbsteinschätzung immer eindeutig auf einer Seite befinden, sind Sie ein guter Mitarbeiter, aber kein Leiter.

Folgende Paradoxa zeichnen einen guten Projektmanager aus:
1. mit totalem Ego – ohne jedes Ego
2. autokratisch – delegierend
3. Typ Führer – Typ Manager
4. Keine Probleme mit Vieldeutigkeit –Präzisionsfanatiker
5. Gute mündliche Kommunikation – gute schriftliche Kommunikation
6. Durch Komplexität nicht zu entmutigen – Devise: so einfach wie möglich
7. Hat das Gesamtbild im Blick – schenkt dem Detail Aufmerksamkeit
8. Ungeduldig – geduldig.

Machen Sie für sich den Test, wie Sie sich auf dieser Skala einordnen würden. Es gibt aber kein einfaches Rezept, wie die Eigenschaften einer Führungspersönlichkeit sein sollen.

*Team – Mythos und Realität*

An der Spitze eines jeden Teams steht der Leiter. Die Leitung eines Projekts ist der entscheidende interne Faktor für das Gelingen eines Projektes. Beim Ausbleiben von externen widrigen Umständen (Wetter, Absagen des Events durch den Auftraggeber, wie nach dem 11. September 2001, Erkrankung des Rockstars oder dessen Verhaftung wegen Drogen-Besitzes und andere Misslichkeiten) bürgt ein kompetenter und erfahrener Projektleiter für den Erfolg. Er wählt schließlich für sein Team nur kompetente Mitarbeiter aus und feuert auch während des Projektes diejenigen, die einen Erfolg gefährden.

Erfolgreiches Konfliktmanagement im Personalbereich zeichnet sich eben dadurch aus, dass, wo notwendig, auch harte Entscheidungen durchgesetzt werden. Jeder im Team muss sich an die Vereinbarungen halten! Lassen Sie Gefühlsduseleien, wenn das Projekt und Ihr Ruf auf dem Spiel stehen. Das heißt nicht, dass Sie sich nicht um Ihre Mitarbeiter kümmern müssen, eine Politik der offenen Tür und die direkte Zugangsmöglichkeit zu Ihnen sollten Sie immer gewährleisten, niemand darf Angst davor haben, sich mit einem Problem an Sie zu wenden, haben Sie immer ein offenes Ohr. Wer sich jedoch nicht an die Spielregeln hält, muss die Konsequenzen auch erfahren. Und nichts ist schlimmer als Konsequenzen anzudrohen und sie dann nicht umzusetzen. Glaubwürdigkeit fängt bei Ihnen an. Die Mitarbeiter orientieren sich an Ihnen.

Sollten Sie ein Projekt im öffentlichen Auftrag durchführen und Ihnen Dritte in Ihre Entscheidungskompetenz streitig machen, dokumentieren Sie präzise Ihre Entscheidungsvorschläge und wer warum dagegen war, sofern es Ihnen nicht gelingt, sich durchzusetzen. Eine solide Dokumentation schützt Sie und Ihr Team auch für diesen Fall.

*Konfliktmanagement*

Es gibt kein Event-Projekt ohne Krise, Frustration, Galgenhumor, Panik und andere Unannehmlichkeiten. Erfolgreiches Managen zeigt sich vor allem in Krisen. Als Projektverantwortlicher müssen Sie auch unangenehme Entscheidungen treffen können. Lassen Sie sich nicht einreden, dass bei ausreihender Motivierung jeder Mitarbeiter sein Bestes geben wird und Konflikte stets auf Führungsversagen zurückzuführen sind. Das mag zwar in der Literatur stehen, entspricht aber nicht der Realität, es gibt einfach „bad apples" und Sie haben keine Zeit, um sich mit solchen Mitarbeitern herumzuärgern.

Bei aufkommenden Konflikten sollten Sie die Ursachen und Wirkungen analysieren. Die Ursachen können bei den Mitarbeitern liegen, zum Beispiel fehlende Erfahrung, mangelndes Training und Verständnis, schlechte Motivation, Faulheit (das gibt es auch unbeschadet von Motivierungsmaßnahmen), Unachtsamkeit, fehlende Kontrolle „Die anderen tun nicht das, was Sie erwarten – sie tun, was Sie prüfen"(Peter Hobbs). Ursachen können aber auch Planungsfehler und technische Gegebenheiten sein.

Typische Konflikte entstehen durch unklare Zielvorgaben und unklare Arbeitsschritte, eine unrealistische Planung bei der die Mitarbeiter unter ständigem Zeitdruck stehen, fehlenden Teamgeist, zwischenmenschliche Konflikte im Team und letztlich auch durch Probleme, die in der jeweiligen privaten Lebenssituation der Mitarbeiter (Beziehungsprobleme, Krankheit, finanzielle Sorgen) begründet sind. Als Projektverantwortlicher müssen Sie hier rechtzeitig intervenieren.

Manche Konflikte lassen sich durch bessere Planung oder durch Nachjustieren vermeiden. Im Konfliktfall ist es Ihre Aufgabe, den Konflikt zu erkennen und zu handeln.

*Krisenmanagement*

Zu einem erfolgreichen Krisenmanagement gehört es, Konflikte frühzeitig zu erkennen und ihnen durch geeignete Entscheidungen zu entgegnen!

*Kontrolle und Ende*

Zu jedem Projekt gehört die sorgfältige Dokumentation des Projektablaufs und des Projekt-Controllings.

Für die meisten hat eine ansprechende Dokumentation nur einen geringen Reiz. Man ist froh, dass das Projekt abgeschlossen ist, warum soll man sich jetzt noch die Mühe machen und alles ordentlich aufschreiben. Die Mühe lohnt sich aber. Bei möglichen Streitigkeiten mit dem Auftraggeber oder Dritten ist eine ordentliche „Aktenlage" nicht zu unterschätzen, sofern sie zeitnah zu den jeweiligen Vorgängen angelegt wurde.

Außerdem wollen Sie ja auch aus ihren Projekten für die zukünftige Arbeit lernen. Nach einem Projekt habe Sie auch den Abstand, über Fehler, Pech und Gelungenes nachzudenken.

Zum guten Schluss: jedes gelungene Projekt müssen Sie verkaufen. Benutzen Sie diesen „Verkauf" als Kernstück in ihrer Marketingstrategie, als Referenz für weitere Projekte, zur Akquise.

Die Party. Das ist der am meisten vernachlässigte Teil eines Projektes: Feiern Sie richtig, so danken Sie Ihren Mitarbeitern, entschuldigen sich für manche Ungerechtigkeit und motivieren sie für neue Projekte. Nichts schweißt ein Team so sehr zusammen wie eine gelungen Party nach einem gelungenen Event. Wer möchte nicht gerne zu den Gewinnern gehören, lassen Sie die anderen am Erfolg teilhaben.

## Literaturverzeichnis

Philip Baguley (1999): Optimales Projekt-Management, Falken Verlag.

Klaus Birker (1999): Projekt-Management, Cornelsen Girardet Verlag.

Peter Hobbs (2001): Professionelles Projekt-Management, mvg.

Ulrich Holzbaur (2002), Edwin Jettinger, Bernhard Knauss, Ralf Moser, Markus Zeller: Event-Management. Springer Verlag.

Hedwig Kellner (2000): Ganz nach oben durch Projekt-Management, Hanser Verlag.

Hans-D.Lidtke/Ilona Kunow (2000): Projekt-Management, STS-Verlag.

Iris Oltman (1999): Projekt-Management, Rowohlt Taschenbuch Verlag.

Tom Peters (2001): Projekt Management – Machen Sie aus jeder Aufgabe ein Erlebnis, Econ Verlag.

## Anmerkungen

[1] Tom Peters Regel Nummer 20, Seite 111.
[2] Weisheit des chinesischen Generals und Kriegstheoretikers Sunzi. Zitiert nach Sunzi: Die Kunst des Krieges, Droemer Verlag 1999, Seite 38.
[3] Tom Peters: Seite 142.
[4] Richard Sennett: Autorität, Fischer Verlag 1985.
[5] Richard Sennett: Seite 188.
[6] Hedwig Kellner: Seite 127 ff.

# Umsetzung von Event-Marketing am Beispiel einer Kundenveranstaltung der AUDI AG

*von Mathias Haas*

## 1. Einleitung

Die Realisierung von Event-Marketing bietet eine Flut an Interpretationsmöglichkeiten mit entsprechend vielen strategischen und operativen Lösungen. Daraus resultierend sind Veranstaltungen nur zu einem geringen Maße identisch, aber dennoch vergleichbar. Ein Beispiel der AUDI AG soll die Realität abbilden und gleichzeitig bewusst nur „eine" Umsetzungsmöglichkeit beschreiben.

Die Großkundenabteilung dieses Automobilherstellers führt Kundengewinnungs- und Kundenbindungsmaßnahmen durch. Dabei spielen Veranstaltungen eine bedeutende Rolle. Die größte Investition stellt die jährlich wiederkehrende Großkundenveranstaltung dar. Diese wird hier in zwei Abschnitten dokumentiert: strategisch und operativ.

### *1.1 Strategisch vorgehen*

Event-Marketing verursacht Kosten. Je nach Veranstaltung können die pro Kopf Kosten eines Gastes einige tausend Euro betragen. Es sollte also selbstverständlich sein, dass auch diese Form des Marketings strategisch umgesetzt wird. Nur so kann der Return on Investment und eine gesamthafte Ausrichtung der Unternehmensaktivitäten zur mittel- und langfristigen Zielerreichung sichergestellt werden.

Die Strategie ist die Basis für den Erfolg. Konkret bedeutet dies beispielsweise, dass eine Zielgruppenanalyse durchgeführt werden muss und Fragen, wie „Warum laden wir den Gast ein?“ oder „Wann und aus welchen Gründen kauft der Gast die Produkte?“, einen großen Stellenwert erhalten.

Welche Farbe der Teppichboden im Ausstellungsbereich bekommen soll oder wie hoch die Anzahl von Flughafentransfers sein wird, sind wichtige Aspekte der Veranstaltung, jedoch nur Ableitungen aus Grundsatzentscheidungen auf strategischer Ebene.

Nicht selten jedoch fühlen sich Mitglieder der Event-Marketing-Branche bei operativen Entscheidungsprozessen wesentlich wohler als bei strategischen, längerfristigen und abstrakteren Verläufen. Diese liegen oftmals außerhalb der Komfortzone des Einzelnen und fordern das Betreten von Neuland.

Zusammenfassend kann also gesagt werden, dass nur „ein“ falscher Gast zu einer enormen Fehlinvestition führt und der Erfolg von Event-Marketing, im Allgemeinen, außerordentlich von seiner Ausrichtung an der jeweiligen Zielgruppe abhängig ist.

### *1.2 Komplexität erkennen*

Es fällt nicht schwer, die Komplexität im Event-Marketing zu erkennen oder von ihr überrascht zu werden. Oftmals wird von „kompliziert“ oder „schwierig“ gesprochen, um mögliche Dominoeffekte oder Abhängigkeiten aufzuzeigen. Es fallen Begriffe wie „die Bedeutung der Wertschöpfungskette“, wenn beispielsweise mehrere Zulieferer hintereinander geschaltet werden und somit die Kommunikation und Steuerung schwieriger wird.

Der Stellenwert der mehr oder weniger hohen Komplexität bei Veranstaltungen steht auch im direkten Verhältnis zum Zeitfaktor. Natürlicherweise ist die Planungssicherheit und deren Detailgenauigkeit von der verfügbaren Zeit abhängig.

## *1.3 Komplexität managen*

Die existierende und unausweichliche Komplexität zu bearbeiten oder zu managen ist möglich, in Abhängigkeit zur jeweiligen Sachlage ist diese Aussage fundamental wichtig. Es gibt Situationen, die für Stress sorgen. Stress, da die Situation neu und unbekannt ist, daher gleichartige Reaktionen einfordert.

Event-Marketing basiert auf „Hardware" wie die Ausstattung von Hotelzimmern oder einem verkehrssicheren Fluggerät, es lebt aber von „Software". Damit sind Menschen gemeint, welche die Dienstleistung nicht nur prägen, sondern erst entstehen lassen. Diese Erzeugung kann nur im Augenblick der Umsetzung bewertet und gegebenenfalls korrigiert werden.

Hierzu können folgende Teilabschnitte besonders hervorgehoben werden:

- „3.3 Teamzusammenstellung"
- „5.1 Kundenbetreuung"
- „5.2 Personalführung"
- „5.8 Risikoabsicherung"

## *1.4 Hintergründe zum Praxisbeispiel*

Auch dieses Beispiel ist in ein Umfeld eingebettet. Die ausgewählten Hintergrundinformationen sind grundlegend wichtig, um die aufgezeigten Abschnitte im Gesamtzusammenhang zu sehen und zu verstehen.

### *1.4.1 Kundenorganisation*

Die Organisationseinheit „Verkauf an Großkunden, Behörden, Sonderabnehmer und VIPs" der AUDI AG steht im Mittelpunkt dieser Dokumentation.

Die gewerblichen Großkunden waren Kernzielgruppe der Veranstaltung. Definiert sind diese durch den Betrieb von mehr als 15 Fahrzeugen und der Abnahme von mindestens 5 Neufahrzeugen einer Marke des Volkswagen Konzerns im Jahr. Die Fahrzeuge müssen auf das Unternehmen zugelassen sein und die Eigennutzung mindestens sechs Monate betragen.[1]

### *1.4.2 Automobilmarkt*

In diesem oligopolistischen Markt gibt es, abgesehen von Ausnahmen, keine qualitativen Unterschiede mehr. Nur Nuancen unterscheiden die Produkte, hier seien beispielsweise die Servicedienstleistungen genannt. Die AUDI AG ist zweifelsohne ein gutes Bespiel, wie eine Differenzierung durch Imagefaktoren der Marke und die daraus resultierende Wandelung in sehr gute Verkaufszahlen erfolgreich möglich ist. Der Slogan „Vorsprung durch Technik" kann dann, in Abhängigkeit vom Standpunkt, als Persönlichkeitsbild oder technische Differenzierung angesehen werden.

Der Vertriebskanal „Großkunden" hat herstellerunabhängig eine große Bedeutung. Ursachen hierfür liegen einerseits in Absatzzahlen von mehr als einem Drittel vom Gesamtumsatz in Deutschland und andererseits im Kaufverhalten dieser Zielgruppen.

Die AUDI AG reagiert auf dieses spezielle Käuferverhalten, indem die Betreuung durch eine separate Organisationseinheit erfolgt. Mittels Markteinführungsveranstaltungen werden Produkte erklärt und im wahrsten Sinne des Wortes „erfahren". Emotionale Reize werden produziert und erlebbar gemacht. Es ist akzeptiert und immer weniger diskutiert, dass insbesondere diese Zielgruppen durch Event-Marketing sehr effektiv erreicht werden.

### *1.4.3 Wettbewerber*

Im Vergleich mit Wettbewerbern wird schnell klar, dass die AUDI AG nicht der einzige Anbieter ist, der dieser Kundengruppe besondere Veranstaltungen bietet. Andere Hersteller wie Opel, BMW oder Mercedes-Benz bieten ihren Kunden ähnliche Erlebnisse an. Die aufgeführten Zielgruppen erhalten regelmäßig bzw. überdurchschnittlich oft Einladungen dieser Art. Hier auch der Querverweis zum Punkt „4.3 Einladungs- und Registrierungsprozess"

## 2. Strategische Grundlagen

Diese Phase der strategischen Ausarbeitung stellt einen wesentlichen Bestandteil für weitere Entscheidungsprozesse dar. In der Praxis wird dieser Abschnitt häufig unterentwickelt behandelt oder gar unterschätzt.

## *2.1 Zielgruppenanalysen*

Personen und Unternehmen, die als potentielle Kunden gesehen werden, müssen identifiziert, analysiert und definiert werden. Hier wird dies komprimiert dargestellt, um weitere Teilentscheidungen zu erklären.

### *2.1.1 „Wer?"*

Der Personenkreis fasst Vertreter von Unternehmen zusammen, die beispielsweise den Einkauf der Fahrzeuge verantworten oder den Fuhrpark verwalten und betriebsbereit halten. Wie unter Punkt „1.4.1 Kundenorganisation" beschrieben wurde, sind diese auch über Abnahmemengen definiert.

Die Fragestellung „Wer?" kann aber auch mit Blick auf Ansprüche und Erwartungen gelesen werden. „Nimmt sich der potentielle Gast am Wochenende Zeit?", „Kann er oder sie überhaupt eingeladen werden oder gibt es eventuelle Rollenkonflikte?", „Ist die Person technisch gebildet und interessiert?" oder „Müssen technische Details vereinfacht dargestellt werden?".

### *2.1.2 „Warum?"*

„Warum investieren Großkunden Ihre Zeit und finanzielle Mittel zur Teilnahme an dieser Veranstaltung?", dies ist eine von vielen Fragen in diesem Zusammenhang.

Ein weiterer Aspekt der Analyse sind die Rollen der potentiellen Kunden und deren Auswirkungen auf die idealen Kommunikationsmuster. Hier kann in Benutzer, Käufer, Entscheidungsträger oder Einflussagenten unterschieden (Fußnote, Diplomarbeit: „Untersuchung des Kaufverhaltens von Großkunden, nach Markteinführungsveranstaltungen" von Herrn M. Berchtold) und die Einflussfaktoren definiert werden. Persönliche Erwartungen, Bildungsstand und Lebensstile sollten berücksichtigt sein. Selbstverständlich müssen produkt- und unternehmsspezifische Einflussgrößen reflektiert und respektiert werden.

Nach der Untersuchung von Herrn M. Berchthold lassen sich folgende wichtige Entscheidungsfaktoren zu einer Teilnahme definieren:

- Die persönliche Präferenz der Marke bzw. des Produktes
- Die Möglichkeit die Veranstaltung terminlich unterzubringen
- Die Gestaltung der Einladung (inhaltlich wie auch optisch)

- Verhältnis Zeitaufwand zum Nutzen (Information, Unterhaltung)
- Relevanz vorgestelltes Produkt bezugnehmend auf eigenes Unternehmen
- Genehmigung vom Vorgesetzten

#### *2.1.3 „Woher?“*

Diese Differenzierung wird in diesem Zusammenhang rein geographisch gesehen. Wichtige Punkte für eine Veranstaltung, die daraus abgeleitet werden können, sind Informationen zur An- und Abreise, zur Auswahl der Verkehrsmittel und deren Kosten.

### *2.2 Zieldefinition*

Am Ende dieser Dokumentation wird im Unterpunkt „6.1 Bewertung der Veranstaltung“ gemessen, inwieweit die Veranstaltung erfolgreich war. Idealerweise erfolgt diese Messung und Bewertung nach vorab definierten Grundsätzen.

#### *2.2.1 Erfolgsparameter*

Da der hier beispielhaft aufgeführten Audi Veranstaltung drei vergleichbare Veranstaltungen vorausgegangen waren, sind den Entscheidungsträgern die typischen Verhaltensmuster der Zielgruppe durchaus bekannt gewesen. Der Großteil der Gäste war bereits in den Vorjahren eingeladen worden, um die jeweiligen Produktneuheiten zu erfahren. Diese Präsentationen werden unter Punkt „3.5 Analyse von Veranstaltungen in der Vergangenheit“ näher beleuchtet.

Aufgrund der eigenen Ansprüche der AUDI AG kombiniert mit den außergewöhnlichen Erwartungen der Zielgruppen war ein „Erfolg“ nur durch äußerst hohe Qualität und besonderen Service zu garantieren.

#### *2.2.2 Bewertungssystem*

Die Tatsache, dass Herr M. Berchtold als Student beauftragt wurde, diese Großkundenveranstaltung zu bewerten, sowie die detailorientierte Durchführung der Erhebung an sich, ist eher selten. In vielen Unternehmen und bei Dienstleistern der Event-Marketing-Branche ist dies nicht an der Tagesordnung.

Die Option, unbeteiligte Leistungsträger zur Veranstaltungsbewertung zu engagieren und somit eine völlig unabhängige Analyse umzusetzen, wird nahezu nie genutzt.

Herr M. Berchtold hat mittels dreierlei Formen geforscht. Es wurde unterschieden zwischen Gästen, die die Einladung annahmen bzw. potentiellen Gästen, die abgelehnt hatten („Teilnehmer" und „Nicht-Teilnehmer" genannt):

- Teilnehmer: Mündliche Befragung (während der Veranstaltung)
- Teilnehmer: Schriftliche Befragung (auf dem Rückflug)
- Nicht-Teilnehmer: Telefonische Befragung (nach der Absage)

### *2.3 Marketing-Mix*

Die AUDI AG im Allgemeinen und die Großkundenabteilung im Speziellen agieren selbstverständlich mit verschiedenen Disziplinen des Marketings.

Hier spielt eine mittel- und langfristige Umsetzung, idealerweise mit kontinuierlichem Verkaufspersonal, eine wesentliche Rolle. Die bekannt speziellen Zielgruppen haben besondere Anforderungen und Erwartungen, die nur mit „kleinen Schritten", zum Teil über Jahre hinweg, zum Verkauf von Fahrzeugen führen.

Durch die Integration von persönlichem Verkauf (Teilnahme der jeweilig bekannten Kundenbetreuer), Direktmarketing (persönliche Anschreiben im Einladungsprozedere und als Willkommensbrief auf dem Hotelzimmer) und der Veranstaltung selbst, wurde die Emotionalisierung als ganzheitlich und authentisch erlebt.

Die geschaffene Plattform zur Kommunikation und zum Erleben der Fahrzeuge sollte nicht überschätzt werden. Diese Veranstaltung kann und darf nur ein Teil des gesamten Marketing-Mix darstellen.

## 3. Entwicklung und Definition der Veranstaltung

Die Mehrheit der Entstehungsprozesse und Entscheidungen, die unter Punkt 3 beschrieben werden, sind von der AUDI AG selbst definiert worden. Besonders hervorzuheben ist, dass für das Zielgebiet verschiedene Hoteloptionen vorlagen und der Besuch im Audiwerk Györ schon vor der Ausschreibung an Event-Agenturen bei der Entwicklung der Veranstaltung berücksichtigt werden sollte.

### *3.1 Termin, Qualität und Kosten*

An dieser Stelle ist es äußerst wertvoll, die drei zentralen Faktoren des Projekt-Managements wieder aufzunehmen und anhand dieser Veranstaltung zu beleuchten. Dieses Spannungsfeld, von Herrn Prof. Dr. Gerd Schwandner auch magisches Dreieck genannt, wurde hier von der verantwortlichen Fachabteilung Großkunden berücksichtigt.

| | Jahr 1: Ausgeweitete Produktpalette |
|---|---|
| Datum | März |
| Veranstaltungsorte | Budapest & Györ, Ungarn |
| Dauer | 28 Stunden |
| Anzahl der Gäste | 6 Gruppen mit circa 55 Personen/Gruppe |
| Besonderheiten im Programm | Testfahrten, Abendveranstaltung und Fahrtraining auf Rennstrecke |
| Zusagequote | Circa 38% |

Kurzzusammenfassung der Grundkundenveranstaltungen, Jahr 1

(Unter Punkt „3.5 Analyse von Veranstaltungen in der Vergangenheit" wird das ungarische Projekt mit weiteren Veranstaltungen verglichen und Entwicklungen aufgezeigt.)

Es wurde der März ausgewählt, da dies mit Präsentationen des Wettbewerbs und den Markteinführungen verschiedener Audi Modelle im Einklang stand.

Das Zielgebiet Ungarn mit der Hauptstadt Budapest und dem Audiwerk Györ war aus zwei Gründen ausgewählt worden. Einerseits durch die Affinität zu Ungarn als Produktionsstandort und andererseits da dieses Zielgebiet für viele Gäste eine neue oder weniger bekannte Erfahrung war.

Mit Blick auf die Gesamtstruktur der Veranstaltung ist wichtig hervorzuheben, dass es sechs Gruppen gab, die jeweils morgens am Tag 1 an- und nachmittags am Tag 2 abreisten.

Die Gruppen waren je nach Profil unterschieden. Dies ermöglichte unter anderem, dass die jeweiligen Verkäufer vor Ort aktiv werden konnten und die passenden Fahrzeugtypen hervorgehoben wurden. Die An- und Abreise erfolgte mit Charterflugzeugen von einem deutschen Flughafen.

Konkrete Kostenaufstellungen können aus verständlichen Gründen nicht veröffentlicht werden. Aufgrund der Zielgruppen kann von einer hochwertigen Veranstaltung gesprochen werden. Es gab Teilelemente, die in Ungarn und zu diesem Zeitpunkt zum ersten Mal umgesetzt wurden.

### 3.2 Ideenfindung

Über verschiedenen Methoden wie Brainstorming wurde der Slogan „Neuigkeiten haben Tradition“ für die Veranstaltung genutzt. Dieser war charakteristisch für zwei Aspekte: Erstens sollten die Neuigkeiten durch die Vielzahl an Fahrzeugen dargestellt werden und zweitens die Tradition der Marke Audi mit der Geschichte von Ungarn als Land verknüpft sein.

Die detaillierte Ausarbeitung und Umsetzung in Druckmitteln wie Briefpapier, Namensschilder oder Kofferanhänger wurde zu einem späteren Zeitpunkt durch externe Leistungsträger umgesetzt.

### 3.3 Teamzusammenstellung

Seitens der AUDI AG war klar erkannt worden, dass eine alleinige Gesamtkoordination durch Mitarbeiter in den eigenen Reihen den normalen Arbeitsablauf im Tagesgeschäft unangemessen stören würde. Deshalb wurde eine deutsche Event-Agentur beauftragt.

Dieser Dienstleister agierte in einer Klammerfunktion, um weitere notwendige Dienstleister zu koordinieren und das erwartete Qualitätsniveau zu garantieren:

- Air Broker (Vermittler von Flugarrangements)
- Lokale Agentur (auch DMC genannt)
- Hotel

Die Hauptpersonen auf beiden Seiten, der Großkundenabteilung und der Event-Agentur, haben wesentlich zum Erfolg beigetragen. Erfolg reich wurden die jeweiligen Teams geführt und Informationen über diese Achsen kommuniziert.

### 3.4 Projektstrukturplan

Diese Veranstaltung fand in einem osteuropäischen Land statt. Es liegt in der Natur der Sache, dass hier nicht nur kulturelle Unterschiede die Arbeit bestimmen, sondern auch Qualitätsansprüche, Kostenregelungen und Geschäftsgebaren unterschiedlich sind. Kurz gesagt, die Chance für Misskommunikation und eine reduzierte Planungssicherheit sind sicher Aspekte, die zu berücksichtigen waren.

Die Definition von Aufgaben, Zuständigkeiten, Terminen und notwendigen Kapazitäten für die Umsetzung waren von besonderer Bedeutung. Sprachliche Schwierigkeiten haben diese Faktoren nur noch verstärkt.

Die Kommunikation mit ungarischen Leistungsträgern wurde über die lokale Agentur konzentriert. Es hat sich herausgestellt, dass eine detailgenaue Dokumentation in schriftlicher Form Früchte trug. Die komplette Veranstaltung wurde so niedergeschrieben, dass in beide Richtungen, seitens der AUDI AG sowie den lokalen Dienstleistern, das gleiche Dokument genutzt wurde.

Die Überprüfung der Zeitfenster, Qualitätserwartungen und Zuständigkeiten wurden durch die deutsche Agentur übernommen, die vor und während der Veranstaltung regelmäßige Zwischenstände in beide Richtungen kommunizierte. Zum Beispiel zum Abgleich von Zimmerreservierungen und der Freigabe von Gästebestätigungen falls nicht die eingeladene Person angemeldet wurde.

Nach der Veranstaltung war eine rasche Erstellung der Gesamtrechnung durch die deutsche Agentur wichtig. Die Projektbewertung wurde ohne Beihilfe der Leistungsträger umgesetzt.

### *3.5 Analysen von Veranstaltungen in der Vergangenheit*

Die Großkundenabteilung hatte beispielhafte Informationen über die Historie Ihrer Arbeit. Selten, so die Erfahrung des Autors, sind diese wesentlichen Information zur Verfügung gestellt und derartige Analysen gemacht worden. Der Wille zum Lernen aus der Vergangenheit und zur Optimierung bzw. Steigerung des Return on Investment war deutlich.

Im folgenden Abschnitt werden die Veranstaltungen beschrieben. Ein besonderes Augenmerk sollte auf die Zusagequote gelegt werden. Sie steigert sich stetig vom Jahr 4 bis Jahr 1 in Ungarn:

| | Jahr 4: A3 | Jahr 3: A6 | Jahr 2: A6 Avant |
|---|---|---|---|
| Datum | Juli / August | März | Februar |
| Veranstaltungsorte | Verschiedene Ballungsgebiete in Deutschland | Sardinien, Italien | Seefeld, Österreich |
| Dauer | 6 Stunden | 24 Stunden | 24 Stunden |
| Anzahl der Gäste | 6 Gruppen mit circa 70 Personen/Gruppe | 1 Gruppe mit circa 675 Gästen | 5 Gruppen mit circa 25 Personen/Gruppe |
| Besonderheiten im Programm | Testfahrten | Galadinner mit VIPs | Fahrsicherheitstraining auf Eis |
| Zusagequote | Circa 17% | Circa 29% | Circa 34% |

Kurzdarstellung der Grundkundenveranstaltungen, Jahr 2 bis Jahr 4

### *3.6 Inhalte der Veranstaltung (Jahr 1)*

Gleich nach Ankunft der Gäste wurde ein Mittagessen serviert, eine 15minütige multimediale Präsentation inklusive Lasershow (siehe „5.3 Spezialanbieter") und die Testfahrt zwischen Budapest und Györ durchgeführt.

Die Fahrt startete mit dem Empfang der Fahrzeuge vor der Fischerbastei, eine der Hauptattraktionen der Stadt. Mit bis zu fünf Pace-Cars und Polizeieskorten auf Motorrädern wurde die Fahrt angetreten. Jeweils zwei Gäste pro Fahrzeug.

In der Burg Tata, am lokal bekannten Tatabania See zwischen der Hauptstadt und Györ, waren Fahrerwechsel und Erfrischungen geboten. Erneut war Kommunikation möglich und wurde gefördert. Gespräche über technische oder landestypische Erlebnisse dominierten.

Die Testfahrt wurde fortgeführt und der Produktionsstandort des Audi TT persönlich erlebt. Am Abend war die Rückreise, mit erneutem Fahrerwechsel, erbeten.

Nach einer Ruhepause startete das Abendprogramm. Das Ethnographische Museum war gemietet und der Galaabend gesichert. Thematisch wurde die Vergangenheit der AUDI AG mit der ungarischen Geschichte verknüpft. Elegante Umgebung, hochwertigste Verpflegung und stilvolle Gesänge im Opernstil waren ein emotionaler Höhepunkt. Die Tatsache, dass die Transferbusse über die symbolische Kettenbrücke fuhren, war hierbei ein wichtiges Detail und kein Zufall.

Der zweite und letzte Veranstaltungstag startete mit dem Frühstück im Hotel. Die Gäste konnten zweierlei Stadtrundfahrten erleben und dann direkt zum Fahrerlebnis auf dem Formel 1 Hungaroring starten. In Kleingruppen waren Fahrübungen geboten. Zum Beispiel mit und ohne ESP (Elektronisches Stabilitäts-Programm) oder im Slalomkurs. Selbstverständlich konnte auch auf der Rennstrecke selbst gefahren werden.

Die Transfers zum Flughafen Budapest haben die Veranstaltung abgerundet und beendet

## 4. Operative Ebene – Zielgruppengewinnung

In „2.1 Zielgruppenanalysen" wurde dargestellt, in welchem Maße um die Aufmerksamkeit der Großkunden geworben wird. Folglich musste auch die AUDI AG möglichst genau die Zielgruppenbedürfnisse ansprechen. Ob und in welchem Maße die Veranstaltung einen Mehrwert bieten kann, ist eine bewusste oder unbewusste Fragestellung jeder eingeladenen Person. Die Gesamtsumme der Antworten führte zu Zu- oder Absagen.

### *4.1 Gäste*

Die potentiellen Gäste sind mehrheitlich seit Jahren bekannt. Es besteht ein enges persönliches Verhältnis zwischen den Kundenbetreuern und deren Kundschaft.

Diese starke Bindung zur Zielgruppe ist eine Ursache für den Erfolg dieser Veranstaltung. Schon unter Punkt „3.1 Termin, Qualität und Kosten" wurde die Zusagequote von circa 38 Prozent genannt. D.h. mehr als ein Drittel der eingeladenen Personen hat zugesagt. Erfahrungsgemäß ist dies ein sehr hoher Wert, der insbesondere im Vorjahresvergleichen eine äußerst positive Entwicklung weiterführt.

### *4.2 Zielgruppenspezifische Darstellung*

Diese Zielgruppen wurden durch personifizierte Einladungsschreiben informiert. Es wurde spezielles, veranstaltungsspezifisches Briefpapier genutzt. Diese war den generellen CI-Richtlinien der AUDI AG angepasst.

Zusammen mit der Einladung wurde eine vierseitige Programmbeschreibung verschickt.

### *4.3 Einladungs- und Registrierungsprozess*

Aufgrund der Erfahrungswerte wurde wiederholt mit Papier gearbeitet. Wie unter „4.2 Zielgruppenspezifische Darstellung" genannt, kommunizierte man die Druckmittel auf DIN A4 Format und übermittelte sie anschließend auf dem Postweg an die Adressaten.

Die Anmeldungen wurden direkt zur beauftragten Agentur gefaxt. Dort startete die Sammlung aller Informationen. Die Datenbankberichte gingen im einwöchigen Rhythmus zum Ansprechpartner der AUDI AG. Kurz vor und während den Teilveranstaltungen erhöhte sich die Frequenz der Berichterstattung.

## 5. Veranstaltungsvorbereitung und -durchführung

Je nach Ablauf und Zeitdruck der Veranstaltung sind oftmals zeitliche Überschneidungen zwischen beiden Abschnitten gewünscht oder notwendig. Insbesondere kurzfristiger Änderungsbedarf bzw. kurzfristige Änderungswünsche sind die Ursache für eine Verschmelzung beider Phasen.

Die folgenden Unterpunkte wurden bewusst ausgewählt und andere Aspekte explizit ausgeklammert:

### *5.1 Kundenbetreuung*

Die Fürsorge der Zielgruppen war exklusiv in den Händen der Kundenbetreuer. Kommunikation zwischen Mitarbeitern der Leistungsträger und der Gäste wurde nur aus organisatorischen Gründen angestrebt.

### *5.2 Personalführung*

Die Führung spielte sich in zwei Suborganisationen ab. Auf Seite der AUDI AG war die Personalführung durch die übliche Aufbau- und Ablauforganisation geprägt. Alle wesentlichen Persönlichkeiten waren vor Ort und haben, ähnlich wie im Alltag, ihre Rollen, Verantwortungen und Kompetenzen gelebt.

Die Leistungsträger wurden durch die Projektleiterin der Event-Agentur geführt. Durch Sprachbarrieren und kulturelle Verständigungsschwierigkeiten war es notwendig, eine Führungskraft der jeweiligen Subunternehmen zu definieren und Verantwortung wie Aufgaben zu delegieren. Diese Struktur war natürlicherweise nur temporär und einmalig.

### *5.3 Spezialanbieter*

Unter „3.3 Teamzusammenstellung" und „5.2 Personalführung" wurde einerseits deutlich, dass alle Leistungsträger als Team gesehen und als Team geführt wurden.

Der deutsche Anbieter für Flugarrangements war verantwortlich für den Transport der Gäste. Sein Aufgabenbereich erstreckte sich vom Empfang der ankommenden Teilnehmer an den Abflughäfen bis zur Rückgabe des Gepäcks an identischen Landeplätzen.

Diese Spezialisten waren jederzeit am Ort des Geschehens und garantierten eine bevorzugte Behandlung des Gepäcks sowie getrennte Check-ins und außergewöhnliche Verpflegung während der Flugzeit.

Die lokale Agentur organisierte und koordinierte eine Vielzahl an Helfern und kleinere Unternehmen, die Genehmigungen, Dekorationen oder Übersetzungen sicherstellten. Insbesondere in derartigem Marktumfeld, auch geprägt durch die Wichtigkeit von Beziehungen, war dies eine unvermeidbare Koordinationsstelle. So bewährte sich beispielsweise der Einsatz der lokalen Spezialisten als benötigte Werbemittel und Fahrzeuge vom ungarischen Zoll nicht freigegeben wurden.

In ihren Einflussbereich flossen auch Logistikdienstleistungen für Gepäck vom und zum Flughafen, Gästebetreuung durch Hostessen, Fahrer und Hilfspersonal zur Sicherung und Instandhaltung der Fahrzeuge und die Zusammenarbeit mit der örtlichen Polizei.

Das zuständige Team seitens des Hotels wurde direkt durch die deutsche Agentur betreut. Aufgrund von Zeitdruck in der Vorbereitungsphase wurde mit zunehmenden Maße auch oben genannte lokale Agentur einbezogen.

### *5.4 Kommunikationsstandards*

Durch die weiten Strecken zwischen der Hauptstadt und Györ waren Funkgeräte nicht empfehlenswert. Als Alternative wurden Mobilfunktelefone benutzt.

Unabhängig von technischen Hilfsmitteln war die Hierarchie durch die Kommunikationsstruktur gespiegelt worden. Alle Mitarbeiter der Leistungsträger kommunizierten über den eigenen Gruppen- und Teamleiter zur Projektleiterin der Agentur und alle Teammitglieder der AUDI AG tauschten sich mit deren gleichgestellter Person aus. Die jeweiligen Führungskräfte haben Entscheidungen diskutiert und getroffen, um diese wiederum in der eigenen Suborganisation wiederzugeben.

### 5.5 Druckmittel

Folgende Druckmittel wurden produziert:
- Briefpapier für Einladungen und Willkommensbrief
- Programmbeschreibung
- Kurzprogramm der Veranstaltung
- Namensschilder
- Straßenkarte für Testfahrt
- Postkarten zur Kommunikation der Gastgeschenke
- Beschilderung innerhalb der Veranstaltungsorte

Um den für die AUDI AG stehenden Standard zu garantieren wurden alle Druckmittel vorab in Deutschland produziert. Das Druckverfahren sowie die Rohstoffe waren lokal nicht zu erhalten. Zudem wären Korrekturen in Ungarn aufgrund der niedrigen Stückzahlen nicht durchführbar gewesen.

### 5.6 Technische Hilfsmittel

Das technisch anspruchsvollste Element dieser Veranstaltung war die multimediale Präsentation eines Fahrzeuges. Direkt im Hotel wurde, in einem abgeschlossenen Bereich, eine Produktneuheit vorgestellt. Hierbei dominierten Licht- und Lasereffekte in Kombination mit Audiokomponenten.

Unter der Regie der lokalen Agentur war ein Spezialanbieter aus Budapest engagiert worden. Kurzfristige Änderung waren somit kein Problem und ermöglichten eine Endabnahme am Tag vor der ersten Teilveranstaltung.

Eventuell erwartete Qualitätsunterschiede haben sich nicht bestätigt. Die Leistung und Serviceorientierung waren auf außergewöhnlich hohem Niveau, das aufgrund des gezeigten Engagements selbst auf dem mittel- oder westeuropäischen Markt Berechtigung hätte. Ein gutes Beispiel also, dass Veranstaltungen in derartigem Umfeld durchaus positive Erfahrungen bieten können.

### 5.7 Instrumente zur Kostenüberwachung

Die gewünschten Prozesse zur Kostenüberwachung waren im üblichen Rahmen.

Mit der Auftragsvergabe wurde eine Auftragsbestätigung ausgestellt, die maßgebend für die Vertragserfüllung war. Ohne schriftliche Vertragsänderung bzw. -erweitung waren keine weitere Kosten abzurechnen. Die deutsche Agentur hat alle anfallenden Kosten vorfinanziert und als Gesamtabrechnung weiterbelastet.

Es wurde nach den Reiserichtlinien der AUDI AG gereist und alle Kosten der Subunternehmer direkt weiterbelastet.

Nach Freigabe der Fachabteilung wurde die Zahlung durch den zuständigen Einkäufer angewiesen. Die Überweisung erfolgte im erwarteten Zeitrahmen. Siehe auch „6.2 Abrechnung".

## *5.8 Risikoabsicherung*

Bestehende Risiken wurden in erster Linie durch den Versicherungsschutz der AUDI AG sowie der Agentur getragen.

Die Sonderstellung von „Menschlichem Versagen" und „Höherer Gewalt" waren so weit wie möglich abgedeckt. Hier wirkte insbesondere der in „3.4 Projektstrukturplan" dargestellte Dokumentations- und Überprüfungsprozess. Die Investition in eine detaillierte Dokumentation war das Fundament zur Vermeidung von Risiken. Diese würde im Haftungsfalle berücksichtigt werden.

## *5.9 Logistik*

Die Leistungserbringung für den Transport von Fahrzeugen stand hier im Mittelpunkt. Mehrere Transporter hatten die unterschiedlichen Modelle vom deutschen Werk in Ingolstadt direkt zu den Veranstaltungsorten befördert. Diesbezüglich konnte die Logistikabteilung der AUDI AG wertvolle Dienste leisten. Diese Kompetenz wurde von allen externen Leistungsträgern voll anerkannt.

Material wie Druck- und Werbemittel wurde seitens der AUDI AG und durch die Agentur verschickt. Wichtig waren hier die Laufzeiten und das Restrisiko auf Schwund und Verlust.

Den Transport der Gäste haben die genannten Spezialisten des Air Brokers übernommen. Nähere Informationen wurden unter „5.3 Spezialanbieter" dokumentiert.

### 5.10 Unterkunft

In diesem Projekt wurde die Hotelauswahl schon vor der Beauftragung der Agentur getroffen. Zum damaligen Zeitpunkt standen nur zwei Hotels zur Auswahl, die eine derartige Erwartungshaltung erfüllen konnten. Die Hauptunterschiede waren die geographische Lage und die Atmosphäre in den Häusern selbst. Es wurde ein traditionelles, klassisches 5* Hotel ausgewählt.

Hervorzuheben war die Tatsache, dass das erwartete Qualitätsniveau einem 5* Hotel entsprach, der Auftrag für das Hotel jedoch eingeschränkt attraktiv war. Für den Hotelbetreiber war es von Nachteil, dass die Gruppen nur eine Nacht verweilten und die darauf folgende Übernachtung nicht sofort durch eine weitere Gruppe möglich war.

Jedes der reservierten Zimmer ermöglichte den Gästen einen Donaublick, was sich als klarer Mehrwert herausstellte. Denn diese Besonderheit trug des weiteren zur Kommunikation dieser erfolgreichen Großveranstaltung bei: der Ausblick war ein Gesprächsthema.

### 5.11 Verpflegung

Die Verpflegung hatte zwei wesentliche Eckpunkte. Es mussten finanzielle Erwartungen eingehalten und die ungarische Küche inkludiert sein. Unabhängig, ob die Mahlzeiten direkt nach der Ankunft im Hotel, während dem Galaabend oder beim Buffet am Hungaroring eingenommen wurden. Selbst die Teamverpflegung in der Auf- und Abbau- sowie in den Zwischenphasen war geprägt durch lokale Küche.

Nur das Frühstück am Tag 2 war eine Standardlösung im Stile eines 5-Sterne-Hotels.

Organisatorisch wurden zweierlei Konzepte umgesetzt:

*a. Stationäre Versorgung*
Während dem Mittagessen Tag 1 und Frühstück Tag 2 war stationär im Hotel gearbeitet worden. Dadurch konnten Sonderwünsche ermöglicht bzw. wesentlich einfacher erfüllt werden. Die Infrastruktur stand ausreichend zur Verfügung.

*b. Mobile Versorgung*
Der Galaabend Tag 1 und Mittagessen Tag 2 wurde durch mobile Versorgungsstationen umgesetzt. Im Falle des Galaabends wurde ein 4-

Gänge-Menü vorbereitet und zum Veranstaltungsort transportiert, dort angerichtet und serviert. Beim Mittagessen am Hungaroring jedoch waren die Distanzen nicht überbrückbar und damit Kochstationen vor Ort notwendig. Am Abend selbst wurde serviert, das Mittagessen im Buffetstil angerichtet. Besonderen Wünschen konnte nur begrenzt Rechnung getragen werden.

### *5.12 Sicherung*

Diese Produktvorstellung bezog sich auf eine Vielzahl an Fahrzeugen, die mehrheitlich noch nicht auf dem osteuropäischen Markt bekannt waren. Dieser Aspekt, gepaart mit der Tatsache, dass die Pkws einen enormen finanziellen Wert hatten, forderte besondere Aufmerksamkeit.

Folglich wurden alle Fahrzeuge von Transportern direkt zu den Hotelgaragen und in die Boxen der Rennstrecke gefahren. Nur während der Veranstaltungen waren sie sichtbar und 24 Stunden durch spezialisiertes Personal gesichert.

### *5.13 Dekorationen*

Zwei Bereiche waren besonders durch Dekorationen geprägt. Erstens die Boxengasse des Hungarorings und zweitens das Museum, welches zur Abendveranstaltung diente.

Die Rennstrecke war durch die Größe und Witterung dominant grau. Nur dank der großflächigen Luftballondekoration war hier ein freundliches Umfeld zu schaffen, das gleichzeitig finanzierbar war.

Die Abendveranstaltung war aufgrund mehrerer Gründe sehr emotional. Ein wesentlicher Einfluss, jedoch, gelang durch Dekoration mit gedämpften Farben und fein dosiertem Licht. Es wurde sehr viel mit Kerzen gearbeitet.

### *5.14 Fahrerlebnis*

Beim Fahrerlebnis sprachen die Produkte die wirksamste Sprache. Hier waren die Fahrzeuge im Mittelpunkt, das Erfahren wörtlich genommen. Die Zielgruppen konnten fachspezifisch diskutieren, die Kundenbetreuer direkt und zielgerichtet von Kauf sprechen.

Die gefahrenen Strecken wurden am Tag 1 bewusst über Stadt- und Landstraßen aber auch über Autobahnen geführt. Am Tag 2 wurden die Fahrzeuge im nicht öffentlichen Bereich der Rennstrecke bewegt. Hier waren Einweisung vor dem Start gegeben und die kontinuierliche Kommunikation mit Profifahrern sichergestellt. Jeder gewillte Gast war ein wenig Rennfahrer, zumindest für einige Stunden.

### *5.15 Unterhaltung*

Unterhaltungsprogramm war kein wesentlicher Teilaspekt dieser Veranstaltung. Grund dafür waren der hohe Stellenwert der Kommunikation und der kompakte Programmablauf. Es gab kaum Zeitfenster, die überbrückt oder unterhalten werden mussten.

Demzufolge war der Schwerpunkt die Abendveranstaltung. Hier wurde eine zielgruppenspezifische Darstellung umgesetzt und die Ziele in gelockerter Atmosphäre, in anderer Art und Weise, kommuniziert.

### *5.16 Dokumentation*

Nach Freigabe der Gäste wurden während einer Veranstaltung Fotografien getätigt. Diese dienten nur der internen Dokumentation für die AUDI AG.

## 6. Abschluss des Projektes

Die Dokumentation des Projektablaufs und des Projekt-Controllings sind durch Herrn Prof. Dr. Schwandner bereits erwähnt worden. In diesem Praxisbeispiel wurden sie umgesetzt. Damit ist eine Weiterführung und -entwicklung der jährlich wiederkehrenden Veranstaltung möglich, die unter „3.5 Analysen von Veranstaltungen in der Vergangenheit" bereits bei dieser Veranstaltung eine elementar wichtige Rolle spielte.

### *6.1 Bewertung der Veranstaltung*

In Anlehnung an die genannte Diplomarbeit von Herrn M. Berchtold sind mehrere neue Erkenntnisse gewonnen worden. Es können zweierlei Ergebnisse veröffentlicht werden:

- Teilnehmer: Welche Programmschwerpunkte sind von Interesse?
- Nicht-Teilnehmer: Warum wurde abgesagt?

**Fragestellung 1: Welche Programmschwerpunkte sind von Interesse?**

**Abbildung 1: Programmschwerpunkte für zukünftige Veranstaltungen, Fragebogenresultate Hungaroring**

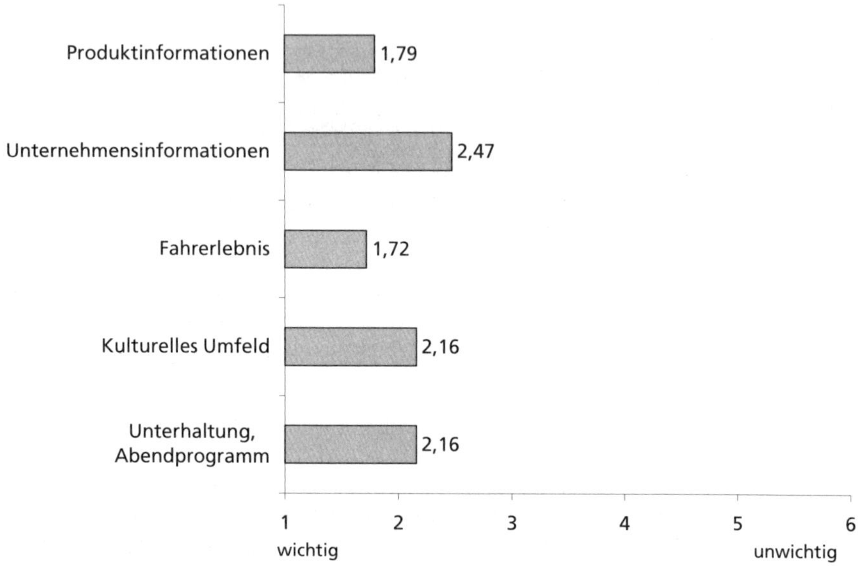


Bei dieser Fragestellung ist hervorzuheben, dass das persönliche Fahrerlebnis einen vielleicht überraschend hohen Stellenwert genießt. Der Veranstaltungsablauf mit vier Stunden Testfahrt und drei Stunden Fahrtraining war also entsprechend dem Bedarf.

**Fragestellung 2: Warum wurde abgesagt?**

**Abbildung 2: Absagegründe, Fragebogenresultate „Nicht Teilnehmer"**

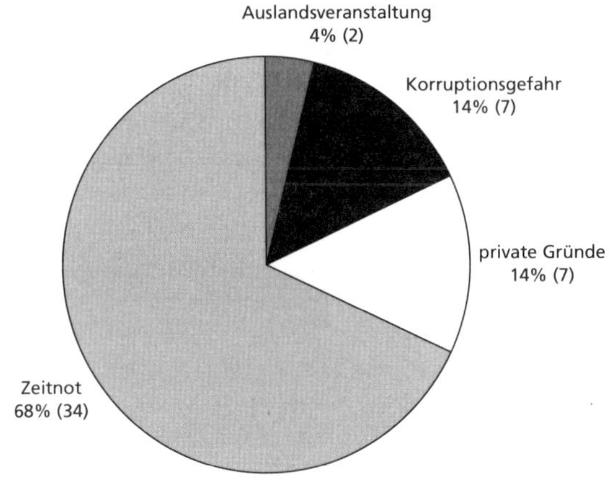


Erfreulich ist hier, dass die Mehrheit der Absagen durch Zeitnot entstand und nicht etwas mangels Attraktivität oder Wettbewerbsveranstaltungen.

Durch Herrn M. Berchtold wurde dokumentiert, dass fast jeder Proband fünf bis fünfzehn Minuten Auskunft gegeben hatte, obwohl Nicht-Teilnehmern angefragt wurden. Dies wiederum könnte motivieren, auch zukünftig Veranstaltungsanalysen durchzuführen. Der Informationsgehalt von derartigen Untersuchungen könnte zukunftsweisende Konsequenzen schaffen.

Zusammenfassend kann formuliert werden, dass die Weiterführung dieser Veranstaltungsbewertung außergewöhnlich ist und unschätzbaren Wert schafft, der wiederum im Detail zur Optimierung dieser Veranstaltungen eingesetzt wird.

Beide Beispiele und ihre Kurzinterpretationen bilden nur einen Teil, der hier investierten Mittel, ab. Die AUDI AG geht hier sicherlich weiter als im Markt üblich ist.

## 6.2 Abrechnung

Als Abschluss im Rahmen dieses Projektes wurden Abrechnungen zwischen allen Vertragspartnern durchgeführt. Entsprechend den individuellen Verträgen, inklusive eventueller Änderungen bzw. Erweiterungen, wurden Rechnungen gestellt und Zahlungen getätigt.

Die deutsche Agentur stellte eine Gesamtrechnung an die AUDI AG. Nach Freigabe der Großkundenabteilung wurde die Zahlung durch die Einkaufsabteilung angewiesen. Ergänzend hierzu auch Punkt „5.7 Instrumente zur Kostenüberwachung".

Die Veranstaltung und das Vertragsverhältnis wurde damit beendet.

# Anmerkungen:

[1] Quelle: www.audi.de

# Inszenierung von Events
## Eventmarketing als modernes Kommunikationsinstrument

*von Hermann-Josef Kiel*

## 1. Grundlagen

### *1.1 Event: Was ist darunter zu verstehen?*

Olympische Spiele, Open-Air-Konzerte, EXPO 2000 Weltausstellung in Hannover, Reichtagsverhüllung in Berlin durch den Künstler Christo, Love Parade in Berlin, Fußball-Welt- und Europameisterschaft, die Bundesligaspiele etc.: Jeder spricht davon, doch was ist eigentlich Event zu verstehen? Dazu müssen zunächst zwei unterschiedliche Ansätze herausgearbeitet werden.

*Allgemeiner Ansatz*

Event kommt aus dem Englischen und bedeutet übersetzt Ereignis oder Veranstaltung. Ein Ereignis ist laut Duden „etwas, was den normalen, alltäglichen Ablauf in bemerkenswerter Weise unterbricht und durch seine Ungewöhnlichkeit auffällt und in Erscheinung tritt". Daraus lässt sich schließen, dass Events beziehungsweise Ereignisse schon existieren, seit es den Menschen gibt. Im antiken Griechenland gab es die ersten Olympischen Spiele, zu Zeiten der Römer unter Julius Cäsar die Gladiatorenkämpfe nach dem Motto „Brot und Spiele für das Volk" und im Mittelalter fanden vielerorts die Ritterturniere statt. Menschen haben von jeher gemeinsam gefeiert und aber auch getrauert, wenn es dafür einen

Anlass oder ein Ereignis gab. So kann ein Event beziehungsweise Ereignis zum Beispiel eine Hochzeit, die Geburt eines Kindes, ein Jubiläum oder ein Konzert sein. Klar ist, dass das Event den Menschen in irgend einer Art und Weise fasziniert.

*Ansatz aus Marketing-Sicht*

Aus Marketingsicht betrachtet, lässt sich der Begriff *Event* in der Kommunikationspolitik unter Eventmarketing einordnen. Mit Marketingevents werden inszenierte Ereignisse bezeichnet, die im Hinblick auf Unternehmen oder Marken das zentrale Ziel haben, den Teilnehmern (in der Regel Kunden, Geschäftspartnern oder Mitarbeitern) Erlebnisse zu vermitteln beziehungsweise bei ihnen Emotionen auszulösen. Gleichzeitig dienen Events zur Durchsetzung der Marketingstrategie, also zum Aufbau von Unternehmens- und Markenwerten.

Eventmarketing zählt im Gegensatz zu den klassischen Kommunikationsinstrumenten wie PR (= Public Relations = Presse- und Öffentlichkeitsarbeit), TV- und Print-Werbung, etc. zum Bereich des below-the-Line Marketings, auf das im folgenden noch näher eingegangen wird.

**Abbildung 1: Einordnung von Eventmarketing im Marketing- und Kommunikationsmix eines Unternehmens**

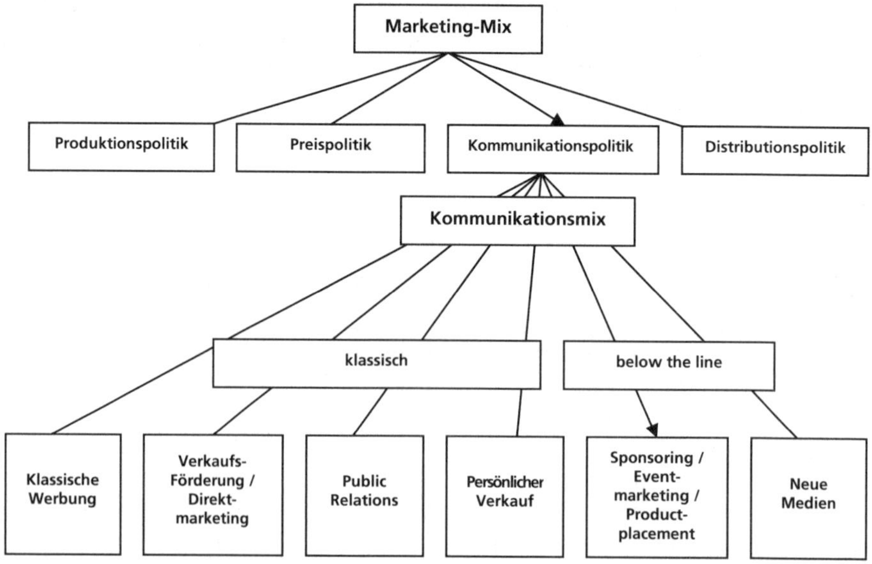

Was versteht die Praxis unter Marketingevents? Eine bedeutende Eventagentur aus Süddeutschland, die Roth Lorenz GmbH, definiert Marketingevents folgendermaßen:

> „Marketingevents sind Veranstaltungen und Aktionen, die primär Marketingzielen dienen und Informationen, Produkte, Dienstleistungen und Strategien der Unternehmen erlebnisorientiert an den Kunden beziehungsweise Markt vermitteln."

Beispiele: Adidas-Streetball und Beachvolleyball-Turniere in verschiedenen Städten; Volkswagen-Rock/Pop-Tournee mit Rolling Stones, Genesis und Bon Jovi, dabei sind auch vers. Modelle in der Golfklasse entstanden; Becks-Sailingtour mit Joe Cocker; Coca Cola-Christmas-Tour mit zwölf us-amerikanisch-gestylten Trucks, Treffen aller Trucks in Berlin.

## *1.2 Charakteristika von Events*

Im Folgenden sollen wesentliche Merkmale von Events bestimmt werden:

- Events sind etwas besonderes: Events kennzeichnen das außergewöhnliche, oft verbunden mit einem Paukenschlag oder Knalleffekt, aber auch mit Stimmung, Festlichkeit und/oder Erlebnischarakter. Die Besucher von Events sollen aus dem Einerlei des Alltags herausgeholt werden. Sie suchen Traum-, Genuß- und Erlebniswelten, die sie zumeist in größerer Gesellschaft genießen wollen.
- Events sind kurzfristig und vergänglich: Oft dauern Events nur wenige Stunden (Konzerte, Sportwettbewerbe) selten länger als einige Tage (Festivals/Tuniere). Im Extremfall finden Events nur einmal statt (Charakter der Einmaligkeit, Sonnenfinsternis, Milleniumsfeier) allerdings können sie in längerem Abstand oder an anderen Orten wiederholt werden (Große Sportturniere wie beispielsweise Olympische Spiele oder Fußball-WM).
- Events werden kreiert und inszeniert: Konkret bedeutet dieses Merkmal, dass Events künstlich geschaffen werden. Dabei nehmen sie entweder historische oder sonstige Anlässe als Ausgangspunkt für ihre Vermarktung. Man bezeichnet sie auch als authentische Events, das heißt sie sind an den jeweiligen Ort gebunden (Reichtagsverhüllung kann nur in Berlin stattfinden!). Aber immer häufiger werden Events ohne weiteren Bezug zum jeweiligen Ort entwickelt. Sie entstehen künstlich, der Ort der Austragung ist austauschbar: Die „Drei Tenöre" treten in verschiedenen Orten auf, Sportwettbewerbe suchen sich immer neue Austragungsorte. Inszenierung bedeutet, dass erfolgreiche Events ähnlich wie bei einem Theaterstück einen Spannungsbogen aufweisen sollten.

**Abbildung 2: Aufbau des Spannungsbogens**

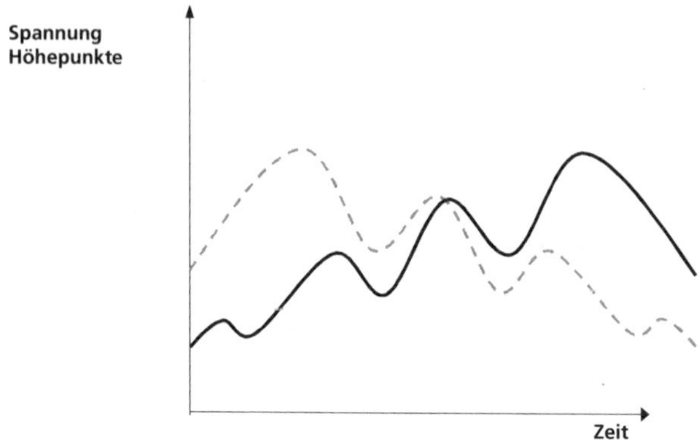


„Wenn sich der Verstand einschaltet, hat das Vergnügen ein Ende!"

Im obigen Schaubild sind zwei Spannungsbögen schematisch dargestellt. Die durchgezogene Linie bedeutet, dass man im Zeitablauf eine kontinuierliche Steigerung der Spannung beziehungsweise Einsatz von Höhepunkte (auch Highlights) einsetzt. Die gestrichelte Linie meint dagegen, den Einstieg bei einem Event erfolgt gleich zu Beginn mit einem enormen „Paukenschlag", wo bei dann im Zeitablauf die Spannung allmählich sinkt.

- Events als touristische Attraktion: Touristische Events (zum Beispiel Oktoberfest in München) sollen vor allem auswärtige Besucher anziehen. Davon profitieren Hotellerie, Gastronomie, Bahn-, Bus- und Flugtouristik sowie Reisebüros und Reiseveranstalter Doch es kommt noch eine weitere touristische Attraktivität hinzu. Nicht immer müssen die Menschen an den Ort des Ereignis: die Events werden durch die Medien ebenso frei Haus geliefert. So wirken bedeutsame Events (zum Beispiel Olympische Spiele, Reichstagsverhüllung in Berlin) als Imagebilder mit touristischer Langzeitwirkung. Daher haben Events aus touristischer Sicht vor allem zwei Hauptziele: Sie sollen die Bekanntheit eines Ortes erhöhen und somit eine Steigerung oder Konsolidierung der Besucherzahlen bewirken. Zudem dienen Events der Imagebildung für die jeweiligen Orte (Berlin als Stadt der Love Parade).

## 1.3 Events – ein Bedürfnis der Menschen unserer Zeit?

*„Nicht wer am ältesten wird, hat am längsten gelebt, sondern wer am stärksten erlebt hat".*

Nach diesem Motto lebte schon der berühmte Lebenskünstler Jean-Jacques Rousseau im 18. Jahrhundert. In unserer Gesellschaft findet laufend ein Wertewandel statt: Steigender Wohlstand und zunehmende Freizeit sorgen dafür, dass Freizeitbereiche wie Tourismus, Sport und Unterhaltung heutzutage nicht mehr aus unserem Alltag wegzudenken sind. Die erlebnisorientierte Freizeit gewinnt zunehmend an Bedeutung. Erlebniskonsum und Freizeitorientierung kennzeichnen Begriffe, die eng mit unserer heutigen Gesellschaft verbunden werden. Unternehmen sind deshalb gefordert, ständig neue Angebotsformen zu entwickeln, bei denen die Attraktivität nach dem Erlebnischarakter bewertet wird. Wo es früher mehr oder weniger ums „Überleben" ging, steht heute die sinnliche Wahrnehmung von Erlebnis und Abwechslung im Mittelpunkt.

Erlebniskonsum wird zunehmend als Lebensqualität empfunden. Die entscheidende Motivation ist nicht mehr der materielle Bedarf, sondern der erlebnispsychologische Wunsch nach Sich-verwöhnen-wollen.

Diese Entwicklung vom Versorgungs- zum Erlebniskonsum in den letzten Jahrzehnten in Deutschland wird im folgenden aufgezeigt:

- Ende 40er Jahre: Rund drei Viertel des Einkommens geben die Menschen für Essen und Kleidung aus.
- 50er Jahre: Befriedigung der Grundbedürfnisse. Die sogenannte „Fresswelle" setzt ein.
- 60er Jahre: Konsumwelle – vom Staubsauger über den Kühlschrank bis zum Fernseher und Auto.
- 70er Jahre: Neue Nachfrageautomatik: wachsende Bevölkerung + wachsende Kaufkraft + wachsende Freizeit = Entstehung einer gewaltigen Freizeitindustrie.
- 80er Jahre: Wertewandel – Vom Materialismus zum Postmaterialismus, das heißt die Menschen suchen vermehrt nach Zufriedenheit in ihrer Arbeit und Freizeit statt purem Einkommenszuwächsen.
- Anfang 90er Jahre: Konsumgewohnheiten werden vom Schlagwort „Lifestyle" beherrscht. Neue Trendgruppen entstehen: junge Doppelverdiener, berufstätige Frauen, kinderlose Familien und Senioren mit überdurchschnittlichem Einkommen geben den Ton an.

- Ab 2000: In den nächsten Jahren wird mit einem noch stärkeren Wunsch nach Konsumerlebnissen gerechnet. Die Erlebnisqualität wird zum wichtigsten Kaufkriterium. Produkte ohne Erlebniswert verlieren an Attraktivität.

## *1.4 Eventmarketing als below-the-line-Aktivität*

Eventmarketing ist der Kommunikationspolitik eines Unternehmens zuzuordnen, also in den Bereich, der zur systematischen Beeinflussung aktueller und potentieller Kunden dient. Unter Kommunikationspolitik werden daher sämtliche Maßnahmen verstanden, die der Kommunikation zwischen dem Unternehmen und seinen aktuellen und potentiellen Kunden dienen. Hierzu zählen sowohl Instrumente der unpersönlichen (Massen-) Kommunikation als auch Maßnahmen des persönlichen Dialogs mit den Kunden. Zu erwähnen sind hier im einzelnen:

- Klassische Werbung über Massenmedien wie Tageszeitungen, Zeitschriften, Funk- und Fernsehwerbung,
- Verkaufsförderung am POS (point of sale), das heißt Werbemaßnahmen in einem Einkaufszentrum ),
- Direktwerbung, wie zum Beispiel Werbebriefe an Unternehmen oder auch Haushalte
- Öffentlichkeitsarbeit (auch PR = public relations), das heißt Schreiben von Pressemitteilungen und die Durchführung von Pressekonferenzen,
- Events und Sponsoring.

Ziel ist es, durch den Einsatz dieser Instrumente potentielle Kunden über das Leistungspotential, die Vorteilhaftigkeit des Angebots, die Leistungsbereitschaft zu informieren, Vertrauen zu schaffen und letztendlich von einer Inanspruchnahme der Dienstleistung zu überzeugen. Abbildung 2 zeigt die Instrumente, die den Unternehmen im Rahmen ihrer Kommunikationspolitik zur Verfügung stehen.

Wo früher als Kommunikationsmittel nur die klassische Werbung eingesetzt wurde, haben heute unter anderem Eventmarketing, Sponsoring, etc. sehr viel mehr an Bedeutung gewonnen. Diese Entwicklung wird sich auch in den nächsten Jahren weiter abzeichnen. Die folgende Abbildung zeigt die Entwicklung der hauptsächlich eingesetzten Kommunikationsinstrumente

## Abbildung 3: Instrumente der Kommunikationspolitik

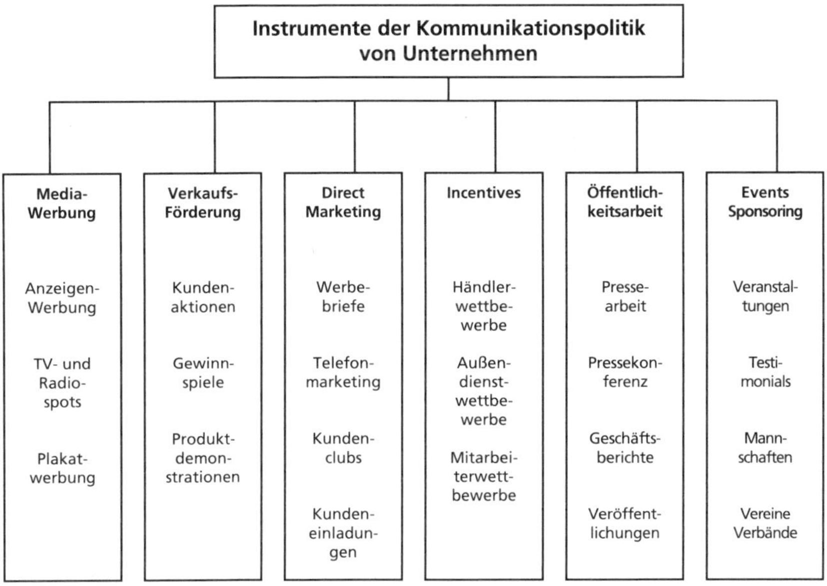


## Abbildung 4: Geschichtliche Entwicklung der Kommunikationsinstrumente

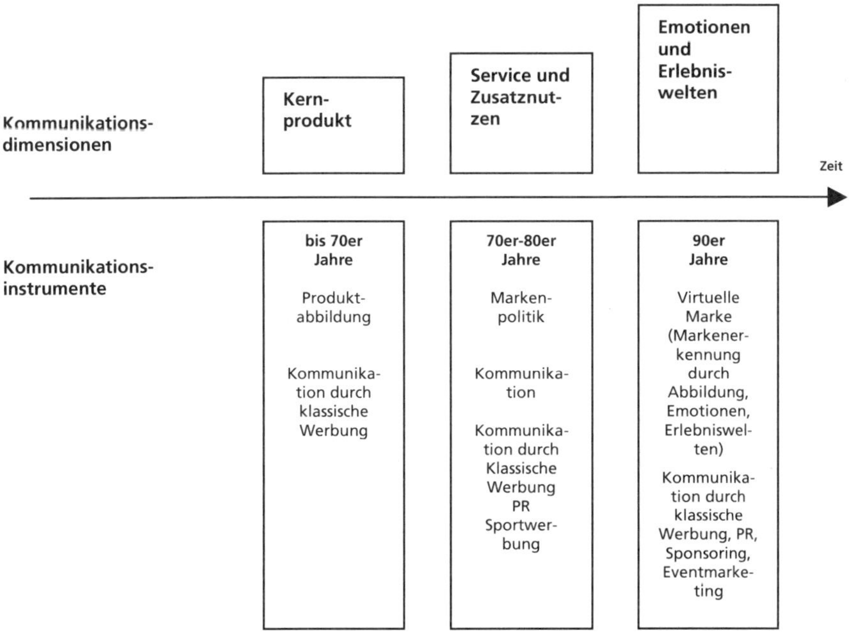

In den 70er Jahren haben sich die Marketingleute auf das Kernprodukt konzentriert. Kommunikation mit dem Kunden oder dem Markt fand durch die klassische Werbung in Printmedien wie Tageszeitungen und Zeitschriften statt, in denen die Produkte abgebildet und technische Details (bei Autowerbung) erläutert wurden.

Nachdem nun zu Ende der 70er und Anfang der 80er Jahre die Unternehmen in starke Konkurrenz zueinander traten, reichte dies zur Ansprache von neuen Käufern nicht mehr aus. Aus den USA kam dann der Gedanke des Service und des Zusatznutzen auf den Markt. Zum Erhalt und der Neugewinnung von Kunden benötigen die Unternehmen einen umfassenden Service. Darüber hinaus entwickelte sich der Begriff der Marken in der Welt von Produkten. Wenn wir eine Vielzahl von Produkten zum Beispiel bei Papiertaschentücher vorfinden, so ist es doch eine sehr gute unternehmerische Leistung im Rahmen der Kommunikationspolitik, wenn alle nach einen „Tempo" verlangen. Zusatznutzen in marketingtechnischer Sicht bedeutet, dass wir unseren Kunden neben dem reinen Produktnutzen (ich kann mit dem Auto von A nach B fahren) einen weiteren Zusatznutzen verschaffen, in dem wir zum Beispiel als BMW-Verkäufer auch ein bestimmtes Image mitverkaufen. Denken Sie zum Beispiel mal über das Image verschiedener BMW-Autos nach beziehungsweise welcher Typ von Autofahrer/-in erwirbt die jeweilige Marke.

| **Autotyp** | **Image?** |
|---|---|
| 3 er BMW Cabrio | ? |
| 5er BMW Touring | ? |
| 7er BMW | ? |
| Z 3 Cabrio | ? |

Im Zeitablauf der Entwicklung verschiedener Kommunikationsinstrumente finden wir gegen Ende der 90er und zu Beginn des neuen Jahrtausend ganz andere Dimensionen:

*Erlebniswelten und Emotionen*

Denken Sie an Firmen Nike oder Adidas: Hier genügt die Abbildung des Markenzeichens und schon begreift jeder Verbraucher, um welche Produkte es sich im einzelnen handelt. Im Handel werden erste sogenannte Shoppingwelten, wie Megastore, Disneystore, Sportwear-Welten etc. etabliert.

Eventmarketing kann drei Dimensionen beinhalten:

- Interaktion zum Beispiel Unterhaltung durch einen Künstler
- Adressaten, also die Personen, die durch das Event angesprochen werden
- Erlebnisrahmen, also in welchem Umfeld das Erlebnis vermittelt wird.

**Abbildung 5: Dimensionen des Eventmarketing**

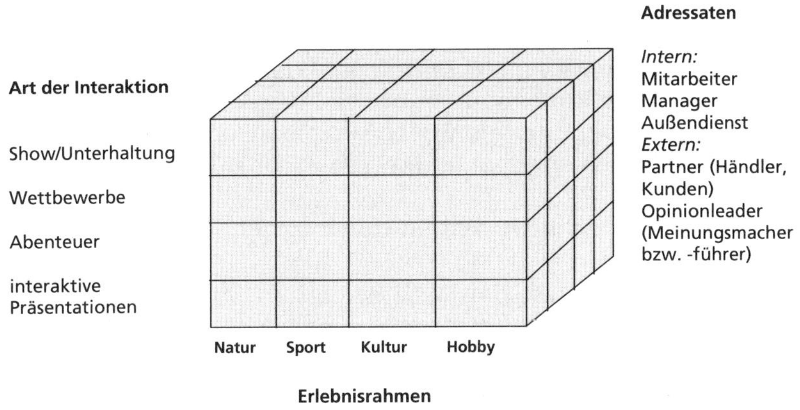


Quelle: Zanger/Sistenich 1996, S. 135

Unternehmen inszenieren einen „Wettbewerb" (= Art der Interaktion) für die Außendienstmitarbeiter (= Adressaten) im Sportbereich (= Erlebnisrahmen); oder aber kreieren ein Abenteuer, zum Beispiel river rafting (= Art der Interaktion) in der Natur (= Erlebnisrahmen) für den besten Kundenstamm (= Adressaten).

Im Gegensatz zu den klassischen, üblicherweise eingesetzten Kommunikationsinstrumenten wie Werbung, Public Relations oder Verkaufsförderung zählt Eventmarketing zu den below-the-line-Marketing Instrumenten, also zu den Nicht-Klassikern. Zu diesen zählen neben Eventmarketing unter anderem:

- Sponsoring (Werbemaßnahmen im Rahmen von Sport- und Kulturevents)
- Product Placement (Platzierung der Produkte im TV, James Bond fährt mit dem neuen BMW-Cabrio)

- New Media (Werbemaßnahmen mit Multimedia, Internet, CD-Roms etc.)
- POS-Promotions (Point of Sale), Aktionen am Verkaufsort, zum Beispiel im Einkaufszentrum
- Merchandising (= Entwicklung und Verkauf von themenbezogenen Produkten, wie zum Beispiel Fanartikel von der Fußballmannschaft, von berühmten Filmfiguren Mickey Mouse)

Beim Einsatz von Erlebniswelten beziehungsweise das Erleben von Emotionen erreicht das Unternehmen oder die Marke bei der vorab bestimmten Zielgruppe persönlich in Kontakt zu treten, ohne dabei große Streuverluste wie beispielsweise bei TV-Werbung zu riskieren. Der Mensch steht als Individuum im Mittelpunkt des Geschehens, emotionale und physische Reize können angesprochen werden. Die Markenbildung (brand building) wird mittels Erlebniskommunikation weiter forciert. Markenbilder werden erlebbar und setzen nachhaltig Emotionen frei.

Below-the-line Maßnahmen werden durch folgende Merkmale gekennzeichnet:

- Hoher Neuigkeitsgrad, das heißt es passiert immer etwas neues im Umfeld meines Unternehmens oder Produktes.
- Nutzung von Medien der Individualkommunikation, das heißt der einzelne Kunde kommt zu meinem Event.
- Einsatz in spezifischen Kundensituationen, das heißt ich spreche meinen Kunden in einer nicht-kommerziellen Situation an (bei einem Sport- oder Kulturereignis).
- Hoher Grad an Zielgruppengenauigkeit im Einsatz, das heißt Events können relativ exakt für bestimmte Zielgruppen (Jugendliche, Familien, Senioren) zugeschnitten werden.

Beim Einsatz von below-the-line Maßnahmen gilt unbedingt zu berücksichtigen, dass eine Vernetzung mit klassischen Marketinginstrumenten des jeweiligen Unternehmens erfolgt; sprich below-the-line Maßnahmen sollten an die herkömmliche Marketingstrategie angepasst werden. Ein wichtiger Aspekt ist hier vor allem die Berücksichtigung der CI-Richtlinien des jeweiligen Unternehmens.

**Abbildung 6: Corporate Identity**

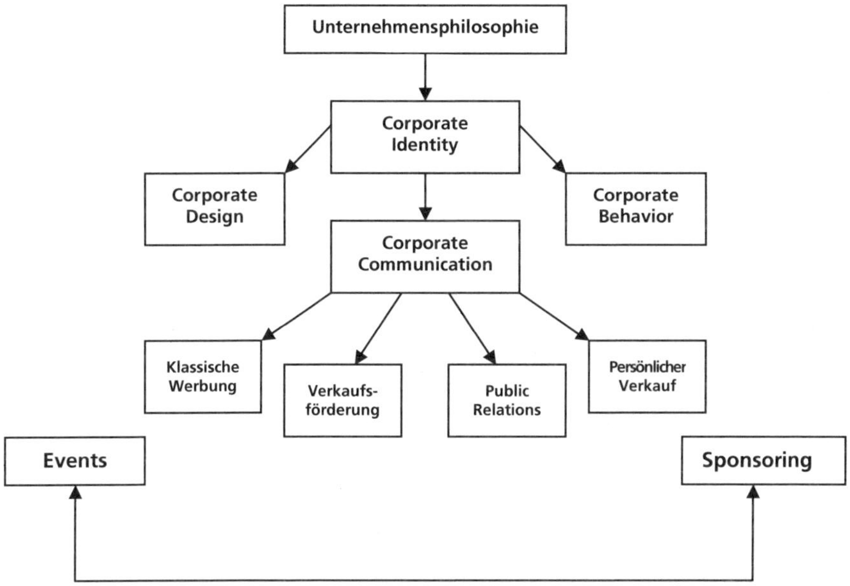


Corporate Identity (CI) ist die strategisch geplante und operativ eingesetzte Selbstdarstellung und Verhaltensweise eines Unternehmens nach innen und außen anhand von drei Komponenten:

1. Corporate Behavior = Verhaltensweise des Unternehmens gegenüber sein Umfeld (Kunden, Lieferanten, Mitarbeiter und die allgemeine Öffentlichkeit)
2. Corporate Design = Einheitliches Erscheinungsbild des Unternehmens (Name, Logo, Slogan, Farben)
3. Corporate Communication = Alle an das Unternehmensumfeld gerichteten Botschaften müssen im Rahmen von Werbung, Öffentlichkeitsarbeit sowie Verkaufsförderung zum einheitlichen Erscheinungsbild passen.

Vernetzung bedeutet, dass die Unternehmen ihr Event auch im Rahmen ihrer Werbung, ihrer Pressearbeit und in der Verkaufsförderung nach außen kommunizieren sollten.

## *1.5 Veranstaltungsformen von Events*

Es existieren eine Vielzahl von Events. Eine gängige Unterteilung zeigt die nachfolgende Abbildung:

**Abbildung 7: Die Vielfalt von Events**

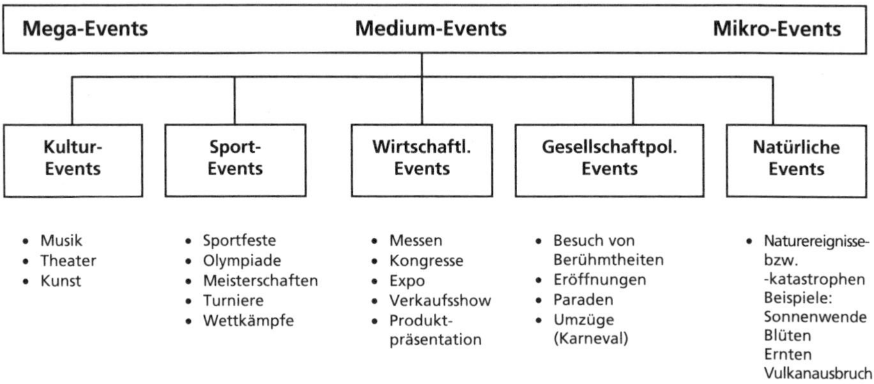


Quelle: Freyer, 1996, S. 213

Im Bereich der Unternehmen, vor allem in den Marketingaktivitäten unterscheiden wir folgende Veranstaltungsformen:

1. **Kick-off-Veranstaltungen:** Gemeint sind damit Einführungs- und Eröffnungsveranstaltungen, wie zum Beispiel Produkteinführungen. Bei Autokonzernen wird die Produkteinführung sehr oft mit einer Gala verbunden, zum Beispiel die Mercedes A-Motion Tour 1997, eine europaweit durchgeführte Promotionstour anlässlich der Neueinführung der Mercedes A-Klasse.
2. **Sponsoring-Events:** Unternehmen nutzen im Rahmen von Kultur- und Sportveranstaltungen zunehmend mehr Darstellungs- und Präsentationsmöglichkeiten. Teilweise werden solche Veranstaltungen eigens für Marketingzwecke von Unternehmen inszeniert.
3. **Jubiläen/Festakte:** Diese besonderen Anlässe werden oftmals genutzt, um große Veranstaltungen durchzuführen. Als Ziele gelten dabei a) eine Motivationssteigerung bei den Mitarbeitern herbeizuführen und b) eine Verbesserung der Imageprofilierung beim Kunden.
4. **Messen:** Angesichts der Vielzahl von Ausstellern auf großen internationalen Messen werden zunehmend Events zum Beispiel eine große Show am Messestand inszeniert, um Aufmerksamkeit bei den Besuchern zu erlangen.

5. **Kongresse, Tagungen, Seminare:** Fachliche Tagungen werden zunehmend mit Rahmenprogrammen kombiniert. Neu ist auch, dass Tagungen in großen Freizeitparks abgehalten werden. Beispiele: Tagungen im Europapark Rust oder bei Warner Bros. Movie World in Bottrop, auch Stella bietet ihre Musical-Theaterstätten als Tagungszentrum an.
6. **Roadshows:** Gleiche Veranstaltungen oder Produktpräsentationen werden in verschiedenen Städten aufgeführt, zum Beispiel Coca-Cola Weihnachtstour mit amerikanischen Trucks oder die Adidas Streetballevents.

Welches sind nun die wichtigsten Anlässe für Marketingevents? Gemäß einer aktuellen Studie geben die befragten Unternehmen folgende Veranstaltungsformen an (siehe Abbildung 8).

**Abbildung 8: Die wichtigsten Anlässe für Marketingevents**

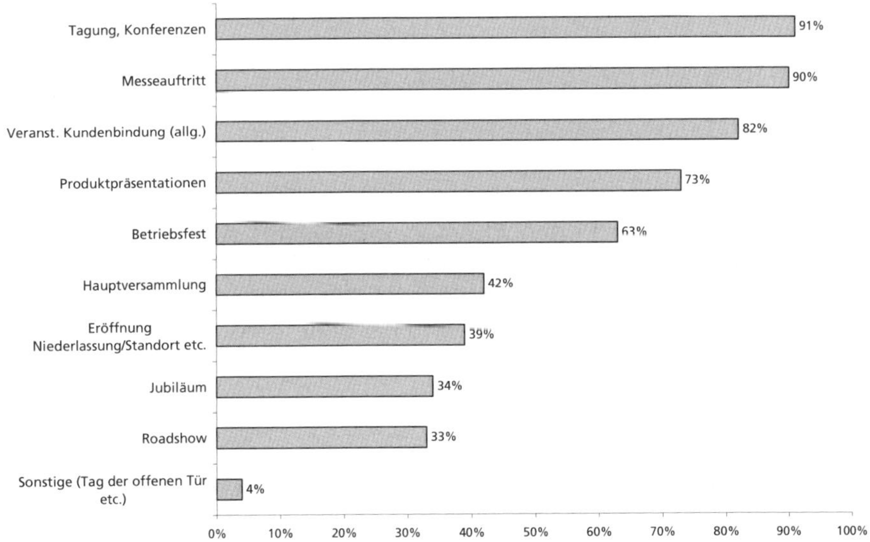

## *1.6 Ursachen für die wachsende Bedeutung von Eventmarketing*

Die Idee des Eventmarketings kam vor etwa zwei Jahrzehnten aus den USA nach Europa. Dort beläuft sich der Anteil an below-the-line Maßnahmen bereits auf über siebzig Prozent der Marketingaktivitäten der Unternehmen. Doch welche Gründe gibt es eigentlich für diesen Boom?

- Erlebnisorientierung: Immer mehr Freizeit, Genuss-, und Erlebnisorientierung stehen heutzutage bei vielen Menschen an oberster Stelle. *Nicht mehr leben, um zu arbeiten, sondern arbeiten, um zu leben* heißt die Devise. Diese Entwicklung wirkt sich nicht nur auf den privaten Bereich, sondern auch auf das Wirtschaftsleben und hier speziell auf die Marktkommunikation aus. Eventmarketing hat die Aufgabe, Erlebnisse in die Unternehmenskommunikation einzubinden.
- Zunehmende Konkurrenz und Globalisierung: Eine weitere Ursache für diesen Boom ist die zunehmende Konkurrenz, oftmals homogene (= gleichartige) Produkte und die weltweit stattfindende Globalisierung im wirtschaftlichen Bereich. Dadurch wird die Kundenbindung für die Unternehmen immer wichtiger, aber auch schwieriger, weil der Kunde auf eine Vielzahl von Unternehmen stößt. Hinzu kommt, dass sich die Gesellschaft in immer kleinere Gruppen aufsplittet und somit durch klassische Kommunikationsintrumente kaum mehr in der gewünschten Reichweite anzusprechen sind.
- Informationsüberflutung: Die steigende Anzahl von TV-Kanälen und Zeitschriften hat zur Folge, dass auch die Mediawerbung zunimmt. Es herrscht eine regelrechte Informationsüberflutung, was dazu führt, dass lästige Werbeblöcke einfach weggezappt werden, oder Printwerbung überblättert wird. Angesichts des zunehmenden Wettbewerbs auf gesättigten Märkten und des teilweisen Versagens der massenmedialen Kommunikation (Zapping beim Fernsehen) sehen viele Marketingexperten gerade im Eventmarketing einen neuen Weg zum Kunden.

Zentrale Aufgabe dieser Entwicklung ist, Kundenbindung und eine genaue Zielgruppenansprache durch Emotionen zu schaffen. Marken und Unternehmen müssen neben den herkömmlichen Kommunikationsinstrumenten in Form von erlebbaren Ereignissen inszeniert werden. Dabei versprechen Events durch persönliches und aktives Erleben ein hohes Aktivierungspotential und geringere Streuverluste bei der Zielgruppenerreichung. Im Gegensatz zu beispielsweise TV-Spots, die in der Regel auf zwanzig bis dreißig Sekunden beschränkt sind und bei denen keinerlei Dialog entsteht, dienen Events der direkten Ansprache des Kunden. Der potentielle Kunde oder Verbraucher kann selbst aus eigenem Interesse heraus entscheiden, sich dem Event zuzuwenden. Ein Event kann also emotionale Stimmung erzeugen und Botschaften zielgenauer vermitteln, frei nach dem Motto: „Köpfe denken, Bäuche kaufen".

*Events aus Sicht der Verbraucher*

Ähnlich wie beim Sponsoring können bei Marketingevents die Zielgruppen punktgenau angesprochen und erreicht werden. Der hohe Streuverlust, wie er bei der klassischen Werbung oftmals auftritt, fällt weg. Schon mit einem relativ kleinen Etat können große Effekte erzielt werden. Doch wie sehen die Verbraucher das Image von Events und Sponsoring? In welchen Branchen besteht bereits eine Werbemüdigkeit, wo könnte mehr geworben werden. Zunächst einmal, wer besucht welche Events?

**Abbildung 9: Besuch von Events**
Angaben der Befragten in Prozent

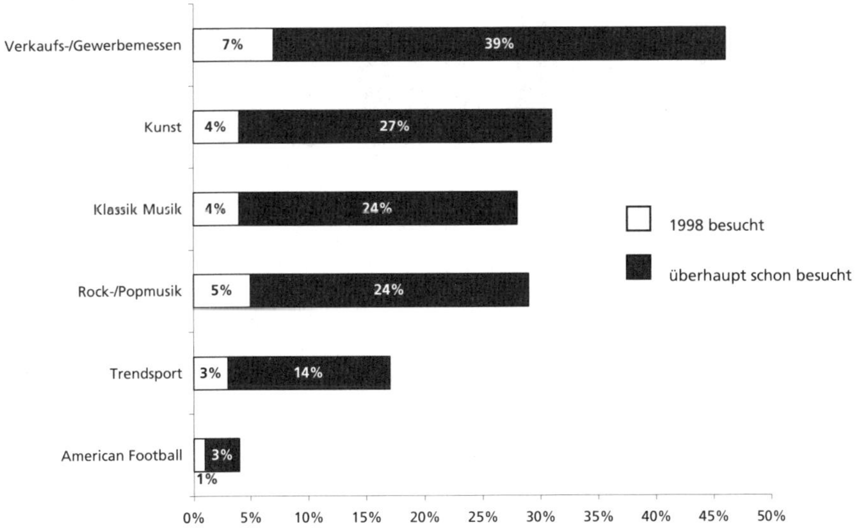


Basis: 1.000 Personen ab 14 Jahren
Quelle: Ipsos, Event-Basics 1999

Der obigen und der nachfolgenden Abbildung ist zu entnehmen, dass die Verkaufs- und sonstigen Gewerbemessen den größten Anteil an Besuchern für sich verbuchen können. Danach folgen Veranstaltungen von Rock-Pop-Musik sowie Kunst- und Kulturveranstaltungen.

**Abbildung 10: Besucherfrequenz bei ausgesuchten Events**
Angaben der Befragten in Prozent

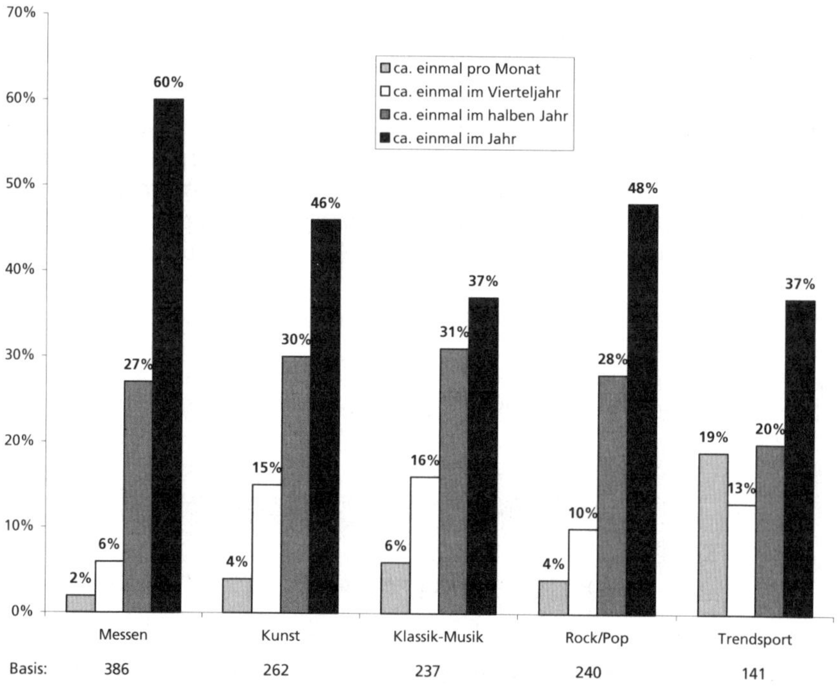


Basis: 1.000 Personen ab 14 Jahren
Quelle: Ipsos, Event-Basics 1999

Welches Image haben Event-Sponsoren? Zunächst gilt zu beachten, dass das Image des Events mit dem des Sponsors stimmig ist. Nur dann kann ein positives Image vom Event auf die Marke beziehungsweise das Produkt des Sponsors transferiert werden. Passen Event und Marke/ Produkt nicht zusammen, kann dies sehr schnell zu einem Verlust der Glaubwürdigkeit des Sponsors führen.

So wird zum Beispiel ein Sponsor der im Bereich der Rock und Pop Musik sponsert von den Verbrauchern als „modern" (48 Prozent der Befragten), „dynamisch" (34 Prozent) und „international" (31 Prozent) eingestuft. Hingegen müsste ein Sponsor im Bereich Klassik-Musik aus Verbrauchersicht eher „konservativ" (28 Prozent), „vertrauenswürdig" (28 Prozent) und „erfolgreich" (25 Prozent) sein. Diese Eigenschaften passen selbstverständlich nicht nur zu einer bestimmten Event-Art, sondern können durchaus auch auf andere Bereich zutreffen. Es wird also nicht ausgeschlossen, dass beispielsweise ein Sponsor mit dem Attribut „dynamisch“ nur in den Bereich Rock/Pop passt, sondern auch zum Beispiel in den Bereich „Trendsport“.

*Die Akzeptanz von Sponsoring und Werbung*

Aufgrund der häufigen Vernetzung von klassischer Werbung mit Sponsoringmaßnahmen sind die werbungstreibenden Unternehmen häufig auch gleichzeitig die Top-Sponsoren. Deutlich wird dies am Beispiel der Brauereien, die bereits seit mehreren Jahren nicht nur zu den stärksten Werbern, sondern auch zu den professionellsten Sponsoren gehören.

Aber die Vernetzung von klassischer Werbung und Sponsoring führt häufig dazu, dass dem Verbraucher zuviel zugemutet wird. Reaktion hierauf ist, dass 32 Prozent der Deutschen den Sponsoringeinsatz von Brauereien als zu extrem finden und jeder vierte sich weniger klassische Werbung wünscht. Gleich hinter den Brauereien steht die Automobilbranche mit 18 Prozent für „zuviel Werbung“ und 19 Prozent „zuviel Sponsoring“. Auf Rang 3 befindet sich der Telekommunikationsbereich (13 Prozent zuviel Werbung, 17 Prozent zuviel Sponsoring).

Eine Sonderstellung nimmt der Bereich „Tabakwaren“ ein. Hier liegen bereits drastische Werbeverbote vor, trotzdem finden zwölf Prozent der Befragten die klassische Werbung im Tabakbereich als zuviel. Anders sieht es dagegen zum Beispiel im Bereich „Sportausrüster“ aus. Hier finden lediglich fünf Prozent der Befragten das Sponsoring zuviel, ebenfalls fünf Prozent wünschen sich sogar noch mehr Sponsoringaktivitäten.

*Fazit*

Zusammenfassend kann gesagt werden, dass die Verbraucher sehr genaue Vorstellungen haben, wie der Event-Sponsor sein muss und wer bereits zuviel sponsert und wer nicht. Deshalb ist es bei der Auswahl des richtigen Sponsors unbedingt wichtig, die Meinung der Verbraucher mit einzubeziehen. Hierzu orientieren sich die Unternehmen sehr oft an den Marktforschungsergebnissen, die von den Event- oder Sponsoringagenturen erstellt werden.

## 2. Management von Marketingevents

### *2.1 Allgemeine Erfolgsfaktoren von Events*

Eventmarketing nimmt an Bedeutung in der Geschäftswelt immer mehr zu und damit steigen auch die Ansprüche an Events. Was für viele Menschen früher noch etwas besonderes war, ist heute schon Normalität und oftmals langweilig. Ziel ist es deshalb, Events immer ausgefallener zu gestalten. Dies erfordert natürlich Professionalität und Können. Nur ein professionelles Management mit zahlreichen und vor allem kreativen Ideen, einer gut durchdachten Planung und Durchführung bis hin zur Erfolgskontrolle und Dokumentation kann diesem hohen Anspruch gerecht werden. Deshalb haben sich in den letzten Jahren neben den klassischen Werbeagenturen zahlreiche Eventagenturen in Deutschland etabliert, die sich mit der professionellen Planung, Organisation und Durchführung von Events befassen.

Wichtig in diesem Zusammenhang ist vor allem, dass die Events von mehreren Erfolgsfaktoren geprägt sind:

1. Die Illusionierung und der inszenierte Kulissenzauber sind wesentliche Bestandteile. Diese sollten daher auch so echt wie möglich sein. Besondere Attraktionen lassen das Ereignis als unvergleichbar gelten.
2. Es gilt das Null-Fehler-Prinzip, das heißt die Veranstaltung muss perfekt geplant und mit hohen Qualitätsansprüchen durchgeführt werden.
3. Weiterhin müssen Events das Kriterium „Einmalcharakter" oder besser „Einzigkeitscharakter" erfüllen. Das heißt Events werden in zeitlich regelmäßigen Abständen mit hohem Innovationsgehalt generiert.
4. Das Event muss episodenhaft inszeniert werden, das heißt eine Art Spannungsbogen oder Dramaturgie muss aufgebaut werden. Das Ereignis hat einen Anfang und ein Ende und dazwischen liegen mehrere Höhepunkte.
5. Der „WOW!"-Effekt: Der Zuschauer sollte sich wie in einer Meditation fallen lassen können, Kommunikation erfolgt über die Phantasie und das Gefühl, emotionale Verbindungen werden geschaffen und traumhafte Bilder hinterlassen.

Neben den oben genannten Faktoren ist der Erfolg eines Events von der Integration in die verschiedenen internen und externen Kommunikationsaktivitäten des Unternehmens abhängig. Man spricht in diesem Zusammenhang von einer instrumentellen Vernetzung, das heißt die Einbindung des Eventmarketings in die anderen Kommunikationsinstrumente. Zielsetzung ist, wie bereits erwähnt, der Auftritt des Unternehmens in sämtlichen Kommunikationskanälen mit einer einheitlichen Corporate Identity.

## *2.2 Konzeption von Marketingevents*

Zunächst muss man sich die Frage stellen, „Was will ich erreichen und wie kann Eventmarketing das leisten". Unter dieser Voraussetzung wird dann ein Konzept mit den folgenden Inhalten erarbeitet:

- Wer
- will was
- mit wem
- mit welchem Ziel
- und wie erreichen?

Um ein Konzept erstellen zu können, dienen sogenannte Briefings als Kreativitäts-Potential und Grundlage. Bei einem Briefing wird zum Beispiel die beauftragte Eventagentur mit allen, für dieses Event relevanten Informationen versorgt, um daraus ein Konzept zu erstellen. Häufig treten mehrere Event-Agenturen in einer Art Wettbewerb, dem sogenannten Pitch an. Die Agentur mit den besten Vorschlägen im Rahmen des dafür zur Verfügung stehenden Budgets bekommt dann den Zuschlag beziehungsweise den Auftrag.

**Konzeptplan für Events**

- Anlass des Events
- Zielsetzung
- Zielgruppe
- Botschaft für die Teilnehmer
- Eventstrategie beziehungsweise Veranstaltungsform
- Wichtige Eckdaten wie Termin, Dauer und Location
- Organisatorische Aspekte wie Verantwortlichkeiten, Zeitplan, Technik, Catering, Personal und Logistik.
- Budget- und Kalkulationsplanung
- Erfolgskontrolle

Das Konzept enthält obige Inhaltspunkte, die im nachfolgenden beschrieben werden:

- **Anlass des Events:** Dies kann zum Beispiel ein Firmenjubiläum, eine Produkteinführung, Incentive-Maßnahmen, etc. sein. Dabei spielt die Glaubwürdigkeit des Unternehmens beziehungsweise des Produktes eine wichtige Rolle. Es sollte deshalb bei der Konzeption immer darauf geachtet werden, einen Bezug zwischen Event und Unternehmen /Produkt herzustellen.

- **Zielsetzung:** Die Definition von Zielen spielt bei der professionellen Konzeption von Events eine sehr wichtige Rolle. Denn nur anhand von gesetzten Zielen ist auch eine Erfolgskontrolle am Ende des Events möglich, das heißt eine Kontrolle, ob die definierten Ziele erreicht wurden. Grundsätzlich ist zwischen ökonomischen und nichtökonomischen/kommunikativen Zielen zu unterscheiden:
  - **Ökonomische Ziele:** hierbei handelt es sich um monetäre, wirtschaftliche Größen, die anhand von Gewinn, Umsatz, Kosten oder Marktanteil gemessen werden. Jedoch ist es schwierig, anhand dieser Größen den Erfolg eines Events auszumachen beziehungsweise daraus Schlüsse zu ziehen, ob zum Beispiel eine Absatzsteigerung tatsächlich auf das Event zurückzuführen ist.
  - **Nicht-ökonomische/kommunikative Ziele:** Diese Ziele spielen sich in erster Linie über die emotionale Ebene ab. Durch einen eindrucksvollen Event sollen emotionale und physische Reize des Teilnehmers angesprochen werden, aufgrund derer sein Interesse am Unternehmen/ Produkt geweckt wird. Ziele können zum Beispiel sein: Motivationssteigerung der Mitarbeiter, Emotionalisierung einer Marke/ eines Produktes erlebbar zu machen.
- **Zielgruppe:** Anhand der festgelegten Ziele läßt sich meist schon die Zielgruppe ableiten. Wichtig ist auch hier, dass diese genau definiert wird. Es kann eine oder mehrere Zielgruppen geben, je nach Event-Zielen. Unterschieden wird zwischen internen Zielgruppen (zum Beispiel Mitarbeiter, Anteilseigner, Außendienst) und externen Zielgruppen (zum Beispiel Kunden, Öffentlichkeit, Investoren, Lieferanten, Meinungsmacher,...).
- **Botschaft für die Teilnehmer:** Was soll das Event den Teilnehmern vermitteln? Dies könnte beispielsweise eine multimediale Lasershow für die Einführung neuer Produkte bei einem High-Tech-Unternehmen oder eine seriöse Kunstausstellung für eine Bank sein.
- **Eventstrategie/Veranstaltungsform:** Hier gilt es die Frage, welche Art von Veranstaltungsform gewählt wird, zu beantworten (siehe hierzu Kapitel 1.5).
- **Wichtige Eckdaten:** Diese sind Termin, Dauer und Location. Bereits in der Konzeptionsphase spielen diese Daten eine wichtige Rolle. Zum einen wird aus dem Termin, an dem das Event stattfindet ein Zeitplan für das weitere Vorgehen entwickelt. Zum anderen sollten Termin und Dauer der Veranstaltung mit Teilnehmern, Künstlern/ Prominenten, Location etc. abgestimmt werden. Wichtig ist auch, die Berücksichtigung von anderen Ereignissen, die an diesem Tag stattfinden könnten und eventuell eine Konkurrenz darstellen. Solche Ereignisse können zum Beispiel Weltmeisterschafts-Endspiele sein. Bei der Wahl der Location spielen u.a. die Teilnehmeranzahl und Art der Teilneh-

mer (Manager, Kunden, Jugendliche,...), technische und logistische sowie infrastrukturelle Voraussetzungen eine große Rolle. Es macht zum Beispiel keinen Sinn, eine Veranstaltung im Winter in einer Räumlichkeit, die nicht beheizbar ist, abzuhalten. Genauso sollte darauf geachtet werden, wie die Teilnehmer zum Veranstaltungsort gelangen können und ob dort unter Umständen genügend Park-plätze vorhanden sind oder ob es sinnvoller wäre, einen Shuttle-Service anzubieten.

*Weitere organisatorische Aspekte*

- Verantwortlichkeiten: Verteilung der Kompetenzen und Outsourcing, das heißt Vergabe einzelner Bereiche an Fremdfirmen, wie zum Beispiel Bühnenbauer, Lichttechniker, etc.
- Erstellung eines groben Zeitplans.
- Planung von Technik, Catering, Personal und Logistik.

*Budget- und Kalkulationsplanung*

Bevor überhaupt ein Event komplett geplant und durchgeführt werden kann, muss eine Budgetrahmen festgelegt werden. Dazu muss zunächst gut recherchiert werden. Denn eine grobe Kostenschätzung reicht hier nicht aus. Der Eventmanager sollte einen detaillierten, verbindlichen Kosten- beziehungsweise Kalkulationsplan aufstellen, um aufzuzeigen, welche Kosten und in welcher Höhe diese anfallen. Ein solcher Plan dient dazu, schon von Anfang an einen Überblick über die anfallenden Kosten zu bekommen und dieses Budget sicherzustellen. Gegebenfalls können dann an einzelnen Stellen Einsparungen getroffen werden (Kalkulationsplan siehe weiter unten).

Zur Finanzierung des Events bieten sich verschieden Möglichkeiten an, zum Beispiel die Einbindung von Sponsoren. Dabei sollte darauf geachtet werden, dass das Image von Sponsor und Event stimmig sind. Das heißt ein Luxusuhrenhersteller sollte kein Punkkonzert sponsern, sondern besser ein hochwertiges Golfturnier. Hauptziel ist ein positiver Imagetransfer vom Event auf die Marke des Sponsors. Nur so wirkt der Sponsor glaubwürdig.

## Praxisbeispiel

Das folgende Praxisbeispiel gibt einen kurzen Überblick, wie die Finanzierung mit Hilfe von Sponsoren aussehen kann.[1] Beschrieben wird die Sponsorensuche für einen Segelwettbewerb, das Match Race Lake Constance, dass jährlich an Pfingsten in Langenargen am Bodensee stattfindet. Um dieses Event zu finanzieren wurde eine Eventagentur mit der Sponsorensuche beauftragt.

Match Race ist eine bestimmte Form Regatten zu segeln. Im Gegensatz zu einer herkömmlichen Segel-Regatta befinden sich beim Matchracing immer nur zwei identische Rennyachten im direkten Duell, die auf einer Strecke von ca. 300 Metern um zwei Bojen segeln müssen. Seglerisches Können, taktisches Vorgehen und Manöver-Schnelligkeit sind entscheidend über Sieg oder Niederlage. Das Regattafeld verläuft direkt vor den Zuschauern nur wenige Meter vom Ufer entfernt und trägt somit zum direkten optischen und akustischen Kontakt des Renngeschehens bei. Durch die Ufernähe ist Matchracing sehr medienwirksam, da die gebrandeten Boote (Boote mit Firmenwerbung) auf den Fernsehkameras sehr gut erkennbar sind. Um eine zielgenaue Sponsoren-Suche vorzunehmen wurde zunächst analysiert, welche Branchen überhaupt zum Image des Segelsports passen. Diese sind unter anderem:

- Sportartikelhersteller / Outdoor
- Automobilindustrie
- Mineralwasser, Softdrinks, Bier, Süßwaren, Fitnessnahrung
- Banken/ Versicherung
- Telekommunikation

*Sponsoren-Rechte*

Bei der Vergabe von Sponsoren-Rechten unterscheidet man anhand eines Rechtekatalogs zwischen folgenden Sponsoren-Paketen:

- Titel-/Presenting-Sponsor (Der Sponsor erscheint im Namen der Veranstaltung, zum Beispiel Mercedes-Cup)
- Hauptsponsor (Der Hauptsponsor erhält viele Werbeauftritte)
- Co-Sponsor
- Partner-Sponsor

} Co- und Partner-Sponsor erhalten eine geringere Anzahl von Werbeauftritten, zahlen auch entsprechend weniger.

Je nach dem, wie viel der Sponsor bezahlt, erhält er entsprechende Rechte, vor, während und nach der Veranstaltung. Dabei muss unbedingt beachtet werden, dass beim Titel- und Hauptsponsor eine Branchenexklusivität vorliegt, das heißt dass zum Beispiel nicht zwei Automobilhersteller die Veranstaltung sponsern.

Durch das Sponsoring entsteht ein gegenseitiger Nutzen für den Sponsor-Geber (Unternehmen) und Sponsor-Nehmer (Veranstalter).

**Abbildung 11: Gegenseitiger Nutzen Sponsor-Geber und -Nehmer**

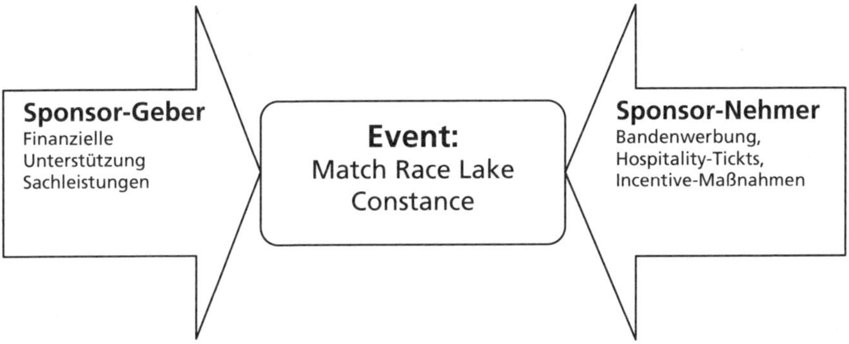


**Hospitality-Maßnahmen**

Die Sponsoren dienen also nicht nur der finanziellen Unterstützung der Veranstaltung, sondern sollen auch Vorteile aus der Veranstaltung ziehen. Sportveranstaltungen bieten für Unternehmen eine gute Möglichkeit für Kundenbindungsmaßnahmen und Kundenpflege und erlangen somit einen immer größeren Stellenwert. Unternehmen laden deshalb ihre Kunden in Form von Hospitality-Aktionen (Hospitality = Gastfreundschaft) zu sportlichen Großveranstaltungen wie zum Beispiel bekannte Tennisturniere ein, um auf diese Weise den Kontakt zum Kunden zu pflegen und um ihr Engagement im Sport verständlich zu machen. Aus diesem Grund erhielt der Sponsor beim Match Race Lake Constance ein bestimmtes Kontingent an Freikarten für den Hospitality-Bereich, je nach Höhe seines finanziellen Engagements. Hierzu stand den Sponsoren und ihren Gästen ein exklusives VIP-Zelt, das „Breeze-Inn" zur Verfügung. Das „Breeze-Inn" zeichnete sich durch seine direkte Lage am See und sein First-Class-Catering aus.

Incentive-Maßnahmen sind Maßnahmen, die einen Anreiz für das Erreichen bestimmter Ziele bieten sollen. So werden zum Beispiel erfolgreiche Mitarbeiter mit Geschenken wie Reisen oder Eintrittskarten für ihren

Einsatz belohnt. Das Match Race bietet verschiedene Möglichkeiten für Incentive-Maßnahmen. Zum Beispiel kann auf einem der gebrandeten Boote nach der Veranstaltung eine Segelregatta zur Mitarbeitermotivation veranstaltet werden und es können Segelkurse auf diesen Booten durchgeführt werden.

### Bildung eines Spannungsbogens

Um den Sponsoren Anreize zu verschaffen, muss unbedingt darauf geachtet werden, eine Art Spannungsbogen bis hin zum eigentlichen Live-Event aufzubauen. Beim Match Race Lake Constance begann bereits im April 2000 die Bewerbung der Veranstaltung in Form von Presseankündigungen, Veranstaltungshinweisen und einem Internetauftritt mit Link zum jeweiligen Sponsor. Der Sponsor war also schon weit vor der Veranstaltung präsent. Dies steigerte sich dann bis zum eigentlichen Live-Event, bei dem der Sponsor dann mit seinen Rechten laut Vertrag vertreten war. Auch nach der Veranstaltung ist der Sponsor noch mindestens bis Anfang Februar 2001 sichtbar in Form von Post-Event Activities. Dies sind zum Beispiel Ausstellung der gebrandeten Boote auf der Interboot-Messe in Friedrichshafen (September) oder die Möglichkeit, die gebrandeten Boote für Incentive-Maßnahmen zu nutzen. Dem Sponsor wird außerdem eine Option auf Folgesponsoring im Jahr 2001 eingeräumt

***Match Lake Constance 2000***
Das Sponsoring teilt sich drei Phasen auf.
Die Sponsoringaktivitäten erstrecken sich auf einen Gesamtzeitraum von mindestens einem Jahr.

| | |
|---|---|
| **April - Juni 2000** | **Pre-Event Build Up** |
| | - Homepage des Matchrace mit Link zu den Sponsoren |
| | - Presseankündigungen |
| | - Klassische Werbung (Gewinnspiele, Anzeigen etc.) |
| **9. - 12. Juni 2000** | **Live-Event Match Race Lake Constance 2000** |
| | - Kommunikationsmöglichkeiten laut Rechtekatalog |
| **Juni 2000 - Mai 2001** | **Post-Event Activities** |
| | - die sieben Rennyachten bleiben ein Jahr lang gebrandet |
| | - Boote werden auf der Interboot ausgestellt |
| | - Nutzung dieser Boote für Incentive-Maßnahmen |
| | wie z.B. Segelkurse, eigene Regatten für Mitarbeiter und Kunden |
| | - Option auf Folgesponsoring für das Match Race 2001 |

## Budgetplanung für Events

Die Budgetplanung für Events ist eine vorläufige Kalkulation und beginnt mit den voraussichtlichen Ausgaben und möglichen Einnahmen (wenn mit Sponsoren und dem Verkauf von Eintrittskarten gerechnet wird). Es werden im folgenden einzelne Kostenstellen erläutert:

- Künstler: Bei den Kosten der engagierten Künstler handelt es sich um den Hauptausgabeposten, vor allem bei den „großen" Stars. Diese sollten im Detail auf die entstehenden Kosten genauestens untersucht werden:
  - Höhe der Gage/Honorare
  - Catering für die Künstlergruppe
  - Unterkunft
  - Reisekosten
  - und sonstige Kosten (evtl. Ausländersteuer, Künstlersozialversicherung, etc.) Da oftmals unvorhergesehene Nebenkosten entstehen, ist es wichtig diese Kosten nicht zu niedrig zu kalkulieren.
- Veranstaltungsort: Hierzu gehören außer der Anmietung des Geländes vor allem Zelte, Absperrungen, Strom-, Wasser- und Abwasseranschlüsse, Sanitäre Anlagen, der Backstage-Bereich, Kassenwagen, etc.
- Bühne/ Ton- und Lichtanlage: Anhand der technischen Bühnenanweisung für bestimmte Veranstaltungsorte und / oder der Künstler muss ein entsprechender Betrag kalkuliert werden.
- Personalkosten: Personalkosten fallen für das Kassenpersonal, Ordnungskräfte, Techniker, Organisation, Auf- und Abbau, etc. an. Sie sind für Grossveranstaltungen nicht unerheblich und müssen entsprechend hoch angesetzt werden. Realistisch sind zwischen 15 und 20 Prozent des Gesamtvolumens.
- Werbung: Die Kosten für Werbung erfordern einen enormen Aufwand für Anzeigen, Plakate, Flyer, Prospekte etc..
- Organisation: Zur Organisation zählen u.a. der Transport, Versicherungen, etc. Manchmal wird zur Entlastung des innerstädtischen Verkehrsaufkommens ein für die Besucher kostenloser Buspendelverkehr eingerichtet. Alle Besucher mit gültigen Eintrittskarten werden von den Park + Ride-Parkplätzen zum Veranstaltungsort gebracht. Zu kalkulieren sind Erstattungen an das Busunternehmen, die sich nach der Anzahl der Busse, den Fahrzeiten und des Fahrpersonals richten.
- Sonstige Kosten: Hierunter fallen alle weiteren Kosten wie zum Beispiel Kosten für Polizei, Feuerwehr, Sanitäter, etc., die nicht unmittelbar den bereits aufgeführten Positionen zugerechnet werden können.
- Sonstige Ausgaben: Als sonstige Ausgaben veranschlagt der Veranstalter 10 bis 15 Prozent der Gesamtkosten für nicht vorhersehbare Mehrkosten.

Den Gesamtausgaben werden potentielle Einnahmequellen gegenübergestellt, die sich in folgende Punkte unterteilen lassen.

- Eintrittsgelder: Sie sind abhängig von der in der Finanzkonzeption angenommenen Platzausnutzung, wobei eine konservative Schätzung empfehlenswert ist. Die Platzausnutzung wird mit fünfzig Prozent Auslastung kalkuliert. Dies dämmt die zu euphorischen Erwartungen des Veranstalters. Die Höhe des Eintrittspreises richtet sich nach dem Bekanntheitsgrad der Künstler oder der Sportler.
- Bewirtung: Die Bewirtung erfolgt entweder in Eigenregie oder durch Fremdvergabe an ein Catering-Unternehmen. Der Umsatz ist eine Hochrechnung aufgrund der Schätzung der Besucherzahlen.
- Standmieten: Die angesprochenen Möglichkeiten für den Bereich Imbiss werden extern vergeben. Hierfür werden Standgebühren sowie eine eventuelle Umsatzbeteiligung vom Veranstalter erhoben.
- Sponsormittel: Auf die genauen Möglichkeiten des Sponsorings wurde bereits detailliert eingegangen. Der Rahmen des Sponsorings soll mindestens die Kosten der gebuchten Künstler decken.
- Sonstiges (Spenden, Merchandising, etc.): Der Erlös aus dem Verkauf von Aufklebern, T-Shirts, etc. wird schätzungsweise veranschlagt.

| *Kalkulation der Veranstaltung*<br>*Titel der Veranst.:*<br>*Zeit: Ort:* | ***Ausgaben in TDM*** |
|---|---|
| *Künstler* | |
| • *Gagen* | *50* |
| • *Hotel* | *2* |
| • *Reisen* | *2* |
| • *Catering* | *6* |
| *Sonstiges* | *3* |
| *Location (Miete, Reinigung, Techn. Geräte )* | *30* |
| *Bühne* | *10* |
| *Ton- und Lichtanlage* | *10* |
| *Personal (Bühne, Kasse, Ordner, Security)* | *27* |
| *Werbung* | *10* |
| *Organisation (Transport, Versicherung, etc.)* | *10* |
| *Sonstige Kosten (Polizei, Feuerwehr, etc. )* | *4* |
| *Sonstige Ausgaben (ca. 10% als Puffer)* | *16* |
| ***Summe der Gesamtausgaben*** | ***180*** |

| *Titel der Veranstaltung:*<br>*Zeit: Ort:* | ***Einnahmen in TDM*** |
|---|---|
| *1. Eintrittsgelder* | *70* |
| *2. Einnahmen aus Bewirtung* (Getränke) | *40* |
| *4. Standmieten* | *6* |
| *5. Sponsorenmittel* | *60* |
| *6. Sonstiges (Spenden, Merchandising, etc.)* | *4* |
| ***Summe der Gesamteinnahmen*** | ***180*** |

Wie aus der vorliegenden Budgetplanung ersichtlich, entsteht aus dem Vergleich von Einnahmen und Ausgaben eine Deckungsgleichheit. Hier sei noch anzumerken, dass die Kalkulation nach den Prinzipien der kaufmännischen Vorsicht, das heißt Überbewertung der Ausgaben und Unterbewertung der Einnahmenseite, erfolgen sollte (Hinweis: ein ausführlicher Kalkulationsplan ist im Anhang zu finden)

**Erfolgskontrolle**

Wie sehen die Maßnahmen zur Erfolgskontrolle aus? Dies könnten sein, Besucherbefragungen oder auch Resonanz in der Medienberichterstattung.

Ist das Konzept erstellt und das Briefing erfolgt, muss entschieden werden, ob das Unternehmen den Event selbst organisiert und durchführt oder ob es bevorzugt, eine Event-Agentur damit zu beauftragen. Dies ist heutzutage gerade bei größeren Events meist üblich, da diese professionell arbeiten und Erfahrungen im Event-Bereich mitbringen. Entscheidungsgrundlage sind unter anderem verfügbares Budget, zeitlicher Aufwand und Erfahrung im Event-Management.

## *2.3 Planung und Vorbereitung des Events*

Ist dem Event-Konzept eine Zustimmung erteilt worden, kann nun die Feinplanung und Vorbereitung des Events erfolgen. Auf der Suche nach dem besonderen Erlebnis sind kreative Ideen gefragt. Wie mache ich die Marke/ das Unternehmen erlebbar? Wie wird das Event unverwechselbar und einmalig? Folgende Schritte gehören unbedingt in die Planung und Vorbereitung eines Events:

- **Festlegung von Verantwortlichkeiten und detaillierte Zeitplanung:** Hier wird genau definiert, wer welche Aufgabe bei der Organisation und Durchführung des Events hat und bis wann diese erledigt sein müssen. Dabei ist zum Beispiel ein Zeitstrahl sehr hilfreich, der einen Überblick über sämtliche Aktionen verschafft. In diesem Zusammenhang spricht man auch von sog. Meilensteinen (Milestone-Plan). Meilensteine sind Ereignisse mit besonderer Bedeutung im Projektablauf. Dafür sollten jeweils Anfangs- und Endpunkte der einzelnen Arbeitspakete festgelegt werden. Diese Aktionen können dann in sogenannten ToDo-Listen festgehalten werden, in denen genau definiert wird, wer was bis wann zu erledigen hat. Dabei ist es wichtig, dass der Projektleiter Aufgaben an seine Kollegen delegiert.

Sind die Aufgaben innerhalb des Unternehmens beziehungsweise der beauftragten Event-Agentur verteilt beginnt nun die Suche nach geeigneten

- **Kooperationspartnern:** Partner sind zum Beispiel Catering-Firmen, die Location an sich, Logistik-Unternehmen (zum Beispiel Shuttle-Service), Techniker, etc. Sie helfen, einzelne Aufgaben innerhalb eines Projektes schneller beziehungsweise professioneller zu erledigen. Dabei ist wichtig, dass es sich um zuverlässige Partner handelt, die einzelne Teile des Projekts selbständig in die Hand nehmen und umsetzen. Bei der Auswahl der Kooperationspartner muß vorher festgelegt werden, welche Anforderungen an diese gestellt werden. Dies sind zum Beispiel
  - **Technische Voraussetzungen:** welche Technik wird benötigt (Licht und Ton, Präsentationstechnik, ...), Aufbau- und Vorbereitungszeit, Strom- und Wasseranschlüsse, etc.
  - **Location:** Kosten, Absprache mit Behörden und ggfs. behördliche Genehmigungen, Fassungsvermögen und Bestuhlungsmöglichkeiten, Infrastruktur, sanitäre Anlagen, Heizung, Klimaanlage, Garderobe, Bühne, Stromanschlüsse, Kommunikationsmöglichkeiten, Sanitäter und Security, etc.
  - **Catering:** Teilnehmerzahl, Auswahl der Catering-Firma, Auswahl des Essens und Trinkens.
  - **Personal:** zum Beispiel Hostessen, Helfer, Security, Dolmetscher, etc. Es muß genau festgelegt werden, wie viel Personal benötigt wird und wie dieses eingesetzt werden soll.
  - **Begleitende Maßnahmen:** Erstellung eines Einladungsschreibens und zugehörige grafische Darstellung, Werbemaßnahmen für die Veranstaltung, Plakate und Hinweisschilder, Erstellung und Versand von Pressemappen, etc.
  - **Aufbau der Logistik:** Auswahl der Hotels für die Teilnehmer, Organisation eines Shuttle-Services, Ausschilderungen, Terminabsprachen mit Zulieferern, Bühnenaufbau, etc.

  Bei der Auswahl der Kooperationspartner spielen natürlich auch Erfahrungswerte eine große Rolle: zum Beispiel welcher Techniker ist zuverlässig, preiswert, etc.
- **Letzte Vorbereitungen und Kontrolle mit**
  - Beteiligten zum Beispiel Catering-Firma (Geschirr, sind alle Speisen und Getränke laut Bestellung vorhanden,...), Künstlern, Moderatoren, etc.
  - Techniker und Location: Funktionsüberprüfung, ggf. Abnahme durch Bauämter, Sauberkeit der Räume, Ausstattung, etc.
  - Personal: Vorbereitung, Einteilung, Ablaufpläne, Namensschilder, etc.

Das Personal sollte unbedingt gut vorbereitet sein und möglichst auf jede Frage eine Antwort (wo befinden sich die Toiletten, Zigarettenautomat, wo bekommt man das nächste Taxi, etc.) oder den zuständigen Ansprechpartner wissen. Nur so hat der Gast das Gefühl, dass er in guten und professionellen Händen ist.

- Logistik: ist das Gelände ausreichend beschildert, ist der Shuttle-Service eingeteilt, etc.
- Ggf. Generalprobe

Um alle Punkte zu berücksichtigen und nichts zu vergessen, können Checklisten als Hilfsmittel dienen. Darauf wird in Kapitel 3.2 noch näher eingegangen.

## *2.4 Durchführung*

Sind alle Dinge gut geplant und organisiert, kann fast nichts mehr schief gehen. Trotzdem können hier und da auch während der Veranstaltung noch Problemen auftreten.

Der Organisator sollte deshalb unbedingt vor Ort bei der Veranstaltung dabei sein, um Abläufe zu kontrollieren und koordinieren und gegebenenfalls eingreifen, wenn Handlungsbedarf besteht. Ein vorgegebener Ablaufplan sollte unbedingt von allen Beteiligten zeitlich eingehalten werden. Auch das ist Aufgabe der betreuenden Person vor Ort. Die Veranstaltung sollte möglichst in Bild und Ton aufgezeichnet werden. Dies ist nicht nur eine Erinnerung an die Veranstaltung, sondern auch eine Anregung zur Selbstkritik und Dokumentation für den Kunden.

## *2.5 Nachbereitung*

„Wer abends feiert, kann auch am nächsten Morgen arbeiten".
Auch der Abbau einer Veranstaltung muss organisiert sein. Die folgende Checkliste gibt eine kurzen Überblick über die Aufgaben nach einem Event:

- Technik: Entfernung aller technischen Anlagen und ggf. Reparatur der Schäden.
- Location: Diese muss in ihrer ursprünglichen Form hinterlassen werden.
- Personal: Eine Nachbesprechung mit dem am Event beteiligten Personal ist unbedingt notwendig, um aufgetretene Probleme zu analysieren und Verbesserungsvorschläge anzubringen.

- Dokumentation: Erfassung und Auswertung der Sende- und Einblendzeiten der Radio- beziehungsweise TV-Medien. Dies ist vor allem bei Sponsoring-Veranstaltungen wichtig, da der Sponsor wissen möchte, wie oft und wie lang die Veranstaltung und natürlich sein Firmenlogo sichtbar war.

Das folgende Schaubild gibt nochmals eine Übersicht über die Planung, Konzeption und Durchführung von Marketingevents:

**Abbildung 12: Übersicht Planung/Konzeption/Durchführung von Marketingevents**

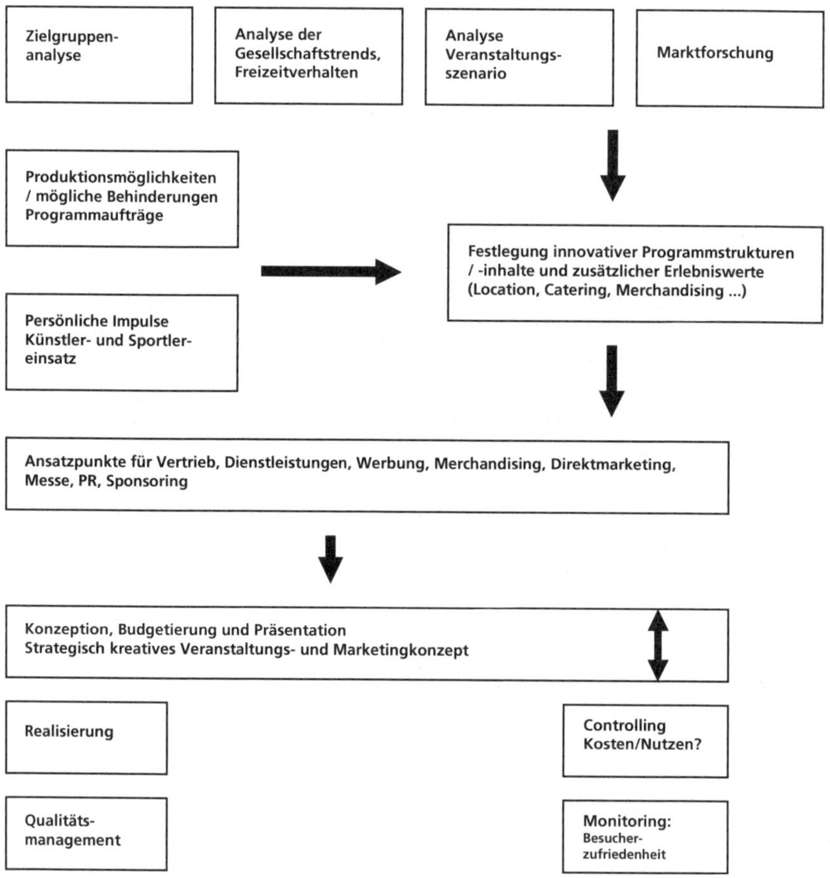

## *2.6 Erfolgskontrolle*

Der Einsatz von Events als Kommunikationsinstrument und die damit verbundenen Kosten nehmen immer mehr zu. Dabei stellt sich zwangsläufig die Frage, was das Eventmarketing überhaupt an Nutzen für die Unternehmen bringt. War es nur eine nette Party, an die sich hinterher keiner mehr erinnert oder hat das Event einen positiven bleibenden Eindruck hinterlassen und wurden die eigentlichen Marketing-Ziele erreicht?

Um den Erfolg messen zu können, müssen Marketingevents unbedingt folgenden Anforderungen entsprechen:

- Zielgruppenorientierung
- Übereinstimmung der bisherigen Markenbotschaft mit der Botschaft des Event
- Anpassung an die herkömmliche Kommunikationsstrategie
- Glaubwürdigkeit

Nur so kann eine emotionale Identifikation erreicht werden. Wie bereits erwähnt, muss die Zielgruppe schon vor der eigentlichen Konzeptphase festgelegt werden. Die Botschaft des Events muss an die herkömmliche Kommunikationsstrategie der klassischen Marketing-Instrumente angepasst werden. Eventmarketing muss parallel zu den klassischen Instrumenten eingesetzt werden. Die Botschaft muss dem Kunden glaubwürdig vermittelt werden, denn sonst entsteht der Eindruck, „nur" etwas verkaufen zu wollen.

Entsprechend diesen Anforderungen kann dann eine Erfolgskontrolle des Eventmarketing erfolgen. Diese wird ausgehend vom Marketing-Controlling in drei Ebenen unterteilt:

- **Prämissenkontrolle** in der Planungsphase
  Diese Kontrolle bezieht sich auf die strategische Vorbereitungsphase eines Events. Ist das Event überhaupt für die eigentliche Unternehmens-Botschaft geeignet oder wäre es sinnvoller das Produkt/ die Dienstleistung mit einem anderen Marketinginstrument zu kommunizieren.
  In dieser Phase werden Grundsatzentscheidungen getroffen, die dann für den gesamten Ablauf als Grundlage dienen, zum Beispiel Ziel und Zweck der Veranstaltung, Thema und Programm der Veranstaltung, Teilnehmer, etc. Schon im Vorfeld und bei der Durchführung kann zum Beispiel die Anzahl der eingegangenen Anmeldungen und somit Teilnehmer gemessen werden.

- **Ablaufkontrolle** in der Realisationsphase
  In dieser Phase geht es hauptsächlich darum, operative Vorbereitungen zu treffen und eventuelle Schwachstellen im Event-Prozeß aufzudecken.
- **Ergebniskontrolle** in der Nachwirkungsphase
  Diese Kontrolle bezieht sich in erster Linie auf die Nachbereitungsphase. Wurden die geplanten Ziele erreicht, wenn ja in welchem Grad? War das Event erfolgreich oder nicht? Dabei unterscheidet man zwischen der Ereignisdimension und der Markendimension. Bei der Ereignisdimension werden hauptsächlich kurzfristige Wirkungen des Events gemessen, zum Beispiel Einzigartigkeit oder Originalität der Veranstaltung. Die Markendimension hingegen untersucht die kurz- und langfristigen Wirkungen des Events hinsichtlich Markenbild, emotionale Bindung, Markenimage, etc.
  Möglichkeiten zur Kontrolle bieten zum Beispiel die Messung des Bekanntheitsgrads der Marke einige Zeit nach dem Event. Dies kann bis hin zum Erfassen des Kaufinteresses und dem eigentlichen Kauf führen. Da Eventmarketing jedoch in erster Linie auf eine erlebnisorientierte Präsentation der Marke abzielt und nicht auf den Verkauf, ist schwer festzustellen, ob wirtschaftliche Größen wie zum Beispiel Umsatz auf den Erfolg oder Mißerfolg eines Events zurückführen sind. Hier muß natürlich die Kommunikationsstrategie im Gesamten betrachtet und gemessen werden. Zusammenfassend kann man sagen, dass das letztendlich Entscheidende für den Erfolg eines Events eine langfristige, strategische Zielerreichung ist, sprich eine dauerhaft anhaltende Wirkung des Events.

Das folgende Schaubild verdeutlicht nochmals die verschiedenen Phasen des Eventcontrolling.

**Abbildung 13: Konzept des Eventcontrolling**

| Planungs- und Entscheidungsphasen im Eventmarketingprozess | Kontrollebenen |
|---|---|
| Strategische Vorbereitung | Prämissenkontrolle |
| Evententwicklung | Ablaufkontrolle |
| Inszenierung | Ergebniskontrolle |
| Nachbereitung | |

Quelle: Zanger/Drengner 1999, S. 35

## 2.7 Mögliche Störstellen für die Wirkung von Events

Auch wenn man das Gefühl hat, ein Event ist perfekt geplant und organisiert, können Störstellen auftreten. Die häufigsten Fehler, die hier gemacht werden sind unter anderem:

- Problematische oder falsche Platzierung des Events
- Dies kann zum Beispiel passieren, wenn die Location sehr abgelegen ist und aufgrund dessen an Besuchermangel leidet. Das Publikum bekommt dann sehr schnell das Gefühl, auf einer schlechten Veranstaltung zu sein. Auch sollte die Platzierung der Veranstaltung unbedingt zu Produkt/Marke und damit zum Kunden passen. Es muss ein gewisser Bezug zum normalen Umfeld des Publikums bestehen, so dass der Gast sich in diesem Umfeld wohlfühlt.
- Mangel an Dialog-Einbindung
- Dem Publikum muss ein Mitmach-Gefühl (selbst ausprobieren, Einbeziehen, Interaktion mit dem Publikum) vermittelt werden, sonst kann sehr schnell der Effekt entstehen, dass sich der eigentliche Event verläuft.
- Zu viel oder fehlende Strukturiertheit
- Der Besucher darf nicht das Gefühl haben, orientierungslos durch die Veranstaltung zu gehen. Andererseits darf dem Publikum nicht zu viel Richtungsweisung vorgegeben werden. Sonst entsteht der Eindruck des „Durchschleusens".
- Mangelnde/fehlende Beziehung zwischen Produkt/Marke und Event
- Dem Publikum muss das Gefühl vermittelt werden, dass Produkt/ Marke und die erlebte Veranstaltung zusammenpassen, dass ein Bezug zwischen Produkt/Marke und dem Event besteht.

## 2.8. Checkliste für gute Events

Zusammenfassend nochmals eine Checkliste für gute Events. Dies Liste gibt einen guten Überblick, was in jedem Fall beachtet werden sollte.

**Checkliste**

- Erzählt der Event eine packende Geschichte?
- Baut der Event einen Spannungsbogen auf, bietet er einen Überraschungseffekt, stimmt die Dramaturgie?
- Spricht der Event mindestens ein Gefühl an?
- Wecken die Kommunikationsmittel sowie das erste Erlebnismodul spontan Neugierde?

- Aktiviert der Event das Hirn des Zuschauers, gibt es Module zur Integration?
- Hat der Event auch eine akustische Idee?
- Darf der Event-Regisseur bei dem Event Regie führen?
- Sind die Eventakteure und das Eventpublikum für diesen Event geboren?
- Auf welchem Niveau zeigt sich die Realisierungsqualität?
- Macht der Event die Markendefinition, die Corporate Identity des Unternehmens erlebbar?
- Sind die Mitarbeiter zu begeisterungsfähigen Botschaftern auf den Event vorbereitet worden?
- Ist der Event im Mitbewerber- und Branchenvergleich unique?
- Ist der Event mit vorhandenem Budget machbar?
- Ist der Event in die Marketing- und Kommunikationsstrategie integriert?

Quelle: Bäuchl, R.: Jahrbuch Eventmarketing 2002 (Hinweis: Weitere Checkliste befindet sich im Anhang)

## 3. Praxis

### *3.1 Eventagenturen: Aufgabenbereiche und Geschäftsfelder*

In Deutschland gibt es heute etwa 300 Eventagenturen, wovon die 17 bedeutendsten mit ca. 700 Mitarbeitern 1998 einen Gesamtumsatz von 500 Millionen DM erwirtschaftet haben. Ein „klassisches Anforderungsprofil" für Eventmanager gibt es noch nicht. Im Folgenden sind einige in Stellenanzeigen immer wieder genannte Kriterien aufgelistet: Drei wesentliche Aufgabengebiete beschreiben das Berufsbild des Eventmanagers.

- **Konzeption:** Die Umsetzung der Vorgaben eines Auftraggebers in eine Idee deren Recherche und schließlich das Erstellen einer Konzeption sind wesentliche Aufgaben eines Eventmanagers. Das Konzept wird anschließend dem Kunden beziehungsweise den Entscheidern präsentiert. Hierbei sind Kreativität, aber auch Marketing-Kenntnisse und die Fähigkeit zur Umsetzung der Theorie gefragt.
- **Organisation:** Nach der Präsentation wird bei positivem Entscheid ein Konzept realisiert. Das Event selbst wird organisiert und durchgeführt. Die Palette der Aufgaben reicht von den Programmbestandteilen, den Acts, bis zur gastronomischen Versorgung der Teilnehmer, vom Catering bis zum Einsatz der gesamten Technik und Medien. Neben den organisatorischen Abläufen muss das Budget ständig, möglichst täglich kontrolliert und eingehalten werden. Auch wenn in

großen Agenturen Konzeption und Produktion oft getrennt behandelt wird, in mittleren und kleinen Agenturen muss beides vereint bearbeitet werden. Häufig werden hier jedoch Kooperationspartner miteinbezogen, die Erfahrungen in bestimmten Bereichen haben, zum Beispiel Technik, Dekoration, etc.

- **Akquisition:** Kontakt zu Interessenten und Kunden herstellen und halten, sowie Vertragsverhandlung und der Auftragsabschluss sind weitere wichtige Aufgabenfelder eines Eventmanagers.

*Aufbau- und Ablauforganisation einer Eventagentur*

Eventagenturen gliedern sich im Aufbau häufig in folgende Bereiche:
1. Akquisition und Auftragsannahme
2. Kundenberatung und Budgetplanung
3. Konzeption, Projektleitung
4. Finanzen und Buchhaltung
5. Interne Organisation und Geschäftsführung

Regie, Choreographie, Künstler, Moderatoren, Shows/ Unterhaltung, Dekoration, Bühnenbild, Catering, Technik und Effekte wie Feuerwerk oder Wasserspiele werden in der Regel bei Partnerfirmen eingekauft.

*Der Ablauf*

Die Ablauforganisation eines Events vom ersten Kundenkontakt bis zur Nachbesprechung hat häufig folgende Struktur:
1. Kundenbriefing/Auftragsabsprachen: Informationen über Datum, Zeit, Anlass, Dauer, Budget, Zielgruppe, Zielsetzung und zentrale Programminhalte.
2. Ideenfindung Agentur/Entwicklung Grobkonzept: Motto und Key-Visual, Einladung, Locationrecherche und Besichtigungen, Grobdramaturgie und Programmablauf der Gesamtveranstaltung, Bühnenbild und Raumdekoration, Unterhaltung- beziehungsweise Künstlerprogramm, Spezialeffekte, Cateringkonzept, Kommunikationsformen (Spiele, Ausstellung, etc.), Einsatz Medientechnik.
3. Angebotseinholung und Optionierung: Location, Catering, Technik (Licht, Ton, Video, Dia, Laser, u.a.), Dekoration, Künstler, Dolmetscher, Floristen, Spezialeffekte und andere externe Dienstleister.
4. Kostenplanung: Kostenzusammenstellung für Konzept und Produktion.
5. Präsentation beim Kunden
6. Vertragsabstimmung und Auftragserteilung/Freigabe Grobkonzept.
7. Vertragsgestaltung mit Externen sowie Freigabe, Auftragserteilung.

8. Entwicklung Feinkonzept: Überprüfung und Weiterentwicklung Grobkonzept, Storyboard beziehungsweise Drehbuch, Layouts für Printmedien, Feinabstimmung Location (Raumdaten, Technikanschlüsse, Hänge- und Stellmöglichkeiten, Lagerräume, Künstlergarderobe u.a.), Dekoration im Detail (Bauplan, Raumplan oder ggf. Modellbau), Auswahl Möblierung, Abstimmung/ Teilkonzeption mit externen Zuarbeitern.
9. Vertragsgestaltung und Auftragserteilung an externe Dienstleister.
10. Organisation: Zeitplanerstellung, Personal- und Künstlercasting, Busshuttle, VIP-Service planen, Sicherheitsbestimmungen prüfen, Versicherungen abschließen.
11. Produktionsüberwachung Medien: Einladung produzieren und versenden, Programmheft, Speisekarte, Give-Aways, Ausschilderung, Bildmaterial (Dia/Overhead/Video), Vorbereitung Veranstaltungsdokumentation.
12. Erstellung des detaillierten Veranstaltungsablaufplans inklusive Aufbau- und Probenplan, Regieplan und Bühnenplan inklusive Licht-/ Ton-Aktionsplan und Plan für Koordination hinter den Kulissen.
13. Feinabstimmung mit dem Kunden: unter Umständen Überarbeitung und Änderungen.
14. Ablauf-Briefing: Abstimmung mit allen Beteiligten (Kunden, Techniker, Caterer, Künstler, Moderator, Redner, u.a.), Logistikplan, Koordination von Helfern, Hostessen, Sicherheitsdiensten und Sanitätern.
15. Aufbaubetreuung: Koordination und Abstimmung für Transport und Aufbau von Bühne, Technik, Bühnenbild, Dekoration, Raumgestaltung, Catering, u.a. am Veranstaltungsort. Überprüfung der Vollständigkeit aller Mietgegenstände bei Anlieferung.
16. Generalprobe vorbereiten: Künstler und Helfer Stand-by, Helfereinsätze koordinieren, Timing überwachen.
17. Generalprobe durchführen: Proben vor Ort unter Berücksichtigung aller Beteiligten (zum Beispiel auch Spezialeffekte wie Pyrotechnik oder Laser), Einleuchten nach Absprache zwischen Regie und Technik, Soundcheck Musiker, Sprechprobe Redner, Ablauftest Dia- und Videoeinspielungen, Veranstaltungsregie und -koordination, zeitgerechtes zuführen der Aktionen und Personen.
18. Letzte Prüfung und Absprachen kurz vor der Veranstaltung: Prüfung der technischen Anlagen, der Sicherheitsmaßnahmen (Notausgänge etc.), Verständlichkeit der Beschilderung, Vollständigkeit der Ausstattung in den Räumen, Anwesenheit des gebuchten Personals, Stand-by-Termine und Aufgabenverteilung aktualisieren, Betreuung der VIP-Gäste und Künstler, Überwachung Catering-Service (Angebot und Temperierung der Speisen und Getränke, Abräumservice und Personal), Kontrolle Taxi-Brücke.
19. Veranstaltungsdurchführung: Gesamtregie des Veranstaltungsablaufs vor und hinter der Bühne, Timing-Einsätze, Bühnenumbau zwischen

Rede- oder Showbeiträgen, Rednerwechsel, Bild- und Toneinspielung, Ausleuchten u.a.

20. Überwachung Abbau und Rücktransport: Terminkoordination Abbau, Bestandsliste führen, Rückgaben quittieren, Reinigung.
21. Abrechnung mit Kunden und allen Beteiligten.
22. Betreuung der Event-Dokumentation.
23. Nachbesprechung mit dem Kunden, externe und interne Auswertung.

In dieser Auflistung können nicht alle Details berücksichtigt werden, da im Vorfeld einer Veranstaltung viele Gespräche und Meetings nötig sind, um eine optimale Abstimmung aller Beteiligten zu gewährleisten. Auch kann diese Liste keinen Anspruch auf chronologisch exaktes Aufeinanderfolgen der genannten Punkte erheben. Je nach Event ergeben sich andere Rangfolgen der einzelnen Punkte beziehungsweise Ergänzungen oder einige Schritte werden parallel erledigt.

## *3.2 Checklisten der Inszenierung*

Keiner ist perfekt und kann sich alles merken. Deshalb dienen sogenannte Checklisten als Arbeitshilfe bei der Planung, Organisation und Umsetzung professioneller Events. In einer Checkliste sollte möglichst jeder Arbeitsschritt detailliert festgehalten werden und bis wann dieser erledigt sein muß. Außerdem sollte die für diesen Schritt verantwortliche Person festgelegt werden. Es empfiehlt sich die Einteilung der Checkliste nach einzelnen Themengebieten, wie zum Beispiel Location, Catering, Einladungen, etc.

Die folgende Tabelle zeigt, wie eine solche Checkliste aussehen könnte:

| Aufgabe | Verantwortlichkeit | Deadline | Bemerkung / Status Quo |
|---|---|---|---|
| **Teilnehmer/ Zielgruppe** | | | |
| Wer | | | |
| VIP Gäste | | | |
| **Einladung** | | | |
| Grafische Gestaltung | | | |
| Versand | | | |
| Rücklauf | | | |
| **Location** | | | |
| Verfügbarkeit | | | |
| Genehmigungen | | | |
| Infrastuktur | | | |
| **Finanzen** | | | |
| Budgetaufstellung | | | |
| Soll-Ist | | | |

## 4. Inszenierung eines Marketingevents am Beispiel eines Börsengangs des Unternehmens X am 20.9.2000, Flughafen Stuttgart

Im folgenden Praxisbeispiel soll die in Kapitel 1 – 2 dargestellte Theorie zum Thema Eventmanagement nochmals verdeutlicht werden, einzelne Themenschwerpunkt werden vertieft dargestellt. Die Eventagentur für Below-the-Line Marketing war für die Konzeption, Organisation und Durchführung des Börsengangs eines Stuttgarter Unternehmens beauftragt. Aufgrund einer Stillschweige-Vereinbarung wird der Kunde hier „Unternehmen X" genannt. Es handelt sich dabei um eine New Media Company, die Internet- und Intranetlösungen für Firmen erstellt.

### *4.1 Ausgangssituation*

Aufgabenstellung an die Eventagentur war die Konzeption und Organisation eines Festes für ca. 350 Mitarbeiter aus aller Welt anlässlich des Börsengangs des Unternehmen X. Ziel des Unternehmens war es, seinen Mitarbeitern für die gute Arbeit und den Stress der letzten Wochen und Monate anlässlich des Börsengangs zu danken. Mehrere Eventagenturen wurden zum sogenannten Pitch eingeladen, also zur Präsentation eines Konzepts. Die Entscheidung zur Umsetzung des Konzepts konnte die ausgewählte Eventagentur durch die Vorlage des schlüssigen Konzepts und des besten Budgetmanagements erreichen. Das Konzept sieht wie folgt aus:

### *4.2 Konzept*

Am Vormittag findet im Unternehmen X eine Veranstaltung unter dem Motto „Fit für die Börse" statt. Teil dieser Veranstaltung war die Liveübertragung des Börsengangs von der Frankfurter Börse per Satellitenschaltung. Im Innenhof waren Großleinwände aufgebaut, auf denen der Börsengang live eingespielt wurde. Hostessen versorgen die Mitarbeiter des Unternehmens mit Milchshakes, Fruchtsäften, Traubenzucker, Müsliriegeln und Obst. Parallel dazu fanden in den Räumlichkeiten des Unternehmens Massagen statt (Fit für die Börse). Hierzu wurde eine Firma beauftragt, die bereits auf verschiedenen Messen, wie zum Beispiel der World of Event vertreten war. Diese Firma ist spezialisiert auf Industrieproduktionen und bietet Massagen auf flexiblen Massagestühle auf denen der Gast knien kann an.

Die Abendveranstaltung fand am Stuttgarter Flughafen in einem alten Hangar statt. Vor diesem Hangar befindet sich ein altes russisches Verkehrsflugzeug, eine Tupolev 154, die derzeit nur für Übungszwecke des Flugpersonals genutzt wird, jedoch nicht mehr im Flugbetrieb ist. Das Szenario sah wie folgt aus: Die Gäste erhalten eine Einladung in Form eines Flugtickets auf dem das Datum und die Uhrzeit, wann sie sich am Check-In des Flughafens einzufinden haben aufgedruckt ist. Den Gästen wird das Gefühl gegeben, sie fliegen zum Event, kennen aber die Destination nicht. Alle Gäste haben die Möglichkeit mit einem Shuttle-Bus von der Stuttgarter Innenstadt zum Flughafen zu gelangen.

Die Gäste kommen am Flughafen an und checken an einem eigens für das Unternehmen X vorgesehenen Counter ein. Zur Verkürzung der Wartezeit werden die Gäste durch Walkacts unterhalten: Drei seltsame Reisende agieren und sorgen für Kurzweile. Echte Stewardessen überprüfen die Flugtickets und händigen den Gästen die Boardingkarte und Reisenecessaire aus (Zahnbürste, Seife, ...). Die Gäste passieren wie bei jedem Abflug die Sicherheitskontrolle. Anschließend erfolgt eine deutsch- und englischsprachige Lautsprecheransage und die Gäste werden gebeten, ihre Boardingkarten bereitzuhalten. Mit einem Flughafenbus werden die Gäste über das Rollfeld zu der Tupolev gefahren und steigen in das Flugzeug ein. Im Flugzeug werden die Gäste von Stewardessen begrüßt, wie bei einem normalen Flug. Im Flugzeug selbst sind die Sitze ausgeräumt. Jeder Gast bekommt ein Glas Sekt. Statt dessen ist das Flugzeug mit einem Teppich und Sitzgelegenheiten in den CI-Farben des Unternehmens ausgestattet. Spätestens hier merken die meisten Gäste, dass nicht abgeflogen wird. Aufgrund des beschränkten Fassungsvermögens werden die ersten sechzig Gäste nach ca. fünfzehn Minuten höflich aus dem Flugzeug gebeten. Über eine Gangway gelangen sie auf den Vorplatz des Hangars und in den Hangar, wo der Hauptteil der Party stattfindet.

Da es sich um einen sehr alten, jetzt bereits abgerissenen Hangar handelt, war sehr viel Dekorationsarbeit notwendig. Als Raumtrennung werden zwei bewegliche Großleinwände (18 x 8 m) links und rechts angebracht, die zu Beginn der Veranstaltung beinah rechtwinklig zum Boden stehen. In der Mitte der beiden Wände sind 360 Sitzplätze und Tische aufgestellt, eingedeckt in den CI-Farben des Unternehmens. Gegenüber des Eingangs befindet sich eine Bar, die ab 22.00 Uhr geöffnet ist.

Nachdem alle Gäste vom Flugzeug nach und nach eingetroffen sind, wird die Veranstaltung offiziell von zwei Moderatoren, die von der Gangway herabsprechen eröffnet. Es folgen Reden des Geschäftsführers und einiger Offizieller mit Grußwort von der Börse Frankfurt. Anschließend erfolgt die offizielle Eröffnung des Buffets. Hierzu wird eine der beiden Großleinwände über Motoren nach oben bewegt. Es entsteht der Effekt eines Vorhangs, der sich öffnet. Die Gäste sehen jetzt zum ersten Mal, was sich hinter der Leinwand verbirgt: das Buffet. Nachdem alle Gäste weitgehendst gegessen haben wird durch die Moderatoren eine Zigarren-Lounge, die in der Zwischenzeit im Flugzeug eingerichtet wurde eröffnet und die Band „The Wright Thing" angekündigt. Hierzu wird die linke Großleinwand nach oben bewegt. Hinter dieser Wand befindet sich die Bühne (8 x 10 m). Gegen 24.00 Uhr spielt die Band ihr letztes Lied und der Abend geht mit CD-Musik von DJs und Tanz weiter. Vorgegebenes Ende der Veranstaltung ist um 3.00 Uhr. Die Gäste werden wieder, wie schon zu Beginn mit Flughafenbussen zum Flughafen-Terminal geleitet und von dort mit Shuttle-Bussen in die Stuttgarter Innenstadt gebracht.

### *4.3 Planung / Umsetzung / Pre-Event*

Zwischen dem Pitch und der eigentlichen Veranstaltung lagen insgesamt nur vier Wochen zur Umsetzung und Organisation der Veranstaltung, also sehr wenig Zeit für ein Projekt mit solch großem Organisationsaufwand. Hinzu kommt noch die relativ schwierige logistische Situation, die am Flughafen gegeben ist. So muss zum Beispiel jedes mal beim Einfahren auf das Gelände ein Leitfahrzeug der Flugsicherheit voraus fahren. Zusätzlich ist an der Stelle, an der sich der Hangar und das Flugzeug befand kein Zu- oder Abwasser vorhanden. Es war deshalb zum Beispiel erforderlich, dass für den Caterer ein Trinkwasserwagen mit 5000 Liter bereitgestellt werden musste, genauso musste ein Toilettenwagen mit Wasser versorgt werden. Das Projekt lässt sich in folgende Bereiche, sogenannte Gewerke einteilen:

- Location: Flughafen Stuttgart
- Technik: Licht- und Tontechnik sowohl für die Liveübertragung von der Frankfurter Börse als auch für die Abendveranstaltung.
- Catering/Bar/Zigarren-Lounge: Im Flugzeug und im Hangar
- Künstler: Band „The Wright Thing" und Walkacts
- Dekoration: Dekoration des Hangars, wie zum Beispiel Tische, Blumen, Außenbereich des Hangars, etc.
- Logistik und Anlieferungsplanung
- Personal/Hostessen/Hands: Rekrutierung von Stewardessen, Briefing der Hostessen und der eigenen Mitarbeiter, Erstellung von Einsatzplänen, etc.
- Die einzelnen Gewerke wurden mit Verantwortlichkeiten versehen und von den jeweiligen Mitarbeitern betreut. Dies bedeutet unter anderem das Einholen von verschiedenen Angeboten (sogenannte

Ausschreibung), Beurteilung und Verhandlung der Angebote, Auftragserteilung, Abstimmung von Anlieferungs- und Aufbauzeiten bis hin zur Betreuung und Koordination vor Ort und dem anschließenden Abbau.

### *4.4 Durchführung / Live-Event*

Kurz vor der Veranstaltung müssen folgende Richtlinien beachtet werden (siehe die beiliegenden Muster):

- Erstellung von Einsatzplänen für Hostessen, Shuttle-Busse, Mitarbeiter. Hierin sollten neben einer Namens- und Firmenliste auch wichtige Rufnummern der jeweilig verantwortlichen Personen aufgelistet sein, sowie deren Verantwortungsbereich.
- Erstellung von Anlieferungsplänen: Wer liefert was wann an und wann erfolgt der Aufbau. Erschwerend hinzu kommt noch, dass von jeder Person, die auf das Flughafengelände gelangen möchte die Personaldaten benötigt werden, da es sich um ein Hochsicherheitsgelände handelt und jeder Zulieferer deshalb einen speziellen Flughafenausweis benötigt.
- Erstellung einer Running Order (auch Regie- beziehungsweise Programmablauf genannt): Hier wird ein genauer, detaillierter Ablaufplan für alle an der Veranstaltung beteiligten Personen erstellt. Wichtige Bestandteile sind v.a. Uhrzeiten (zum Beispiel wann das Buffet eröffnet wird, wann die ersten Gäste eintreffen, wann welche Reden erfolgen, verantwortliche Personen als Ansprechpartner, etc.). Auch dient diese Running Order zum Beispiel für Licht und Technik als Regieplan, wann was erfolgt. So weiß jedes Gewerk, wann und wo es zum Einsatz kommt beziehungsweise wer Ansprechpartner für offene Fragen ist. Eine Person, meist der Projektleiter wird als regieführende Person benannt und hat die Aufgabe, den Gesamtüberblick über den Ablauf zu bewahren beziehungsweise für jetzt noch offene Fragen dazusein.
- Generalprobe: Mit Kunden und Künstlern. Diese erfolgt meist am Vortag oder kurz vor Eventbeginn.
- Lageplan: Ganz wichtig ist auch, jeder Person, die zur Mitarbeit an der Veranstaltung eingeteilt ist einen Überblick über das Gelände und den vom Veranstalter eingebauten Veränderungen zu verschaffen und einen Lageplan auszuhändigen. Zusätzlich sollte mit dem eingesetzten Personal eine Einweisung vor Ort, das heißt ein Gang über das Gelände stattfinden, damit auch sie Bescheid weiß, was sich wo befindet und im Bedarfsfall interdisziplinär tätig werden kann und die Verantwortlichkeiten kennt.

- A – Z Guide: Ebenfalls wichtig für alle Ansprechpartner und sämtliches Personal ist die Aushändigung eines A – Z Guides auf dem zum Beispiel wichtige Rufnummern wie Taxi, Notruf, wo befinden sich die Toiletten, Zigarettenautomat, etc. aufgelistet werden. Denn peinlich ist zum Beispiel wenn eine Hostesse nicht weiß, wo der Gast Zigaretten bekommen kann. Auch sollten diese Personen mit wichtigen Utensilien wie Handy, Aspirin und Pflaster/ 1. Hilfe Set ausgestattet sein und in der Lage sein Ordner- oder Notfallfunktionen zum Beispiel im Brandfall zu übernehmen.

### *4.5 Event-Controlling*

Ein wichtiger Punkt des Event Controllings ist die Budgetüberwachung. Zunächst bekommt der Kunde eine Kostenschätzung. Nach Auftragserteilung seitens des Kunden werden verschiedene Angebote, zum Beispiel Caterer, Dekorateur, Band eingeholt (sogenannte Ausschreibung). Erst wenn alle Einzelgewerke seitens des Kunden freigegeben sind, kann ein bestimmtes Budget gegenüber dem Kunden garantiert werden. Jedoch sollten hier unbedingt Puffer eingebaut werden, falls unerwartet Mehrungen oder Sonderkosten sowie „Spesen“ vor Ort auftreten.

Eine weitere Kontrollmöglichkeit bietet ein Zeitplan, aus dem genau ersichtlich ist, wie viele Tage es noch bis zum eigentlichen Event sind und wie lange zum Beispiel die Produktion des Dekorationsmaterials, Technik, etc. dauert. Dementsprechend schnell müssen dann die einzelnen Gewerke beauftragt werden. Neben der Kosten- und Zeitkontrolle ist auch wichtig zu überprüfen, ob das eigentliche Ziel der Veranstaltung, nämlich hier „Dank an die Mitarbeiter“, erreicht wurde. Es ist nicht nur damit getan, eine Party zu veranstalten, sondern auch zu überprüfen, ob es den Mitarbeitern gefallen hat und ob für sie Anlass und Grund erkennbar war. Seitens des Unternehmens wurde der Eventagentur kommuniziert, dass dieses Ziel erreicht wurde, die Mitarbeiter sehr viel Spaß an diesem Abend hatten und sie alle es für ein gelungenes Fest hielten.

### *4.6 After-Event-Report*

Der After-Event-Report kann zum Beispiel durch eine Kundenzufriedenheitsanalyse erfolgen. Hierzu wird der Kunde und eventuell die Gäste im nachhinein über das Event zum Beispiel anhand eines Fragebogens bezüglich seiner Zufriedenheit befragt. Anschließend erfolgt eine Auswertung des Fragebogens. Im vorliegenden Fall wurde von einer solchen

Aktion abgesehen, da es zu hohe Kosten verursachen würde. Eine weitere Möglichkeit zur Beurteilung eines erfolgreichen Events besteht im Rahmen eines sog. Presseclippings, das heißt sofern eine Presseberichterstattung in den verschiedenen Medien (auch TV, Radio, Zeitungen und Zeitschriften) erfolgt, werden die einzelnen Beträge gesammelt und dem Kunden in Form einer Pressemappe überreicht.
Eine andere Dokumentation des Events gegenüber dem Kunden kann auch durch Fotos, die dem Unternehmen im nachhinein ausgehändigt werden, erfolgen. Neben den verschiedenen Dokumentationen gibt es eine Abschlussbesprechung gemeinsam mit dem Unternehmen X, bei der zum Beispiel die tatsächlich entstandenen Kosten, verbesserungsfähige Punkte, etc. besprochen werden. Um auch in Zukunft anspruchsvolle Events zu veranstalten und noch besser zu werden, dokumentiert die Eventagentur in Zusammenarbeit mit allen beteiligten Mitarbeitern die zu verbessernden Punkte. Nur so kann ein hoher Qualitätsstandard auch bei Folgeevents garantiert werden.

## Musterpläne für das Praxisbeispiel

## 1. Einsatzplan

| **Einsatzplan GPE 20.09.2000** | | | | | |
|---|---|---|---|---|---|
| | | | | | |
| *Ort* | *Uhrzeit* | *Verantwortlichkeitsbereich* | *Job* | *wer* | *Tel.* |
| **Unternehmen X** | 07.45 (Treffpunkt GPE) | **Fit für die Börse** | Briefing Alei (Massage), Fit für die Börse: Milchshakes, Müsliriegel,etc. verteilen | **DIE**, DUG, SAS, AFI, MAS (Anlieferung) | |
| **Flughafen/ Hangar** | 10.00 | **Aufbau und Koordination** | Betreuung Catering, Dekoteam, Einrichten Künstlergarderobe, Anbringen Beschilderung, etc. | **KEM** | |
| **Flughafen/ Check-In Terminal 0** | 17.00 - 20.30 | **Hostessen, Shuttle-Busse** | Koordination Hostessen, Terminal 0, Briefing und Einsatzbesprechung, Koordination Busse Flughafen - Hauptbahnhof | **SIB**, HAC | |
| **Flughafen/ Hanger** | 18.00 - 03.00 | **Garderobe und Zigarettenverkauf** | Abnahme und Ausgabe Garderobe, Zigarettenverkauf, Überwachung | **DUG** (Supervisor), TAR, AFI | |
| **Flughafen/ Aussenbereich** | 18.00 - 03.00 | **Toiletten** | Supervisor | **DUG** | |
| **Flughafen/ Aussenbereich** | 18.00 - 03.00 | **Schirme bei schlechtem Wetter** | Gäste vom Hangar zum Flugzeug mit Schirmen begleiten | AFI, TAR | |
| **Flughafen/ Hangar** | 18.00 - 03.00 | **Catering** | Überwachung, Koordination | **KEM**, HAC | |
| **Flughafen** | 17.00 - 22.00 | **Flughafen, Feuerwehr, Sicherheit** | Koordination zum Flughafen/ Feuerwehr | **ROB** | |
| **Flughafen/ Hangar** | ab 17.00 | **The Wright Thing** | Betreuung und techn. Koordination | **KEM, DIE** | |
| **Flughafen/ Hangar und Check-In** | 17.00 - 22.00 | **Die Fröhlichs** | Betreuung und Koordination | **HAC** | |
| **Flughafen/ Hangar/ Flugzeug** | ab 17.00 | **Ablaufregie** | Gesamtkoordination des Abends/ Supervisor | **TOK** | |
| **Flughafen/ Hangar/ Flugzeug** | | **Koordination** | Gesamtüberblick Hangar und Flugzeug, Koordination | **HAC, KEM** | |
| **Flughafen/ Hangar, Flugzeug** | ab 17.00 | **Springer** | wenn Not am Mann, Überwachung der Heizung | **MAS** | |
| **Flughafen/ Hangar, Flugzeug** | ab 18.00 | **Repräsentation GPE** | überall und niergends | **MAG** | |

| Einsatzplan Hostessen | | | | |
|---|---|---|---|---|
| **Ort** | **Uhrzeit von-bis** | **Name** | **Job** | **Tel.** |
| **Check-In Terminal 0** | 17.00 - 20.30 | BR | Einchecken der Gäste, Kontrolle Namensliste, Ausgabe Give-Away, bis 20.30 je nach Ankommen der Gäste auch länger | |
| | 17.00 - 22.00 | MS | Einchecken der Gäste, Kontrolle Namensliste, Ausgabe Give-Away | |
| | 17.00 - 20.15 | BW | Begleitung Counter - Shuttle, Zusammenarbeit mit Herrn P. , Flughafen Stuttgart | |
| | 20.15 - 22.00 | MS | Begleitung Counter - Shuttle | |
| | 23.00 - 03.00 | KP | Begleitung Shuttle Hangar - Flughafengebäude | |
| **Eingang Flugzeug** | 18.00 - 20.30 | SI | Begrüßung der Gäste am Flugzeug, evtl. Sektempfang | |
| | 18.00 - 21.00 | AS | Sektempfang, Aufsicht im Flugzeug, Gäste aus dem Flugzeug beten, Hinweis auf Rauchverbot | |
| | 18.00 - 20.30 | KP | Sektempfang, Aufsicht im Flugzeug, Gäste aus dem Flugzeug beten, Hinweis auf Rauchverbot, Springer | |
| | 20.35 - 22.00 | KP | Aufsicht Flugzeug bis zur Eröffnung der Lounge. Kein Gast sollte sich bis 22.00 h im Flugzeug aufhalten | |
| | ab 22.00 - 03.00 | KP | Aufsicht im Flugzeug (Ciggarr Lounge) | |
| **Aussenbereich** | bis 20.30 | KH | Aufsicht Aussenbereich, Rauchverbot | |
| | 20.30 - 01.00 | SI | Aufsicht Aussenbereich, Rauchverbot | |
| | 20.45 - 22.00 | BR | Aufsicht Aussenbereich, Rauchverbot | |
| | 01.00 - 03.00 | MS/ GPE | Aufsicht Aussenbereich, Rauchverbot | |
| **Hangar** | 18.00 - 22.00 | US | Empfang am Eingang, Aufsicht bei Bewegung der Wände, Auskunft für Fragen seitens der Gäste, Aspirin für Notfälle, etc. | |
| | 20.30 - 22.00/ 01.00 | KH | Empfang am Eingang, Aufsicht bei Bewegung der Wände, Auskunft für Fragen seitens der Gäste, Aspirin für Notfälle, etc. | |
| | 20.30 - 22.00 | BW | Aufsicht im Hangar bei Bewegung der Wände, Auskunft für Fragen seitens der Gäste | |
| | 21.15 - 03.00 | AS | Auskunft für Fragen seitens der Gäste, Aufsicht bei Bewegung der Wände, Aspirin für Notfälle, etc. | |
| **Gesamtkoordination Hostessen und Shuttle-Busse** | | SIB/ GPE, ab 24.00 Uhr KEM/ GPE | | |
| **Springer** | | KP | | |
| **Pausen nach Absprache mit SIB/ GPE bei wenig Betrieb. Bedienen am Buffet nur nach Absprache und wenn alle Gäste gegessen haben.** | | | | |

## 2. Anlieferungsplan

| Anlieferungsplan | | | | |
|---|---|---|---|---|
| **Datum** | **Firma** | **Uhrzeit** | **Step** | **Ansprechpartner, Tel.** |
| 18.09. | Technikfirma | 09.00 | Einfahren der Trucks auf das Gelände | Herr K. |
| | | | Aufbau | |
| | | 12.00 | Mittagessen | |
| | | | Aufbau Ton und Licht | Herr B. und Herr C. |
| | | 16.00 | Pause | |
| | | 16.20 | Aufbau | |
| | | 19.00 | Arbeitsende | |
| | Toilettenfirma | 15.00 | Anlieferung Toilettenwagen | Herr Z |
| | Global Player | 08.00 | Transporter abholen | MS |
| 19.09. | Technikfirma | 09.00 | Anbringung von Beleuchtung und Beschilderung | Herr K. |
| | | 12.00 | Mittagessen | |
| | | | Aufbau | |
| | | 16.00 | Pause | |
| | | 16.20 | Anbringung von Beleuchtung und Beschilderung | |
| | | ca. 17.00 | alle Bereiche abgeschlossen | |
| | | | Lichtprogrammierung,... | |
| | | | Säubern des Hangars | |
| | | 19.00 | Arbeitsende | |
| | Caterer | 13.00 | Aufbau | |
| | | 19.00 | Arbeitsende | |
| | Global Plyer | 09.00 | Einkaufen Metro | |
| | Dekoteam | 12.00 | Einfahren und Aufbau Deko | Herr S. |
| | | 19.00 | Arbeitsende | |
| 20.09. | Technikfirma | 16.00 | Einfahren, Standbye und letzte Tests | Herr K. |
| | | 19.00 | Showbeginn | |
| | Caterer | 09.00 | Aufbau | Frau K. |
| | | 20.45 | Eröffnung Buffet | |
| | | | Teilabbau | |
| | | 03.00 | Arbeitsende | |
| | Global Player | Jul 30 | Anlieferung Müsliriegel, etc. beiUnternehmen X | MS |
| | Global Player | 10.00 | Anlieferung Heizung, Frühstück für Personal | |
| | Dekoteam | 09.00 | Einfahren und Aufbau | |
| | Tabakstube | ca. 16.00 | Anlieferung Zigarren | Herr K. |
| | Bar S. | ca. 10.00 | Anlieferung und Aufbau | Herr A. |
| | Band | 16.00 | Aufbau und Soundcheck | Herr B. |
| | | 19.00 | Catering für Band | |
| | | 22.15 | Auftritt | |
| | | | Abbau | |
| | Walkacts | 16.00 | Einfahren und Ankleide | Herr R. |
| | | | Catering | |
| | | 18.30 | Auftritt ca. 1 h | |
| | | 21.00 | Auftritt ca. 1/2 h im Hangar | |
| | | 22.00 | Arbeitsende | |
| | Hostessen | 17:00 | Briefing und Rundgang Flughafen | Global Player |
| | | 18.15 | Einfinden an den verschiedenen Einsatzstellen | |
| | | 18:30 | Einsatz an den verschiedenen Stellen (Check-Inn, Garderobe, Hangar) | |
| | | 03.15 | Arbeitsende | |
| | Flughafen | 08.00 | Aufbau Bierbänke | Herr P., Herr H. |
| | | 15.00 | Info an Global Player: welcher Flughafenassistent als Ansprechpartner, Einrichten des check-in counters, etc. | |
| | | 18.45 | Bus-Shuttle in Position | |
| | | bis ca. 22.30 | Tankfahrzeuge mit Wasser und Diesel in Position | |
| | Shuttle-Busse | 17.00 | 1 Bus Hauptbahnhof - Hotel | Frau S. |
| | | 17.30 | Hauptbahnhof - Flughafen | |
| | | 17.55 | Abholung Gäste Ausland vom Flughafen - Hotel, 2 Busse | |
| | | 18.15 | Hauptbahnhof-Hotel - Flughafen, 2 Busse | |
| | | ca. 19.00 | Hotel - Flughafen, 2 Busse | |
| | | 03.00 | letzte Fahrt Flughafen - Hauptbahnhof | |
| 21.09. | Technikfirma | 13.00 | Einfahren und Abbau | Herr K. |
| | | ca. 19.00 | Arbeitsende | |
| | Toilettenfirma | 14.00 | Abholung:Toilettenwagen | |
| | Caterer | 13.00 | Einfahren und Restabbau | |
| | | 15.00 | Arbeitsende | |
| | Dekoteam | ? | Einfahren und Abbau | |
| | Global Player | | Abbau Heizungen | |
| | Bar S. | 13.00 | Einfahren und Abbau | |

## A – Z für Hostessen, Mitarbeiter, Hands

**A**

Aspirin: werden von den Hostessen auf Anfrage der Gäste ausgegeben
After Hour: findet voraussichtlich in Bar S. statt

**D**

Drinks: ab 22.00 Uhr an der Bar im Hangar

**E**

Erste Hilfe: Tel. 112 oder 0711 – 948-2000

**G**

Give-aways: werden am Counter zur Begrüßung der Gäste ausgegeben
Garderobe: wird im Eingangsbereich des Hangars entgegengenommen

**H**

Hotel: XYZ ,Stuttgart, Tel. 12345

**N**

Notfall: Polizei, Feuerwehr, Rettungsdienst: Tel. 110
Erste Hilfe, Notarzt: Tel. 112 oder: 0711 / 948-2000
Flughafenwache: 0711 / 9483355
Meldung technische Störung: 0711 / 98754321

**M**

Mitternachtsimbiss: ab 01.30 Uhr im Hangar
Musik: zur Musik (und den weiteren Verlauf des Abends) wird keine Auskunft gegeben

**P**

Polizei: Tel. 110

**S**

S-Bahn: Terminal 1, Richtung Innenstadt/ Stuttgart Hauptbahnhof
Shuttle-Busse: letzter Bus um 3.00 Uhr ab Flughafen

**T**

Toiletten: befinden sich im Außenbereich zwischen Flugzeug und Hangar

**R**

Rauchen: ist im Freigelände verboten!!! Rauchen nur im Flugzeug und im Hangar erlaubt. Zigaretten siehe Z.

**T**

Taxi: Taxi-Auto-Zentrale Stuttgart: Tel. 0711 / 19 410

**Z**

Zigaretten: werden an der Garderobe verkauft
Zigarren Lounge: wird sich ab 22.00 Uhr im Flugzeug im Flugzeug befinden

**Programmablaufplan Unternehmen X Flughafen, Mittwoch, 20.9.2000**

Alle Beteiligten stand-by bis ca. 3.00 Uhr; Gesamtkoordination des Abends / Regieführung: GPE/TOK Koordination allgemein: GPE/HAC, KEM; Koordination zum Flughafen/Feuerwehr: GPE/ROB Repräsentation GPE: MAG; Springer: GPE/MAS; Springer Hostesse: XY

Erwartete Besucherzahl: ca. 320 Personen (Gäste), ca. 60 Personen (Technik, Künstler, GPE), insgesamt ca. 380 Pers.

| | |
|---|---|
| 17.00 h | Briefing für alle im Terminal beschäftigten (Hostessen, Mitarbeiter, Walkacts), Koordination GPE/SIB) |
| ab 17.30 h | Bus-Shuttle Stuttgart Hauptbahnhof – Flughafen Stuttgart; Hauptbahnhof (insg. 5 Busse à 9 Sitze), Koordination Bus-Shuttle |
| ab 18.30 h | Eintreffen der Gäste am Flughafen. Kontrolle der anwesenden Gäste anhand einer Namensliste. Check-In Terminal 0. Bitte „XY Flug Nr. 99 00 66" im Display am Check-In Counter einspielen. Von Unternehmen X Unterstützung : + 1 Person als Begleitung Flughafen–Hotel (Hostessen: BR (bis 20.15h) und MS (bis 22 h) für Spätankömmlinge, Koordination Hostessen GPE/SIB |
| 19.00 h Beginn | Bustransfer (Terminal – Flugzeug)<br>Check-In und Ausgabe der Boarding-Cards durch 2 Hostessen. Gäste erhalten Flugunterlagen und Give-Away (Zahnbürste, Kondom, etc.). Hostessen informieren die Gäste, wo sie sich hinbegeben müssen, ohne dabei das „Flugziel" zu verraten. Begleitung Counter – Shuttle: BW (bis 20.15 h) |

ab 20.15 h-22.00 h MS

Walkacts „Die Fröhlichs" sorgen für Unterhaltung am Check-In.

Die Gäste werden von Flughafenbussen (jeweils 60 – 80 Pers.) und einer Hostesse zur Tupolev geleitet. Transfer vom Check-In zum Hangar über das Rollfeld.

Sektempfang im Flugzeug, Hintergrundmusik. Empfang/Begrüßung am Flugzeug: SI (bis ca. 20.30h), Aufsicht im Flugzeug (Ausgangsbereich):

Bei Eintreffen des nächsten Busses werden die Gäste im Flugzeug gebeten, über eine Luke im hinteren Teil des Flugzeugs auszusteigen. Hostessen weisen die Gäste auf das Rauchverbot im Außenbereich vor dem Flugzeug beziehungsweise vor dem Hangar hin.

Die Gäste gelangen vom Flugzeug über einen Vorplatz zum Hangar 11. Der Weg vom Flugzeug zum Hangar ist durch Bodenlichter und Fahnen markiert. Bei schlechtem Wetter Begleitung der Gäste mit Schirmen; Schirme: GPE/AFI, Springer

Empfang im Hangar: US (bis 22.00 h)

Ab 22 Uhr Information im Hangar: AS (bis 1.00 h)

Abnahme der Garderobe durch GPE-Mitarbeiter und Ausgabe von Garderobenbons. Garderobe/Toiletten Supervision GPE/DUG

20.00 h — letzter Check-In, letzter Transfer Terminal – Hangar

Joe Whitney und Diedra Jones (The Wright Thing) checken direkt am Counter ein.

bis 20.00 h — Get Together im Flugzeug und Hangar, Unterhaltung Saxophon-Spieler

ab 20.00 h — alle Gäste sollten jetzt im Hangar eingetroffen sein.
Für Spätankömmlinge steht ein Bus-Shuttle à 9 Sitze bis 22 h zur Verfügung. Im Hangar werden den Gästen

| | |
|---|---|
| | Aperitifs gereicht. Auf Großprojektionsflächen werden Bilder des Börsengangs gezeigt. |
| 20.00 h | Anmoderation und Begrüßung: LOR/SST |
| 20.15 h | 1. Rede: GA |
| 20.25 h | Videoeinspielung Grußwort auf Großleinwand, (evtl. weitere Redner) |
| 20.35 h | Abmoderation und Eröffnung Buffet LOR/SST: Koordination Catering GPE/HAC |
| 20.35 h- 22.15 h | Essen und Talk. (Musik (CD) im Hintergrund) Einspielung von Videoimpressionen des Tages auf Großleinwand. |
| ca. 22.00 h | Moderation SST/LOR<br>Eröffnung Dessertbuffet, Bar und Lounge |
| ab 22.00 h | Bus-Shuttle, 5 Busse à 9 Sitze, Flughafen – Hauptbahnhof/ Hotel – Flughafen; Koordination GPE/SIB |
| 22.30 h | Anmoderation „The Wright Thing“ (hinter verschlossener Leinwand Opening mit Lichtinszenierung), Spielen von 1–2 Sets bis ca. 24.00 h, je nach Stimmung des Publikums. Letztes Stück „The Wrigth Thing“ muss dem DJ mitgeteilt werden. Betreuung Band GPE/KEM |
| ab 24.30 h | DJs Set |
| ca. 1.30 h | Mitternachts-Snack. |
| 3.00 h | Ende der Veranstaltung.<br>Flughafen-Shuttle vom Hangar zum Flughafenterminal. Letzte Bus-Shuttle Möglichkeit zum Hauptbahnhof. Koordination GPE/KEM |

## Literaturverzeichnis


ESB (Europäische Sponsoring Börse) (1999): Event-Planer, St. Gallen, eine umfangreiche Checklisten-Sammlung

ESB und IPSOS: Eventbasics (1999), St. Gallen, empirische Befragung zu verschiedenen Events

Freyer, W. (1996): Eventmanagement im Tourismus, in: Dreyer, A.: Kulturtourismus, München, S. 211-243

Graf, C. (1998): Event-Marketing, Wiesbaden.

Kiel, H.-J.: Themenwelten für die Unternehmenskommunikation, in Jahrbuch für Eventmarketing 2002 sowie Brandlands, in: Sonderheft Marken der Zeitschrift Absatzwirtschaft, 3/2002.

Kinnebrock, W. (1993): Integriertes Eventmarketing, Wiesbaden.

Leitfaden Sponsoring & Event-Marketing (1995): Josef Raabe Verlag, Loseblatt-Ausgabe, Düsseldorf.

Meffert, H.; Wagner, H. (1989): Messemarketing, Münster.

Nickel, O. (1998): Eventmarketing: Grundlagen und Erfolgsbeispiele, München.

Opaschowski, H.W. (1993): Freizeitökonomie, Marketing von Erlebniswelten, Opladen.

Zanger, C.; Drengner, J. (1999): Erfolgskontrolle im Eventmarketing, in: planung & analyse, Heft 6, S. 32-37

Zanger, C.; Sistenich, F. (1996): Eventmarketing – Bestandsaufnahme, Standortbestimmung und ausgewählte theoretische Ansätze zur Erklärung eines innovativen Kommunikationsinstruments, in: Marketing Zeitschrift für Forschung und Praxis, Heft 4, S. 233-242

# Anhang

## Veranstaltungscheckliste

| Tätigkeit | erledigen bis | delegiert an | Status |
|---|---|---|---|
| **Location** | | | |
| Ortsbegehung | | | |
| - Akustik | | | |
| Behördliche Genehmigungen | | | |
| öffentliche Vorschriften | | | |
| - Sperrstunde | | | |
| - Ausschankgenehmigung | | | |
| Vertragsbedingungen | | | |
| - Mietbedingungen | | | |
| - Nutzungsbedingungen | | | |
| - Stornierungsbedingungen | | | |
| - baubehördliche Genehmigungen | | | |
| Flächennutzung | | | |
| - Flächenplan | | | |
| - Anzahl der Gäste | | | |
| - Cateringflächen | | | |
| - Ausstellungsflächen | | | |
| - Bühne | | | |
| - Serviceflächen | | | |
| - Auf- und Abbauflächen | | | |
| Dekoration | | | |
| - Raumbeschaffenheit | | | |
| - Traglasten | | | |
| - Feuervorschriften | | | |
| VIP-Bereich | | | |
| Bühne | | | |
| **Catering** | | | |
| Catering-Flächen | | | |
| Feststellung Bedarf | | | |
| - nach Personen | | | |
| - nach Dauer | | | |
| - nach Klimaverhältnissen | | | |
| Eigenbewirtung | | | |
| - Mobiliar und Zubehör | | | |
| - Mengenplanung | | | |
| Fremdcatering | | | |
| - Vergabe von Aufträgen | | | |
| - Vermietung der Standflächen | | | |
| - Vergabe von Restaurationslizenzen | | | |
| Speisen | | | |
| - Speiseangebot | | | |
| - Präsentation der Speisen | | | |
| Getränke | | | |
| Bewirtungsmöbel | | | |
| - Stehtische | | | |
| - Tische und Stühle | | | |

| | | | |
|---|---|---|---|
| - Schirme | | | |
| Geschirr | | | |
| - Einweggeschirr | | | |
| - wiederverwendbares Geschirr | | | |
| Crew-Catering | | | |
| Cateringpersonal | | | |
| - Küchenpersonal | | | |
| - Servicepersonal | | | |
| - Barpersonal | | | |
| **Logistik** | | | |
| Entsorgungsarbeiten | | | |
| - Abfälle | | | |
| - Säuberungen | | | |
| - Mülltrennung | | | |
| - Wiederherstellungsarbeiten | | | |
| Reinigungsdienste | | | |
| - Straßen- und Fußwegreinigung | | | |
| - Schneebeseitigung | | | |
| - Gebäudereinigung | | | |
| Kommunikationstechnik | | | |
| - Funkgeräte | | | |
| - Telefonanlagen | | | |
| Infrastruktur | | | |
| - Verkehrsanbindung | | | |
| - Verkehrsunternehmen | | | |
| - Park & Ride | | | |
| - Parkplatzangebot | | | |
| - Hotels | | | |
| Zulieferer | | | |
| - Termine | | | |
| Auf- und Abbauarbeiten | | | |
| - Stände | | | |
| - Dekoration | | | |
| - Bühne | | | |
| Beschilderung | | | |
| - Zuwegung | | | |
| - Parkplätze | | | |
| - Ver- und Gebotsschilder | | | |
| **Sicherheit** | | | |
| Arbeitssicherheit | | | |
| - Schutzkleidung | | | |
| - Fluchtpläne | | | |
| - Sicherheitsmaßnahmen | | | |
| Besuchersicherheit | | | |
| Künstlersicherheit | | | |
| Brandschutz | | | |
| - Feuerleiter | | | |
| - Feuerlöscher | | | |
| - Brandschutzmaßnahmen | | | |
| - Alarm- und Brandmeldeanlagen | | | |
| Feuerschutz | | | |
| Bewachungsdienst | | | |
| - Objektschutz | | | |
| - Risikobeschreibung | | | |
| - Gelände | | | |
| - Tag- / Nachtbewachung | | | |
| - Schutzwaffe | | | |

| | | | |
|---|---|---|---|
| - Hundestaffel | | | |
| Notfalldienst | | | |
| - Sanitäter | | | |
| - Notarzt | | | |
| Ordnungsdienst ( Außenanlagen ) | | | |
| - Bewachungsmaßnahmen | | | |
| - Abschleppmaßnahmen | | | |
| **Technik** | | | |
| Verstromung | | | |
| - Kapazitäten für Licht, Video, Catering etc. | | | |
| - Aggregat und/oder Netzversorgung | | | |
| - Anschlüsse | | | |
| Licht | | | |
| - Bühnenausleuchtung | | | |
| - Showlicht | | | |
| - Redner- / Produktausleuchtung | | | |
| - Kameralicht | | | |
| - Ambientelicht | | | |
| - Arbeitslicht | | | |
| - Wegebeleuchtung | | | |
| - Lichttechnik geständert oder gehängt | | | |
| Ton | | | |
| - Sprachbeschallung | | | |
| - Musikbeschallung | | | |
| - Durchsage- und Zuschauerleitbeschallung | | | |
| - Stellfläche für Tonregie | | | |
| - Mikrofone | | | |
| - Zuspielgeräte | | | |
| Video | | | |
| - Indoor / Outdoor | | | |
| - Lichtsituation im Veranstaltungsraum | | | |
| - Bilddarstellung | | | |
| - Projektoren | | | |
| - Monitore | | | |
| - Zuspieltechnik | | | |
| Bühnenbau | | | |
| Bodenbelag | | | |
| Klimatisierung | | | |
| **Promotion** | | | |
| Grundentscheidungen | | | |
| - Markenentscheidungen der Veranstaltung | | | |
| - Bezeichnung, Name des Events | | | |
| - Logo | | | |
| - Veranstalter-Zuordnung | | | |
| - Sponsoren und Medienintegration | | | |
| - Zeitplan | | | |
| Eventbezogene Ausgestaltung | | | |
| - Gesamtdesign | | | |
| - Grafik | | | |
| - Dekoration | | | |
| Vorabkommunikation | | | |
| - klassische Werbemaßnahmen | | | |
| - Entwurf und Produktion | | | |
| - Anzeigen / Plakate / Prospekte etc. | | | |
| - Internetauftritt | | | |
| - Direktmarketing | | | |
| - Radio- und TV-Spots | | | |

| | | | |
|---|---|---|---|
| - Gemeinschaftswerbung | | | |
| - PR-Maßnahmen | | | |
| - Auswahl der Presse | | | |
| - Presseberichte | | | |
| - Pressekonferenzen | | | |
| - Planung der Besucherkommunikation | | | |
| Allgemeine Materialien | | | |
| - Briefpapier | | | |
| - Visitenkarten | | | |
| - Veranstaltungsprospekt | | | |
| - Einladungslisten | | | |
| - Vorbereitung der Pressemaßnahmen | | | |
| Kommunikation am Event | | | |
| - Planung der Eventausstattung | | | |
| - Ausschilderung | | | |
| - Eintrittskarten / Platzkarten | | | |
| - Berichterstattung | | | |
| - Künstlerbetreuung | | | |
| - Werbegeschenke | | | |
| - Programmheft ( Produktion / Vertrieb ) | | | |
| Ticketing | | | |
| - schriftl., telefonisch und direkter Verkauf | | | |
| - Preisgestaltung, Rabatte, Provisionen | | | |
| - Kooperation mit Vertriebsnetz | | | |
| - Kooperation mit Ticketsystem | | | |
| - Kooperation mit Sponsoring- oder Medienpartner | | | |
| - Zeitpunkt, Beginn und Ende Vorverkauf | | | |
| - Rückführung/Umverteilung unverkaufter Karten | | | |
| Nachbearbeitung des Events | | | |
| - Analyse der Veranstaltung durch Mitarbeiter | | | |
| - Presseinformation | | | |
| - Video- und Fotodokumentation | | | |
| - Erfassung aller Presseberichte des Events | | | |
| - Besuchernachbearbeitung | | | |

## Kalkulationsplan Aufwendungen

| Leistungsart | Plan (DM) | Plan (Euro) | Ist (DM) | Ist (Euro) | Saldo (DM) | Saldo (Euro) |
|---|---|---|---|---|---|---|
| | | | | | | |
| **1. Personal** | | | | | | |
| Honorar Künstler / Sportler | 20.000,00 | 10.072,88 | | 0,00 | 20.000,00 | 10.072,88 |
| Reise- u. Hotelkosten Künster / Sportler | 5.000,00 | 2.518,22 | | 0,00 | 5.000,00 | 2.518,22 |
| Löhne / Gehälter für eigenes Personal | | 0,00 | | 0,00 | 0,00 | 0,00 |
| Sozialleistungen (Personal) | | 0,00 | | 0,00 | 0,00 | 0,00 |
| Personalnebenkosten gesamt (Verpflegung u.ä.) | | 0,00 | | 0,00 | 0,00 | 0,00 |
| Sonstiges | | 0,00 | | 0,00 | 0,00 | 0,00 |
| | | | | | | |
| **Summe Personal** | 25.000,00 | 12.591,10 | 0,00 | 0,00 | 25.000,00. | 12.591,10 |
| | | | | | | |
| **2. Raumkosten** | | | | | | |
| 2.1 "Raum 1" | | | | | | |
| Einrichtung (Bestuhlung, Bühne etc.) | 10.000,00 | 5.036,44 | | 0,00 | 10.000,00 | 5.036,44 |
| Dekoration / Befragung etc. | | 0,00 | | 0,00 | 0,00 | 0,00 |
| Heizung | | 0,00 | | 0,00 | 0,00 | 0,00 |
| Strom | | 0,00 | | 0,00 | 0,00 | 0,00 |
| Wasser | | 0,00 | | 0,00 | 0,00 | 0,00 |
| Abfall / Reinigung | | 0,00 | | 0,00 | 0,00 | 0,00 |
| Elektro / Montagearbeiten | | 0,00 | | 0,00 | 0,00 | 0,00 |
| Sonstiges | | 0,00 | | 0,00 | 0,00 | 0,00 |
| | | | | | | |
| **Summe "Raum 1"** | **10.000,00** | **5.036,44** | **0,00** | **0,00** | **10.000,00** | **5.036,44** |
| | | | | | | |
| **2.2 "Raum 2"** | | | | | | |
| Einrichtung (Bestuhlung, Bühne etc) | | 0,00 | | 0,00 | 0,00 | 0,00 |
| Dekoration / Beflaggung etc. | | 0,00 | | 0,00 | 0,00 | 0,00 |
| Heizung | | 0,00 | | 0,00 | 0,00 | 0,00 |
| Strom | | 0,00 | | 0,00 | 0,00 | 0,00 |
| Wasser | | 0,00 | | 0,00 | 0,00 | 0,00 |
| Abfall / Reinigung | | 0,00 | | 0,00 | 0,00 | 0,00 |
| Elektro / Montagearbeiten | | 0,00 | | 0,00 | 0,00 | 0,00 |

| | | | | | | |
|---|---|---|---|---|---|---|
| Sonstiges | | 0,00 | | 0,00 | 0,00 | 0,00 |
| **Summe "Raum 2"** | **0,00** | **0,00** | **0,00** | **0,00** | **0,00** | **0,00** |
| **Summe "Raum 3"** | **0,00** | **0,00** | **0,00** | **0,00** | **0,00** | **0,00** |
| **Summe Personal** | - | - | - | - | - | - |
| **2.4 Eingangsbereich / Toiletten** | | | | | | |
| | | | | | | |
| Einrichtung (Bestuhlung, Bühne etc.) | 1.800,00 | 906,56 | | 0,00 | 1.800,00 | 906,56 |
| Dekoration / Beflaggung etc. | | 0,00 | | 0,00 | 0,00 | 0,00 |
| Heizung | | 0,00 | | 0,00 | 0,00 | 0,00 |
| Strom | | 0,00 | | 0,00 | 0,00 | 0,00 |
| Wasser | | 0,00 | | 0,00 | 0,00 | 0,00 |
| Abfall / Reinigung | | 0,00 | | 0,00 | 0,00 | 0,00 |
| Elektro / Montagearbeiten | | 0,00 | | 0,00 | 0,00 | 0,00 |
| Sonstiges | | 0,00 | | 0,00 | 0,00 | 0,00 |
| **Summe Eingangsbereich / Flur** | **1.800,00** | **906,56** | **0,00** | **0,00** | **1.800,00** | **906,56** |
| **3. Technik** | | | | | | |
| Tontechnik eigen | | 0,00 | | 0,00 | 0,00 | 0,00 |
| Lichttechnik eigen | | 0,00 | | 0,00 | 0,00 | 0,00 |
| Fremd Tontechnik | 2.500,00 | 1.259,11 | | 0,00 | 2.500,00 | 1.259,11 |
| Fremd Lichttechnik | 3.000,00 | 1.510,93 | | 0,00 | 3.000,00 | 1.510,93 |
| Fremd Videotechnik | | 0,00 | | 0,00 | 0,00 | 0,00 |
| Pyrotechnik | | 0,00 | | 0,00 | 0,00 | 0,00 |
| EDV Ausstattung | | 0,00 | | 0,00 | 0,00 | 0,00 |
| Telefoninstallation | | 0,00 | | 0,00 | 0,00 | 0,00 |
| Miete Funkgeräte | | 0,00 | | 0,00 | 0,00 | 0,00 |
| Sonstiges | | 0,00 | | 0,00 | 0,00 | 0,00 |
| | | | | | | |
| **Summe Technik** | **5.500,00** | **2.770,04** | **0,00** | **0,00** | **5.500,00** | **2.770,04** |
| | | | | | | |
| **4. Werbung / Promotion** | | | | | | |
| **4.1 Anzeigen** | | | | | | |
| Satz / Film | 1.200,00 | 604,37 | | 0,00 | 1.200,00 | 604,37 |
| Produktion | | 0,00 | | 0,00 | 0,00 | 0,00 |
| Anzeigenschaltung | 1.500,00 | 755,47 | | 0,00 | 1.500,00 | 755,47 |
| | | | | | | |
| **Summe Anzeigen** | **2.700,00** | **1.359,84** | **0,00** | **0,00** | **2.700,00** | **1.359,84** |
| | | | | | | |

| | | | | | | |
|---|---|---|---|---|---|---|
| **4.2 Plakatwerbung** | | | | | | |
| Druck | | | | | | |
| Aufhängen | | 0,00 | | 0,00 | 0,00 | 0,00 |
| | | 0,00 | | 0,00 | 0,00 | 0,00 |
| **Summe Plakatwerbung** | **0,00** | **0,00** | **0,00** | **0,00** | **0,00** | **0,00** |
| | | | | | | |
| **4.3 Funk / Fernsehen** | | | | | | |
| Produktion Spot | | 0,00 | | 0,00 | 0,00 | 0,00 |
| Sendergebühren | 4.500,00 | 2.266,40 | | 0,00 | 4.500,00 | 2.266,40 |
| | | | | | | |
| **Summe Funk / Fernsehen** | **4.500,00** | **2.266,40** | | **0,00** | **4.500,00** | **2.266,40** |
| | | | | | | |
| **4.4 Flyer / Programmhefte** | | | | | | |
| Druck | | 0,00 | | 0,00 | 0,00 | 0,00 |
| Verteilung / Versand | | 0,00 | | 0,00 | 0,00 | 0,00 |
| | | | | | | |
| **Summe Flyer / Programmhefte** | **0,00** | **0,00** | **0,00** | **0,00** | **0,00** | **0,00** |
| | | | | | | |
| **4.5 Eintrittskarten** | | | | | | |
| Druck | | 0,00 | | 0,00 | 0,00 | 0,00 |
| Verteilung Versand | | 0,00 | | 0,00 | 0,00 | 0,00 |
| | | | | | | |
| **Summe Etintrittskarten** | **0,00** | **0,00** | **0,00** | **0,00** | **0,00** | **0,00** |
| | | | | | | |
| **4.6 Aufbau/Ergänzung/ Pflege/Adressverteiler** | | 0,00 | | 0,00 | 0,00 | 0,00 |
| | | | | | | |
| **4.7 Presse** | | | | | | |
| Pressearbeit | | 0,00 | 0,00 | 0,00 | 0,00 | 0,00 |
| Pressekonferenzen | | 0,00 | 0,00 | 0,00 | 0,00 | 0,00 |
| | | | | | | |
| **Summe Presse** | **0,00** | **0,00** | **0,00** | **0,00** | **0,00** | **0,00** |
| | | | | | | |
| **Summe Werbung / Promotion** | **7.200,00** | **3.626,24** | **0,00** | **0,00** | **7.200,00** | **3.626,24** |
| | | | | | | |
| **5. Agenturkosten** | | | | | | |
| Budget Agentur 1 | 15.000,00 | 7.554,66 | | 0,00 | 15.000,00 | 7.554,66 |
| Budget Agentur 2 | | 0,00 | | 0,00 | 0,00 | 0,00 |
| **Summe Agenturkosten** | **15.000,00** | **7.554,66** | **0,00** | **0,00** | **15.000,00** | **7.554,66** |

| | | | | | | |
|---|---|---|---|---|---|---|
| **6. Sicherheit** | | | | | | |
| Polizei | | 0,00 | | 0,00 | 0,00 | 0,00 |
| Sanitäter | | 0,00 | | 0,00 | 0,00 | 0,00 |
| Feuerwehr | | 0,00 | | 0,00 | 0,00 | 0,00 |
| Sicherheitskräfte | 1.500,00 | 755,47 | | 0,00 | 1.500,00 | 755,47 |
| Absperrungen / S-Vorkehrungen | | 0,00 | | 0,00 | 0,00 | 0,00 |
| | | | | | | |
| **Summe Sicherheit** | **1.500,00** | **755,47** | **0,00** | **0,00** | **1.500,00** | **755,47** |
| | | | | | | |
| **7. Genehmigungen / Versicherungen** | | | | | | |
| GEMA | 500,00 | 251,82 | | 0,00 | 500,00 | 251,82 |
| Veranstalterhaftpflichtversicherung | | 0,00 | | 0,00 | 0,00 | 0,00 |
| Ausfallversicherung | | 0,00 | | 0,00 | 0,00 | 0,00 |
| Genehmigungsbescheide | | 0,00 | | 0,00 | 0,00 | 0,00 |
| Sonstiges | | 0,00 | | 0,00 | 0,00 | 0,00 |
| | | | | | | |
| **Summe Genehmigungen / Versicherungen** | **500,00** | **251,82** | **0,00** | **0,00** | **500,00** | **251,82** |
| | | | | | | |
| **8.Fahrdienst / Transport** | | | | | | |
| LKW / Transportunternehmen | | 0,00 | | 0,00 | 0,00 | 0,00 |
| Bustransfer | | 0,00 | | 0,00 | 0,00 | 0,00 |
| Autotransfer | | 0,00 | | 0,00 | 0,00 | 0,00 |
| Fahrerkosten | | 0,00 | | 0,00 | 0,00 | 0,00 |
| Benzinkosten | | 0,00 | | 0,00 | 0,00 | 0,00 |
| Sonstiges | | 0,00 | | 0,00 | 0,00 | 0,00 |
| | | | | | | |
| **Summe Fahrdienst / Transport** | **0,00** | **0,00** | **0,00** | **0,00** | **0,00** | **0,00** |
| | | | | | | |
| **9. Gastronomie** | | | | | | |
| Fremdfirmen | | 0,00 | | 0,00 | 0,00 | 0,00 |
| Getränke | 12.000,00 | 6.043,73 | | 0,00 | 12.000,00 | 6.043,73 |
| Speisen | | 0,00 | | 0,00 | 0,00 | 0,00 |
| Sonstiges | | 0,00 | | 0,00 | 0,00 | 0,00 |
| **Summe Gastromie** | **12.000,00** | **6.043,73** | **0,00** | **0,00** | **12.000,00** | **6.043,73** |
| | | | | | | |
| **10. Kaufmännische Betriebskosten** | | | | | | |
| Büromaterial | | 0,00 | | 0,00 | 0,00 | 0,00 |

| | | | | | | |
|---|---|---|---|---|---|---|
| Telefon Gebühren | | 0,00 | | 0,00 | 0,00 | 0,00 |
| Zeitschriften / Bücher | | 0,00 | | 0,00 | 0,00 | 0,00 |
| Buchhaltung / Abschluss | | 0,00 | | 0,00 | 0,00 | 0,00 |
| Kopien | | 0,00 | | 0,00 | 0,00 | 0,00 |
| Porto / Kurierdienst | | 0,00 | | 0,00 | 0,00 | 0,00 |
| Sonstiges | 200,00 | 100,73 | | 0,00 | 200,00 | 100,73 |
| | | | | | | |
| **Summe kauf. Betriebskosten** | **200,00** | **100,73** | | **0,00** | **200,00** | **100,73** |
| | | | | | | |
| **Summe gesamt** | **78.700,00** | **39.636,77** | **0,00** | **0,00** | **78.700,00** | **39.636,77** |

# Anmerkungen

[1] Die Informationen zu diesem Praxisbeispiel wurden freundlicherweise von der Fa. GPM zur Verfügung gestellt.

# EDV in der Veranstaltung

## Der Einsatz von Standard- und Spezialsoftware im Veranstaltungsmanagement

*von Stefan Luppold*

### 1. Vorbemerkungen

Die Veranstaltungswirtschaft wird – im Zusammenhang mit der Dienstleistungsorientierung unserer Volkswirtschaft – zu einem immer wichtigeren Bereich. Alleine in der Kongress- und Tagungswirtschaft, einem Teilsegment, werden jährlich rund fünfzig Milliarden Euro umgesetzt.

Eine Fülle unterschiedlicher Dienstleistungen werden für Veranstaltungen erbracht; verschiedenste Lokationen – nicht ausschließlich die bekannten Tagungs-, Messe und Kongressstätten – stehen zur Verfügung. Der richtige Umgang mit Veranstaltungen, insbesondere im Kontext der Planung und Organisation, bedarf optimaler Hilfsmittel.

Ein Event – ob Seminarveranstaltung oder Weltausstellung EXPO – erfordert exaktes Planen, größtmögliche Informationstransparenz, beste Kommunikation zwischen den Beteiligen und laufende Dokumentation der Aktivitäten. Typische Anforderungen an EDV, an Standard- und Spezialsoftware im Veranstaltungsmanagement.

Generell gilt – nicht nur für den Einsatz von EDV im Veranstaltungsmanagement –, dass zwei „Effekte" erwartet werden:

1. Die Unterstützung bei Routinetätigkeiten durch in der Software festgelegte Parameter (Pflichtfelder, Statuswechsel, Kopierfunktionen,

Durchgriffe innerhalb der Programmteile etc.) – nach dem Motto „Einmal richtig, immer richtig!" und
2. die Optimierung der Informationsversorgung der operativen Mitarbeiter und des Management (zum Beispiel durch Wiedervorlagen, Auswertungen bereits vorhandener Daten, frei definierbare Recherchen, Kundenhistorien etc.).

Eine optimale EDV-Unterstützung wird sich immer an den Kernaufgaben im organisatorischen oder planerischen Ablauf orientieren, sie ist folglich in vielerlei Hinsicht „nur" eine Übertragung von Aufgaben(-stellungen) auf eine andere (technische, automatisierte, elektronische) Plattform.

Nachfolgend wird zunächst dargestellt, welche Besonderheiten zu berücksichtigen sind, damit eine EDV-Unterstützung den besonderen Anforderungen entspricht – zwei Bereiche haben sich in der Praxis herausgebildet (Fokus „Raum" und Fokus „Teilnehmer").

Im Anschluss daran wird unter anderem auf die Struktur von Veranstaltungsstätten eingegangen und am Beispiel von Management-Feldern der EDV-Einsatz erläutert.

Nach einer kurzen Erläuterung von Standard- und Speziallösungen folgen weitere Beispiele, die sowohl aus organisatorischer als auch aus Qualitätsmanagement-Sicht den Einsatz von Software beleuchten.

Abschließend werden – vor der obligatorischen Zusammenfassung – die Fragen nach der Management-Vernetzung von Informationen und dem Nutzen beantwortet.

## 2. Fokus „Raum"

Ein wichtiges Segment in der Veranstaltungswirtschaft sind die Unternehmen, Verbände, Organisationen oder andere, die über Veranstaltungsräume verfügen. Dies können Stadt- und Mehrzweckhallen, Kultur- und Bürgerhäuser, Tagungs- und Kongressstätten, Messegesellschaften, Kunden- und Bildungs-Zentren sowie viele andere „Raum-Inhaber" sein (Museen, Theater, Fernsehstudios, ...).

In diesen Räumlichkeiten finden Veranstaltungen statt – die geplant und durchgeführt werden; einen typischen Ablauf, aufgegriffen aus einer Tagungsstätte, zeigt die folgende Abbildung:

**Abbildung 1: Der Prozessablauf im Veranstaltungsmanagement**

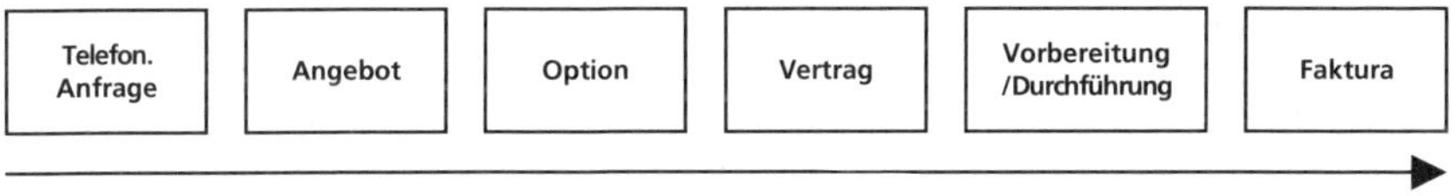


Potenzielle Kunden fragen telefonisch an – unabhängig von sonstigen noch zu disponierenden Leistungen ist zunächst festzustellen, ob der oder die in Frage kommenden Räume zum gewünschten Zeitpunkt verfügbar sind (EDV: elektronische Belegungsübersicht, zum Beispiel Monats- oder Tagesplan).

Der Anfrage folgt ein Angebot, das bereits – neben dem Raum – auch weitere zur Durchführung der Veranstaltung gewünschte Leistungen umfasst (Licht- und Tontechnik, Personal, Instrumente, Dekoration etc.). Die Konfiguration eines Angebots ist gleichzeitig der erste Schritt zur detaillierten Veranstaltungsvorbereitung (EDV: Buchung von Leistungen aus hinterlegten Dateien, automatische Bestandsüberprüfung, Wahl der gültigen Preise, Berücksichtigung von Besonderheiten, automatische Druckausgabe und Archivierung der Korrespondenz etc.).

Die Optionierung drückt „das verbindliche Freihalten von Räumen für einen bestimmten Zeitraum" aus; der Kunde ist in seiner Entscheidung weiter, kann aber noch keine verbindliche Zusage geben. Deshalb wird ihm eine Frist gesetzt – mit der eigenen Verpflichtung, bis dahin keine anderen Belegungen für das reservierte Datum anzunehmen. Hier zeigt sich deutlich der Workflow-Charakter im Veranstaltungsmanagement – durch den Statuswechsel zum Beispiel von Planung nach Option werden Räume (vor-)reserviert, Wiedervorlagen generiert (Auslauf der Option) und Kommunikation ausgelöst (Optionsbestätigung an den Kunden). Im Gegensatz zur papiergestützten Verarbeitung ist, bei richtig gewählter Software, die Gefahr von Doppelbelegungen ausgeschlossen (EDV: Überwachung des Status, Wiedervorlage, Sperrung von Räumen etc.).

Kommt die verbindliche Zusage, bucht der Kunde die Veranstaltung, dann wechselt die Situation von „möglich" nach „sicher". Zu schließende Verträge umfassen die bereits bis dahin getätigten Absprachen, ergänzt um Zahlungsmodalitäten (zum Beispiel Veranstaltungsausfallbürgschaft) und um weitere Details (zusätzliche Leistungen, besondere Anforderungen etc.). Der Raum beziehungsweise die Räume sind dann verbindlich belegt (EDV: Übernahme von Leistungsbuchungen in den Vertragstext, Errechnung von Zahlungsparametern wie Summe, Fälligkeit etc.).

Die Vorbereitungs- und Durchführungszeit einer Veranstaltung kann sehr kurz aber auch sehr lange sein – große internationale Kongresse erfordern oftmals einen Zeitraum von mehreren Jahren (zwischen Festbuchung und Veranstaltungstermin). Sukzessive und in sehr engem Kontakt mit dem Kunden oder dessen beauftragter Agentur werden alle Leistungen geplant (was, wann, wie viel, wie, ...). Parallel läuft jedoch auch bereits der Prozess der Leistungs-Erledigung: Sonder-Technik muss mit zeitlichem Vorlauf extern beauftragt werden, Aushilfspersonal geordert und gastronomische Leistungen angestoßen werden (EDV: Überwachung von Erledigungsfristen, Führen von Erledigungsvermerken, Auftragsvergabe, Lieferantenverwaltung etc.). Die Durchführung selbst bedient sich in der Regel des Arbeitsplans (Synonyme: Regiebuch, function sheet, Anlass-Protokoll). Hier wird zusammenfassend aufgeführt, was – in Abstimmung mit dem Kunden – wann und wie, unter Umständen auch durch wen – für die Veranstaltung zu leisten ist. (EDV: Zusammenführung aus Angebot, Vertrag beziehungsweise weiterer Leistungsdisposition, Ergänzung um besondere – textliche – Bemerkungen, Raum- und Zeit-Zuordnung etc.).

Der letzte Schritt im Ablauf des Veranstaltungsmanagement ist die Abrechnung der durchgeführten Veranstaltung. Ob externe Faktura oder innerbetriebliche Kostenstellenverrechnung, die erbrachten Leistungen – Planungswerte abzüglich nicht in Anspruch genommener zuzüglich zusätzlich benötigter Leistungen – müssen in einen Abschluss-Status überführt werden (EDV: Anpassung von Anzahl oder Menge anhand tatsächlicher Verbrauchs, Übernahme in Leistungsstatistik, Abrechung unter Berücksichtigung bereits gestellter Voraus- oder Teilzahlungsrechnungen etc.).

Das „Produkt" Veranstaltung hat somit als Kerngröße den Raum, ergänzt um die benötigten sächlichen und personellen Leistungen. Die Anforderung an eine Spezialsoftware konzentriert sich folglich auf die optimale Unterstützung bei der Raum- und Leistungsdisposition.

### 3. Fokus „Teilnehmer"

Ein weiterer Teilbereich der Veranstaltungswirtschaft ergibt sich aus dem Fokus auf die Teilnehmer an Tagungen, Events etc. Sie stehen aus der Sicht von Event-Agenturen, PCO (Professional Congress Organizer), Verbänden, Parteien und anderen im Mittelpunkt des Veranstaltungs-Management.

Die nachfolgende Abbildung zeigt die zusammengefassten Workflow-Elemente aus Sicht einer wissenschaftlichen Tagung:

**Abbildung 2: Der Prozessablauf im Tagungs- und Kongressmanagement**

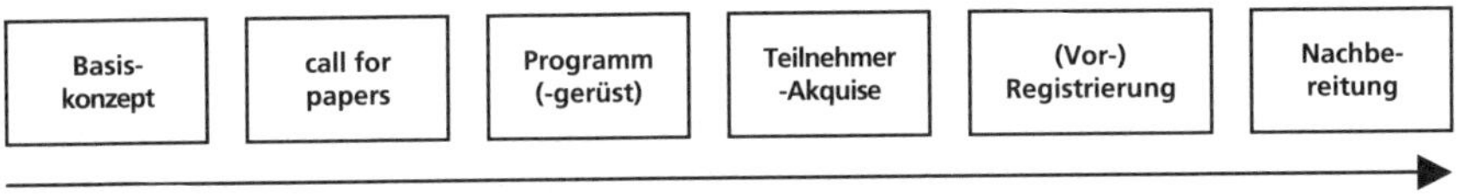


Selbstverständlich sind auch hier Leistungen, wie unter B dargestellt, notwendig: Räume, Stühle, Tische, Technik, Personal, Gastronomie etc. Jedoch liegt das organisatorische Hauptaugenmerk auf den Personen, die an der Veranstaltung teilnehmen (im Sinne von Konsumenten) – den eigentlichen Teilnehmern, den Referenten, den Ausstellern (zum Beispiel im Rahmen einer tagungsbegleitenden Ausstellung).

Ein Basiskonzept ist der erste planerische Entwurf einer Veranstaltung, der etwa Termine und Orte (wann und wo) aber auch thematische Schwerpunkte (was) und Zielgruppen (wer) definiert (EDV: Adress-Recherche für Zielgruppen-Potenzial, Anlage von Grunddaten wie Termin und Ort, Planung von Teilnehmerzahlen etc.).

Der „call for papers" entspricht einem Aufruf zur Einreichung von Themenvorschlägen beziehungsweise eigenen Beiträgen. Verbunden damit ist die Überwachung des Eingangs von Vorschlägen, deren Bewertung (meist durch ein wissenschaftliches Gremium) und die abschließende Auswahl – aus der sich dann ein Teil des Inhaltes der Veranstaltung ergibt. Dieser Vorgang wird üblicherweise Abstract-Handling genannt (EDV: Automatisierte Einreichung von Vortragsvorschlägen, Bewertungsüberwachung, Erzeugung von Druckdateien für Vortragsbände, Benachrichtigung der angenommenen beziehungsweise abgelehnten Einreicher etc.).

Das Programmgerüst einer Veranstaltung in dem genannten Zusammenhang ergibt sich aus inhaltlichen, organisatorischen, zielgruppenorientierten und anderen Vorgaben. Ein Eröffnungsvortrag für alle Teilnehmer, dann parallele Workshops zu unterschiedlichen Themen, am Abend ein Festbankett, Ausflüge für die Begleitpersonen etc. sind nur einige Beispiele dafür, wie sich ein solches Programm zusammensetzen kann. Jeder sogenannte Programmpunkt enthält Informationen, die sowohl für die Planung als auch für die spätere Teilnehmerbuchung wichtig sind (EDV: Erfassen und Überwachen von Gebühren, Mindest- und Höchstteilnehmerzahlen, Teilnehmerarten, Zusatzinfos für Teilnehmer etc.).

Die Teilnehmerakquisition zielt auf eine möglichst gute Buchung der geplanten Veranstaltung ab, weshalb die Frage nach den „richtigen" Adressen gestellt wird (Ausnahme: verbandsinterne oder firmeninterne Veranstaltung mit festgelegtem Teilnehmerkreis). Aus vorhandenen oder zugekauften Adressbeständen, verknüpft mit Informationen über Interessensgebiete oder bereits erfolgten Teilnahmen an früheren Veranstaltungen, werden Mailings (bei wissenschaftlichen Verbänden oft auch als Zirkulare bezeichnet) erzeugt; sie bewerben die Veranstaltung – parallel zu anderen kommunikationspolitischen Aktivitäten (Schaltung von Anzeigen, Hinweise im Internet etc.) – und werben für eine Anmeldung (EDV: Adress-Management mit Selektionskriterien und Teilnehmer-Historie, Serienbrief-, Serienfax- beziehungsweise Serien-E-Mail-Funktion etc.).

Die Buchung von Teilnehmern erfolgt entweder im Vorfeld der Veranstaltung (Vor-Registrierung) oder kurz vor Beginn (Tages-Registrierung). Anhand verschiedener Kriterien werden dem Teilnehmer aus den angebotenen Programmpunkten die von ihm gewünschten oder die für ihn relevanten gebucht. Ein solcher Buchungsvorgang birgt eine oftmals unterschätzte Komplexität, da verschiedene Konstellationen abgebildet werden müssen: Teilnehmerart, Gebühren abhängig von der Teilnehmerart, Teilnahme an bestimmten Programmpunkten nur für bestimmte Teilnehmerarten, Buchung von Übernachtungen, Buchung von Begleitpersonen, Buchung von mehreren Personen (Firmen- oder Gruppenbuchung), Berücksichtigung von Sonder-Tarifen (Frühbucher-Preise, Spätbucherzuschlag), Berechnung von Stornogebühren bei einer Absage in Abhängigkeit des Absagedatums etc. Ein EDV-Einsatz, isoliert für den Aufgabenbereich der Teilnehmerbuchung betrachtet, kann anhand dieser Fülle von zu berücksichtigenden „Verknüpfungen" erhebliche Entlastung bringen. Aus einer gut strukturierten Programmpunktplanung leitet ein Buchungssystem bereits die überhaupt existierenden Möglichkeiten ab, überwacht dabei noch Kontingente (zum Beispiel Hotelzimmer) und sorgt automatisch für die Kommunikation (EDV: Handling der Teilnehmer nach Teilnehmerarten, Leistungsdisposition und -überwachung, Bestätigungs- und Rechnungsdruck, Listenausgabe etc.).

Die Nachbereitungsphase einer Veranstaltung analysiert die tatsächlichen Quantitäten (zum Beispiel Teilnehmerzahl) und Qualitäten (zum Beispiel Zufriedenheit der Teilnehmer) mit den erwarteten. Sie ist gleichzeitig der erste Planungsschritt einer (möglichen) nächsten Veranstaltung (EDV: Ausgabe von Buchungsbeständen, Gebührenzuordnung zu Programmpunkten, Teilnehmerherkunft, Auslastungsgrad geplant/ tatsächlich etc.).

Wird der Fokus auf die Teilnehmer einer Veranstaltung gesetzt, dann geht es in erster Linie um Adressen und deren Verknüpfung mit Leistungsdaten (Programmpunkte, Hotelzimmer etc.). Eine Spezialsoftware zum „Handling" solcher Aufgaben konzentriert sich im optimalen Fall ebenso auf die Teilnehmer und bietet insofern auch eine Integration neuer Kommunikationsmöglichkeiten an (zum Beispiel Anmeldung über das Internet – Teilnehmer bucht sich selbst ein!).

## 4. Struktur von Veranstaltungsstätten / Managementfelder

Spätestens nach dem unter B dargestellten Fokus „Raum" ergibt sich die Frage nach der Struktur von Veranstaltungsstätten. Der Prozessablauf bei der Planung und Durchführung von Veranstaltungen könnte sich dadurch unterscheiden, dass die Veranstaltungsstätten an sich unterschiedlich sind und damit auch – hinsichtlich des einzusetzenden Werkzeugs EDV – unterschiedliche Aufgabenstellungen haben.

Der Europäische Verband der Veranstaltungs-Centren (EVVC e.V., im Internet: www.evvc.org) unterteilt seine Mitglieder in drei Gruppen – abhängig von der maximalen Bestuhlungszahl (in Reihenbestuhlung im größten Saal).

Es gibt kein größtes europäisches Kongress-Zentrum – sondern mehrere! Die Gesamtzahl der verfügbaren Tagungsräume „unter einem Dach", die Zahl der Stuhlplätze im Haus, die Zahl der Veranstaltungen pro Jahr, die Besucherzahl pro Jahr, die Zahl an bestuhl- und betischbaren Quadratmetern, ... – Kriterien, die zwar Quantitäten wiedergeben, jedoch Qualitäten außer Acht lassen! Damit sicherlich kein Ansatz für eine Differenzierung bezüglich der eigentlichen Veranstaltungsarbeit und auch nicht der EDV.

Diese Feststellung ist übertragbar, wenn etwa die Rechtsform (privatwirtschaftlich, öffentlich-rechtlich), die Veranstaltungsausrichtung (Eigenproduktionen, Vermietgeschäft) oder die räumliche Marktzuordnung (lokal, regional, ...) angesprochen werden.

Bei allen Veranstaltungsstätten handelt es sich um Dienstleister, die ihr Produkt (Veranstaltung, bestehend aus Räumen und Leistungen) in optimaler Qualität für einen Markt (Veranstalter, Besucher, Mitarbeiter, ...)

produzieren müssen (Planung und Durchführung = Veranstaltungsmanagement). Und dies mit den unter B beschriebenen Aufgabenschwerpunkten. Daraus folgt, dass sich für alle Veranstaltungsstätten allgemein ein standardisierbarer EDV-Einsatz eignet (der sich jedoch in der Nutzungs-Intensität im Detail unterscheiden kann!).

Das Management-Feld „Planung und Organisation" bietet bereits viele Ansätze für ein EDV-gestütztes System: Planung des Personaleinsatzes, Belegungsplanung (Räume), Verfügbarkeitsplanung (technische Einrichtungen), Instandhaltung (Bühnentechnik).

Bereiche zur „Marketing"-Unterstützung können Kunden- und Adressdatenbanken (mit Selektionskriterien und der Verwaltung unterschiedlicher Ansprechpartnern), Veranstaltungs-Dokumentationen sowie Vertriebs- und Mailing-Funktionen sein.

Das Management-Feld „Controlling" gewinnt zunehmend an Bedeutung – und damit die EDV-Unterstützung. Aussagen über vergangene oder zukünftige Belegungen, über die Nutzung bestimmter Leistungen oder die Anzahl der nicht erfolgreich abgeschlossenen Veranstaltungen können schnell, exakt und eindeutig nur durch den Einsatz eines EDV-Systems getroffen werden (Beispiel: Die Mikroport-Anlage ist defekt – eine Ersatzbeschaffung oder alternativ eine Anmietung jeweils bei Bedarf sind möglich. Eine Entscheidung wird anhand der bisher gebuchten Einsätze und den daraus erzielten Erlösen getroffen. Diesen Detaillierungsgrad liefert nur ein integriertes Veranstaltungsmanagement-System, das das Management-Feld „Controlling" aus dem Management-Feld „Planung und Organisation" mit Informationen versorgt!).

Das Feld „Qualitätsmanagement" wird in vielen Veranstaltungsstätten als übergreifende, verbindende Aufgabenstellung betrachtet. Nicht nur die – durch EDV-Einsatz unterstützte – Qualitätszertifizierung in einigen Häusern, sondern auch die organisatorische Verknüpfung einzelner Aufgabenbereiche mit eindeutiger Zielsetzung (Qualitätsniveau) bedingt eine informationstechnische Unterstützung. Die elektronische Dokumentation der Veranstaltungsplanung liefert beispielsweise allen beteiligten Personen jederzeit und ohne Zugriff auf Papierakten ein Bild des Status – was wurde bislang abgesprochen und beauftragt, welche Besonderheiten sind zu beachten etc.. Qualitätsmanagement hat in diesem Zusammenhang auch mit der Überwachung von Verfügbarkeiten (zum Beispiel Räumen oder technischem Equipment) zu tun – die Leistungszusage („Vertrag") kann nur erfolgen, wenn (durch einen automatischen Software-Bestands-Check) „grünes Licht" gegeben wurde.

## 5. Standard- und Speziallösungen

Im Zusammenhang mit dem Management von Veranstaltungen – Fokus „Raum" und Fokus „Teilnehmer" – werden sowohl Standard- als auch Spezial-Lösungen (Branchen-Software) eingesetzt.

Typische Anwendungen, die in nahezu allen Branchen zu finden sind, decken unter anderem die Aufgaben der Korrespondenz, der Kommunikation, der Kalkulation und des Finanzwesens sowie der Informationsversorgung ab:

- Textverarbeitung
- Tabellenkalkulation
- Kalender / Zeitplaner
- E-Mail und Internet
- Adressverwaltung
- Finanzbuchhaltung
- Desktop Publishing
- Routen-Planer und Hotelverzeichnis
- Fax-Software

Nur sehr dürftig ist die Verwendbarkeit dieser Standard-Software, wenn es um spezielle Anforderungen geht; so kann ein Zeitplaner oder ein Excel-Sheet zwar theoretisch auch für die Belegungs-Darstellung von Räumen eingesetzt werden, allerdings niemals in der erforderlichen funktionalen Tiefe (Raumbelegung in Abhängigkeit vom Veranstaltungs-Status, Blockade von Foyers, automatische Sperrung von kombinierten Räumen etc.).

Branchenspezifische Lösungen schließen diese Lücke und stellen, nochmals spezialisiert auf die konkreten Anforderungen, EDV-gestützte Instrumente zur Verfügung. Dies jedoch in der Regel nicht isoliert, sondern unter Einbeziehung von auch anderweitig genutzten Standard-Anwendungen (Beispiel: Verwaltung von Veranstaltungen und Belegungen mit Spezial-Software, Ausgabe von Verträgen oder Arbeitsplänen über Standard-Textverarbeitung beziehungsweise Versand über Standard-E-Mail-Funktionen).

Für folgende Aufgaben-Schwerpunkte existieren Spezial-Lösungen in der Veranstaltungswirtschaft:

- Veranstaltungsmanagement (Raum- und Leistungsdisposition)
- Kongressmanagement (Teilnehmer- und Programmhandling)
- Messemanagement (Stand- und Ausstellerverwaltung)

- Gastronomie-Systeme (Buchung und Abrechnung gastronomischer Leistungen)
- Ticket-Systeme (Anlage und Verkauf von Kontingenten, Aboverwaltung etc.)

Bei der Zusammenstellung der für den konkreten Fall erforderlichen Standard- und Speziallösungen kann bedarfsorientiert entschieden werden; das Kongress-Zentrum, das auch Agenturleistungen mit anbietet (zum Beispiel Teilnehmer-Registrierung oder Hotelzimmerverwaltung) wird zusätzlich zum Veranstaltungsmanagement- auch ein Kongressmanagement-System einsetzen, das Kulturzentrum zur Service-Abrundung ein Ticket-System etc.

## 6. Organisation und Qualitätsmanagement

Zur Auswahl der „richtigen" EDV ist es notwendig, die eigene (gegebene) Organisation sowie deren Weiterentwicklung – auch im Hinblick auf ein durchgängiges Qualitätsmanagement – mit den angebotenen Funktionalitäten (und selbstverständlich deren Handhabbarkeit) abzugleichen.

Funktionsbereiche:
- Marketing und Vertrieb
- Controlling und Rechnungswesen
- Planung und Organisation
- Projektleitung
- Geschäftsführung
- Technische Leitung
- Gastronomie

Zunächst sind die oben aufgeführten Funktionsbereiche von Bedeutung: bietet das Veranstaltungsmanagement-System allen Bereichen eine (vernetzte, kombinierte) Unterstützung an? Kann – beispielsweise bei einer Veranstaltungsanfrage – das Projekt-Team auf die (bereits vom Vertrieb seit langer Zeit beworbene) Adresse des Interessenten zugreifen? Kann die Geschäftsführung – zusammengefasst – einen Überblick über die Belegungssituation der folgenden Quartale aus den (detaillierten) Daten des Planungs- und Organisationsbereiches ziehen?

Neben einer, wie oben geschehen, funktionalen Betrachtung orientiert sich eine Beurteilung auch an der sehr wichtigen Durchgängigkeit einer EDV-Unterstützung; daraus folgt, dass die einzelnen Arbeitsschritte – von der ersten Anfrage bis zur Abrechnung durchgeführter Veranstaltungen – auch in einem EDV-System ineinander übergehen müssen.

Workflow:
- Termindisposition
- Angebotserstellung
- Optionierung
- Vertragsgestaltung
- Leistungsdisposition
- Veranstaltungsvorbereitung
- Veranstaltungsdurchführung
- Abrechnung und Nachbereitung

Der Workflow, der Arbeitsfluss – der ablauforganisatorisch verschiedene Funktionsbereiche tangiert – muss von der Logik und von den Informationsinhalten dem bisherigen (zum Beispiel papiergestützten) des Unternehmens entsprechen (oder ihn gegebenenfalls verbessern).

Eine Zusammenführung der Informationen – auf die dann wiederum verschiedene Funktionsbereiche zugreifen – ist idealtypisch für ein EDV-gestütztes Veranstaltungsmanagement-System. Es vermeidet dadurch das mehrfache Vorhalten der selben Daten, erhöht deren Aktualität und sichert über Zugriffsrechte deren Verwendung ab. Gleichzeitig wird so die Chance zu einer Standardisierung innerhalb der Organisation geschaffen (Verwendung einheitlicher Vertragsvorlagen, Angleichung der Adressen abteilungsübergreifend etc.).

Daten und Dateien, die typischerweise im Veranstaltungsmanagement eine Rolle spielen, sind nachstehend aufgelistet:
- Adressen
- Kundendaten
- Leistungen
- Preise
- Textdokumente
- Räume
- Listen
- Feiertage

Diese Daten oder Dateien beziehungsweise Informationen werden in den Kreuzungspunkten „Funktionsbereiche" und „Workflow" gebraucht – Kundendaten vom Projektleiter bei der Angebotserstellung und vom Rechnungswesen bei der Faktura etc.

Einen zusätzlichen Blick auf die Beurteilung einer Software bietet, nochmals, der Qualitätsmanagement-Ansatz; neben funktionalen und ablauforganisatorischen Unterstützungs-Funktionen sollte die Nutzung eines „Sicherheits-Systems" möglich sein. Nicht nur benutzerbezogene Einstellungen (zum Beispiel Lese- oder Schreibrechte), sondern auch zeit- oder zustandsgesteuerte Wiedervorlagen (automatisch!) schaffen einen qualitativen Rahmen rund um die Produktion von Veranstaltungen.

## 7. Informationsvernetzung

EDV in der Veranstaltung fordert – unter anderem angesichts der umfangreichen Dienstleistungs-Orientierung – eine besondere Vernetzung der Informationen. Sie sichert allen Beteiligten die aktuelle und vollständige Transparenz (Zusammenführung verschiedener Vereinbarungen und Anforderungen trotz unterschiedlicher Leistungsbereiche an einer zentralen Stelle), hilft bei der Vermeidung von Fehlern (Leistungsbereiche stimmen explizit ihre singulären Aktivitäten frühzeitig ab) und garantiert eine Produktion „aus einem Guss".

Davon unabhängig existiert eine weitere Anforderung an die EDV: die Schaffung von (zeitlichen) Freiräumen für kreative Aufgaben oder persönliche Kommunikation. Dieses Ziel kann dann erreicht werden, wenn die elektronische Informationsverarbeitung so optimal ausgelegt ist, dass Mehrfacheingaben von Daten vermieden werden. Die nachstehende Abbildung zeigt dies am Beispiel einer Leistungsbuchung:

**Abbildung 2: Informations- und Kommunikationsverbindung**

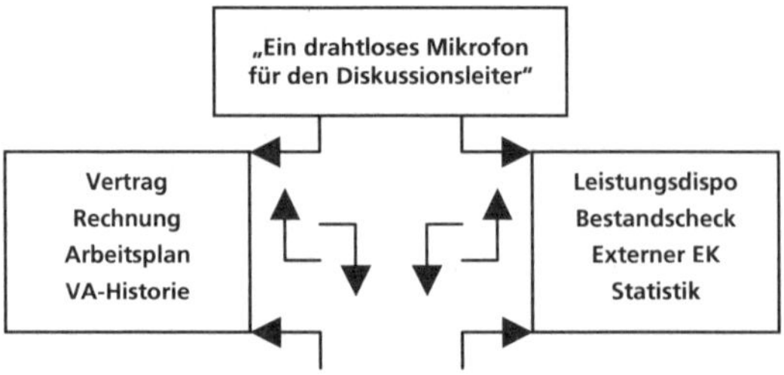

Das Beispiel geht davon aus, dass ein Veranstalter telefonisch die Anforderung „Ein drahtloses Mikrofon für den Diskussionsleiter" durchgibt. Im Moment der Kommunikation ist dem Veranstalter nur die Übermittlung seines Wunsches wichtig, egal, wem er dies mitteilt, und unabhängig davon, ob dies zeitlich kurz oder weit vor der Veranstaltung stattfindet.

Bei einer papiergestützten Verarbeitung – auch Excel- und Winword-Dateien ändern daran nicht viel – ist diese Information vielleicht dokumentiert, aber weder intern kommuniziert, noch an die verschiedenen Funktionsbereiche angegliedert. Ein Veranstaltungsmanagement-System hingegen vernetzt diese Information.

Nachstehend nun die Darstellung des Ablaufs bei Einsatz eines EDV-Systems:

- Während des Telefonats bucht der Gesprächspartner des Veranstalters die Leistung „drahtloses Mikrofon" aus dem Leistungsverzeichnis der Veranstaltungsstätte zu dem Projekt des Anrufers (Konsistenz – nur buchbar, was hinterlegt ist!);
- eine Kennzeichnung am Bildschirm weist darauf hin, dass diese Leistung vorher noch nicht zu diesem Projekt gebucht wurde (Vermeidung von Mehrfachbuchungen);
- eine automatische Bestandsprüfung signalisiert, dass zum gewählten Zeitraum (Info ist bereits durch die Raumbuchung vorhanden) ein drahtloses Mikrofon verfügbar ist (Gesamtbestand abzüglich der für parallele Veranstaltungen gebuchten Leistungen);
- sofern das Mikrofon zugemietet werden muss wird anhand einmalig hinterlegter Vorlaufzeiten (zum Beispiel „Fünf Tage") automatisch eine Wiedervorlage generiert, die an die rechtzeitige Erledigung (vor der Veranstaltung) erinnert und die Erledigung überwacht (Erledigungskennzeichen für andere an der Planung und Durchführung Beteiligte);
- wird ein Vertrag oder ein Vertragsnachtrag erzeugt, so ist das – nun gebuchte – drahtlose Mikrofon automatisch mit Text und Betrag (Miete) auch dort aufgeführt;
- dies gilt ebenso für die Rechnung – obwohl die Veranstaltung noch nicht stattgefunden hat ist diese Rechnungsposition (da telefonisch beauftragt) bereits vorbereitet;
- der Arbeitsplan wurde durch die Mikrofon-Buchung bereits erweitert und beinhaltet nun auch diese Leistung – unter Umständen mit standardisierten Anweisungen (Ladestand der Akkus prüfen) oder mit Hinweisen des Auftraggebers („rechts neben Rednerpult bereitlegen");

- die Veranstaltungshistorie enthält – ebenfalls automatisch – die ergänzte Leistung (und ist damit zum Beispiel als zukünftige Kopiervorlage aktualisiert);
- die Leistungsstatistik weist eine weitere Buchung aus und zeigt den aktuellen Erlös- und Nutzungsstand der Leistung „drahtloses Mikrofon".

Dieses auf einen kleinen Ausschnitt aus dem Veranstaltungsmanagement begrenzte Beispiel macht deutlich, wie Informationsvernetzung wirkt und zeigt dabei, ohne dem folgenden Punkt vorgreifen zu wollen, immense Nutzenpotenziale durch den Einsatz von EDV auf!

## 9. Nutzen

Allgemein ist die monetäre Bewertung von „EDV in der Veranstaltung" schwierig; die Effekte sind zu sehr auch qualitativ, als dass man eine exakte und vollständige Kalkulation anstrengen könnte.

Selbstverständlich darf nur ein wirtschaftlicher Ansatz Grundlage von Investitionen in Technik sein, weshalb insbesondere die Kriterien

- Personaleinsatz (Entlastung / Umschichtung / Qualifizierung),
- Kundenorientierung (Geschwindigkeit der Bearbeitung, Außenwirkung etc.)
- Informationssystem (rasche Verfügbarkeit entscheidungsrelevanter Informationen) und
- Potenziale für Geschäftserweiterung (durch effizientere Bearbeitung der Projekte)

situationsspezifisch bewertet und einer möglichen Investition gegenübergestellt werden sollen.

Dass bereits die Volumina eines „normalen" Geschäftsbetriebes in einer Veranstaltungsstätte außerordentlich viel (durch EDV automatisierbare oder erleichterbare) Arbeit produzieren, zeigt die nachstehende Auflistung.

Volumina im Veranstaltungsmanagement bei 100 Veranstaltungen im Jahr:

- 100 Verträge mit Rücksende-Check
- 200 Veranstaltungsrechnungen
- 5.000 Einzelleistungen, davon
- 2.500 wiedervorlage-relevant

- 500 Detail-Absprachen mit Kunden
- 300 zusätzliche Anfragen mit Korrespondenz etc.

Bereits 100 durchgeführte Veranstaltungen pro Jahr – die meisten Veranstaltungsstätten liegen weit über dieser Beispielzahl – erzeugen im Durchschnitt 2.500

- unterschiedliche,
- rechtzeitig vorzubereitende,
- zu erledigende beziehungsweise
- zu erbringende,
- abzurechnende und
- zu dokumentierende

Leistungen.

Ohne EDV-Einsatz erfordert dies ein beständiges Sichten der beauftragten Leistungen, um nicht die noch ausstehende Gastronomie-Absprache, das Beflaggen vor dem Haupteingang, die Bestellung der Dolmetscher-Kabine oder die Einweisung des Sicherheitsdienstes zu vergessen. Eine nicht optimal erbrachte Leistung gefährdet bereits den Gesamt-Erfolg der Veranstaltung!

## 10. Zusammenfassung

Der Einsatz von EDV in der Veranstaltung, die Nutzung von standardisierten oder individuellen Programmen, die Einführung von Spezialsoftware zur Unterstützung von Raum- und Leistungsdisposition, Teilnehmer- oder Referentenhandling:

Alle Management-Ebenen profitieren dann von „Verwaltungs-Technik", wenn diese Funktionalitäten für die einzelnen Aufgabenbereiche und eine Abbildung des Workflow im Sinne eines Leistungserstellungsprozesses bietet.

Mehr Transparenz, eine verbesserte Kommunikations- und Informationsplattform, die Automatisierung von Routinetätigkeiten, eine Dokumentation des Planungsstandes, ein Zusammenführen von Einzelinformationen und die Funktion „Rückgrat des Qualitätsmanagement-Systems" – diese Anforderungen stehen zur Lösung durch Veranstaltungsmanagement-Software an und bieten gleichzeitig die Grundlage zur Nutzenbetrachtung einer entsprechenden Investition.

## II. Medien und Kommunikation

# Event und Medien

*von Frank Haase*

## Statt einer Einleitung

*Event* ist wohl einer jener Begriffe, der wie kein anderer in den letzten Jahren inflationär gehandhabt wurde. Nahezu jede Veranstaltung, von der Familienfeier über Bunte Abende bis hin zur Sportveranstaltung, heißen heutzutage Events, womit letztlich ein Qualitätskriterium ausgesagt sein will, das die Einmaligkeit und Einzigartigkeit des Ereignisses herausstellen möchte. Vor lauter Events aber verschwinden begriffliche Trennschärfen, die Event-Veranstaltungen kennzeichnen und von anderen Veranstaltungsformen unterscheiden und unterscheidbar machen. Das ist besonders dann heikel, wenn selbst politische Veranstaltungen oder wissenschaftliche Kongresse unter Events eingeordnet werden. Heikel deshalb, weil damit Grundlagen politischer und gesellschaftlicher Ordnungs- und Organisationssysteme unter die Räder von Freizeit, Unterhaltung und Marketing geraten und bagatellisiert werden.

Ein Ereignis, auch wenn es einmalig und einzigartig ist, ist deshalb noch lange kein Event. Bevor wir uns also intensiver mit Events beschäftigen, sollten wir uns zunächst deutlich machen, wovon und worüber wir eigentlich sprechen.

Deshalb zunächst einige Anmerkungen zu folgenden Begriffen:

- Event
- convention
- incentive
- congress

Bei der Begriffsbestimmung empfiehlt es sich, wie folgt zu differenzieren: Event, congress und convention sind Substantiva; incentive hingegen ein Adjektiv.

Auf semantischer Ebene müssen die Begriffe *convention* und *congress* in Abgrenzung zueinander gesehen werden. Während *convention* eine politisch motivierte Tagung, Versammlung (im Amerikanischen eine Parteiversammlung) bezeichnet, handelt es sich beim *congress* um eine gesellschaftlich-gesellige Zusammenkunft resp. Begegnung von Menschen. Convention und congress bezeichnen also Formen menschlicher Zusammenkünfte in Hinblick auf deren Verbindlichkeits- und Entscheidungscharakter. Conventions sind demnach Versammlungen, die Regeln (etwa: Versammlungsordnung) und Quasi-Gesetzen (etwa: Parteisatzung) unterliegen. Diese werden von Gruppierungen oder Parteien verfaßt, welche solche conventions veranstalten. Die conventions selbst werden übergeordnet durch Versammlungsrecht und Parteiengesetz gesetzlich geregelt und sind deshalb justitiabel. Congresses hingegen fußen stärker auf gesellschaftlichen Normen und haben für die Teilnehmer ein weitaus höheres Maß an Unabhängigkeit und Unverbindlichkeit. Congresses sind Schauplätze gesellschaftlich geregelter Zusammenkünfte, denen das Moment des Zufälligen (Begegnung, Bekanntschaft etc.) eignet.

*Event* bedeutet an sich Ereignis, Vorkommnis und hat in den letzten Jahren im Zuge neuer Marketingstrategien eine Eigendefinition erfahren, die auf folgende Merkmale abzielt:

Event ist ein im Rahmen einer Veranstaltung aufgeführtes *außeralltägliches* Ereignis, dessen *Einzigartigkeit geplant* und *als Erlebnis inszeniert* ist. Events sind Hervorbringungen, die hierfür auf eigenwillige Art und Weise Zeichen, Codes und Medien miteinander verknüpfen. Sie haben *identitäts- und gemeinschaftsbildende Funktion*, weshalb Events ein Produkt sind, das Mittel zu diesen Zwecken ist.[1] In diesem Sinnen können Events Teil von conventions und congresses sein.

Das Adjektiv *incentive* (anspornend, anreizend) konkretisiert das Event als Mittel zum Zweck in Hinblick auf eine bestimmte Funktion. Die Eigenschaft *incentive* kann nur dem Event zukommen, nicht aber den anderen beiden Substantiva.

Eine geplante und inszenierte Außeralltäglichkeit, die zudem den Anspruch hat, identitäts- und gemeinschaftsbildend zu sein, bedient sich Mitteln, die in erster Linie emotionalisierende Effekte erzeugen sollen. Solche Mittel sind Medien, die aber nicht nur ein gutes Bild oder einen guten Ton garantieren, sondern sogleich auch Anmutungen und Haltungen hervorbringen sollen, die ein Wohlfühlen (im weitesten Sinne) ermöglichen. Ob Stimme, Musik, Lichtgestaltung, multimediale Präsentation oder kulinarisches Buffet – Events ohne Medien sind undenkbar, weil Events selbst multimediale Konstruktionen sind.

Für das, was Medien für Events bedeuten, will dieser Beitrag sensibilisieren. Im Einzelnen heißt dies, dass folgende Aspekte von Medien näher behandelt werden: Medien sind keine neutralen Übertragungs- und Speichereinrichtungen, die nur instrumentelle Funktion haben. Medien prägen und bestimmen nachhaltig vielmehr den Umgang und Zugang des Menschen mit Zeichensystemen und der von diesen hervorgebrachten Welten. Medien erzeugen keine singuläre Wirklichkeit sondern Wirklichkeiten, weshalb diese auch keinen Wahrheitsanspruch für sich reservieren können. Vor diesem Hintergrund sind Events multimediale Konstruktionen, die zielgerichtet Zeichen, Codes und Medien miteinander zu einem einmaligen Ereignis verbinden, dessen Zweck in erster Linie Emotionalisierung heißt. Die Fähigkeit, unterschiedliche Medien und Zeichensysteme multimedial zu verknüpfen, setzt voraus, dass man um die Möglichkeiten und Grenzen der jeweiligen Medien und ihrer Codes weiß, was voraussetzt, dass man die Bedeutung intermedialer Transcodierungen für die Herstellung von Events kennt.

### „Das Medium ist die Botschaft" (Marshall McLuhan)

Noch Mitte unseres Jahrhunderts begriff man Medien als neutrale Informationsübermittler, die im Dienste des Menschen Nachrichten transportierten, ohne dass sie dabei irgendwelchen Einfluss auf Form und Inhalt der übermittelten Information hätten. Dies änderte sich Anfang der 60er Jahre des letzten Jahrhunderts, als der kanadische Kulturphilosoph Marshall McLuhan mit seinen Büchern „Die Gutenberggalaxis" und „Die magischen Kanäle" Furore machte. Seine These: „Das Medium ist die Botschaft" bewirkte einen radikalen Perspektivwechsel gegenüber den technischen Errungenschaften der Neuzeit und hatte zur Folge, dass Medien selbst zum Gegenstand philosophischen Denkens wurden.

Marshall McLuhans These öffnete den Blick auf die wirklichkeitsstiftende Funktion von Medien, die die Bedingungen der Möglichkeit menschlichen Sprechens, Denkens und Handelns grundlegend bestimmen. In Folge dieses Ansatzes haben sich in den letzten beiden Jahrzehnten unterschiedliche wissenschaftstheoretische Richtungen herausgebildet. Während die Diskursanalyse sich zur Aufgabe macht, historisch exakt den konstitutiven Anteil von Medien bei der Schaffung und Strukturierung von diskursiven Wirklichkeiten herauszuarbeiten, haben andere Medienwissenschaftler und Soziologen die Bedeutsamkeit von Medien auf die Analyse heutiger gesellschaftspolitischer und soziologischer Phänomene (wie zum Beispiel Events) angewandt, um diese erklären zu können.

Wer Medien als neutrale Übertragungs- und Speicherungsmittel begreift, blendet deren Technizität aus. Andererseits weiß man aber, dass Medien und im besonderen Sprache grundlegend die Konstitution von Sprechen, Denken und Wirklichkeit bestimmen und den perspektivischen Bezug zur Welt begründen. So liegt die Frage nahe, inwieweit auch technische Medien Wirklichkeiten erzeugen, die unser Sprechen und Denken nachhaltig bestimmen, und inwieweit die jeweilige Technizität eines Mediums die Hervorbringungen von Welten und Wirklichkeiten bedingen.

Machen wir unsere Fragestellung an einem Beispiel deutlich: Wer Liebesbriefe mit Schreibstift auf Papier schreibt und als Brief verschickt, zahlt das übliche Porto für Briefe, gleich ob er die berühmten drei Worte oder drei Seiten schreibt. Das Medium „Post" und das Briefeschreiben erlauben, da man das, was man sagen möchte, in einer Ausführlichkeit macht, die in Abhängigkeit von den postalischen Gegebenheiten steht. Anders gestaltet sich die Situation, wenn es um Telegramme geht. Wer das, was er auf drei Seiten in seinem Brief festgehalten hat, telegraphieren wollte, müsste tief in die Tasche greifen, um es bezahlen zu können. Beim Telegraphieren stehen nämlich Worte und Geld, Zeichen und Ökonomie in unmittelbarem Zusammenhang. Während das Porto eine Unmenge an Zeichen zulässt, begrenzt die Telegrammgebühr die Zeichenproduktion aus ökonomischen Gründen. Folglich werden bei Telegrammen nur drei Worte übermittelt werden.

Doch schon bei der Übermittlung stellen sich neue Gegebenheiten ein. Der postalische Liebesbrief wird vom Absender in einen Briefumschlag gesteckt, niemand kann den Brief lesen, Privatsphäre und Intimität zwischen Absender und Adressat bleiben gewahrt. Wer aber seine Liebeserklärung telegraphieren will, wird eine böse Überraschung erleben. Am Telegraphenschalter liest der Postbeamte das Telegramm laut vor, um sich zu vergewissern, dass der Telegrammtext in Ordnung ist. Telegramme kennen keine Privatheit, was schon dadurch deutlich wird, dass das Telegramm nur dann verschickt werden kann, wenn es öffentlich durch einen Postbeamten angenommen und übermittelt wird.

Unser Beispiel macht deutlich, dass die Technizität des jeweiligen Übertragungsmediums Verhältnisse stiftet, die unmittelbar unser Sprechen und Denken bestimmen und Wirklichkeiten schaffen, die in Sprach- und Handlungsräumen zum Ausdruck kommen. Post oder Telegraphie bestimmen über das, was öffentlich oder privat sein kann beziehungsweise wo die Grenzen liegen, die es uns erlauben, öffentlich oder privat zu sein.

Es war der kanadische Kulturphilosoph Marshall McLuhan, der Anfang der 60er Jahre die Bedeutsamkeit von Medien ins Blickfeld rückte und mit der Formel „Das Medium ist die Botschaft" eine radikal neue Perspektive gegenüber technischen Medien eröffnete:

> „In einer Kultur wie der unseren, die es schon lange gewohnt ist, alle Dinge, um sie unter Kontrolle zu bekommen, aufzusplittern und zu teilen, wirkt es fast schockartig, wenn man daran erinnert wird, dass in seiner Funktion und praktischen Anwendung das Medium die Botschaft ist. Das soll nur heißen, dass die persönlichen und sozialen Auswirkungen jedes Mediums – das heißt jeder Ausweitung unserer eigenen Person – sich aus dem neuen Maßstab ergeben, der durch jede neue Technik eingeführt wird. (...) Das Beispiel des elektrischen Lichts wird sich in diesem Zusammenhang vielleicht aufschlussreich erweisen. Elektrisches Licht ist reine Information. Es ist gewissermaßen ein Medium ohne Botschaft, wenn es nicht gerade dazu verwendet wird, einen Werbetext Buchstabe um Buchstabe auszustrahlen. Diese für alle Medien charakteristische Tatsache bedeutet, dass der ‚Inhalt' jedes Mediums immer ein anderes Medium ist. Der Inhalt der Schrift ist Sprache, genauso wie das geschriebene Wort Inhalt des Buchdrucks ist und der Druck wieder Inhalt des Telegrafen ist. Auf die Frage: ‚Was ist der Inhalt der Sprache?' muss man antworten: ‚Es ist ein effektiver Denkvorgang, der an sich nicht verbal ist.' Ein abstraktes Bild stellt eine direkte Äußerung von schöpferischen Denkvorgängen dar, wie sie etwa in Mustern von Elektronenrechnern erscheinen könnten. Was wir jedoch hier betrachten, sind die psychischen und sozialen Auswirkungen der Muster und Formen, wie sie schon bestehende Prozesse verstärken und beschleunigen. Denn die ‚Botschaft' jedes Mediums oder jeder Technik ist die Veränderung des Maßstabs, Tempos oder Schemas, die es der Situation des Menschen bringt. Die Eisenbahn hat der menschlichen Gesellschaft nicht Bewegung, Transport oder das Rad oder die Straße gebracht, sondern das Ausmaß früherer menschlicher Funktionen vergrößert und beschleunigt und damit vollkommen neue Arten von Städten und neue Arten der Arbeit und Freizeit geschaffen. Und das traf zu, ob nun die Eisenbahn in einer tropischen oder nördlichen Umgebung fuhr, und ist völlig unabhängig von der Fracht oder dem Inhalt des Mediums Eisenbahn. Das Flugzeug andererseits fährt durch die Beschleunigung des Transporttempos zur Auflösung der durch die Eisenbahn bedingten Form der Stadt, der Politik und der Gemeinschaft, ganz unabhängig davon, wie und wofür das Flugzeug verwendet wird." (Marshall McLuhan 1968, S. 13 f.)

„Die ‚Botschaft' jedes Mediums oder jeder Technik ist die Veränderung des Maßstabs, Tempos oder Schemas" – in diesem Kernsatz gründet der revolutionäre Perspektivwechsel McLuhans, mit dem erstmals die Medialität von Medien angedacht wurde. Mit anderen Worten: Medien bedingen die Veränderungen von Raum („Maßstab") und Zeit/Geschwindigkeit („Tempo"), und begründen zugleich neue Denk und Handlungsmuster („Schemas"), denen die Menschen je nach den medialen Gegebenheiten ihrer Zeit gehorchen. Die Telegraphie zum Beispiel revolutionierte Raum und Zeit und begründete damit neue Denk- und Handlungsmuster. Wer nach der Logik des Postalischen Nachrichten verschickt oder erwartet, rechnet unwillkürlich mit größeren Zeiträumen, nach denen er seine Pläne und Erwartungen ausrichtet; wer hingegen telegraphiert, weiß, dass Telegramme in kürzester Zeit übermittelt werden können, weshalb er Raum und Zeit grundlegend anders berechnet und seinen Handlungen diese Verhältnisse zugrunde legt, wie wir es ja schon anhand der `Liebesbriefe` gesehen haben.

Unter Bezugnahme auf heutige Computertechnik kann man mit Marshall McLuhan sagen, dass das, was die Botschaft des Mediums ist, der Hardware eines Computers entspricht. Integrierte Schaltkreise und Betriebssystem formulieren die Bedingungen der Möglichkeiten, was der Computer an Operationen aus- und durchführen kann. Die Software hingegen enthält jene „Inhalte" oder Anwendungen, die wir auf Grundlage der Hardware nutzen können. In der Hardware und ihren in Schaltkreisen geschriebenen „Schemata" ist der „neue Maßstab" formuliert, „der durch jede Ausweitung unserer eigenen Person oder durch jede neue Technik eingeführt wird".

## Das Verschwinden der Kindheit als medialer Effekt – ein Beispiel

In dem 1982 veröffentlichten Buch „Das Verschwinden der Kindheit" untersuchte Neil Postman das kulturelle Phänomen „Kindheit" in Abhängigkeit der Medien Schrift, Druck, Telegraphie und Fernsehen. Ausgehend von McLuhans These „Das Medium ist die Botschaft" beschrieb Postman Kindheit als medialen Effekt. Medien sind es, die die strukturellen Voraussetzungen schaffen, damit so etwas wie Kindheit innerhalb von Kulturen Bedeutsamkeit erlangen und inhaltlich gefüllt werden kann. Postman wendet sich gegen ein Denken, das das Phänomen „Kindheit" anthropologisch und entwicklungspsychologisch absolut setzt. Stattdessen sieht er in dem durch Medien und ihre Technik bedingten Denk- und Handlungsraum die Voraussetzung dafür, da eine solche Phase innerhalb des Menschenlebens erfunden und deshalb überhaupt erwähnenswert und bedeutsam wurde. Kindheit ist also ein historisches und kein genetisches Phänomen.

So weist Postman nach, da die Antike „Kindheit" in unserem heutigen Sinne überhaupt nicht kannte. Erst mit Gutenbergs Erfindung des Letterndrucks und deren tiefgreifender Auswirkungen, in deren Folge die massenhafte Produktion, Distribution und Rezeption von Texten erfolgte, entstand über die Kunst des Textlesens und Textverständnisses ein Klassifikationsschema, das die Unterscheidung zwischen Kindheit und Erwachsenheit erlaubte. Erwachsen war, wer die Kunst mit Texten umzugehen gelernt hatte und darüber verfügte. Zur Kindheit gehörte jener Zustand der geistigen Entwicklung, der noch von der Welt des Lesens und Textverständnisses entfernt war:

> „‚Seit dem 16. Jahrhundert', so bemerkt Elizabeth Eisenstein, ‚öffnet das Auswendiglernen einer festen Abfolge wohlunterschiedener, durch sinnlose Symbole und Laute dargestellter Buchstaben für alle Kinder des Abendlandes das Tor zum Bücherwissen'. Elizabeth Eisenstein beschreibt hier den ersten Schritt hin zur Erwachsenheit, die Beherrschung des Alphabets, die, so wurde es beschlossen, irgendwann zwischen dem vierten und sechsten Lebensjahr gelingen sollte. Entscheidend aber ist hierbei, dass die Beherrschung des Alphabets und sodann die Beherrschung all der anderen Fertigkeiten und Kenntnisse, die wohldosiert folgen sollte, nicht bloß einen Lehrplan darstellten, sondern geradezu eine Definition der kindlichen Geschichte. Indem sie die Vorstellung von einer Hierarchie des Wissens und der Fertigkeiten entfalteten, erfanden die Erwachsenen die Struktur der kindlichen Entwicklung. J.H. Plumb bemerkt dazu: Viele Annahmen über die menschliche Natur, die uns heute fast als zeitlos gültig erscheinen, sind während dieser Zeit erst entwickelt worden. Und da der schulische Lehrplan ganz auf die Erfordernisse des Lesen- und Schreibenlernens zugeschnitten war, ist es eigentlich verwunderlich, dass sich Pädagogen so wenig über den Zusammenhang zwischen dem ‚Wesen der Kindheit' und den vom Buchdruck ausgehenden Formierungstendenzen geäußert haben. So wird zum Beispiel das Kind dadurch langsam zum Erwachsenen, dass es jene Art von Verstand ausbildet, die wir von einem guten Leser erwarten; dazu gehören ein kräftiger Individualismus, die Fähigkeit, logisch und folgerichtig zu denken, die Fähigkeit, gegenüber Symbolen eine distanzierte Haltung einzunehmen, die Fähigkeit, die unmittelbare Befriedigung von Bedürfnissen aufzuschieben. Und natürlich auch die Fähigkeit, Leistungen auf dem Gebiet der Selbstbeherrschung zu vollbringen. Man übersieht mitunter, dass das Lernen mit Büchern insofern ‚unnatürlich' ist, als es von den Kindern ein hohes Maß an Konzentration und ‚Sitzfleisch' verlangt, das ihren Neigungen durchaus zuwiderläuft." (Postman 1993, S. 57 f.)

Die Alphabetisierung, der Text und das gedruckte Wort selbst formulierten den Maßstab und bestimmten das Raster, wonach nach Kindheit und Erwachsenheit unterschieden werden konnte. Erst vor diesem Hintergrund wurde es möglich, auf die geistigen Grenzen von Kindern hinzuweisen, weil sie aufgrund ihrer geistigen Entwicklung nicht imstande waren, Texte zu lesen. Erst vor diesem Hintergrund wurde die Formulierung der geistigen Entwicklung möglich, weil der Text und dessen Verständnis das Maß bestimmten, nach welchem geurteilt werden konnte.

300 Jahre nach Gutenberg bedingte die medientechnische Revolution der Telekommunikation, dass das Zeitalter des Textes durch die elektrisch-elektronischer Schriftlichkeit abgelöst wurde. Mit der Erfindung der Telegraphie war dieser Prozess eingeleitet. Mit dem Fernsehapparat griffen die Auswirkungen der medientechnischen Revolution in die Pri-

vatsphäre über. Nunmehr war in allen Haushalten ein Informationsmedium, das Kinder wie Erwachsenen eine bislang ungeahnte Fülle an Informationen zukommen ließ. Entscheidend aber war, dass jeder zum Medium „Fernseher" Zugang hatte, weshalb die Welt der Informationen nicht mehr ein Privileg des Erwachsenen sein konnte. Die Zugriffsmöglichkeit verwischt die Grenzen zwischen Kindheit und Erwachsenheit, weil es Kindern möglich wurde, ohne die Kunst des Lesens von Texten an Informationen zu kommen, die bislang zu den „Geheimnissen" der Erwachsenen gehörten:

> „In einer auf dem Buchdruck fußenden Kultur besaß eine solche Annahme eine vernünftige Grundlage, denn trotz ihrer scheinbar leichten Zugänglichkeit waren bis in die heutige Zeit die Beherrschung des gedruckten Wortes und die Ausbildung eines ausgereiften Leseverhaltens so schwierig, da beides als wirksame Barriere zwischen dem Kind und dem Erwachsenen und sogar zwischen dem Kind und dem Heranwachsenden funktionierte. Vom Fernsehen jedoch wird dieser Informationshierarchie die Grundlage entzogen (...) Das Fernsehen bietet eine ziemlich primitive, freilich unwiderstehliche Alternative zur linearen, sequentiellen Logik des gedruckten Wortes und tendiert dazu, die Härten einer an der Schrift orientierten Erziehung irrelevant zu machen. Für Bilder gibt es kein ABC. Um die Bedeutung von Bildern verstehen zu lernen, benötigen wir keinen Unterricht in Grammatik, Rechtschreibung, Logik oder Wortkunde. Wir benötigen nichts, was einer Schulfibel entspräche, keine Hausaufgaben und keine Voraussetzungen schaffende Ausbildung. Das Fernsehen verlangt keine besonderen Fähigkeiten und entwickelt auch keine Fähigkeiten. Damerall schreibt: ‚Kein Kind und kein Erwachsener wird durch mehr Fernsehen zu einem besseren Fernsehzuschauer. Die erforderlichen Fähigkeiten sind so elementar, dass uns von einem Fall von Fernsehschwäche bisher noch nichts zu Ohren gekommen ist'." (Postman 1993, S. 92 f.)

Die Botschaft des Mediums „Fernsehen" ist die Aufhebung der durch Printmedien geschaffenen Unterscheidung zwischen Kindern und Erwachsenen, so dass es nach Postman heutzutage nur noch drei Lebensstufen gibt: das Säuglingsalter – den Kind-Erwachsenen – die Senilität. Im Zuge dieser Entwicklung des Verschwindens der Kindheit ändern sich kulturelle Werte und Normen: Kinderbekleidung zum Beispiel hat sich der Mode von Erwachsenen angeglichen, Kinderspiele verschwinden, im Spitzensport dominieren Kinder, Erwachsene gleichen sich in ihrem Sprechverhalten den Kinder- und Jugendsprachen an.

Kehrseite dieser Entwicklung sieht Postman im Ansteigen der Kinderkriminalität, in der Zunahme der sexuellen Aktivität von Kindern, im Drogenkonsum und im Desinteresse vieler Erwachsener an der Kindererziehung.

Postmans kulturkritische Diagnose der westlichen Fernsehwelt macht deutlich, dass die Verabsolutierung eines Mediums (und nicht wenige

Menschen richten ihren Tagesablauf mehr oder weniger nach den Ausstrahlungszeiten von Programmen ein) Effekte zeitigt, die tiefgreifender sind, als politische und soziale Reformen sein können. Seine Untersuchung macht deutlich, dass es vielmehr geboten ist, einer Verabsolutierung entgegenzuwirken, indem man lernt, sinnvoll mit Medien umzugehen und sie als Teil eines Medienverbunds zu begreifen. Das Medium *Fernseher* zum Beispiel kann die intensive Auseinandersetzung mit Texten nicht ersetzen, wie wiederum Texte die Qualitäten von Gesprächen nicht erfüllen können. Die Zauberworte heißen deshalb *Medienverbund* und *Multimedialität*, wobei die Botschaft eines Mediums zu Botschaften von Medien relativiert wird.

### Event-Baukasten

Wer ein Event gestaltet, muss mit allen Elementen arbeiten, die ihm der Medien- Baukasten zur Verfügung stellt. Events sind Konstrukte aus Zeichen, Codes und Medien, die von den Teilnehmern oder Zuschauern unmittelbar verstanden und mitempfunden werden sollen. Welches Medium Sinn macht, entscheidet sich schon an der Frage, welchen Effekt man hervorbringen möchte. Wer zum Beispiel mit einer bekannten und eingängigen Melodie beschwingen will, wird nicht auf Schönbergs Zwölftonmusik oder Bachs „Kunst der Fuge" zurückgreifen; gleichwohl wird er genau zu berücksichtigen haben, welche Adressatengruppe er ansprechen möchte: Marschmusik à la Egerländer wirkt im Rahmen der Präsentation einer Autonobelmarke eher deplaziert, zumal mit Marken zugleich auch immer ein gewisses Image transportiert wird); wer eine honorige Gesellschaft durch den Abend führen soll, kann schwerlich als Hip-Hopper gekleidet auftreten (Kleidung als Symbol von Gruppenzugehörigkeit und Ausdruck von Lebensgefühl darf nicht unterschätzt werden); wer mit einem Markenartikel ein bestimmtes life-style ansprechen möchte, sollte alle Elemente einer Eventveranstaltung dieser Vorgabe zu- und unterordnen.

Doch ebenso wichtig ist es, sich bewusst zu sein, was das jeweilige Medium zu leisten vermag. Ein Filmzuspieler, der das neue Automodell in Fahrt und ansprechender Landschaft zeigt, wird die Zuschauer gefühlsmäßig eher erreichen, als der Vortrag eines Ingenieurs über die technischen Daten des neuen Wagens (letzteres ist besser in einem Prospekt aufgehoben). Ob dieser Filmzuspieler auf einer Großleinwand oder auf diversen, im Raum verteilten Monitoren in einer Dauerschleife zu sehen ist, entscheidet sich aus der Gesamtkonzeption des Events. Wer dafür plädiert, den Besuchern von Anfang an mit der „Lebendigkeit" und „Eleganz" des Wagens zu konfrontieren und diese Lebendigkeit und

Eleganz als Motto des Abends versteht, wird die Monitorlösung bevorzugen und stattdessen auf der Bühne allein das neue Modell ausstellen. Denn Events finden immer auch in gestalteten Erlebnisräumen statt, die gleichfalls inszeniert sein wollen.

Events schließlich bedienen sich gerne bekannter Versatzstücke aus Musik, Bildender Kunst, Literatur, Film und Fernsehen. Solche Zitate haben Signalfunktion (etwa: Der Anfang von Richard Strauss' „Also sprach Zarathustra"; Die drei Tenöre = Die drei Musketiere; Klischees, wie zum Beispiel: Frankreich = Baguette, Käse, Rotwein, Valse Musette; Italien = Pizza, schiefer Turm zu Pisa, Gondoliere, Mandoline etc.). Signalfunktion heißt: sie sollen unmittelbar Emotionen und Assoziationen auslösen. Bestimmte Zeichen und Codes wenden sich also direkt an ein Körperempfinden und an vorhandene Bilderwelten, die gleichsam nur abgerufen werden sollen. Wir hören „O sole mio" und sehen in unseren inneren Bildern Capri, Rotwein, Meer, Sonnenuntergänge oder ein italienisches Ristorante. Mit anderen Worten: Wir transcodieren Musik in Bildern und Körpergefühle, indem wir zwischen Musik und Bildern Bedeutungseffekte herstellen.[2] Je intensiver Events solche intermedialen Transcodierungen auf der affektiv-emotionalen Ebene erzeugen können, desto größer ist das gefühlte Erleben. Je komplexer aber die Angebote und je sperriger deren Transcodierung ist, desto geringer wird der Event als geglückt empfunden werden.

Entscheidend ist also, dass bei der Bewertung eines Events genau darauf geachtet wird, was seine jeweiligen Elemente leisten sollen und ob sie dies auch leisten können. Wie gesagt: Jedes Medium hat seine ihm eigenen Möglichkeiten und Grenzen. In der mulitmedialen Verknüpfung liegt das Geheimnis.

## Kleines Lexikon Medien[3]

***Medien***
Medien haben Übertragungs-, Speicherungs- und Datenverarbeitungsfunktion. Sie sind als Schnittstellen zu begreifen, an denen über Anschlüsse und Verbindungen entschieden wird. Was technisch über Kompatibilitäten eingelöst wird, muss von Menschen als Zeichen- und Codebenutzern durch intermediale Transcodierungen vollzogen werden. Deshalb: Nur wer überträgt, speichert und Daten verarbeitet, ist.

### *Intermediale Transcodierung*

Das „Kapital" von intermedialen Transcodierungen ist das Mehr oder Weniger an Bedeutungseffekten. In diesem Sinne sind Transcodierungen zwischen verschiedenen Zeichen- und Codesystemen Interaktivitäten im wahrsten Sinne des Wortes, deren Möglichkeiten im Kontext von Maschinen sowohl eingeschränkt aber zugleich auch erweitert werden. Wer mündlich Gesprochenes in Bilder transcodiert, operiert mit Analogien, die als das Mehr oder Weniger von Bedeutungseffekten metaphorisch benannt werden. Dies gilt bei traditionellen Zeichensystemen im Besonderen. Bei digitalen Formaten hingegen, die in der Welt binärer Codes entwickelt werden, geht es um Kompatibilitäten, die über die Möglichkeit von Anschlüssen entscheiden. Doch dies ist ein Kampf von Formaten, und ist keineswegs bestimmt von der Frage, inwiefern Texte in Bilder, Worte in Texte oder Bilder in Worte gefasst werden können, ganz zu schweigen von der Welt der Töne und ihrer Notationen.

### *Information*

Der Begriff „Information" ist im Sinne von „in-formare/in-forma", das heißt: In-Gestalt-bringen/Zum-Ausdruck-bringen zu verstehen. In diesem Sinne ist jede Artikulation – ob als sprachlicher Ausdruck, als Schriftzeichen, als Bild oder als string – Information in jenem Sinne, dass mit Information die Transcodierungsleistung an sich in Form von Zeichenträgern unter Bezugnahme auf Zeichen- und Codesysteme begriffen wird.

### *Mitteilung*

Der Begriff „Mitteilung" ist ein indifferenter Zwischenbegriff, geboren aus der mündlichen Kommunikation im Unterschied zum Begriff „Nachricht", der aus den Printmedien stammt.

### *Nachricht*

Der Begriff „Nachricht" sollte buchstäblich im Sinne von Nachrichten verstanden werden, wobei beim Adressaten durch das Mehr oder Weniger von Transcodierungen Sinneffekte entstehen und somit Einstellungen (im weitesten Sinne) verändert werden. Automatentelegraphen oder Computer zum Beispiel können keine Nachrichten empfangen, sondern nur Signale im Sinne von Steuerungs- und Regelungsbefehle, die als Zustandsänderungen registriert werden.

## Literaturverzeichnis

Gebhardt, Winfried/Hitzler, Ronald/Pfadenhauer, Michaela (Hrsg.) (2000): Events. Soziologie des Außergewöhnlichen. Leske + Budrich: Opladen.

Haase, Frank/Doelker, Christian (1998): Texte über Medien – Medien über Medien. Nomos-Verlag: Baden-Baden.

McLuhan, Marshall (1968): Die magischen Kanäle. Econ-Verlag: Düsseldorf

Neil Postman (1993): Das Verschwinden der Kindheit. Fischer-Verlag: Frankfurt/Main.

## Anmerkungen

[1] Zu den Kennzeichen von Events siehe Winfried Gebhardt: Feste, Feiern und Events. Zur Soziologie des Außergewöhnlichen. In: Gebhardt/Hitzler/Pfadenhauer (Hrsg.) (2000), S. 18-22.

[2] „Nur wer in der Lage ist, Rezipiertes insoweit verobjektivieren zu können, dass er sein Verstehen mittels einer anderen Zeichen-Sprache zum Ausdruck bringen kann, ist auch fähig, sich mit Informationen auseinandersetzen zu können. Die Zeichen- und Symbolsprache des Films, so elaboriert sie auch sein mag, erlaubt keinem ihrer Rezipienten, sich in der selben Sprache reflexiv artikulieren zu können. Man müsste schon einen Film über einen Film, eine Fernsehreportage über eine Fernsehreportage machen, um sich darüber reflexiv und medienadäquat austauschen zu können – im übrigen ist dies ein Kreativitätspotential, das in diesem Sinne bislang noch nicht genutzt wurde. Mit anderen Worten: Wer Bezug und Standpunkt gegenüber medialen Äußerungsformen einnehmen will, muss /sollte nicht nur das Medium wechseln, sondern zugleich das Zwischen zweier oder mehrerer Zeichensysteme leisten im Sonne einer Transcodierung. Ein solches Transcodieren ist Interaktivität im eigentlichen Sinne des Wortes. Mit dem Begriff der Transcodierung wird dem Sachverhalt Rechnung getragen, dass Interaktivität das Zwischen unterschiedlicher Zeichen- und Codesysteme ins Blickfeld nimmt. Dieses Zwischen – verstanden im Sinne von Anschlussfähigkeit – erfordert nicht nur ein Wissen um Semiotik und Codierungen/ Codierungsverfahren, sondern auch ein Beherrschen der jeweiligen medialen Techniken." (Frank Haase: Blinder Fleck *Medien*. In: Haase/Doelker (1998), S. 144.

[3] Aus: Frank Haase, Blinder Fleck *Medien*. In: Haase/Doelker (1998), S. 148-150.

# Design und Gestaltung

„Wie-Wo-Was“

*von Klaus Peter Platten*

## Einführung: Gestaltung im Spannungsfeld Theater – Veranstaltung/Ausstellung – Film/TV

Zur Einführung in das Thema soll die Bestimmung des Begriffs *Event* sowie dessen Einbettung in das kulturelle Umfeld dienen. *Event* als Sammelbegriff umfasst die geläufigen Bezeichnungen Firmen- und Produktpräsentation, Werbung, Messeauftritte, (Musik-)Veranstaltungen bis hin zu Medienproduktionen oder Ausstellungen. Auf der einen, kulturgattungsspezifischen Ebene ist er zwischen dem dreidimensionalen, begehbaren Raum der Architektur einerseits, und dem zweidimensionalen, flächigen Bild der Malerei und Graphik andererseits angesiedelt. Auf einer zweiten, medialen Ebene bewegt er sich zwischen Theater (als Bild-Raum) und Film/TV (als Raum-Bild). Allein schon dieses Spannungsgeflecht mag deutlich werden lassen, dass es für die Gestaltung eines „Events“ keine Patentrezepte geben kann: Zu unterschiedlich, zu spezifisch sind die Anforderungen der jeweiligen Veranstaltungsform. Dies gilt sowohl in formaler Hinsicht, also die funktionale Grundrissaufteilung und -anordnung betreffend, als auch in inhaltlicher Hinsicht, die gewünschte ästhetische und psychologische Wirkung betreffend.

Einige der im Folgenden gemachten Aussagen, insbesondere die Zitate, beziehen sich zwar auf den Film, lassen sich aber sinngemäß auf die anderen Formen des Events übertragen.

## Zielsetzung: Sensibilisierung für die Ausdrucksqualitäten der Gestaltungsmittel

Was in diesem Rahmen und in den oben geschilderten Zusammenhängen geleistet werden kann, ist – in einem ersten Schritt – die Sensibilisierung für die Ausdrucksqualitäten der einzelnen Gestaltungsmittel (Licht, Farbe und Oberflächenbeschaffenheit/Material, Form) als Träger von Atmosphärischem, von Stimmungen, und – in einem zweiten Schritt – die Erläuterung der Aufgaben der Gestaltung (neben den formalen die dekorativen, informativen und dramaturgischen) sowie der Arten, wie diese umgesetzt werden können (naturalistisch oder stilisierend).

## Die Mittel der Gestaltung: Licht, Farbe und Oberflächenbeschaffenheit/ Material, Form

Hier geht es darum, festzustellen, womit, wodurch erreicht wird, dass ein Raum, ein Körper so gesehen, so wahrgenommen wird, wie ursprünglich intendiert. Wobei Wahrnehmung hierbei als emotionalisiertes Sehen/Erfahren begriffen wird, also sowohl als physikalischer Prozess (Ausdruck – vom Objekt ausgehend) als auch als psychophysiologischer Prozess (Empfindung – im Subjekt entstehend).

### *Licht (als Art der Belichtung und Beleuchtung)*

Das Licht spielt die übergeordnete Rolle über die weiteren Gestaltungsmittel, denn das Licht ist es, das die Objekte erst sichtbar werden lässt, das heißt ohne Licht gibt es kein Farben- oder Formensehen. Jedes Sehen setzt Licht und eine Oberfläche voraus, die es ganz oder teilweise reflektiert.

Es lassen sich vier Eigenschaften des Lichts unterscheiden:

- Richtung
- Helligkeit
- Kontrast
- Lichtfarbe

Zum einen kann das Licht mittels geeigneter Belichtungsmöglichkeiten durch Öffnungen des Raums, wie Fenster, Türen und (Decken-) Durchbrüche gesteuert werden, zum anderen mittels geeigneter Beleuchtungsmöglichkeiten, wie Lampen, Leuchten, Leuchtflächen. Dadurch wird die Richtung des Lichts beeinflusst, somit verschiedene Licht-/Schattenzonen erzeugt, die wiederum ganz spezifische Empfindungen hervorrufen. So wirkt Unterlicht eher unnatürlich und unangenehm, reines Vorderlicht flach und wenig dramatisch (kann aber auch Weite suggerieren), Oberlicht wirkt öffnend, aber auch mystisch, Gegenlicht sehr tief und dramatisch.

Diese Wirkungen hängen aber stets auch von der Helligkeit, dem Kontrast, und der Farbe der Lichtquellen ab. Der Helligkeitseindruck eines Objekts resultiert aus der Beleuchtungsstärke und dem Reflektionsvermögen seiner Oberfläche, dieses wiederum aus ihrer Form (eben, gekrümmt), ihrer Struktur (grob, fein) und ihrer Körperfarbe. Helle Flächen im Bild wirken als Reizauslöser und ziehen automatisch den Blick auf sich. Starke Kontraste verleihen dem Bild Dramatik und Gefährlichkeit, weiche Kontraste durch diffuse Beleuchtung hingegen erzeugen eine harmonische, ausgeglichene Atmosphäre, können aber auch eintönig wirken. Die Lichtfarbe wiederum lässt die Gesamtstimmung wie zum Beispiel bei der Verwendung von gelb-roten Glühlampenlicht warm und heimelig wirken, bei Verwendung von blau-grünlichem Leuchtstofflampenlicht kühl und abweisend.

Erst alle vier Lichteigenschaften zusammen erzeugen die spezifische Lichtstimmung eines Raums beziehungsweise Objekts. Festzuhalten sind hier die Ausdrucksqualitäten des Lichts:
hell – dunkel
hart – weich
kalt – warm
grell – gedämpft
usw.

### *Farbe und Oberflächenbeschaffenheit/Material (als Art der Oberflächengestaltung)*

Die Verwendung spezieller Materialien ist in unserem Zusammenhang von geringerer Bedeutung, da nahezu jede Materialanmutung auch malerisch hergestellt beziehungsweise mit anderen Materialien (zum Beispiel Tiefziehfolie für Mauerwerk) imitiert werden kann. Somit kann die Frage nach der „Echtheit" der Oberflächenbeschaffenheit vernachlässigt werden, umso wichtiger sind aber deren Ausdrucksqualitäten:
kalt – warm
leicht – schwer
hart – weich
glatt – rau

glänzend – matt
neu – gebraucht (Patina)
usw.

Eng damit verbunden ist der Gestaltungsfaktor „Farbe" (als Eigenschaft von Objekten, eine oder mehrere Wellenlängen des auftreffenden Lichts zu reflektieren). Eine Farbe wird bestimmt durch die Komponenten:

- Farbton
- Sättigung
- Helligkeit (Grauwert)

Bei den Rezeptorzellen im Auge werden zwei Arten unterschieden: Die Stäbchen für das Hell/Dunkelsehen und die Zapfen für das Farbensehen. Von den Zapfen wiederum gibt es drei Typen, die jeweils auf die Strahlen unterschiedlicher Wellenbereiche reagieren. Die ihnen zugeordneten Empfindungen sind die drei Urfarben Violettblau, Grün und Orangerot. Aus der additiven Mischung von je zwei Grundfarben ergeben sich die subtraktiven Grundfarben Cyanblau, Gelb und Magenta. Werden alle drei additiven Grundfarben gemischt, entsteht weißes Licht. Insgesamt lassen sich etwa 200 verschiedene Farbtöne unterscheiden.

Die Sättigung einer Farbe bezeichnet deren Buntgrad, das heißt deren Intensität, die Helligkeit beschreibt deren Vergleich mit einer entsprechenden Unbuntart, einem Grauton.

Jeder Farbe lassen sich spezifische Wirkungen zuschreiben (so wirkt gelb anregend, grün beruhigend usw.), bedeutender hinsichtlich der Schaffung eines spezifischen Farbklimas aber ist eine Einteilung der sechs Grundfarben nach deren Ausdrucksqualitäten:

schwer – leicht (magenta bis cyan – cyan bis gelb)
warm – kalt (orangerot bis violett – violett bis grün)
hell – dunkel (magenta über orangerot, gelb bis grün – grün über cyan, violett bis magenta).

So werden warme Farben allgemein aktiv empfunden, helle warme Farben erleichternd, befreiend, dunkle warme Farben umschließend, vertiefend, kalte Farben allgemein passiv, helle kalte Farben anregend, erweiternd und kalte dunkle Farben beschwerend, aber auch beunruhigend.

### *Form (als Art der Ausbildung der Gestalt von Körpern und Räumen)*

Die menschliche Wahrnehmung versucht nach den von der Gestalttheorie festgestellten Gesetzmäßigkeiten über einen Prozess der Vereinfachung, des Spannungsabbaus die Ordnung und das Strukturgerüst von Formen zu erkennen. Sie sucht nach Symmetrieachsen, ähnlichen Seitenlängen, Winkeln und Brennpunkten. So unterscheidet sie die harmonische, schematisierende, den Verstand ansprechende regelmäßige Form von der unregelmäßigen, die spannungsgeladen, assoziativ wirkt und eher das Gefühl anspricht:

> „Der Ausdruck beruht (...) auf dem, was ich als Dynamik der Anschauungsform beschrieben habe. Die Dynamik ist eine Eigenschaft, mit der wir spontan und universal jede Form ausstatten, die wahrnehmbar, das heißt so organisiert ist, dass ihre Struktur vom wahrnehmenden Nervensystem erfasst werden kann. Die Dynamik hat generische Eigenschaften wie Geradlinigkeit oder Flexibilität, Expansion oder Kontraktion, Offenheit oder Geschlossenheit. Diese dynamischen Qualitäten werden nicht nur als bestimmte Anschauungsmerkmale eines bestimmten Objektes, sondern als Eigenschaft ganz allgemeiner Art wahrgenommen. Wir erfahren sie als Seins- und Verhaltensweisen und finden oft Entsprechungen dazu in unserem eigenen Inneren." (Rudolf Arnheim 1980)

Festzuhalten sind auch hier wieder die entsprechenden Ausdrucksqualitäten:
weit – eng
leicht – schwer
hart – weich
fest – fließend
usw.

Im Wissen um die Ausdrucksqualitäten der einzelnen Gestaltungsmittel lässt sich deren Gesamtwirkung durch eine entsprechend geeignete Kombination hinsichtlich der gewünschten Stimmung und Atmosphäre verstärken, bei deren Nichtbeachtung aber kann im Gegenteil die Wirkung weitgehend neutralisiert und aufgehoben werden.

**Aufgaben der Gestaltung: formal (Bereitstellung von Funktionsraum) und inhaltlich (dekorative, informative und dramaturgische Aufgaben)**

Sowohl hier als wie auch im folgenden Kapitel lassen sich die formalen und inhaltlichen Aufgaben durch einen Vergleich der oben erläuterten Gegenpole Theater und Film/TV am sinnfälligsten beschreiben.

Auf der formalen Ebene geht es hierbei um die Bereitstellung von Funktionsflächen und Bewegungsraum für Zuschauer/Besucher, Darsteller und Technik (Licht, Ton, Kameras...). Gerade die Möglichkeiten der bewegten Kamera, wie Schwenks und Fahrten, stellen den Gestalter vor besondere Aufgaben: Er ist gehalten, sich im Vorhinein anhand von Phasenskizzen, von Storyboards soweit wie möglich Klarheit, über Komposition und/oder Wirkung der im „bewegten Raum" entstehenden Raum-Bilder zu verschaffen und von daher die Dekoration nicht nur flächig-bildlich, sondern gleich von Anfang an dreidimensional zu denken. Dies gilt umso mehr, wenn, wie zum Beispiel bei Fernsehstudioproduktionen, mit mehreren Kameras aus verschiedenen Richtungen gleichzeitig gearbeitet wird, da dafür einerseits eine kontinuierlich umlaufende, andererseits aber auch den Kameras (und natürlich den Schauspielern) genügend Bewegungsraum gewährende Dekoration erforderlich ist. (unter anderem wird dies durch Verwendung sogenannter Sprungwände erreicht: Das sind auf Rollen fahrbare Wände, die direkt hinter den entsprechend ausgeschnittenen, „festen" Wänden zu stehen kommen und nach Bedarf verschoben werden, um so den Blick beziehungsweise die Einfahrt für die Kamera freizugeben).

Der Szenenbildner sieht sich also vor die Aufgabe gestellt, durch die Dekoration einen nach bildkompositionellen und praktischen Erwägungen erarbeiteten dreidimensionalen filmischen Gesamtraum zu schaffen, der sich aufgliedern lässt in den – zuerst festzulegenden – aktiven Umfang als Spiel-Raum für die Darsteller/Requisiten, und in den passiven Umfang für die Aufnahmetechnik (Kamera, Kran, Scheinwerfer, Schienen usw.) und die Bildkombinationstechniken (Hintersetzer, Arbeiten mit Modellen, Einspiegelungen, Rück- und Aufprojektion usw.). Da das Film- und Fernsehstudio die Untermaschinerie des Theaters (außer – gelegentlich – Versenkungen und Wasserbecken) nicht kennt und ja wegen Kamera- und Trickmöglichkeiten auch nicht braucht, muss er für seine Planung nur die maximale Fläche und Höhe des Studios, sowie etwaige technische Gegebenheiten wie Lichtbrücke oder Züge berücksichtigen.

Der Entwurf für eine Bühnendekoration macht solche dreidimensionalen Überlegungen nicht in dem Maße nötig, da dieser Raum ja – wie oben beschrieben – richtungsgebunden ist (also bildlich-flächige, malerische

Darstellungen zulässt), sich hauptsächlich auf das – damit begründbare – linear-flächige System von Ober- und Untermaschinerie bezieht und, außer den Zu- und Abgangsmöglichkeiten für die Schauspieler, kaum passive Fläche im Grundriss gefordert ist.

Die inhaltlichen Aufgaben der Gestaltung lassen sich in drei Aspekt gliedern:

- die dekorative Aufgabe
- die informative Aufgabe
- die dramaturgische Aufgabe

Die dekorative Aufgabe besteht in der Schaffung eines attraktiven Hintergrunds oder „Rahmens" einer Rauminszenierung. Besonders zu beachten ist hierbei, dass das Umfeld nicht nur auf die Zuschauer/Besucher einwirkt, sondern ebenso auf die darin Agierenden, und dies sowohl optisch als auch haptisch. Von Ausnahmen abgesehen, sollte den Akteuren durch die Solidität der Bauweise ein Gefühl der Sicherheit beim Begehen und Benutzen der Dekoration vermittelt werden. Wie wichtig dieser Faktor ist, lässt sich auch an der weitgehenden Ablehnung des „Virtuellen Studios" durch Moderatoren und Schauspieler ablesen, mit der Begründung, dass darin keine Raumorientierung oder kein Raumgefühl aufgebaut werden könne.

Die informative Aufgabe beinhaltet bei Werbeveranstaltungen eine möglichst umfassende und genaue Information über die Firma beziehungsweise das Produkt, bei Theater und Film/TV eine Information über Ort, Zeit und Milieu des Geschehens. Dies erfolgt hauptsächlich über die Reproduktion des jeweiligen Architektur-/Design-Stils, wobei historische Stimmigkeit nicht dokumentarische Rekonstruktion bedeuten muss.

Die dramaturgische Aufgabe besteht im Sichtbarmachen der Beziehung zwischen Mensch und Raum, Mensch und Umwelt:

> „Der Filmbildner muss die Menschen, die im betreffenden Film gestaltet und dargestellt werden sollen, durchforschen, ihren Charakter entdecken und, ähnlich wie der Schauspieler, in ihre Persönlichkeit eindringen. So kommt er allmählich hinter ihre Lebensgewohnheiten. Beim Lesen und Wiederlesen der einzelnen Rollen gelingt es ihm, weit über die Frage ihres Charakters hinaus, der im allgemeinen durch die Anlage der Figur leichter begreiflich ist, auch ihre kleinen Eigenarten, ihre Liebhabereien, ihren Geschmack, ihren Lebensrhythmus, ihre Ressentiments usw. zu entdecken. So entstehen bereits lange vor Drehbeginn vor seinem Auge ganz reale Menschen. Dieser so „erlauschte" Lebensrhythmus, der vom Menschen auf seine Umgebung ausstrahlt, wird dann im Szenenbildentwurf seinen Niederschlag finden." (Albert Wilkening 1966)

Es geht folglich darum, durch die vorhin beschriebenen Gestaltungsfaktoren Licht, Farbe und Oberflächenbeschaffenheit/Material, Form und deren Ausdrucksqualitäten eine individuell-bedeutsame Raumstimmung zu erschaffen, um dadurch Assoziationen und Emotionen beim Zuschauer zu wecken, Hirn und Herz in Gang zu setzen.

## Arten der Gestaltung: Naturalistische und stilisierende Vorgehensweise

Auch hier dient zur Erläuterung der Vergleich zwischen Theater und Film, denn darin, wie im Theater das Bühnenbild die Handlung nicht nur unterstützen, sondern selbständig interpretieren kann, ist es sehr viel freier und kann viel weiter gehen als das Szenenbild: „Die Tendenz des modernen Bühnenbilds ist: los von der älteren Bildgesetzlichkeit. Von der neueren Realität und Illusion; hin zur Symbolisierung und Stilisierung" (Ottmar Schuberth 1955). Dies aber ist möglich und funktioniert nur deshalb, weil die Bühne grundsätzlich ein Bedeutungsraum ist, weil jeder Gegenstand darauf nicht „für sich", sondern „für etwas" steht (stehen sollte!).

Der Film hat keine solch eindeutige Symbolsprache: Bei ihm ist ein Ding – aufgrund des photographischen Charakters des Filmbilds – zunächst nur das, was es ist. Und selbst da, wo es über sich hinausweist, ist es stets nur „ein Teil (...) in der Geschichte, die der Film erzählt ..." (Christian Metz 1979)

So lassen sich grundsätzlich zwei Gestaltungsarten unterscheiden:
- die naturalistische Vorgehensweise
- die stilisierende Vorgehensweise

Die naturalistische Gestaltung zielt auf ein wirklichkeitsgetreues Abbild, eine möglichst authentische Wiedergabe der Realität. Somit erschöpft sie sich weitgehend in der Erfüllung der oben skizzierten dekorativen und informativen Aufgaben. Beim Film/TV bedeutet dies den Rückzug auf Originalschauplätze mit all deren sich ergebenden Zufälligkeiten (Sonnenlichtveränderung, Umweltgeräusche usw.), wobei jedoch auch die Motivsuche und -auswahl schon als eine gewisse Formungs- und Gestaltungsarbeit zu sehen ist.

Stilisierung bedeutet im Unterschied dazu die Schaffung eines Sinnbilds. Sie ist eine Interpretation, eine Umgestaltung der Wirklichkeit mit dem Ziel der Konzentration, der Verdichtung ihres Aussagegehalts:

„Es besteht ein unüberbrückbarer Gegensatz zwischen naturalistischen oder diesen nahestehenden ‚natürlichen' Schöpfungen und jenen, vom Natürlichen bewusst abweichend geformten, gebundenen, also stilisierten Werken. Stilisierung und Realismus sind jedoch keine Gegensätze (...) Man kann nämlich die der Natur innewohnenden Gesetze und Wahrheiten nicht nur durch naturgetreues Kopieren darstellen, sondern besser noch durch sich steigernde, hervorhebende, betonende Stilisierung. In solchen Fällen stellt das natürliche Bild vielleicht die Wirklichkeit dar, das stilisierte aber drückt die Wahrheit aus." (Béla Balázs 1980)

Ziel ist es, den Räumen und Gegenständen eine Sprache zu verleihen, und zwar zunächst ganz unabhängig vom Gesamtstil des jeweiligen Films. Erst bei der Bestimmung des Grades der Stilisierung innerhalb dieser Kategorie sollte er sich an jenem orientieren:

„Ein Zimmer, in dem man lebt, ist kein Zimmer, in dem man dreht. (...) Eine wahre Dekoration ist keine Kopie. (...) Man verlangt von den Dekorationen Wahrheit, nicht Wirklichkeit. Wir können auf eine umfassende Weise schließen, indem wir sagen, dass alle naturalistischen Dekorationen schlecht und dass alle realistischen Dekorationen gut sind, wahr sind und sich ihrem Zweck völlig anpassen." (Alexandre Trauner 1967)

**Zusammenfassung**

Die Gestaltung eines Events muss zum Ziel haben, durch gestalterische Eingriffe den Ausdruck des Raums/Objekts künstlerisch zu verdichten, um so Aussage und Wirkung zu erhöhen. Dies erreicht sie durch die Stilisierung, das heißt die bewusste Auswahl und Anwendung ihrer Gestaltungsmittel „Licht, Farbe, Form" im Sinne einer Bedeutungsverstärkung, einer Interpretation der Wirklichkeit

## Literaturverzeichnis

Rudolf Arnheim (1980): Die Dynamik der architektonischen Form, Köln.

Béla Balázs (1980): Der Film – Werden und Wesen einer neuen Kunst, Wien.

Christian Metz (1979): Probleme der Denotation im Spielfilm, in: Texte zur Theorie des Films, Stuttgart.

Ottmar Schuberth (1955): Das Bühnenbild – Geschichte, Gestalt, Technik, München.

Alexandre Trauner (1967): Das Objektiv ist kein Auge, o.O.

Albert Wilkening (1966): Film, Kleine Enzyklopädie, Leipzig.

# Grundlagen des Einsatzes klassischer Musik im Eventbereich

*von Peter Overbeck*

## Einleitung

Musik hat in vielen Fällen einen großen Anteil an der Wirkung eines Events. Oft wird dabei klassische Musik, auch E-Musik („Ernste Musik") genannt, verwendet. Die anfänglich unauflösliche Beziehung von Musik und Religion differenzierte sich im Laufe der Musikgeschichte, das Sakrale wurde profaniert. Heutzutage kommt der Musik eine spezifische Funktion zu, die die Einmaligkeit eines Events unterstreicht. Im heutigen Musikleben spielt vor allem das Repertoire des 18. und 19. Jahrhunderts eine Rolle – nur ein kleiner Ausschnitt aus der 1100jährigen Geschichte der notierten Musik.

In diesem Kapitel werden einige Grundkenntnisse in den Bereichen Musikgeschichte, Musikinstrumente, Repertoire und Aufführungsbedingungen vermittelt. Die Musikgeschichte kann nur grob skizziert werden (Literaturtipps zur Vertiefung im Anhang). Es werden aber Besonderheiten einzelner Stile und Epochen, zentrale Werke und spezielle Anforderungen bei der Aufführung von klassischer Musik vermittelt. Musikstücke, die aus den Medien, aus der Werbung oder sonstigen Anlässen bekannt sind, dienen zur Orientierung und werden mit ihrem Entstehungsjahr genannt. Die populären Ausschnitte sämtlicher im Geschichtsteil aufgeführten „Bekannten Musikstücke" sind auf einer im Literaturverzeichnis genannten CD vertreten. Einspielungen der kompletten Werke sind in jeder gut sortierten Bibliothek, in Schallarchiven oder auf erschwinglichen CD-Sammelalben erhältlich. Internet-Anbieter von Ton- und Bildträgern stellen auf ihren Homepages oft Klangbeispiele zur Verfügung.

## Musikgeschichte kurzgefasst

Die Anfänge liegen im Mittelalter im Bereich der einstimmigen kirchlichen Vokalmusik (Gregorianik). Erst im Laufe des 17. Jahrhunderts entstand eine starke eigenständige weltliche Musik, im 18. erlangte die Instrumentalmusik einen der Volksmusik ebenbürtigen Rang. Die Besetzung weitete sich aus vom einstimmigen Chorgesang bis zum spätromantischen Sinfonieorchester mit Chorbeteiligung und mehreren hundert Mitwirkenden (zum Beispiel für Mahlers Sinfonie Nr. 8 mit dem Beinamen „Sinfonie der Tausend").

Neben der Kunstmusik, die zunächst in den Klöstern, dann an den Höfen und schließlich ab Ende des 18. Jahrhunderts im bürgerlichen Konzertleben gepflegt wurde und die den Schwerpunkt in diesem Kapitel ausmacht, gab es stets auch eine populäre Musik des „einfachen" Volkes; dass diese nur spärlich überliefert ist, hängt damit zusammen, dass sie als reine Gebrauchsmusik nicht in die Kloster- oder sonstige Archive gewandert und dadurch heute oft nicht mehr erhalten ist. Entsprechend nimmt sie in der Musikgeschichtsschreibung nur eine untergeordnete Rolle ein.

Die Musikgeschichte wird der Einfachheit halber in die Epochen Mittelalter-Renaissance-Barock-Klassik-Romantik-Moderne unterteilt. Das ermöglicht es, stilistische Charakteristika der Zeitabschnitte zu beschreiben. Der Wechsel vollzieht sich jedoch nicht schlagartig, sondern kontinuierlich, weshalb das Epochenmodell eine Vereinfachung bedeutet.

### *Griechenland*

Die abendländische Musikkultur geht auf die griechische Antike zurück. Durch die Wiederentdeckung der griechischen musiktheoretischen Schriften im 9. Jahrhundert entstand die mittelalterliche Musiktheorie. Die antiken Modi sind Vorformen der vom Mittelalter bis in die Barockzeit gebräuchlichen acht Kirchentonarten und diese wiederum die Basis des heutigen Dur-moll-Tonsystems. Auch die Erforschung der mathematischen und akustischen Grundlagen der Musik geht auf die Griechen zurück. Beim Versuch, die Musik der griechischen Tragödie zu rekonstruieren, wurde um 1600 die Oper erfunden.

### *Mittelalter (600-1400)*

Einstimmige geistliche Musik mit lateinischem Text, ohne Instrumentalbegleitung aufgeführt, ist als Bestandteil von Gottesdiensten ab der 2. Hälfte des 7. Jahrhunderts überliefert. Eine Vereinheitlichung der Liturgie und eine Ordnung der liturgischen Melodien wird fälschlich Papst Gregor († 604) zugeschrieben. Der sogenannte „gregorianische Choral", die einstimmige Vertonung liturgischer Texte der römisch-katholischen Kirche, wird seit dem 8. Jahrhundert in den Kirchen gesungen und ist somit die älteste bis heute lebendig gebliebene musikalische Kunstform des Abendlandes.

Ab etwa Mitte des 9. Jahrhunderts dienten Neumen (Zeichen, die oberhalb der Texte notiert wurden) als eine Gedächtnisstütze für die Ausführung der Melodien. Guido von Arezzo († ca. 1050) begründete das heute gebräuchliche fünfzeilige Notensystem, das eine genaue Fixierung der Tonhöhen ermöglicht.

Im Mittelalter entstand auch die Unterteilung des Kirchenjahres in den Weihnachtsfestkreis, den Osterfestkreis und die festlose Hälfte des Kirchenjahres. Es wurde die Messordnung festgelegt: Sie besteht aus dem gleichbleibenden Teil des Ordinariums (Kyrie, Gloria, Credo, Sanctus mit Benedictus, Agnus Dei) sowie wechselnden Teilen (Proprium).

Eine vokale Mehrstimmigkeit ist ab etwa 1150 in Frankreich (Notre-Dame-Epoche, Ars antiqua und Ars nova) gebräuchlich. Sie bestand zunächst aus einfachen Zusammenklängen und rhythmisierten Mustern und differenzierte sich immer weiter.

In Italien entstand im Trecento (unser 14. Jahrhundert) unter anderem die Form des literarisch inspirierten Madrigals für mehrere solistische Stimmen.

Reste einer weltlichen einstimmigen Musik sind zu finden bei den Troubadour- und Trouvère-Sängern (11.-14. Jahrhundert), beim Minnesang (12.-14. Jahrhundert) und beim Meistersang (14.-16. Jahrhundert).

### *Renaissance (1400-1600)*

Die Renaissance gilt als die Epoche der „Frankoflämischen Vokalpolyphonie". Insgesamt fünf Generationen niederländischer Komponisten beschäftigten sich in diesen zwei Jahrhunderten vor allem mit den mehrstimmigen Vokalgattungen „Messe" und „Motette" und steigerten innerhalb dieser den Grad der Imitation immer mehr bis zur Unverständlichkeit des Textes. Sehr beliebt war die Cantus-firmus-Messe, bei der allen Teilen eine bestimmte, meist geistliche Melodie zugrunde lag. Die Komponisten wirkten und beeinflussten die Entwicklung unter anderem in Deutschland, Österreich, Schweiz, Holland, England und Italien (Wichtige Komponisten: Guillaume Dufay (ca. 1400-1474), Josquin Desprez (ca. 1440-1521), Orlando di Lasso (1532-1594)).

In der zweiten Hälfte des 16. Jahrhunderts gelten die „römische Schule" an der päpstlichen Kapelle mit dem vollkommenen Gleichgewicht der einzelnen Stimmen und insbesondere ihr Hauptvertreter Giovanni Pierluigi da Palestrina (ca. 1525-1594) als „Klassiker der Renaissance". Palestrina hat mit seiner „Missa Papae Marcelli" einen angeblich von der Kirche akzeptierten Kompromiss zwischen Mehrstimmigkeit und Textverständlichkeit geschaffen; bis heute ist der „Palestrina-Stil" Vorbild für den schulmäßigen „strengen Satz".

Die „venezianische Schule" mit Andrea Gabrieli († 1586) und seinem Neffen Giovanni Gabrieli († 1612) ließ sich unter Ausnutzung der Architektur von San Marco zur Steigerung der Stimmzahl und Mehrchörigkeit inspirieren.

Der Protestantismus brachte in Deutschland eine eigene Kirchenmusik hervor. Martin Luther führte auf Basis der Gregorianik, alten geistlichen Liedern und Volksliedern deutscher Gesänge ein, mit denen die Gläubigen stärker am Gottesdienst beteiligt wurden („Lutherchoral").

### *Barock (1600-1750)*

Deutlicher als bei anderen Epochenübergängen fand um 1600 ein Stilwandel statt. Verfechter des alten Ideals der Vokalpolyphonie („prima prattica") wetterten gegen die von Claudio Monteverdi propagierte und schließlich durchgesetzte und zunächst in Madrigalen erprobte „seconda prattica", bei der jetzt die Musik Dienerin des Wortes sein sollte und Zustände der menschlichen Seele (Affekte) mittels musikalischer Mittel nachgeahmt wurden (zum Beispiel durch Chromatik). Die Monodie, ein singendes Sprechen mit Instrumentalbegleitung, ersetzte die gleichberechtigten Stimmen in der Renaissance. Die Barockzeit wird auch als „Generalbasszeitalter" bezeichnet. Der Generalbass oder „basso continuo" ist eine instrumental ausgeführte Bassstimme auf einem Harmonieinstrument (Cembalo oder Orgel, unterstützt von einem Violoncello) mit zusätzlichen begleitenden Akkorden, über der sich eine solistische Stimme entfaltet.

Das monodische Prinzip wurde zunächst in den neu entstandenen Gattungen „Oper" und „Oratorium" angewandt. Neben den Werken der „Florentiner Camerata" sind besonders die Opern von Claudio Monteverdi bekannt: „Orfeo (Mantua 1607), Il ritorno d'Ulisse in patria, L'incoronazione di Poppea".

Aus dem monodischen Stil entwickelten sich in der Barockoper und in der Kirchen- und Kammermusik das Rezitativ und die Arie. Unter einem Rezitativ versteht man den instrumental begleiteten solistischen Sprechgesang mit syllabischer Melodik (eine Silbe pro Note). In der Arie werden Affekte in längeren melodischen Bögen und mit Textwiederholungen ausgedrückt (bei der Da-capo-Arie wird der erste der beiden Teile verziert wiederholt). Der Aufbau der Barockoper, die insbesondere in Italien beliebt war, wurde vereinheitlicht (Opera seria).

Die Formen „Rezitativ", „Arie" und „Chor" sind auch die Bestandteile weiterer Formen der Vokalmusik mit Instrumentalbegleitung: Oratorium (nichtszenische Darstellung religiös bestimmter Thematik), Passion (musikalische Schilderung der Leidensgeschichte Jesu) und Kantate (Reihung der genannten Formen mit geistlichem oder weltlichen Inhalt).

Im Instrumentalbereich entstanden neue Formen: die „mehrteiligen Kirchen- und Kammersonaten" und das „Concerto", bei dem ein oder mehrere Solisten einem Ensemble gegenüberstehen (zum Beispiel Concerto grosso). Verschiedene Tanzsätze wurden zu „Suiten" zusammengestellt (zum Beispiel Händels „Feuerwerks-" und „Wassermusiken").

Aus dem strengen Imitationsprinzip des vokalen und instrumentalen Kanons entwickelte sich in der zweiten Hälfte des 17. Jahrhunderts die Fuge: ein bestimmtes Thema wird nach den Regeln des Kontrapunkts in drei oder vier Stimmen variiert und kombiniert. Insbesondere Johann Sebastian Bach schuf zahlreiche Fugen für Tasteninstrumente (Klavier und Orgel). Häufig wurde die polyphone Fuge mit dem eher homophonen Präludium kombiniert („Präludium und Fuge", zum Beispiel in Bachs „Wohltemperiertem Klavier").

***Wichtige Komponisten (Auswahl):***

- Claudio Monteverdi (1567-1643)
- Heinrich Schütz (1585-1672)
- Antonio Vivaldi (1678-1741)
- Johann Sebastian Bach (1685-1750), Hauptwerke: „Das Wohltemperierte Klavier" (Teil 1 und 2), „6 Brandenburgische Konzerte", „Die Kunst der Fuge", zahlreiche geistliche und weltliche Kantaten, „Matthäuspassion", „Johannespassion", „Weihnachtsoratorium", „h-moll-Messe"
- Georg Friedrich Händel (1685-1759), Hauptwerke: ca. 40 Opern, u. a. „Serse" (auf deutsch „Xerxes", mit dem berühmten Largo „Ombra mai fu"), 27 Oratorien (u. a. der „Messiah"), Orchestermusik, darunter 12 Concerti grossi, „Feuerwerksmusik", „Wassermusik").

***Bekannte Musikstücke:***

- ca. 1690: Marc Antoine Charpentier (1645-1707): „Te Deum D-Dur" für Soli, Chor und Orchester. Der Anfang des Präludiums ist die Vorlage für die Erkennungsmelodie von Eurovisionssendungen im Fernsehen.
- 1707: Johann Sebastian Bach (1685-1750): „Toccata und Fuge d-moll" für Orgel BWV 565.
- 1725: Antonio Vivaldi (1678-1741): 4 Konzerte für Violine und Orchester op. 8 („Die vier Jahreszeiten").
- 1742: Georg Friedrich Händel (1685-1750): „Messiah", Oratorium HWV 56. Der Schlusschor des zweiten Teils („Hallelujah") ist besonders in England sehr populär und wird dort im Stehen angehört – eine Art inoffizielle Nationalhymne.

### *Klassik (1750-1827)*

Eine zeitliche Trennlinie zwischen den Epochen Barock und Klassik zu ziehen, fällt schwer, denn schon vor 1750 (J. S. Bachs Todesjahr), ab etwa 1720, fand ein Stilwandel und eine Vereinfachung der Musiksprache in verschiedenen europäischen Ländern statt. An die Stelle der komplexen Kontrapunktik trat eine schlichtere Stimmführung; die Melodik wurde liedhafter, die Begleitung und die Harmonik wieder vereinfacht, der harmonische Rhythmus verlangsamt.

Innovativ war neben einigen europäischen Musikzentren, besonders in Italien (Mailand, Venedig, Neapel), die „Mannheimer Schule" (Stamitz-Familie). Sie brachte neue kompositorische Kunstgriffe hervor, dynamische Differenzierungen und eine standardisierte Orchesterbesetzung

(Streicher, doppelte Bläserbesetzung (Oboen, Hörner, Flöten, Fagotte, Klarinetten)).

Neue Formen der Instrumentalmusik entstanden: die „viersätzige Sinfonie", das „Solokonzert", das „Streichquartett". Beliebt waren Serenaden und Divertimenti, mehrsätzige kleinbesetzte Kompositionen heiteren Charakters, die auch im Freien aufgeführt wurden. Ende des 18. Jahrhunderts wurde das Cembalo vom Hammerklavier verdrängt.

Im Bereich des Musiktheaters wurde die Opera seria zwar noch bis über die Jahrhundertmitte hinaus gepflegt, aber das starre Bauprinzip nach und nach aufgebrochen. Die Reformopern Glucks (zum Beispiel „Orfeo ed Euridice" (1762)) strebten musikalisch wie inhaltlich mehr Natürlichkeit an. Um die Jahrhundertmitte entstanden als heitere Pendants die Opera buffa (zum Beispiel Giovanni Battista Pergolesi: „La Serva Padrona") und das Singspiel (später zum Beispiel W. A. Mozart: „Die Entführung aus dem Serail" und „Die Zauberflöte").

Zentral und zugleich der Höhepunkt der Klassik sind die Werke der drei in Wien wirkenden Komponisten Joseph Haydn, Wolfgang Amadeus Mozart und Ludwig van Beethoven. Als Geburtsstunde dieses „Wiener Klassischen Stils" gilt das Jahr 1781 (Veröffentlichung von Haydns Streichquartetten op. 33). Die drei Komponisten haben die Gattungen Sinfonie (Haydn, Beethoven), Instrumentalkonzert (Mozart, Beethoven), Sonate und Streichquartett (Haydn) standardisiert und zu einer Blüte geführt. Formal entstand das Prinzip der „Sonatensatzform" mit einer Exposition, in der zwei gegensätzliche Themen aufgestellt werden, einer Durchführung und einer die Exposition aufgreifenden Reprise.

***Wichtige Komponisten (Auswahl):***

- Carl Philipp Emanuel Bach (1714-1788)
- Johann Christian Bach (1735-1782)
- Christoph Willibald Gluck (1714-1787)
- Joseph Haydn (1732-1809), Hauptwerke: Oratorien „Die Schöpfung" und „Die Jahreszeiten", über 100 Sinfonien, zahlreiche Konzerte und Messen, 83 Streichquartette
- Wolfgang Amadeus Mozart (1756-1791), Hauptwerke: 19 Bühnenwerke (u.a. „Le Nozze di Figaro", „Così fan tutte", „Don Giovanni", „Die Zauberflöte"), Messen, „Requiem d-moll", 23 Klavierkonzerte, 41 Sinfonien
- Ludwig van Beethoven (1770-1827), Hauptwerke: Oper „Fidelio", 9 Sinfonien, 5 Klavierkonzerte, 1 Violinkonzert, 1 Tripelkonzert, 32 Klaviersonaten, 16 Streichquartette.

***Bekannte Musikstücke:***

- 1787: Wolfgang Amadeus Mozart (1756-1791): „Serenade Nr. 13 G-Dur" KV 525 („Eine kleine Nachtmusik").
- 1788: Wolfgang Amadeus Mozart (1756-1791): „Sinfonie Nr. 40 g-moll" KV 550.
- 1797: Joseph Haydn (1732-1809): „Streichquartett Nr. 77 C-Dur" op. 76,3 („Kaiserquartett"). Haydns Melodie „Gott erhalte Franz den Kaiser" (erst Kaiserhymne, dann bis heute deutsche Nationalhymne) wird als Thema des Variationssatzes (2. Satz) verwendet.
- 1808: Ludwig van Beethoven (1770-1827): „Sinfonie Nr. 5 c-moll" op. 67. Das eindringliche Hauptthema des 1. Satzes hat ihr den Beinamen „Schicksalssinfonie" eingebracht (angebliche Aussage Beethovens: „So pocht das Schicksal an die Pforte").
- 1824: Ludwig van Beethoven (1770-1827): „Sinfonie Nr. 9 d-moll" op. 125. Das Thema des Schlusschores, die Vertonung von Schillers „Ode an die Freude" mit dem Text „Freude schöner Götterfunken", ist bekannt als „Europahymne".

### *Romantik (1827-1900)*

Auch der Übergang von der musikalischen Klassik zur Romantik ist fließend (der „Klassiker" Beethoven starb 1827, der „Romantiker" Schubert ein Jahr später).

In der Instrumental- und Vokalmusik der Frühromantik wurde die kleine, intime Form des Charakterstücks, der Variation und des Kunstliedes gepflegt. Die wichtigsten Vertreter sind Frédéric Chopin, Franz Schubert, Robert Schumann und Felix Mendelssohn-Bartholdy; die letzten drei haben auch bedeutende Sinfonien komponiert.

Die Orchesterbesetzung und die Möglichkeiten der klanglichen Gestaltung wurden erweitert, Sonderinstrumente kamen hinzu. Romantische Sujets und Programme bestimmten die Oper und die orchestrale Instrumentalmusik. In der Programmmusik wurde versucht, Dichtung und außermusikalische Themen in reine Orchestermusik zu übersetzen (Sinfonische Dichtung, Programmouvertüre, Programmsinfonie). Beispiele hierfür sind die „Symphonie fantastique" von Hector Berlioz, sinfonische Dichtungen (zum Beispiel die im Dritten Reich als Sondermeldungs-Kennung missbrauchten „Les Préludes") von Franz Liszt und „Die Moldau" von Bedrich Smetana, in der der Flusslauf von der Quelle bis zum breiten Strom mit musikalischen Mitteln geschildert wird. Im Laufe des 19. Jahrhunderts bildeten sich in Frankreich, Böhmen, Russland und

Skandinavien nationale Schulen aus (zum Beispiel Bedrich Smetana, Antonin Dvorak, Edward Grieg). Klassizistische Komponisten und große Sinfoniker in der zweiten Jahrhunderthälfte sind Johannes Brahms und Anton Bruckner. Um die Jahrhundertwende komponierten Richard Strauss und Gustav Mahler (1860-1911) große sinfonische Werke für ein nochmals erweitertes Orchester.

Vertreter einer deutschen Oper mit den erwähnten romantische Sujets sind Carl Maria von Weber („Der Freischütz"), Albert Lortzing („Zar und Zimmermann") und E. T. A. Hoffmann („Undine"). Für die italienische Oper in der ersten Hälfte des 19. Jahrhunderts stehen Gioacchino Rossini („Il barbiere di Siviglia"), Vincenzo Bellini („Norma") und Gaetano Donizetti („La Sonnambula"). In der zweiten Jahrhunderthälfte besonders bedeutend im Bereich der Oper sind die Werke von Richard Wagner („Der Ring des Nibelungen"), Giuseppe Verdi („La Traviata", „Aida") und später Giacomo Puccini („La Bohème") und Richard Strauss („Der Rosenkavalier", „Elektra"); dem zugrundeliegenden Libretto kam eine große Bedeutung zu (Schlagworte: Literaturoper, Gesamtkunstwerk) und bei Wagner und Strauss entstehen durch die Leitmotivtechnik besonders enge innere Beziehungen zwischen Text und Musik.

***Wichtige Komponisten (Auswahl):***

- Franz Schubert (1797-1828)
- Robert Schumann (1810-1856)
- Fréderic Chopin (1810-1847)
- Felix Mendelssohn-Bartholdy (1809-1847)
- Richard Wagner (1813-1883)
- Giuseppe Verdi (1813 1901)
- Johannes Brahms (1833-1897)
- Richard Strauss (1864-1949)
- Peter Iljitsch Tschaikowsky (1840-1893)
- Die Strauß-Dynastie.

***Bekannte Musikstücke (Instrumental):***

- 1822: Franz Schubert (1797-1828): „Sinfonie Nr. 7 h-moll" D 759 („Die Unvollendete").
- 1838: Robert Schumann (1810-1856): „Kinderszenen" op.15 (13 Klavierstücke). Sehr bekannt ist daraus die „Träumerei".
- 1842: Felix Mendelssohn-Bartholdy (1809-1847): „Ein Sommernachtstraum", Musik zur Komödie von William Shakespeare, op. 61. Der „Hochzeitsmarsch" wird häufig bei Hochzeiten gespielt.

- 1867: Johann Strauß (Sohn) (1825-1899): „An der schönen blauen Donau", Walzer op. 314.
- 1872: Johannes Brahms (1833-1897): „Ungarischer Tanz Nr. 1 g-moll".
- 1874: Modest Mussorgski (1839-1881): „Bilder einer Ausstellung", Klavierzyklus (auch Orchesterbearbeitung durch Maurice Ravel).
- 1875: Peter Iljitsch Tschaikowsky (1840-1893): „Konzert für Klavier und Orchester Nr. 1 b-moll" op. 23. Der Beginn des 1. Kopfsatzes mit den wuchtigen Klavierakkorden ist der Inbegriff eines Klavierkonzertes.
- 1877: Bedrich Smetana (1924-1884): „Die Moldau", Sinfonische Dichtung (Nr. 2 aus dem Zyklus „Mein Vaterland").
- 1896: Richard Strauss (1864-1949): „Also sprach Zarathustra" op. 30, Tondichtung (nach Nietzsche), Berühmt ist der fanfarenartige Beginn (Einleitung) zum Beispiel aus Stanley Kubricks Film „2001: Odyssee im Weltraum".

***Bekannte Musikstücke (Oper):***

- 1845: Richard Wagner (1813-1883): Ouvertüre zur romantischen Oper „Tannhäuser".
- 1869: Giuseppe Verdi (1813-1901): „Aida". Oper in vier Akten. Eine der beliebtesten italienischen Opern. Der Triumphmarsch mit Chor „Gloria all' Egitto, ad Iside"(„Heil Dir, Ägypten") im 2. Akt ist häufig zu hören.
- 1875: Georges Bizet (1838-1875): „Carmen", Oper in vier Akten. Eine der meistgespielten Opern überhaupt. Die Handlung spielt größtenteils in Sevilla. Berühmt sind die „Habenera" und der Chor „Toréador en garde".

### *20. Jahrhundert (Moderne-Postmoderne)*

Die Musik des 20. Jahrhunderts wird von unterschiedlichen, teils gleichzeitigen künstlerischen Strömungen bestimmt. Mit dem aus der Malerei entlehnten Begriff des Impressionismus wurde der Kompositionsstil von Claude Debussy und Maurice Ravel, die in einigen Werken eher auf flächige Klänge, Farbschattierungen und schwebende Tonarten als auf motivische Arbeit setzten, beschrieben. Arnold Schönberg komponierte zunächst im spätromantischen Stil, wandte sich dann der Atonalität (Komposition ohne Bezug zu bestimmten Tonarten) und schließlich 1923 der Zwölftontechnik (Dodekaphonie) zu. Hierbei werden die zwölf Töne der Tonleiter in einer einmal festgelegten Reihenfolge fortlaufend verwandt. Dieses Kompositionsverfahren erregte zwar viel Aufsehen, konnte sich aber nicht durchsetzen, weil es als „entartete Musik" verboten wurde und wohl auch, weil es zumindest in der reinen Form wenig Hörorientierung bietet. Schönberg ist der Begründer der 2. Wiener Schule (außerdem Alban Berg und Anton von Webern).

Eine weitere kompositorische Strömung vor dem 2. Weltkrieg war die Fortführung der Spätromantik, der Richard Strauss bis 1949 noch treu blieb. In den Zwanziger Jahren war der Neoklassizismus sehr populär (zum Beispiel Strawinskis „Pulcinella", Prokofjews „Symphonie classique"). Igor Strawinski komponierte darüber hinaus in sehr unterschiedlichen Stilen; sehr berühmt sind einige seiner Ballette (zum Beispiel „Petruschka" und „Le sacre du printemps"). Béla Bartók (1881-1945) ließ sich durch die ungarische Volksmusik inspirieren und Paul Hindemith (1895-1963) schuf einen tonal sehr individuellen Stil.

Nach 1945 wurde die Zwölftonmusik wieder aufgegriffen und zur „Seriellen Musik" modifiziert (zum Beispiel von Olivier Messiaen und Pierre Boulez). Die elektronische Musik eröffnete neue Möglichkeiten. Die „Musique concrète" bezog Umweltgeräusche ein, das „Prinzip Zufall" wurde die Maxime der Aleatorik (zum Beispiel bei John Cage), neue Notationsformen entstanden. Das Musiktheater wurde experimentell (Maurizio Kagel, Karlheinz Stockhausen). Eine jüngere Entwicklung ist die auf leicht veränderten Wiederholungen basierende „Minimal Music", die häufig für Filme komponiert wird (Philipp Glass (zum Beispiel die Filmmusik zu „Koyaanisqatsi"), Michael Nyman (zum Beispiel die Filmmusik zu „Das Piano")).

***Wichtige Komponisten (Auswahl):***

*Impressionismus:*

- Claude Debussy (1862-1918)
- Maurice Ravel (1875-1937)

*2. Wiener Schule:*

- Arnold Schönberg (1874-1951)
- Alban Berg (1885-1935)
- Anton von Webern (1883-1945)

*Weitere Komponisten:*

- Igor Strawinski (1882-1971)
- Béla Bartók (1881-1945)
- Paul Hindemith (1895-1963).

***Bekannte Musikstücke:***

- 1924: George Gershwin (1898-1937): „Rhapsody in Blue". Inbegriff des sinfonischen Jazz. Berühmt ist der Beginn mit einem markanten Klarinettenglissando (schwungvoller Aufwärtslauf).
- 1928: Maurice Ravel (1875-1937): „Boléro für Orchester". Ravel vertont hier ein Orchestercrescendo. Es erklingt ein Bolero-Rhythmus zunächst nur in der kleinen Trommel. Bei jeder Wiederholung vergrößert sich die Besetzung bis zum ekstatischen Orchestertutti.
- 1936: Carl Orff (1895-1982): „Carmina Burana". Beliebtes Chorwerk mit großem Orchester und Schlagwerk. Besonders der erste Chor „O Fortuna" wird gerne in der Werbung verwendet.

## 3. Musikinstrumente und Besetzungen

Die in der klassischen Musik verwendeten Instrumente werden nach der Art der Tonerzeugung in Gruppen eingeteilt:

Zu den **Streichinstrumenten** zählen in unterschiedlicher Baugröße die Violine, die Viola, das Violoncello und der Kontrabass. Stahlsaiten (früher Darmsaiten) werden durch einen Bogen zu Schwingungen angeregt und durch einen Holzkorpus akustisch verstärkt. Die Veränderungen der Tonhöhe erfolgen durch die Verkürzung der Saitenlänge.

Zu den **Zupfinstrumenten** zählen u. a. die Gitarre, die Harfe und die Laute.

Bei den **Holzblasinstrumenten** wird eine Luftsäule durch Luftlöcher (Flöte, Piccolo) oder durch ein vibrierendes Einfach- beziehungsweise Doppelrohrblatt (Klarinette, Saxophon beziehungsweise Oboe, Englisch Horn, Fagott) in Schwingung versetzt. Obwohl das Saxophon (verschiedenen Größen) aus Metall gefertigt ist, zählt es aufgrund der Tonerzeugung zu den Holzblasinstrumenten.

Bei den aus Metall gefertigten **Blechblasinstrumenten** wird die Luftsäule durch die elastisch gespannten Lippen des Spielers in einem Kesselmundstück zu Schwingungen angeregt. Die Tonhöhe wird durch die Verstärkung unterschiedlicher Teiltöne der Obertonreihe und zusätzlich durch Ventile (Trompete, Waldhorn, Basstuba) oder einen beweglichen Zug (Posaune) verändert.

Zur Gruppe der **Schlaginstrumente** zählen u. a. die Pauke, die Trommel, der Gong, Röhrenglocken, das Marimbaphon und das Xylophon.

Bei den **Tasteninstrumenten** werden ein oder mehrere Saiten pro Ton mittels Hammeranschlag (Klavier, Hammerflügel, Konzertflügel) oder durch Anreißen mittels Federkiel (Cembalo) zum Schwingen angeregt.

Bei der **Orgel** wird die Luftsäule in Holz- oder Metallpfeifen durch eine mittels Tasten gesteuerte Luftzufuhr in Schwingung versetzt.

Die Besetzung ist in den meisten Fällen vom Komponisten klar vorgegeben. Bei beliebten Werken existieren oft Bearbeitungen, entweder für kleinere oder andere Besetzungen (zum Beispiel Bläserarrangements beliebter Mozart-Opern) oder umgekehrt Instrumentierungen von Klaviermusik für Orchester (zum Beispiel Ravels Orchesterbearbeitung von Mussorgskis Klavierzyklus „Bilder einer Ausstellung").

Für die Benennung von Besetzungen werden, je nachdem ob es sich um vokale oder instrumentale Kompositionen handelt, die folgenden Bezeichnungen verwendet (Instrumental/Vokal):

- Solo (Klavier, Violine, Gitarre) / Sologesang (auch mit Klavier oder Ensemble)
- Duo / Duett
- Trio (zum Beispiel Klaviertrio: Klavier, Violine und Violoncello) / Terzett
- Quartett (zum Beispiel Streichquartett: 2 Violinen, Viola, Violoncello) / Vokalquartett
- Quintett, Sextett, Septett, Oktett (Streicher, Bläser, Streicher und Bläser, eventuell mit Klavier) / Vokalquintett
- Streichergruppe, Bläserformation / Frauenchor, Männerchor
- Kammerorchester (Streicher, auch mit Bläsern), Blasorchester / Kammerchor (eventuell mit Klavierbegleitung)
- Sinfonieorchester / Großer gemischter Chor

Ein Sinfonieorchester setzt sich aus einer größeren Gruppe von Streichern (Violine 1, Violine 2, Viola, Violoncello, Kontrabass) und zumindest paarweise besetzten Holz- und Blechblasinstrumenten zusammen. Die Anzahl der Streicher (eine Stimme pro Gruppe) wird vom Dirigenten festgelegt und berücksichtigt ein ausgewogenes Verhältnis zu der vom Komponisten vorgegebenen Bläserbesetzung. Die Bläser werden hinter den Streichern platziert, in der zweiten Reihe zunächst die Holzbläser, an der Seite rechts die Kontrabässe, in der dritten Reihe hinter den Holzbläsern die Blechbläser, Hörner, Trompeten und Posaunen, dahinter das Schlagzeug. Ein Sinfonieorchester kann bei romantischem Repertoire 120 Musiker oder mehr umfassen.

Für die Anordnung der Streicher gibt es verschiedene Varianten mit unterschiedlicher Klangwirkung. Bei der bis Ende des 19. Jahrhunderts gebräuchlichen „deutschen Orchesteraufstellung" sind die Gruppen der Violinen 1 und 2 an der Bühnenrampe vom Publikum aus jeweils links und rechts positioniert; dahinter befinden sich jeweils links und rechts die Bratschen (Violen) und Violoncelli. Bei der Anfang dieses Jahrhunderts eingeführten „amerikanischen Sitzordnung" sitzen die Streicher der Tonhöhe entsprechend im Uhrzeigersinn: die Violingruppen hintereinander, die Violen und Violoncelli hinten beziehungsweise vorne rechts. Bei der 1945 eingeführten „deutschen Variante der amerikanischen Aufstellung", die heute die gebräuchlichste ist, tauschen Violen und Violoncelli die Plätze.

Seit etwa den 70er Jahren des vergangenen Jahrhunderts werden in wachsendem Umfang „historische Instrumente" oder Nachbauten zunächst für die Musik des Barock, inzwischen auch für Klassik und Frühromantik verwendet. Historische Quellen und Schriften zur Aufführungspraxis werden oft berücksichtigt. Neben den klassischen Sinfonie- und Opernorchestern haben sich mehrere Spezialensembles für „Alte" und auch für Zeitgenössische Musik etabliert.

## 4. Klassikrepertoire bei Events

Die Funktion der Musik bei Events kann unterschiedlich sein:
1. Das Event findet wegen der Musik statt (zum Beispiel die Konzerte der drei Tenöre vor Fußball-Weltmeisterschaften),
2. Das Event wird elementar von Musik unterstützt (zum Beispiel ein echtes Feuerwerk mit einer Aufführung von Händels „Feuerwerksmusik" kombiniert, „Son et Lumière"-Darbietungen in französischen Kathedralen) oder
3. Die Musik ist nur schmückendes Beiwerk und dient zur Untermalung.

Ob und wenn ja welche klassische Musik sich für ein Event eignet, hängt von mehreren Faktoren ab. Eventuell bietet sich eine besondere klassische Musik an, zum Beispiel bei einer Vernissage die Musik der in der Ausstellung behandelten Epoche. Trotz der Fülle des klassischen Repertoires kommen häufig immer dieselben Werke zur Aufführung. Das ist nicht unproblematisch, denn eingängige Werke bei Events haben einen hohen Erinnerungswert, man denke nur an die klassisch angehauchten neukomponierten Hymnen bei sportlichen Großereignissen (zum Beispiel Olympische Spiele oder große Boxkämpfe). Gerade deshalb ist es wichtig, vorab zu überprüfen, ob eine vorgesehene Musik nicht schon in anderen Kontexten (zum Beispiel in der Werbung) verwendet und somit vorgeprägt ist. Wenn ja, ist es wünschenswert oder nicht, dass der eigene Event mit diesem Ereignis assoziiert wird?

Ein beliebtes Repertoire aus dem klassischen Bereich für Events ist:
1. Barockmusik (zum Beispiel Vivaldis „Vier Jahreszeiten" oder Händels „Feuerwerksmusik").
2. Romantische sinfonische Musik (zum Beispiel Richard Strauss: „Also sprach Zarathustra", Richard Wagner: „Walkürenritt" aus der Oper „Die Walküre", Orchestersätze von Hector Berlioz (zum Beispiel die „Symphonie fantastique").
3. Werke der Wiener Klassik, zum Beispiel von Wolfgang Amadeus Mozart („Eine kleine Nachtmusik", „Die Zauberflöte", „Sinfonie g-moll" KV 550) und Ludwig van Beethoven (Sinfonien).
4. Populäre Klassik, Walzer, beliebte Opernarien (vgl. die Konzerte der „Drei Tenöre").
5. „Crossover"-Repertoire oder klassische Musik verpoppt, zum Beispiel Rondo Veniziano (im Stile von Vivaldi), Mozart-Bearbeitungen oder Pop-Titel, die E-Musik verarbeiten.

Meistens werden effektvolle Ausschnitte aus längeren Werken oder Einzelsätze verwendet (Opernarien, Sätze aus Sinfonien, Markante Abschnitte aus längeren Werken). Einige Beispiele wurden im Teil „Musikgeschichte kurzgefasst" genannt.

Vorsicht: Einige Werke beliebter Komponisten, beispielsweise der Wiener Klassiker Haydn, Mozart und Beethoven, sind als Begleitmusik für Events nur bedingt geeignet, beispielsweise sehr anspruchsvolle Werke wie Beethoven späte Streichquartette, die ein hohes Maß an Konzentration vom Zuhörer fordern. Bei der Programmgestaltung für Hintergrundmusik sollten zudem dominierende Instrumente (zum Beispiel solistische Instrumente in Konzerten) und Gesang (insbesondere Frauenstimmen) vermieden werden.

## 5. Aufführungsbedingungen

Bei der Programmierung von klassischer Musik und bei der Auswahl geeigneter Stücke müssen neben dem Repertoire einige weitere Faktoren berücksichtigt werden.

### *Aufführungsort*

Klassische Musik ist üblicherweise für Innenräume bestimmt und bezieht die Raumakustik mit ein. Die Reflexionen an Begrenzungsflächen (Rückwand, Decke, Seitenwände) gehören zum Musikerlebnis und sind für die Klangbalance und für das Zusammenspiel der Ausführenden wichtig. An einem ungebräuchlichen Veranstaltungsort sind gegebenenfalls künstliche Reflexionsflächen notwendig (Rückwand, Konzertmuschel etc.).

### *Wetterbedingungen*

Instrumente für klassische Musik sind wertvoll und empfindlich und müssen deshalb vor Temperaturschwankungen und Wettereinflüssen (Feuchtigkeit, Kälte, Wind) geschützt werden. Künstlerverträge enthalten oft Vorgaben beispielsweise zur Mindesttemperatur.

### *Lautstärke und Besetzung*

Die Besetzung ist bei klassischen Kompositionen gewöhnlich vorgegeben und kann nur in gewissen Grenzen verändert werden, sofern nicht Arrangements für andere Besetzungen existieren. Die Dynamik wird außerdem durch die dynamische Differenzierung im Notentext vorgeschrieben. Da klassische Musik normalerweise nicht verstärkt wird und von der vorgeschriebenen Dynamik nur in geringem Umfang abgewichen werden kann, ist sie meistens wesentlich leiser als beispielsweise Popmusik.

### *Dauer*

Die Dauer klassischer Musikstücke ist vom Komponisten vorgegeben und variiert vom „Minutenwalzer" (Frédéric Chopin) bis zum sechzehnstündigen „Ring des Nibelungen" (vierteiliger Opernzyklus von Richard Wagner). Es kommen deshalb wie schon erwähnt oft nur Ausschnitte aus größeren Werken zum Einsatz.

### *Human Ressources*

Musiker sind nur bedingt belastbar; insbesondere Sänger und Sängerinnen müssen gegen Wettereinflüsse geschützt und können nicht über allzu lange Zeit beansprucht werden. Umgebungslärm (zum Beispiel bei einem Stehempfang) stört beim Zusammenspiel; da eine Verstärkung bei klassischer Musik nicht sehr gebräuchlich ist, mag es in solchen Fällen sinnvoller sein, das Repertoire zu ändern (zum Beispiel ein Bläserensemble anstelle eines Streichquartetts zu engagieren).

### *Aufbau/Probezeit*

Es sind mindestens kurze Einspielproben vor Ort erforderlich. Wechseln die Besetzungen öfters, muss ausreichend Zeit für die Auf- und Umbauten eingeplant werden. Synchronisation: Eine Abstimmung von livegespielter klassischer Musik mit visuellen Effekten (Videozuspielung / Vorführungen) erfordert viel Probenzeit und ist eventuell sogar nicht möglich. Es kann sinnvoller sein, mit im Voraus produzierten Einspielungen zu arbeiten oder mit Halbplayback (eine Sängerin tritt live auf, das Orchester erklingt vom Tonband).

## Literaturtipps

*Allgemein:*

Ulrich Michels (2001): dtv Atlas Musik. 2 Bände (Band 1: Systematischer Teil. Von den Anfängen bis zur Renaissance, Band 2: Vom Barock bis zur Gegenwart). Sonderausgabe in einem Band. Bärenreiter-Verlag, Kassel.

Walter Kolneder (2000): Geschichte der Musik. Ein Studien- und Prüfungshelfer. Noetzel-Verlag, Wilhelmshaven.

Arnold Werner-Jensen (2001): Das Reclam-Buch der Musik. Reclam, Stuttgart.

Sabine Ehrmann-Herfort / Ludwig Finscher / Giselher Schubert (Hg.) (2002): Europäische Musikgeschichte. Metzler, Stuttgart.

*Aufführungspraxis:*

Michael Dickreiter (1998): Partiturlesen. Ein Schlüssel zum Erlebnis Musik. Schott Musik, Mainz.

Michael Dickreiter (1998): Musikinstrumente. Moderne Instrumente – Historische Instrumente – Klangakustik. Bärenreiter-Verlag, Kassel.

Jürgen Meyer (1999): Akustik und musikalische Aufführungspraxis. Leitfaden für Akustiker, Tonmeister, Musiker, Instrumentenbauer und Architekten. 342 Seiten, Verlag E. Bochinsky, Frankfurt, (Reihe „Das Musikinstrument", Bd. 24).

*CD-Tipp:*

Christoph Ludwik Cieszko / Karl-Heinz Dingler / Andreas Schulze (Hg.) (2001): Klassik erkennen. Der neue Weg zur Klassik. Musikverlag Ample.

# Grundlagen und Techniken der Moderation für Radio und Bühne

*von Jürgen Christ*

## Einleitung

Wer kennt sie noch: die Kulenkampfs, Frankenfelds, Thoelkes und Carrells. Heute heißen sie Gottschalk, Jauch oder Pilawa. Ihre Kunst, durch eine Fernsehshow zu führen, ist vielfach Garant für den Erfolg der Sendung – und ihre Moderationen sind es, die der Mischung aus Spiel, Spaß, Gespräch und Musik das eigentliche Gepräge geben.

Oder wer's klassischer liebt, erinnert sich an den „Conférencier" des Musicals „Cabaret", der weltmännisch und etwas selbstverliebt das Publikum willkommen heißt und einlädt in die Welt des Kabaretts.

Das Wort „Moderator" selbst kommt aus dem Lateinischen, nämlich vom Verb „moderare", was ins Deutsche übersetzt so viel bedeutet wie „jemanden oder etwas leiten, lenken, richten, über jemanden oder etwas walten, herrschen, Bestimmungen treffen".

Ein Moderator vermittelt, er lenkt und leitet in erster Linie über Informationen, welche Emotionen und Inhalte betreffen. Zum sprachlichen Allgemeingut wurde der Begriff „Moderation" durch die moderne Radio- und Fernsehmoderation, doch auch die Form der Bühnenmoderation – das lenkende Leiten durch eine Veranstaltung – ist allseits geläufig.

Moderatoren kennen wir alle. Aber was genau muss und soll ein Moderator können? Worin besteht seine Leistung gerade bei der Bühnenmoderation im Unterschied zur Moderation in Radio und Fernsehen?

Moderation will gelernt sein: Das „Einmaleins der Moderation" besteht aus handfesten Regeln, die einer guten Moderation zugrunde liegen. Dieses Know-how wird im Haupt- und im Schlussteil des Beitrags vorgestellt.

## Was ist der Zweck einer Moderation?

Zentrale Funktion des Moderators ist, wie erwähnt, die lenkende Leitung von Information, gleichgültig ob es sich dabei um die Bitte an einen einzelnen Zuschauer handelt, sein falsch geparktes Fahrzeug wegzufahren, oder darum, zu Beginn der Veranstaltung einen ersten Überblick über das bevorstehende Geschehen zu geben.

Ein Moderator soll daneben auch unterhalten. Für die Gestaltung seiner Darbietung stehen ihm dabei verschiedene Formen zur Verfügung: Er kann die Form eines reinen Monologs wählen, die Form eines Gesprächs mit einem Interviewpartner, einen Dialog mit dem Publikum als Ganzes – oder er kann zwischen allen diesen Formen abwechseln.

Eine weitere und vom Moderator etwas subtiler anzugehende Funktion ergibt sich mit Blick auf das jeweilige Gesamtkonzept der Veranstaltung.

Einem guten Moderator gelingt es nicht nur, das Bedürfnis des Zuschauers nach Information und Unterhaltung zu stillen, sondern er „verkauft" diesem auch den gesamten Event und wird dadurch zum Mittler zwischen dem Zuschauer, dem Geschehen auf der Bühne und den – oft verdeckt gehaltenen – Intentionen des Veranstalters. Letztere fließen in die zu vermittelnden Informationen, beispielsweise über den Sinn und Zweck der Veranstaltung, ebenso mit ein, wie in die inhaltliche Verbindung der (vom Veranstalter mit Bedacht ausgewählten) Programmpunkte nach Art eines „roten Fadens".

Eine „gute" Moderation bewirkt, dass der Zuschauer emotional in das Geschehen eingebunden wird – der Moderator muss imstande sein, die Zuschauer zu „packen" oder zu „fesseln". Ein gefühlsmäßig in die Veranstaltung einbezogener Zuschauer fühlt sich ausgezeichnet unterhalten und wird zudem dazu motiviert, für das eigentliche Anliegen der Veranstaltung „aktiv zu werden", beispielsweise durch enthusiastische Berichte im Freundes- und Bekanntenkreis, durch ein bestimmtes Kaufverhalten (man denke an eine Werbeveranstaltung) oder durch Spenden für eine Wohltätigkeitsorganisation.

Eine „schlechte" Moderation wirkt hingegen für den Zweck der Veranstaltung in hohem Maße kontraproduktiv, da sie im Handumdrehen dazu führen kann, dass die Zuschauer selbst gegenüber einem hochwertigen Programm voreingenommen werden und die Botschaft auf „taube Ohren" stößt. In diesem Zusammenhang stellt sich die auf Anhieb etwas vermessen erscheinende Idee von der „Personifizierung" einer Veranstaltung in der Person des Moderators in Wirklichkeit als Schlüsselgedanke heraus: Der Moderator ist derjenige, der der Veranstaltung in einer schwierigen Gratwanderung zwischen Originalität und Professionalität sein individuelles Gesicht „leiht" und durch diese Identifikationswirkung zu ihrem Gelingen entscheidend beiträgt. Daher liegt es auf der Hand, dass der Auswahl seiner Person wie auch seiner Interviewpartner eine entscheidende Bedeutung zukommt.

Worin besteht nun die Leistung des Moderators gerade bei einer Veranstaltung?

Wesentliche Anhaltspunkte für die Beantwortung dieser Frage erhält man, wenn man sich die Unterschiede zwischen der Bühnenmoderation und einer Moderation im Radio vergegenwärtigt.

Die Präsentation einer Live-Veranstaltung hat zunächst im Vergleich zur Radiomoderation einen noch wesentlich deutlicheren Auftrittscharakter.

Davon abgesehen, dass viele Radioprogramme schon vor der Sendung produziert werden und dadurch eventuelle „Pannen" durch technische Hilfsmittel eliminiert werden können, besucht der Zuschauer eine Veranstaltung im allgemeinen deshalb, weil er sie als – oft sogar nachmittag- oder abendfüllendes – Unterhaltungsprogramm ausgewählt hat. Schon deshalb bringt er von vornherein eine hohe Erwartungshaltung mit. Durch die Tatsache, dass er für die Veranstaltung Eintritt bezahlt hat oder dass er dem Anlass, der ihr zugrunde liegt, persönlich verbunden ist, wird diese Haltung noch verstärkt.

Im Gegensatz zu einem Radiomoderator, der „gar nicht weiß, zu wem er da spricht", weil er nämlich nicht weiß, welche Zuhörer er hat, wie viele es sind und wie sie aussehen, ist es für die Moderation beim Event weiter charakteristisch, dass der Bühnenconférencier seinem Publikum direkt gegenübersteht und dessen Reaktionen unmittelbar miterlebt.

Durch Beifall, Unmutsbezeugungen oder Lachen im Publikum kann der Bühnenmoderator sofort registrieren, wie er bei seinen Zuschauern „ankommt". Dies gibt ihm jedoch im Gegensatz zur Moderation im Radio auch die Chance, seinerseits auf die Situation zu reagieren, indem er die Moderation den Publikumsreaktionen anpasst, was allerdings auch den Mut verlangt, von vorbereiteten Manuskripten abzuweichen.

Wichtig ist es deshalb, immer das „Feedback" des Publikums frühzeitig wahrzunehmen und seinen emotionalen „Ist"-Zustand so genau wie möglich zu prüfen. Der Moderator sollte hierfür immer wieder einzelne Personen oder Personengruppen gezielt anschauen und durch seine Mimik und Gestik direkt ansprechen. Dies wird ihm auch dabei helfen, die Aufmerksamkeit des gesamten Publikums für das Geschehen auf der Bühne zu gewinnen, denn anders als der Radiohörer fühlt und reagiert der Besucher einer Veranstaltung sich nicht als Individuum, sondern als Mitglied der Gruppe „Publikum". Gruppendynamische Reaktionen (Lachen und Gähnen wirken nachweislich ansteckend) sind daher gegeben und können die Aufgabe des Moderators sowohl erschweren als auch erleichtern.

## Allgemeine Moderationsregeln

Nach den vorstehenden einführenden Überlegungen komme ich zu einigen allgemeinen Moderationsregeln, deren Beachtung sowohl dem Moderator als auch dem Eventmanager bei dessen Auswahl gute Dienste leisten kann.

Die mit Abstand wichtigste Regel ist diejenige, sich so klar und deutlich wie möglich auszudrücken.

Dies beinhaltet, nicht zu komplizierte Formulierungen zu wählen, Fremdwörter weitgehend zu eliminieren und Haupt- und Nebensätze nicht zu „ver-", sondern zu „entschachteln".

Der Moderator kann darüber hinaus dem Hörer – der ja nicht etwa wie der Leser eines Zeitungsartikels die Möglichkeit hat, das, was er nicht verstanden hat, noch einmal zu lesen – das Verständnis dadurch erleichtern, dass er in längeren Sätzen auf den schwer zu entwirrenden „Nominalstil" verzichtet und durch geschicktes Vorziehen des Prädikats als einem ganz wesentlichen Sinnträger des Satzes dessen Hörverständlichkeit erheblich verbessert.

Als Beispiel kann der folgende Satz dienen, dessen „geschriebene Version" in einer Pressemeldung auftauchen könnte:

*„Insbesondere erwarten Beobachter vom Kanzler ein deutlicheres Eingehen auf die US-amerikanische Militärintervention in Afghanistan als in seiner Neujahrsansprache".*

Um diese Nachricht für einen Zuhörer, der etwa gerade eine Nachrichtensendung verfolgt, verständlich zu machen, kann man sie beispielsweise wie folgt umformulieren:

*„Insbesondere erwarten Beobachter vom Kanzler, dass er deutlicher als in seiner Neujahrsansprache eingeht auf die US-amerikanische Militärintervention in Afghanistan".*

Durch das Vorziehen des Verbs „eingehen", das korrekterweise am Ende des Nebensatzes erscheinen müsste, wird dem Zuhörer gewissermaßen die Mühe abgenommen, sich den gesamten Inhalt des „Dass-" Nebensatzes bis zum Schluss merken zu müssen.

Der Hörer soll also gerade bei einem Live-Event nicht dadurch überfordert werden, dass er sich Dinge merken muss. Diesem Zweck dienen auch so genannte Redundanzen, das Wiederholen zentraler Angaben wie Namen, Zahlen oder Motto der Veranstaltung bestehen.

Natürlich sollte man den Gebrauch dieses Hilfsmittels nicht übertreiben, aber ein Zuschauer, dessen Kurzzeitgedächtnis während einer Veranstaltung zuviel zugemutet wird, verliert schnell das Interesse.

### Art der Informationsvermittlung

Analog zu diesen formellen Regeln gilt auch inhaltlich der Grundsatz, das Publikum nach dem Motto „step by step" zuerst darüber zu informieren, was es in der Veranstaltung erwartet, anstatt es sofort mit den eigentlichen Informationen zu „überfallen".

Ist das Interesse des Besuchers geweckt, ist dieser für neue Informationen aufnahmebereit und im allgemeinen auch immer dankbar.

Der Moderator befindet sich bei der Vermittlung von Wissen allerdings in einem gewissen Dilemma, denn einerseits soll er zwar selbstbewusst auftreten, andererseits aber nicht „von oben herab" oder besserwisserisch wirken. Er sollte also dem Publikum weder mit Überheblichkeit noch mit Unterwürfigkeit begegnen. Vielmehr sollte er alles versuchen, um die Zuschauer „auf der gleichen Ebene abzuholen“: Moderation ist eine Form der Kommunikation, gleichgültig, ob sie formal als Dialog oder als Monolog gestaltet wird. Der Moderator sollte sich schon deshalb, wie im Einleitungsteil empfohlen, auf das Feedback der Zuschauer konzentrieren und einlassen.

Einer korrekten Inhaltsvermittlung dient auch der Rat, auf Hohlfloskeln, Wortkaskaden und Schmeicheleien dem Publikum gegenüber bewusst zu verzichten. Die Art von Unterwürfigkeit, die sich in schmeichlerischen Phrasen wie: „Ich freue mich so, heute hier zu sein“ oder in unreflektierten Standardformulierungen wie „Wie immer hören Sie jetzt...“ ausdrückt, wird vom Zuschauer als aufgesetzt und nicht ehrlich registriert, so dass es in fast allen Fällen besser ist, lieber ohne Umschweife zum Thema zu kommen.

## Vorbereitung der Präsentation

Eine gute Vorbereitung ist mehr als die Hälfte einer gelungenen Moderation.

Der Eventmanager als Veranstalter sollte sich deshalb zunächst über die beiden nachstehenden Fragen absolute Klarheit verschaffen, um auch dem Moderator diesbezüglich die notwendigen Informationen geben zu können:

- Was ist der Anlass der Veranstaltung? Was ist ihr Sinn?
- Worin liegt die genaue Funktion des Moderators und was ist sein Thema?

Der Moderator muss sich über Inhalt und Zusammenhänge der Veranstaltung bis ins letzte Detail im Klaren sein, denn er wird dem Publikum letzten Endes nur das vermitteln können, was er selbst verstanden hat.

- An welche Art von Publikum richtet sich die Veranstaltung? Wie viele Besucher werden erwartet? Welche Gäste sind eingeladen?

Das zu erwartende Publikum und gegebenenfalls die geladenen Gäste werden nicht nur maßgeblich den Stil der Moderation bestimmen, sondern die Frage, wer im Auditorium sitzt, erfordert auch besondere Überlegungen zur technischen Ausstattung und zur Gestik des Moderators – ein großes Publikum bedarf anderer Gesten als das einer Veranstaltung mit wenigen Besuchern.

- Wie ausführlich darf oder soll die Moderation sein?

Diese Frage ist mit besonderer Sorgfalt zu behandeln. Es ist ratsam, für ein optimales Zeitmanagement im Vorfeld der Veranstaltung einen möglichst klaren Ablaufplan zu erstellen, für den man als Ausgangpunkt nimmt, wie viel Zeit insgesamt für die Moderation zur Verfügung steht. Diese Zeit wird auf die verschiedenen Moderationsintervalle verteilt.

In die Planung muss auch einbezogen werden, ob und wie lange Umbaupausen durch die Moderation überbrückt werden müssen.

Ebenso unerlässlich ist eine sinnvolle zeitliche Gewichtung der Moderation im Verhältnis zur Länge der vorgesehenen Programmpunkte: bei mehreren langen Darbietungen steht die Moderation weniger im Vordergrund und ist deshalb auch weniger ausführlich als bei nur wenigen kurzen Beiträgen. In diesem Fall muss die Moderation dazwischen gewissermaßen das Gesamtbild auffüllen.

Von dieser Regel abweichend gibt es allerdings Veranstaltungen, bei denen unabhängig von derartigen Überlegungen der Moderation schon dadurch eine besondere Bedeutung zukommt, dass die Vermittlung beziehungsweise die Steuerung der Veranstaltung generell von eminenter Wichtigkeit ist. Dies ist beispielsweise bei Werbeveranstaltungen, Podiumsdiskussionen oder bei Preisverleihungen der Fall. Gerade wenn zum Beispiel mehrere Preisträger zu ehren sind, kann das Zeitbudget des Moderators für jeden einzelnen von ihnen sehr begrenzt sein und eine besondere Schwierigkeit darin liegen, dem Publikum in der gebotenen Kürze die Person des jeweiligen Preisträgers und seine Leistung nahe zu bringen.

Die Zeitplanung ist für das Gelingen der Veranstaltung ein entscheidender Faktor. Daher ist es anzuraten, das gesamte Programm, wenn irgend möglich, mehrfach (mindestens einmal) in einer Probe durchzuspielen beziehungsweise, von der Warte des Veranstalters aus, sich „vorspielen zu lassen".

Mindestens eine Woche vor der Veranstaltung sollte der Moderator über folgende Informationen verfügen:
- Wo genau findet die Präsentation statt?
- Wie ist die genaue Anfahrtsstrecke?

Hinsichtlich des Veranstaltungsortes ist zu bedenken, dass gerade in größeren Städten eine vermeintlich exakte Angabe wie zum Beispiel „im Stephanssaal" womöglich deshalb zu Verwirrung führen kann, weil es in der Stadt mehrere „Stephanssäle" gibt. Um Unsicherheiten vorzubeugen, ist es deshalb immer ratsam, die Lage des Ortes, die genaue Adresse, das Stockwerk und nach Möglichkeit auch die Telefonnummer einer verantwortlichen Person mitzuteilen. Ebenso sollten die Anfahrtsstrecke und mögliche Hindernisse wie Baustellen oder regelmäßig auftretende Verkehrbehinderungen einbezogen werden.

- Gibt es eine Person, die den Moderator am Abend der Veranstaltung betreuen kann?

Sollte eine Betreuungsperson nicht zu organisieren sein, muss der Moderator umso besser über die örtlichen Gegebenheiten, die technische Ausstattung und seine sonstige Versorgung, zum Beispiel mit Wasser und etwas zu Essen unterrichtet werden.

- Eine vollständige und buchstabengetreue Liste mit den Vor- und Nachnamen sowie den genauen Titeln der Personen, die während der Moderation zu erwähnen sind.

Die genaue und vollständige Namensliste der zu erwähnenden Personen und ihrer Titel ist deshalb wichtig, weil jeder Mensch sich mit seinem Namen mehr als mit jedem anderen Attribut identifiziert und weil es diesbezüglich in hohem Grade unprofessionell ist, beispielsweise einen Oberbürgermeister mit „Herr Bürgermeister" oder einen Staatsminister mit „Herr Staatssekretär" zu betiteln. Gerade wenn ein Titel ähnlich klingt wie eine andere Bezeichnung, ist auf besondere Genauigkeit zu achten.

Bis einen Tag vor der Veranstaltung sollten Folgendes geklärt und dem Moderator mitgeteilt sein:

- Gibt es gegebenenfalls inhaltliche Änderungen oder sonstige Veränderungen in den Daten, die dem Moderator zuvor mitgeteilt wurden?

Veränderungen in letzter Minute gehen in der Atmosphäre vor der Veranstaltung gerne „unter", so dass es im ureigensten Interesse des Veranstalters liegt, sie den Moderator so früh wie wissen zu lassen.

- Wie ist der Stand des Kartenvorverkaufs für die Veranstaltung?

Dieser gibt Aufschluss darüber, wie voraussichtlich die Stimmung bei der Veranstaltung sein wird. Ist der Saal halbleer, wird der Moderator auf ganz andere Art für Stimmung sorgen müssen, als bei einer bis auf den letzten Platz gefüllten Halle.

- Ist für den Moderator ein persönlicher Vorbereitungsraum vorhanden beziehungsweise wo befinden sich Umkleide und/oder Garderobe?
- Stehen für eventuelle Veränderungen der Moderation technische Geräte wie Computer, Drucker und Kopierer zur Verfügung?

Informationen über das Vorhandensein von persönlichem Vorbereitungsraum oder technischer Ausstattung geben dem Moderator Sicherheit hinsichtlich der Gegebenheiten. Auch die Möglichkeit, eventuelle letzte Veränderungen in übersichtlich gedruckter Form in die Moderation einzuarbeiten, helfen dem Moderator – während handschriftliche Einfügungen oder Veränderungen auf der Bühne schwer zu lesen sind und dadurch zu Fehlern führen können.

Spätestens am Tag der Präsentation sollte der Moderator genauestens mit den örtlichen Gegebenheiten und den ihm zur Verfügung stehenden technischen Hilfsmitteln vertraut sein.

Dem kommt schon aus psychologischen Gründen eine hohe Bedeutung zu, denn ein Moderator, der sich „zu Hause fühlt“, wird sicherer auftreten und seine Arbeit besser machen als ohne dieses Wissen. Daher muss er rechtzeitig vor der Veranstaltung insbesondere über folgende Fragen Gewissheit erhalten:
- Wie ist die Bühne beschaffen?
- Wo sitzt das Publikum
- Wo muss er selbst stehen?

Der Moderator sollte sich selbst vor noch leerem Saal einen Eindruck davon verschaffen können, wie er sich fühlt, wenn er auf der Bühne steht. Eine noch bessere Vorstellung geben ihm die folgenden Fragen:
- Wer ist außer dem Moderator noch auf der Bühne platziert?
- Wie ist der Weg von der Garderobe zur Bühne?
- Wie ist der Weg von der Bühne herunter?
- Gibt es „Fallen“ wie herumliegende Kabel, Unebenheiten, Gerüste oder Dekorationen?
- Ist ein Stuhl vorhanden, auf den der Moderator sich zwischen seinen Auftritten setzen kann?
- Gibt es für ihn einen Aufenthaltsraum, Verpflegung, eine Toilette?

Aufgrund dieser Fülle von Fragen ist es anzuraten, dass der Moderator bereits einige Stunden vor der Veranstaltung Gelegenheit hat, sich mit dem Ambiente vertraut zu machen. Möglicherweise lässt es sich einrichten, dass der Moderator sich auch schon einige Tage vor seinem Auftritt vor Ort umsieht.

Auch sollte spätestens am Tag der Veranstaltung unbedingt ein Soundcheck durchgeführt werden, bei dem folgende Details zu klären sind:

- Welche Art(en) von Mikrophon stehen zu Verfügung – ein Headset, Handmikrophon, Mikrophon mit Stativ, Kabel, Übertragung per Funk oder ein Ansteckmikrophon?
- Entstehen eventuell Probleme durch eine Rückkoppelung?

Die Art des Mikrophons ist entscheidend für die Frage, wie viel beziehungsweise wie stark der Moderator gestikulieren kann. Um mögliche Probleme mit Rückkoppelungseffekten auszuschalten, ist es ratsam, sich mit dem Mikrophon an den vorderen Bühnenrand beziehungsweise im Publikumsraum zu bewegen, um so eventuelle Störungen auszumachen und zu eliminieren.

- Wie kommt die Stimme des Moderators beim Publikum an?

Der Soundcheck ist auch der geeignete Moment, dem Techniker Hinweise darüber zu geben, wie die Stimme des Moderators technisch zu behandeln ist: Bei einer sehr kräftigen Stimme ist die Gefahr gegeben, dass die Tonanlage übersteuert; eine helle Stimme kann durch eine dunklere Klangfärbung modifiziert werden.

- Ist die Bühne überall richtig ausgeleuchtet?

Bei der Beleuchtung ist es wichtig, darauf zu achten, dass das Publikum die Augen des Moderators sieht, da er sonst einen direkten Augenkontakt mit einzelnen Personen – wichtig für die Frage des Feedback – nicht herstellen kann. Auch muss der Moderator an jedem Ort auf der Bühne in der Lage sein, seine vorbereiteten Texte zu lesen, was nicht nur heißt, dass genug Licht vorhanden sein muss, sondern auch, dass keine Blendungseffekte auftreten dürfen. Ein zu helles Licht führt auch dazu, dass der Moderator unnatürlich blass wirkt und im wahrsten Sinne des Wortes „Konturen verliert".

Den Ton- und Beleuchtungsproben sollte daher unter allen Umständen die nötige Zeit und Sorgfalt gewidmet werden – auch wenn dafür ungeduldige Techniker mit einem Hinweis auf die angebrachte Professionalität „zur Räson gebracht" werden müssen.

### Tipps für die Moderation als solche

Die folgenden Hinweise sollen Veranstaltern, die womöglich in die Verlegenheit kommen, selbst eine Veranstaltung moderieren zu müssen, weitere Tipps für eine Präsentation geben. Gleichzeitig soll die Lektüre auch dazu dienen, auf ihrer Seite Verständnis für die Anliegen eines Moderators zu wecken.

Wie bereits weiter oben deutlich gemacht, ist einer der wichtigsten Teile der Moderation deren rechtzeitige und minutiöse Vorbereitung.

In Bezug auf schriftlich ausgearbeitete Texte ist zu bedenken, dass diese nicht etwa eine Art Skript der gesamten Moderation, sondern lediglich eine Gedächtnishilfe für wichtige Namen, Titel, Daten oder Fakten darstellen können, die von den Karten, die der Moderator während der Veranstaltung in der Hand hält, unauffällig abgelesen werden können.

Ratsam sind daher Notizen in Stichwortform mit klarer räumlicher Gliederung, die in einem nicht zu auffälligen, aber noch gut lesbaren Format auf Karteikarten gedruckt werden. Wie viele solcher Karten angebracht sind, hängt von der Länge der Veranstaltung und vom inhaltlichen Gewicht der Moderation ab.

In Fernsehsendungen sieht man häufig, dass die benutzten Notizkarten auf der Rückseite das Logo der Veranstaltung oder ein anderes graphisches Design tragen, was den Vorteil hat, dass sie vom Zuschauer oft gar nicht als Gedächtnisstütze des Moderators, sondern eher als graphisches Element der Sendung wahrgenommen werden.

Weiter ist es insbesondere für einen weniger geübten Moderator empfehlenswert, die gesamte Moderation einige Tage vor dem Auftritt nach Möglichkeit mehrfach vor dem Spiegel zu üben. Während dieser Proben sollte er sich die Situation mit allen Details wie Verbeugungen, Händeschütteln oder dem Gehen über die Bühne vorstellen. Auch sollte er sich bereits überlegen, wie er auf die Bühne geht (langsam oder schnell, mit dem Blick nach oben oder nach unten), was er dabei in der Hand hält und wann er anfangen wird zu sprechen: nämlich dann erst, wenn er einen sicheren, ruhigen Stand erreicht und visuellen Kontakt zum Publikum aufgenommen hat (man stelle sich etwa das Halten vor einem Stoppschild vor).

Was das Dämpfen einer womöglich auftretenden Nervosität betrifft, so hängt diese mit einer guten Vorbereitung unmittelbar zusammen: Jeder Punkt, der bereits im voraus abschließend geklärt werden konnte, schützt vor Eventualitäten, die ein Hauptfaktor für Unsicherheit oder Angst sind, und die eine volle Konzentration auf das Wesentliche verhindern.

Dennoch ist es nur natürlich, wenn trotz optimaler Vorbereitung noch Lampenfieber auftritt. Man bekämpft es am besten durch tiefe Atmung, entspanntes Sitzen oder Stehen und mit einer der allgemein bekannten Konzentrationstechniken. Hierbei sind ein eigener Vorbereitungsraum und während der Veranstaltung ein bequemer Sitz hinter der Bühne selbstverständlich hilfreich.

An dieser Stelle sei der Leser ausdrücklich vor der Einnahme von Beruhigungsmitteln oder gar Alkohol gewarnt. Letzten Endes schränken diese vermeintlichen Stimulantia nur seine Spontaneität und Reaktionsfähigkeit ein, die er jedoch dringend benötigt, um auf das Geschehen auf der Bühne und die Reaktionen des Publikums optimal reagieren zu können. Davon abgesehen ist diese Art von „Vorbereitung" ein geradezu klassischer Einstieg in eine Abhängigkeitsspirale, den man unbedingt vermeiden sollte.

Bei der Gestaltung des eigentlichen Auftritts sollte man unbedingt darauf achten, dass vor allem der „Einstieg", also die ersten Worte, die der Moderator auf der Bühne sprechen wird, perfekt „sitzen". Dadurch wird sehr viel Nervosität entschärft, die erfahrungsgemäß vor und bei Beginn des Auftritts am stärksten ist und im Verlauf der Veranstaltung nachlässt.

Der Moderator überlege sich also eine nette Einstiegsformulierung, in der er zunächst einmal seinen Namen nennt und durch die er die Neugier des Zuschauers auf das Bevorstehende weckt. Beispielsweise kann bei einer politischen Veranstaltung die aktuelle Brisanz der Thematik deutlich gemacht oder bei einer Jubiläumsfeier die Verdienste der Protagonisten gewürdigt werden.

Beim Sprechen der ersten Worte sollte man sich genau zuhören und sich bemühen, betont langsam, deutlich und artikuliert zu sprechen und dabei tief zu atmen. In diesem Zusammenhang ist zu beachten, dass jeder Mensch, sobald sein Puls durch eine gewisse Nervosität erhöht ist, automatisch und vor allem für sich selbst nicht erkennbar (!) schneller spricht. Auch sollte man sich gewärtig sein, dass die eigene Stimme bei vollem Saal zwangsläufig anders klingt als beim vorherigen Soundcheck vor leeren Reihen.

Im weiteren Verlauf des Auftritts ist es je nach den gegebenen Umständen möglich, die Stimmung des Publikums aufzulockern und sein Wohlwollen zu erobern, indem man auf persönliche Erlebnisse oder Beobachtungen Bezug nimmt, beispielsweise mit Formulierungen wie: „Ich wette, Sie haben auch schon einmal daran gedacht, .... Sie haben es sicher auch schon einmal erlebt, dass ...". Manchmal kann ein Moderator denselben Solidarisierungseffekt mit einer Frage erreichen wie: „Ist Ihnen auch so warm?"

Für mehr Lebendigkeit und eine gute Akzeptanz der Moderation ist es sehr von Vorteil, wenn es gelingt, die Phantasie des Zuschauers anzuregen und dadurch in seinem Kopf „Bilder" oder „Kino" entstehen zu lassen. Der Moderator kann zu diesem Zweck eine Geschichte erzählen, (gut ausgewählte) Zitate einarbeiten oder der gesamten Moderation ein dramatisches Konzept zu Grunde legen – beispielsweise, indem er bei einer Preisverleihung konsequent auf den Hauptpreisträger „hinarbeitet". Solche Konzepte machen die Veranstaltung für den Zuschauer besonders spannend, verlangen vom Moderator allerdings auch einiges an Kreativität.

Sollte die Moderation mit einem oder mehreren Interviews kombiniert werden, so ist auch für diese eine besondere Vorbereitung zu treffen – ein Interview zu führen, ohne dass man sich die wichtigsten Punkte vorher zurecht gelegt hat, gleicht einem „Stochern im Nebel", was nicht eben dazu beiträgt, dass der Moderator sich auf der Bühne sicher fühlen wird.

Er sollte sich daher insbesondere so weit wie möglich über die Fragen im Klaren sein, die er dem Interviewpartner zu stellen gedenkt. Dies setzt allerdings zunächst voraus, dass er sich sowohl über die zu befragende Person als auch über das Thema des Interviews eingehend informiert hat.

Danach kann zur Planung des Interview-Verlaufs übergegangen werden: Für diese gibt es zwar kein allgemeingültiges Schema, es ist jedoch ratsam, mit einer „offenen Frage" zu beginnen.

Offene Fragen (Beispiel: „Was machen Sie in Ihrer Freizeit am liebsten?") geben dem Interviewten im Gegensatz zu den sogenannten geschlossenen Fragen (zum Beispiel der Entscheidungsfrage: „Spielen Sie lieber Skat oder Rommee?") in keiner Weise eine Antwort vor und ermöglichen es ihm so, sich unbeeinflusst in das Interview hineinzufinden. Die nächsten Schritte können dann dazu genutzt werden, den Sachverhalt zu vertiefen oder bestimmte Aspekte hervorzuheben.

Inhaltlich ist die geläufigste Vorgehensweise die „Trichterform" (ein Trichter ist oben weit offen und wird nach unten hin immer enger): Indem die Fragestellung vom Allgemeinen zum Besonderen schreitet, hat sie den Vorteil eines logischen und sauber gegliederten Gedankengangs. Interessantere Interviews kommen aber vielleicht gerade durch das Umdrehen des „Trichters" zustande, das heißt, wenn zuerst ein Einzelaspekt herausgriffen wird und man „durch ihn hindurch" auf allgemeinere Fragen zu sprechen kommt.

Bei der Vorbereitung des Interviews ist es eine wertvolle Hilfe, sich anhand der Information, die man über die zu befragende Person und über das Thema des Interviews gesammelt hat, jede mögliche Abfolge der Fragen und Antworten im Voraus auszumalen (Verlaufsantizipation):

Auf welche Frage wird der Gast wohl wie reagieren? Wie wird der Moderator dann weiterfragen? Wie wird er sich verhalten, wenn der Interviewte ausweicht? Soll er in diesem Fall „nachhaken" oder zur nächsten Frage übergehen?

Im Verlauf des Interviews muss dem Moderator stets gegenwärtig sein, dass Hauptperson keinesfalls er selbst, sondern vielmehr die interviewte Person ist: wichtig ist, was diese sagt. Der Moderator führt allerdings das Interview, und zwar schon durch die Auswahl der interviewten Person, aber auch durch das Festlegen des Interviewziels und durch die Art der Fragestellung.

Welches Verhalten am ehesten angebracht ist für den Fall, dass während einer Moderation, wie es immer möglich ist, Pannen auftreten, ist so allgemein nicht zu beantworten: jedes Problem erfordert eine andere Reaktion. In einigen Konstellationen kann sogar praktisch „nichts mehr zu retten" sein.

So ist, wenn bei einer größeren Veranstaltung der Ton ausfällt, ein auch nur einigermaßen elegantes Auffangen der Situation mehr als schwierig. Der Moderator kann sich höchstens auf seine schauspielerischen Talente verlegen und darauf hoffen, dass die Tontechnik möglichst schnell wieder funktioniert.

Als ebenso fatal kann sich eine Verspätung oder der völlige „Ausfall" eines Interviewpartners in letzter Minute herausstellen. Sollte es nicht mehr möglich sein, die Panne durch Umstellen von Programmpunkten zu überspielen oder sollte der Moderator gar schon auf der Bühne stehen, kann er eventuell das Publikum in die Situation einbeziehen, etwa mit den Worten: „Herr X ist leider nicht da und jetzt müssen Sie und ich sehen, wie wir die Situation überbrücken. Ich stehe genauso da wie Sie: Sie warten, ich warte. Da könnten wir uns jetzt vielleicht Witze erzählen... (im Idealfall entsteht hier Lachen im Publikum). Aber wir geben ihm vielleicht nochmals fünf Minuten, ..." Nach solchen Sätzen könnte der Moderator anfangen, das Publikum etwa mit einer Geschichte zu unterhalten.

Ein einzelner Versprecher ist kein „Beinbruch". Sollten im Verlauf eines Abends allerdings sehr viele auftreten, kann der Moderator das Verständnis des Publikums auf sympathische Art dadurch gewinnen, dass er sich selbst etwas „auf den Arm nimmt". Beispiel: „Ach, ist der Name kompliziert! .....aber ich kriege das noch hin heute Abend!" Auf diese Weise zeigt er die Souveränität, auch über sich selbst lachen zu können (und zwar selbst dann, wenn er sich womöglich innerlich „zum Teufel wünscht").

**Schlussüberlegung: Was zeichnet einen guten Moderator aus?**

Zum Abschluss möchte ich dem Leser noch ein paar Gedanken dazu mit auf den Weg geben, welche Eigenschaften einen guten Moderator auszeichnen:

- Sicherlich gehört zu diesen in erster Linie die Flexibilität, sich bei der Präsentation auf jede Situation und auf jede Art von Publikum einstellen zu können.
- Ein guter Moderator wird weiter immer freundlich und charmant zum Publikum sein (ein natürliches, nicht übertriebenes Lächeln wirkt Wunder!).
- Er pflegt sein Aussehen und ist weder „over-" noch „underdressed", das heißt er tritt stets in einer Kleidung auf, die dem jeweiligen Anlass angemessen ist.
- Schlagfertigkeit ist eine Eigenschaft, die nur wenigen Menschen mit in die Wiege gelegt wird. Ein Mensch, der gerne kommuniziert – und auch dies sollte ein Moderator tun – wird sie jedoch bis zu einem gewissen Grad auch lernen und trainieren können.
- Und schließlich sind zwei ganz entscheidende Vorteile, die von der Frage des Talents unabhängig sind, einerseits die Disziplin, eine Veranstaltung selbst dann nach bestem Vermögen zu präsentieren, wenn der Moderator nicht in der besten Verfassung ist, und zum anderen eine gewisse Bescheidenheit und selbstbewusste Professionalität gegenüber dem Veranstalter: Einem guten Moderator wird niemals „ein Zacken aus der Krone fallen", wenn es darum geht, sich notfalls einen Stuhl oder ein Glas Wasser selbst zu holen, kurz vor der

Veranstaltungen noch – zumutbare – Änderungen in die Moderation einzuarbeiten oder auch mit Rat und Tat zur Seite zu stehen, wenn er sieht, dass im letzten Augenblick ein Problem, gleich welcher Art, aus dem Wege geräumt werden muss.

# Grundlagen der Kommunikation, Rhetorik, Kreativität und Präsentation

*von Simone Willert-Kiene*

## 1. Kommunikation

### *Grundlagen der Kommunikation*

Kommunikation bezeichnet den Informationsaustausch zwischen mindestens zwei oder mehr Menschen. Die Kommunikation beginnt im Augenblick des Zusammentreffens und zwar genau dann, wenn die Menschen miteinander in Kontakt, sprich in Beziehung treten.

Dabei spielt der Zeitfaktor keine Rolle. Entscheidend ist, dass die Kommunikation, besser zu bezeichnen wäre sie als Interaktion, immer nach bestimmten Regeln abläuft. Diese Regeln sind unter anderem abhängig von Faktoren wie Nationalität, sozialem und beruflichem Status.

Kommunikation findet nicht nur mittels Sprache ihren Ausdruck. Wesentliche, an der Kommunikation mitbeteiligte Parameter sind:
- Gestik
- Mimik
- Stimme
- Körperhaltung
- Räumliche Distanz / Nähe zum Gesprächspartner
- Blickkontakt

### *Körpersprachliche Elemente*

Bezüglich der Raumstruktur unterscheiden wir zwischen 4 Distanzzonen:
1. Die „intime" bis 0,5 m
2. Die persönliche von 0,5 bis 1,5 m
3. Die sozialkonsultative von 1,5 bis 4,0 m
4. Die öffentliche ab 4,0 m

Auf die wichtige Bedeutung der Körpersprache sollte an dieser Stelle unbedingt hingewiesen werden. Führen Sie sich vor Augen, dass achtzig Prozent der Kommunikation durch körperliche Botschaften erfolgt und nicht durch Worte!

Jeder, der sich mit dem Thema „Kommunikation" befasst, sollte sich einmal über folgende Fragen Gedanken machen:
- Besitzt die körpersprachliche Reaktion einen höheren „Wahrheitsgehalt?"
- Sind Sie sich der wichtigen Bedeutung der Körpersprache bewusst und haben Sie sich schon einmal Gedanken über Ihren eigenen körpersprachlichen Ausdruck gemacht?
- Wie kann ich zum Beispiel meine Körpersprache „benutzen" und die Verhaltensweisen von Mitarbeitern, Kunden, Geschäftspartnern deuten, und darauf reagieren?
- Ist es möglich, durch Beobachtung Verhaltensweisen zu sehen und ist es weiter möglich, den dahinter verborgenen Inhalt zu erkennen?

Die Ausnutzung und Deutung von körpersprachlichen Botschaften hilft, verbale Inhalte wirksamer zu transportieren. Die darauf folgende Reaktion des Partners wird besser verstanden. Darauf folgend gelingt es uns nun leichter zu reagieren.

### *Meinungsbildung*

Die Meinung, die wir uns über einen anderen Menschen bilden, geschieht in rasanter Geschwindigkeit – sprich in den ersten Minuten, wenn nicht sogar in den ersten Sekunden. Wie ist das möglich?

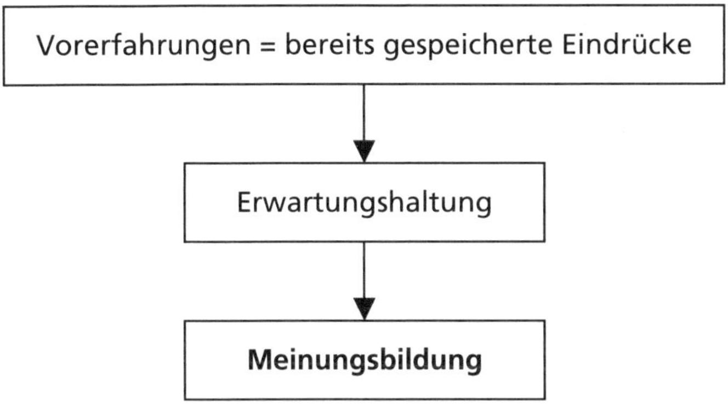


So bringen wir im allgemeinen jemandem, der von uns als sympathisch empfunden wird, von vorne herein eine größere Toleranz entgegen als jemandem, der als eher unsympathisch empfunden wird. („Das habe ich doch gleich gewusst!").

Machen Sie sich jedoch folgendes klar: Der erste Eindruck ist weder richtig noch falsch!

Wir meinen jedoch, dass er richtig sei. Das liegt daran, dass wir auf jemanden, der sich positiv verhält, natürlich auch positiv reagieren. Verhält sich jemand aus unserer Sicht negativ, so reagieren wir entsprechend negativ (mit Skepsis, Ablehnung, Verweigerung usw.).

Wie geschieht nun diese Meinungsbildung? Wir alle sind stark geprägt von unserer Erziehung, unserem Elternhaus, der Schule etc.. Wir sind im Grunde genommen alle zu „Schubladendenkern" erzogen. Aber gerade diese Art zu denken erschwert den Kontakt zu unserem Gegenüber von Anfang an!

Erst wenn ich mich mit dem anderen beschäftige, versuche seine Verhaltensweisen zu verstehen, erst dann ist ein weitestgehend wertfreies Urteilen möglich.

Kommen wir noch einmal zurück auf den körpersprachlichen Aspekt. Wenn wir nun bewusster, achtsamer und willkürlicher mit unserer Körpersprache umgehen, geht es nicht darum ein Schauspieler zu werden. Ziel ist es, eine Übereinstimmung zwischen dem körpersprachlichen Ausdruck und dem gesprochenen Wort zu erreichen – sprich beide in Einklang zu bringen.

Können Verhaltensweisen vorgetäuscht werden?

Während der Kommunikation befinden wir uns in einem ständigen Reiz-Reaktions-Kreislauf. Dieser führt dazu, dass nach geraumer Zeit bei den meisten Menschen die vorhandenen Gefühle und Emotionen das Verhalten bestimmen.

Viele Menschen können allerdings ihr eigenes Verhalten nicht bewusst zur Beeinflussung einsetzen, da sie nicht wissen, welche Reize sie übermitteln, und welche Bedeutung diese Reize für Ihr Gegenüber haben oder haben können. So weiß man, dass Interaktionspartner ihre Verhaltensweisen aufeinander abstimmen.

Eine Handlung bei A ruft eine gleiche oder ähnliche bei B hervor. Dann sprechen wir von Imitation. Unterbricht A zum Beispiel häufig, so wird B auch häufig unterbrechen. Belohnt A B mit einem Lächeln oder Kopfnicken, so wird B A mit einem Lächeln oder Kopfnicken belohnen.

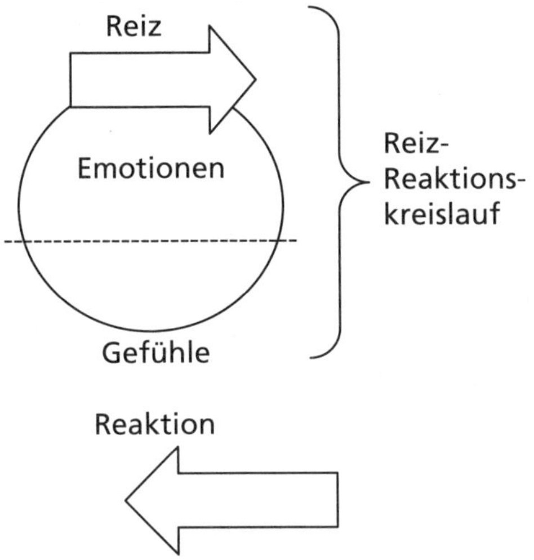


Da der körpersprachliche Aspekt erwiesenermaßen eine große Rolle spielt, hat sich gezeigt, dass nicht-verbale Zustimmungen wie Lächeln, Kopfnicken oder ähnliches wirksamer sind als verbale Zustimmung.

Hinderlich für eine erfolgreiche und für beide Partner zufriedenstellende Kommunikation ist das oben beschriebene „Schubladendenken", sowie die emotionale Bewertung, die uns immer wieder hindert, Informationen neutral und sachlich aufzunehmen.

Trennung: Information 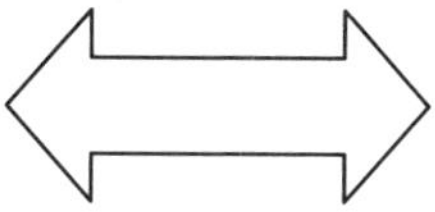 Emotion

Hören Sie nur auf den Inhalt, und lassen Sie jegliche Form der Bewertung weg. Reagieren Sie nur auf das, was der andere gesagt hat und nicht auf das, was oder wie er es vielleicht gemeint haben könnte – oder auch nicht!

Wie könnten Sie auf folgende Äußerung reagieren? „Ich denke nicht, dass es noch Sinn macht, an dieser Stelle weiter zu diskutieren."

### *Aspekte der Kommunikation*

Folgende Gesichtspunkte spielen bei der Kommunikation ebenfalls eine wichtige Rolle. Sie gehören sozusagen zum Kern einer guten Kontaktsituation.

#### *Aufmerksamkeit*

Bleiben Sie von Beginn des Gespräches an mit Ihrer vollen Aufmerksamkeit bei Ihrem Gegenüber und hören Sie genau hin. Damit signalisieren Sie Ihrem Gesprächspartner, dass er Ihnen nicht gleichgültig ist. Versuchen Sie Ablenkungen oder störende Umweltfaktoren auszuschalten oder nach Möglichkeit zu ignorieren und bleiben Sie immer nur bei einem Gedanken. Hören Sie auch genau hin und beobachten Sie Ihren Gesprächspartner. Wie ist die Körpersprache Ihres Gegenübers? Es gibt Menschen, die irritiert sind, wenn Sie die volle Aufmerksamkeit Ihres Gesprächspartners bekommen.

Dale Carnegie sagte einmal: „Wer sich zwei Monate lang für andere Menschen interessiert, gewinnt mehr Freunde als jemand, der zwei Jahre lang versucht, sich für alle interessant zu machen."

#### *Einklang*

Um ein gewisses Maß an Selbstvertrauen ausstrahlen zu können, ist es wichtig, „im Einklang" mit sich zu sein. Menschen, die Selbstvertrauen ausstrahlen, ebnen damit den Boden für eine erfolgreiche und positive Begegnung. Stellen Sie sich Menschen vor, die sich selbst ständig erniedrigen oder sehr schüchtern sind. Auf solche Menschen reagieren wir eher negativ, da wir uns in ihrer Gegenwart unwohl fühlen und diese Menschen keine „positiven Schwingungen" verbreiten.

*Intuition*

Menschen, denen es gelingt intuitiv die Stimmung ihres Gesprächspartners zu erspüren, finden leichter Kontakt. Es gibt Menschen, bei denen diese Fähigkeit stärker ausgeprägt zu sein scheint. Intuition ist jedoch durchaus erlernbar – beobachten Sie andere und versuchen Sie mehr Feingefühl zu entwickeln. Nehmen Sie sich im Gespräch auch immer wieder einmal innerlich zurück (die Aufmerksamkeit bleibt natürlich erhalten!) und gehen wieder mehr in die „Beobachterrolle." Auf diese Weise entwickeln Sie mehr Feingefühl für eine Vielzahl von verschiedenen Persönlichkeiten beziehungsweise Menschentypen.

*Bestätigung*

Signalisieren Sie Ihrem Gesprächspartner mittels Kopfnicken oder Lächeln, dass Sie dem Gespräch konzentriert folgen. Überlegen Sie sich Ihre Kommentare und Anmerkungen genau und reden Sie nicht einfach „darauf los."

Geben Sie Ihrem Gesprächspartner auch dann Bestätigung, wenn das Gespräch nicht so verläuft, wie Sie sich das zunächst wünschen. Das ist besonders für Konfliktgespräche wichtig. Versuchen Sie sich auch in Ihren Gesprächspartner hinein zu versetzen.

Folgende Fragen sollten Sie sich, besonders in schwierigen Gesprächen, stellen:

- Was könnte meinen Gesprächspartner zu dieser Äußerung veranlasst haben ?
- Was denkt er?
- Wieso sieht er beispielsweise eine Angelegenheit oder einen bestimmten Sachverhalt anders als ich?
- Welchen möglichen Grund gibt es für sein Verhalten?

Bestätigen Sie Ihren Gesprächspartner immer, auch wenn es zu Beginn noch so schwer fallen mag! Mit der Zeit werden Sie erstaunliche Ergebnisse feststellen können.

Bleiben wir „offen" für unseren Gesprächspartner – und nehmen die Emotionen und die negativen Gedanken nicht allen Raum ein, so werden Sie feststellen, dass Gespräche plötzlich und unerwartet doch noch eine positive Wende nehmen können.

„Und wenn alles nicht mehr hilft – dann lächeln Sie und kehren Sie Ihre humorvolle Seite nach außen." Sie haben doch Humor, oder?!

Sie können sich vorab auch erst einmal in Ihrem privaten Umfeld üben. Zum Üben besonders „geeignet" sind unsere Partner oder engere Freunde, sprich Menschen, die uns schon lange kennen und umgekehrt.

Haben Sie sich schon einmal die Frage gestellt, ob Sie beispielsweise Ihrem Partner beim Kommunizieren

- immer Ihre volle Aufmerksamkeit schenken
- Blickkontakt halten und geduldig hinhören
- Bestätigung geben?
- Sich intuitiv auf ihn einstellen?

Wenn wir ehrlich sind, sind wir in unserem privaten Umfeld oft bei Gesprächen nur halbherzig bei der Sache. Man meint den anderen zu kennen und wundert sich oft, wieso man irgendwie aneinander vorbeizureden scheint.

Überdenken Sie auch einmal Ihr Kommunikationsverhalten in Hinsicht Ihrer Kollegen, Ihrer Vorgesetzten usw.. Sie werden feststellen, dass Ihre Art zu kommunizieren und zu reagieren stark personenabhängig ist – das muss aber nicht so sein.

Empfinden wir einen Gesprächspartner als unangenehm, so hat das letztendlich auch immer etwas mit uns selbst zu tun. Häufig sind unsere Gesprächspartner so eine Art Spiegel unserer eigenen Unzulänglichkeiten – und wer mag damit schon gerne konfrontiert werden?

### *„Wie macht man Konversation?"*

Es gibt Menschen, denen es leichter fällt einen Einstieg in ein Gespräch zu finden als anderen.

Lassen Sie uns gemeinsam ein Gedankenspiel machen: Gehen wir hier einmal von zwei Gesprächspartnern aus, die sich vorher weder begegnet sind, noch am Telefon gehört haben – sprich zwei völlig fremden Menschen.

Gehen wir zusätzlich erschwerend davon aus, dass Sie von diesem fremden Menschen „etwas wollen." Sei es, Sie wollen ihn für eine Idee begeistern, ihm etwas verkaufen, ihn für eine Sache oder ein Projekt gewinnen etc.. Stellen Sie sich außerdem vor, dass mit seiner Zustimmung oder Ablehnung Ihr Projekt steht oder fällt. Sie haben einen gemeinsamen Termin vereinbart und treffen sich nun.

Bevor wir nun genauer in die Thematik der Konversation einsteigen, sollten Sie sich vorab eingehend mit folgenden Fragen beschäftigt haben:

- Was will ich genau in diesem Gespräch erreichen – was ist mein Ziel?
- Kann ich dem anderen wertneutral und urteilsfrei begegnen?
- Was sind meine Ängste? Woher kommen Sie und was befürchte ich?
- Welche Gegenargumente könnte mein Gesprächspartner vortragen beziehungsweise anbringen?
- Fühle ich mich gestresst – was kann ich tun, um innerlich ruhig und gelassen zu werden?
- Bin ich zu hundert Prozent auf das bevorstehende Telefonat eingestellt? Falls nicht, was lenkt mich ab?
- Welche äußeren Störfaktoren kann ich ausschalten (ist besonders beim Telefonieren wichtig)
- Welchen zeitlichen Rahmen haben Sie für das Gespräch geplant?
- Welchen Nutzen hat Ihr Gesprächspartner von Ihnen, Ihrem Vorschlag, Ihrer Idee?

Wie können Sie nun einen „glücklichen" Einstieg in das Gespräch finden?

- Seien Sie bemüht, etwas Interessantes oder Wichtiges über das Leben des anderen zu erfahren.
- Drängen Sie sich nicht zu sehr in den Vordergrund und prahlen Sie nicht mit Dingen, die Sie bisher erreicht haben.
- Seien Sie auch nicht betont witzig und versuchen Sie ruhig zu bleiben.
- Beobachten Sie Ihren Gesprächspartner und schenken Sie ihm Aufmerksamkeit.
- Versuchen Sie sich von der Vorstellung her „mit ihrem Gesprächspartner auf eine Bank zu setzen." Sie dürfen sich Ihrem Gesprächspartner gegenüber nicht unterlegen fühlen.
- Sie sollten nicht gleich „mit der Tür ins Haus fallen."
- Lenken Sie jedoch auch nicht zu lange vom eigentlichen Thema ab und sagen Sie möglichst bald, was Ihr genaues Anliegen ist. Teilen Sie Ihrem Gesprächspartner mit, was Sie ganz genau von ihm wollen oder für was Sie ihn gewinnen wollen.

- Machen Sie Ihrem Gesprächspartner den Nutzen klar, den er für sich aus dem Gespräch, Ihrer Idee usw. ziehen kann.
- Fassen Sie sich bezüglich Ihrer Satzlänge eher kurz. Stellen Sie nicht mehr wie maximal zwei Fragen hintereinander und hängen Sie nicht, ohne Punkt und Komma, Aussagen aneinander.
- Lächeln Sie Ihren Gesprächspartner zwischendurch immer wieder an und bestätigen Sie.
- Bleiben Sie Ihrem Gesprächspartner gegenüber geduldig und gelassen. Unterbrechen Sie ihn nicht und lassen Sie ihn ausreden.
- Eigentlich ist es selbstverständlich, dass wir unseren Gesprächspartner ausreden lassen – sicherlich „ertappen" Sie sich jedoch auch ab und an dabei Ihrem Gesprächspartner ins Wort gefallen zu sein. Oft wissen wir natürlich schon vorher, was der andere sagen will oder wir meinen es zu wissen! Nehmen Sie sich in diesem Punkt unbedingt zurück.

Folgende, einfache Grundregeln sollten Sie zusätzlich immer beherzigen:

- Seien Sie unbedingt pünktlich. Das gilt auch für Telefongespräche. Haben Sie sich mit Ihrem Gesprächspartner zu einer bestimmten Uhrzeit telefonisch verabredet, dann halten Sie diese auch ein. Ihr Gesprächspartner stellt sich innerlich auf das Gespräch ein – sitzen Sie gerne wartend vor einem schweigenden Telefon? Erwiesenermaßen nutzen wir die Zeit, in der wir auf jemanden warten nicht wirklich sinnvoll beziehungsweise effektiv. Falls Sie sich verspäten, was durchaus auch ganz menschlich ist, dann teilen Sie auf anderem Wege mit, dass Sie sich verspäten werden. Unpünktlichkeit lässt sich im Nachhinein durch nichts mehr wett machen. Noch ein Hinweis zum Thema Zeit. Fragen Sie Ihren Gesprächspartner direkt, wie viel Zeit für das Gespräch zur Verfügung steht. Je nachdem müssen Sie Ihr vorbereitetes Konzept spontan ändern. Sollten Sie merken, dass der Zeitrahmen nicht ausreicht, so bitten Sie gleich um einen weiteren, zusätzlichen Termin.
- Falls Sie sich während des Gespräches Aufzeichnungen machen wollen, so bitten Sie Ihren Gesprächspartner vorab, sich solche machen zu dürfen. Starren Sie nicht unentwegt auf Ihr Papier (das lässt Sie unsicher wirken), sondern versuchen Sie den Blickkontakt so gut wie möglich zu halten.
- Fragen Sie Ihren Gesprächspartner, ob Sie Fragen zwischendurch, oder erst am Ende stellen können. Manche Menschen haben es nicht gerne in ihrem Redefluss unterbrochen zu werden. Notieren Sie sich Ihre Fragen, damit Sie nichts vergessen und sich somit wieder auf den folgenden Gesprächsinhalt konzentrieren können. Bekommen Sie sei-

tens Ihres Gesprächspartners eine Frage beantwortet und Sie haben die Antwort aber nicht gleich und gänzlich verstanden, dann scheuen Sie sich nicht, nochmals nachzufragen. Tun Sie das dann allerdings mit einer kräftigen Portion Humor. Grundsätzlich sagen wir eher ungern zweimal das Gleiche. Bieten Sie Ihrem Gegenüber hingegen gleich an, Fragen immer und sofort stellen zu dürfen. Ermuntern Sie Ihren Gesprächspartner Fragen zu stellen. Er bleibt somit engagiert und aufmerksam bei der Sache. Viele Menschen hören lieber keine Fragen aus Angst, sie könnten keine kompetente Antwort parat haben.

- Es gibt immer wieder Fragen, die wir nicht oder vielleicht nicht ausreichend zu unserer und zur Zufriedenheit des anderen beantworten können. Geben Sie dieses bitte auch gleich zu und beginnen Sie nicht zu „stammeln". Sagen Sie, Sie werden sich um eine zufriedenstellende Antwort kümmern und sich umgehend melden. Fragen Sie auch, wie Sie die ausstehende Antwort „nachreichen" können – per Mail, Telefon etc.. Geben Sie auch einen genauen Zeitpunkt an, wann Sie die Information nachreichen werden.

Um sich Ihrer kommunikativen Fähigkeiten – oder Schwächen – mehr und mehr bewusst zu werden, eignet sich folgende Übung.

Nehmen Sie zu Ihrem nächsten Gespräch ein kleines Diktiergerät mit und fragen Sie Ihren Gesprächspartner, ob Sie das Gespräch für sich aufnehmen dürfen. Nehmen Sie sich zur Analyse des Gespräches im Nachhinein etwas Zeit und machen sich bitte einmal die Arbeit das Gespräch genau aufzuschreiben und zwar Wort für Wort. Überlegen Sie sich auch ein Zeichen für Gesprächspausen (P) oder verzögerte Antworten (V). Notieren Sie auch diese.

Beim nochmaligen Durcharbeiten werden Sie für sich Antworten auf folgende Fragen erhalten:

- Habe ich meinen Gesprächspartner immer ausreden lassen?
- War meine Sprechweise ruhig und gelassen?
- Konnte ich Fragen konkret beantworten oder waren meine Antworten „ausweichend?"
- Verlief das Gespräch „leicht" oder war es „zäh"?
- Bin ich zu einem für mich positiven Ergebnis gekommen?
- Ist der andere zu einem für sich positiven Ergebnis gekommen?
- Hatte das Gespräch einen so genannten „roten Faden?"
- Wie war meine Stimme?

- Habe ich meine Argumente klar und deutlich vortragen können?
- Habe ich nicht mehr als maximal vier Aussagen aneinander gefügt?
- An welchen Stellen blieb die Kommunikation „stecken“ und wieso?
- Habe ich mich innerlich mit meinem Gesprächspartner „auf eine Bank setzen können“ – sprich waren wir zwei gleichberechtigte Gesprächspartner oder nicht?

Beantworten Sie die obigen Fragen schriftlich und notieren Sie sich bitte nicht nur Ja oder Nein, sondern überlegen Sie sich zu jeder Frage mindestens zwei Antworten beziehungsweise Alternativen. Wieso blieb die Kommunikation genau an dieser Stelle „stecken?“. Versuchen Sie dem Grund auf die Schliche zu kommen und finden Sie die Antwort zunächst in sich! Bekamen Sie eventuell plötzlich Zweifel und Ängste? Waren Sie in dem Moment vielleicht eher emotional als rational? Fühlten Sie sich in dem Moment der ganzen Gesprächssituation möglicherweise nicht mehr gewachsen?

Je genauer und detaillierter Sie diese Fragen beantworten, umso mehr werden Sie bezüglich Ihres Kommunikationsverhaltens lernen – und zwar auch für die Zukunft. Sie werden auch interessante Entdeckungen über sich selbst, sprich Ihre Persönlichkeit, machen können.

Im Grunde genommen meinen wir, uns ganz gut zu kennen. Aber zwischen Glaube und Wirklichkeit bewegen sich oft Welten!

Sie werden mit der Zeit auch herausfinden, *wie* beziehungsweise *womit* Ihr Gesprächspartner Sie im negativen Sinne „reizen“ oder provozieren kann. Dabei werden Sie erkennen, dass Sie in solchen Augenblicken mehr oder weniger immer nach dem gleichen Muster reagieren. Versuchen Sie in Zukunft, „Ihre Emotionsfalle nicht mehr zuschnappen zu lassen“.

Sicherlich kennt jeder von uns jemanden, von dem wir behaupten, man könne mit ihm nicht reden („mit dem oder der kann man sowieso nicht reden“). Dabei stellt sich wieder die alte Frage – wer ist *man*? Sie sind es, also können Sie mit dieser Person nicht reden!

Überlegen Sie sich nun einmal, woran das liegen könnte und wieso das so ist. Es gibt niemanden auf der Welt, mit dem Sie nicht reden könnten. Denken Sie gerade bei diesen Menschen daran, die Information von der Emotion zu trennen (siehe Reizreaktionskreislauf). Hören Sie nur auf das, was der andere gesagt hat, und lassen Sie jegliche psychologische Bewertung weg.

Sollte Ihr Gesprächspartner Ihrer Ansicht nach beleidigend werden, so bleiben Sie ruhig und intervenieren Sie paradox, indem Sie lächeln! Dazu können Sie Ihren Gesprächspartner fragen, ob Sie sich auf diese Art und Weise weiter unterhalten wollen oder nicht. Humor wirkt in solchen Momenten wahre Wunder. Verlieren Sie in solchen Situationen auch nie das Ziel aus den Augen – was wollten Sie in dem Gespräch für sich erreichen?

Sollten alle diese Hinweise nichts nützen (in dem Sinne, dass Ihr Gesprächspartner in seiner Abwehrhaltung bleibt), dann versuchen Sie das Gespräch von sich aus zu beenden. Merken Sie sich folgendes: Das letztendliche Nein sollte immer von Ihnen kommen – und nicht von Ihrem Gesprächspartner!

Wie ist das mit dem „letzten Nein" nun gemeint?

Folgendes hat sicherlich jeder von Ihnen schon einmal erlebt. Sie haben während eines Gespräches gemerkt, dass Sie Ihr Ziel nicht erreichen werden. Das zeigt sich im Grunde genommen recht schnell in Verkaufsgesprächen. Trotzdem neigen wir dazu, uns noch irgendwie „dahinzuschleppen" in der Hoffnung, den anderen doch noch irgendwie oder sei es mit den „besten Argumenten" überzeugen zu können. Doch leider erreichen wir mit fast hundertprozentiger Wahrscheinlichkeit genau das Gegenteil – sprich unser Gesprächspartner wird das Gespräch, meist umgehend, beenden. Diese vermeintliche „Niederlage" ist dann umso schlimmer, da wir von unserem Gesprächspartner von der Aktivität in die Passivität gedrängt worden sind. „Plötzlich wird etwas mit uns gemacht" und wir haben keine Handlungsmöglichkeit mehr.

Deshalb sollten Sie es sich zur Gewohnheit machen, bei oben genannten Gesprächen von sich aus die Initiative zu ergreifen, in dem Sie dem anderen sagen, dass Ihr Produkt, Ihre Idee, Ihr Plan usw. für ihn wohl nicht interessant sei und somit für ihn keinen Sinn mache. Dann packen Sie langsam Ihre Unterlagen ein und deuten an, dass Sie nun gehen werden.

Nun hat Ihr Gesprächspartner zwei Möglichkeiten zu reagieren:

1. Er ist erleichtert und froh, Sie nicht von sich aus abweisen zu müssen. Auf jeden Fall wird er Sie durch dieses Verhalten eher in positiver Erinnerung behalten, da er sich von Ihnen verstanden fühlt – und wer fühlt sich nicht schon gerne von jemand anderem verstanden. Möglicherweise kommt er zu einem späteren Zeitpunkt nochmals auf Sie zu.
2. Er hält Sie vom Gehen ab und das Gespräch nimmt nun eine dynamischere und positivere Wende. Ihr Gesprächspartner hat erkannt, nun

klar Stellung beziehen und sich äußern zu müssen. Sicherlich kommen Sie mittels dieses Verhaltens nun eher zu einem Ergebnis!

Ist das Gespräch nach der ersten Variante verlaufen, so erkennen Sie Ihren Gesprächspartner trotzdem an, indem Sie sich für das Gespräch und die zur Verfügung gestellte Zeit bedanken. Ihr Gesprächspartner darf nicht das Gefühl haben, Sie seien enttäuscht oder verärgert über ihn. Achten Sie auch unbedingt auf Ihre Körpersprache und seien Sie diesbezüglich wachsam!

**Gesprächsvorbereitung**

Firma Ansprechpartner

------------------------------------------------------------

Gesprächstermin (Datum/Uhrzeit)

------------------------------------------------------------

1. Wieso führe ich das Gespräch?

------------------------------------------------------------

2. Was will ich mit dem Gespräch erreichen?

------------------------------------------------------------

3. Was darf/soll meiner Meinung nach auf keinen Fall passieren?

------------------------------------------------------------

4. Was befürchte ich konkret?

------------------------------------------------------------

5. Angabe der möglichen Gegenargumente

------------------------------------------------------------

6. Widerlegende Argumente (zu jedem Gegenargument mindestens zwei)

------------------------------------------------------------

7. Wann bereite ich mich intensiv auf das Gespräch vor?

------------------------------------------------------------

Je intensiver Sie sich auf ein bevorstehendes Gespräch vorbereiten, umso „schlagfertiger" sind Sie. Interessanterweise treffen unsere oben genannten Befürchtungen immer dann ein, wenn wir Angst davor haben. Haben Sie dieses auch schon einmal an sich beobachten können? Deshalb ist es besonders wichtig, für jedes befürchtete Gegenargument Ihres Gesprächspartners mindestens zwei, besser wären fünf, diesbezüglich widerlegende Gegenargumente zu finden. Das hat zudem den Vorteil, dass Sie sich wirklich nochmals intensiv mit dem entsprechenden Thema, Sachverhalt, Plan oder ähnlichem auseinander setzen müssen.

Bereiten Sie sich, gerade zu Beginn innerhalb Ihres neuen Arbeitsfeldes, unbedingt immer schriftlich vor. Die Schriftform zwingt uns, unsere Gedanken klar und deutlich zu präzisieren und genau auf den Punkt zu bringen. Machen Sie sich wirklich diese Mühe – Sie investieren auf Dauer und werden, was Ihr Kommunikationsverhalten anbelangt, immer sicherer werden.

Eine weitere gute Übung zur Gesprächsvorbereitung ist diese. Es ist eine kleine Abwandlung einer bereits erwähnten Übung. Sprechen Sie die befürchtete, mögliche Gegenargumentation Ihres Gesprächspartners auf eine Kassette und zwar Gegenargument für Gegenargument. Lassen Sie nach jedem Argument ausreichend Pause, sprich Platz auf dem Band, damit Sie Ihre Argumente anbringen können. Diese Kassette können Sie nun zu Ihrem „Weggefährten" machen, das heißt, Sie können diese ins Auto mitnehmen und unterwegs „üben". Es ist auch bemerkenswert, wie wir reagieren, wenn unsere Befürchtungen sozusagen nochmals von außen an unser Ohr dringen. Möglichweise stockt Ihnen dabei der Atem.

Spüren Sie auch, wie Sie körperlich auf negative Argumente von außen reagieren:

- Bleibt Ihnen das Wort im Hals stecken?
- Stockt Ihr Atem?
- Fühlen Sie sich verspannt, angespannt?
- Fangen Ihre Gedanken an zu kreisen?
- Beschleunigt sich Ihr Puls?
- Ändert sich Ihr Sprechtempo?
- Fangen Sie innerlich an zu zittern?
- Was spüre ich?

Mein Kommunikationsverhalten/Selbsteinschätzung/Fremdwahrnehmung:

- Was stört mich an meinem Kommunikationsverhalten?
- Was gefällt mir?

- Wie äußern sich andere diesbezüglich über mich?
- Was kann und will ich konkret an meiner Kommunikationsweise verändern? Worauf muss ich dabei besonders achten?
- Mit wem kann ich meine neuen „Kommunikationsstrategien üben?" (besonders geeignet sind hier Personen aus unserem näheren privaten und persönlichen Umfeld!).

**Zusammenhang Sprechen – Denken**

Sicherlich versteht jeder, dass wir das, was wir sagen, zuvor gedacht haben müssen. So befinden wir uns innerhalb der Kommunikation sozusagen in einem ständigen Wechsel zwischen Denken und Sprechen (Sprechdenken). Dabei können wir natürlich auch beides gemeinsam tun (was wir im Grunde genommen auch meistens tun).

Treffen wir auf einen neuen, das heißt uns bisher unbekannten Gesprächspartner, so haben wir die Möglichkeit durch die Art und Weise, wie unser Partner kommuniziert, also spricht, einen Rückschluss auf seine Denkweise zu ziehen.

Welche Rückschlüsse lassen sich nun ziehen? Was kann ich konkret erkennen?

- Die Sprechgeschwindigkeit steht in engem Zusammenhang mit der Denkgeschwindigkeit. Personen, die sehr langsam sprechen, denken auch entsprechend langsam (diese Feststellung ist völlig wertfrei!)
- Ein Mensch, der seine Gedanken Gedanke für Gedanke präzise, klar und deutlich nacheinander mitteilen kann, denkt sehr strukturiert.
- Menschen, die „abschweifen" und den roten Faden immer wieder verlieren, haben Mühe, ziel- und ergebnisorientiert zu denken und letztendlich auch zu handeln.
- Legt Ihr Gesprächspartner immer wieder Pausen ein oder ist leicht ablenkbar, so ist das ein sichereres Zeichen dafür, dass er „Zeit zum Nachdenken" benötigt.
- Achten Sie auf Gestik und Mimik! Dann merken Sie am schnellsten, was Ihr Gesprächspartner wirklich denkt.

Achten Sie auf obige Merkmale und reagieren Sie entsprechend. So sollten Sie beispielsweise eine Person, die eine langsamere Sprech-/Denkweise hat durch Ihr Kommunikationsverhalten nicht „drängeln".

Bringen Sie bei einer Person, die ziel- und ergebnisorientiert kommuniziert, Ihre Gedanken auch entsprechend prägnant und bündig „auf den Punkt."

Somit stellen Sie von Anfang an ein gutes „Kommunikationsklima" her und vermeiden unnötig Zeit – Ihr Gesprächspartner kann sich innerlich schneller auf Sie einstellen.

Trauen Sie sich auch Ihren Gesprächspartner zu dem, was Sie beobachten, direkt anzusprechen. Zum Beispiel: Ihr Gesprächspartner macht eine deutliche Gesprächspause. Frage: Darf ich Sie fragen, was Sie jetzt denken? Tun Sie dieses aber unbedingt mit einer nötigen Portion Humor!

Versuchen Sie sich trotz alledem nicht zu viele Gedanken darüber zu machen, was der Gesprächspartner denken könnte, sondern trauen Sie sich, wie eben beschrieben, direkt nachzufragen.

Bedenken Sie zum Schluss:

- Kommunikation ist eine lebendige Angelegenheit und keine „todernste Sache."
- Sie verläuft nach klaren Regeln, die unbedingt eingehalten werden sollten.
- Jeder kann erfolgreich kommunizieren, aber auch hier macht, wie so oft im Leben, nur die Übung Meister!
- Seien Sie sich gegenüber ehrlich und kritisch. Beziehen Sie auch die Meinung anderer mit ein.
- Bereiten Sie Gespräche, die nicht so erfreulich verlaufen sind, „nach" und betreiben Sie eine Art Manöverkritik, indem Sie sich überlegen, was Sie hätten besser machen können.
- Die wichtigste Kommunikationsregel lautet: Trennung der Information von der Emotion

## 2. Grundlagen der Rhetorik

*Inhaltliche Vorbereitung auf eine Rede oder einen Vortrag*

**Step 1:**

- Wollen oder sollen Sie die Rede halten?
- Springen Sie kurzfristig als „Ersatz" ein?
- Halten Sie diese Rede gerne und mit Freude?
- Sind Sie ein routinierter Redner?
- Was erwarten, erhoffen und versprechen Sie sich davon?
- Was erwarten die anderen von Ihnen?

| Ich will/wieso? | Ich soll/wieso? | „Ersatz"? | Ich als Redner? | Meine EW? | EW anderer? |
|---|---|---|---|---|---|
| -<br>-<br>- | -<br>-<br>- | -<br>-<br>- | -<br>-<br>- | -<br>-<br>- | -<br>-<br>- |
| Fazit 1:<br>- | Fazit 2:<br>- | Fazit 3:<br>- | Fazit 4:<br>- | Fazit 5:<br>- | Fazit 6:<br>- |

(EW = Erwartung)

Formulieren Sie unter Fazit nur einen zusammenfassenden, abschließenden Gedanken. Nehmen Sie sich für diesen Gedanken fünf Minuten Zeit.

Formulieren Sie danach einen Was-will-ich-Zielsatz, den Sie sich selbst gegenüber ehrlich beantworten.

Notieren Sie sich diesen Zielsatz auf Ihrer Arbeitsvorlage separat auf.

| Vorbereitung<br><br>Zielsatz: |
|---|

**Step 2:**

Analyse Ihrer Zuhörer:

- Wer wird zu Ihrer Rede kommen?
- Wie gut sind Sie Ihren Zuhörern bekannt?
- Werden sie mir freundlich zugewandt oder eher ablehnend gegenüber stehen?
- Wie viele Personen werden es voraussichtlich sein (Verhältnis Männer/Frauen)?
- Wieso kommen diese Personen?
- Haben diese ein persönliches Interesse oder werden Sie geschickt?
- Welche Erwartungen haben Ihre Zuhörer?
- Gibt es Zuhörer, die über Ihr Thema bereits Bescheid wissen?
- Was wollen Sie Ihren Zuhörern vermitteln, oder was sollen oder müssen Sie Ihren Zuhörern unbedingt näher bringen?
- Haben Sie die Möglichkeit Ihren Zuhörern mit Humor zu begegnen?

Ziehen Sie bezüglich Ihrer Zuhörer ein kurzes Resümee und notieren Sie es ebenfalls auf Ihrer Arbeitsvorlage.

| |
|---|
| Vorbereitung:<br><br>Zielsatz:<br><br>Zuhörer/Resümee: |

An dieser Stelle werden Sie merken, ob Sie in Hinsicht Ihrer Zuhörer gelassen sind. Häufig ist das nicht der Fall. Viele Menschen haben Angst vor Publikum zu sprechen. Möglicherweise haben sie in ähnlichen Situationen versagt, und schon alleine der Gedanke an die bevorstehende Rede löst in ihnen Unbehagen aus.

Ist das bei Ihnen ähnlich? Wenn ja, dann nehmen Sie sich damit unbedingt ernst und „kehren Ihr Unbehagen nicht unter den Teppich“. Step 3 bietet Ihnen hier Hilfestellungen.

**Step 3:**

Machen Sie sich bewusst, dass Ihre Rede nur dann erfolgreich sein wird, wenn Sie sich mit Ihren inneren Widerständen, wie zum Beispiel Lampenfieber oder Versagensangst, auseinander setzen. Je intensiver Sie sich vorab damit befassen, umso weniger müssen Sie sich vor Ihrer Rede „fürchten".

Gehen Sie folgende Punkte der Reihe nach durch. Eine schriftliche Fixierung ist an dieser Stelle nicht notwendig.

Stellen Sie sich die bevorstehende Situation möglichst konkret vor. Stellen Sie sich bildlich vor, wie Sie in dem betreffenden Raum stehen:

- Wo stehen Sie im Raum und wo stehen Ihre Zuhörer?
- Wie sind Sie gekleidet?
- Welchen Duft tragen Sie?
- Haben Sie etwas in der Hand?
- Sitzen Sie oder stehen Sie?
- Sind Sie geschützt (durch ein Rednerpult, einen Tisch) oder nicht?
- Wie geht Ihr Atem (schnell und unruhig)?

Welche körperlichen Reaktionen löst alleine diese Vorstellung bei Ihnen aus? Halten Sie das unbedingt schriftlich fest. Formulieren Sie dabei präzise, wo in Ihrem Körper sich dieses Gefühl von Unwohlsein manifestiert beziehungsweise wo Sie es körperlich zuerst gespürt haben.

| |
|---|
| Vorbereitung |
| Zielsatz |
| Zuhörer/Resümee |
| Unwohlsein |

Sollten Sie nur einen bis drei Tage Vorbereitungszeit haben, so führen Sie die nachfolgende Übung stündlich für fünf Minuten durch. Haben Sie eine längere Vorbereitungszeit, so genügt es die Übung drei Mal pro Tag zu absolvieren.

*Übung:*

Nehmen Sie die Haltung ein, die Sie auch in Ihrem Vortrag einnehmen werden. Achten Sie darauf, dass Ihre Kleidung nicht zu eng sitzt, damit Ihr Atem sich möglichst frei entfalten kann. Schließen Sie die Augen, und stellen Sie sich die Situation bildlich konkret vor. Lassen Sie den Atem gleichmäßig fließen und geben Sie Ihrem Gefühl von Unwohlsein Raum (Beispiele: Manchen Menschen schlägt das Herz bis zum Hals, andere bekommen ein Kribbeln in der Magengrube und wieder andere bekommen Schweißausbrüche).

Wichtig ist, dass Sie dieses Gefühl nicht unterdrücken, sondern bewusst wahrnehmen. Schließen Sie einen Pakt, indem Sie Ihr Unwohlsein zu Ihrem „Partner" machen. Das schaffen Sie, indem Sie diesen ungeliebten Partner als Teil von sich anerkennen. Machen Sie sich klar, dass dieser Partner nicht so ungeliebt ist, wie Sie meinen. Ob Sie es glauben oder nicht: Er will Ihnen wirklich eine Hilfe sein. Erkennen Sie ihn als Partner an und lassen Sie ihn an der Situation, in diesem Fall Ihrer Rede, teilhaben. Geben Sie Ihrem „neuen" Partner einen Namen (zum Beispiel Lampenfieber). Gemeinsam werden Sie beide die Situation meistern. Wichtig: Führen Sie die Übung wirklich regelmäßig durch.

Meistens setzen wir den Schwerpunkt bei der Vorbereitung mehr auf den inhaltlichen Teil. Die mentale Vorbereitung wird meistens vernachlässigt. Oft versuchen wir uns mit Äußerungen, wie: „Ich werde das schon irgendwie schaffen" oder „Ich darf mich nicht so aufregen" oder „Das wird schon irgendwie klappen" u.a., selbst zu beruhigen. Dabei findet allerdings keine direkte Auseinandersetzung mit der betreffenden Schwierigkeit statt.

Grundsätzlich ist es auch so, dass die meisten Menschen in der Unterdrückung von unangenehmen oder negativen Gefühlen „gut geübt" sind.

Für viele ist dieses schon zur Gewohnheit geworden. Folglich wird die genannte Übung zu Beginn sicherlich ungewohnt und auch unangenehm für Sie sein. Es ist für jeden Menschen nicht einfach, seine Gewohnheiten zu ändern!

## 3. Kreativität – das Erfolgsgeheimnis ?

Was können wir von genialen Menschen lernen? Wie sind diese auf Ihre Ideen gekommen? Gibt es ein charakteristisches Merkmal der Denkweise von Picasso, Mozart, Einstein, Galileo u.a. ?

Wissenschaftler haben sich lange Zeit inständig bemüht, den schöpferischen Geist statistisch zu erfassen, als könnten nüchterne Zahlenreihen das Geheimnis der Kreativität erhellen. So führte zum Beispiel ein gewisser Havelock Ellis 1904 eine Studie durch, die folgendes ergab:

- die meisten genialen Menschen hatten Väter, die älter als dreißig Jahre und Mütter, die unter 25 Jahren alt waren.
- als Kinder waren diese häufig schwach und kränkelten
- einige lebten ehelos (Descartes, Galileo, Newton)
- viele wuchsen ohne Vater oder Mutter auf (Darwin, Marie Curie)

Im Grunde genommen haben diese Datenerhebungen jedoch das Geheimnis um das Phänomen „Kreativität" nicht lüften können. Andere Wissenschafter versuchten den Zusammenhang zwischen Intelligenz und schöpferischem Geist zu erforschen. Aber wie die Geschichte gezeigt hat, scheint Intelligenz alleine auch nicht auszureichen. So wurde der höchste jemals gemessene Intelligenzquotient von 228 Punkten bei Marilyn von Savant ermittelt, die als Kolumnistin Leserfragen bei einer Zeitschrift beantwortete .

In den 60er Jahren gelangten Psychologen dann zu dem Schluss, dass Kreativität nicht dasselbe sei wie Intelligenz. So ist es also möglich, dass Menschen ein höheres Maß an Kreativität als an Intelligenz besitzen und umgekehrt.

Wir durchschnittlichen Menschen sind überwiegend dazu in der Lage, die Antwort auf eine Frage oder die Lösung eines uns vorgelegten Problems zu finden. Dabei ist zu bemerken, dass die meisten Menschen reproduzierend denken.

Was bedeutet reproduzierendes Denken ?

Reproduzierend zu denken bedeutet, dass wir versuchen, die Lösung für ein momentanes Problem in der Vergangenheit zu finden, indem wir uns aus der Vergangenheit ein ähnliches Problem oder eine ähnliche Schwierigkeit vor Augen führen.

Dabei gehen wir recht analytisch vor und wählen auf der Grundlage unserer vergangenen Erfahrungen die vielversprechendste Lösungsmöglichkeit aus.

Da wir im Hier und Jetzt die damals gemachten Lösungsschritte Schritt für Schritt zurückverfolgen können und uns diese Vorgehensweise damals auch zu einem Ergebnis beziehungsweise einer Lösung geführt hat, sind wir sicher, auch in diesem Fall zu einer korrekten Schlussfolgerung gelangt zu sein.

Reproduzierend zu denken bringt keine neuen Erkenntnisse, und deshalb ist es nicht weiter verwunderlich, dass geniale Menschen produktiv und nicht reproduzierend denken.

So stellen sich Fragen wie:

- Auf wie viele Arten kann ich das Problem lösen?
- Wie kann ich das Problem neu überdenken?
- Auf wie viele Arten und Weisen kann ich das Problem betrachten?

Dieser Denkansatz führt uns im Allgemeinen zu mehreren Antworten und Lösungsansätzen und auch zu solchen, die ungewöhnlich oder unter Umständen sogar einzigartig sind.

Ein produktiv denkender Mensch ersinnt eine Vielzahl von verschiedenen Lösungen – unwahrscheinliche ebenso wie wahrscheinliche.

Dabei spielt auch folgender Faktor eine große Rolle. Kreative Menschen bringen die Bereitschaft mit, wirklich alle Lösungsmöglichkeiten „zu erforschen", auch wenn sie bereits eine passable Lösung gefunden haben.

Führen wir uns nochmals vor Augen, dass oben genannte reproduzierende Denkweise geistige Unbeweglichkeit fördert. Einem neuen Problem gegenübergestellt, scheitern wir häufig, da das Problem an der Oberfläche dem Problem aus der Vergangenheit ähnlich scheint – in der „Tiefe" unterscheiden sich die Probleme jedoch voneinander. Eine neue Problemstellung auf der Basis früherer Erfahrungswerte zu interpretieren, führt uns häufig in die Irre.

Wie gesagt, bringt uns reproduzierendes Denken immer nur auf die bereits gewohnten Ideen und nicht auf originelle oder gar einzigartige Einfälle!

Sobald wir eine neue Idee entwickelt haben, versuchen wir selten, Alternativen in Betracht zu ziehen. In der Regel halten wir an unseren Vorstellungen so lange fest , bis sich diese als falsch erwiesen haben oder die von uns gefundene Lösung „nicht mehr funktioniert".

Wie gelingt es nun, kreativen Genies eine solche Vielzahl von Alternativen und neuen Vermutungen zu entwickeln ?

Immer mehr Wissenschaftler legen in der heutigen Zeit Beweise vor, dass sich die Denkstrukturen genialer Menschen charakterisieren lassen – so konnten diese Wissenschaftler ein klar umrissenes Bild des Phänomens „Kreativität" zeichnen.

Diese Denkstrategien sind jedoch nicht „irgendwie" zusammengewürfelt. Sie sind harmonisch aufgebaut und jederzeit abrufbar.

Anhand dieser Denkstrategien ist es möglich, neue Ideen und kreative Lösungen zu entwickeln. Diese neuen Denkstrategien setzen sich wie ein Puzzle aus konkreten Anweisungen zusammen. Wenn es uns gelingt, neue Techniken anzuwenden, wird sich die Art und Weise, wie wir bestimmte Dinge sehen, ändern – so können wir die Welt buchstäblich mit neuen Augen betrachten.

Das klingt jedoch einfacher als es ist, da wir uns nicht willentlich dazu zwingen können, die Welt anders zu sehen.

Die nun folgenden Denkstrategien sind Genies aus den Gebieten Kunst, Wissenschaft, Industrie aller Zeiten gemein.

### ***Denken, was kein anderer denkt***

#### *Fließendes Denken*

Kreative Menschen kennzeichnet eine enorme Produktivität. Dabei ist festzustellen, dass kreative Genies nicht nur großartige Arbeiten produziert haben. Unter den Arbeiten waren auch viele weniger herausragende oder gar schlechte. Aus Ihrer enormen Quantität erwuchs Qualität.

*Neue Kombinationen vornehmen*

Genies besitzen die Fähigkeit, Vorstellungen und Gedanken willkürlich miteinander zu kombinieren. So setzen Sie Bilder, Ideen und Gedanken zu immer neuen Vorstellungen zusammen. Durchschnittlich talentierte Menschen sind weniger in der Lage, innovative Kombinationen vorzunehmen (siehe auch: Scientific Genius von Dean Keith Simonton).

*Das Unverbundene verbinden*

Auffallend und charakteristisch für Genies ist die Fähigkeit, Unverbundenes zu verbinden. So stellte zum Beispiel Leonardo da Vinci eine Beziehung zwischen dem Klang einer Glocke und dem Geräusch eines auf das Wasser auftreffenden Steines her. Das brachte ihm zu der Erkenntnis, dass sich der Klang in Wellen fortsetzt.

*Finden, wonach Sie nicht gesucht haben*

Wenn uns etwas nicht gelingt, probieren wir etwas anderes aus – das klingt einfach und völlig logisch. Wir könnten uns dann allerdings die Frage stellen, wieso wir gescheitert sind – das ist auch das, was man im Grunde genommen von der Vernunft her erwartet. Ein kreativer Mensch tut jedoch etwas anderes: Er fragt sich, was genau und konkret er getan hat, und was zum Misslingen oder Scheitern geführt haben könnte.

*Das richtige Sehen*

Leonardo da Vinci pflegte ein Problem zunächst von einem Blickwinkel aus zu betrachten. Danach wechselte er zu immer neuen Perspektiven. Somit veränderte und vertiefte sich nach und nach sein Verständnis für das Problem. Leonardo bezeichnete diese Denkmethode als saper vedere „das richtige Sehen“. Folglich resultieren geniale Ideen häufig aus der Entdeckung eines neuen Blickwinkels.

Stereotype Vorstellungen blockieren unser Denk- und Wahrnehmungsvermögen. Sie schnüren unsere Kreativität ein. Haben wir uns für einen Blickwinkel oder für eine Perspektive entschieden, so schließen wir Alternativen oder andere Denkansätze meist völlig aus.

Hier eine praktische Idee für Ihren Arbeitsalltag: Notieren Sie sich das Problem, das gelöst werden soll als Frage nieder und beginnen Sie die Frage mit der Formulierung: „Auf welche Arten könnte ich ....?"

Diese Vorgehensweise verhindert die Fokussierung auf möglicherweise nur eine Problemseite. Zahlreiche Experimente haben die Bedeutung von Sprache für die Lösung von Problemen aufgezeigt. Eine Person, die ihre Probleme schriftlich oder verbal zum Ausdruck bringt, erzielt bessere Ergebnisse als jemand, der seine Probleme im Stillen zu lösen versucht. Je häufiger wir die Formulierung eines Problems ändern, umso mehr wird sich unsere Einsicht verändern und vertiefen.

Bevor Sie mit dem Brainstorming zu einer Frage beginnen, formulieren Sie die Fragestellung mindestens zehn Minuten lang auf unterschiedliche Arten, um viele alternative Perspektiven zu entwickeln. Versuchen Sie so das Problem neu zu strukturieren.

Hilfestellungen:
- Das Ganze und seine Einzelteile beobachten
- Wörter verändern
- Den Blickwinkel wechseln
- Fragen stellen

Dabei ist die Fähigkeit zur Abstraktion eine wesentliche Voraussetzung für die sogenannte Neuformulierung von Problemen. Um die geeignete Abstraktionsebene zu finden, ist es von Wichtigkeit, so oft wie möglich die Frage „Warum" zu stellen.

*Fischgräten-Diagramme*

Das Fischgrätendiagramm ist eine Möglichkeit beziehungsweise eine Methode, sämtliche Faktoren, die eine Situation beeinflussen können, bildnerisch zu ordnen und zu analysieren.

Unter Wirkung versteht man hierbei entweder ein
- unerwünschtes oder
- ein erwünschtes Resultat,

das durch eine Reihe von Ursachen zu Stande kommt.

In einem Diagramm werden nun untergeordnete Ursachen um vier Kategorien mit Hauptursachen gruppiert.

Konkrete Vorgehensweise:

1. Das zu lösende Problem wird in den „ Fischkopf" geschrieben. Nach links wird nun eine gerade Linie gezogen – das „Rückgrad" des Fisches.
2. Brainstorming: Welches sind die Hauptursachen, die die Lösung des Problems gewährleisten können? Wählen Sie nicht mehr als sechs Hauptkategorien.
3. Als nächster Schritt werden die untergeordneten Ursachen „als Gräten" um die Hauptursachen gruppiert.

Die Darstellung eines Problems in Form eines Fischgräten-Diagramms versetzt Sie in die Lage, die Beziehungen zwischen Ursachen und Wirkungen zu sehen. Das Fischgräten-Diagramm stimuliert auch das Unterbewusstsein. So ist es zum Beispiel recht sinnvoll, dieses Diagramm über Nacht „garen" zu lassen. Kommen Sie am nächsten Tag wieder darauf zurück, so werden Sie sich wundern, welche neuen Ideen Ihr Unterbewusstsein über Nacht produziert hat!

*Wörter austauschen*

Wie Sie wissen, sind unsere Worte der Ausdruck unserer Gedanken. Psychologen haben festgestellt, dass alle Wörter im Menschen eine bestimmte Reaktion auslösen.

Beispiel: Toyota bat vor einigen Jahren seine Mitarbeiter um Ideen für die Produktivitätssteigerung – die diesbezüglichen Rückmeldungen und die Resonanz auf diese Frage waren gleich Null. Daraufhin formulierte die Firma die Frage neu: „Wie können Sie sich Ihre Arbeit erleichtern?". Daraufhin wurde das Unternehmen mit einer Fülle von Antworten überhäuft.

Beachten Sie: Auch minimalste Veränderungen in der Wortwahl können das Ergebnis entscheidend beeinflussen. Tauschen Sie Wörter aus, oder ändern Sie beispielsweise die Reihenfolge, so wird die Vorstellungskraft ebenfalls neu stimuliert.

Beispiel:

- „Zweihundert von sechshundert Personen wurden getötet".
- „Vierhundert von sechshundert Personen kamen mit dem Leben davon".

Versuchen Sie bei Ihrer Problemstellung Schlüsselwörter zu finden und tauschen Sie diese nach Möglichkeit bis zu zehnmal aus. Verben eignen sich dafür besonders gut.

Nachfolgend ein Beispiel aus dem Verkauf. Es geht dabei um die Erhöhung der Verkaufszahlen:

- Welche Möglichkeiten habe ich, den Verkauf zu steigern?
- Welche Möglichkeiten habe ich , den Verkauf zu erhöhen?
- Welche Möglichkeiten habe ich, den Verkauf zu maximieren?
- Welche Möglichkeiten habe ich, die Verkaufszahlen beizubehalten?

*Veränderung der Perspektive*

Eine andere Methode, um eine neue gedankliche Assoziationskette in Hinsicht auf Ihr Problem zu erzeugen, ist die Ein-Wort-Methode.

Beschreiben Sie Ihr Problem in einem kurzen Satz und reduzieren Sie diesen dann auf ein Wort. Welche Synonyme könnten Sie verwenden? Beschreiben Sie daraufhin detailliert, welche Bedeutung dieses Wort persönlich für Sie hat. Hat sich durch diese Technik eine neue Perspektive ergeben?

Eine andere Methode ist das Bilden von Wörterketten. Dabei gehen Sie zunächst wie bei der Ein-Wort-Methode vor und schreiben Ihr Problem/Fragestellung in Form eines Wortes auf. Erstellen Sie darauf eine Liste von Wörtern, die Ihnen in Verbindung mit dem Wort in den Sinn kommen. Bleiben Sie dabei nicht an einem einzelnen Wort „hängen“, sondern lassen Sie die Wörter spontan fließen. Lassen Sie sich von einem Wort zum nächsten inspirieren. Danach lesen Sie Ihre Wörterkette durch und notieren sich dazu Ihre Reaktionen und Kommentare. Ruft ein Wort in Ihnen eine heftigere emotionale Reaktion hervor, so ist es sinnvoll, sich speziell damit genauer auseinander zu setzen.

Formulieren Sie Ihre Aussagen positiv. Eine positive Aussage beschleunigt den Denkprozess und hält uns mit unsere Konzentration und Aufmerksamkeit auf das Ziel gerichtet.

Eine positive, zur Aktion anregende Aussage wird aus folgenden vier Komponenten gebildet:

**Die Aktion**
Das, was ich tun will

**Das Objekt**
Ein Objekt oder eine Sache, die ich verändern will.

**Die nähere Bestimmung**
Welche Art der Veränderung will ich?

**Das Endresultat**
Welches Resultat erwarte ich?

Eine weitere gute Möglichkeit, um auf neue Ergebnisse zu kommen, ist folgende. Versetzen Sie sich in eine andere Person beziehungsweise eine andere Rolle.

Dabei beschreiben Sie das Problem wieder zunächst von Ihrem Standpunkt aus und schildern es dann aus mindestens zwei der nun genannten Perspektiven: Wie würde ein Forscher, ein risikofreudiger Unternehmer, ein Reporter, ein Psychologe, ein Richter, ein Politiker, ein Professor, eine Kapazität Ihrer Branche das Problem darstellen?

*Mind Mapping – sich ein Bild von seinen Gedanken machen*

Mind Mapping wurde anfangs der 70er Jahre von dem Briten Tony Bruzan entwickelt. Mind Mapping ist eine Art Brainstorming-Technik. Sämtliche Gedanken, die Sie sich zu einem Thema machen, alle Ideen die Ihnen diesbezüglich einfallen, notieren Sie sich ausgehend vom zentralen Themenmittelpunkt auf. Ihre Gedanken und Assoziationen verästeln sich dann ausgehend von der Mitte in alle Richtungen.

Diese Technik kennzeichnet, dass wir alles aufnotieren, was uns einfällt, alles, was uns in den Sinn kommt – es werden folglich keine entsprechenden Informationen ausgewählt.

Lassen Sie Ihren Assoziationen dabei freien Lauf. Unser menschliches Gehirn ist wirklich in der Lage, alles mit allem zu assoziieren. Haben Sie alles aufnotiert, so versuchen Sie übergreifende Strukturen zu finden und verbinden Sie die unterschiedlichen Gedanken oder Themenbereiche zu einer neuen kreativen Lösung des Problems. Mind Maps können Ihnen helfen, fantasievolle Brücken herzustellen – unserer Fantasie sind dabei keine Grenzen gesetzt!

Vorgehensweise:

- Bestimmen des Themas: Schreiben Sie Ihr Thema in die Mitte (in Druckbuchstaben) auf ein möglichst großes Blatt Papier. Dieses umkreisen Sie. Sie können auch ein Bild zeichnen, das Ihr Problem ausdrückt. Das Arbeiten mit Bildern steigert unser kreatives Denkvermögen.
- Danach schreiben Sie spontan sämtliche Assoziationen auf, die Sie mit Ihrem zentralen Thema in Verbindung bringen können. Arbeiten Sie auch hier mit Druckbuchstaben, da sich diese besser im Gedächtnis einprägen.
- Schreiben Sie wirklich alles auf, was Ihnen in den Sinn kommt, auch wenn es Ihnen lächerlich oder bedeutungslos erscheinen mag.
- Danach stellen Sie Verbindungen her, indem Sie vom Zentrum aus Linien in verschiedene Richtungen ziehen. Diese Vorgehensweise hilft Ihnen, Ihre Ideen zu bündeln und in Gruppen zu ordnen.
- Grafische Symbole können Sie benutzen, um wichtige Gedanken besonders hervorzuheben. Legen Sie Farbcodes fest: zum Beispiel: rot für Hauptpunkte, grün für Unterpunkte usw.. Ebenso können Sie mit Symbolen vorgehen.

Das Erstellen einer Mind-Map kann Ihnen im wesentlichen bei der Vorbereitung Ihrer Präsentation helfen. Sie stellt eine Stoffsammlung dar, anhand derer Sie die inhaltlichen Aspekte Ihrer Präsentation nochmals von verschiedenen Seiten „beleuchten" können.

Danach analysieren Sie Ihre Zuhörergruppe (siehe Rhetorik). Bezüglich des Redeaufbaus können Sie nach der AIDA-Form vorgehen. Dieses ist eine kurze Statement-Form, die aus der amerikanischen Werbepsychologie stammt. Sie ist besonderes für Anlässe beziehungsweise Situationen geeignet, in denen Sie Ihre Zuhörer von einem bestimmten Vorteil überzeugen wollen.

| | |
|---|---|
| **A**ttention | Wecken von Aufmerksamkeit |
| **I**nterest | Wecken von Interesse |
| **D**esire | Welchen Vorteil können andere haben? |
| **A**ction | Aufforderung zum Handeln |

Für eine längere Rede eignet sich die 5-Satz-Methode. Bei der 5-Satz-Methode ist es wichtig, zu Beginn eine Einleitung zu sprechen. Diese führt Ihre Zuhörer zum Thema hin.

Darauf folgt der Argumentationsblock mit drei Argumenten. Sie können auch mit bis zu fünf Argumenten arbeiten. Setzen Sie auf keinen Fall mehr Argumente ein. Die Aufnahmekapazität Ihrer Zuhörer könnte schnell überstrapaziert werden. Außerdem ist es leichter, Zuhörer mit weniger Argumenten zu überzeugen. Am Ende formulieren Sie einen Zielsatz. Erinnern Sie sich daran, Ihre Sprache einfach zu halten. Nur so erreichen Sie eine attraktive Prägnanz Ihrer Rede und Ihren Zuhörern wird deutlich, was Ihr Anliegen ist.

Beim Planen Ihrer 5-Satz-Methode gehen Sie entgegengesetzt der Sprechrichtung vor. Die Handlungsplanung erfolgt also ausgehend vom Zielsatz über die Argumente zur Einleitung. Deshalb lassen Sie sich besonderes bei der Formulierung Ihres Zielsatzes ausreichend Zeit. Das bringt außerdem den Vorteil mit sich, dass Sie selbst genau wissen, worauf Ihre Argumentation hinauslaufen soll.

Beginnen Sie Ihre Präsentation allerdings niemals mit dem Argumentationsziel! Bei dieser Vorgehensweise hätten unsere Zuhörer nicht die Möglichkeit, sich auf unsere Sicht der Dinge einzulassen.

**5-Satz-Methode**

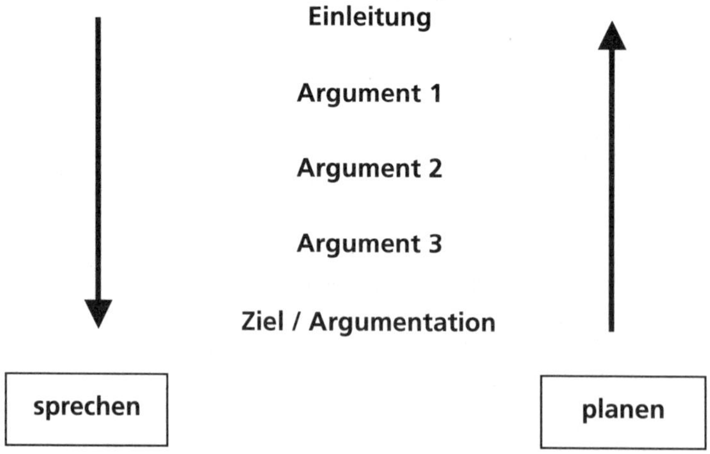

Ihre Argumente ordnen Sie nach entsprechender Gewichtung an. Achten Sie darauf, dass das beste Argument am Schluss kommt. Unterscheiden Sie bei Ihren Argumenten zwischen Argumenten, die sich nur für Ihre Idee oder Ihr Produkt verwenden lassen, das heißt die nur auf Sie zutreffen („unique selling proposition = einzigartiges Verkaufsargument) und Argumenten, die auch auf andere „Dinge" zutreffen können.

**4. Präsentation**

Visualisierungshilfen für Ihre Präsentation:

- Flipchart
- Pinnwand
- Overhead-Projektor (OHP)
- Powerpoint-Präsentation

Flipchart, Pinnwand und OHP eignen sich zum Aufnotieren der Themen oder Unterthemen, über die Sie im Augenblick sprechen oder über die Sie im Laufe der Präsentation sprechen werden. Bei einer Raumgröße von mehr als dreißig Personen reichen Pinnwand und Flipchart nicht mehr aus – dementsprechend sollten Sie mit dem OHP arbeiten.

Bei der Beschriftung Ihrer Visualisierungshilfen sollten Sie auch die Schriftgröße beachten. Beim Schreiben auf kariertem Papier können Sie gerade Schreiblinien halten. Schreiben Sie möglichst in Druckschrift und in der üblichen Groß- und Kleinschreibung.

Arbeiten Sie mit folgenden zwei Schriftgrößen:

- Überschriften/Wichtiges: 5 – 6 cm Mittellänge
- Untergeordneter Text: 2,5 – 3 cm

Notieren Sie auf die Flipchart nur die wesentlichen Punkte Ihrer Präsentation. Achten Sie darauf, dass Sie beim Schreiben nicht sprechen. Sprechen Sie niemals zum Flipchart, sondern nur zum Publikum hin. Dieses gilt auch beim Schreiben auf eine Folie beim OHP. Falls Sie Ihre Präsentation in Folienform vorbereitet haben, so achten Sie bitte darauf, dass Sie nicht „unentwegt" eine Folie nach der anderen auflegen, sondern dazwischen auch immer wieder einmal versuchen frei zu sprechen, Fragen/Denkanstöße an Ihre Zuhörer zu geben, um Ihre Präsentation nicht zu eintönig zu gestalten. Achten Sie auch auf Ihre Körperhaltung! Stellen Sie sich von sich aus links (vom Publikum aus gesehen rechts) neben Ihre Visualisierungshilfen.

Beim Formulieren Ihres Vortrages achten Sie darauf, sich möglichst „einfach" auszudrücken. Die Einfachheit des Sprechens erzeugt bei Ihren Zuhörern ein höheres Maß an Glaubwürdigkeit. Einfaches Sprechen orientiert sich an der Alltagssprache, schwieriges Sprechen orientiert sich an der Schriftsprache. Sind Sie in der Lage, sich einfach auszudrücken, so werden Sie von Ihren Zuhörern schneller verstanden; diese fühlen sich „gut aufgehoben", wodurch Sie eher zur Kooperation motiviert sind. Außerdem fällt das Mitdenken leichter. Wählen Sie auch Worte mit wenigen Silben, also Worte, die man sofort versteht.

Ebenfalls sollten Sie sich angewöhnen, in kurzen Sätzen zu sprechen und zwar erheblich kürzer, als wir das vom schriftsprachlichen Gebrauch her gewohnt sind. Kurze Sätze haben zudem den Vorteil, dass Sie nicht in ein zu schnelles Sprechtempo verfallen. Bauen Sie in Ihren Vortrag viele Verben ein, und ersetzen Sie diese nicht durch Substantive – Verben werden leichter als Substantive verstanden. Achten Sie auch darauf, das Verb möglichst an den Anfang des Satzes zu setzen. Aus der Schriftsprache kennen wir das Phänomen, das Verb häufig an das Satzende zu stellen. Dadurch wird der eigentliche Sinn erst am Schluss vermittelt, da das Verb der sogenannte „Sinnträger" ist.

Pro Satz sollte nur ein Gedanke, eine Information vermittelt werden. Vermeiden Sie Fremdwörter und Abkürzungen.

Das Vortragen von Zahlen ist recht „sperrig". Falls Ihre Zuhörer genaue Zahlen übermittelt bekommen sollen, so arbeiten Sie mit Visualisierungshilfen (Grafiken, Tabellen oder ähnlichem). Ansonsten prägen sich bei Ihren Zuhörern Zahlen leichter ein, wenn es Ihnen gelingt mit Verhältnissen zu arbeiten (zum Beispiel anstatt: 35,62 Prozent – ein gutes Drittel oder: 126,3 m – fast so lang wie ein Fußballfeld).

Versuchen Sie, Synonyme zu vermeiden. In der Schriftform ist das Arbeiten mit Synonymen oftmals sinnvoll. Im mündlichen Vortrag prägt sich das Gesprochene durch mehrmaliges Wiederholen schneller ein.

Um in einem Vortrag oder einer Rede die gesprochene Form zügig und schnell finden zu können, eignet sich folgende Übung: Suchen Sie sich einen Zeitungsartikel aus, und formulieren Sie diesen um. Zeitungsartikel sind meistens in überlangen Sätzen formuliert. Reden ist anders als Schreiben!

# Der Eventmanager und das Fernsehen

*von Georg Felsberg*

## 1. Zeit und Form

Jedes Ding hat seine Zeit – und seine Form! Auch jeder Event. Weihnachtsfeiern im Mai oder Karneval im August? Mit Frack zur Beach-Party, dem Freizeithemd zum Opernball?

„Das hat gepasst!", sagt der Zuschauer, wenn die Tageszeit richtig gewählt, die Form dem Anlass angemessen war. Wenn dann die Stimmung der Gäste so richtig „gestimmt" wurde, dann fühlt man sich wohl. Und wer sich wohl fühlt, bewertet das, woran er beteiligt ist, den Event positiv.

Das gilt auch für Fernsehproduktionen. An bestimmten Wochentagen, zu ausgewählten Tages- oder Nachtzeiten müssen Thema, Form und Sendezeit miteinander in Beziehung gebracht werden.

Eine Gymnastiksendung zum Mitmachen gegen 22.00 Uhr ausgestrahlt ist deplaziert und wird vom Zuschauer nicht angenommen. Müde Witze um Mitternacht – da kann man mitschmunzeln. Um 19.30 Uhr kann solch eine Sendung nicht „ankommen". Da ist schnellerer, wacherer Witz gefragt.

Wie bei jedem Event, gilt auch für eine Fernsehproduktion als erste Frage: Wann wird diese Sendung ausgestrahlt? Für diese Tageszeit wähle ich dann die angemessene Form. Oder ich habe eine zugewiesene Sendezeit, zum Beispiel in der ARD 14.00 Uhr bis 15.00 Uhr.

Ich muss fragen: Wer sieht zu dieser Zeit fern, wer schaltet die ARD ein, wie alt sind die Zuschauer, welche Interessen, Hobbys oder Lesegewohnheiten haben sie? Ich muss ihre Bildung analysieren lassen, muss wissen, ob es mehr Frauen oder Männer sind, die meine potentiellen Zuschauer sind.

Die Medienforschung der Sender kann mich über die „Sinus-Milieus" informieren, ob meine Zuschauer mehr konservativ oder traditionsverwurzelt sind oder zu den Konsum-Materialisten gehören. So finde ich heraus, ob sie Volkstheater oder Heimatfilme lieben, mehr auf Ratgebern und Kulturmagazinen stehen oder Quizsendungen vorziehen. Auch die Musikfarben kann ich analysieren lassen und diese gezielt einsetzen.

Die Mischung einer Fernsehsendung, die ein breites Publikum erreichen will, ergibt sich also aus verschiedenen Komponenten, die berücksichtigt werden sollten.

## 2. Rhythmus und Anmutung

Entscheidend für den Erfolg einer Fernsehsendung ist, in welchem Rhythmus und mit welcher Geschwindigkeit die Sendungsbestandteile miteinander verbunden werden. Der Redakteur, aber auch der Moderator, gibt den Rhythmus vor und steuert den Ablauf. Deshalb ist die Auswahl der Moderatoren – das „Casting" – besonderes wichtig. Eine gute, dem Thema angemessene Moderation ist, wie bei jedem „Event", auch entscheidend für das Zuschauerverhalten: Bleibe ich dran oder schalte ich ab!

Mit welcher Anmutung konfrontiere ich den Zuschauer? Will ich ihn sachlich-nüchtern informieren, ihn lässig-locker unterhalten, ihn wissenschaftlich belehren oder an der Hand nehmen und ihn an meinen Abenteuern teilhaben lassen?

Nicht nur auf den Inhalt der Sendungsbestandteile kommt es an, ganz entscheidend ist die Verpackung. Fühle ich mich wohl in der Studiodekoration? Passt sie zum Thema? Passt die Musik zum Thema und gefällt sie mir? Geht mir alles zu schnell, verstehe ich den Moderator deutlich genug? Kann ich mich mit dem Sendungsinhalt identifizieren oder reizt mich die Sendung zum Widerspruch?

Der Rhythmus einer Sendung wird auch durch die Kameraführung bestimmt. Wird langsam „geschwenkt", kann der ältere Zuschauer viele Abläufe genauer verfolgen. Jüngere Zuschauer lieben häufig kurze schnelle Schnitte und „Reißschwenks", die das Tempo des Sendeablaufs erhöhen.

Moderation, Dekoration, die Gäste, die Kameraführung bis hin zur Beleuchtung – all dieses macht die „Anmutung" einer Sendung aus. Gefällt mir diese Anmutung, passt sie zu meiner augenblicklichen Stimmung, fühle ich mich angesprochen und angeregt – dann werde ich nicht „wegzappen" und auf andere Programme umschalten.

Fernseh-Live-Sendungen lassen sich, wie auch ein Event, nicht wiederholen und neu produzieren, wenn etwas schief läuft. Das fordert alle Mitarbeiter. Höchste Konzentration ist angesagt. Spannung entsteht.

### 3. Spannungsbögen und Höhepunkte

Jede Sendung, und das gilt auch für viele Events, muss Spannung aufbauen. Lässt die Spannung nach, das heißt neigt sich also der Spannungsbogen, dann muss schon ein neuer Spannungsbogen angesetzt sein, der zu einem neuen Höhepunkt wird. So überschneiden sie mehrere dieser Spannungsbögen in einer Sendung (siehe nachfolgende Abbildung).

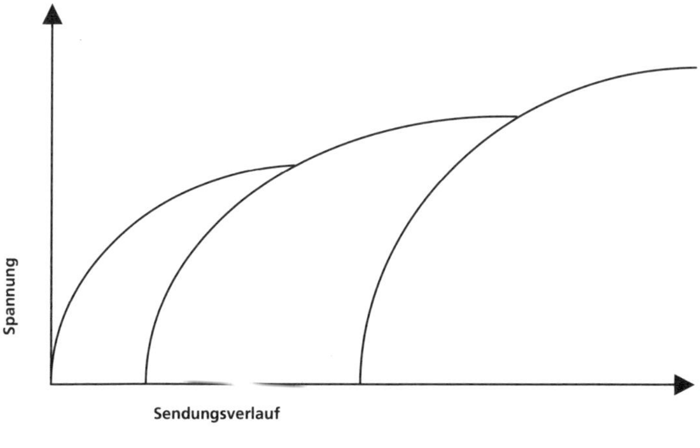

Werden zu viele Spannungsbögen aufgebaut, jagen sich also die Höhepunkte, kann der einzelne Höhepunkt nicht mehr als solcher wahrgenommen werden. Die Spannung lässt nach. Mit einem Wechsel zwischen dramatischem Höhepunkt und ruhigerem Fahrwasser – Gesprächen, Zuspieler, Ankündigungen – bleibt das Live-Geschehen abwechslungsreich und nachvollziehbar.

Wer welche Aktionen als Höhepunkte betrachten und sich gefangen nehmen lässt, das hängt wiederum entscheidend vom Publikum ab, von der „Zielgruppe", die ich ansprechen möchte.

## 4. Zielgruppen und wie sie angesprochen werden

Sportinteressierten am Samstagnachmittag etwas über gesunde Ernährung von Senioren zu erzählen – das wird in der Regel nicht akzeptiert werden. Wird aber neben den Sportergebnissen darüber berichtet, welchen Ernährungsplan der Sieger des Wettkampfes eingehalten hat, dann wird ein Bericht über Ernährung auf großes Interesse stoßen.

Die „Verpackung" für eine bestimmte Zielgruppe entscheidet über einschalten oder abschalten. Darin unterscheiden sich Fernsehproduktionen nicht von Events in anderen Bereichen. Ich muss den Zuschauer da abholen, wo er sich gerade befindet mit seinem Herzen, seinem Verstand und seinem Lebensgefühl.

Die Zielgruppe der Hobbyangler wird kaum in der Abenddämmerung zu erreichen sein, wenn die Fische gut beißen, die Gruppe der Mütter mit Kindern nicht gerade dann, wenn die Kinder aus der Schule kommen. Was sich so selbstverständlich anhört, wird oft zu wenig berücksichtigt. Sendungen werden über den Tag hin verschoben, ohne die Interessen der Zuschauer abzufragen.

Für verschiedene Sender muss es unterschiedliche Zielgruppen-Analysen geben. Eine Kindersendung um 14.00 Uhr in einem Dritten Programm der ARD wird es ungleich schwerer haben als bei RTL 2 oder in einem Spartenkanal. Eine politische Diskussion wird um 21.00 Uhr in der ARD akzeptiert, um 23.00 Uhr sind unterhaltende Formate angesagt.

Fazit: Der Erfolg einer Sendung beim Zuschauer hängt entscheidend von der Zielgruppenanalyse ab. Die Ansprache einer Sendung an die Zielgruppe bestimmt die Form. Die Moderation unterstützt diese Ansprache entscheidend.

## 5. Moderation

Moderatoren können erklären, vermitteln, polarisieren, provozieren, langweilen oder faszinieren. Entscheidend ist, ob der Moderator oder die Moderatorin zur Sendeform passt und vom Zuschauer, der Zielgruppe, akzeptiert wird. Oft „passt" eine Moderation gerade dann zur Sendung, wenn sie unerwartet „anders" ist, als erwartet wird.

Eine neue, junge wie hübsche Moderatorin in einer langjährig bekannten politischen Gesprächsrunde wird vom „Stammpublikum", das alte moderierende Herren gewohnt ist, im ersten Augenblick vielleicht weniger akzeptiert. Diese Moderatorin gewinnt aber neue Zuschauer hinzu und überzeugt auch die Stammzuschauer durch kompetente Fragen und eine zupackende Gesprächsführung.

Ein bekannter Filmschauspieler als Erzähler in einer Kindersendung kann mehr faszinieren, als eine flippige Siebzehnjährige, die der Zielgruppe nur an Jahren näher liegt.

Entscheidend ist, dass die Redaktion der Sendung im „Casting" die möglichen Moderatoren testet. Ausgewählte Zuschauer werden dann von der Medienforschung befragt. Deren Meinungen fließen in die Bewertung durch die Redaktion und die Fernsehdirektion ein.

Moderation und Sendung müssen, wie auch bei jedem Event, aufeinander zugeschnitten werden. Falsch wäre, die Sendung nur der Moderation anzupassen und Inhalt und Zielgruppe zu vernachlässigen, oder auch den Moderator in ein Sendungskonzept einzuzwängen und keine „Luft zum Atmen" zu lassen. Ein Wechselspiel, das Erfahrungen voraussetzt.

## 6. Redaktion

Was ein Eventmanager mit seinem Team für eine bestimmte Veranstaltung oder Veranstaltungsreihe konzipiert, ist der Arbeitsweise innerhalb einer Fernsehredaktion durchaus vergleichbar. Hier wie dort ist Teamarbeit angesagt. Das gute Konzept ist ohne präzise Ausführung nicht denkbar. Da Fernsehredaktionen aber häufig Serien oder Reihen produzieren, ist ein fester Mitarbeiterstab unerlässlich. Die öffentlich-rechtlichen Fernsehanstalten verfügen über Werkstätten, eigene Studios und eine Logistik innerhalb des Hauses, die manche Produktionswege erleichtern, häufig aber auch erschweren durch formale Abläufe, die umständlich sind und viele „Genehmigungen" voraussetzen. Eine schlanke Organisation mit kurzen Entscheidungswegen und einer Produktionsverantwortung bei den Machern ist wünschenswert.

Die Gruppe der Redakteure muss hinter dem Projekt stehen – das Produkt wollen. Wer sich die Hände nicht schmutzig machen, wer im Grunde andere Aufgaben lösen möchte, sollte sich verabschieden oder in anderen Bereichen eingesetzt werden. „An einem Strang ziehen..." ist in der Fernseharbeit oberstes Gebot. Fernsehen setzt Arbeitsteilung voraus. Der Redakteur kann nicht Kameramann und Requisiteur in einem sein. Fernsehen ist das Zusammenspiel von Fachmenschen, die eine Produktion gemeinsam „stemmen".

Dieses Zusammenspiel setzt ein hohes Maß an Flexibilität voraus. In die Vorabsprachen sind die Entscheidungsträger der Fachbereiche einzubeziehen. Nicht anordnen, sondern gemeinsam verabreden, sollte die Devise sein. Das erleichtert auch neue Entscheidungen vor Ort, wenn Geplantes sich anders darstellt und umdisponiert werden muss. Wie bei jedem Event, muss jederzeit flexibel reagiert werden können.

## 7. Kreativität

Ideen zulassen – oft ist dies wichtiger als selbst Ideen zu haben. Zulassen kann aber nur der, der genau hinhört und in Diskussionen interessante Aspekte herausfiltert, aufgreift und dann vertieft. Redaktionsgespräche über die abgelaufene Sendung sind der Schlüssel für neue Ideen. Jedes Redaktionsmitglied soll eine Sendung „beurteilen". Oft aber geben Außenstehende, Gesprächspartner, Besucher oder Kollegen aus der Produktion neue entscheidende Anstöße. Wer aber nicht nachfragt, erhält keine Verbesserungsvorschläge.

Kreativität muss gefordert und zugelassen werden. Als weiterer notwendiger Schritt muss die neue Idee in eine Form gebracht und ausprobiert werden. In diesem Stadium erledigen sich viele neue Pläne.

Es gibt mehrere Möglichkeiten:

- Die Idee ist gut, passt aber nicht ins Sendegefäß.
- Die Idee muss noch weiter entwickelt werden, um wirklich in das Sendungsformat einzufließen.
- Die Idee wird in einer Produktion eingesetzt, verträgt sich aber nicht mit anderen Elementen. –
- Also: Wieder ein neuer Plan. Idee auf den Prüfstand. Neue Ideen entwickeln und vergleichen.

In diesem ständigen Prozess muss eine Fernsehredaktion ihre Sendung ständig überprüfen und in Frage stellen. Vergleichbar wird jeder Eventmanager nach jeder Veranstaltung sein Produkt überprüfen und nachjustieren.

## 8. Planungssysteme – die unentbehrlichen Hilfsmittel

Die Teammitglieder müssen möglichst umfassend über den Stand der Entwicklungen informiert werden. Ein Planungssystem, zum Beispiel über Lotus Notes, macht es möglich, dass jederzeit jeder Mitarbeiter über alle Entwicklungsschritte Bescheid weiß. Diese Information muss er sich selbst aus dem Computersystem herausholen. Keine „Bring-Schuld" des Teamleiters an die Team-Mitglieder, sondern die Pflicht für jeden Einzelnen sich zu informieren. Das erspart viele unnötige Diskussionen. Umso besser die Daten, Informationen und Hinweise eingepflegt werden, umso effektiver die Diskussion und kürzer die Planungssitzungen. Es gibt viele verschiedene Planungssysteme. Jede Gruppe muss sich ihr System zurechtschneidern.

## 9. Fernsehen ist Teamarbeit

Wer bei Fernseh-Live-Sendungen mitarbeiten möchte muss teamfähig sein. Einzelkämpfer sind nicht gefragt. Wer nicht kooperieren will muss sich andere Aufgabengebiete suchen. Live-Sendungen sind wie ein Uhrwerk, dessen Bestandteile ineinander greifen. Erst so kann ein gemeinsam verantwortetes Produkt entstehen. Das heißt nicht, dass jeder für jedes verantwortlich ist. Jeder trägt seine Verantwortung für seine Aufgabe im Zusammenspiel. Diese gemeinsame Arbeit muss dem Teammitglied Spaß machen.

Lust auf den Umgang mit Kollegen, Lust auf ständig sich verändernde Situationen, Lust auf den Kitzel der Live-Sendung mit allen Unwägbarkeiten – das macht Erfolg erst möglich.

# Medien- und Öffentlichkeitsarbeit

*von Hannelore Herz*

## Aufgaben, Möglichkeiten, Ziele der Medien- und Öffentlichkeitsarbeit

*Es geht um „öffentliche Beziehungen"*

PR – Public Relations, die englischsprachige Bezeichnung für „Öffentlichkeitsarbeit", stellt in den Mittelpunkt das Aufbauen, Pflegen und Erweitern von „Beziehungen zur Öffentlichkeit" (public = engl.: öffentlich, relations = engl.: Beziehungen). Der Eventmanager erarbeitet und nutzt hierbei ganz gezielt den Kontakt zu Partnern, wie beispielsweise Journalisten, die durch eine Berichterstattung in Printmedien, Funk und Fernsehen dabei mitwirken, die Kommunikationsziele des Events zu erreichen. Auch Meinungsbildner, wie beispielsweise anerkannte Fachleute oder Entscheidungsträger aus namhaften Unternehmen, vermitteln die Botschaft über das Event auf eine ausgesprochen wirkungsvolle Weise. Ziel der Public Relations ist es, Meinungsbildner und Multiplikatoren dazu zu motivieren, so positiv wie möglich über die Veranstaltung zu urteilen und diese Meinung weiter zu verbreiten. Sozusagen nach dem Motto: „Tue Gutes und lasse Andere darüber reden!"

PR-Botschaften werden von der Zielgruppe als besonders glaubwürdig wahrgenommen. Beispiel dafür ist die Berichterstattung in der Tageszeitung, die Leserinnen und Leser regelmäßig als ausgesprochen informativ, weitestgehend wahrheitsgetreu und objektiv wahrnehmen. Verglichen mit werblichen Inhalten, wie zum Beispiel Anzeigenwerbung oder Beilagen, hat der redaktionelle Teil einer Zeitschrift, Zeitung, TV- oder

Hörfunkberichterstattung eine hohe Glaubwürdigkeit und Akzeptanz bei der Zielgruppe.

Die Veröffentlichung von Berichten und Meinungen über das Event lassen sich nur bedingt zeitlich steuern. PR-Partner, Meinungsbildner und Multiplikatoren legen den Zeitpunkt dafür abhängig von Erscheinungsterminen ihrer Medien (Zeitungen, Zeitschriften, Rundfunk, TV) – und somit oft unabhängig von der Event-Planung – fest. Das führt speziell im Veranstaltungsmanagement nicht selten dazu, dass nach einem Event ausführlich darüber berichtet wird, während Veranstaltern und Verantwortlichen selbstverständlich eine gut aufgemachte Berichterstattung im Vorfeld – mit dem Ziel der Ansprache von potenziellen Event-Teilnehmern – ausgesprochen wichtig gewesen wäre.

Die Verbreitung von Nachrichten und die öffentliche Äußerung von Informationen über das Event sind auch bei guten Kontakten zu Meinungsbildnern und Multiplikatoren keinesw

# Medien- und Öffentlichkeitsarbeit

*von Hannelore Herz*

## Aufgaben, Möglichkeiten, Ziele der Medien- und Öffentlichkeitsarbeit

*Es geht um „öffentliche Beziehungen"*

PR – Public Relations, die englischsprachige Bezeichnung für „Öffentlichkeitsarbeit", stellt in den Mittelpunkt das Aufbauen, Pflegen und Erweitern von „Beziehungen zur Öffentlichkeit" (public = engl.: öffentlich, relations = engl.: Beziehungen). Der Eventmanager erarbeitet und nutzt hierbei ganz gezielt den Kontakt zu Partnern, wie beispielsweise Journalisten, die durch eine Berichterstattung in Printmedien, Funk und Fernsehen dabei mitwirken, die Kommunikationsziele des Events zu erreichen. Auch Meinungsbildner, wie beispielsweise anerkannte Fachleute oder Entscheidungsträger aus namhaften Unternehmen, vermitteln die Botschaft über das Event auf eine ausgesprochen wirkungsvolle Weise. Ziel der Public Relations ist es, Meinungsbildner und Multiplikatoren dazu zu motivieren, so positiv wie möglich über die Veranstaltung zu urteilen und diese Meinung weiter zu verbreiten. Sozusagen nach dem Motto: „Tue Gutes und lasse Andere darüber reden!"

PR-Botschaften werden von der Zielgruppe als besonders glaubwürdig wahrgenommen. Beispiel dafür ist die Berichterstattung in der Tageszeitung, die Leserinnen und Leser regelmäßig als ausgesprochen informativ, weitestgehend wahrheitsgetreu und objektiv wahrnehmen. Verglichen mit werblichen Inhalten, wie zum Beispiel Anzeigenwerbung oder Beilagen, hat der redaktionelle Teil einer Zeitschrift, Zeitung, TV- oder

Hörfunkberichterstattung eine hohe Glaubwürdigkeit und Akzeptanz bei der Zielgruppe.

Die Veröffentlichung von Berichten und Meinungen über das Event lassen sich nur bedingt zeitlich steuern. PR-Partner, Meinungsbildner und Multiplikatoren legen den Zeitpunkt dafür abhängig von Erscheinungsterminen ihrer Medien (Zeitungen, Zeitschriften, Rundfunk, TV) – und somit oft unabhängig von der Event-Planung – fest. Das führt speziell im Veranstaltungsmanagement nicht selten dazu, dass nach einem Event ausführlich darüber berichtet wird, während Veranstaltern und Verantwortlichen selbstverständlich eine gut aufgemachte Berichterstattung im Vorfeld – mit dem Ziel der Ansprache von potenziellen Event-Teilnehmern – ausgesprochen wichtig gewesen wäre.

Die Verbreitung von Nachrichten und die öffentliche Äußerung von Informationen über das Event sind auch bei guten Kontakten zu Meinungsbildnern und Multiplikatoren keineswegs garantiert. In vielen Fällen erfolgt erst nach mehreren Kontakten die gewünschte ‚Wirkung nach außen', sprich: ein Pressebericht, eine Empfehlung an die Zielgruppe oder anderes. Dies hängt meist nicht mit mangelnder Aufmerksamkeit oder geringem Interesse am Event-Projekt zusammen. Wenn sich Eventmanager in die Position ihrer PR-Kontaktpersonen hineinversetzen, wird deutlich, wie viele Presseinformationen auf dem Schreibtisch von Redakteuren eintreffen und wie oft wichtige Multiplikatoren vor dem Hintergrund einer gewünschten PR-Wirkung angesprochen werden. Um so wichtiger ist es für Event-Verantwortliche, die Instrumente der PR zu kennen und professionell zu nutzen. Diese Faktoren sind für den gewünschten PR-Erfolg eine entscheidende Grundlage.

Die Wirkung von PR-Botschaften ist außerdem nicht immer und ausschließlich positiv. Meinungsbildner und Multiplikatoren lassen bei der Wiedergabe von Inhalten und Informationen die Wahrnehmung aus Recherchen und ihre eigene Meinung einfließen. Der Mitarbeiter einer Zeitungsredaktion recherchiert objektiv und beleuchtet auch Hintergründe zur Sache – und genau dieser Aspekt macht seine Arbeit bei der Leserzielgruppe besonders wertvoll. Für Verantwortliche im Eventmanagement bedeutet dies auch ein Risiko, denn der Bericht unseres PR-Partners ist nicht in jedem Falle positiv. Kritische Pressestimmen über geringe Teilnehmerzahlen, Organisationsmängel, Kritik an Künstlerauftritten und andere Negativmeldungen gehören zum Wesen der Public Relations. Vermeiden lassen sich diese jedoch auf keinen Fall durch das Eliminieren von PR-Maßnahmen. Im Gegenteil: Gute PR-Kontakte sind insbesondere in kritischen Situationen ein entscheidender Faktor (mehr dazu beim Thema „Krisen-PR"). Nutzen wir also gezielt die umfassenden positiven Möglichkeiten und Chancen der PR für das Event – professionell, durchdacht und zielorientiert!

## PR als wichtiger Bestandteil des Event-Kommunikations-Mix

*Drei Instrumente ergeben ein wirkungsvolles „Konzert"*

Die Kommunikationsmaßnahmen – eine gezielte Mischung aus Werbung, Verkaufsförderung und PR – sorgen dafür, dass die geplante Veranstaltung innerhalb der Zielgruppe die notwendige Bekanntheit, gezieltes Interesse und daraus resultierend die geplante Teilnehmer-Zielgruppe bekommt.

Nach umfangreichen Überlegungen hinsichtlich Veranstaltungstermin, Eventlocation, Programmkonzept und Dramaturgie, den wichtigen Entscheidungen hinsichtlich Budgetierung und Finanzierung sowie den Detailaufgaben, wie Auswahl und Engagement von Künstlern, Dienstleistern und Lieferanten, stellt die Bekanntmachung, die werbliche und öffentlichkeitswirksame Darstellung der Veranstaltung eine elementar wichtige Aufgabe dar. Unter Berücksichtigung der Besonderheiten und Möglichkeiten von PR wird deutlich, dass das optimale Zusammenwirken der Kommunikationsinstrumente Werbung, Verkaufsförderung und PR zum Erfolgsfaktor wird, der sich anschaulich darstellen lässt.

Nachfolgende Abbildung macht deutlich, dass der gezielte, parallele Einsatz aller drei Kommunikationsinstrumente – als Kommunikations-Mix – bei der Zielgruppe Mehrfach-Impulse (in der Abbildung als Pfeile dargestellt) und damit eine breit angelegte Kontaktaufnahme erzeugt. Abgesehen davon, dass Werbung ein sehr etativ intensives Instrument ist, wird die Wirkung der Maßnahmen beim Einsatz von Verkaufsförderung und PR durch die Verbindung von Vertriebspartnern bzw. PR-Multiplikatoren buchstäblich vervielfacht (multipliziert).

**Kommunikations-Mix im Eventmanagement**

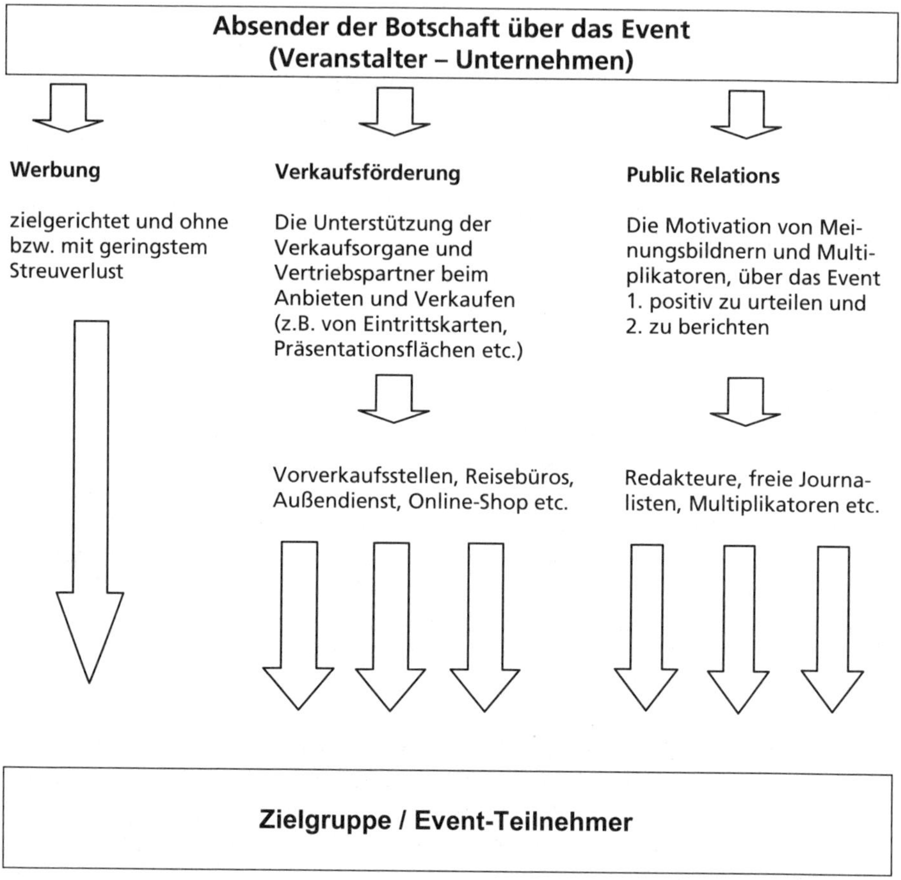


Außerdem entstehen durch ein Mix von Kommunikationsmaßnahmen wirkungsvolle Synergien bei der Bekanntmachung und Imagebildung für das geplante Event. Synergien (positive wechselseitige Wirkungen zwischen den Kommunikationsinstrumenten) bei der Verbreitung einer Botschaft sind im Event-Management beispielsweise

- Der erleichterte Zugang zu Ansprechpartner der Redaktion einer Tageszeitung aufgrund des bestehenden Kontaktes zur Anzeigenabteilung des Verlages, da als Werbemaßnahme auch Anzeigen geschaltet werden.
- Das größere Medieninteresse, über die Veranstaltung zu berichten, da prominente Werbepartner (z.B. Sportler, Schauspieler) als Testimonials in die Werbemaßnahmen eingebunden sind.

## Medienkontakte

*Der PR-Verteiler als Fundament erfolgreicher Event-PR*

Der gezielte Aufbau von Kontakten zu Ansprechpartnern in den Redaktionen von Zeitungen, Fach- und Publikumszeitschriften, Stadtmagazinen, Mitarbeiter- bzw. Kundenzeitungen von Unternehmen und Organisationen, Online-Diensten, öffentlich-rechtlichen und privaten Rundfunksendern und Fernsehanstalten sind die Grundlage erfolgreicher PR-Arbeit. Es geht darum, herauszufinden, welche Fachredakteur/innen oder regional verantwortliche Mitarbeiter bei den Medien bei einer Berichterstattung aktiv werden bzw. entscheiden. Nicht die große Zahl von Adressen, an die beispielsweise eine Presseinformation verschickt wird, ist erfolgsentscheidend. Viel mehr spielt die persönliche Ansprache bzw. Zusendung eine Rolle, um bei dem zuständigen Medien-Ansprechpartner kontinuierlich eine positive Akzeptanz für die Berichterstattung über das Veranstaltungsprojekt zu erreichen. Erkenntnisse darüber, welche Zielgruppe, welche Ziele und welche Redaktionskonzepte von den Medien verfolgt werden, machen deutlich, welche Medienkontakte für die jeweilige Veranstaltung sinnvoll sind und zu PR-Erfolgen (sprich: Veröffentlichungen, Berichterstattungen) führen. Die Erwartung, eine Berichterstattung würde schon nach dem ersten Kontakt oder dem Versand einer einzigen Presseinformation erfolgen, wird meist enttäuscht. Verantwortliche in Redaktionen nehmen ihre Aufgabe, dem Leser, Hörer oder Zuschauer wirklich wichtige, nutzbringende und aktuelle Informationen zu bieten, großteils sehr ernst und müssen sozusagen von unserem Veranstaltungskonzept überzeugt werden.

Freie Journalisten gehen ihrem Beruf – im Gegensatz zu den festangestellten Mitarbeitern in Redaktionen – freiberuflich, das heißt als Selbständige nach. Sie recherchieren und publizieren in ihrem Spezialgebiet mit viel Know-how und haben meist gute Kontakte zu den Redaktionen von Medien. Ihre Profession ist es, den Redaktionen komplette Dokumentationen, Presseartikel und Berichte gegen ein Veröffentlichungshonorar zur Verfügung stellen. Die Redaktionen von Zeitungen, Zeitschriften, Funk und Fernsehen nutzen diese Leistung von freiberuflichen Journalisten auch, wenn das entsprechende fachliche Know-how zum Thema in der Redaktion selbst nicht zur Verfügung steht. Auch wenn der Anlass für eine Berichterstattung in einer Region, einem Land stattfindet, in dem die Redaktion selbst nicht vertreten ist, kommen freie Journalist/innen zum Einsatz. Sie sind somit eine wichtige Zielgruppe für den Aufbau von Medienkontakten und in jedem Fall wichtiger Bestandteil eines professionellen PR-Verteilers.

Nachrichtenagenturen und Spezial-Infodienste runden die Gesamtheit von Medienkontakten wirksam ab. Diese Institutionen recherchieren und sammeln – meist überregional oder international – wichtige Nachrichten und Berichte und stellen diese den Redaktionen und freien Journalisten zur Verfügung, die sozusagen ihre Kunden sind. Eine Nachricht über eine Veranstaltung, die bei einer Nachrichtenagentur oder einem Spezial-Infodienst eingeht, wird somit also an zahlreiche Redaktionen und Journalisten weitergeleitet, die selbst nicht im PR-Verteiler des Veranstalters sind und dennoch zur Medienzielgruppe gehören.

Hilfestellung bei der Recherche von Ansprechpartnern, Adressen und Daten für den Aufbau eines PR-Verteilers bieten unter anderem folgende Nachschlagewerke:

- Kroll-Pressetaschenbücher zu derzeit 18 verschiedenen Branchenbereichen (z.B. Wirtschaftspresse, Telekommunikation, Finanzmarkt, Touristik, Gesundheit etc.). Kroll Verlag (www.kroll-verlag.de).
- STAMM Leitfaden für Presse und Werbung, Ausgaben für Deutschland, Schweiz und Österreich. Der Band „STAMM Internetmedien" informiert über Verlage, Redaktionen und Tarife von Online-Medien. Die STAMM-Ausgaben erscheinen jährlich und sind auch als CD-Rom erhältlich (www.stamm.de).

Die Internet-Suche in Suchmaschinen ist bei der Recherche erfahrungsgemäß nicht zufriedenstellend. Zu berücksichtigen ist dabei, dass die in Suchmaschinen gefundenen Treffer überwiegend werblich bzw. kommerziell orientierte Websites sind. Die Internetadressen von Redaktionen, Journalisten und Medien zählen nur bedingt dazu und sind über Suchmaschinen erfahrungsgemäß unvollständig auffindbar, wenn nicht bereits Titel, Namen oder ähnliche Informationen für die Zuordnung vorliegen.

### Multiplikatoren-Kontakte

*Vielfache Wirkung auf dem Weg zum Event-Teilnehmer*

PR bedeutet „Aufbau von öffentlichen Beziehungen". Die ausschließliche Konzentration auf Medienkontakte ist daher im Hinblick auf die Kommunikation mit der zielgruppenorientierten Öffentlichkeit wohl kaum ausreichend. Meinungsbildend sind schließlich nicht nur die Medien, sondern auch Persönlichkeiten des öffentlichen Lebens (Politiker, Wirtschaftsentscheider, Prominente etc.), deren Stimme und Meinung sozusagen „Gewicht" hat.

Die Event-Zielgruppe erreicht der Veranstalter auch – und oft sehr wirkungsvoll – über Multiplikatoren bei Vereinen und Institutionen, in denen die Zielgruppe zusammengeschlossen ist.

Für die Recherche nach Multiplikatoren, Namen der Ansprechpartner und alle aktuellen Kontaktdaten steht zum Beispiel folgendes Nachschlagewerk zur Verfügung:

- OECKL Taschenbuch des öffentlichen Lebens, Ausgaben für Deutschland und Europa (incl. internationaler Zusammenschlüsse), jährliche Erscheinungsweise, auch als CD-Rom. Festland-Verlag (www.oeckl.de).

Kunden und wichtige Vertriebspartner, die auf positive Erfahrungen mit dem Event-Veranstalter, seinen Leistungen und Projekten zurückblicken können, stellen eine wichtige zusätzliche Gruppe von Multiplikatoren dar, die das Bild einer Veranstaltung an der Öffentlichkeit stark prägen. Diese Multiplikatoren gezielt einzubeziehen, bedarf eines guten Kontaktes – auch über die bereits abgeschlossenen Projekte hinaus – und in jedem Falle der Zustimmung der Entscheidungsträger. Wenn der Eventmanager diese beiden Faktoren sichergestellt hat, werden Kunden und Vertriebspartnern genau so wie zum Beispiel den Medien die aktuellen Nachrichten über das Event zugeschickt. Dazu eignen sich durchaus die in der PR-Arbeit bewährten Instrumente wie Presse-Info oder Presse-Mappe.

Baustein für die erfolgreiche Nutzung von Multiplikatoren-Kontakten ist – genau wie bei den Medienkontakten – die absolut persönliche Ansprache des als Meinungsbildner definierten Ansprechpartners in Unternehmen und Institutionen.

Zum Konzept vieler Eventprojekte gehört die Einbeziehung von Kooperationspartnern, Sponsoren oder Ausstellern. Diese Unternehmen und Institutionen haben – genau wie der Veranstalter – das Ziel, das Event bekannt zu machen und ein positives Image aufzubauen. In der Folge davon, werden die Partner, Sponsoren und Aussteller in die PR-Aktivitäten gezielt eingebunden. Sie haben oft schon bestehende, gute Kontakte zu Medien oder Meinungsbildern, die jetzt im Hinblick auf das Event auch vom Veranstalter genutzt werden können. Außerdem wirken sie gezielt dabei mit, den Kreis der Redaktionen, Journalisten, Nachrichtenagenturen und Multiplikatoren im Hinblick auf das gemeinsame Veranstaltungsziel zu erweitern.

## Interne PR / innerbetriebliche Kommunikation

*Positive Wirkung beginnt im eigenen Team*

In vielen Situationen sind die Mitarbeiter des eigenen Unternehmens (des Veranstalters, der Event-Agentur) die wichtigsten PR-Partner. Weit über das eigene Unternehmen strahlen der Veranstalter und sein Team die Begeisterung und die Identifikation mit dem Event-Konzept aus – im privaten Umfeld (das oft zur Event-Zielgruppe gehört), bei Dienstleistern und Kunden, bei wichtigen Multiplikatoren und Meinungsbildnern. Informationen von Teammitgliedern und die Meinung von Mitarbeitern wird in der Öffentlichkeit ganz besonders ernst genommen.

Grundlage für die positive Wirkung aus dem eigenen Team heraus ist es, dass alle Mitarbeiter/innen des Veranstalters gut und umfassend über das geplante Event und dessen Ziele informiert sind. Nur wer sich gut informiert fühlt, wird gerne und kompetent über ein Thema sprechen – und das ist beim Thema ‚Veranstaltung' besonders zutreffend. Gut informierte Mitarbeiter sind zudem auch gut motivierte Mitarbeiter – und diese Wirkung wissen Eventmanager in ihrem Team besonders zu schätzen!

Die internen Kommunikationsstrukturen (Hausnotizen, Mitarbeiterzeitung, Intranet, regelmäßige Meetings, das bewährte „Schwarze Brett" und ein Pressespiegel) werden dazu in der internen Öffentlichkeitsarbeit gezielt eingesetzt.

Positive Informationen, wichtige Neuigkeiten – und dazu gehören auch Negativ-Meldungen – werden jeweils zuerst an die Mitarbeiter/innen kommuniziert, um auf diese Weise den Weg von intern nach extern optimal zu nutzen.

## Der rechtliche Rahmen für Medien- und Öffentlichkeitsarbeit

*PR und alles was Recht ist*

Die eingangs im Kapitel „Aufgaben, Möglichkeiten und Ziele der Medien- und Öffentlichkeitsarbeit" beschriebenen Besonderheiten der Public Relations haben auch juristische Hintergründe. Die freie und unabhängige Arbeit von Redaktionen und Journalist sind im Interesse der Öffentlichkeit im Gesetz verankert.

Im Grundgesetz für die Bundesrepublik Deutschland, Artikel 5 der Grundrechte ist das Recht auf freie Meinungsäußerung und -verbreitung in Wort, Schrift und Bild sowie das Recht, sich aus allgemein zugänglichen Quellen ungehindert zu unterrichten sowie außerdem die Pressefreiheit und die Freiheit der Berichterstattung durch Rundfunk und Film verankert.

Das deutsche Presserecht bzw. die Landespressegesetze regeln die Anerkennung der informierenden, kontrollierenden und meinungsbildenden Tätigkeit der Presse als öffentliche Aufgabe. Zum Beispiel wird hier der unverwünschte Übergang von der redaktionellen Berichterstattung zur Schleichwerbung klar definiert, um so gezielt dagegen zu wirken, dass in der Arbeit der Medien die objektive Berichterstattung in den Hintergrund gedrängt und der Leser, Zuschauer, Zuhörer vom Absender gefilterte und werblich aufbereitete Nachrichten vermittelt bekommt.

Der Deutsche Presserat, das freiwillige Selbstkontrollorgan der gedruckten Medien in der Bundesrepublik, hat es sich zur Aufgabe gemacht, für die Pressefreiheit den ungehinderten Zugang der Medien zu den Nachrichtenquellen und gegen die Gefährdung der freien Information und Meinungsbildung des Bürgers einzutreten. Außerdem hat der Deutsche Presserat Grundsätze für die publizistische Arbeit entwickelt – den Pressekodex – und wirkt so gezielt gegen Missstände im Pressewesen.

## Instrumente für Event-PR

### *Für jeden PR-Kontakt die optimale Aktion*

Zur Konzeption und Organisation des Event gehört die gründliche Überlegung, welche PR-Aktionen zu welchem Zeitpunkt und mit welchen Inhalten gestartet und durchgeführt werden. Zum Wesen der PR gehört es, dass eine Veröffentlichung und ihr Erscheinungstermin nicht garantiert ist; durch eine sorgfältige Vorbereitung und ein mediengerechtes Vorgehen jedoch erheblich forciert werden kann. Die nachfolgend vorgestellten PR-Aktivitäten haben sich bei der gezielten Öffentlichkeitsarbeit vor, während und als Nacharbeit von Events bewährt. Die Entscheidung, welche Maßnahmen für das jeweilige Veranstaltungsprojekt eingesetzt werden, hängt im wesentlichen vom Veranstaltungsziel und der Zielgruppe, in vielen Fällen auch von der Größe des Events ab und sollte sorgfältig im Rahmen der Konzeption getroffen werden.

### *PR-Verteiler*

Das Recherchieren der Adressen und Kontaktdaten von Meinungsbildnern und Multiplikatoren ist das Fundament erfolgreicher Arbeit. Details dazu sind in den Kapiteln „Medienkontakte" und „Multiplikatorenkontakte" dargestellt. Um den Aufbau und die Pflege der PR-Kontakte so einfach und effektiv wie möglich zu machen, empfiehlt es sich, schon beim Aufbau des PR-Verteilers alle relevanten Daten umfassend und aktuell zu erfassen: Namen und Titel/Funktionen, Postanschriften, E-Mail-Adressen, Fax, Telefon-Direktwahl, Redaktionsschlusstermine, Erscheinungstermine, Sendetitel (TV/Rundfunk) bzw. Rubriken (Print- und Onlinemedien). Schon bei der Erfassung wird bedacht, in welcher Form die Daten später aufbereitet, genutzt oder sortiert werden sollen. Dadurch entstehen Dateien, Datenbanken oder Listen, die bei der Realisierung der PR-Aktionen so effektiv wie möglich genutzt werden können.

### *Presseinformation*

Wenn den Meinungsbildnern und Multiplikatoren in der Vorbereitungsphase, zum Veranstaltungsbeginn, während mehrtägiger Events und nach Veranstaltungsende aktuelle Informationen bereit gestellt werden können, wird eine Presseinformation verschickt. Erfolgsfaktoren dafür, ob die Nachricht von den PR-Partnern auch tatsächlich verbreitet wird, sind:
Informationen so kurz und aussagefähig wie möglich

- Inhalte aus Sicht des Meinungsbildners, Multiplikators also: Textformulierungen in der 3. Person
- keine Werbeaussagen sondern objektiv dargestellte und nachprüfbare Fakten (der PR-Partner kommuniziert seine Wahrnehmung, nicht das Werbekonzept des Veranstalters)
- eine Headline (Überschrift), die bei Erhalt den PR-Partner und bei Veröffentlichung die Zielgruppe neugierig macht

### *Pressemappe*

Als aussagefähige Ergänzung zur Presseinformation können Informationsunterlagen über das Event beigefügt (Info-Flyer, Einladungsmailing, bereits erschienene Presseveröffentlichungen, Programmübersicht, Sponsorenliste o.a.) werden. Bildmaterial (Farb- oder S/W-Fotos von sehr guter Qualität) unterstützt die Arbeit der Print- und Online-Redaktionen bei der aussagefähigen Veröffentlichung der Nachrichten. Das wichtigste Motto bei der Zusammenstellung von Pressemappe: „Weniger ist mehr!" Die Eventmanager sollte bei der Zusammenstellung von Informationen berücksichtigen, dass die PR-Partner eine regelrechte Flut von Informationen zu verarbeiten haben und sich die Zeit, umfangreiche Prospekte oder mehrseitige Texte zu lesen und diese schließlich noch redaktionell zu bearbeiten, schlichtweg nicht nehmen können. Die wichtigste Erfolgsregel bei der Vorbereitung von Pressemappen und Presseinformationen ist daher der Anspruch, die Informationen in Art und Umfang bereits so zu gestalten und zu texten, dass eine unmittelbare Veröffentlichung erfolgen kann, ohne dass Redaktionen, Nachrichtenagenturen und andere PR-Partner den Aufwand der Bearbeitung haben.

### *Pressekonferenz*

Eine Pressekonferenz vor, während oder im direkten Anschluss an das Event hat den Zweck und Nutzen, wichtige aktuelle Nachrichten persönlich und direkt an die PR-Partner zu kommunizieren. Allerdings wird jetzt die persönliche Präsenz der Medien zu dem angekündigten Zeitpunkt vorausgesetzt. Bei der Wahl der Event-Location wird bereits geprüft, welche Räumlichkeiten für die PR-Aktion zur Verfügung steht und welche Kosten dafür entstehen.

Nicht selten sind die Veranstalter mit der Resonanz auf ihre Einladungen zur Pressekonferenz unzufrieden – sowohl was die Anzahl der anwesenden PR-Partner als auch die daraus resultierenden Veröffentlichungen angeht. Der Hauptgrund ist, dass Pressekonferenzen für Journalisten und Redaktionen oft sehr zeitaufwändig sind und dennoch keine Erkenntnisse bringen, die über das Informationsmaß einer Presseinformation oder Pressemappe hinausgehen. Eine selbstkritische Analyse durch die Event-Organisatoren, bevor eine Pressekonferenz einberufen wird, vermeidet unerfüllte Erwartungen – und letztlich auch den mit einer Pressekonferenz verbundenen Organisations- und Kostenaufwand. Die Praxis zeigt, dass gute PR-Konzepte für Events auch ohne die Durchführung einer Pressekonferenz die geplante Wirkung zeigen.

In jedem Fall muss organisiert werden, dass die PR-Partner, die bei der Pressekonferenz nicht präsent sind, zeitnah und in vollem Umfang die daraus resultierenden Informationen vermittelt bekommen. Wie schon erwähnt, ist die Abwesenheit bei der Pressekonferenz oft zeitlich bedingt und deshalb kein Beweis für mangelndes Interesse an einer Berichterstattung.

### *Interview*

Einzelne Akteure, die im Rahmen des Events PR-wirksame Aufgaben wahrnehmen (prominente Sportler, Künstler, Modertoren, Sponsoren, Veranstalter etc.) oder hochrangige Event-Teilnehmer (Prominente, Politiker etc.), können den Medien gezielt als Interview-Partner vermittelt werden. Dies setzt selbstverständlich das Einverständnis und eine vorherige detaillierte Terminabsprache mit den Interviewpartner/innen voraus. Den Medien wird die Möglichkeit eines Interviews rechtzeitig angekündigt, damit seitens der Redaktionen ausreichend Zeit und eine persönliche oder telefonische Präsenz zum Interview möglich ist.

### *Hintergrundgespräch*

Veranstaltungen, bei denen fachliche bzw. inhaltliche Themen von einzelnen Fachmedien oder auch regional besonders eng verbundenen Redaktionen ausführlicher aufgearbeitet werden können, werden die bislang kommunizierten Inhalte in Hintergrundgesprächen (persönlich oder telefonisch) vertieft. Hintergrundgespräche sind dann empfehlenswert, wenn das Event grundsätzlich eine breite Zielgruppe in der Öffentlichkeit anspricht, dabei jedoch nicht allen PR-Partnern ausführliche und fachlich detaillierte Informationen bereit gestellt werden können bzw. sollen. Ein Beispiel dafür ist das Jugend-Event einer Umweltorganisation, bei dem der Redaktion einer Fachzeitschrift die Details von Schulunterricht zu Umweltthemen ausführlicher dargestellt werden.

### *Presserundgang*

Bei Events, deren Programm und Inhaltsvielfalt den PR-Partnern erst durch eine persönliche Teilnahme vermittelt werden kann, sollte diesen ein geplanter und fachlich (vom Veranstalter) geführter Rundgang angeboten werden. Mit wenig Zeitaufwand haben so Meinungsbildner und Multiplikatoren die Möglichkeit, das Konzept und die wichtigsten Inhalte und Highlights prägnant wahrzunehmen.

### *Presseraum*

Insbesondere Mitarbeiter von Redaktionen sowie freie Journalisten schätzen es, wenn während des Events ein Presseraum mit sämtlichen Kommunikationseinrichtungen (Telefonanschlüsse, Internetzugang, PC, Faxgerät, Fotokopierer, TV und Radio) genutzt werden kann. Den Event-

Verantwortlichen fließt der Aufwand für die – selbstverständlich kostenlose – Bereitstellung des Presseraumes sehr oft in Form einer zeitnahen – und somit besonders wirkungsvollen Veröffentlichung von Informationen zurück.

### *Pressefächer*

Bei Großveranstaltungen, in die beispielsweise zahlreiche Sponsoren, ausstellende Unternehmen und Institutionen oder auch mehrere Kooperationspartner einbezogen sind, wäre es im Rahmen der PR zu umfassend, die Meinungsbildner und Multiplikatoren über alle diese Beteiligten ausführlich zu informieren; zumal nicht jeder PR-Partner von allen diesen Beteiligten Informationen braucht oder wünscht. Zielgerichteter ist es, den beteiligten Unternehmen und Institutionen in der Event-Location Pressefächer (für PR-Partner zentral gelegen oder direkt im Presseraum) anzubieten. Jeder Beteiligte kann in sein Pressefach die eigenen, eventbezogenen PR-Informationen legen (Presseinformationen, Pressemappen, Bildmaterial) und die PR-Partner bedienen sich daraus bei gezieltem Bedarf.

### *Internet-Kommunikation*

Auch in der Zeit intensiver Internet- bzw. E-Mail-Kommunikation ist der unaufgeforderte Versand von Presseinformationen und Bildmaterial an Redaktionen und Meinungsbildner nicht beliebt. Schließlich muss ein solche Information, um sie wahrnehmen und schließlich bearbeiten zu können, geladen, gelesen, gespeichert, eventuell ausgedruckt und schließlich noch an die redaktionell Zuständigen weitergeleitet werden. Drei Möglichkeiten, die von PR-Partner gern genutzt werden und ein Beweis professioneller PR-Arbeit sind, werden hier dargestellt:

- Umfassende Presseinformationen und Texte können zusätzlich zur Printversion per Diskette oder CD-Rom verschickt werden, um dem Empfänger das Bearbeiten und Verbreiten der Nachricht so einfach wie möglich zu machen.
- Die Aussendung von Presseinformationen oder Pressemappen beinhaltet das Angebot, dass die Texte und Bilddateien an interessierte PR-Partner per E-Mail zugeschickt werden. Durch die Zusendung einer E-Mail oder einen Anruf erfahren die Event-Organisatoren so gleichzeitig, welches Interesse ihre Nachricht bei den PR-Partnern ausgelöst hat (mehr zu dieser Response-Aktion ist im Kapitel „PR-Erfolgskontrolle" dargestellt).

- Events, die unter anderem im Rahmen einer aussagefähigen eigenen Website im Internet bekannt gemacht werden, bieten eine einfache und kostengünstige Möglichkeit der PR, in dem auf der Website die Presseinformationen (klar getrennt von werblichen Inhalten sowie schnell und einfach zu finden und zu laden) bereit gestellt werden. Ein Download-Angebot von Pressetexten und Bildmaterial optimiert diese PR-Aktion. Bei der Festlegung der Internet-Erfolgskontrolle (Page-Impressions, Click streams etc.) muss rechtzeitig bedacht werden, dass sich die Nutzung dieser Downloads und Informationsangebote für PR-Partner später qualitativ und quantitativ auswerten lässt.

## PR-Kontakte während des Events

*PR-Partner sind anders als andere Event-Teilnehmer*

PR-Partner, insbesondere Journalisten und Redakteure, nehmen sich für die Teilnahme am Event nicht die Zeit, die beispielsweise Event-Teilnehmer mitbringen. Das liegt nicht an mangelndem Interesse für den Anlass, sondern begründet sich darauf, dass Medien und Multiplikatoren aktuell und über möglichst viele Anlässe und Ereignisse berichten wollen – und im Sinne der Leser, Zuschauer und Zuhörer sollen.

Alle persönlichen Kontakte, die Teilnahme an Pressekonferenzen oder Hintergrundgesprächen sowie Bewirtungsangebote, sind auf die Bedürfnisse und Ziele von PR-Partnern ebenso abzustimmen, wie der Zugang zu Pressefächern oder Presseräumen. Es muss für den PR-Partner schnell, aussagefähig und unkompliziert möglich sein, die notwendigen Informationen und Aussagen zu bekommen, ohne ausführliche Programmteile besuchen zu müssen. Eine zeitnahe, positive und wirkungsvolle Veröffentlichung wird dadurch von den Event-Organisatoren gezielt unterstützt.

Ein bereits in Einladungen, allen Presseinformationen und Pressemappen bekannt gemachter Ansprechpartner des Veranstalters (ein Pressesprecher) steht den PR-Partnern direkt für persönliche Informationen und das Beantworten von Fragen zur Verfügung. Kein PR-Partner ist bereit und zeitlich in der Lage, bei der Veranstaltung nach einer aussagefähigen Person zu suchen, und im schlechtesten Fall werden so Informationen unvollständig, unkorrekt oder gar nicht veröffentlicht. Dieser Schaden lässt sich – insbesondere auch in Krisen-PR-Situationen schon im Vorfeld vermeiden – zum Nutzen für das Event-Konzept und den Veranstalter.

PR-Partner stellen zu den vorbereitenden Informationen häufig Zusatzfragen oder informieren sich über Hintergründe, die für ihre Zielgruppen bedeutend sein können. Darauf sollten Eventmanager und PR-Ansprechpartner eingestellt sein. „Kein Kommentar" ist in jedem Falle die schlechteste Strategie und Antwort auf eine Frage. Gefragt und für die Erreichung der PR-Ziele wirkungsvoll sind fachlich korrekte, prägnante und zielgruppengerechte Aussagen und Antworten, die den PR-Partner wirklich weiterbringen und eine positive Verbreitung der Information unterstützen.

## Krisen-PR

*Wenn PR-Partner Negatives berichten (müssen)*

Redakteure, Journalisten und Meinungsbildner werden ihrer Aufgabe im PR-Bereich selbstverständlich nicht nur dann gerecht, wenn es darum geht, Positives zu berichten. Ausführliche Recherchen und ein zielgruppenorientiertes Hinterfragen von Sachverhalten und Informationen führt eben auch zur Verbreitung von negativen Meldungen. Schließlich wollen die Leser-, Hörer- und Zuschauerzielgruppen der Medien umfassend, aktuell und ausführlich informiert werden. Diese Kommunikationswirkung ist ein wesentlicher Unterschied im Vergleich zu den Werbeaktionen, die der Event-Veranstalter realisiert und selbstverständlich dazu nutzt, ausschließlich Positives über sein Konzept zu verbreiten.

Die mit Public Relations verbundene ‚Gefahr' von Negativ-Berichterstattung sollte allerdings keineswegs zur Eliminierung von PR-Aktionen führen. Multiplikatoren und Medien, deren Aufgabe schließlich die Information der Öffentlichkeit ist, erfahren durch ihre Recherchen ohnehin von wichtigen Ereignissen. Ein wichtiges Erfolgsrezept für den Aufbau von PR-Kontakten und der Forcierung von PR-Erfolgen ist daher das Motto „Aktion nicht nur Reaktion!". Und dieses Motto trifft bei Krisen-PR-Situationen, also dann wenn beim Event eine Panne passiert oder schon im Vorfeld Schwächen bekannt werden, ganz besonders zu. Vorbeugung gegen die unverwünschten Situationen der Krisen-PR ist die aller wichtigste Strategie, um PR-Kontakte zu Meinungsbildnern und Multiplikatoren so optimal wie möglich zu nutzen.

Eine wichtige vorbeugende Maßnahme gegen Krisen-PR-Situationen im Eventmanagement ist die konsequente Auseinandersetzung mit den Schwächen des Konzeptes. Veranstalter und Organisatoren, die – vor allem intern – auch die „Haken" ihres Konzeptes transparent gemacht haben, sind – im Idealfall – in der Lage rechtzeitig über entsprechende

Abhilfe-Maßnahmen nachzudenken. Auch wenn Risiken oder Gefahren nicht ganz ausgeschlossen werden können (z.B. Abhängigkeit von Witterung, noch laufenden Vertragsverhandlungen mit Künstlern o.ä.), kann jetzt rechtzeitig entschieden werden, wer, in welchem Umfang, zu welchem Zeitpunkt und mit welchen Inhalten über eventuelle Schwächen des Event-Konzeptes kommuniziert.

Probleme oder Unklarheiten bei der Veranstaltungsfinanzierung, öffentlich bekannt werdende Sicherheitsmängel, der Ausfall von Künstlerauftritten, negative Erfahrungen von Teilnehmern mit Kartenvorverkauf, Parkplatzangebot und anderen Details führen nicht selten zu einer negativen Berichterstattung – oft schon im Vorfeld einer Veranstaltung. Besser ist es, auch in solchen Fällen die Meinungsbildner und Multiplikatoren als PR-Partner einzubeziehen und sachlich korrekt und nachvollziehbar zu unterrichten. Der regionale Rundfunksender, der dann beispielsweise dabei unterstützt, die eintreffenden Event-Teilnehmer über Nahverkehrsverbindungen und Parkplatzangebote zu informieren, hilft dem Event-Veranstalter auf diese Weise sehr wirkungsvoll dabei, ein rechtzeitig erkanntes Problem gar nicht erst problematisch werden zu lassen.

## Kreative PR im Eventmanagement

*Wie wird das Event PR-wirksam?*

PR-Erfolge hängen primär von der Aufmerksamkeit und Akzeptanz der Meinungsbildner und Multiplikatoren ab. Sie sind schließlich die „Verbindung" zwischen Event-Veranstalter und Event-Zielgruppe und entscheiden letztlich über Zeitpunkt, Umfang und Inhalt von Berichten und veröffentlichten Meinungen. PR-Erfolge können somit also nur sehr bedingt gesteuert werden. Eine professionelle Vorgehensweise beim Aufbau von PR-Kontakten und der Bereitstellung von Informationen ist dennoch die Basis für PR-Erfolge.

Schon bei der Entwicklung des Event-Konzeptes werden daher die Grundlagen für spätere PR-Wirkungen und -Erfolge gelegt. Nur wenn das Konzept der Veranstaltung von Medien und Meinungsbildnern als professionell, überzeugend und nutzbringend wahrgenommen wird, sind diese bereit und interessiert daran, ihre Zielgruppen zu informieren. Denn schließlich haben diese Zielgruppen nur dann einen Nutzen davon. Daraus resultiert, dass schon in der Phase der Konzeption über eine spätere gewünschte PR-Wirkung nachgedacht werden soll. Und dazu gibt es viele Ansätze, von denen hier nur einige dargestellt sind:

- Eine Programmplanung, die bereits unter PR-Gesichtspunkten entwickelt wurde und gezielt den Auftritt von PR-wirksamen Prominenten, Moderatoren oder Künstlern einbezieht.
- Die Terminfestlegung von PR-Aktionen (z.B. Versand von Presseinformationen, Pressekonferenzen) unter Berücksichtigung der Redaktionsschluss-Termine der Medien (nur wenn aktuelle Nachrichten bis zu diesem Termin der Redaktion vorliegen, besteht Aussicht auf eine zeitnahe Veröffentlichung)
- Vorausschauende Zeitplanung unter Einbeziehung der terminlichen Verfügbarkeit von prominenten Ehrengästen und Event-Teilnehmern, die die Aktualität und Akzeptanz der Informationsinhalte steigern und beispielsweise als Interviewpartner zur Verfügung stehen.
- Einbeziehung von Benefiz-Aktionen, Sozialsponsoring etc. erhöht speziell bei ursprünglich sehr stark kommerziell ausgerichteten Marketing-Events das Interesse von Meinungsbildnern und Medien.

## Zusammenarbeit mit PR-Agenturen

*Dienstleister unterstützen die Öffentlichkeitsarbeit*

Bei der Planung und Durchführung eines Events greifen Veranstaltungsprofis in vielen Bereichen auf Dienstleister zurück – beim Catering, bei der Werbung, in der Technik. Die Überlegung, bei den Aufgaben der Öffentlichkeitsarbeit die Unterstützung erfahrener Mitarbeiter einer PR-Agentur zu nutzen, lohnt. Insbesondere dann, wenn im eigenen Organisationsteam wenig oder keine PR-Erfahrung vorhanden ist.

Zu bedenken ist in jedem Fall, dass jeder Dienstleister, also auch eine PR-Agentur erst dann optimal für den Veranstalter arbeiten und wirken kann, wenn das Dienstleistungsteam optimal gebrieft ist. Bei der Auswahl des geeigneten Agenturpartners ist zum einen „die richtige Wellenlänge" entscheidend. In den hektischen Zeiten der Veranstaltungsvorbereitung und während des Events muss die Kommunikation mit den Event-Dienstleistern unkompliziert, vertrauensvoll und reibungslos funktionieren. Ganz nach dem Motto: „Dienstleister sind Ent- nicht Belastung für den Veranstalter".

Die nicht selten geäußerte Unzufriedenheit über die Zusammenarbeit und insbesondere die Arbeitsergebnisse von PR-Agenturen basiert oft auf einer unter Zeit- und Entscheidungsdruck gefällten Auswahl des Dienstleisters. Faktoren für die erfolgsorientierte Auswahl von Agenturpartnern sind in der nachfolgenden Checkliste zusammengestellt:

**Checkliste „PR-Dienstleister /-Agentur als Partner bei der Öffentlichkeitsarbeit"**

- Erfahrungen der Agentur und deren Mitarbeiter/innen im Bereich Event-PR
- Erfahrungen der Agentur mit der Zielgruppe des Events
- Referenzen (PR-Erfolge bei vergleichbaren Aktionen, Veranstaltungen, Zielgruppen)
- Bestehende Kontakte zu Redaktionen, Multiplikatoren, Journalisten (die zur PR-Zielgruppe des Events gehören!)
- Bestehende aktuelle PR-Verteiler/Datenbanken als Grundlage für die PR-Aktionen für das Event
- Persönlicher Ansprechpartner in der Agentur (1. für den Veranstalter, 2. für PR-Kontakte)
- Erreichbarkeit und Kommunikation zwischen Veranstalter und Agentur (Standort, Kommunikationsverbindungen, EDV-Programme, Bürozeiten...)

Leistungen der PR-Agentur werden in der Regel nach einem vorher festgelegten Honorarsatz vergütet. Dabei gibt es zwei sehr häufig angewandte Berechnungsmodelle:

1. die Honorierung der geleisteten Arbeits- und Beratungsstunden nach einem vorher festgelegten Stundensatz. Die Stundensätze sind üblicherweise abgestuft für einzelne Aufgabenbereiche bzw. Leistungen wie Ideen/Konzepte, Beratung, VIP-/PR-Partner-Betreuung, Textarbeiten, Daten-/Adresserfassung.
2. die Bezahlung eines vorher festgelegten Pauschalbetrages für die vorher exakt definierten Leistungen der PR-Agentur. Lediglich darüber hinaus erbrachte Leistungen werden in diesem Fall nach einem vorher besprochenen Faktor, zum Beispiel dem Stundensatz vergütet.

Beide Berechnungsmodelle bieten Dienstleister und Auftraggeber eine gute Transparenz und Planbarkeit von Arbeitskapazitäten, zu erbringender Leistung, erwartetem Leistungsergebnis und notwendigem Etat.

Seltener findet in der Praxis die erfolgsorientierte Honorierung von PR-Agenturen Anwendung. Erfahrungsgemäß wohl eher deshalb, weil sich seriös arbeitende PR-Agenturen zwar sehr wohl ihrer Professionalität bewusst sind, allerdings auch wissen, wie bedeutsam in der Öffentlichkeitsarbeit der Inhalt von Botschaften und Ereignissen ist. Gerade diese können bei der Event-PR nur bedingt von der PR-Agentur beeinflusst werden. Von diesen Erfolgsfaktoren machen sich – wahrscheinlich zurecht – nur wenige Agenturen bei der Honorierung ihrer Leistungen abhängig.

Vergleichsangebote von mehreren PR-Agenturen schaffen in jedem Fall Transparenz und Überblick bei der Entscheidung und dienen außerdem als wichtiges Argument bei Honorar- und Leistungsverhandlungen mit dem ausgewählten Agenturpartner.

Üblich ist die Zahlung des Agenturhonorars in mehreren Teilen, z.B. ein Viertel des voraussichtlichen Gesamthonorars nach Vorlage des Konzeptes, ein Viertel drei Monate vor Veranstaltungsbeginn, ein Viertel direkt nach Veranstaltungsende, ein Viertel nach Vorlage der abschließenden PR-Erfolgskontrolle. Zeitpunkt, Anzahl und Umfang der Teilzahlungen gehören in dem Falle zum vorher festgelegten Auftragsinhalt, der mit dem PR-Dienstleister vereinbart wird.

## PR-Erfolgskontrolle

*Die Wirkung von Öffentlichkeitsarbeit messbar machen*

Auch bei der Messung der Wirkung unterscheidet sich Public Relations von Werbung. Während der Event-Veranstalter von geschalteten Anzeigen oder Mailing-Aussendungen grundsätzlich Belege bekommt, ist das Erfassen von Presse-/Medienveröffentlichungen und anderen Meinungsäußerungen viel komplexer. Die rechtzeitige Planung und Umsetzung der Erfolgskontrolle ist daher eine wichtige Grundlage für messbare Ergebnisse. Der gezielte Einsatz der nachfolgend dargestellten Erfolgskontrollinstrumente macht es möglich, dass PR-Erfolge transparent und messbar werden und somit entsprechend bewertet werden können.

- ***Pressespiegel***
  Wichtige Aufgabe des Event-Organisationsteams ist die Medienbeobachtung, um bei Erscheinen einer Veröffentlichung schnell und ausführlich über den Inhalt und die dadurch entstandene PR-Wirkung informiert zu sein. Das bedeutet, eine kontinuierliche, zeitnahe Beschaffung und Kontrolle der aktuellen Ausgaben von Medien, die bei der Verteilung von Informationen angesprochen wurden.

  Belege der Veröffentlichungen – auch wenn deren Inhalt nicht ausschließlich positiv ist – sind Bestandteil der Internen Public Relations und können wirksam bei der Vertiefung von Kontakten zu Meinungsbildnern (Kunden, Vertriebspartnern etc.) eingesetzt werden.

- ***Presse-Ausschnitt-Dienste***
  Bevor die PR-Maßnahmen gestartet werden, wird ein Unternehmen beauftragt, die Pressebeobachtung in Print- und/oder Online-Medien zu übernehmen. Voraussetzung ist die Übereinstimmung der seitens des Presse-Ausschnitt-Dienstes ständig beobachteten Medien mit dem PR-Verteiler des Veranstalters. Zeitnah stellt der beauftragte Presse-Ausschnitt-Dienst Originalbelege der Veröffentlichungen zur Verfügung und ermöglicht auf diese Weise eine nahezu vollständige Erscheinungskontrolle. Honoriert wird die Leistung eines Presse-Ausschnitt-Dienstes in der Regel durch eine monatliche Gebühr sowie einen zusätzlichen Betrag für jede recherchierte Veröffentlichung.

  Eine Auswahl an Adressen von Presse-Ausschnitt-Dienstes sind zum Beispiel in den verschiedenen Ausgaben der Kroll-Pressetaschenbücher aufgeführt.

- ***Media-Control***
  Dokumentationen von Funk- und TV-Berichten können bei der Media-Control GmbH auch nach dem Erscheinungstermin angefordert werden. Ausreichend sind ungefähre Angaben über Sender oder Sendung und Erscheinungstermin (www.media-control.de).

Nicht alle Presse-Informationen und PR-Aktionen führen unmittelbar zu einer Veröffentlichung. Dennoch stellt die entstandene Resonanz bei PR-Partnern und Meinungsbildnern eine wichtige Erkenntnisse in Bezug auf das Event und seine öffentliche Akzeptanz dar. Dies wiederum sind Maßstäbe für weitere PR-Aktionen vor und während des geplanten Events. Um Erkenntnisse über die erzielte PR-Wirkung schon in der Phase vor bzw. bei ausbleibender Veröffentlichung oder Verbreitung zu bekommen, eignen sich besonders die beiden nachfolgend dargestellten Maßnahmen. Gleichzeitig dienen diese Erfolgskontroll-Instrumente einer gezielten Vertiefung der PR-Kontakte:

- ***Response-Aktionen***
  Einladungen an Meinungsbildner und Multiplikatoren, Presse-Informationen und Pressemappen werden komplettiert durch Möglichkeiten für eine gezielte Rückantwort. Dadurch wird die Wirkung, der Rücklauf (Response) einer Maßnahme transparent und aussagefähig gemacht. Auch die Information, dass ein Journalist nicht an der Pressekonferenz teilnimmt, ist wertvoll. Schließlich kann jetzt ein zeitnaher Versand der Pressemappe organisiert werden, um auf diese Weise eine Berichterstattung zu forcieren. Voraussetzung für eine hohe Response-Quote ist der einfache Aufbau von Response-Aktionen und

die bewusste Entscheidung, welches Instrument im Einzelfall von der Zielgruppe am leichtesten genutzt werden kann (Fax-Antworten, Antwort-E-Mails, Rücksende-Postkarten)

- ***Follow-Up-Anrufe***
  Wichtige PR-Kontakte, die dem Ziel und der Zielgruppe des Events sozusagen optimal entsprechen, können durch gezielte Nachfass-Telefonate kontaktiert werden. Spätestens jetzt wird deutlich, wie wichtig von Anfang an der persönliche Ansprechpartner in der Redaktion, im Unternehmen oder der Institution ist – incl. Direkt-Durchwahl, Funktion, Vorname etc.

  Follow-Up-Anrufe, die inhaltlich gut vorbereitet sind (gezielte Fragen nach Erhalt der PR-Informationen, Umfang und Termin einer geplanten Berichterstattung, Ermittlung von vorhandenem Informationsbedarf) schaffen eine Übersicht, wie weit sich das Interesse des Ansprechpartners für das Event bereits entwickelt hat. Dadurch entsteht beim Veranstalter Schritt für Schritt eine Übersicht zu sich anbahnenden PR-Wirkungen und –Erfolgen. Der Zusatznutzen von Follow-Up-Anrufen: Der persönliche Kontakt zu wichtigen Meinungsbildnern und Multiplikatoren wird im Telefonat gezielt vertieft und ausgebaut.

## Das PR-Konzept als Bestandteil des Event-Konzeptes

*Eventmanager überlassen nichts dem Zufall – schon gar nicht bei der Öffentlichkeitsarbeit*

PR-Erfolge, das ist jetzt ganz deutlich geworden, können im Eventmanagement gezielt entwickelt werden, wenn auch ohne hundertprozentige Garantie für Inhalt und Erscheinungstermin. Wichtige Grundlage dafür ist eine systematische und professionelle Vorgehensweise, die den PR-Partnern deutlich macht, dass auch ihre Zielgruppe in der Strategie berücksichtigt ist.

Um termingerecht, PR-wirksame Inhalte kommunizieren zu können und dabei das Ziel der positiven Veröffentlichung bzw. Verbreitung der Botschaft „im Auge zu behalten", stellt das PR-Konzept einen wichtigen Bestandteil des Event-Konzeptes dar.

Die nachfolgende Checkliste gibt eine Übersicht der wichtigen Arbeitsschritte bei der gezielten Vorbereitung von PR-Aktionen im Rahmen von Events:

**Checkliste „PR als integriertes Element im Event-Konzept"**

- Vorteile des Events / Nutzen für die Zielgruppe
- Highlights des Event-Programmes
- Stärken des Konzepts, des Veranstalters, des Programms
- Schwächen des Konzepts
- Informationen zum Veranstalter
- Informationen zu Künstlern, VIPs, Moderatoren
- Aufbau eines PR-Verteilers
- Pressesprecher, Ansprechpartner für Medien, Meinungsbildner und Multiplikatoren
- Pressesprecher für Krisen-PR-Situationen
- Vorgehensweise bei Krisen-PR-Situationen
- Maßnahmen der externen PR vor dem Event
- Maßnahmen der externen PR während des Events
- Maßnahmen der externen PR nach dem Event
- Maßnahmen der internen PR
- PR-Erfolgskontrolle
- Aufgabenverteilung / Zuständigkeiten für PR-Aufgaben
- Zeitplanung für alle PR-Maßnahmen (Redaktionsschlusstermine, Erscheinungstermine, Erfolgskontrolle etc.)
- PR-Etat (eigener Aufwand, Aufbau- und Pflege PR-Adressen, Reisekosten, Pressematerial, Bildmaterial, Portokosten, Kommunikationskosten Telefon, Internet, E-Mail, Fax, Agenturhonorare etc.)

# Merchandising und Licensing im Eventbereich

*von Burkhard Freyberg*

Merchandising und Licensing in Verbindung mit Events haben auf den ersten Blick keine zwingenden Gemeinsamkeiten bzw. Überschneidungen. Trotzdem zeigt bereits ein erster Blick auf die Praxis großer Fest-Events, wie nahe diese Bereiche operieren, und dass es sogar oft zu elementaren Kooperationen von Merchandising und Events kommt.

Wie viele Events nutzen Markenlogos (z.B. von Sponsoren), bedienen sich bekannter Charaktere und Figuren aus der Film- und TV-Welt zur Ausgestaltung von Event-Programmen, wie oft finden Events in thematischen Umfeldern statt, die aus Filmszenarien stammen und diese sogar kopieren? Events können sogar selbst zu lizenzfähigen Marken werden, deren unberechtigte Nachahmung und deren kontrollierte Nutzung gefördert werden soll.

Es zählt daher zum wichtigen Basiswissen eines Event-Managers, die juristischen und ökonomischen Implikationen von Lizenzthemen zu kennen und sie rechtzeitig bei der Event-Planung zu berücksichtigen. Da wir es bei Lizenzen in der Regel mit Marken von erheblichem Wert zu tun haben, könnte eine Vernachlässigung dieser Thematik zu schwer kalkulierbaren Durchführungsrisiken von Events führen.

Andererseits ist auch in Deutschland mittlerweile durch die Präsenz professioneller Agenturen und spezialisierter Anwälte durchaus eine schnelle Integration eines Lizenzthemas in eine Event-Planung möglich, mit dem Ziel, dass der Markentransfer, der auf diese Weise geregelt wird, dem Event einen besonderen Nutzen bringt.

## Merchandising – Licensing – Markentransfer

Unter Merchandising und Licensing versteht man die Nutzung einer Marke in Kommunikations- und Produktwelten, in denen sie ursprünglich nicht angesiedelt ist. Diese Definition beschreibt den sogenannten Markentransfer von einem Kommunikations- oder Produktumfeld in ein anderes, welcher Hauptkennzeichen des Merchandising bzw. Licensing ist. Dabei kann das Wort Marke durchaus weitergefasst werden, als es alltags gebräuchlich der Fall ist. Zu Marke zählt nicht nur die klassische Handelsmarke vom Auto bis zum Schokoriegel, vom Zigarettennamen bis zum Premium-Champagner, sondern auch jedwede geschützte Figur aus Trick- und Fantasy-Film bzw. Büchern, jede lebende oder tote „Persönlichkeit", jedes Modelabel oder jede permanent wiederkehrende Veranstaltung bzw. Sportereignis, was in einer ersten Aufzählung beispielhaft einen Überblick über die Dimension des Themas vermitteln soll.

Vor diesem Hintergrund ist eine eindeutige Begriffsdefinition von Merchandising und Licensing zwar sinnvoll und wichtig, sie wird jedoch in der Praxis einerseits nicht klar abgrenzend zur Verfügung gestellt und ist auch andererseits nicht wesentlich zum Handling des Themas im Tagesgeschäft notwendig. Mit dem Begriff Licensing wird eher der Prozess der Vergabe einer Lizenz in Verbindung gebracht, also der Verhandlung zwischen Lizenzgebern und -nehmern mit dem darauf folgenden Vertragsabschluss. Merchandising dagegen findet als Begriff eher Anwendung auf den Prozess der Umsetzung eines Lizenzvertrages, also der Produktherstellung und der Platzierung im Handel mit den entsprechenden Kommunikationsmaßnahmen bzw. der Umsetzung bei einem Event.

Im Prinzip sprechen wir von zwei Seiten einer Münze, bei der sich verschiedene juristische, merkantile und kommunikative Funktionen einer Marke überschneiden.

### *Die Parteien des Merchandising-Verhältnisses*

Eine eigene Marke aufzubauen und zu pflegen, ist unverzichtbarer Teil der Kommunikationspolitik eines Unternehmens, da der Kunde beim Kauf einer Ware oder Dienstleistung bekanntermaßen nicht nur auf deren Preis und Qualität achtet, sondern auch auf das Image, das durch die Marke transportiert wird.

Dem Begriff „Markenbewusstsein" kommt hierbei eine große Bedeutung zu:

- Zum einen wird der Verbraucher auf die Qualität eines mit einer bekannten und seriösen Marke gekennzeichneten Artikels eher vertrauen als auf die eines qualitativ vielleicht gar nicht schlechteren „No-Name-Produkts." Zudem wird er für die (unter Umständen vielleicht nur vermeintliche) Garantie von „Markenqualität" möglicherweise sogar einen höheren Preis in Kauf nehmen.
- Andererseits lässt der Erwerb eines Markenproduktes den Konsumenten am „Markenimage" teilnehmen, den das Unternehmen durch die tatsächliche Qualität seiner Waren oder Dienstleistungen und nicht zuletzt durch seine Kommunikationsarbeit aufgebaut hat.

Vor diesem Hintergrund betrachtet, ist die Marke nicht nur ein Recht, das nach den Bestimmungen des Markengesetzes Schutz genießt, sondern es stellt für seinen Inhaber auch einen großen materiellen Wert dar, der über zum Teil enorme Investitionen im Bereich der Unternehmenskommunikation entstanden und in Anlehnung an Umsatz, erwirtschaftete Lizenzgebühren und Lebensdauer der Marke auch bezifferbar ist.

Für die Vergabe einer Lizenz steht für den Inhaber des Lizenzrechts oder Lizenzgeber als Motiv zumeist ein merkantiles Interesse im Vordergrund, d.h. entweder die indirekte Gewinnerzielung durch die entstehenden Lizenzgebühren oder das Erhöhen des (Kommunikations-)Wertes der eigenen Marke über deren Bekanntheitsgrad und Prestige.

Sofern es sich um Medienlabels handelt, die, wie wir noch sehen werden, im Eventbereich von besonderer Bedeutung sind, kommt als weiterer Grund die ihnen charakteristische „Flüchtigkeit" hinzu: eine Fernsehfigur beispielsweise ist im „Original" nur solange präsent, wie sie in ihrem Medium, dem Fernsehen, betrachtet werden kann. Ein Puppe derselben Figur als Merchandising-Produkt, also ihre Umsetzung in die dreidimensionale Welt, schafft demgegenüber eine dauerhafte Präsenz im Kinderzimmer, davon abgesehen, dass sie zu ihrem „Publikum" in eine viel engere Beziehung treten kann, weil sie in den Arm genommen oder beim Spielen mit einbezogen werden kann.

Der Lizenznehmer erhält durch das Lizenzverhältnis den geldwerten Vorteil, eine fremde, bereits aufgebaute Marke zum besseren Absatz seiner Produkte in Anspruch nehmen zu können. Dies spart ihm nicht nur die zum Aufbau einer eigenen Marke notwendigen Investitionen an Zeit und Mitteln, sondern er profitiert gleichzeitig vom bereits bestehenden Markenimage und der für das Hauptprodukt schon motivierten Zielgruppe, denn der Käufer eines Merchandisingprodukts bekennt sich durch dessen Verwendung fast immer zu einer bestimmten Lebensphilosophie, die durch das Markenimage vermittelt wird. Gleichzeitig profitiert er selbst von diesem Marken-Mythos, indem er ihn mehr oder weniger bewusst dafür in Anspruch nimmt, sich sozial zu positionieren.

### *Der Lizenzvertrag*

Für die rechtliche Struktur der Merchandising-Geschäfts ist grundlegend, dass nach § 30 I des deutschen Markengesetzes (MarkenG) vom 24. Oktober 1994[1] das durch die Eintragung, die Benutzung oder die notorische Bekanntheit einer Marke begründete Recht „für alle oder für einen Teil der Waren oder Dienstleistungen, für die die Marke Schutz genießt, Gegenstand von ausschließlichen oder nicht ausschließlichen Lizenzen für das Gebiet der Bundesrepublik Deutschland insgesamt oder einen Teil dieses Gebiets sein" kann.

Als Marke können sämtliche Zeichen geschützt werden, die geeignet sind, Waren oder Dienstleistungen eines Unternehmens von denjenigen anderer Unternehmen zu unterscheiden, insbesondere Wörter einschließlich Personennamen, Abbildungen, dreidimensionale Gestaltungen (etwa die Form einer Ware oder ihrer Verpackung) sowie sonstige Aufmachungen, wie Farben und Farbzusammenstellungen.[2]

Der Unternehmer kann die Marke beim Deutschen Patent- und Markenamt für bestimmte, in Klassen eingeteilte Produktgruppen anmelden. Der Markenschutz entsteht im Allgemeinen mit ihrer Eintragung in das vom Patentamt geführte Register.[3]

Bei Verletzung des Markenrechts durch unberechtigte Nutzer hat der Inhaber der Marke Ansprüche auf Unterlassung, Schadensersatz, Vernichtung der widerrechtlich mit der Marke gekennzeichneten Gegenstände sowie Recht auf Auskunft über Herkunft, Vertriebsweg und Menge der in unberechtigter Nutzung hergestellten und vertriebenen Gegenstände sowie über Namen und Anschrift von deren Herstellern, Lieferanten, Abnehmern, Auftraggebern.[4]

Ein Lizenznehmer kann dagegen Klage wegen Verletzung einer Marke nur mit Zustimmung des Inhabers erheben bzw. hinsichtlich des ihm selbst entstandenen Schadens der Klage seines Lizenzgebers beitreten.[5]

Wie unter anderem an dieser prozessualen Regelung zu erkennen ist, stellt die Lizenz ein vom Markenrecht abhängiges Nutzungsrecht dar. Daher liegt es prinzipiell in der Hand des Lizenzgebers zu bestimmen, welche Nutzungen er mit der Lizenzvergabe erlauben will (davon abgesehen, dass sich die Lizenz auch nur auf Waren oder Dienstleistungen beziehen kann, für die eine Marke Schutz genießt).

Der Transfer der Marke in eine andere Produktwelt vollzieht sich nach den in einem Lizenzvertrag zu vereinbarenden Regeln, die – jedenfalls nach den Interessen des Inhabers – dem Schutz und Ausbau der Markenpersönlichkeit dienen sollen.

In Lizenz hergestellte Produkte müssen deshalb durchweg, so die einschlägigen Fachbegriffe, „kongeniale" oder „produktadäquate" Übersetzungen der Marke in die neue Produktwelt sein. Eine Lizenz kann

- räumlich
- zeitlich
- inhaltlich
- exklusiv

vergeben werden. Für Events ergeben sich die räumlichen und zeitlichen Eingrenzungen normalerweise aus dem Event selbst, da Dauer und Ort einer Veranstaltung klar definiert sind. Ob eine exklusive Lizenzierung erfolgt, hängt natürlich von der Bedeutung der Veranstaltung ab und ob sie seriell, also als ständig wiederkehrendes Event, angelegt ist. Man wird eine solche exklusive Lizenz sichern müssen, auch zu einem hohen Preis, wenn die Event-Idee in Serie gehen soll. Am schwierigsten wird die inhaltliche Abgrenzung sein, da Nutzungsformen im Event nicht so klar definierbar sind, wie bei einer Vermarktung auf DVD oder als Spielzeug. Es ist wichtig, die Bandbreite des „Spielraums" einer Nutzung sehr präzise vertraglich festzulegen, um spätere Missverständnisse und damit juristische Auseinandersetzungen zu vermeiden.

## Licensing-Formen

### *Personality-Licensing*

Bei der Form des Personality-Licensing ist Imageträger für die zu verkaufenden Produkte eine natürliche Person, beispielsweise ein bekannter

Sportler, teilweise sogar Politiker wie z.B. George W. Bush. Personality-Merchandising bildet insofern die Parallele zur klassischen Testimonial-Werbung: Durch den Bezug zu einem aus seinem originären Umfeld bekannten Prominenten soll das gekennzeichnete Produkt aus der Masse von Angeboten in eine Einzigartigkeit gehoben werden.

Ziel ist es, das Image der Person auf die gekennzeichneten Produkte zu übertragen.[6] Dies geschieht meistens durch das Integrieren des Namens des „Stars" in den Markennamen oder durch dessen Abbildung auf der Verpackung. Das konkrete Kaufmotiv scheint für den Konsumenten zu sein, dass er an die Personality gern erinnert wird bzw. dass die mit ihrem Namen gekennzeichneten Produkte auch von guter Qualität sein müssen.[7] Diese beispielsweise mit bekannten Sportlern oder Schauspielern mit Erfolg angewandte Licensingform birgt jedoch immer das Risiko, dass sich das Image der eingesetzten Person negativ verändert und sie dadurch an Popularität einbüßt, was sich auf die Merchandisingprodukte überträgt.[8] Daher scheint es oft ein sichererer Weg, sich für Merchandising-Maßnahmen des schon zur Legende gewordenen Images bereits verstorbener Stars zu bedienen: Persönlichkeiten wie Marilyn Monroe, Albert Einstein oder Princess Diana als „Paten" für Parfums, Automobilserien, Compact Discs oder Accessoires bieten den – wenn auch etwas makabren – Vorteil, dass sie ein bereits gesichertes und feststehendes Image haben, das infolge des Ablebens ihres Trägers keiner Entwicklung mehr unterliegt.

In solchen Fällen ist allerdings nicht nur zu beachten, dass oft bereits Markenrechte etwa am Namen des Imageträgers bestehen, auch inhaltlich ist Vorsicht geboten: Trotz des formell einwandfreien Bestehens eines Markenrechts können posthume Persönlichkeitsrechte der Vermarktung in einer bestimmten Form entgegenstehen. So wurde im Zusammenhang mit der Produktion und Präsentation des Musicals „Marlene" der Tochter und Alleinerbin der Schauspielerin Marlene Dietrich vom Bundesgerichtshof Unterlassungs-, Schadensersatz- und Auskunftsansprüche wegen unbefugter Nutzung von Namen und Bildnis ihrer Mutter für Merchandisingprodukte zuerkannt,[9] und zwar auf der Grundlage der Verletzung des durch das Grundgesetz garantierten und nach deren Ableben weiter bestehenden allgemeinen Persönlichkeitsrechts der Verstorbenen. Konkret handelte es sich um Herstellung und Vertrieb eines Lancia-Sondermodells „Marlene" unter Nutzung einer Marke, die der Veranstalter des Musicals für sich hatte eintragen lassen, in einem zweiten Fall um eine Anzeige des Kosmetikherstellers Ellen Betrix, in der unter der Überschrift „Marlene-Look" und einer gezeichneten Abbildung der Schauspielerin für Kosmetik geworben wurde.

Die gerichtliche Entscheidung bedeutet insofern einen Meilenstein, als in ihr das posthume Fortbestehen von vermögenswerten, d.h. nicht rein ideellen Bestandteilen des allgemeinen Persönlichkeitsrechts bejaht wurde, die mit dem Tode des Imageträgers auf dessen Erben übergehen. Diesen wird zwar nicht eine uneingeschränkte Befugnis zur Vermarktung dieser Rechte zuerkannt,[10] ihre grundsätzliche Legitimation für die Kommerzialisierung von Persönlichkeitsrechten ihrer Erblasser jedoch bejaht. Maßgebliches Kriterium für die Zulässigkeit einer bestimmten Vermarktung soll nach den Ausführungen des Gerichts der „ausdrückliche bzw. mutmaßliche Wille des Verstorbenen" sein – was in vielen Fällen sicherlich zu Auslegungsschwierigkeiten führen wird.

*Character-Licensing*

Im Gegensatz zum Personal-Licensing wird beim sogenannten Character-Licensing nicht mit lebenden, sondern mit erfundenen Figuren operiert – allseits bekannte Beispiele kommen vor allem aus den Medien Film und Fernsehen wie „Harry Potter", die „Biene Maja" oder „Pumuckl". Wie man sich unschwer vorstellen kann, kann der Publikumserfolg gerade eines Events beispielsweise durch den Einsatz von aus Kindersendungen bekannten Figuren, wie etwa der „Maus", „Käpt'n Blaubär" oder einer Disney-Figur, ganz erheblich gesteigert werden. Medienfiguren gehen meist ihrerseits auf Buchfiguren zurück, haben jedoch über Film oder Fernsehen bereits eine spezifische bildliche Umsetzung erfahren, die in dieser Form als Marke eingetragen und dadurch lizenzfähig geworden ist.

Den bestehenden Markenrechten muss jedoch in jedem Fall Rechnung getragen werden, so dass hier mit Nachdruck darauf hingewiesen sei, dass für jede Nutzung eines Charakters bzw. einer sonst markenrechtlich geschützten Bezeichnung oder Gestaltung, gleichgültig wie geringfügig diese auch sein mag und in welcher Form sie stattfindet, eine entsprechende Freigabeerklärung des Rechtsinhabers eingeholt werden muss. Bei Zuwiderhandlung drohen nicht nur nachträgliche Konsequenzen (sprich: eine eventuelle Verurteilung zur Leistung von Schadensersatz), sondern es besteht bereits während der Veranstaltung die Gefahr einer gerichtlichen einstweiligen Verfügung zur Durchsetzung von Unterlassungsansprüchen, durch die der gesamte Event gefährdet werden kann.

Beim Abschluss eines Lizenzvertrages für eine Veranstaltung ergibt sich als Besonderheit des Events, dass der Lizenzgeber das neue Markenumfeld, sollte es sich nicht um eine periodische Veranstaltung handeln, nicht im Voraus „testen" kann, indem er sich zum Beispiel, wie bei Merchandisinggegenständen üblich, ein Musterexemplar vorführen lässt. Schon aufgrund dieses Umstandes ist davon auszugehen, dass die Klauseln einer Lizenzvereinbarung in diesem Bereich mit besonderer Sorgfalt ausgestaltet werden.

Zudem ist es bei der Umsetzung eines Charakters in den Kontext eines Events, wie generell für alle Licensing-Formen, wichtig, dass die Kongenialität zur Hauptmarke gewahrt bleibt. Eine Weiterentwicklung lässt sich hier jedoch oft gar nicht vermeiden: Trotz einer „originalgetreuen" Umsetzung der Figur wird beim Event ein aus dem zweidimensionalen Medium Fernsehen bekannter Charakter meist zwangsläufig dreidimensional. Auch tritt er plötzlich in Beziehung zu Personen und erhält dadurch eine räumliche Größe, die etwa bei Trickfilmfiguren oft gar nicht definiert ist. Gleichzeitig muss in einem entsprechenden Lizenzvertrag die Form des Auftritts und der Kontext festgelegt werden, in dem die Figur präsentiert wird. Ein gutes Beispiel ist in diesem Zusammenhang etwa die „Maus" des WDR. Für eine kongeniale Umsetzung dieser Figur, die auf dem Bildschirm niemals spricht, sondern nur sehr originäre, auch für eine Maus untypische Laute von sich gibt, wäre in einen Lizenzvertrag sicherlich aufzunehmen, ob sie bei einem „Auftritt" sprechen und auf der Veranstaltung optisch mit anderen (Fernseh-)figuren in Kontakt kommen darf, die nicht „zu ihrer Welt" gehören.

Beispiel für eine sehr variantenreiche Weiterentwicklung eines Charakters durch Umsetzung in verschiedene Medien ist die Kinderfigur „Käpt'n Blaubär": Diese Buchfigur von Walter Moers wurde zuerst als Comic-Strip-Zeichnung konzipiert, danach zu einer Filmpuppe in der bekannten Sendung des WDR, inzwischen schwimmt sie u.a. in einem Freizeitpark der Firma Ravensburger Spiele als Tretboot im dortigen See. Jede einzelne dieser Umsetzungen bewirkt zwangsläufig eine Weiterentwicklung des Charakters. Um die Kongenialität der jeweiligen Endprodukte im Sinne des Lizenzgebers zu sichern, arbeiten die Inhaber bekannter Marken daher mit sogenannten „Style Guides", die zumeist in ihrem Auftrag von Licensing-Unternehmen entwickelt werden und neben der Kongenialität zum Hauptcharakter auch die Kompatibilität der verschiedenen Umsetzungen untereinander garantieren sollen.

Sofern man sich als Veranstalter für eine Lizenz zur Verwendung eines bestimmten Charakters interessiert, sollte man zunächst die „Spur" des Originalproduktes aufnehmen um herauszufinden, wer Inhaber des Markenrechts ist bzw. wer dieses verwaltet – oft ist es derselbe Licensing-Dienstleister, der auch ihren „Style Guide" entwickelt hat. Bei einer Buchfigur wird für diese Recherche der Verlag ein geeigneter Ansprechpartner sein, bei reinen Medienfiguren das Justitiariat des jeweiligen

Senders. Die privaten und öffentlich-rechtlichen TV-Anstalten bzw. Senderfamilien haben oft hierfür eigene Tochtergesellschaften wie der Südwestrundfunk die SWR Media GmbH, der WDR die WWF-Gruppe oder ZDF-Enterprises GmbH beim Zweiten Deutschen Fernsehen.

Oft werden auch Produktionsgesellschaften (Bavaria mit Bavaria Sonor GmbH) als Lizenzgeber tätig, vor allem dann, wenn die Lizenzerträge bereits unmittelbar ein Teil der Refinanzierung der Produktionskosten z. B. einer lang laufenden Serie abdecken soll. Diese Agenturen erhalten für ihre Aufgaben der Lizenzierung und die daraus resultierende laufende Betreuung der Lizenz inklusive Abrechnung der Einnahmen eine Provision, die üblicherweise zwischen einem Viertel und einem Drittel der vom Lizenznehmer abzuführenden Erträge liegt.

Für die bevorstehenden Lizenzverhandlungen sollte man eine möglichst genaue Skizzierung des geplanten Events vorbereiten:

- Dazu gehört zunächst das Definieren der Zielgruppe, für die die Veranstaltung geplant ist. Man orientiert sich dafür am besten an den Typologien, die bei den Werbeagenturen gebräuchlich sind. Derzeit sind dies vor allem die sogenannten Sinus-Milieus, die unter www.sinus-milieus.de im Internet konsultiert werden können.
- Für die Vergabe einer Lizenz wird der Lizenzgeber bzw. sein Licensing-Dienstleister eruieren, was beim geplanten Event und in dessen Kontext mit „seiner" Figur geschehen soll: Findet sie statt, d.h. ist ein richtiger Auftritt geplant oder soll sie nur plakativ vorhanden sein? Ist zu erwarten, dass die Zielgruppe seiner Marke diesen tatsächlich besucht und welche Besucherzahlen werden erwartet? Welcher thematische Zusammenhang besteht sonst zwischen der Figur und der Veranstaltung? Welche Botschaft soll sie „verkaufen"?
- Daneben wird der Lizenzgeber wissen wollen, welcher merkantile Wert hinter der Veranstaltung steckt. Dieser kann bei einer Veranstaltung, für die der Besucher Eintritt zahlen soll, durch eine Berechnung des maximal zu erwartenden Umsatzes (Anzahl der Plätze x Eintrittspreis) errechnet werden. Je nachdem, wie stark der Auftritt der Figur den Erfolg des Events mitbestimmt, wird der Markeninhaber als Lizenzgebühr einen dieser Wichtigkeit entsprechenden Prozentsatz des Umsatzes verlangen. Eine ebenfalls geläufige Variante, die z.B. oft für reine Promotionsveranstaltungen gewählt wird, bei denen kein Eintritt erhoben wird, ist eine einmalige konkrete Zahlung (sog. „Buy-out"), deren Höhe Verhandlungssache zwischen Lizenzgeber und -nehmer ist.

*Brand-Licensing*

Brand-Licensing ist im Gesamtspektrum der Licensingformen dessen bedeutendste Ausgestaltung[11]. Es zerfällt in die beiden Untergruppen der Lizensierung von Unternehmenskennzeichen und des sogenannten „Titel-Licensing".

Die Unterscheidung geht zurück auf die gesetzliche Unterteilung durch § 5 des Markengesetzes. Die dort umschriebenen geschäftlichen Bezeichnungen genießen sogar unabhängig von ihrer Eintragung als Marken Schutz.[12] Unternehmenskennzeichen sind Zeichen, die im geschäftlichen Verkehr als Name, als Firma oder als besondere Bezeichnung eines Geschäftsbetriebs oder eines Unternehmens benutzt werden.[13] Darüber hinausgehend genießen die handelsrechtliche Firma, der mit ihr oft identische Eigenname des Firmeninhabers sowie namensartige Kennzeichen des Unternehmens (z.B. auch Internet-Domain-Adressen) zudem gemäß § 37 HGB bzw. §12 BGB Namensschutz. Beispiele für Merchandising und Licensing einer Marke sind die „Camel-Farewell-Tour" und die Vermarktung des im Laufe einer jahrzehntelangen Kommunikationsarbeit etablierten Images von „Freiheit und Abenteuer" für Musikveranstaltungen und Freizeitbekleidung.

Als Werktitel sind die „Namen oder besonderen Bezeichnungen von Druckschriften, Filmwerken, Tonwerken, Bühnenwerken oder sonstigen vergleichbaren Werken" geschützt.[14] Dazu gehören insbesondere auch die Titel von Fernsehsendungen oder -serien.

Auch wenn die Finanzierung der öffentlich-rechtlichen Rundfunkanstalten durch Licensing derzeit noch sehr gering ist, stößt die Idee des Titel-Licensing aus Sicht der deutschen Rechtsprechung eher auf Bedenken. So war im bereits zitierten „Guldenburg-Verfahren" des ZDF gegen den Eigentümer des Schlosses, in dem Teile der Dreharbeiten zur Erfolgsserie „Das Erbe der Guldenburgs" stattgefunden hatten, zentrale Frage, ob der Sender den Vertrieb von Getränken, Nahrungsmitteln und Schmuck unter drei für diese Produktklassen eingetragenen Marken „Guldenburg" unter Berufung auf sein eigenes Verwertungsrecht des Serientitels unterbinden konnte.

Dies wurde vom Bundesgerichtshof verneint,[15] indem er das „Titel-Merchandising" durch die Sendeanstalt als „erwerbswirtschaftliche Randbetätigung" zwar grundsätzlich für zulässig erklärte, jedoch gleichzeitig ausführte, bei Annahme einer schützenswerten Rechtsposition des Senders im Bereich des Merchandising für gänzlich „rundfunkferne" Produkte bestehe „eine nicht zu vernachlässigende Gefahr der Kollision mit tragenden Grundsätzen des Medienrechts, nämlich den Geboten der Neutralität im Wettbewerb und der Bewahrung der Unabhängigkeit der Programmgestaltung sowie der Abwehr fremder Einflüsse". Bei unbegrenzter Zulassung des Titel-Merchandising könnte eine Gruppe von Lizenznehmern gegenüber der Sendeanstalt beachtlichen Druck erzeugen, etwa dahingehend, eine Sendung mit großer Werbewirkung entweder fortzusetzen, zu wiederholen oder zu möglichst günstigen Sendezeiten zu platzieren.[16] Es ist unbestreitbar, dass in der heutigen Zeit Fernsehproduktionen besonders und überwiegend bei privaten Fernsehsendern bereits mit Blick auf die Möglichkeit eines späteren Merchandising konzipiert werden.[17] Mit der Sendung „Deutschland sucht den Superstar" konnten allein durch CD-Vermarktung und weitere Merchandisingformen Erträge im dreistelligen Millionen-Euro-Bereich erwirtschaftet werden.

*Event-Licensing*

Auch Events sind merchandisingfähig: Der Wiener Opernball oder das Münchner Oktoberfest beispielsweise werden an anderen Orten der Welt unter Umsetzung des originalen Konzepts in Lizenz veranstaltet. Bei den olympischen Spielen ist der Original-Event als globales Ereignis zwar nicht kopierbar, lizenzfähig sind jedoch die olympischen Ringe als Bildmarke, die, wie bei jeder neuen Ausgabe der Spiele erneut auf unzähligen Produkten zu sehen, über die entsprechenden Lizenzverträge sehr intensiv vermarktet werden. Der Gedanke, für eine bevorstehende Veranstaltung Markenschutz zu beantragen und Lizenzen für Merchandisingprodukte zu vergeben, kann daher eine hervorragende zusätzliche Einnahmequelle für deren Budget darstellen.

Da das Konzept des Events als solches praktisch keine Chance auf Eintragung hat, sollte man am besten den Titel der Veranstaltung als Marke schützen lassen, und zwar einerseits für Veranstaltungen als solche und daneben für die voraussichtlichen Merchandising-Produkte. Wird der Event als Kommunikationsmaßnahme eines Unternehmens produziert, sollte man auch dessen „Originalprodukte" in den Markenschutz mit einbeziehen. Schon vor der endgültigen Entscheidung über den zu schützenden Veranstaltungstitel sollte man allerdings überprüfen, ob für dieselben Produkte bereits ein gleicher oder ähnlicher Titel im Markenregister eingetragen ist. In diesem Fall wäre nämlich mit einem erfolgreichen Widerspruch des entsprechenden Inhabers zu rechnen, und zwar möglicherweise zu einem Zeitpunkt, an dem bereits die gesamte Kommunikation der Veranstaltung selbst und eventueller weiterer Maßnahmen auf den vorgesehenen Titel abgestimmt ist. Für die entsprechenden Recherchen kann man ebenso wie für das Eintragungsverfahren eine Lizenzagentur oder einen auf die Materie spezialisierten Rechtsanwalt beauftragen, kann sich an einigen Stellen jedoch auch selbst darüber informieren.[18]

Von der Anmeldung der Marke mittels Antrag an das zuständige Patent- und Markenamt in München bis zu ihrer Eintragung muss man ca. sechs bis neun Monate einkalkulieren. Die Anmeldegebühr beträgt derzeit 300,- Euro für Markenschutz in bis zu drei Klassen; für jede weitere Klasse entstehen nochmals 100,- Euro Gebühr. Für weitere Einzelheiten sollten Sie das Merkblatt „Wie melde ich eine Marke an?" konsultieren, das von der Website des Deutschen Patent- und Markenamts heruntergeladen werden kann (www.dpma.de).

*Art Licencing*

Das Kunst- oder Art Licensing betrifft Lizenzen auf die Reproduktion oder Umsetzung von Werken bekannter Künstler, deren Urheberrecht noch geschützt ist. Es geht zumeist darum, bestimmte Produkte über eine künstlerisch gestaltete Werbung oder Verpackung besser zu positionieren, indem sie exklusiver, imageträchtiger oder auch sympathischer gemacht werden.[19] Die erfolgreiche Zusammenarbeit von Künstlern wie Otmar Alt (Schimmel Pianos), Xavier Mariscal (Absolut Wodka) oder Tomi Ungerer (New York Times) mit namhaften Unternehmen sind hierfür gute Beispiele.

Nach dem Urheberrechtsgesetz genießen die Schöpfer von Werken der Literatur, Wissenschaft und Kunst für ihre Werke Schutz,[20] was für jegliche optischen „Anleihen" eine vertragliche Regelung notwendig macht, es sei denn, die Urheberrechte seien bereits abgelaufen. Hierbei ergibt sich eine Unterscheidung zwischen der Verwendung von Produktionen lebender und bereits verstorbener Künstler: Der urheberrechtliche Schutz endet siebzig Jahre nach Ablauf des Kalenderjahres, in dem der Urheber gestorben ist. In der Zwischenzeit werden die von ihm erworbenen Rechte von seinen Erben wahrgenommen, sofern er ihre Ausübung nicht durch letztwillige Verfügung, also im Allgemeinen durch Testament, einem Testamentsvollstrecker übertragen hat.[21] Dadurch wird die Umsetzung von Bildwerken im Art Licensing von dritten Personen abhängig und durch diese beeinflusst.

Auf tatsächlicher Ebene kommt hinzu, dass ein verstorbener Künstler naturgemäß keine Mitspracherechte beim Einsatz seines Oeuvres mehr ausüben kann und eine aktive Mitgestaltung der Merchandisingprodukte wie in den oben genannten Fällen entfällt. Diese macht aber oft einen besonderen Reiz dieser Licensing-Form aus.

*Mischformen*

Die Grenzen zwischen den vorstehend aufgeführten und anderen, hier nicht eigens besprochenen Kategorien des Licensing (z.B. Movie Licensing, Music Licensing, Sport Licensing, Music Licensing etc.) sind fließend. Bei der Gestaltung etwa von Schmuck der Marke „Tiffany" oder Porzellan von Villeroy & Boch durch Paloma Picasso sind neben der Komponente des Art Licensing auch Elemente des Personality Licensing in Bezug auf die Künstlerin selbst gegeben, abgesehen von dem „Mythos", den die Allgemeinheit mit dem Namen „Picasso" verbindet .

*Merchandising-Produkte*

Es gibt kaum Produkte, die dem Merchandising per se nicht zugänglich sind. Den größten Anteil am Licensing-Umsatz nimmt mit 24% die Gruppe „Toys & Games", also Spielsachen und Spiele, ein, es folgen die Kategorien „Publishing & Stationary" (Publikationen) und „Textiles & Accessoires" (Bekleidung + Accessoires) mit jeweils 20%.[22]

Die Popularität von „Toys & Games" erklärt sich dadurch, dass Kinder eine besonders dankbare Zielgruppe für Merchandising-Produkte sind: Merchandising macht Gegenstände bunt und dadurch für Kinder besonders ansprechend. Auch ist ihre Welt weitgehend durch Phantasie bestimmt, was insbesondere dem Character Licensing entgegenkommt. Daneben bietet der Alltag von Kindern, der im Gegensatz zum Leben der Erwachsenen weniger von gediegener „Etikette" bestimmt ist, praktisch unbegrenzten Raum für Merchandising-Produkte: ob Bettwäsche, Schulhefte oder Süßigkeiten, der kommerziellen Phantasie sind in der Welt von Kindern kaum Grenzen gesetzt.

Bei Erwachsenen geht der Trend dagegen immer mehr zum Kauf von Edelprodukten. Dies ist schon an den in den letzten Jahren aktuellen Autofarben zu sehen: immer häufiger werden dunkle oder gedeckte Töne, wie Silber, Anthrazit, dunkelblau oder schwarz gewählt, Aufkleber werden praktisch nicht mehr verwandt. In diesem Trend drückt sich vermutlich der Wunsch aus, möglichst „pur" sein zu wollen, was dazu führt, dass das Merchandising bei Produkten für Erwachsenen sich immer mehr auf sehr wenige „Edelmarken" wie z.B. exklusive Automobil- oder Modehersteller beschränkt.

*Erfolgskontrolle bei Merchandisingmaßnahmen*

Der Erfolg einer Maßnahme des Merchandising kann in erster Linie am Absatz der Lizenzprodukte gemessen werden.

Sehr viel schwieriger und auch mit zeitlicher Verzögerung werden sich jedoch die Wechselwirkungen ermitteln lassen, die zwischen dem Vertrieb der Merchandisingprodukte und der Hauptaktivität des Markeninhabers ergeben. Bei intensiver Merchandisingtätigkeit nimmt die Hauptmarke nach einiger Zeit das Image der Merchandisingprodukte an, was sowohl positiv als auch negativ zu Buche schlagen kann. Eine derartige Entwicklung war beispielsweise bei Marken wie Aigner und Yves St. Laurent zu beobachten. Von letzterer wurden „Pret-a-porter"-Artikel in Kaufhäusern von C&A vertrieben, wodurch das Image der Hauptmarke wohl nicht unbedingt bei der Gruppe mögliche Käufer von Haute-Couture, in der breiten Öffentlichkeit aber ganz erheblich gelitten hat. Daneben sinkt, wenn ein Lizenzthema sehr intensiv vermarktet wird, mit fortlaufender Zeit seine Attraktivität beim Konsumenten, da sich schnell ein Überangebot an Lizenzprodukten auf dem Markt bietet.

Aus diesem Grund ist es notwendig, für jede Marke eine „individuelle" Licensing-Strategie auszuarbeiten, die diese und andere betriebswissenschaftliche Mechanismen berücksichtigt. Mit dieser Aufgabe werden häufig die schon mehrfach erwähnten Licensing-Agenturen beauftragt. Nach einer möglichst umfassenden Marktforschung erarbeiten sie den „Style Guide", vermitteln Kontakte zwischen Lizenzgebern und -nehmern und koordinieren die Lizenzvergabe. Daneben gehören zu ihren Leistungen die Konzeption und Anmeldung der Marke, Einnahme und Buchung von Lizenzgebühren, die Verfolgung von nichtgenehmigten Lizenznutzungen (Markenpiraterie) und die fachspezifische Rechtsberatung.

Im Falle von Events als Licensingprodukten (oder besser: Licensingdienstleistungen) ist die Erfolgskontrolle insofern problematisch, als dem Event eine besondere Komponente innewohnt, die die klassische Werbung heute weitgehend nicht mehr leisten kann: Viel mehr als die klassischen Instrumente Anzeigen, Plakate, Spots etc. erzeugt ein Event Emotionen, die Marke wird durch den Besuch einer Veranstaltung „erlebbar". Zwar ist es möglich zu messen, wie viele Personen diese Veranstaltung besucht und wie viel Eintrittsgeld sie dafür bezahlt haben, die emotionale Wirkung, die bei ihnen erzeugt wurde, ist es dagegen (noch) nicht. Hierfür bedürfte es wissenschaftlich fundierter Parameter, die wie bei den genannten Werbemaßnahmen einen möglichst sicheren Nachweis der emotionalen Wirkung zulassen. Derartige Kriterien wären jedoch dringend notwendig, um eine erfolgreiche Positionierung des Bereichs „Events" im Kommunikationsmix eines Unternehmens zu ermöglichen: der Marketingplaner einer Firma muss gegenüber seinen Vorgesetzten begründen können, warum er Geld in Events steckt anstatt in traditionelle Anzeigen, Plakate und Werbespots.

Es bleibt deshalb im Interesse des Eventmarktes eine permanente Forderung an die beteiligten Unternehmen und die kooperierenden Hochschulen und Institute, möglichst umfassend standardisierte Wirkungsnachweise von Events zu erarbeiten, was eine mehrjährige Grundlagenforschung erfordert.

## Anmerkungen

[1] BGBl. I S. 3082, 1995 I S.156
[2] Vgl. i.e. § 3 I MarkenG
[3] § 4 I Nr. 1 MarkenG
[4] Vgl. i.e. § 14 II, VI, VII, 15 V, VI, 18 und 19 MarkenG sowie § 812 BGB
[5] § 30 III und IV MarkenG
[6] Vgl. Auer, M./Diederichs, F.A. (Geschäft, 1993): „Geschäft mit fremden Federn", in: Lebensmittel-Zeitung-Journal Nr. 15/1993, S. J. 26-28; Böll, K., „Merchandising und Licensing: Grundlagen, Beispiele, Management", München: Vahlen, 1999, S. 28
[7] Böll, a.a.O., S. 29
[8] Böll, ebda., S. 31
[9] 1ZR 149/976 vom 01.12.1999
[10] „... Schließlich ist darauf hinzuweisen, dass sich die Befugnisse des Erben vom Träger des Persönlichkeitsrechts ableiten und nicht gegen seinen mutmaßlichen Willen eingesetzt werden können. Mit der Befugnis des Erben, die vermögenswerten Bestandteile des Persönlichkeitsrechts in der Weise wahrzunehmen, dass er gegen eine unbefugte Verwendung des Bildnisses oder des Namens des Verstorbenen einschreitet, ist daher nicht ein uneingeschränktes positives Benutzungsrecht verbunden, das auch gegen die ausdrücklichen oder mutmaßlichen Interessen des verstorbenen Trägers des Persönlichkeitsrechts eingesetzt werden könnte. Vielmehr darf der Erbe die nach dem Tode (fort-) bestehenden Vermarktungsmöglichkeiten nur unter Berücksichtigung dieses Willens nutzen.... ", so der BGH im erwähnten Urteil.
[11] Vgl. Böll, a.a.O., S. 28
[12] § 1 Nr. 2 MarkenG
[13] § 5 Absatz II MarkenG
[14] § 5 Absatz III MarkenG
[15] I ZR 254/90, v. 19. November 1992
[16] Die vom ZDF gegen dieses Urteil gerichtete Verfassungsbeschwerde (BvR 341/93 v. 28.10.1998) unter Berufung auf eine Verletzung seiner Rundfunkfreiheit wurde von den Verfassungsrichtern u.a. unter Hinweis auf mangelnde Aussicht auf Erfolg nicht zur Entscheidung angenommen, da die vom Bundesgerichtshof aufgezeigten Gefahren „nicht fernliegend" seien.

[17] Vgl. Brem, Chr., „Merchandising und Licencing für Rundfunkunternehmen", Arbeitspapiere des Instituts für Rundfunkökonomie an der Universität zu Köln, Heft 157, April 2002

[18] Beispielsweise an folgenden Zentren: Deutsches Patent- und Markenamt, München (www.dpma.de), Universitätsbibliothek Aachen, Deutsches Patentamt Berlin, Patent- und Informationszentrum Bielefeld, Hochschule Bremen (Patent- und Normenzentrum), Landes- und Hochschulbibliothek Darmstadt, Universitätsbibliothek Dortmund, Handelskammer Hamburg, Universitätsbibliothek Hannover, Universität Kaiserslautern, Landesgewerbeanstalt Nürnberg, Landesgewerbeamt Stuttgart, Universitätsbibliothek Chemnitz, Universitätsbibliothek Dresden, Mitteldeutsche Informations-, Patent- und Online-Service GmbH, Halle, Technische Universität Ilmenau, Universität Jena, Universitätsbibliothek Magdeburg, Universitätsbibliothek Rostock (Außenstelle Warnemünde). Diese Aufstellung erhebt keinen Anspruch auf Vollständigkeit.

[19] Böll, a.a.O., S. 74

[20] §1 Urheberrechtsgesetz (UrhG)

[21] Vgl. im einzelnen §§ 64, 69 und § 28 UrheberrechtsG

[22] Böll, a.a.O., S. 82

# Marktforschung und Erfolgskontrolle am Beispiel Fernsehforschung in einer öffentlich-rechtlichen Rundfunkanstalt[1]

*von Walter Klingler*

## Vorbemerkung

Die SWR-Medienforschung ist die Medienforschungseinheit Südwestrundfunks. Zu ihren zentralen Aufgaben gehören:

- Die kontinuierliche Berichterstattung und Analyse der Nutzung der SWR-Angebote (Fernsehen, Hörfunk, Online), insbesondere auf Basis der Standardinstrumente GfK-Fernsehforschung, Media-Analyse und dem hauseigenen, monatlichen SWR-Trend;
- die kontinuierliche Angebotsanalyse der Medien und ihrer Entwicklung für die Programmberatung. Hierzu gehört auch die Entwicklung und der Einsatz entsprechender Instrumentarien wie zum Beispiel die Programmanalyse Hörfunk, die GfK-Codierung, von Spartenauswertungen im Bereich Fernsehen und so weiter;
- vielfältige qualitative Forschungsprojekte zur Beratung und Konzeption von Programmen und Sendungen (zum Beispiel Sendungs- und Pilottests; Publikums- und Zielgruppenforschung zur Beschreibung und Analyse des Ist und der Publikumstrends (zum Beispiel Studien zum Medienverhalten von Kindern und Jugendlichen, älteren Zuschauerinnen und Zuschauern oder zur „Multimediawelt");
- schließlich die Vertretung des SWR im Bereich Medienforschung in der ARD, im Rahmen der ARD/ZDF-Forschungskooperationen und in der Zusammenarbeit mit Dritten;
- weitere Forschungsschwerpunkte sind beispielsweise die Musikfor-

schung (Angebotsanalysen, Nutzungsdaten, Präferenzen), die Marketing- und Imageforschung für das Haus, die Gewährleistung der hausinternen Standardinstrumente – wie zum Beispiel des SWR-Trends[2] – sowie unter anderem die (Weiter-)Entwicklung anderer von der Medienforschung eingesetzter Methoden.

## Medienforschung als Serviceeinheit und Partner

Soweit die Kernaufgaben der SWR-Medienforschung und die Zuständigkeiten der Abteilung im öffentlich-rechtlichen Forschungskontext.[3] Die Abteilung Medienforschung steht gleichermaßen allen Bereichen des Hauses als Forschungseinrichtung zur Verfügung: der Geschäftsleitung, den einzelnen Direktionen, den Programmen und zum Beispiel den Redaktionen, ist damit Serviceeinheit und Partner für alle Bereiche des Hauses.

Dies gilt auch für den zweiten Teil der Abteilung Medienforschung, für den Bereich Mediendokumentation, der zur Gesamtabteilung gehört. Aufgabe der Mediendokumentation ist es, die Intendanz, die Direktoren und die Programmredaktionen (in allen Funkhäusern, Studios und Büros des SWR) mit Informationen über die Medien (elektronische Medien, Neue Medien, Printmedien, Film unter regionalen, nationalen und internationalen Aspekten) zu versorgen.

Informationspools sind dabei in erster Linie SWR-eigene und kooperierte Textdatenbanken (die Pressedatenbank seit 1997 mit digitaler Speicherung), externe Pressedatenbanken, eine eigene Präsenzbibliothek sowie circa eine halbe Million seit 1970 konventionell archivierter Zeitungs- und Fachzeitschriftenartikel zu publizistischen und medienrelevanten Themen.

Die Abteilung Medienforschung des Südwestrundfunk arbeitet darüber hinaus auch in Forschungskontexten mit internen und externen Partnern in gemeinschaftlichen Projekten zusammen. Drei Beispiele sollen hier genügen:

- Gemeinsam mit Partnern bildet der Südwestrundfunk den Medienpädagogischen Forschungsverbund Südwest, der sich die Aufgabe gesetzt hat, die jeweils in den einzelnen Häusern vorhandenen Ressourcen im Bereich „Medienpädagogik" zusammenzubringen und gemeinsam für dieses Thema und in diesem Kontext zu nutzen.[4]
- Gemeinsam mit Partnern realisiert die Abteilung Medienforschung des SWR das Online-Angebot „Mediendaten Südwest", das seinen Nutzern Auskunft über die Medienlandschaft in den Bundesländern

Baden-Württemberg, Rheinland-Pfalz und Saarland bietet beziehungsweise bieten soll.[5]

- Gemeinsam mit Partnern realisiert der Südwestrundfunk die Tagungsreihe „Medienrezeption“, in deren Rahmen unterschiedliche Schwerpunkte und Aspekte von Medienangeboten und ihrer Nutzung, ihrer Rezeption behandelt werden. Die erste Tagung fand in Baden-Baden im Oktober 1997 unter dem Titel „Medienrezeption seit 1945“ statt, die zur Zeit aktuellste fand im November 2002 in Stuttgart zum Thema „Medienzukunft“ statt.[6]

Soweit ein knapper Überblick über wichtige Punkte des Aufgabetableaus der SWR-Medienforschung im Südwestrundfunk, ihres Selbstverständnisses und der auf dieser Basis eingegangenen Partnerschaften.

## Zur Organisation der Abteilung Medienforschung

Die Abteilung Medienforschung ist für das oben beschriebene Thementableau inklusive der Mediendokumentation an allen Standorten des SWR zuständig. Dies macht ebenso eine effiziente zentrale Einheit notwendig, die die Basisservices gewährleistet, wie eine hohe Präsenz der Abteilung – insbesondere der Programmberaterinnen und -berater – an allen Standorten des Hauses, an denen Beratung erwartet und abgefragt wird. Sitz der zentralen Einheit der Abteilung wie auch Standort der Mediendokumentation ist Baden-Baden. Hier wird ein großer Teil der Standardservices (zum Beispiel tagesaktuelle Berichte, inhaltlich dazu später mehr) geleistet.

Die Abteilung besteht zur Zeit neben der Abteilungsleitung und dem zentralen Sekretariat aus direkt programmberatenden Kolleginnen und Kollegen und einem Servicebereich, in dem vielfältige Aufgaben mit überschneidenden Tätigkeiten wahrgenommen werden.

Fortbildungsmöglichkeiten für Studierende zur Verfügung zu stellen, ist eine Tradition des Südwestfunks und des Süddeutschen Rundfunks. Dies gilt auch für die SWR-Medienforschung. Enge Kontakte zu Universitäten im Sendegebiet und außerhalb garantieren die Fortschreibung dieses Prinzips in den nächsten Jahren – auch ein hohes Maß an wissenschaftlichem Austausch.

Soweit notwendige Anmerkungen zur Struktur der Südwestrundfunk-Medienforschung. Im weiteren soll der Arbeitsschwerpunkt „Fernsehforschung“ skizziert werden, dem – im Rahmen der oben beschriebenen Aufgaben – weitere Schwerpunkte wie Hörfunkforschung, Onlineforschung und zum Beispiel Grundlagenstudien und Trends gegenüberstehen. Die Darstellung soll sich an einigen Schwerpunktberichten orientieren: der sogenannten Standardberichterstattung, der sendungsbegleitenden Forschung, der Fernsehforschung zur Programmplanung und schließlich der Grundlagenforschung als Basisinstrument für Fernsehforschung sowie den Punkten Veranstaltungen und Publikationen.

## Die Standardberichterstattung im Bereich Fernsehen

Die quantitative Standardberichterstattung im SWR basiert – wie bei allen Fernsehveranstaltern in Deutschland – auf Daten aus dem Meßsystem der GfK, das im Auftrag der öffentlich-rechtlichen Rundfunkanstalten und von privatrechtlichen Fernsehanbietern realisiert wird. Diese Daten bilden auf vielfältige Weise das Material der Reichweitenberichterstattung der Abteilung. Dabei spielen – je nach Aktualitätsbedürfnis und Fragestellung – alle Formen von Auswertungen eine Rolle.

Zentraler Ausgangspunkt ist die tagesaktuelle Berichterstattung über das Zuschauerverhalten des Vortages. Diese Form der Berichterstattung unterliegt zunächst dem Primat der Schnelligkeit, um den Programm-Machern einen möglichst raschen, ersten Einblick zu erlauben. In der Regel beinhalten diese ersten Berichte Daten zur Gesamtzuschauernutzung einer Sendung, zu Zuschauersegmentierungen und zu den erreichten Marktanteilen. Diese Daten werden den Redaktionen kurzfristig zur Verfügung gestellt und dabei unterschiedliche Verbreitungswege genutzt, unter anderem als Printbericht (vergleiche Abbildung 1) oder beispielsweise als Ergebnisübersicht im SWR-Intranet (vergleiche Abbildung 2).

Die tagesaktuelle Berichterstattung beinhaltet auch eine Übersicht darüber, wie der Gesamtmarktanteil des eigenen Programms beziehungsweise der Konkurrenzprogramme am konkreten Tag ausgesehen hat. Dies erlaubt eine erste quantitative Einschätzung der Position der Angebote in den bundesdeutschen Fernsehhaushalten am konkreten Einzeltag.

Am ersten Tag nach der Sendung sind darüber hinaus weitergehende Informationen auf Wunsch von Redaktionen verfügbar. Beispiele für solche Nachfragen sind Fünf-Minutenverläufe, die etwa Anhaltspunkte über das Zuschauerverhalten im Laufe einer Sendung liefern, weiterreichende Umschaltanalysen oder Fragen nach der detaillierten Zuschauerstruktur einer Sendung (vergleiche Abbildung 3).

## Abbildung 1: Printbericht

Sendungen im Tagesverlauf: 11.03.03 — Vorläufig gewichtete Daten

| | SW FS SW-GEBIET | AB 3 J. Mio. | AB 3 J. MA % | SW BW BAWÜ | AB 3 J. Mio. | AB 3 J. MA % | SW RP RP | AB 3 J. Mio. | AB 3 J. MA % | SW SR SAAR | AB 3 J. Mio. | AB 3 J. MA % | SW FS BRD GESAMT | AB 3 J. Mio. |
|---|---|---|---|---|---|---|---|---|---|---|---|---|---|---|
| 19:00 | GETRENNTE PROGRAMME | 0,37 | 9,4 | LANDESSCHAU BADEN-WÜRTTEMBERG | 0,21 | 8,0 | RAT & TAT | 0,05 | 4,1 | Bonu$ | 0,02 | 8,8 | GETRENNTE PROGRAMME | 0,46 |
| 19:05 | | | | | | | | | | | | | | |
| 19:10 | | | | | | | | | | | | | | |
| 19:15 | | | | | | | TRAILER | 0,03 | 2,2 | TRAILER | 0,03 | 10,8 | | |
| 19:20 | | | | | | | TRAILER | 0,03 | 2,5 | AKTUELLER BERICHT | 0,07 | 21,6 | | |
| 19:25 | | | | | | | LANDESSCHAU RHEINLAND-PFALZ | 0,09 | 7,4 | | | | | |
| 19:30 | | | | | | | | | | | | | | |
| 19:35 | | | | | | | | | | | | | | |
| 19:40 | | | | | | | | | | | | | | |
| 19:45 | | | | Baden-Württemberg aktuell | 0,60 | 18,9 | Rheinland-Pfalz aktuell | 0,20 | 15,3 | | | | | |
| 19:50 | | | | | | | | | | | | | | |
| 19:55 | | | | Baden-Württemberg Wetter | 0,66 | 19,7 | Rheinland-Pfalz Wetter | 0,24 | 17,4 | | | | | |
| 20:00 | Tagesschau (N) | 0,82 | 15,3 | TRAILER | 0,59 | 17,7 | TRAILER | 0,17 | 12,3 | | | | Tagesschau (N) | 0,92 |
| 20:05 | | | | | | | | | | | | | | |
| 20:10 | | | | | | | | | | | | | | |
| 20:15 | Wildtiere in Kanada (N) | 0,39 | 7,0 | TRAILER | 0,53 | 15,0 | TRAILER | 0,14 | 9,5 | TRAILER | 0,03 | 6,6 | Wildtiere in Kanada (N) | 0,69 |
| 20:20 | | | | | | | | | | | | | | |
| 20:25 | | | | | | | | | | | | | | |
| 20:30 | | | | | | | | | | | | | | |
| 20:35 | | | | | | | | | | | | | | |
| 20:40 | | | | | | | | | | | | | | |
| 20:45 | | | | | | | | | | | | | | |
| 20:50 | | | | | | | | | | | | | | |
| 20:55 | | | | | | | | | | | | | | |
| 21:00 | INFOMARKT - MARKTINFO (N) | 0,32 | 5,7 | TRAILER | 0,19 | 5,0 | TRAILER | 0,12 | 7,2 | TRAILER | 0,02 | 5,0 | INFOMARKT - MARKTINFO (N) | 0,51 |
| 21:05 | | | | | | | | | | | | | | |
| 21:10 | | | | | | | | | | | | | | |
| 21:15 | | | | | | | | | | | | | | |
| 21:20 | | | | | | | | | | | | | | |
| 21:25 | | | | | | | | | | | | | | |
| 21:30 | | | | | | | | | | | | | | |
| 21:35 | | | | | | | | | | | | | | |
| 21:40 | | | | TRAILER | 0,13 | 3,6 | TRAILER | 0,08 | 5,3 | TRAILER | 0,02 | 4,9 | | |
| 21:45 | FAHR MAL HIN (N) | 0,32 | 6,3 | TRAILER | 0,14 | 3,8 | TRAILER | 0,08 | 5,1 | | | | FAHR MAL HIN (N) | 0,54 |
| 21:50 | | | | | | | | | | | | | | |
| 21:55 | | | | | | | | | | | | | | |
| 22:00 | | | | | | | | | | | | | | |
| 22:05 | | | | | | | | | | | | | | |
| 22:10 | | | | | | | | | | TRAILER | 0,01 | 3,2 | | |
| 22:15 | AKTUELL (N) | 0,21 | 5,0 | Baden-Württemberg aktuell | 0,12 | 4,3 | Rheinland-Pfalz aktuell | 0,07 | 6,1 | Saarland Aktuell | 0,01 | 4,9 | AKTUELL (N) | 0,34 |
| 22:20 | | | | | | | | | | | | | | |
| 22:25 | GETRENNTE | 0,17 | 4,1 | Baden-Württemberg Wetter | 0,09 | 3,4 | | | | | | | GETRENNTE | 0,24 |
| 22:30 | Südwest extra Die Spur der Kinderschänder (N) | 0,15 | 4,2 | TRAILER | 0,07 | 2,7 | TRAILER | 0,07 | 6,8 | TRAILER | 0,01 | 4,9 | Südwest extra Die Spur der Kinderschänder (N) | 0,27 |
| 22:35 | | | | | | | | | | | | | | |
| 22:40 | | | | | | | | | | | | | | |
| 22:45 | | | | | | | | | | | | | | |
| 22:50 | | | | | | | | | | | | | | |
| 22:55 | | | | | | | TRAILER | 0,04 | 4,8 | | | | | |

## Abbildung 2: Ergebnisübersicht im SWR-Intranet

Medienforschung

Hörfunk - MA

Das Erste
3sat
Nationale Programme
Südwest Fernsehen
Dritte
Tageshitliste
Tagesmarktanteile
AGF-Konventionen
Digitales Fernsehen

Veranstaltungen

Zum Archiv

Dienstag, 11.03.2003, 3.00 - 3.00 Uhr

**Tagesübersicht**
**Zuschauer gesamt**

**Das Erste**

| Titel | Beginn | Dauer | BRD gesamt Mio. | BRD gesamt MA in % |
|---|---|---|---|---|
| FLIEGE Wdh | 03:00:00 | 00:43:38 | 0.09 | 6.1 |
| DIE SCHOENSTEN BAHNSTRECKEN DEUTSCHLANDS | 03:43:38 | 00:29:22 | 0.03 | 2.3 |
| ARD-Ratgeber: Geld & Börse | 04:13:23 | 00:26:32 | 0.05 | 4.1 |
| Tagesschau | 04:39:55 | 00:03:26 | 0.03 | 2.3 |
| FAKT Wdh | 04:43:48 | 00:45:45 | 0.08 | 7.0 |
| Morgenmagazin | 05:30:00 | 00:02:02 | 0.08 | 6.0 |
| Tagesschau | 05:32:02 | 00:02:49 | 0.07 | 5.3 |
| Morgenmagazin - Wetter | 05:34:58 | 00:01:34 | 0.07 | 4.8 |
| Morgenmagazin | 05:36:39 | 00:10:14 | 0.06 | 4.4 |
| Morgenmagazin - News | 05:46:53 | 00:01:39 | 0.06 | 4.1 |
| Morgenmagazin | 05:48:32 | 00:06:27 | 0.07 | 4.9 |

Im Bereich der Standardberichterstattung schließt sich die hausinterne Wochenberichterstattung an, die auf Sieben-Tage-Ebene den quantitativen Erfolg eines Programms (vergleiche Abbildung 4) sowie die Nutzung der einzelnen Sendungen – beispielsweise in unterschiedlichen Regionen/Bundesländern – bilanziert. Die Wochenebene erlaubt zum Beispiel auch Zuschauerstrukturanalysen und vieles mehr.

## Abbildung 3: SWR-Sendungsbericht

**Frank Elstner: Menschen der Woche - Folge 99 / Zielgruppen**

| | |
|---|---|
| Tag: | 08.03.03 |
| Sender/Gebiet: | SW TV / SW-Gebiet |
| Beginn: | 22:22:31 |
| Dauer: | 01:00:33 |

| Zielgruppen | Mio | MA in % | Affinität | Strukturanteil in % | D.-Alter |
|---|---|---|---|---|---|
| Zusch. gesamt | 0,34 | 7,1 | 100 | 100,0 | 68 |
| BRD | 0.57 | 2.0 | 100 | 100.0 | 67 |
| BW | 0,27 | 8,7 | 379 | 46,2 | 67 |
| RP | 0,06 | 3,9 | 194 | 9,8 | 70 |
| SL | 0,02 | 6,0 | 286 | 3,8 | 68 |
| Kinder 3-13 J. | 0,00 | 0,3 | 2 | 0,3 | 12 |
| Erw. 14-19 J. | 0,00 | 0,1 | 1 | 0,1 | 15 |
| Erw. 20-29 J. | 0,00 | 0,7 | 10 | 1,0 | 26 |
| Erw. 30-39 J. | 0,02 | 2,1 | 31 | 4,9 | 36 |
| Erw. 40-49 J. | 0,02 | 2,2 | 33 | 4,9 | 44 |
| Erw. 50-64 J. | 0,08 | 7,2 | 117 | 23,3 | 59 |
| Erw. ab 65 J. | 0,22 | 19,2 | 343 | 65,5 | 76 |
| Erw. ab 14 J. | 0,34 | 7,5 | 114 | 99,7 | 68 |
| Erw. 14-49 J. | 0,04 | 1,7 | 23 | 10,9 | 38 |
| Erw. ab 50 J. | 0,30 | 13,3 | 227 | 88,8 | 71 |
| Frauen ab 14 J. | 0,24 | 9,7 | 152 | 69,3 | 68 |
| Frauen 14-29 J. | 0,00 | 0,4 | 4 | 0,4 | 24 |
| Frauen 30-49 J. | 0,02 | 2,7 | 43 | 6,6 | 39 |
| Frauen ab 50 J. | 0,21 | 17,4 | 288 | 62,3 | 71 |
| Männer ab 14 J. | 0,10 | 5,0 | 73 | 30,4 | 67 |
| Männer 14-29 J. | 0,00 | 0,8 | 8 | 0,7 | 26 |
| Männer 30-49 J. | 0,01 | 1,5 | 21 | 3,2 | 41 |
| Männer ab 50 J. | 0,09 | 8,6 | 152 | 26,5 | 72 |
| Volkss. o. Lehre | 0,05 | 6,3 | 81 | 14,4 | 75 |
| Volkss. m. Lehre | 0,13 | 6,8 | 115 | 38,6 | 68 |
| Weiterf. Schule | 0,12 | 10,3 | 152 | 34,1 | 67 |
| Abi./Hochsch./Studium | 0,04 | 6,7 | 97 | 12,6 | 60 |
| E ab 14 in HH/HHEK < 1 | 0,06 | 13,1 | 217 | 16,9 | 71 |
| E ab 14 in HH/HHEK 1-1,75 | 0,12 | 9,1 | 140 | 35,6 | 72 |
| E ab 14 in HH/HHEK > 1,75 | 0,16 | 5,9 | 88 | 47,2 | 64 |
| E ab 14 in 1-P-HH | 0,13 | 13,9 | 227 | 36,4 | 71 |
| E ab 14 in 2/3-P-HH | 0,20 | 7,8 | 121 | 57,6 | 67 |
| E ab 14 in 4+P-HH | 0,02 | 1,7 | 24 | 5,6 | 47 |

Quelle: AGF-GfK PC#TV-aktuell

## Schaubild 4: Hausinterne Wochenberichterstattung

| Sender | Intervall | Mo-So | Mo | Di | Mi | Do | Fr | Sa | So |
|---|---|---|---|---|---|---|---|---|---|
| SW FS | Intervall 03:00:00-03:00:00 | 6,4 | 6,4 | 6,5 | 6,1 | 5,6 | 7,9 | 5,5 | 6,9 |
| SW FS | Intervall 03:00:00-06:00:00 | 2,1 | 2,1 | 2,0 | 1,9 | 1,9 | 2,2 | 2,7 | 2,2 |
| SW FS | Intervall 06:00:00-09:00:00 | 2,3 | 1,8 | 1,9 | 2,1 | 1,9 | 1,7 | 4,2 | 2,5 |
| SW FS | Intervall 09:00:00-13:00:00 | 2,7 | 2,5 | 2,4 | 2,4 | 2,8 | 2,6 | 3,8 | 2,3 |
| SW FS | Intervall 13:00:00-15:00:00 | 3,7 | 3,4 | 3,0 | 2,7 | 3,5 | 3,1 | 5,2 | 4,4 |
| SW FS | Intervall 15:00:00-18:00:00 | 5,2 | 5,5 | 5,3 | 5,0 | 5,2 | 5,2 | 3,7 | 6,7 |
| SW FS | Intervall 18:00:00-20:00:00 | 11,0 | 10,6 | 10,8 | 11,1 | 11,4 | 12,3 | 7,9 | 12,8 |
| SW FS | Intervall 20:00:00-23:00:00 | 7,4 | 7,4 | 7,9 | 7,1 | 5,6 | 10,7 | 6,0 | 7,5 |
| SW FS | Intervall 23:00:00-01:00:00 | 4,9 | 4,4 | 4,2 | 3,0 | 2,2 | 7,1 | 6,2 | 6,0 |
| SW FS | Intervall 01:00:00-03:00:00 | 3,0 | 2,5 | 3,4 | 2,1 | 2,7 | 3,1 | 3,1 | 3,9 |

SWR Wochenbericht 10/2003, Zielgruppe: Zuschauer gesamt, Sendegebiet: SW-Gebiet
Quelle: GfK-PC#TV Aktuell

Größere, bilanzierende Berichte – Monatsbericht, Quartalsbericht oder Jahresbericht – dienen zur Beschreibung der Essentials in der Programmnutzung, ebenso wie zur Notierung und Markierung der Trends. Im Rahmen dieser Berichterstattung muss die Situation in den Fernsehhaushalten, soweit sie mit GfK-Zahlen beschreibbar ist, für die Geschäftsleitung, die Redaktionen und Programm-Macher transparent gemacht werden. Diese Form der Berichterstattung wird häufig durch die Nutzung weiterer (qualitativer) Quellen ergänzt, um die Marktentwicklung möglichst optimal zu dokumentieren.

Zu diesem Komplex der kontinuierlichen Aufbereitung der GfK-Daten zählen darüber hinaus eine Vielzahl von Standardauswertungen und -berichten. Hier sollen paradigmatisch erwähnt werden: saisonale Nutzungsunterschiede in Zeitzonen oder in der Programmnutzung, Zulieferung der Medienforschung zum System der Programmwertziffern, spartenbezogene Analysen (vergleiche Abbildung 5) und Sendungstrends.

**Schaubild 5: Spartenverteilung bei der ARD im Geschäftsjahr 2002**

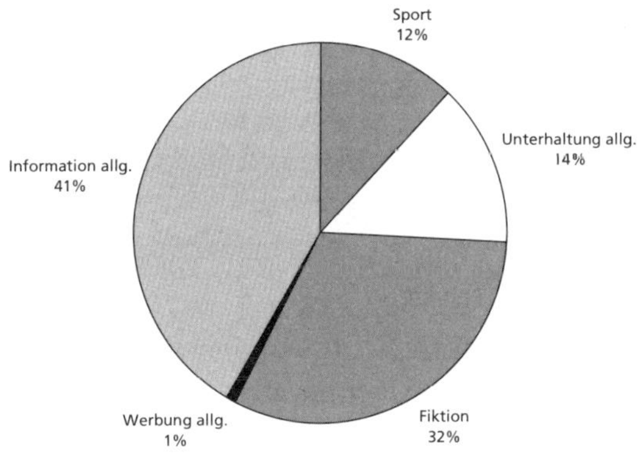


Quelle: SWR-Spartenbericht 2002

Soweit Beispiele aus der Standardberichterstattung, die kontinuierlich die quantitative Marktsondierung und -bilanzierung gewährleistet.

## Sendungs- oder schemaplatzbegleitende Fernsehforschung

Die oben angegebenen Standardberichte erlauben ebenso wie die skizzierten Basisanalysen eine grundsätzliche Einschätzung der Situation. Ein weiterer, wichtiger Punkt der Fernsehforschung ist die kontinuierliche Begleitung einzelner Sendungen, Sendungsreihen oder Schemaplätze in enger Zusammenarbeit mit den Redaktionen.

Sendungs- oder schemaplatzbegleitende Forschung heißt zunächst Einsatz der zur Verfügung stehenden Methoden und Daten nach den Fragestellungen der Programm-Macher. Dabei ist es für den Redakteur eigentlich unerheblich, welche Methoden von der Forschung eingesetzt werden. Die Medienforschung muss ihm die Beantwortung seiner Fragen soweit wie möglich gewährleisten, muss für die wissenschaftliche Tragfähigkeit der Methode bürgen und für den optimalen und ökonomischen Ressourceneinsatz im Forschungsbereich Sorge tragen. Die richtige Methode kann oder können beispielsweise der Einsatz von Explorativinterviews, von Gruppendiskussionen, Moderatorentests, Pilottests, umfangreiche GfK-Analysen oder die (Sekundär-)Auswertung von Material aus anderen Untersuchungen sein (Abbildung 6).

### Abbildung 6: Beispiel für eine umfangreiche GfK-Analyse

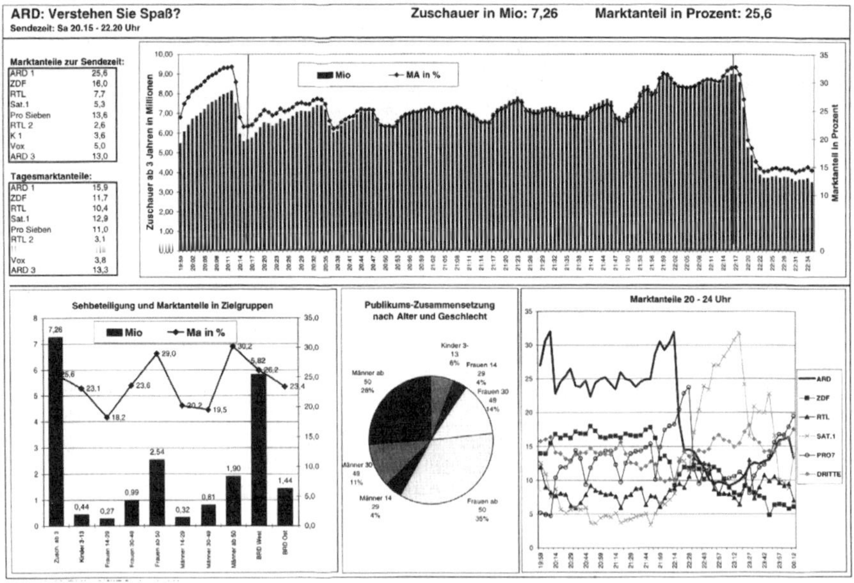

Typischer Ausgangspunkt der Zusammenarbeit von Redaktionen und Medienforschung sind Fragen zur Akzeptanz, zur Resonanz und Nutzung von Sendungen. Dabei können gleichermaßen geringe Quoten Auslöser einer Studie beziehungsweise Analyse sein, wie auch beispielsweise Fragen nach Optimierungsmöglichkeiten oder danach, wie einzelne Sendungselemente ankommen, oder die Frage, wie die Sendung im Kontext vergleichbarer Sendungen steht. GfK-Analysen können hier helfen, häufig gehen die Fragestellungen aber deutlich über diesen Punkt hinaus.

Der nächste Schritt ist dann die Entscheidung der Forschungsabteilung über die einzusetzenden Methoden, über die Ressourcen, von Manpower bis hin zur Zusammenarbeit mit und gegebenenfalls Auswahl von externen Instituten. Eine sehr häufig gewählte Methodenkombination bei der Beantwortung von redaktionellen Fragestellungen sind dabei GfK-Analysen und Gruppendiskussionen, um zu Einschätzungen und Beurteilungen aus der Sicht des Publikums zu gelangen, die über GfK-Zahlen hinaus gehen.

Gruppendiskussionen werden im Südwestrundfunk in aller Regel von den Programmberatern selbst durchgeführt. Die Gruppen werden dabei nach Zielgruppenvorgaben der SWR-Medienforschung – diese orientieren sich an den vom Programm anvisierten Zuschauerschaften – von externen Instituten rekrutiert, die Diskussionsrunden auch in der Regel in deren Räumlichkeiten durchgeführt.

Der Umstieg von der vollständigen Vergabe der Gruppendiskussionen an Institute zur Realisierung durch die Abteilung selbst, erfolgte vor einigen Jahren im SWR aus unterschiedlichen Gründen. Neben einer ökonomischen Komponente (Einsparungseffekte) und der internen, weitergehenden Professionalisierung spielte der Faktor „Zeit" eine große Rolle. In der Regel ist es auf diesem Wege einfacher möglich, Ergebnisse beispielsweise für neue Sendungspiloten, die erst am Nachmittag eines Tages vorliegen, noch am nächsten Tag – nach abendlichen Gruppendiskussionen – vorzulegen.

Diese Form der Begleitforschung reicht von knappen, punktuellen Hilfestellungen seitens der Medienforschung bis hin zu der kontinuierlichen Begleitung von Formaten, von der Konzeptionsphase bis zur (fast) täglichen Sendung. Ein Beispiel für die letztere Form ist die Begleitforschung zum „ARD-Buffet", der werktäglichen Mittagssendung im Ersten Programm der ARD, die zunächst von Süddeutschem Rundfunk und Südwestfunk gemeinsam gestaltet wurde und nun vom Südwestrundfunk fortgesetzt wird.

Die Einbeziehung der (damals noch Südwestfunk-)Medienforschung erfolgte zu einem Zeitpunkt, als das Konzept in der Entwicklung war und der zukünftige Sendeplatz feststand. Die erste Aufgabe der Forschung bestand in der Beschreibung der potentiell in der Sendezeit erreichbaren Zuschauerschaft. Soziodemographische Merkmale, Verhaltenseigenschaften, zusätzliche Indikatoren für die erreichbare Zielgruppe und schließlich auch die Erwartungen gegenüber dem Fernsehen in dieser Sendezeit. Hinzu kamen Auswertungen über die zu diesem Zeitpunkt bereits genutzten Sendungen – also das Konkurrenzumfeld – und die von ihnen vermittelten Gratifikationen. Besondere Bedeutung kam in diesem Kontext auch Umschaltanalysen zu, also dem Detailverhalten der Zuschauer in dieser Sendezeit. Aufgrund dieser Analysen erfolgte eine Einschätzung der Optionen für die Sendung.

Nach konzeptionellen Studien folgten eine Reihe von quantitativen Analysen und qualitativen Studien, die der kontinuierlichen Einschätzung der Position der Sendung sowie ihrer Stärken und Schwächen aus der Perspektive des Publikums dienen. In enger Zusammenarbeit – wie in diesem Fall – kann Medienforschung ihre Leistungsfähigkeit optimieren und optimal beraten.

## Fernsehforschung zur Programmplanung

Die (Standard-)Berichterstattung dient der aktuellen, umfassenden, gegebenenfalls auch zur gezielten Information über den quantitativen Umgang mit den eigenen Fernsehprogrammen und denen der Konkurrenz sowie Sendungs- und Schemaplatzbegleitenden Forschung zur Optimierung von spezifischen Angeboten. Programmplanung erfordert darüber zum Teil hinausgehende Informationen und Planungsinstrumentarien. Eine Auswahl von Fragen kann dies illustrieren. Wie ist der Erfolg einer Sendung auf einem konkreten Sendeplatz, wo sind Stärken und Schwächen – quantitativ und qualitativ ermittelt – von Sendungen, wie sind die Erwartungen des auf einem Sendeplatz überhaupt erreichbaren Publikums? Welche anderen Angebote laufen zu dieser Zeit in den Konkurrenzprogrammen? Auch Fragen der sendungsbezogenen Forschung: Wie sieht der Programmfluss aus, werden Zuschauerinnen und Zuschauer von Sendung zu Sendung ausgewechselt, kann sich ein Stammpublikum entwickeln? Ist erst einmal eine generelle Festlegung getroffen, stellt sich schließlich die Frage nach der inhaltlichen Ausfüllung der einzelnen Sendeplätze. Eine Vielzahl von Fragen also, zu der Fernsehforschung einen Beitrag leisten soll. Neben quantitativen und qualitativen Analysen spielen hier Medienforschungsdaten im Rahmen des Systems der Programmbewertung eine besondere Rolle. Für dieses unter Teilnahme der Medienforschung entwickelte Instrumentarium werden in der Abteilung kontinuierlich Daten generiert, die eine systematische Einschätzung der einzelnen Sendeplätze eines Programms erlauben sollen. Darüber hinaus werden unterschiedliche Studien und Analysen für Programmplanungszwecke realisiert.

## Basis- und Grundlagenforschung in der Fernsehforschung

Grundlagenforschung kommt in einer öffentlich-rechtlichen Rundfunkanstalt im Kontext der Beratungsarbeit – wie auch für die anderen Medien – eine besondere Bedeutung zu. Dabei ist aber deutlich zwischen zwei Formen von Studien zu unterscheiden. Zum einen Basisstudien, die hausinternen Planungszwecken dienen und die dann alleine oder in Zusammenarbeit mit anderen öffentlich-rechtlichen Rundfunkanstalten realisiert werden. Zum anderen sind Grundlagenstudien zu nennen, die in der Tradition stehen, der Öffentlichkeit Material über die Medienentwicklung, über Verhaltensweisen von Publika et cetera für den öffentlichen Diskurs zur Verfügung zu stellen. Ziel dieser Studien ist es, einen Beitrag zur Einschätzung von gesellschaftlichen Entwicklungen zu leisten. Diese Form von Grundlagenstudien werden in aller Regel gemeinsam mit öffentlich-rechtlichen Rundfunkveranstaltern oder Institutionen außerhalb des öffentlich-rechtlichen Rundfunks durchgeführt, zum Beispiel mit Landesmedienanstalten oder Ministerien sowie Partnern aus dem Print- und (Fort-)Bildungsbereich.

Basisstudien sind bereits beim Punkt „Programmplanung" angesprochen worden. Insofern sollen hier zwei Beispiele die Bandbreite und institutionelle Vernetzung des Bereiches Grundlagenstudien verdeutlichen: Wie wird sich die Mediennutzung im privaten Sektor in der Zukunft verändern? Diese Frage stand im Mittelpunkt einer Expertenbefragung unter dem Titel „Mediennutzung in der Zukunft im privaten Sektor". Im Rahmen dieser Studie gaben Expertinnen und Experten ihre heutige Einschätzungen über die Mediennutzung der Bundesbürgerinnen und Bundesbürger im Jahr 2005 beziehungsweise 2015 ab. Mögliche Veränderungen der Angebots- und Bedarfsentwicklung standen im Zusammenhang mit den Faktoren „Nutzerkompetenz" und „Medienakzeptanz" im Mittelpunkt.

Die Expertenbefragung „Medien 2005/2015" wurde vom Medienpädagogischen Forschungsverbund Südwest (LfK, LPR und SWR) in Auftrag gegeben. Sie wurde als schriftliche Expertenbefragung vom Fraunhofer Institut für Systemtechnik und Innovationsforschung (ISI), Karlsruhe durchgeführt und ist Teil des vom Bundesminister für Bildung, Wissenschaft, Forschung, Technologie geförderten Verbundprojektes „Development of Media Services" (DeMeS) im Rahmen der Initiative „Dienstleistungen für das 21. Jahrhundert".[7] Als zweites Beispiel sei die Studie „JIM" genannt, die seit 1998 einmal im Jahr durchgeführt wird.[8] Im Mittelpunkt dieser repräsentativen Basisstudie – die als Langzeitstudie angelegt ist – steht neben einer aktuellen Standortbestimmung die Erarbeitung von Strategien und Ansatzpunkten für neue Konzepte in den Bereichen Bildung, Kultur und Arbeit.[9]

## Veranstaltungen und Publikationen

Die Abteilung Medienforschung im Südwestrundfunk ist im Kern eine Institution, die naturgemäß primär für das eigene Haus arbeitet. Gleichzeitig ist sie mit ihren Daten und durch Kooperationen auch Teil der wissenschaftlichen Welt. Diesen Aspekten tragen die von der SWR-Medienforschung – zum Teil in Partnerschaften – durchgeführten Veranstaltungen/Tagungen und Publikationen Rechnung. Die beiden Tagungsreihen „Baden-Badener Hörfunktage" und die gemeinsam mit Partnern getragene „Medienrezeption" haben zum Ziel, das Fachgespräch zwischen Wissenschaftlern, Fachleuten und Journalisten, Machern und Medienverantwortlichen mit Schwerpunktsetzungen anzuregen und Foren zu gewährleisten. Im Rahmen dieser Veranstaltungen entstehen im übrigen auch Produktionen für Fernsehen und Hörfunk.

Publikationen der SWR-Medienforschung geben einen Einblick in die Ergebnisse der Arbeit in der Abteilung, in Trends beispielsweise der Fernsehnutzung, aber auch in Grundlagendaten zum Medium generell. Ebenso sind sie Ausdruck des Selbstverständnisses der Abteilung, neben einer nach Möglichkeit optimalen Beratung im Haus auch eine Stimme über die Hausgrenzen hinaus zu haben.

## Fazit und Ausblick

Die Darstellung ist ein knapper Versuch, die Forschungsarbeit der Abteilung Medienforschung des Südwestrundfunks am Beispiel Fernsehforschung zu dokumentieren. Medienforschung ist dabei weit mehr als nur eine Institution zur Bereitstellung von Reichweiten. Mit Hilfe unterschiedlicher methodischer Ansätze (von Repräsentativbefragungen über Gruppendiskussionen bis hin zu Inhaltsanalysen) und verschiedenen thematischen Betrachtungswinkeln (von der Konkurrenzkonstellation her, vom eigenen Produkt aus, über die Perspektive der Nutzung und Bewertung) wird – wie geschildert – versucht, ein möglichst vollständiges

Bild für hausinterne (Programm-)Entscheidungen bereitzustellen. In diesem Sinne versteht sich die Medienforschung im Südwestrundfunk als Serviceabteilung im Haus, auch als Partner. Die Abteilung ist eingebettet in das Beziehungsgeflecht der öffentlich-rechtlichen Rundfunkanstalten sowie in ein Netzwerk von Kooperationen. Insofern will sie auch einen Beitrag zur gesellschaftlichen Diskussion über die Entwicklung der Mediengesellschaft in Deutschland leisten.

## Anmerkungen:

1 Der Artikel stellt die aktualisierte Fassung von „Fernsehforschung in einer öffentlich-rechtlichen Rundfunkanstalt" dar, abgedruckt in: Klingler Walter et al.: Fernsehforschung in Deutschland. Baden-Baden 1998.

2 Ein weiteres, wichtiges Instrumentarium im Kontext der (Fernseh-)Forschung ist im Südwestrundfunk der sogenannte „SWR-Trend". Im Rahmen telefonischer Repräsentativbefragungen werden in Baden-Württemberg und Rheinland-Pfalz monatlich bis zu 2.000 Personen ab 14 Jahren befragt. Der Fragebogen enthält neben Standardfragen zur Radio- und Fernsehnutzung vielfältige Fragen zu den Themen Ein- und Umschaltverhalten, Programmpräferenzen und Haushaltsausstattung (inklusive) Online oder zur Bekanntheit und Bewertung einzelner Sendungen, Moderatoren. Der SWR-Trend ermöglicht es relativ zeitnah, wenn im Rahmen eines Projektes keine eigenständige ad-hoc-Studie durchgeführt wird, Fragen zu bestimmten Fernsehforschungsthemen zu stellen und zu beantworten. Dabei können beispielsweise auch Imagefragen thematisiert werden. Der Trend hat über diese Kernfunktion hinaus eine zweite Bedeutung, die ihn zum unverzichtbaren Instrument werden lässt. Mit Hilfe des SWR-Trends ist es möglich, kontinuierlich nach bestimmten Zielgruppen zu „fahnden" und damit ein Wiederbefragbarenpotential aufzubauen. Dieses Verfahren erlaubt es auch, kleinere Teilpublika aufzufinden und bei Bedarf in Untersuchungen einzubeziehen

3 Die SWR Medienforschung ist eingebunden in die Arbeit der Forschungsabteilung der öffentlich-rechtlichen Rundfunkanstalten und in die ARD/ZDF-Medienkommission.

4 zum Medienpädagogischen Forschungsverbund vgl. www.mpfs.de. Dort finden sich Informationen über laufende Projekte, über die Zielrichtung der Kooperation, die Partner et cetera.

5 zu den Mediendaten vgl. www.mediendaten.de

6 zum Forum Medienrezeption vgl. www.medienrezeption.de

7 Vgl. Zoche, Peter/Walter Klingler: Plädoyer für eine nutzerfreundliche Technik. Medien 2005/2015: Die Ergebnisse einer schriftlichen Expertenbefragung. In: Medienpädagogischer Forschungsverbund Südwest (Hg.): Zeitenwende? Zukunftsperspektiven der Informationsgesellschaft. Baden-Baden 1998, S. 51-59.

8 Vgl. zur aktuellen JIM-Studie beispielsweise: Feierabend, S./Klingler, W. (2002): Medien- und Themeninteressen Jugendlicher. Ergebnisse der JIM-Studie 2001 zum Medienumgang Zwölf- bis 19jähriger. Media Perspektiven, 1, 9-21.

9 Jim '98 wurde beispielsweise vom Medienpädagogischen Forschungsverbund Südwest in Kooperation mit Digital Equipment GmbH, der Presse Grosso Stiftung. der Zeitungs Marketing Gesellschaft und in Zusammenarbeit mit der Bundeszentrale für Politische Bildung, den Landeszentralen für politische Bildung Baden-Württemberg und Rheinland-Pfalz sowie der Stiftung Lesen durchgeführt.

# III. Grundlagen Produktions-, Studio-, Bühnen- und Veranstaltungstechnik

# Grundzüge der Veranstaltungs- und Produktionstechnik

*von Holger Syhre*

## 0. Einführung

Die heutige Veranstaltungs- und Produktionstechnik im Einsatz bei Events und Produktionen jeder Art nimmt in zunehmendem Maß eine Stellung ein, die es erforderlich macht, diese sehr genau zu planen. Es ist notwendig, im Vorfeld einer Veranstaltung mit den Fachleuten der einzelnen Gewerke über die Veranstaltung und deren Anforderungen an die Technik zu sprechen. Um unter Kostenaspekten die maximal notwendige Technik einzusetzen, ohne diese zu überdimensionieren, ist eine Grundkenntnis der unterschiedlichen Einsatzfelder notwendig.

Nachfolgend erwähnt werden sollen die vielfältigen Sparten der Haus- und Produktionstechnik, welche bei Veranstaltungen zum Einsatz kommen können. Ein kleiner Überblick über die unterschiedlichen Veranstaltungsorte und die damit verbundene Zuordnung von Veranstaltungsarten die dort in der Regel stattfinden, soll bei der Auswahl nach geeigneten Locations helfen.

Es bleiben einige technische Details sicherlich unerwähnt, deshalb ist es in bestimmten Themengebieten notwendig weiterführende Literatur zu studieren. Die nachfolgenden Themen erheben keinesfalls den Anspruch auf Vollständigkeit.

Zunächst sollte man sich bewusst machen, was Veranstaltungstechnik ist. Eigentlich ist dies kurz zu beantworten, denn alle technischen Einrichtungen, die zur Durchführung einer Veranstaltung notwendig werden, kann man im weitestgehenden Sinne dazu zählen. Auch die fest installierten, meist sehr komplexen haustechnischen Einrichtungen gilt es für Veranstaltungen zu organisieren.

Im Ganzen unterscheiden wir also zwei übergeordnete Kategorien der Technik zu Veranstaltungen:

- Technik zur **Durchführung** von Veranstaltungen (wie zum Beispiel Haus- / Hallen-Gebäudetechnik, Logistik und Transport usw.)
- Technik zur **Gestaltung** von Veranstaltungen (wie zum Beispiel Beleuchtung, Ton, Video, Bühnentechnik usw.)

Ein Veranstalter hat das Interesse, die Technik zur Umsetzung seiner Ziele einzusetzen. So ist beispielsweise für die folgenden vier Ziele die entsprechende Technik notwendig:

| **Ziel** | **Technik (Beispiele)** |
|---|---|
| Informieren | Präsentations-, Konferenz- und Medientechnik, Netzwerke und EDV, Telekommunikation |
| Werben und Verkaufen | Ausstellungs- oder Werbeflächen mit technischer Infrastruktur |
| Unterhaltung | Showtechnik (Beleuchtung, Bühnen, Effekte) |
| Repräsentation | Gastronomie, Messebau, Dekorationen, Hightech |

## 1. Veranstaltungsorte / Locations

Die unterschiedlichen Veranstaltungsorte beherbergen ebenso sehr unterschiedliche und auch artfremde Veranstaltungen. Der ursprüngliche Nutzungsgedanke von Planern und Architekten wird in vielen Locations nur selten umgesetzt. Der Anteil der einzubringenden Fremdtechnik in Häuser und Hallen wächst stetig. Enorme Lasten sind zu koordinieren, zu transportieren und zu installieren. Die nachfolgende Aufzählung der Locations und die Zuordnung der Veranstaltungsarten sind heute übliche Durchschnittsbelegungen.

***Messegelände / Messehallen (national)***
(Groß-) Messeplätze wie Berlin, München, Nürnberg, Düsseldorf, Köln, Leipzig, Frankfurt, Hamburg, Hannover (Hallengrößen ab 5.000 qm bis 20.000 qm) aber auch kleinere Messen wie Essen, Friedrichshafen, Augsburg, Dortmund, Erfurt u.v.a.m.

Veranstaltungen: (Beispiele)
Messen und Ausstellungen, Großveranstaltungen wie Produktpräsentationen, Kirchentage, Fernseh- und Filmproduktionen, Parteitage…

***Mehrzweckhallen / Arenen / Hangar***
Olympiahalle München, Velomax Berlin, Kölnarena, Berlin-, Leipzig-, Oberhausen- Berlin- Arena, Festhalle Frankfurt, Volkswagenhalle Braunschweig, Westfalenhalle Dortmund, Hangar Tempelhof, Flughafen München (~100.000 qm) u.v.a.m.

Veranstaltungen: (Beispiele)
Tournee, Shows und Konzerte (Rock, Klassik, Volksmusik), Produktpräsentationen, Parteitage, politische Großveranstaltungen, Aktionärsversammlungen, Filmpremieren, Fernsehshows, Sportveranstaltungen (Sechs-Tage-Rennen, MotoCross, Boxen, Wrestling, Tanzturniere, Reit- und Springturniere, Hallenfußball, Tenniscup...)

***Open Air / Sportstadien***
überall „auf der grünen Wiese“, Strandanlagen, Freizeitparks, Motorsportanlagen, Parkbühnen, Freilichtbühnen, Seebühnen, Stadtfeste, Berggipfel, Stadien und Sportanlagen

Veranstaltungen: (Beispiele)
Festivals aller Art, Fernsehshows, Sportveranstaltungen…

***Konzerthallen und Kongresshäuser / Stadthallen***
Konzerthäuser (Gasteig München, Philharmonie Köln und Berlin, Gewandhaus Leipzig, Dortmund, Bamberg) Kongresszentren (ICM München, ICC Berlin, CCD Düsseldorf, CCM Mannheim, CCH Hamburg, CCL Leipzig, CCSaar Saarbrücken, HCC Hannover, Congress Centrum Mainz) Stadthallen, Kongress-Hotels mit großen Sälen (zum Beispiel Estrel Berlin, Dresden, München,...)

Veranstaltungen: (Beispiele)
Versammlungen, Kongresse, Preisverleihungen, Kultur und Kunst, Tourneetheater, Firmenevents, Präsentationen, Ausstellungen, Galas, Buffets, Großgastronomische/-gesellschaftliche Veranstaltungen, Shows, Fernsehveranstaltungen, Parteitage

***Bühnen / Theater / Museen***
Staatstheater, Stadttheater, Nationaltheater, Opernhäuser, Musicaltheater, Puppen-/Marionettentheater, Spartentheater, Kabarettbühnen, Showbühnen auch Urlaubs- und Clubanlagen, Kreuzfahrtschiffe, Clubs / „Etablissements" u.s.w.

Veranstaltungen: (Beispiele)
Darstellende Kunst und Kultur wie Schauspiel, Oper, Theater, Ballett, Komödien, Musical, Cabaret, Kino, Kabarett (polit./sat.), Shows

***Diskotheken / Gaststätten / Ballsäle (Hotels)***
In fast jeder Stadt, in Gewerbegebieten,...

Veranstaltungen: (Beispiele)
Gastronomische Events, Unterhaltung (Klein- u. Volkskünstler), „Misswahlen", Firmenevents, Diskothek, Radioveranstaltungen, Familienfeiern usw.

***Zelte***
Zirkusse, Jahrmärkte, Veranstaltungszelte in verschiedenen Größen

Veranstaltungen: (Beispiele)
Zirzensische Darbietungen, Artistik, Tiervorführungen, Erlebnisgastronomie (Schubeck, Ganymee, ...), Versammlungen, "Bier- und Weinfeste", Stadtfeste, Oktoberfest

***Fernsehstudio***
Bavaria Filmgelände (Geiselgasteig), Filmstudios Babelsberg, Köln, Studio Hamburg, alle ARD-Anstalten und Privatgesellschaften zu Produktionen von Fernsehsendungen

Veranstaltungen: (Beispiele)
Produktionen von Film und Fernsehsendungen, Shows, Musik- und Werbevideos, Filmtouren, Special Events und Großveranstaltungen

***Außergewöhnliche Veranstaltungsorte***
Ungenutzte und genutzte Fabrik- (Produktions-)hallen, Industrielagerhallen, Tagebau

Veranstaltungen: (Beispiele)
Gastronomische Events, Firmenevents, Special Events, Produktpräsentationen,...

## 2. Haustechnik

Als Haustechnik bezeichnet man all jene technischen Einrichtungen, die zur Grundausstattung eines Gebäudes gehören. Diese Grundausrüstung bezeichnet man auch als: **TGA - Technische Gebäude Ausrüstung**

Die TGA wird in den meisten Fällen in einem Facility Management System erfasst und verwaltet. Dazu gehören beispielsweise folgende technische Einrichtungen in einem Gebäude:

***RLT-Anlagen (Raumlufttechnik)***
mit Zu- und Abluftrichtungen (Ansaugen der Frischluft: befeuchten, wärmen, kühlen, filtern und geschlossene Räume damit klimatisieren, verbrauchte Luft absaugen und zur Außenluft abführen)
Bestandteile sind zum Beispiel: Luftfilter, Luftkanäle, Brandschutzklappen, Fernwärme oder Wärmeerzeugung, Kältemaschinen, Befeuchtungsanlagen / Wasser, Mess- und Regeleinrichtungen / Ventile, Elektronik,...

***GWA-Anlagen (Gas- Wasser- Abwasser)***
Toiletten- und Sanitäreinrichtungen, Gasanlagen (Heizungen), Befeuchtungssysteme für die Klimatisierung, Küchentechnik, Feuerschutzanlagen, uvam.

***ELT (Elektrotechnik)***
Alle elektrotechnischen Einrichtungen wie Trafo-, Hoch- und Niederspannungsanlagen, Verteileranlagen, Festverkabelungen, Schaltschränke, Sicherungen, Stromschienen und Endverbraucher, wie zum Beispiel Allgemeinbeleuchtung, Notstromeinrichtungen, wie Batterien und Dieselaggregate. Notausgangs-, Fluchtwegs- und Notbeleuchtung.

***FMT (Fernmeldetechnik)***
Telekommunikationsanlagen, Gebäudeschutz, wie Blitzschutzanlagen und Türschließzustandüberwachungen, Wächterkontrollsysteme, Alarmanlagen, „ELA"-Notrufalarmierungsanlagen für Durchsagen + Tonsignale (ELA = Elektroakustisch); I und K-Systeme (Informations- und Kommunikationstechnik), wie zum Beispiel Besucherleit- und Informationssysteme, Besuchereintrittskontroll- und Registriersysteme (zum Beispiel Drehkreuze).

***BMZ (Brandmeldezentrale)***
Rauch- und Brandmeldeanlagen, Alarmierungsanlage, Durchschaltung zur Feuerwache.

***Breitbandverkabelung / -netz (75 Ohm)***
Fernseh- bzw. Videokanaleinspeisung aus „Kabelnetz" und Satellitenanlagen, Internetzugang, Videoüberwachungsanlagen

***LAN (Local Area Network)***
Meist firmeninterne Netzwerkverkabelungen, modern: Glasfasertechnik bzw. 2-, 4-Drahtverbindungen. Auch: Anwendungsneutrale Netzwerktopologien möglich, d.h. alle modernen Kommunikationsmittel können aufgeschalten werden, sog. V-LAN (V=Virtuell), also für alle PC Netzwerke, digitalen Telefonnetzwerke (Tel.+Fax), Informationsterminals, GLT u.s.w.)

***GLT (Gebäudeleittechnik) bzw. ZLT (Zentrale Leittechnik) – nicht BMZ !***
Zentralrechner der die TGA steuert, Messdaten erfasst, auswertet, automatisch regelt, Fernsteuerung und -wartung. (Beispiel: Aufzüge, Fahrtreppen, Klimatisierung,ELT, GWA) (siehe Abbildung 1)

***Mobile Ausstattungen und Möbel***
Garderobeneinrichtungen, Mehrzweckbestuhlung, sonstige Stühle, Empfangs- und Registriercounter, Tische verschiedener Größen und Arten, Bankettische, Büromöblierungen

***Verdunklungen***
Automatische Lichtschutz- und Sonnenschutzanlagen

***Brandschutztechnische Einrichtungen***
Sprinkler-, Sprühflutlösch-, Regenanlagen, Brandschutztore, Automatiktüren, Rauchabschnittstrennungen, zum Beispiel „Eiserner Vorhang", Rauchklappen,...

***Schließanlagen***
Tür- und Fenstersteuerungen, Schließzustandsüberwachungen, Rauchauslösungen für Türfeststeller, Schließzylinder, elektronische Zugangssteuerungen

***Gastronomie und Großküchentechnik***
Alle Koch- und Warmhalteanlagen, Spüleinrichtungen, Kühlhäuser, Schankanlagen, mobile Transporteinrichtungen (Tellerstapler und -wärmer, Wagen aller Art, ..)

***RWA***
Rauch-Wärme-Abzug (Brandschutztechnik in Gebäuden)

*ELA*
Elektroakustische Alarmierungsanlagen (Durchsagen)

***Aufzugsüberwachung und -steuerungen***

**Abbildung 1: Gebäudeleittechnik**

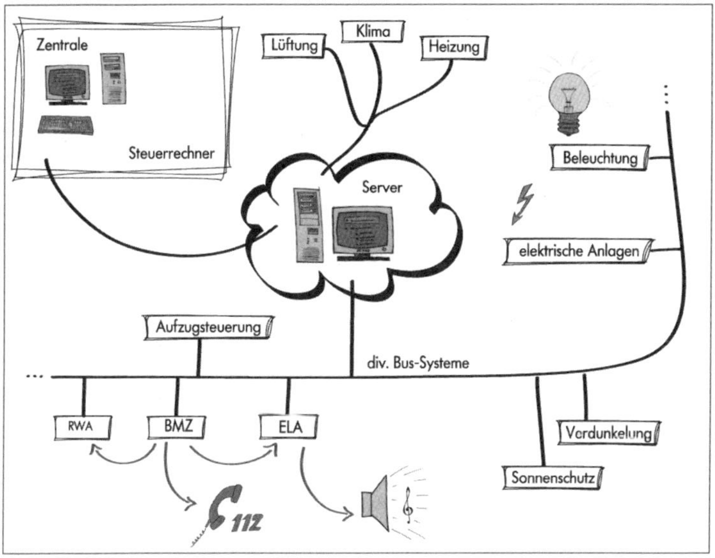


## 3. Messetechnik

Messe- und Ausstellungsstände benötigen neben dem vorgenannten üblichen veranstaltungstechnischen Equipment spezielle Einrichtungen und „Schnellbausysteme", die geeignet sind, Räume und Installationen innerhalb kürzester Zeit auf- und abzubauen.

Hersteller von Messebausystemen haben auf diesem Gebiet eine Art Baukastensystematik entwickelt, die sich in der Praxis den unterschiedlichsten Gegebenheiten anpassen lässt. Normteile bestimmter Größen ermöglichen so in einem Raster den Aufbau von Trennwänden, Abdeckelementen, Möbeln, Vitrinen u.v.a.m. in preiswerter Bauweise.

Der Trend zu individueller Bauweise und speziell kreierten Messeständen ist jedoch nicht zu übersehen und sichert Messebauunternehmen so einen sicheren Auftragsmarkt.

Voraussetzung bleibt jedoch, dass am Aufbauort (Messehalle) ein ausreichender technischer Messeservice besteht, welcher die technische Infrastruktur (Elektro- und Wasseranschlüsse, Telekommunikation Internet) gewährleistet. Dies geschieht in den meisten Messegesellschaften über Bestellformalismen wie Bestellscheine, Servicehefte o.ä.. Die Dienstleistungen werden bei fast allen Gesellschaften durch Vertragspartner der Unternehmen erbracht. Es gibt optionale und fakultative Leistungen, aus denen man seine Bedürfnisse individuell bestimmen kann.

Die Logistik für Auf- und Abbauten, Speditionsleistungen, Parken, Ausweise u.s.w. sollten ebenfalls durch die Veranstalter organisiert sein.

## 4. Fliegende Bauten

Fliegende Bauten sind nicht für einen dauerhaften Betrieb vorgesehen, da die Anschlüsse nicht fest installiert werden (flexible Kabel, Wasserschläuche, etc.). Für die Fliegenden Bauten gelten besondere Vorschriften, diese sind in den jeweiligen Landesbauordnungen (LBO), den Versammlungsstättenverordnungen VstättV (§ 45) sowie in den Normen des DIN 4112, Ausgabe:1983-02 Fliegende Bauten; Richtlinien für Bemessung und Ausführung und DIN 4134, Ausgabe:1983-02 Tragluftbauten; Berechnung, Ausführung und Betrieb geregelt.

Zur genauen Definition eines Fliegenden Bau hier ein kurzer Auszug aus der LBO:

***„Art. 85 (LBO) Genehmigung fliegender Bauten***

(1) Fliegende Bauten sind bauliche Anlagen, die geeignet und bestimmt sind, wiederholt an wechselnden Orten aufgestellt und zerlegt zu werden.
Zu den fliegenden Bauten zählen auch die Fahrgeschäfte.
Baustelleneinrichtungen gelten nicht als fliegende Bauten.

(2) Fliegende Bauten bedürfen, bevor sie zum ersten Mal aufgestellt und in Gebrauch genommen werden, einer Ausführungsgenehmigung. Die Ausführungsgenehmigung wird für eine bestimmte Frist erteilt, die höchstens fünf Jahre betragen soll; sie kann auf schriftlichen Antrag von der für die Ausführungsgenehmigung zuständigen Behörde oder der nach Art. 90 Abs. 8 bestimmten Stelle jeweils um bis zu fünf Jahre verlängert werden, wenn das der Inhaber vor Ablauf der Frist schriftlich beantragt. Die Ausführungsgenehmigung kann vorschreiben, dass der fliegende Bau vor jeder Inbetriebnahme oder in bestimmten zeitlichen Abständen jeweils vor einer Inbetriebnahme von einem Sachverständigen abgenommen wird. Ausführungsgenehmi-

gungen anderer Länder der Bundesrepublik Deutschland gelten auch im Freistaat Bayern.

(3) Keiner Ausführungsgenehmigung bedürfen:

1. Fliegende Bauten bis zu 5 m Höhe, die nicht dazu bestimmt sind, von Besuchern betreten zu werden,
2. Zelte bis zu einer Grundfläche von 75 qm,
3. Kinderfahrgeschäfte mit einer Geschwindigkeit von weniger als 1 m/s und weniger als 5 m Höhe,
4. Bühnen, wenn ihre Grundfläche weniger als 100 qm, ihre Fußbodenhöhe weniger als 1,50 m und ihre Höhe einschließlich der Überdachungen und sonstigen Aufbauten weniger als 5 m beträgt,
5. Toilettenwagen.

....

(5) Die beabsichtigte Aufstellung genehmigungspflichtiger fliegender Bauten ist der Bauaufsichtsbehörde mindestens eine Woche zuvor unter Vorlage des Prüfbuchs anzuzeigen, es sei denn, dass dies nach der Ausführungsgenehmigung nicht erforderlich ist. Genehmigungsbedürftige fliegende Bauten dürfen nur in Betrieb genommen werden, wenn

1. sie von der Bauaufsichtsbehörde abgenommen worden sind (Gebrauchsabnahme), es sei denn, dass dies nach der Ausführungsgenehmigung nicht erforderlich ist oder die Bauaufsichtsbehörde im Einzelfall darauf verzichtet,

und

2. in der Ausführungsgenehmigung vorgeschriebene Abnahmen durch Sachverständige nach Absatz 2 Satz 3 vorgenommen worden sind.

(6) Auf fliegende Bauten, die der Landesverteidigung oder dem Katastrophenschutz dienen, finden die Absätze 1 bis 5 und Art. 86 keine Anwendung. Sie bedürfen auch keiner Baugenehmigung."

## 5. Beleuchtungstechnik

Grundsätzlich kann man die elektrotechnischen Einrichtungen eines Gebäudes und die darin fest installierten beleuchtungstechnischen Anlagen von den zusätzlich installierten Showbeleuchtungsanlagen (siehe Abbildung 2) unterscheiden.

Die mobil zu installierenden Anlagen haben je nach Größenordnung einen meist nicht unerheblichen Bedarf an elektrischen Anschlüssen. Geregelt werden die Anschlusswerte der Scheinwerfer über elektronische Dimmeranlagen. Multicore-Verbindungen bündeln die Verkabelungen zu den Endverbrauchern (Scheinwerfern). Die (DMX) Steuerungen sind heute meist sehr komplex und mit einem EDV Netzwerk vergleichbar. Über diese lassen sich mühelos mehrere tausend Stromkreise in unterschiedlichen Abhängigkeiten programmieren. Es ermöglicht beispielsweise auch die Ansteuerung von Nebelmaschinen. Die Programmierung von Beleuchtungsabläufen, bestimmten Lichtintensitäten und -stimmungen werden über moderne Lichtstellanlagen vergleichbar mit Keyboards ermöglicht. Unterschiedliche Scheinwerfer und Scheinwerfersysteme sind in ihrem Aufbau durch die Art der Lichtprojektion und der damit verbundenen Optik zu unterscheiden. Als „konventionelle Beleuchtung" bezeichnet man die fest einzurichtenden Scheinwerfer, durch die mit seitlicher Begrenzung ein gerichtetes Licht mit oder ohne Farbfilter (Hitzebeständige Folien oder Farbglas) austritt. Mit diesen Scheinwerfern kann man eine Fläche, zum Beispiel Bühnen oder Dekorationen flächig ausleuchten. Das bewegte Licht ist aus der modernen Showbeleuchtung nicht mehr wegzudenken. Die unterschiedlichen Systeme durchliefen in der vergangenen Zeit eine rasante Entwicklung. Grob kann man die „Kopfbewegten Scheinwerfer" von den „Scannern" (spiegelbewegt) unterscheiden.

Diese komplexen Scheinwerfern ermöglichen die schmalsten Bündelungen eines Lichtstrahles. Durch additive Farbmischung ist es möglich, fast alle Farbkombinationen darzustellen, darüber hinaus können speziell angefertigt und eingesetzte „Gobos" beliebige, farbige Bilder auf Flächen projizieren.

**Abbildung 2: Beleuchtungsanlage**

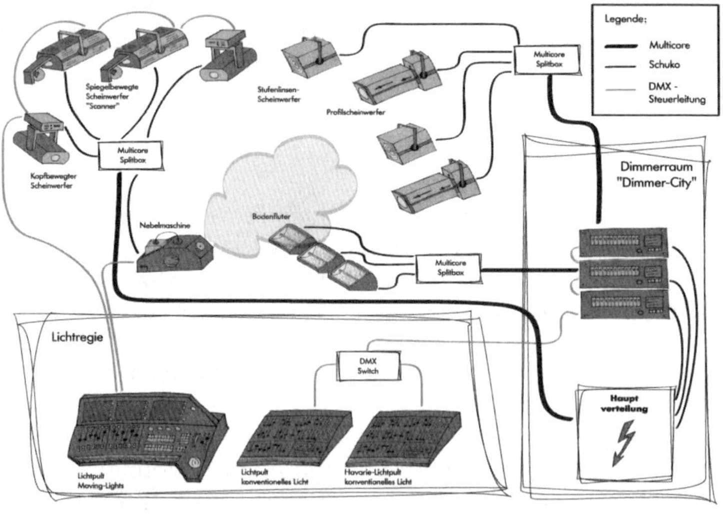

## 6. Effekttechnik

### *6.1 Pyrotechnik*

Die Effekte der Pyrotechnik haben sich in den vergangenen Jahren immer mehr im Bereich der Events und Veranstaltungen etabliert. Feuerregen, Theaterblitz, Knall und Donner, Feuerball und Funkenblitze, Bühnen- und Eisfontänen in verschiedenen Farben, „Sterntaler", „Honeymoon", „Blättertanz", Pyro-, Schnur, Konfetti- und Flitterbomben, Raketen oder auch nur farbige Flammen, Rauch und Dämpfe haben die Hersteller in ihren Labors mit heute relativ leicht zu bedienendem Aufwand entwickelt. Zentrale Zündpulte und deren elektronisch gesteuerten Abläufe lassen sich mühelos zu eindrucksvollen Shows bzw. ganzen Feuerwerken programmieren.

Grundsätzlich gelten in Versammlungsstätten gemäß § 35 (2) VstättV:

> *„In Versammlungsräumen, auf Bühnen- und Szenenflächen und in Sportstadien ist das Verwenden von offenem Feuer, brennbaren Flüssigkeiten und Gasen sowie explosionsgefährlichen Stoffen verboten.*
> *Das Verwendungsverbot gilt nicht, soweit das Verwenden von offenem Feuer, brennbaren Flüssigkeiten und Gasen sowie pyrotechnischen Gegenständen in der Art der Veranstaltung begründet ist und der Veranstalter die erforderlichen Brandschutzmaßnahmen im Einzelfall mit der Feuerwehr abgestimmt hat. Die Verwendung pyrotechnischer Gegenstände muss durch eine nach Sprengstoffrecht geeignete Person überwacht werden."*

In dieser Regelung trifft der Gesetzgeber Vorsorge, dass durch die besondere Gefahr, die vom Umgang mit Pyrotechnik ausgeht, ausreichend gesorgt ist. Umgang heißt im Einzelnen das Be- und Verarbeiten, das Verwenden und Vernichten von Pyrotechnischen Gegenständen. Im Sprengstoffgesetz sind neben der Klassifizierung auch der Umgang und die Regelungen für die ordnungsgemäße Lagerung von Pyrotechnik sowie die Befähigungen der verantwortlichen Personen geregelt.

Die Klassifizierung der Pyrotechnischen Gegenstände nach SprengG:

| **für Vergnügungszwecke** | | **für technische Zwecke** | |
|---|---|---|---|
| Klasse I | Feuerwerkspielwaren und Scherzartikel (Kleinstfeuerwerk) | Klasse PT1 | Bühnenfeuerwerk, Rauchsignale, Fackeln etc. |
| Klasse II | Kleinfeuerwerk und Silvesterfeuerwerk | Klasse PT2 | gefährliches Bühnenfeuerwerk, Handsignale etc. |
| Klasse III | Mittelfeuerwerk | | |
| Klasse IV | Großfeuerwerk und pyrotechnische Gegenstände ohne Zulassung | | |

Alle eingesetzten Erzeugnisse, außer Klasse IV, müssen die von der Bundesanstalt für Materialforschung (BAM) zugelassene Kennzeichnung mit einer „BAM" -Nummer gekennzeichnet sein. Für den Umgang mit den Klassen I, II und PT1 ist kein Befähigungsschein notwendig, aber nach §7 SprengG und §35 VstättV eine Genehmigung notwendig (Pyrotechnik ist Feuer!). Die Anordnungen der Gewerbeaufsichtsämter fordern in den häufigsten Fällen auch, die Anwesenheit eines Theaterfeuerwerkers mit Befähigungsschein beim Umgang mit PT1-Gegenständen. Für den Umgang mit Gegenständen der Klasse PT2 ist grundsätzlich der Befähigungsschein als Theaterfeuerwerker notwendig. Der Umgang mit Gegenständen der Klassen III und IV ist nur mit einem Befähigungsschein als Großfeuerwerker zulässig.

Die Planung des Einsatzes von Pyrotechnik bei Veranstaltungen setzt voraus, dass Beantragungs- und Genehmigungsverfahren seitens der verantwortlichen Personen eingeleitet werden. Die Abstimmung und Anzeigeverpflichtung mit den örtlichen Behörden (Feuerwehr, Bauordnungsämter, Gewerbeaufsichtsamt) sollte rechtzeitig, jedoch mindestens zwei Wochen im Voraus erfolgen. Alle Effekte müssen vor dem Einsatz den Behörden bei einer Abnahme vorgeführt werden, dies ist beim Einkauf einer solchen Leistung zu bedenken. Die ordnungsdienstlichen und brandschutztechnischen Maßnahmen bzw. Auflagen sind in jedem Fall umzusetzen, in den häufigsten Fällen sind diese mit erhöhtem Personaleinsatz (Sicherheitsposten usw.) und zusätzlichen Feuerlöscheinrichtungen verbunden.

### *6.2 Laser*

„**L**ight**a**mplification by **s**timulated **e**mission of **r**adiation"

Bei Showveranstaltungen werden mit Hilfe von Laserstrahlen bunte Lichteffekte zur Untermalung der akustischen Darbietung erzeugt. Meist werden für solche „Light- Shows" Laser mit hoher Leistung eingesetzt.

Lasergeräte erzeugen eine äußerst intensive Strahlung, die durch optische Systeme zu hoher Energiedichte gebündelt wird. Die Abnahme der Energiedichte ist auch in größerer Entfernung nur gering. Trifft Laserstrahlung auf den menschlichen Körper, kann die dabei entstehende Wärme Schädigungen erzeugen. Besonders gefährdet sind die Augen. Bei axialem Eintritt in das Auge werden die Strahlen durch die Linse punktförmig auf der Netzhaut abgebildet. Dies kann wegen der großen Energiedichte zur Schädigung oder Zerstörung der Netzhaut führen. Bei

Einwirkung auf brennbare Einrichtungsteile oder Dekorationen ist außerdem Brandgefahr gegeben.

Laserarten:

- Halbleiterlaser (Laserpointer)
- (Roter Laser): Laser wird mittels einer Diode erzeugt
- HeNe (Gaslaser)= Helium-Neon.
- Argon (Gaslaser): Grüner Laser
- Krypton (Gaslaser): Roter Laser
- Weißlichtlaser: eine Mischung aus Argon und Krypton
- Nd: YAG (Festkörperlaser)= Neodym, Yttrium-Aluminium- Granat. Grüner Laser.
- im Gegensatz zu anderen Lasern hat er einen hohen Wirkungsgrad. Deshalb wird er selbst bei hohen Ausgangsleistungen meist nur luftgekühlt.

Für Showveranstaltungen dürfen nur Lasergeräte verwendet werden, die sichtbares Licht (Wellenlänge des Lichts 400 bis 700 nm) aussenden; Die Ausgangsleistung ist auf das für den Verwendungszweck unbedingt erforderliche Maß zu beschränken.

Lasergeräte müssen einer Klasse (1 bis 4) nach DIN EN 60 825-1 zugeordnet und entsprechend gekennzeichnet sein. Die Klassenzuordnung erfolgt durch den Hersteller.

Laserklassen sind:

- Klasse 1: Ungefährlich für das menschliche Auge. Maximale Ausgangsleistung: 0,39 bis 69 µW je nach Wellenlänge der Strahlung.
- Klasse 2: Ungefährlich für das menschliche Auge bei kurzzeitiger Bestrahlungsdauer bis max. 0,25 s. Diese Bestrahlungszeit wird durch den Lidschlussreflex unterschritten. Maximale Ausgangsleistung 1 mW
- Klasse 3A: Ungefährlich für das menschliche Auge bei Bestrahlungszeiten bis 0,25 s, gefährlich für das menschliche Auge bei Verwendung von optischen Instrumenten, die den Strahl bündeln. Maximale Ausgangsleistung 5 mW, Lichtleistungsdichte bis 25 $W/m^2$.
- Klasse 3B: Gefährlich für das menschliche Auge, in besonderen Fällen für die Haut. Maximale Ausgangsleistung 0,5 W.
- Klasse 4: Sehr gefährlich für das menschliche Auge und gefährlich für die Haut; Brandgefahr! Ausgangsleistung: über 0,5 W.

Werden Laser mit höherer Leistung verwendet (Klasse 3A - 4), muss der Strahl

- durch optische Einrichtungen so aufgeweitet sein, dass er in allen Bereichen, in denen sich Personen aufhalten, auf eine ungefährliche Leistungsdichte herabgesetzt wird, oder
- so geführt werden, dass er an jeder Stelle mindestens 2,5 m über dem Fußboden verläuft.

Können diese Forderungen an einzelnen Stellen nicht eingehalten werden, sind folgende Schutzmaßnahmen durchzuführen:

- Der Laserstrahl ist durch feste Einrichtungen, zum Beispiel Rohre aus durchsichtigem Material, so zu führen, dass Personen nicht in den Strahlenbereich gelangen können.
- Auch gewollt oder ungewollt reflektierte Strahlen an spiegelnden Oberflächen (Spiegel, metallische Oberflächen, Gläser, Flaschen usw.) dürfen nicht auf den Aufenthaltsbereich von Personen gerichtet sein.
- Im Lichteffekt-Betrieb dürfen sich keine Personen im Projektionsbereich (Laserbereich) aufhalten können. Dies gilt auch für Bereiche, in die der Strahl durch Reflexionseinrichtungen (Spiegel, Spiegelkugel, etc.) abgelenkt wird.
- Ein unbeabsichtigtes Auswandern des Laserstrahls aus seinem vorgesehenen Raumwinkel ist durch zusätzliche Einrichtungen (Sicherheitsblenden, Strahlfänger usw.) zu verhindern.

Die Lasereinrichtungen sowie dazugehörende Schalteinrichtungen dürfen nur Befugten zugänglich sein. Der Bediener der Lasereinrichtung muss den gesamten Bereich der Lasereffekte im Raum einsehen können.

Der Veranstalter hat den Betrieb einer Lasereinrichtung der Klasse 3B oder 4 dem Gewerbeaufsichtsamt und der Berufsgenossenschaft anzuzeigen. Die Anzeige ist den genannten Stellen mindestens drei Tage vor der Inbetriebnahme zu erstatten. Dabei ist zu berücksichtigen, dass diese Stellen eine Prüfung durch einen Sachverständigen vor Inbetriebnahme verlangen können. Die Anzeige soll folgende Angaben enthalten: Hersteller der Lasereinrichtung, Laserklasse, Strahlungsleistung bzw. -energie, Wellenlänge. Es ist zweckmäßig, bereits der Anzeige eine Unbedenklichkeitsbescheinigung eines Sachverständigen beizufügen. Der Veranstalter hat sachkundige Personen als Laserschutzbeauftragte schriftlich zu bestellen. Die Laserschutzbeauftragten haben für den sicheren Betrieb und die Einhaltung der Schutzmaßnahmen zu sorgen. Für jede Veranstaltung ist mindestens ein Beauftragter als persönlich Verantwortlicher zu benennen. Dieser muss während der gesamten Dauer der Veranstaltung den Betrieb des Lasergerätes beaufsichtigen.

## *6.3 Sonstige Effekte*

Effekte gleich welcher Art sollen Besucher auf eine besondere Art und Weise beeindrucken und die Wahrnehmung der Sinne: Sehen, Hören, Fühlen und Riechen beeinflussen.

Durch einen bestimmten Duft kann das Publikum entsprechend stimuliert werden, durch feucht warm eingeblasene Luft in einen Raum mit künstlichen Palmen und entsprechender Beleuchtung kann beispielsweise eine tropische Atmosphäre erzeugt werden. Alle Effekte und Illuminationen haben die Absicht, Stimmungen zu erzeugen.

In der Aufzählung der Effekterzeuger in der Veranstaltungstechnik kann man heute die Nebelmaschinen und „Hazer" (Dunsterzeuger) nicht mehr wegdenken. Moderne Nebelmaschinen werden mit entsprechenden chemischen Nebelfluiden und über „DMX Fernsteuerungen" (siehe Beleuchtung) betrieben, das klassische Trockeneis ist in der Verarbeitung jedoch nicht ungefährlich. Beim Zerkleinern der meist in großen Stücken gelieferten Blöcke müssen in jedem Fall Schutzmaßnahmen getroffen werden (Handschuhe, Brille usw.), da solch ein Block ca. -70°C kalt ist. Dieser „Bodennebel" kann auch zu Erstickungsgefahr führen, deshalb darf sich kein Lebewesen (Achtung auch bei Tieren!) am Boden befinden. Achtung mit Stickstoffnebel, dieser ist mit ca. -170°C noch viel kälter und auch gefährlicher. Der direkt am Boden laufende Nebel wird durch Rohre zur Bühne geleitet. Die Rohre vereisen stark. Die Feuchtigkeit am Boden kann, je nach Bodenbelag zur Rutschgefahr führen. Der am Boden kriechende Nebel bleibt immer sehr mystisch und ist sehr eindrucksvoll. Durch Bodenschlitze oder zu starkes Einblasen oder Absaugen von Lüftungsanlagen können solche Vernebelungen zeitlich beeinflusst sein und der gewollte Effekt so nicht zur vollen Wirkung kommen.

Die gute alte Seifenblasenmaschine ist ebenso wie Schnee, Regen, Wind, Gewitter oder Wasserspiele mit Vorsicht einzusetzen. Die entstehende Feuchtigkeit bei diesen Effekten ist für Parkett- oder Holzböden nicht unproblematisch. Unerwähnt sollen Effekte wie Feuersimulatoren, Blitz-Stroboskope, Sternenhimmel, Donnerbleche, pneumatische oder magnetische Klemmen mit Fernauslösung für „KABUKI" Vorhänge (herabfallende Tücher) bei Enthüllungen o.ä. in dieser Aufzählung nicht bleiben. Hersteller und findige Requisiteure dieser technischen Effekte reagieren immer wieder neu auf die Anforderungen und den Bedarf von Regisseuren, Bühnenbildnern und Eventprofis.

Der Einsatz von Wasserspielen und Wasserleinwänden für Projektionen in Verbindung mit Feuer- und Pyrotechnik in geschlossenen Räumen wird in ganzen Shows sehr eindrucksvoll inszeniert.

Hightech im Bereich der Vortragsveranstaltungen lässt heute mit aufwendigen Projektionsverfahren die dreidimensionale Darstellung von Objekten mitten in einem Raum zu. So gehören Begriffe wie Teleportation, T-Vision, 3 TV und Eyeliner bald zur normalen Ausstattung von Events.

## 7. Bühnentechnik

### *7.1 Bühnenober- und -untermaschinerie*

Zu diesen Einrichtungen zählt man die technische Ausstattung eines Hauses, welche fest eingebaut und installiert wurde. Diese Technik hat den Vorteil, dass sie meist „auf Knopfdruck" betriebsbereit ist und zügige Auf- und Abbauzeiten ermöglicht. Die Einrichtungen findet man überwiegend in Theatern, Stadthallen, Kulturhäusern, Kongresszentren.

In der Theatergeschichte entstanden, bedingt durch die Wünsche nach Verwandlungen in szenischen Abläufen, immer komplexere Festeinbauten in der Theatertechnik. Gewaltige Stahlkonstruktionen werden von namhaften Firmen, die überwiegend im Brücken- und Stahlbau von Industriebauten tätig sind, in Bühnenhäuser eingebracht.

Es gibt jedoch für die Bühnenkonstruktionen die besondere Bedingung nach (fast) geräuschloser Bewegung im Betrieb. Das stellt besondere Anforderungen an diese Technik. Komplizierte elektronische Steuerungen ermöglichen zeit- und punktgenaue Programmierungen der bewegten Technik durch zum Beispiel Lasermesseinrichtungen.

Diese Systeme werden mit unterschiedlichen Antriebsvarianten eingesetzt. Antriebe mit Zahnstangen, Spindeln, Triebstock, pneumatisch oder hydraulisch. Die Theater arbeiten heute jedoch auch mit nicht unerheblicher, „handbetriebener" Technik, wie zum Beispiel Handkonterzügen mit Gegengewichten, von Hand bewegte Bühnenwagen usw..

Viele fleißige Hände der Bühnentechniker sind bei den Inszenierungen im Einsatz. Die Organisation und Koordination der Abläufe bedarf so einer exakten Planung.

Einrichtungen sind beispielsweise:

***Obermaschinerie (Oberbühne)***
Laststangen-Maschinenzuganlagen (Panoramazüge, Rundstangenzüge, Rundhorizonte), Handkonterzüge, Punkt- und Kettenzüge, Portalbrücken und -türme, (Haupt-) Vorhangzugsysteme, Deckenklappen, fahrbare Brücken / Portale, Orchestermuscheln, Trennwandanlagen, Leuchtenhänger, fahrbare Beleuchterbrücken, Schnürboden, Arbeitsgalerien, Flugwerke...

***Untermaschinerie***
Orchestergraben, Drehscheiben, Versenkeinrichtungen, Personenversenkungen, Bühnenhub- und Teleskoppodien, Scherenpodien, Bühnenwagen, Transporteinrichtungen / Aufzugsplattformen...

Neben den Einrichtungen für die Dekorationen und Effekte sind die brandschutztechnischen Einrichtungen auf Bühnen und in Bühnenhäusern ein fester Bestandteil der Anlagen.

***Brandschutztechnik in Bühnen und Sälen sind zum Beispiel***

- „Eiserner Vorhang" (Brandabschnittstrennung zwischen Bühnenhaus und Publikumsbereich)
- Deckenklappen (Rauchabzüge)
- Regenanlagen
- Sprühflutlöschanlagen
- Sprinkleranlagen (automatische Löschanlagen)
- Rauch- und Wärmemelder (Alarmierungssysteme zur automatischen Auslösung eines Feueralarmes)
- Hydranten und Feuerlöscher (zur manuellen Brandbekämpfung)
- Druckknopfmelder (direkte Durchschaltung zur nächsten Feuerwache)

### *7.2 Rigging*

„Rigging" ist die Möglichkeit, durch verschiedene Traversenkonstruktionen die Dekorationen, das Showlicht, die Beschallungssysteme oder andere benötigte Hängepunkte (zum Beispiel Artistik und Effekte) in einem von den örtlichen Gegebenheiten unabhängigen System aufzuhängen. Die Konstruktionen sind sowohl als aufgehangene Varianten („geflogen") als auch über Trägerelemente aufgestellt („Ground Support", siehe Abbildung 3) realisiert. Traversensysteme werden in jeweils einheitlicher Bauweise in unterschiedlichen Größen / Längen und Belastbarkeiten angeboten. Nur wenige Systeme der Hersteller sind untereinander kompatibel.

Man unterscheidet so genannte Zwei-, Drei- und Vierpunkt- Traversen, ein- oder auch mehrgurtige Gitterträgerelemente genannt. Diese Einzelelemente werden unter zu Hilfenahme von Eckteilen und Verbindungselementen zu ganzen Systemen zusammengesetzt bzw. montiert (Baukastenprinzip), dann gehangen, gestellt oder auch beweglich eingesetzt. Die Techniken zum so genannten „Anschlagen" der Systeme an bestehende Konstruktionen sind Schnellbauweisen mit Kettenzugmotoren und Textilen Rundschlingen und/oder Stahldrahtseilen. Es gelten hier besondere Sicherheitsbestimmungen und Belastungswerte, die um ein vielfaches unter den Normalbelastungen zum Beispiel der Bauwirtschaft liegen. Der Vorteil der Traversen liegt eindeutig im Eigengewicht durch Aluminium.

Für den Einsatz und Umgang mit Traversensystemen in Versammlungsstätten gelten gesetzliche Bestimmungen, zum Beispiel VstättV und die einschlägigen Unfallverhütungsvorschriften. Der Verband für professionelle Licht und Tontechnik, VPLT hat eine Richtlinie VR 1.0 zum Thema herausgegeben.

**Abbildung 3: Groundsupport**

Da Traversensysteme zum großen Teil als Aluminiumkonstruktionen ausgeführt sind, kommt die DIN 4113, Teil 1, „Aluminiumkonstruktionen unter vorwiegend ruhender Belastung; Berechnung und bauliche Durchbildung“, der E DIN 4113, Teil 2, „Aluminiumkonstruktionen unter vorwiegend ruhender Belastung; Berechnung, bauliche Durchbildung und Herstellung geschweißter Aluminiumkonstruktionen“ sowie der „Richtlinie zum Schweißen von tragenden Bauteilen aus Aluminium“ (vgl. landesrechtliche Ministerialblätter, zum Beispiel Bayern MABI 21/1987) besondere Bedeutung zu.

Die Belastbarkeiten eines Traversensystems werden durch den Entwurf, die verwendeten Werkstoffe und die Fertigung bestimmt. Bei der Berechnung der zulässigen Belastungen sind die einschlägigen Regeln der Technik auf alle Bereiche der Traverse (Gurtrohre, Streben, Wandstärken, Verbinder, Verbindungsmittel, Schweißnähte...) anzuwenden. Anschlagmittel sind alle Materialien und Teile, die eingesetzt werden können, um Traversen mit den entsprechenden Lastaufnahmepunkten zu verbinden. Anschlagmittel müssen der BGV C 1 § 9 „ Tragmittel und Anschlagmittel“ sowie VBG 9a § 5 „Kennzeichnung von Anschlagmitteln“ entsprechen.

Häufig verwendete Anschlagmittel sind: Trägerklemme, Schellen mit oder ohne Ringöse, Schekel, Schnellverbindungsglied mit Überwurfmutter nach DIN 56926, Rundschlingen, Hebebänder, Stahlseile, Stahlketten, Keilendklemmen

Lastaufnahmepunkte sind neben direkten Aufnahmepunkten in Dachkonstruktionen, die Hebezeuge zur Beförderung der Traversenkonstruktionen. Dies können manuelle oder motorische Kettenzüge sein. Diese mobilen maschinentechnischen Einrichtungen ermöglichen auf besondere Art und Weise durch die identischen Bauweisen einen gleichlaufenden Hub an mehreren Punkten der Konstruktion. Die Aufhängung erfolgt in zwei Varianten, an Lastschlaufen, entweder die Kettenenden (Hacken) werden in der Decke gehangen und die Motoren laufen im „Laufkatzenbetrieb“ nach oben, oder die Motoren sind an festen Punkten an der Decke platziert und am Hacken werden die Lastschlaufen der Traversen eingehangen. Alle Einhängungen sind zusätzlich mit Stahlseilen zu sichern!

Bei den Kettenzugmotoren unterscheidet man zwischen zwei unterschiedlichen Bauarten. Bei dem so genannte BGV C 1 (VBG 70) – Motor sind zwei voneinander unabhängig wirkende Motorbremsen eingebaut, das heißt eine zusätzliche Absicherung gegen den Sturz von Ketten beim Versagen einer Bremse. Diese Züge dürfen ohne zusätzliche Sicherung nach dem Heraufziehen der Last betrieben werden. Alle übrigen Kettenzüge sind mit nur einer Motorbremse ausgestattet und dürfen ausschließlich für das Heraufziehen der Last verwendet werden. Anschließend muss die Last in ein Anschlagmittel (Lastschlaufe oder Stahlseil) abgesenkt werden, so dass der Kettenzugmotor „außer Last" gebracht wird. Gleiches gilt für Handkettenzüge oder ähnliches (zum Beispiel „Flaschenzüge") Zusätzlich müssen diese Lasten zweifach, d.h. mit einem zusätzlichen Stahlseil gesichert werden

Das Anschlagen (Aufhängen) der Traversen (Art und Weise der Krafteinleitung) ist maßgeblich für den Erhalt der Belastbarkeit und Stabilität der Konstruktion und darf nur von entsprechend qualifiziertem Fachpersonal durchgeführt werden.

Das Anschlagen der Traversen erfolgt in der Regel durch Diplomingenieure, Meister und Fachkräfte für Veranstaltungstechnik, Sachkundige für Veranstaltungs-Rigging, Veranstaltungs-Operator, Rigger und qualifizierte Techniker der benutzenden Gewerke. Die Montage von Traversen erfolgt in der Regel durch eingewiesenes Personal. Die Montage der Systemelemente kann nach erfolgter Einweisung von dafür geeigneten Personen ausgeführt werden, muss aber nach Abschluss von einer qualifizierten Person überprüft werden.

## *7.3 Mobile Bühnentechnik*

Flexible Bühnentechnik ist notwendig, um Individualaufbauten in und an nahezu allen Veranstaltungsorten zu ermöglichen.

Mit mobilen Podestanlagen und Praktikablen, Stufen und Treppen, Showtreppen, Tribünenanlagen, Tanzböden, Bühnenwagen, Bühnenanlagen auf Fahrzeugen, Gerüst- und Traversenkonstruktionen, jeglichen Schreiner- und Schlosserkonstruktionen werden die unterschiedlichsten, flexiblen, mobilen Bühnenaufbauten ermöglicht. Aushänge wie zum Beispiel Soffitten, Schals, Rundhorizonte o.ä. werden mit den Vorhangsystemen oder direkt den Traversen verbunden. In kurzen Abständen befinden sich an den Stoffen Ösen durch die kurze Leinenbänder zur Befestigung gebunden werden.

Podeste und Podestanlagen sind in der Regel transportfähig auf Transportwagen gelagert und werden unter zu Hilfenahme von Steckfüßen bzw. eines Scherenklappmechanismus beim Aufstellen untereinander gesteckt oder verschraubt. Es gelten auch hier Vorschriften, die ab einer bestimmten Höhe Absturzmaßnahmen (Geländer) erforderlich machen.

Die Podeste und Praktikablen sind in der DIN 15920 genormt, so dass die Größen untereinander meist kompatibel sind.

Gerüstbau kommt nur bei großen Tribünenanlagen zum Einsatz, wo sonst unzählig viele Podeste uneffektiv eingesetzt wären. Mobile Vorhangzugsysteme einschlägiger Hersteller werden als mobile Baukastensätze zum schnellen Auf- und Abbau angeboten, so lassen sich mühelos auf Tourneeproduktionen Theaterbedingungen wie in einem festen Haus schaffen.

Aus Holz, Stahl, Dekorationsstoffen, Kunststoffen und diversen Requisiten / Möbeln, die entsprechenden Bau- und Brandvorschriften unterliegen, setzen meist sehr erfahrene, kreative Bühnenprofis die Vorstellungen von Agenturen und Bühnenbildnern um.

## 8. Ausstattung und Dekorationen

In dieser Kategorie der Veranstaltungstechnik greifen die Techniker der Branche auf professionelle Zulieferer für die Verarbeitung von allen nur vorstellbaren Materialien zurück. Effekte und die Beleuchtung werden durch die entsprechenden Dekorationen, Kulissen, Sonderbauten und Requisiten entsprechend unterstützt. Die besonderen brandschutztechnischen Vorschriften bei der Verwendung von Ausstattung und Dekorationen lassen nur bedingt den Einsatz von brennbaren Materialen zu.

Nach der Einteilung der DIN 4102 werden Baustoffe nach ihrem Brandverhalten klassifiziert und so in folgende Klassen unterteilt:

| **Baustoffklasse A** | **Baustoffklasse B** |
|---|---|
| A 1 = nicht brennbar | B 1 = schwer entflammbar |
| A 2 = (fast) nicht brennbar | B 2 = normal entflammbar |
| | B 3 = leicht entflammbar |

Die besonderen Bedingungen der Veranstaltungen bei denen viele Menschen zusammenkommen, haben es notwendig gemacht, die Bedingungen des Brandschutzes in besonderem Maße zu regeln. Deshalb wird die Verwendung von Materialien beim Bau von Veranstaltungstechnik und Dekorationen genau geregelt. In welchen Bereichen welche Baustoffklassen verwendet werden dürfen, wo und wie diese gelagert werden sollen, kann man in der VstättV § 33 und 34 nachlesen.

Textilien der Bühnen- und Eventausstattung werden in zwei Klassen unterteilt, die natürlichen und die synthetischen Materialien.

Zu den natürlichen Materialien gehören die Produkte pflanzlicher oder tierischer Herkunft. Pflanzliche Materialien wie Leinen, Jute oder Baumwolle (Nessel, Molton, Velours) sind brennbar und bedürfen einer besonderen Behandlung (Imprägnierung) vor dem Einsatz auf Bühnen oder im Veranstaltungsbereich um so der Baustoffklassifizierung zu entsprechen. Die Verfahren zum Imprägnieren sind sehr unterschiedlich und sollten von Fachleuten durchgeführt werden. Die Imprägnierten Materialien benötigen zur Vorlage bei den Behörden ein besonderes Zertifikat. Nach einer solchen Behandlung ziehen die Stoffe in besonderem Maße Feuchtigkeit an und haben die Eigenschaft zu schrumpfen. Eine Imprägnierung hält in der Regel zehn Jahre. Materialien tierischer Herkunft sind meist nicht brennbar (Seide, Wolle oder Mohair).

Die synthetischen Materialien im Veranstaltungsbereich werden überwiegend als nicht brennbare Materialien verwendet und es sind so keine zusätzlichen Maßnahmen erforderlich. Stoffe wie Trevira CS®, Rovill® oder andere Textilien können jedoch durch überschüssige Farbpigmente bei der Färbung staubexplosiv und feuergefährlich eingestuft werden. Auf den Dekorationsbau, die Beschaffung von Requisiten und die Ausstattung von großen Räumen und Studios haben sich Spezialfirmen mit einem großen Fundus an Material, Möbeln und Kostümen ausgerichtet. Ob die Gestaltung mit Kulissen und Bühnenbildern oder die Beschaffung von Showglas, die Vielfalt von der Tischdekoration bis zum Kronleuchter sind Details, die unverzichtbare Akzente eines Events, einer Bühnenshow oder anderer Veranstaltungen geworden sind.

## 9. Medientechnik

### *9.1 Audiotechnik*

#### Studioproduktion (Aufzeichnungen) *oder* Beschallungsanlage für Räume?

Das Equipment der Audiotechnik richtet sich nach diesen beiden Kriterien.

Der Aufwand und die Qualität der eingesetzten Audiotechnik hängen in erster Linie von raumakustischen Bedingungen ab. Nachhallzeiten eines Raumes beispielsweise nehmen unmittelbar Einfluss auf die Hörqualität. Die Schallausbreitung und die Reflexionen (Abb. 4) im Raum sind auch von den Materialien und deren Oberflächen abhängig. Glatte (harte) Oberflächen wie Beton, Glas o.ä. reflektieren den Schall weitaus stärker als Holzverkleidungen die ggf. noch in der Oberflächenstruktur unterbrochen sind.

**Abbildung 4: Raumakustik**

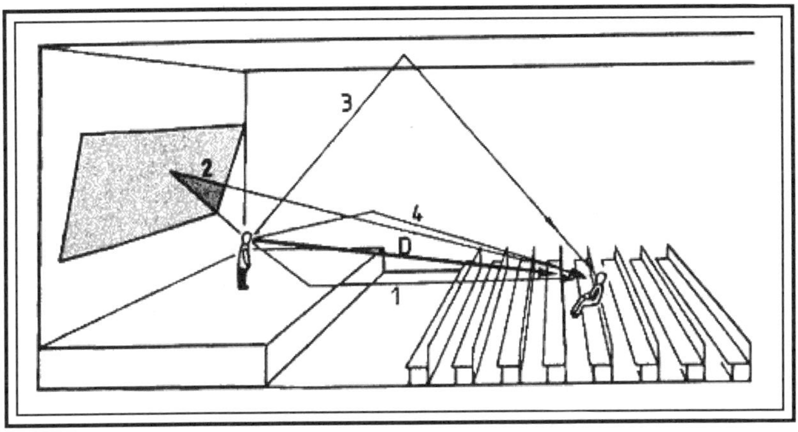


Der Ursprung von Schall ist immer eine Druck- oder auch Dichteschwankung, die periodisch wiederholend sein kann, wie bei einer schwingenden Saite (Klang), oder die impulsartig ist, wie zum Beispiel ein zerplatzender Luftballon oder ein Paukenschlag (Geräusch). Der Zusammenhang zwischen Luftdruck und Dichte der Luft sorgt nun dafür, dass sich der Schall vom Ort des Entstehens aus mehr oder minder kugelförmig ausbreitet. Dieser Druck, der Schalldruck, erreicht Grenzen, die das menschliche Gehör unterschiedlich wahrnimmt. In der Abbildung 5 wird der Bereich bis zum Erreichen der Schmerzgrenze aufgezeigt.

Beschränken wir uns auf die Beschallungs- bzw. Wiedergabetechnik. Die elektroakustische Verstärkung von Schall ist im Prinzip ganz einfach. Die auf der Seite des Entstehens erzeugten kleineren (Luft-)Druckwellen werden in einem Messinstrument aufgezeichnet (Mikrofon) und zu größeren, regelbaren Druckwellen verstärkt (Lautsprecher).

Das Aufbauprinzip beider Komponenten ist annähernd gleich. Tauscht man theoretisch beide miteinander aus, kann ich in einen Lautsprecher hineinsingen und aus dem Mikrofon den Ton hören.

**Abbildung 5: Schalldruckpegel**

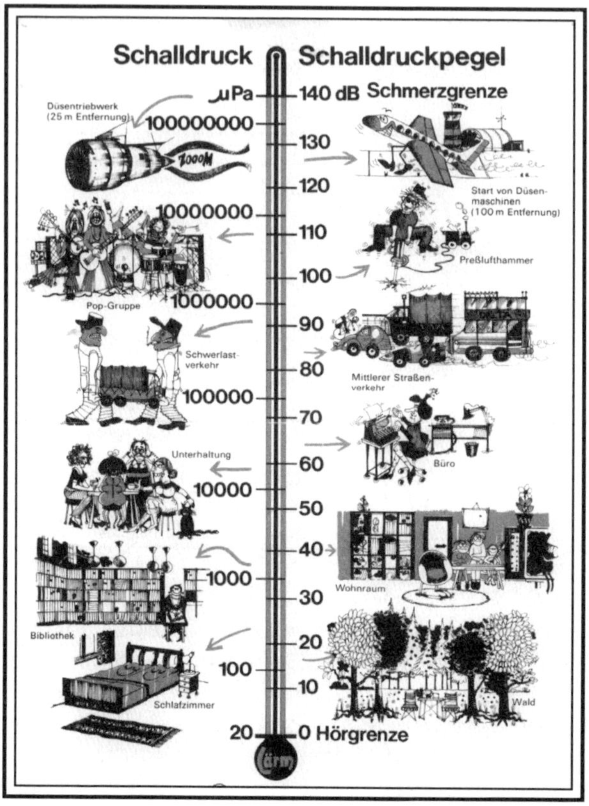


Mikrofone sind heute hochkomplizierte, elektronische Wunderwerke, die jedoch alle nach dem gleichen Prinzip funktionieren. Mikrofon-Drahtlossysteme (Mikroports) werden verstärkt im Präsentations- und Showbereich verwendet.

Die Lautsprecheranlagen setzen sich aus den unterschiedlichen Wiedergabequalitäten von Frequenzen (Höhen und Tiefen) meist in komplexen Systemen zusammen und werden zur „Ausleuchtung" eines Raumes meist auch mehrfach ausgerichtet. Da der Schall nicht überall gleichzeitig im Raum ankommen kann und sich so Verzögerungen bzw. Vermischungen des Direktschalles mit dem Lautsprechersignal ergeben, bringen beispielsweise „Delaylines" (Verzögerungslautsprecher) in entfernten Bereichen zusätzliche Qualitätsverbesserungen der Beschallung. Monitorlautsprecher, den Darstellern, Musikern, Diskussionsteilnehmern bühnenseitig zugewandt, sollen die Beschallung in Bühnenrichtung unterstützen. Die Komponenten der Beschallungsanlagen (siehe Abbildung 6) entwickeln sich stetig weiter, Hersteller haben speziell für den robusten Tourneebetrieb erdachte, schnelle Baukastensysteme produziert. Die erweiterbaren Lautsprechersysteme sind sowohl zum Stellen, als auch zur schnellen Befestigung an Kettenzügen und Traversen versehen. Teilweise werden die schweren Boxen gleich „auf Rollen" geliefert und werden nur für die Transporte mit Schutzdeckeln versehen.

Die unterschiedlichsten Medien und Formate werden heute überwiegend digital bespielt und wiedergegeben. (zum Beispiel DAT, CD, DVD) Nicht zuletzt ist die Produktion von Wiedergabemedien eine Kostenfrage, selbstverständlich werden auch heute noch qualitativ hochwertige analoge Aufnahmen (Mehrspurverfahren) produziert. Die Signalvermischung und -verteilung wird über Mischpulte und Kreuzschienen realisiert. Die Digitalisierung in diesem Bereich schreitet immer weiter voran, so dass diese Komponenten heute eher mit Computern vergleichbar sind.

„Live ist Live..." – die Wahrnehmung der realen Raumumgebung mit Originalklängen von Instrumenten oder der menschlichen Stimme sind in unserem Hörverhalten immer anspruchsvoller geworden. Das hatte zur Folge, dass die Systeme zusätzlich mit Equalizern, Filtern und Effektgeräten (Frequenzanpassungen) die Originale unterstützen und verfeinern.

**Abbildung 6: Beschallungsanlage**

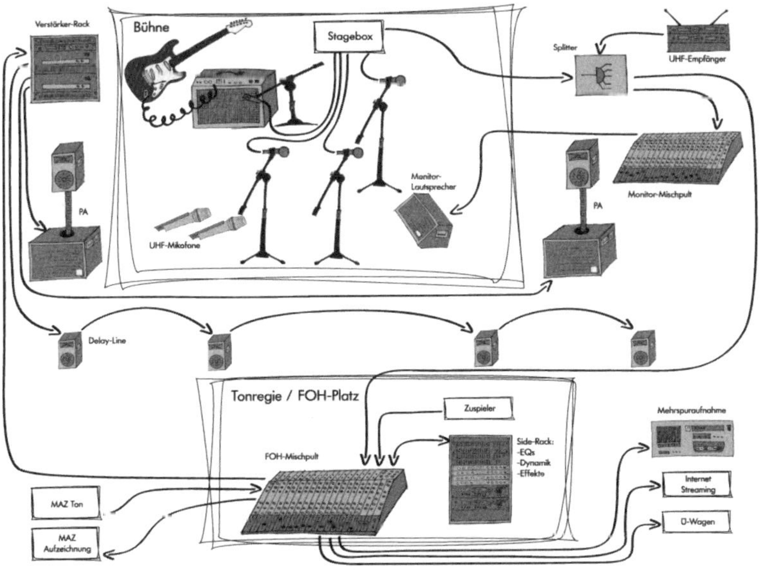

## *9.2 Video- und Projektionstechnik*

Fernsehen ist für uns zur Normalität geworden, so auch im Veranstaltungsbereich. Die geschulten Augen, verwöhnt von vielen TV Kanälen, können heute recht schnell Qualität differenzieren. „Da hat man eben gesehen, was man nicht sehen sollte" – solche Erlebnisse gibt es oft. Die Fernseh- bzw. Videotechnik ist nun zur Visualisierung der Beiträge, also auch der Unterstützung gezeigter Bühnenshows auf Großbildprojektionen, der besseren Erkennung der Redner in den hinteren Reihen und der Dokumentation eines Events (Aufzeichnung) ein fast unverzichtbares Medium jeder Veranstaltung geworden.

Was gehört aber dazu, ein brillantes Bild zu produzieren, das Signal zu transportieren und entsprechend zu projizieren?

Die wichtigsten Komponenten einer Kameraregie sind in Abbildung 7 skizziert. Die Anzahl eingesetzter Kameras bestimmt die Mengen von Vorschaumonitoren und die Größe der CCU (Verteiler). Eine Bildregie ist heute neben der klassischen Bildmischung auch eine meist mit mehreren Computern verbundene Einheit, die die Überblendung mit Schrift (Schriftgenerator), animierten Logos, Charteinblendungen oder Digitaleffekte ermöglicht. Splittscreentechnik (vgl. Bild im- bzw. neben Bild Darstellungen) sind durch den Einsatz von leistungsfähigen Rechnersystemen möglich.

**Abbildung 7: Videoregie**

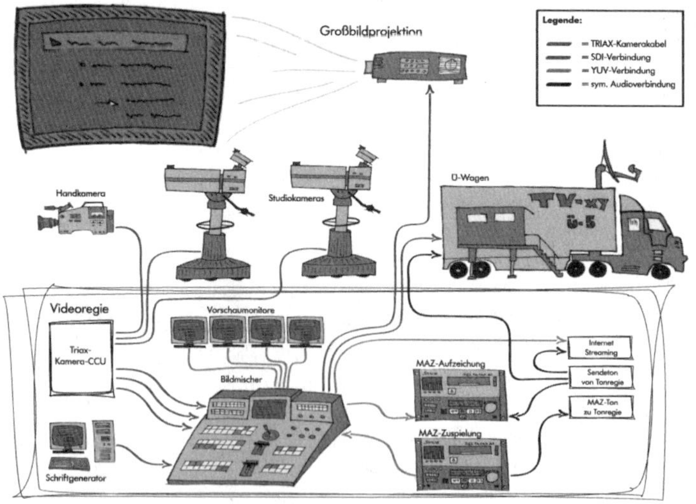

Die Signalübertragung erfolgt durch hochwertige Kabelverbindungen (Kamera zum Beispiel „Triax"), heute auch schon verstärkt durch Lichtwellenleiterübertragungen auf digitaler Basis. Es sind meist weite, beschwerliche Kabelwege zu überwinden, um jedoch die Signalverluste so gering wie möglich zu halten, werden entweder Signalverstärker eingesetzt oder die Signale analog/ digital gewandelt.

Die Wiedergabe des jeweiligen Bildes erfolgt dann in unterschiedlichen Formen. Die rasante Entwicklung der Projektionstechnik in den vergangenen Jahren ermöglicht uns heute eine relativ kompakte und einfach aufzubauende Technik. Waren vor zehn Jahren für die einfache Video Großbildprojektion noch tonnenschwere Geräte notwendig, ist es uns heute möglich, mit Video-/Datenprojektoren (Beamer) im Aktenkofferformat, Präsentationen von animierten Videos und Grafiken aus dem Computer darzustellen.

Lichtstarke Projektoren mit hohen Auflösungen werden häufig in „Tandem-", ja sogar „Trippeleinheiten" (Bild liegt exakt übereinander) eingesetzt, um beim Ausfall von Projektoren immer noch ein Bild zu haben. Die Helligkeit verdoppelt bzw. verdreifacht sich so ebenfalls. Über Spiegeltechniken lassen sich mit Projektoren eindrucksvolle Bilder erzeugen: 3D-Projektionen mitten im Raum, Projektionen auf Spezialglas-Projektionsscheiben und andere Effekte. Wahre Künstler gestalten heute große Räume beispielsweise ausschließlich mit Projektionstechnik. Kompakte Rückprojektionsboxen sind fertige Projektionssysteme, die ebenfalls über eine Verspiegelung des durch einen Projektor erzeugten Bildes auf eine Scheibe mit entsprechender Bildkorrektur projizieren.

Durch spezielle Weltwinkelobjektive am Projektor ist die Darstellung auch mit kurzen Projektionsentfernungen möglich. Die Möglichkeit, die Ausgangsbilder beliebig zu drehen und zu korrigieren, ermöglichen so auch Rückprojektionen aus zum Beispiel schrägen Positionen. Spezielle lichtdurchlässige Leinwände oder Tüll sind dazu notwendig. Die Leinwandqualität bei „Auf"- Projektionen (von vorn) wird durch ihren so genannten „Reflexionsgrad" bestimmt. Je höher dieser ist, umso heller erscheint das dargestellte Bild.

Die lichtstärkste Darstellung von Bildern ist durch LED Wände (Leuchtdioden) möglich. Große Flächen kann man so aus Modulen in beliebigen Formaten zusammensetzen. Die immer kleiner gewordene Rasterung und die fast unendlich vielen, darstellbaren Farben gepaart mit der Helligkeit der LEDs sind eine geeignete Form, große Bilder auch unter Tageslichteinfluss darzustellen. Diese Technik besticht durch ihre Brillanz, die jedoch ihren Preis hat.

## *9.3 Kongresstechnik*

Ergänzend zur Projektionstechnik erwähnt werden müssen an dieser Stelle die klassischen Overhead- und Diaprojektoren. Immer weniger Referenten setzen diese Medien gezielt ein. Die unwiederbringlichen Diaaufnahmen der Wissenschaftler können heute hochauflösend digitalisiert und dann wiederum mit einem Datenprojektor dargestellt werden. In ein bis zwei Generationen sind Diaprojektoren eher Geschichte. Das Handling von Dias und der Logistische Aufwand bei Kongressen sind enorm und sehr personalintensiv. Einzurichtende Diaannahmen mit Vorschaugeräten das Ein- und Aussortieren der Dias aus Magazinen, das Verbringen in die Projektionsräume und nicht zuletzt der Verschleiß/ Durchbrennen des Filmes sprechen gegen die Zukunft des Dias.

Moderne Präsentationsnetzwerke (siehe Abbildung 8) können in kürzester Zeit die Verteilung von digitalen Präsentationsdateien von einem zentralen Server aus in den jeweiligen Versammlungsraum senden.

**Abbildung 8: Präsentationsnetzwerk**

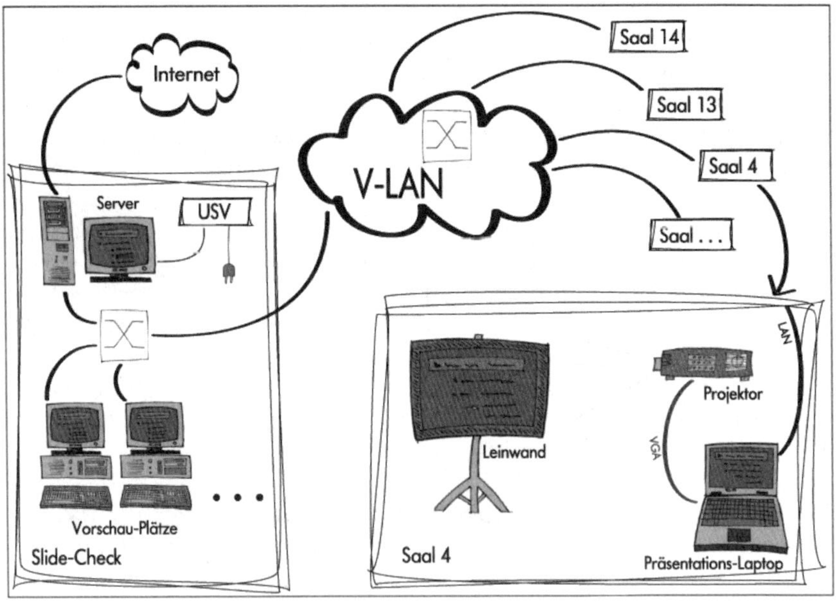

Anders die Overheadprojektoren, welche eher im Zusammenhang mit Moderationstechnik gesehen werden sollten. Die kurzfristige Notwendigkeit und Art der Visualisierung bei zum Beispiel Brainstorming, Moderationen, Workshops o.a. macht es erforderlich, in einfacher Weise auf unterschiedlichen Medien etwas darzustellen. So eignen sich beschreibbare Folien für die Overheadprojektoren genau so wie ein Flipchart, eine Pin- oder Trainerwand, Schultafel, Whiteboard oder ein Copyboard. Trainer und Moderatoren benötigen einfachstes Handwerkszeug um in plötzlich auftretenden Situationen schnell zu reagieren. Referenten und Dozenten in Vortragsveranstaltungen bereiten sich auf die Vorträge sehr intensiv vor und können diese so gezielt visuell unterstützen.

Was der Souffleur („Text-Vorsager") im Theater, wird in der professionellen Konferenzindustrie mit Teleprompter-Anlagen verwirklicht. Bei Film und Fernsehen befinden sich verspiegelt projizierte Texttafeln direkt am Objektiv, auf einer Bühne ist es ein Monitor am Boden und eine Glasscheibe in Augenhöhe auf der die Texte, nur für den Redner sichtbar gescrollt werden.

Videokonferenzen und Live-Einspielungen werden in Veranstaltungen mit unterschiedlichen Techniken realisiert, von der übertragenen ISDN-Internetkonferenz bis zu projizierten Großbildern über Glasfaseranbindungen in Hochgeschwindigkeitsnetzen oder der Satelliten-Schaltung zur Einspielung von zum Beispiel Grüßen oder Statements. Teleportation ist eine neue Technik, Redner, die nicht im Raum sind, in realistischer Größe auf Bühnen über eine Spezialprojektionstechnik erscheinen zu lassen.

Die Möglichkeit zur Herbeiführung einer Entscheidung, zur Meinungsbefragung der Teilnehmer oder Wahlen, die in Versammlungen beispielsweise von Verbänden oder Gesellschafterveranstaltungen die Regel sind, können heute über moderne, drahtlose interaktive Abstimmungsanlagen, statt Stimmzettelauszählung, auf Knopfdruck in Sekundenschnelle realisiert werden. Dazu erhält jeder zu befragende Teilnehmer eine Art Funkfernabfragegerät, zur Abstimmung werden dann Charts projiziert und dann die Abstimmung durch ein Präsidium eingeleitet. Alle Stimmabgaben werden per Funk erfasst, ausgewertet und dann, falls gewollt, grafisch dargestellt.

Ein Redezeitbegrenzer signalisiert dem Vortragenden, welche Redezeit noch verbleibt. Viele Einzelanfertigungen von der Digitaluhranzeige bis zur Ampelanlage mit Scheinwerfern sind im Einsatz. Intelligente Diskussionsanlagen (siehe Abbildung 9) teilweise kombiniert als Dolmetscheranlage haben diese Funktion integriert. Die Zuteilung einer Wortmeldung kann durch die Autorisierung mit einer ID Card oder manuell durch die Diskussionsleitung erfolgen.

**Abbildung 9: Diskussionsanlage**

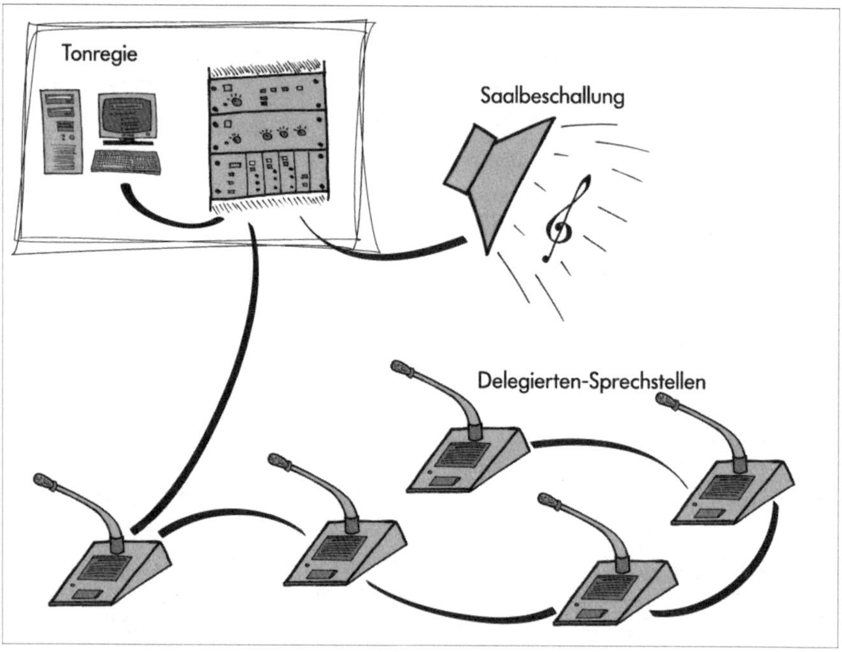


Eine Dolmetscheranlage (siehe Abbildung 10) ermöglicht es, die unterschiedlichen Sprachen der Verdolmetschung kabellos über verschiedene Kanäle auf einen Empfänger / Kopfhörer zum Teilnehmer zu übertragen. Die Dolmetscher sind in Kabinen im oder am Versammlungsraum mit Sichtverbindung zum Redner untergebracht. Standards, die die Bedingungen der Räume und Technik für (Simultan-) Dolmetscher regeln, sind in der DIN 56924 „Kabinen für Simultanübertragung" und DIN IEC 60914 „Konferenzanlagen" sowie DIN 15 906 „Tagungsstätten" festgeschrieben.

Die Übertragung findet überwiegend durch Infrarottechnik (da abhörsicher), aber auch mit Funkanlagen statt.

**Abbildung 10: Dolmetscheranlage**

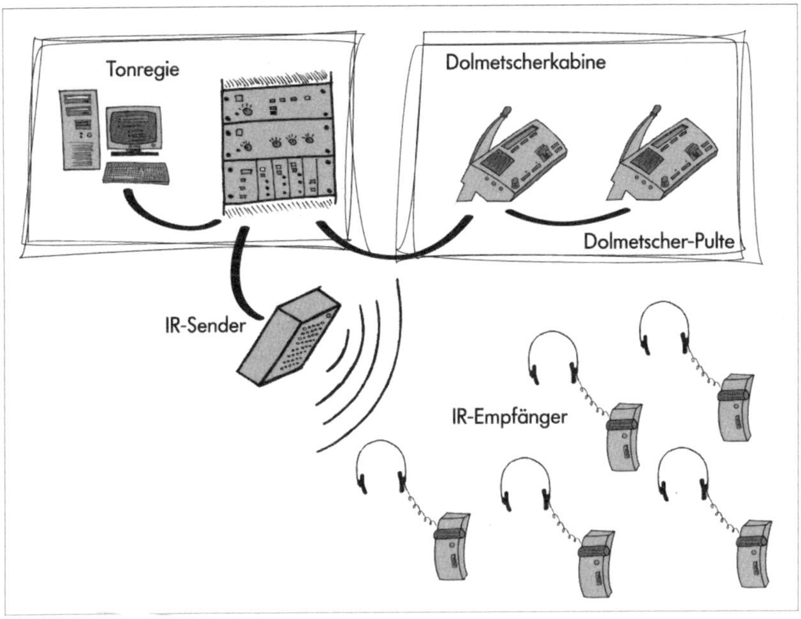


Kongressregistrierung der Teilnehmer, die Erfassung der Daten, der Verkauf von Kongresstickets, Namenschildern (Badges), Rahmen- und Begleitprogrammen, die Information zum Tagungsprogramm, die Ausgabe von Kongresstaschen (-unterlagen) machen eine unterschiedliche, teilnehmerzahlabhängige Logistik im Eingangsbereich einer Veranstaltung notwendig. Die Registriercounter sollten individuell beschriftbar sein (Teilnehmer von A-Z, Presse, VIP,...) und sind in der Regel mit PCs/ Druckern und Kassen- bzw. Zahlungseinrichtungen für Kreditkarten usw. ausgestattet.

Zugangskontrollsysteme wie Barcodezutrittssteuerungen, Drehkreuze, oder Sicherheitskontrollsysteme (Schleusen) werden nach Bedarf aufgestellt und erfordern entsprechend qualifiziertes Personal.

Posterausstellungen ergänzen die Kongressprogramme. Wissenschaftliche Beiträge werden so dem Tagungspublikum an Posterwänden ausgestellt. Unterschiedliche Formate von Posterwänden werden hier durch die Veranstalter bereitgestellt. Das Format A 0 der Beiträge hat sich jedoch durchgesetzt und wird am häufigsten verwendet. Die Flächen für diese Ausstellungen nehmen einen nicht unerheblichen Platz bei Kongressen ein, die Ausschilderung / Bezeichnung / Nummerierung der Beiträge, die Bereitstellung von ausreichend Befestigungsmaterial (Pinnägel, Klebeband,...) sind hier sehr wichtig.

Eine gute Besucherführung, dezente aber ausreichende Leit- und Informationssysteme sind der unbewusste Eindruck, den jeder Gast einer Veranstaltung wahrnimmt. Findet man die Garderobe nicht, weiß man nicht wann und wo etwas stattfindet, kann die beste Veranstaltung einen schlechten Beigeschmack bekommen. Der mit Klebeband befestigte A 4 Computerausdruck sieht zwar nicht besonders aus, ist aber der Notnagel für den Toilettenhinweis in letzter Minute. Professionelle Grafiker entwerfen und produzieren Ausdrucke in allen beliebigen Größen. Fahnen, Banner, Grafik und Text an Aufstellern oder Tafeln sind uns aus der Plakatwerbung bekannt (siehe auch DIN 15 906 Tagungsstätten).

Anzeigemedien wie TFT-, LCD oder Plasmabildschirme können immer größere Formate darstellen und werden einzeln oder über zentrale Server-Netzwerke mit Spezialsoftware bespielt (siehe Abbildung 11). Durch den Einsatz von Drahtlosnetzwerken (W-LAN) können so mobile Aufsteller beliebig positioniert werden. Anzeigen können kurzfristig geändert und Newsticker geschalten werden. Mit dem Verkauf von Werbezeiten können solche Systeme finanziert werden.

**Abbildung 11: zentrales Anzeige- / Saalinformationssystem**

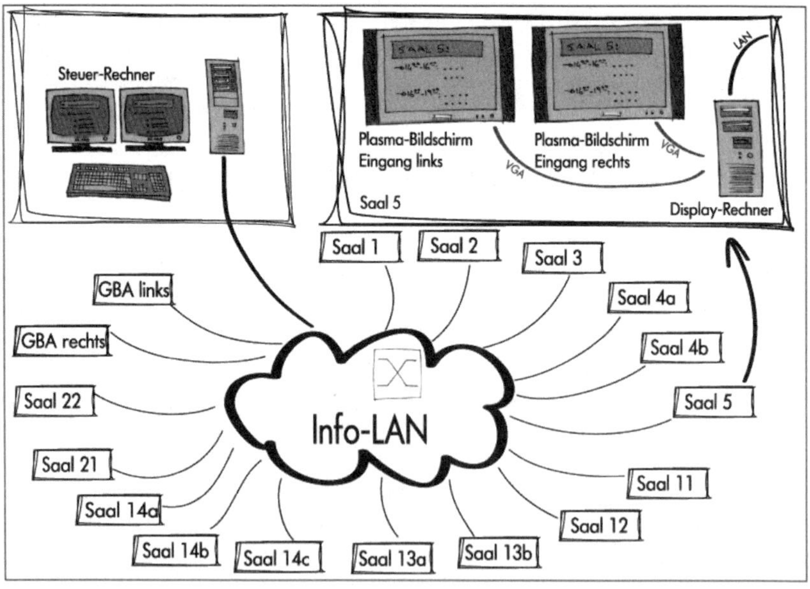

Die Ausstattung von Pressezentren richtet sich nach dem Standard, den der Veranstalter den Vertretern der Presse einrichtet. Sehr viele Veranstalter verwöhnen die Medienvertreter mit Telekommunikationseinrichtungen, wie Telefonen, Telefax, ISDN-Leitungen, Internetanbindungen und allen Spezialwünschen, die ein Journalist benötigt. Akkreditierungscounter, Pressepostfächer für gezielte differenzierte Informationen, reservierte Plätze und Kamerapodeste im Veranstaltungsraum, oder Ton- und Video-Live-Übertragungen in separate Lounges, die Auslage von aktuellen Printmedien, Interviewräume, Einzelarbeitsplätze mit (Online-) PC´s und Druckern, Kopierer, Splitboxen zur Ankopplung von mobiler Aufnahmetechnik der Medien, Simultanverdolmetschung, Catering sowie die Darstellung von Sponsoren gehören zu den Einrichtungen von Pressezentren bei Veranstaltungen.

Wichtiger Bestandteil einer jeden Veranstaltung ist die Kommunikation der Beteiligten untereinander: die Techniker, die auf ihre Einsätze warten, zum Beispiel der Spotfahrer, der auf den Auftritt des Stars auf der Bühne wartet, die Regie, welche die Einstellungen der Kameras steuert, aber auch der Caterer, der den gleichzeitigen Einsatz aller Servicekräfte zum Mitternachtsbuffet auslöst usw..

Funkgeräte und Mobiltelefone mit Kopfhörern sind sicher eine Lösung, jedoch sehr störungsanfällig – nichts ist schlimmer als ein verpatzter Einsatz. Kommunikationstechnik ist sehr vielfältig, drahtgebundene Inspizienten- und Intercomanlagen sowie Kommandoanlagen sind sicherer und über Mehrkanalsysteme überaus leistungsfähig.

**Abbildung 12: Beispiel einer Kommunikationsanlage**

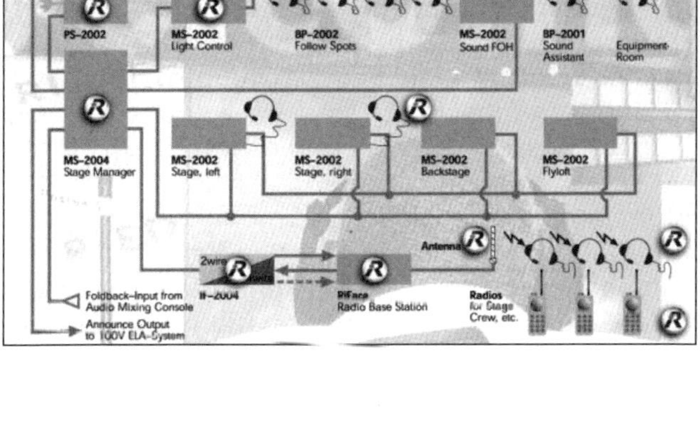

## 10. Planung und Organisation

Eine gut organisierte Veranstaltung gliedert die Zuständigkeiten klar und grenzt die Aufgabengebiete untereinander ab. Dazu sollte man je nach Veranstaltungsgröße besondere Organigramme anfertigen, die linienförmig die Projektorganisation darstellen.

Eine professionelle Projektorganisation bedarf umfangreicher Kommunikation!

Die Hilfsmittel dazu sind heute sehr vielfältig. Neben geeigneter Software zur Abwicklung komplexer Projekte (zum Beispiel Microsoft Project) mit großen Datenbankanbindungen sind immer häufiger Online-Projektmanagement-Systeme für viele Anwender gleichzeitig nutzbar, im Einsatz. Es besteht dann die Möglichkeit, sich von jedem beliebigen Arbeitsplatz online über einen zentralen Server in ein Projekt einzuloggen und auf alle wichtigen Daten, Termine, Protokolle, Angebote, Ausschreibungsunterlagen, Grundrisspläne u.v.a.m. zuzugreifen.

Die Produktion und Verteilung ausreichend vieler Exemplare von Produktionshandbüchern, Tagesdispositionen, Telefonlisten etc. werden dadurch natürlich nicht ersetzt. Die Informationen sollten die häufigsten „W-Fragen" (Wann, Was, Wer, Wo, Wieviel, Womit,...) beantworten und möglichst viele Randinformationen liefern (Anfahrtspläne, Hotellisten,...).

Die möglichst exakte Ausformulierung in einer für Techniker lesbaren Projektsprache über das Anforderungsprofil einer Veranstaltung vermeidet unnötige Rückfragen.

Projektbesprechungen und Meetings müssen effektiv geplant und strukturiert ablaufen. Das setzt voraus, dass Tagesordnungen und gegebenenfalls Fragestellungen an Meetingteilnehmer vorab versandt werden und sachliche Abläufe während der Treffen moderiert werden. Ein Gastgeber für ein Meeting sorgt selbstverständlich für gute Rahmenbedingungen einer Besprechung, das heißt zum Beispiel ein geeigneter Raum mit ausreichender Belüftung, die Bereitstellung von Getränken etc.. Einladungen zu Besprechungen mit genauen Angaben zu Ort, Zeit und Themen müssen rechtzeitig versandt und rückbestätigt werden.

Zudem ist es notwendig, alle wichtigen Ergebnisse einer Besprechung zu protokollieren. Diese Protokolle müssen den Betroffenen mit konkreten Aufgabenstellungen, Verantwortlichkeiten und Terminsetzungen zur Erledigung zugeleitet werden. Die Informationen sollten allen Teilnehmern und Verantwortlichen schnellstmöglich nach der Besprechung zur Verfügung stehen.

Bei unvermeidbar großen „Elefantenrunden" ist es ratsam einen Gesprächsleiter unabhängig vom inhaltlichen Geschehen zu benennen. Die maximale Gruppengröße eines Meetings sollte ein Dutzend Teilnehmer und die Dauer von maximal drei Stunden nicht überschreiten (Pausen einplanen). Jeder Teilnehmer einer Gesprächsrunde muss die Gelegenheit erhalten, seine Fragen zu stellen und zumindest einen Termin benannt bekommen, wann und wie er diese Fragen beantwortet bekommt.

Eine gute Vorbereitung verkürzt die Nachbearbeitungszeit eines Meetings!

### *Organisation der technischen Infrastruktur*

Die technische Infrastruktur der jeweiligen Veranstaltungsstätte kann sehr unterschiedliche Qualitäten haben. Moderne Veranstaltungsstätten besitzen eher die notwendigen Anschlüsse in flexibler Form, so dass die technischen Vorgaben für die Veranstaltungstechnik leichter realisiert werden können. Die Möglichkeiten zum Anschluss der Technik – zum Beispiel Energieversorgung, Wasserversorgung, Druckluft, mobile Lüftungsanlagen, Telekommunikationseinrichtungen sowie der Hängepunkte in ausreichender Anzahl und Belastung – ist in den meisten Locations immer mit Kompromissen verbunden.

Je nach Art und Ort der Veranstaltung muss teilweise ein erheblicher Aufwand betrieben werden um die gewünschten Anschlüsse bereitzustellen!

Die Möglichkeiten zum Anschluss der Veranstaltungstechnik müssen sorgfältigst geprüft werden, dazu ist die Ermittlung der genauen Anschlusswerte und Mengen notwendig um die Kapazitäten optimal auszunutzen.

Die Absprachen mit den Technikern vor Ort und den technischen Dienstleistern ist daher nicht zu unterschätzen. Zum Einbringen schwerer Veranstaltungstechnik in Räume oder Hallen müssen die örtlichen Gegebenheiten genauestens untersucht werden.

Der Anschluss beispielsweise von mobilen Containerdörfern oder Messebauräumen, Zelten u.a. für Produktionsbüros und Künstlergarderoben erfordert eine minimale technische Infrastruktur von zum Beispiel

- Stromanschlüssen
- Wasser- und Abwasseranschlüssen
- Telefon- und Faxanschlüssen
- Internetzugängen

***Technische Produktionsleitung***

Die Produktionsleitung der Technik, hat die Aufgabe, neben der Planung von technischem Equipment die Koordination der technischen Gewerke zu übernehmen.

Die Ausstattung mit geeigneter Kommunikationstechnik und Assistenz gehört ebenso zum Handwerkzeug, wie nahezu hellseherische Fähigkeiten für eventuelle Zwischenfälle. Für eilige Besorgungen stehen meist so genannte „Runner" mit einem Fahrzeug zur Verfügung.

Zu den wichtigsten Logistikleistungen und Aufgaben der technischen Leiter von Produktionen gehören:

- die Organisation des Materiales
- das Erstellen der Packlisten von technischem Equipment
- die Kontrolle des Materiales auf Funktionstüchtigkeit
- die Organisation des Transportes
- je nach Umfang der Einsatz der geeigneten Transportmittel („Trucking")
- die Anlieferung des Materiales zur gewünschten Zeit am richtigen Ort ohne unnötige Zwischenlagerungen
- die optimale Be- und Entladung der Fahrzeuge in der richtigen Reihenfolge
- mit den dazu benötigten Hilfsmitteln (Gabelstapler, Hubwagen, Transportwagen)
- Vermeidung unnötigen Rangierens,
- die Koordination des entladenen Equipments (möglichst alles auf Rollen und verpackt zum Beispiel in „Flight Cases")
- die Kontrolle des Materiales nach dem Transport (Vollständigkeit und Zustand)
- die Organisation von Reservematerial,
- die Einteilung des technischen Personales, der Helfer u.s.w.,

- die Koordination des Abstellen des Leergutes, der Lagerung bis zum Abtransport
- das Parken der leeren LKW
- die Abstimmung mit den Gewerken und Dienstleistern vor Ort, für die technische Infrastruktur
- die Einhaltung der gesetzlichen Bestimmungen zu (Dienst- und Einsatzplanung)
- der reibungslose Auf- und Abbau des Materiales
- die Koordination von Arbeitsbrücken, Hebebühnen, Arbeitsbühnen, die optimale Bedienung
- die Einhaltung der Einrichtzeiten (Einleuchten, Soundcheck etc.)
- die Einhaltung gesetzlicher Vorschriften (zum Beispiel Arbeitszeiten, VstättV) und Unfallverhütungsvorschriften
- die Betreuung der Veranstaltung mit qualifiziertem, ausgeschlafenem Personal

Die Einrichtung des mobilen „Crew Catering" wird in vielen Produktionen als ein Ort der Kommunikation der Techniker genutzt. Von dort aus werden viele Dinge so zu sagen „vor Ort" geklärt.

Die Qualifikation der Technischen Leiter sollte nicht unter „Meister für Veranstaltungstechnik" sein, denn die ausführliche Kenntnis der Veranstaltungstechnik und der gesetzlichen Bestimmungen ist Grundvoraussetzung für die Sicherheit der Beteiligten an einer Produktion. In den UVV und der VstättV werden entsprechende koordinatorische Verantwortungen gefordert (verantwortliche Personen).

## 11. Personal in der Veranstaltungstechnik

Die Mitarbeiter, egal aus welchem Berufszweig kommend und in welchem Gewerk der Veranstaltungstechnik eingesetzt, sind in fast allen Fällen außergewöhnlich motiviert. Das liegt einerseits in der Aufgabe, kreativ und abwechslungsreich arbeiten zu können, andererseits darin begründet, unmittelbar hinter den Kulissen für die im Rampenlicht stehenden Stars, Topkünstler oder sonstige in der Öffentlichkeit stehende Personen die technischen Voraussetzungen zu schaffen. Die Unregelmäßigkeit der Arbeit und der Arbeitszeit wird in vielen Fällen sogar als angenehm empfunden.

Der Zauber um das technische „gewusst wie" ist ein großer Reiz für Einsteiger. Einmal von der Branche fasziniert, kommen nur wenige wieder davon los. Quereinsteiger aus fast allen Berufen, Leute, die Ihre Studien abbrechen, kehren meist niemals wieder in die einmal verlassenen Branchen zurück.

Die gezielten Ausbildungen in der Veranstaltungstechnik bestehen erst seit einer kurzen Zeit. Viele verschiedene Fortbildungslehrgänge gaben in der Vergangenheit den Mitarbeitern in Theatern, Hallen, Studios und von Dienstleistern/ Verleihern der Branche das notwendige Fachwissen.

Nachfolgend sollen einige Berufe und gern verwendete Berufsbezeichnungen etwas erläutert werden. Die Auflistung erhebt keinen Anspruch auf Vollständigkeit.

***Bühnen- / Studio- / Theatermeister***
technisch handwerklich, meist Quereinsteiger aus Holz- bzw. Metallberuf mit Zusatzqualifikation und staatl. Prüfung / Befähigungsnachweis zum „Bühnentechnischen Vorstand"
Einsatz: Bühnen, Theater, Mehrzweckhallen, Studios, Agenturen, Verleiher, Dienstleister

***Bühnen-, Veranstaltungstechniker***
technisch handwerklich, meist Quereinsteiger aus Holz- bzw. Metallfachkraft- Berufen oder ohne Abschlüsse.
Einsatz: Besitzen meist genaue Ortskenntnis, sind teilweise sehr erfahrene Mitarbeiter in festen Häusern, Bühnen, Theater, Mehrzweckhallen, Studios, auch Verleiher und Dienstleister

***Veranstaltungsoperator***
technisch handwerklich, meist Quereinsteiger aus allen Bereichen mit Zusatzqualifikation und Abschluss eines Lehrgangs
Einsatz: meist freie Techniker beim Verleiher und Dienstleister

***Stagehand oder Helfer***
technisch handwerklich, meist Quereinsteiger aus allen Bereichen
Einsatz: werden überall gebraucht, um einfachste, schnell anzulernende Tätigkeiten (Be- und Entladen, Bestuhlen usw.) durchzuführen; meist auf Bühnen, in Theatern, Mehrzweckhallen, Studios, Dienstleister

***Rigger (auch Head Rigger, Sachkundiger für Veranstaltungsrigging)***
technisch handwerklich, meist Quereinsteiger aus allen Bereichen mit Zusatzqualifikation und Abschluss eines Lehrgangs oder anderer Akademien. (IHK)
Einsatz: werden überwiegend bei Verleihern eingesetzt, um Traversenkonstruktionen aufzubauen. Sie sind für die fach- und sachgerechte

Ausführung sowie die zulässige Belastbarkeit der Konstruktionen verantwortlich.

***Bühnen- oder auch Studiobeleuchtungsmeister***
technisch handwerklich, meist Quereinsteiger aus Elektro- bzw. Metallberuf mit Zusatzqualifikation und staatl. Prüfung / Befähigungsnachweis zum „Bühnentechnischen Vorstand"
Einsatz: Bühnen, Theater, Mehrzweckhallen, Studios, Agenturen, Verleiher, Dienstleister

***Beleuchter***
technisch handwerklich, meist Quereinsteiger aus verschiedensten Berufen (Stellwerksbeleuchter bedient das Lichtstellpult)
Einsatz: Besitzen meist genaue Ortskenntnis, sind teilweise sehr erfahrene Mitarbeiter in festen Häusern, Bühnen, Theater, Mehrzweckhallen, Studios, auch Verleiher und Dienstleister

***Lichtdesigner***
Meist Beleuchtungsmeister mit Zusatzlehrgängen bzw. begabte kreative Techniker, die einen Studiengang verschiedener Einrichtungen absolvieren, zum Beispiel die Theaterakademie am Prinzregententheater München oder am „Liverpool Institute of Performing Arts"; jedoch nennen sich viele Beleuchter „Lightdesigner", um ihre künstlerischen Fähigkeiten zu bewerben.
Einsatz: Bühne, Theater, auch Verleiher und Dienstleister, Agenturen

***Tontechniker***
technisch handwerklich, meist Quereinsteiger aus den Bereichen Elektrotechnik / Elektronik / IT ohne oder mit Zusatzqualifikationen und Lehrgängen der versch. Anbieter
Einsatz: sind teilweise sehr erfahrene Mitarbeiter in festen Häusern, wie Bühnen, Theater, Mehrzweckhallen, Studios, auch Verleiher und Dienstleister

***Tonmeister (FH)***
Ausbildung / Studium zum Tonmeister an verschiedenen Musikhochschulen (eher musikalische Ausbildung)
Einsatz: in den überwiegenden Fällen an Konzerthäusern, Opernhäuser, Musikstudios, Rundfunk- und Fernsehanstalten und als frei buchbare Mitarbeiter bei Projekten für Dienstleister tätig.

***Toningenieur (FH)***
Ausbildung / Studium zum Toningenieur an verschiedenen technischen Hochschulen und am Institut für Rundfunktechnik IRT (eher technische Ausbildung).
Einsatz: in den überwiegenden Fällen an Konzerthäusern, Opernhäuser, Musikstudios, Rundfunk- und Fernsehanstalten.

***Toningenieur (SAE)***
Die „School of Audio Engeneering" bildet meist erfahrene Quereinsteiger der Audiobranche berufsbegleitend aus.
Einsatz: sind teilweise sehr erfahrene Mitarbeiter in festen Häusern, wie Bühnen, Theater, Mehrzweckhallen, Studios, auch freie Mitarbeiter beim Verleiher und Dienstleister

***Sounddesigner***
technisch handwerklich, Quereinsteiger aus den Bereichen Elektro/Elektronik/IT ohne oder mit Zusatzqualifikationen und Lehrgängen jedoch nennen sich viele Tontechniker/Tonmeister „Sounddesigner" um ihre künstlerischen Fähigkeiten zu bewerben.
Einsatz: meist in produzierenden Tonstudios (Film) und als frei buchbare Mitarbeiter bei Projekten für Dienstleister tätig.

***Fachkraft für Veranstaltungstechnik (IHK)***
Mit der Fachkraft für Veranstaltungstechnik wurde 1998 ein bundeseinheitlicher, staatlich anerkannter Ausbildungsberuf geschaffen, der den gestiegenen Anforderungen in den Kultur- und Medienbereichen Rechnung trägt. Die Ausbildung soll traditionelle, spezialisierte Berufe, wie Bühnentechniker, Montagehandwerker, Messebauer, Eventtechniker, Beleuchter und Tontechniker, in einem neuen, umfassenden Berufsbild zusammenführen. Grund ist die immer weiter zunehmende Komplexität der heutigen Veranstaltungstechnik, die vielseitig qualifiziertes Personal erfordert. Ein interessanter, vielfältiger Beruf mit guten Zukunftschancen, der vielen Unternehmen und Institutionen der Veranstaltungsproduktion die Möglichkeit gibt, ihre Effektivität im technischen Bereich zu steigern. Die dreijährige, praxisorientierte Ausbildung kann in allen Veranstaltungs- und Produktionsbetrieben sowie in Unternehmen der Fachbranche absolviert werden, die die Ausbildungsvoraussetzungen erfüllen.

***Meister für Veranstaltungstechnik (IHK)***
Der Meister, die Meisterin für Veranstaltungstechnik in den Fachrichtungen Bühnen/Studios, Beleuchtung und Hallen ist speziell für die Leitung von kleineren bis mittleren Organisationseinheiten mit hohen technischen Anforderungen in den veranstaltungstechnischen Bereichen

von Theatern, Studios, Hallen, Versammlungsstätten allgemein und freien Produktionen vorgesehen. Diesen anerkannten Fortbildungsberuf gab es bis vor wenigen Jahren nicht.
Der erfolgreiche Abschluss der Prüfung zum „Meister/in für Veranstaltungstechnik" ist nicht nur die fachliche Voraussetzung um selbständig Führungsaufgaben in Versammlungs- und Produktionsstätten übernehmen zu können, sie ist zugleich die Befähigung für Leitungs- und Aufsichtsaufgaben im Sinne der einschlägigen Sicherheitsvorschriften.
„Meister/innen für Veranstaltungstechnik" sind die Spezialisten und Schrittmacher in den mittleren Führungsebenen; sie tragen im operativen Veranstaltungsmanagement eine hohe Verantwortung.

***Dipl. Ing. für Veranstaltungstechnik (FH und BA)***
Ein breit angelegtes Grundlagenstudium in den Bereichen Maschinenbau, Elektrotechnik, Veranstaltungstechnik und Betriebskunde bildet mit dem notwendigen Praxisbezug die Basis des Studiums. Hinzu kommt die Vermittlung von Kenntnissen im künstlerischen Bereich von Kulturproduktionen. Beides sind unverzichtbare Voraussetzungen für eine fachlich und persönlich kompetente Führungskraft. Der Diplomingenieur Theater- und Veranstaltungstechnik erfüllt damit und in Verbindung mit einer entsprechenden Praxis die Anforderungen an eine Führungskraft in der Veranstaltungstechnik. Nach zwei Jahren Berufspraxis kann der Befähigungsnachweis beantragt und erteilt werden (bühnentechnischer Vorstand).

***Inspizienten***
Ursprünglicher Begriff aus dem Theater. Der Inspizient ist bei einer Theateraufführung für die Koordination/ Steuerung von Licht, Ton, Umbauten (Verwandlungen) auf der Bühne, das pünktliche erscheinen der Künstler auf der Bühne verantwortlich. Über ein so genanntes Inspizientenpult stehen ihm in besonderer Weise elektroakustische Rufmöglichkeiten (Gong oder Durchsagen) auch in Gruppierungen in die verschiedenen Räumlichkeiten eines Hauses zur Verfügung. Ein Inspizient ist für das pünktliche Zusammentreffen aller an einer Produktion beteiligten Mitwirkenden und Technik sowie des Publikums verantwortlich.

***Lichtsetzender Kameramann***
Funktionsbezeichnung, meist erfahrener Beleuchtungsmeister und Lichtdesigner, die in Vorbereitung einer Kameraübertragung die Verantwortung und Steuerung für das „Einleuchten" (Ausrichtung und Intensität der Beleuchtung/Scheinwerfer) übernehmen.
Einsatz: bei Großbildprojektionen oder Fernsehproduktion, Film

Diese Liste ließe sich in den Bereichen der Event- und Broadcast-Branche, der Theater usw. beliebig fortsetzen: vom Kameramann bis zum Regisseur, vom Aufnahmeleiter zur Kabelhilfe. Auch gibt es in der Veranstaltungstechnik einige Berufs- und Funktionsbezeichnungen, die hier nicht erwähnt wurden.

Das Personal und die Technik der Veranstaltungstechnik sind immer in einen Zusammenhang zu bringen. Eine gute Abstimmung zwischen den Beteiligten und das gegenseitige Verständnis für die Umsetzung der unterschiedlichen Aufgabenstellungen sind Grundvoraussetzung für einen erfolgreichen Event.

# Trimediale Produktion

*von Jürgen Walter*

Vor fünfundzwanzig Jahren war der Umgang mit der Schreibmaschine eine elementare Voraussetzung des Sekretariats. Der Übergang von der Schreibmaschine zum Personalcomputer ist inzwischen vollständig erfolgt. Die nächste Stufe, der „vernetzte PC“, ist bereits für über fünfzig Prozent der europäischen Bevölkerung Realität.

Gleichzeitig haben sich Schreibarbeiten organisatorisch hin zum Informationserzeuger verlagert. Viele Personen aus dem mittleren und höheren Management lesen und beantworten E-Mails direkt am PC, da eine effektivere und unmissverständliche Informationsübermittlung gewährleistet ist. Jeder kennt die Missverständnisse und Verfälschungen bei der Übermittlung von Informationen über mehrere Personen.

Vor zehn Jahren war die Fotografie auf Silberfilm Standard. Heute sind bereits über achtzig Prozent aller verkauften Kameras digital. Im gesamten Profibereich für Presse- und Sportbilder spielt der enorme Zeitvorteil im digitalen Arbeitsbereich die entscheidende Rolle.

Vor fünf Jahren war die direkte Wiedergabe von CDs (Compact Disc), DAT-Bändern (Digitalen Audio Tapes) in Radiostationen sowie die analoge Aufbereitung mit Mischpulten der Standard. An vielen Radio-Stationen ist heute das Selbstfahrerstudio mit PC oder Macintosh mit Musik in MP3-Format (MPEG Audio Player 3) und digitalem Mischpult der Normalbetrieb.

Alle Beispiele haben eine Gemeinsamkeit: Die analogen Informationen werden digital dargestellt und bearbeitet.

Durch die gleichartige Darstellung der Informationen in digitaler Form sind die drei unterschiedlichen Formen: Schrift / Sprache / Bild plötzlich mit einem Gerät – dem PC oder PDA (Personal Digital Assistant) – erfahrbar.

Der Schritt von der Fotografie zum Film, vom stehenden Bild zum bewegten Bild vollzog sich nacheinander. Der Übergang vom analogen in den digitalen Bereich erfolgt für Fotografie und Video beinahe gleichzeitig. Die Unterscheidung zwischen Kino und Fernsehen treffe ich bewusst nicht, da es bereits Filmproduktionen im DV-Format (Digital Video) in TV-Auflösung gibt. Andererseits gibt es bereits Kameras im Consumerbereich mit HDTV-Auflösung und digitale Filmproduktionen.

Die Grundformen der medialen Darstellung von Information können somit in die drei Bereiche: Druck – Audio – Video unterteilt werden. In etwas anschaulicherer und vereinfachender Sprechweise: Zeitschrift – Radio – Fernsehen / Druckerschwärze – Audio – Video.

Eine weitere überraschende Erkenntnis ergibt sich aus den aufgeführten Beispielen: Die Einführung einer neuen Technologie wird immer schneller und benötigt meist die halbe Zeit der Einführung gegenüber der Einführung der vorhergehenden Technologie.

### Abstimmung zwischen Autor und Leser

Sie möchten aus diesem komprimierten Artikel sicherlich möglichst viele Informationen für Ihre Entscheidungen im Umgang mit Medien ziehen. Hierzu müssen wir eine gemeinsame Basis haben. Die vorliegende Schriftform kann dazu höchstens zu einem Drittel beitragen.

Komfortabel und mit viel Spaß können Sie diese medialen Landschaften im Internet erleben, wenn Sie mit Ihrer Neugier und einem schnellen „Fahrzeug", das die notwendigen Inspektionen, Benzin und Öl hat, unterwegs sind. Warum wähle ich diesen Vergleich? Es ist unmittelbar klar, dass ein Dreirad nicht für die Autobahn geeignet ist. Die Geschwindigkeitsunterschiede zwischen den Verkehrsteilnehmern wären zu unterschiedlich und Sie würden als Dreiradfahrer dort keinen Spaß haben. Fahren Sie mit Ihrem Rechner auf der Datenautobahn, bestehen ähnliche Voraussetzungen. Der Rechner sollte mindestens einen T-DSL-Anschluss mit 768kBit/s haben. Die 768.000 Bits pro Sekunde sind ein

Maß dafür, wie schnell die Information übertragen wird. Im Notfall könnten Sie auch mit einem Moped, welches mindestens 60km/h erreicht auf der Autobahn fahren – dies entspricht auf der Datenautobahn der Geschwindigkeit eines Modems mit 56kBit/s.

Natürlich können Sie auch auf Landstraßen und Feldwegen unterwegs sein. Dies ist dann der Fall, wenn Sie lediglich Textnachrichten beispielsweise in Form von E-Mails erhalten.

Eine Selbstverständlichkeit beim Autofahren ist das Tanken, der Ölwechsel und die Inspektionen. Bei der Pflege von Rechnern und deren Software gelten die gleichen Regeln! Obwohl diese Updates oftmals nichts kosten, werden diese nicht durchgeführt. Die Rechnerwartung führt der Hersteller des Betriebssystems Windows kostenlos durch. Das Einzige, was Sie tun müssen, ist den Menüpunkt „Windows Update" durchführen. Oftmals werden Sie als PC-Nutzer durch Administratoren daran gehindert. Diese sind meist sehr beschäftigt und haben keine Zeit, da Sie überlegen müssen, welche Routen Sie überhaupt fahren dürfen. Außerdem sind die Administratoren sehr besorgt, dass Sie fehlgeleitet werden oder ihren Daten etwas zustößt. Diese Aussagen wurden sehr bewusst etwas überspitzt formuliert, bedeuten aber nicht, dass das Wissen von Administratoren überflüssig wäre. Beim Reifenkauf installiert der Reifenhändler auch nur Reifen, die die Höchstgeschwindigkeit Ihres Wagens berücksichtigen.

Für das trimediale Arbeiten benötigen Sie einen einfachen Rechner oder noch besser ein Notebook der „ALDI-Klasse" und die volle Berechtigung zur Benutzung / Administration. Natürlich ist auch die „Führerscheinprüfung" im Umgang mit dem vernetzten PC sehr vorteilhaft.

Einen wichtigen Hinweis möchte ich Ihnen noch geben: Seien Sie geduldig mit sich selbst – der Umgang mit dem Rechner benötigt sehr viel Zeit. Überlegen Sie einmal, wie viele Zeit Sie in der Schule zugebracht haben, um Lesen, Schreiben und Rechnen zu lernen. Arbeiten Sie sich nicht alleine in neue Programme ein, sondern fragen Sie andere Benutzer. Es ist eine Selbstverständlichkeit für mich, täglich von Studenten im Umgang mit Rechnern zu lernen!

Damit Sie die trimedialen Beispiele anschauen können, benötigen Sie „Windows Media Player 9" vom Internet und einen Rechner mit mindestens:

| | |
|---|---|
| Betriebssystem: | Windows 98, Windows 2000, Windows ME, Windows XP |
| Prozessor: | 233 MHz |
| RAM: | 64 Megabyte (MB) |
| Freier Festplattenspeicher: | 100 MB |
| Optisches Laufwerk: | CD oder DVD |
| Soundkarte: | 16-Bit-Soundkarte |
| Videoadapter: | Super-VGA (800*600) |
| Audioausgabe: | Lautsprecher oder Kopfhörer |
| Internetbrowser: | Internet Explorer 6.0 |

Ein hervorragendes trimediales Ergebnis bietet die Internetseite www.tagesschau.de

Bild: www.tagesschau.de

Hier finden Sie alle wesentlichen Elemente der trimedialen Darstellung auf einer Seite und bei den jeweiligen Berichten in Form von Symbolen:

Symbol für einen Text / Druck

Symbol für Radio / Audio

Symbol für Fernsehen / Video

Alle medialen Möglichkeiten sind auf der Eingangsseite dargestellt und realisiert. In Schrift und Bild lässt sich diese beispielhaft ausgewählte Seite nur unzureichend erklären. Erkunden Sie selbst diesen Internetauftritt und genießen Sie die Vielfalt der trimedialen Möglichkeiten.

Für den richtigen Einstieg wird unter dem Symbol ? eine Hilfe angeboten. Bitte lesen Sie diese unbedingt durch. Für einen guten Überblick dient auf der linken Seite im oberen Teil der Punkt: Sitemap.

Die Internetseiten www.tagesschau.de werden natürlich durch ein umfangreiches Team mit vielfältigen Fähigkeiten und Ressourcen erzeugt. Es ist gewissermaßen die „Formel 1" unter den trimedialen Ergebnissen. Aber ich hoffe, dass Sie trotz „Formel 1" nach wie vor Ihr Auto fahren. Ein weiteres Beispiel für ein trimediales Ergebnis finden Sie im Internet unter www.spiegel.de

Bei der trimedialen Produktion werden die Inhalte für einen trimedialen Auftritt produziert und mit dem Ergebnis mehrere Endgeräte wie Fernsehen, Radio oder Zeitschriften bedient. Genau umgekehrt verläuft aber die bisherige Produktion von trimedialen Internetauftritten. Es werden zuerst Fernsehsendungen, Radiosendungen, sowie Zeitschriften für ihren Zweck produziert und die „Abfälle" für das trimediale Ergebnis im Internet verwendet.

Die gesamten Produktionskosten für die verschiedenen Endgeräte lassen sich bei trimedialer Produktion sicherlich um zehn bis sechzig Prozent senken.

Sobald der Umgang mit den neuen Medien zur Selbstverständlichkeit wird, könnte das Buch die Rolle einer teueren Verpackung einer CD übernehmen. Bei Verwendung des Internets könnte die CD und das Buch vollständig entfallen. Noch befinden wir uns aber beim Nutzungsverhalten von neuen Medien am Übergang „Schreibmaschine – PC".

**Definition: Trimediale Produktion**

Als Nominaldefinition ist die Trimediale Produktion die Erzeugung der drei medialen Grundformen: Druck – Audio – Video.

In dieser naiven Definition besteht weder ein zeitlicher noch inhaltlicher Zusammenhang. Auch die Vorgehensweise und die eingesetzten technischen Verfahren und Mittel sind in dieser Definition nicht enthalten. Die aufgeführten Zusammenhänge kommen in der Realdefinition zum Ausdruck.

| |
|---|
| Die Trimediale Produktion ist die gleichzeitige Erzeugung von Information in digitaler Form für die Darstellung der drei medialen Grundformen auf einer oder mehreren Plattformen. |

Ein wesentliches Element dieser Definition besteht durch das Wörtchen „gleichzeitig". Dies kann durch parallel arbeitende Teams für Zeitung, Radio, Fernsehen aufwendig und damit auch meist teuer realisiert werden. Eine weitere Möglichkeit ist ein Team, das jeweils aus einer oder mehreren Personen aus den einzelnen Sparten besteht. Diese müssen eine Offenheit gegenüber neuen Arbeitsweisen mitbringen. Im Extremfall besteht das trimediale Team aus einer Person, die alle Fähigkeiten der trimedialen Produktion auf sich vereint. Solche Leute sind im Moment sehr selten, aber durch die Änderung der Bildung und dem geübten Umgang mit neuen Medien können Studierende der Fachgebiete Journalismus, Moderation mit entsprechendem technischem Hintergrund oder auch Ingenieure mit einem Zusatzstudium hervorragende trimediale Berichte erzeugen.

Über die Inhalte werden in der Definition keine Aussagen gemacht. Die Qualität des Inhalts steht aber immer an oberster Stelle. Die technischen Voraussetzungen zur Erzeugung von Inhalten sind inzwischen perfektioniert, so dass das Hauptaugenmerk auf den Inhalten liegen kann und muss, wenn das handwerkliche Können im Umgang mit den Geräten und den organisatorischen Voraussetzungen vorhanden ist.

Die Bandbreite der Qualität von Inhalten bei trimedialen Produktionen kann mit der Vielfalt der Fähigkeiten von KFZ-Fahrern verglichen werden. Es gibt die normalen Autofahrer, die LKW-Fahrer, die Busfahrer, die Fahrlehrer, die Ralleyfahrer, die Rennfahrer bis hin zum „Formel 1" Fahrer. Und nicht jeder kann Michael Schumacher heißen, der zudem ein sehr großes Team mit ungeheueren Ressourcen zur Verfügung hat. Trotzdem fahren sehr viele Leute Auto auf einem vernünftigen Niveau.

Ein weiterer Vergleich erscheint für die trimediale Produktion angebracht. Wir alle können schreiben und Berichte oder Artikel verfassen. Natürlich würde ein Profi mit einer langjährigen journalistischen Ausbildung und einem Studium der Germanistik auch diesen Artikel entsprechend interessanter und in weitaus eloquenterer, kongenialerer Sprache verfassen. Trotzdem möchte ich Sie ermutigen, die nachfolgenden Grundlagen und Überlegungen für die trimediale Produktion weiter zu lesen und insbesondere auffordern, die trimediale Produktion selbst durchzuführen. Alles was Sie dazu benötigen, ist eine DV-Kamera und einen PC mit Internetanbindung.

Die Erzeugung von trimedialen Berichten ist eine elementare Kulturtechnik, wie Rechnen, Schreiben und Lesen.

Diese These entstand durch die Beobachtung, wie Ingenieure in Firmen die Entwicklungsarbeiten für die Entscheidungsträger, den Vertrieb und die Kunden aufbereiten. War dies vor 25 Jahren die Vorstellung des Produktes und ein mit Schreibmaschine geschriebener Bericht, so war es vor zehn Jahren eine mit Präsentationssoftware aufbereiteter Vortrag und heute eine mit Text, Ton und Video dargestellte Präsentation. Die These wird durch weitere trimediale Beispiele untermauert: Schulungsunterlagen für die Produkteinführung neuer Modellen von Daimler Benz oder die Marketing-Filme der Fa. BMW.

Eine wichtige informationstheoretische Erkenntnis erscheint im Zusammenhang mit der trimedialen Produktion wichtig: „Der Empfänger bestimmt die Nachricht". Will man den Menschen erreichen, müssen wir uns mit Tastsinn, Ohr und Auge beschäftigen. Genau diese drei Sinne sprechen wir mit der trimedialen Produktion an. Radio können wir eindeutig dem Ohr zuordnen, dem Fernsehen Auge und Ohr. Unbewusst ermöglicht uns der Tastsinn die zeitliche Einordnung von Information. Sobald Sie das Papier einer Tageszeitung fühlen, können Sie die kurze Gültigkeitsdauer der Informationen dieses Mediums einordnen. Bei einem gebundenen Buch haben Sie immer den Eindruck, dass diese Information länger gültig sein wird. Weiterhin benötigen wir den Tastsinn immer, sobald wir eine Rückkopplung an den Informationserzeuger geben möchten. Denken Sie einfach an die Handhabung der Maus, des Touchpanels am PC oder der Eingabe von Telefonnummern.

Sobald wir also den Menschen über bestimmte Medien ansprechen, müssen wir uns mit den Eigenheiten der Sinne und deren nachfolgenden Verarbeitung vertraut machen. Hieraus resultiert sicherlich, dass im Radio die Sprache, der Satzbau anders aufbereitet und wiedergegeben werden muss als im Fernsehen oder im Printmedium. Dieses Wissen ist von großem Vorteil. Wenn aber eine Radiosendung ergänzt wird durch Bilder oder Schriftstücke können die speziellen Eigenheiten beim Hören für die Radioproduktion teilweise anders berücksichtigt werden.

Ist die Darstellung, Aufbereitung und Weitergabe von Information in trimedialer Form nicht weitaus sinnvoller und menschenfreundlicher als die reine Schriftform? Die Einführung der allgemeinen Schulpflicht ist eine Errungenschaft des 20. Jahrhunderts. Endgültig gesichert und verfassungsrechtlich garantiert wurde die allgemeine Schulpflicht im Art.145 WV (Weimarer Verfassung) von 1919. Einflüsse auf die Evolution der Menschheit können daher vollständig ausgeschlossen werden. Unsere Augen, Ohren und der Tastsinn und die nachfolgende Verarbeitung haben sich aufgrund der allgemeinen Schulpflicht ja nicht geändert.

Damit der Mensch sich behaupten konnte, musste er auf Bewegungen reagieren. Von toten Gegenständen geht meist wenig Gefahr aus. Also wurden unsere Augen und Ohren und die nachfolgende Informationsverarbeitung im Laufe der Evolution auf bewegte Vorgänge trainiert. Die Informationsaufnahme aus trimedialen Medien ermöglicht eine bessere Informationsverarbeitung und Informationsspeicherung, da unsere Sinne Bilder und insbesondere bewegte Bilder mit Tönen besser verarbeiten können. Der Umgang mit einer DV-Kamera und die nachfolgende Aufbereitung des Materials werden daher genauso selbstverständlich wie das Schreiben von Texten am PC.

Die theoretischen und abstrakten Überlegungen sollten Sie sicherlich fortsetzen.

„Für das Können gibt es nur einen Beweis: das Tun."
(Marie von Ebner-Eschenbach)

Zum Einstieg in die trimediale Produktion empfehle ich Ihnen eine DV-Kamera und ein leistungsfähiges Notebook. Es gibt sehr wenig Firmen, die abgestimmte Hardware produzieren. Die DV-Kamera sollte einen XLR-Anschluss für Mikrophone besitzen und die Photos direkt auf einen mit dem PC austauschbaren Speicherträger speichern können. Weiterhin muss ein Firewire-Anschluss mit Ein- und Ausgang vorhanden sein. Das Notebook muss ebenfalls mit einer Firewire-Schnittstelle ausgestattet sein. Als Betriebssystem kommt Windows XP zum Einsatz und als Schnitt-Software hat sich Premiere ab 6.0 von Adobe bewährt.

Selbstverständlich sind auch andere Produkte einsetzbar. Beachten Sie jedoch immer die Komplexität der gesamten Verarbeitungskette und deren Zusammenspiel. Insbesondere die Vielfalt der Endgeräte sowie das

Erreichen von möglichst vielen Informationsverbrauchern haben oft viele Formatkonvertierungen zur Folge. Glücklicherweise hat sich als Browser im Internet inzwischen ein Standard etabliert.

Bei der trimedialen Produktion ist der „handwerkliche Umgang" mit der Technik eine Grundvoraussetzung. Wenn Sie die Technik der neuen Medien wie selbstverständlich verstehen und beherrschen, wird sie zur Nebensache und die trimediale Produktion mit der vollständigen Konzentration auf die Inhalte ermöglicht.

# Grundlagen der Fernseh- und Videotechnik

*von Werner Blum*

## 1. Die Eigenschaften und Grenzen des menschlichen Sehsinns

### *1.1 Zapfen und Stäbchen*

#### *1.1.2 Allgemeines*

Das Auge ist ganz allgemein ein Organ, vergleichbar dem Mechanismus einer Fotokamera, welches über eine Linse Bilder auf der Netzhaut, der Retina, abbildet. Hier werden diese Bilder über verschiedene Rezeptoren in Nervenimpulse umgewandelt. Im einzelnen unterscheidet man zwei Arten von Rezeptoren – die Zapfen und die Stäbchen. Diese sind in unterschiedlicher Anzahl vorhanden (ca. $10^7$ Zapfen und etwa $10^9$ Stäbchen) und nehmen unterschiedliche Aufgaben wahr: die Zapfen sind für das scharfe Sehen bei höherer Beleuchtungsstärke (ab ca. 10 Lux) und für das Sehen von Farben verantwortlich, während die Stäbchen für das Sehen bei geringeren Beleuchtungsstärken eine höhere Lichtempfindlichkeit aufweisen, dafür aber nicht farbempfindlich sind.

Die „Fovea centralis" – auch „Zentralgrube" oder „Gelber Fleck" – ist eine kleine Vertiefung der Netzhaus, welche eine hohe Rezeptordichte aufweist. Das Auge kann ausschließlich diejenigen Bildinhalte wirklich scharf „sehen", welche auf diesen Bereich der Netzhaut abgebildet werden.

Dabei ist der Gelbe Fleck so klein, dass wir bei einem unmittelbar gegenübersitzenden Gesprächspartner jeweils nur einen kleinen Teil seines Gesichtes – etwa in der Größe eines Auges – gleichzeitig scharf sehen können. Den Rest des Gesichtes tastet das Auge in unbewusst vollzogenen Sprüngen – den sogenannten „Saccadischen Bewegungen" – ab. Die einzelnen Bildausschnitte werden im Gedächtnis gespeichert und bilden den Gesamteindruck einer beobachteten Szene.

### *1.1.2 Farbensehen*

Es gibt verschiedene Theorien bezüglich der Auswertung von farbigen Vorlagen durch das Auge selbst und der weiteren Verarbeitung der Nervensignale im Gehirn. Am meisten verbreitet ist sicherlich die schon 1807 von dem englischen Physiker Young entwickelte und später von Helmholtz verfeinerte „Drei-Farben-Theorie". Danach haben sich die Zäpfchen in drei Gruppen derart spezialisiert, dass je ein Gruppe ein Empfindlichkeitsmaximum in einem bestimmten Wellenlängenbereich des sichtbaren Lichts aufweist.

Die Zäpfchen reagieren auf das einfallende Spektralgemisch entsprechend ihrer spektralen Empfindlichkeit und melden die Reize, die der Intensität innerhalb der verschiedenen Wellenlängenbereiche proportional sind, weiter an das Gehirn. Hier werden sie weiterverarbeitet und zu einem farbigen Bild „zusammengesetzt". Darüber hinaus tragen sie zur Helligkeitswahrnehmung bei.

Die Empfindlichkeitsbereiche im einzelnen:

| | |
|---|---|
| Blau-Violett | bei ca. 450 nm |
| Grün | bei ca. 540 nm |
| Gelb-Rot | bei ca. 600 nm |

### 1.1.3 Helligkeitswahrnehmung

Es ist daher nicht, wie man annehmen könnte so, dass die Wahrnehmung von Helligkeitsunterschieden den Stäbchen allein überlassen bliebe. Diese sind, wie schon erwähnt, insbesondere für das Sehen bei geringen Beleuchtungsstärken verantwortlich. Die Helligkeitsinformation ergibt sich vielmehr aus der Überlagerung der von den Zapfen gebildeten Farbartsignale zu einer Gesamtkurve des relativen spektralen Hellempfindens, die ihr Maximum bei etwa 550 nm hat. Sie gibt den relativen Helleindruck von verschiedenen Lichtquellen gleicher Lichtintensität, aber unterschiedlicher Lichtwellenlänge an.

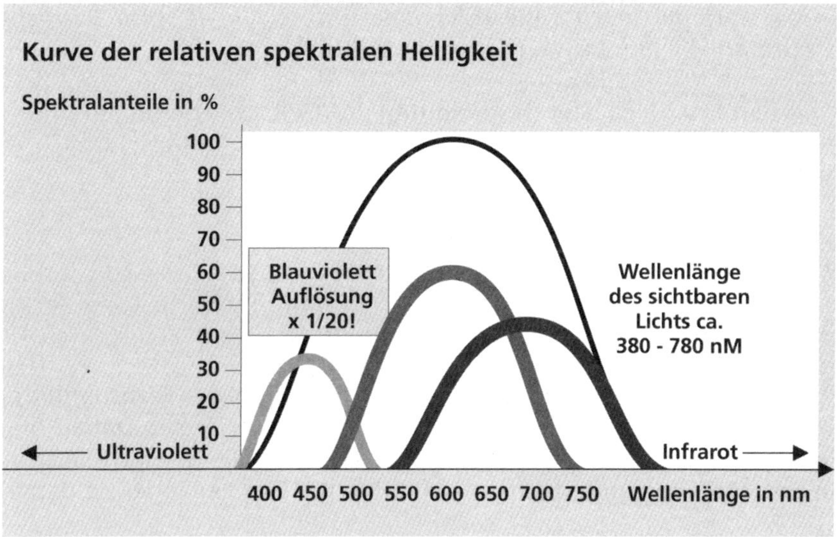


Aus dieser Kurve geht hervor, dass die Farben Grün und Gelb am meisten zur Helligkeitsempfindung beitragen (so werten z.B. monochrome Computermonitore aus den angebotenen Farbsignalen oftmals nur die Grünkomponente aus).

## *1.2 Die geometrischen Auflösungseigenschaften*

### *1.2.1 Die Hell/Dunkel-Auflösung*

Das Auflösungsvermögen bezüglich feiner Hell/Dunkeldetails liegt im Bereich des Gelben Flecks im Mittel bei 1,5 Gradminuten. Das bedeutet, dass das Auge feine Strukturen gerade dann nicht mehr unterscheiden kann, wenn deren mittlere räumliche Ausdehnung vom Beobachter her unter einem Öffnungswinkel kleiner als ein Vierzigstel Winkelgrad gesehen würde.

### *1.2.2 Die Farbauflösung*

Nur Details, die unter einem größeren Öffnungswinkel gesehen werden, können also getrennt wahrgenommen werden.

*„Das bedeutet nicht, dass sie damit farblich einwandfrei identifizierbar sind. Vielmehr hängt die fehlerfreie farbliche Erkennung mit der Größe des zu identifizierenden Objektes zusammen, mit dem Öffnungswinkel, den das farbige, leuchtende oder beleuchtete Objekt vom Betrachter her aufspannt."* (Ranke, Fernsehstudiotechnik)

So werden erst ab ca. vier Gradminuten Rot/Gelbschattierungen und erst ab etwa zwölf Gradminuten alle (incl. Blautöne) Details farblich einwandfrei erkannt.

### 1.3 Die zeitlichen Auflösungseigenschaften

#### 1.3.1 Talbot'sches Gesetz

Für die Helligkeitsbewertung im Auge ist nicht nur der Farbton des einfallenden Lichtreizes von Bedeutung, sondern auch dessen Dauer. Bis zu einer Dauer von 200 ms gilt das Talbot'sche Gesetz, wonach Lichtreize von den Zäpfchen umso heller empfunden werden, je länger sie dauern.

*„Das Auge verhält sich ähnlich einem fotografischen Material, dessen Schwärzung mit der Belichtung = Lichtstrom x Zeit zunimmt: es integriert."* (Ranke, Fernsehstudiotechnik)

Integration bedeutet Mittelwertsbildung. Die Trägheit des Auges wird beim Fernseh- bzw. Video-Bild dergestalt ausgenutzt, dass die einzelnen Bildpunkte immer nur kurz aufleuchten und vom Auge zu einem scheinbar gleichzeitig existenten Bild zusammengesetzt werden.

#### 1.3.2 Bewegungsverschmelzung

Jeder kennt die ersten, noch etwas holprigen Bilder aus den frühen Stummfilmen. Die unrunden Bewegungsabläufe resultieren aus der geringeren Bildwechselfrequenz der Anfangsjahre (16 Hz), wobei nur nebenbei bemerkt sei, dass die etwas hektischen Abläufe nicht in erster Linie aus dieser Tatsache herrühren, sondern beim Umsetzen in die Fernsehnorm entstehen. Aus Gründen der Wirtschaftlichkeit wird hierbei jedem Fernsehvollbild ein Filmbild zugeordnet, was letztlich zur Folge hat, dass die Filme schneller abgespielt werden, als sie aufgenommen wurden – es kommt zu einem Zeitraffereffekt.

Das Vermögen des Gehirns, zeitlich isolierte Ereignisse auch als solche zu verarbeiten, geht bis zu einer Frequenz von etwa 16 Hz. Dabei kommt es nicht darauf an, ob es optische oder akustische Reize sind, oder etwa Reize, die über den Tastsinn aufgenommen werden. Entscheidend ist die Verarbeitungsgeschwindigkeit des Gehirns. Bei der genannten Frequenz von 16 Hz beginnen einzelne Geräuschereignisse genauso zu einem Kontinuum – einem Ton – zu verschmelzen, wie einzelne Bilder zu einem Bewegungsablauf. Schon einige Hertz höher ist diese Verschmelzung abgeschlossen, so dass z.B. bei Film und Fernsehen eine Bildwechselfrequenz von 24 bzw. 25 Bildern pro Sekunde ausreicht, um den Eindruck natürlicher Bewegungsabläufe zu erzeugen.

### *1.3.3 Flimmern*

Setzt man vor einer Lichtquelle eine Scheibe mit einem lichtdurchlässigen und einem lichtundurchlässigen Bereich zuerst langsam und dann immer schneller in Bewegung, so nimmt das Auge anstelle des anfänglich rhythmischen Wechsels von Hell und Dunkel allmählich ein ungleichmäßiges, unstetes Flimmern wahr.

Nach Erreichen der Flimmergrenze weicht dieses Flimmern einem gleichmäßigen Grauton. In Abhängigkeit von der Intensitätsdifferenz zwischen Hell und Dunkel sowie u.a. vom Verhältnis der Hell- und Dunkelzeiten schwankt die Flimmergrenze zwischen 20 und 80 Hz.

In den Randbereichen des Sehfeldes wird Flimmern stärker und noch bei höheren Frequenzen wahrgenommen als im Zentrum.

## *1.4 Zusammenfassung: „Eigenschaften und Grenzen des menschlichen Sehsinns"*

Das Auge registriert die auf der Retina abgebildeten Bilder über Rezeptoren – die Stäbchen und die Zäpfchen. Die Stäbchen dienen dem Sehen bei geringen Beleuchtungsstärken. Umgekehrt dienen die Zäpfchen dem Sehen bei höheren Beleuchtungsstärken und dem Farbfernsehen.

Dabei werden die blau/violett-, grün- oder gelb/rotempfindlichen Zäpfchen von den entsprechenden Spektralanteilen der auftreffenden Farben gereizt. Diese Reize der unterschiedlich spezialisierten Zäpfchen werden einzeln zum Gehirn weitergeleitet und zum farbigen Bild zusammengesetzt. Die Farbkomponenten tragen auch unterschiedlich zur Helligkeitswahrnehmung bei.

Das Auge kann feine Hell/Dunkel-Details bis in den Bereich von 1,5 Gradminuten auflösen. Die einwandfreie farbliche Auflösung ist erheblich gröber.

Das Gehirn kann zeitlich aufeinander treffende Ereignisse nur bis zu einer Häufigkeit von ca. 16 Ereignissen pro Sekunde einzeln wahrnehmen. Darüber verschmelzen diese Ereignisse, die z.B. aus Bildern bestehen können, zu einem Kontinuum – diskrete Bewegungsphasen werden als kontinuierliche Bewegung eingestuft. Das Vermögen, schnelle Hell/Dunkel-Schwankungen als Flimmern wahrzunehmen, ist abhängig u.a. von der Intensitätsdifferenz stärker ausgeprägt.

## 2. Grundlagen der Schwarzweiß-Technik (625/50-Norm)

### *2.1 Zeilenweise Abtastung und Übertragung*

Das Auge registriert mit Hilfe dicht nebeneinander gepackter Sinneszellen ein Bild als eine Vielzahl von punktuellen Einzelinformationen bezüglich der Lichtintensität und überträgt diese auf einer großen Zahl von Nervenleitungen gleichzeitig zum Sehzentrum im Gehirn. Wollte man bei jeder Übertragung von Fernsehbildern den gleichen Weg verfolgen, so benötigte man für jede dieser punktuellen Informationen einen eigenen Übertragungskanal sowie ebenso viele Sende- und Empfangseinrichtungen. Will man hingegen mit nur einem Übertragungskanal je Programm auskommen, so muss man die Einzelinformationen in diesem Kanal nacheinander übertragen. Deshalb wird bei der Abtastung die Bildvorlage zeilenweise in Bildpunkte zerlegt, diese nacheinander in einem einzigen Kanal übertragen und auch nacheinander wieder sichtbar gemacht.

Bei der Darstellung auf einem Fernsehmonitor werden die Phosphore der Bildröhre von einem vorbeilaufenden Elektronenstrahl zum Leuchten angeregt, leuchten kurz nach und werden wieder dunkler. Das Fernsehbild ist somit im Prinzip eine optische Täuschung, welche darauf beruht, dass das Auge bei kurzen Reizen einen Mittelwert bildet und diesen als kontinuierlich einstuft.

Es existieren heute im Fernsehbereich weltweit zwei Hauptnormen die sich in der Bildwechselfrequenz und in der Zeilenzahl unterscheiden. In Nordamerika (USA, Kanada) sowie z.B. in Japan hat sich eine – allgemein als US-Norm bezeichnete – Norm mit 525 Zeilen durchgesetzt. Unsere mitteleuropäische CCIR-Norm schreibt 625 Zeilen vor.

Aufgrund der sogenannten vertikalen Austastlücke – einer Dunkelphase, in der der Schreibstrahl vom unteren Bildrand aus wieder nach oben springt – sind nicht alle diese Zeilen aktiv, d.h. auf dem Schirm sichtbar. So werden in der CCIR-Norm lediglich 575 Zeilen auf dem Schirm dargestellt. Damit diese Zeilenstruktur nicht wahrgenommen werden kann, sollte, unter Berücksichtigung des geometrischen Auflösungsvermögens von ca. 1,5 Gradminuten, der Betrachtungsabstand (d) entsprechend der Gleichung

$$d = \frac{h}{2} \times \frac{1}{\tan(575 \times 1{,}5 \text{ Gradminuten})} = \frac{h}{2} \times \frac{1}{\tan 14{,}375°} \approx 4h$$

etwa der vierfachen Bildschirmhöhe (h) entsprechen.

## *2.2 Halbbildübertragung*

Die CCIR-Norm legt eine Bildwechselfrequenz von 25 Bildern/s (Frames/s) fest, wodurch eine befriedigende Bewegungsverschmelzung erreicht wird (US-Norm: 30 Frames/s). Darüber hinaus ist das menschliche Auge aber in der Lage, Leuchtdichteschwankungen als Flimmern, noch bei höheren Frequenzen, wahrzunehmen.

Die Phosphore einer Bildröhre leuchten während und kurz nach der Anregung durch den Elektronenstrahl auf. In der Zeit bis zur nächsten Anregung muss ihre Leuchtdichte zu Null werden, da sonst helle Bildpunkte beim Übergang zu dunkleren Szenen nachleuchten würden. Die dadurch entstehende Leuchtdichteschwankung wird in Abhängigkeit von der Leuchtdichte der Bildvorlage als störendes Flimmern wahrgenommen. Bei den Leuchtdichten, die von einer Bildröhre erzeugt werden können, liegt die Flimmergrenze im Bereich um 50 Hz und höher.

Da eine Verdoppelung der Bildwechselfrequenz auch eine Verdoppelung der erforderlichen Bandbreite des Sendekanals zur Folge hätte, behilft man sich mit einem Kunstgriff – dem sogenannten Zeilensprungverfahren (auch Interlaced Mode genannt). Es werden in einem ersten Durchlauf alle ungeradzahligen Zeilen und in einem zweiten alle geradzahligen Zeilen in sogenannten Halbbildern (Fields) übertragen. Dadurch werden die jeweiligen Zeilen gerade dann vom Elektronenstrahl angeregt, wenn ihre vertikalen Nachbarn nachlassen. Da das Auge die einzelnen Zeilen nicht auflösen kann, werden die Schwankungen „ausintegriert“ und so letztlich der Effekt von 50 Bildern pro Sekunde simuliert. Dadurch wird die Wahrnehmbarkeit des Bildflimmerns stark reduziert.

Fernsehgeräte in der Preisoberklasse arbeiten heutzutage mit einem Bildspeicher, aus dem die einzelnen Bilder mehrmals (und dafür schneller) ausgelesen werden, und liefern so eine Teilfrequenz von 100 Hz; die Folge ist ein absolut flimmerfreies Bild, was sich vor allem bei langem Fernsehen positiv dadurch auswirkt, dass Ermüdungserscheinungen der Augen herabgesetzt werden. Im Rahmen der geplanten digitalen Fernsehausstrahlung wird es künftig u.a. möglich sein, eine Bildwechselfrequenz von 100 Hz direkt auszustrahlen.

## *2.3 Das Bild-Austast-Synchron-Signal (BAS)*

### *2.3.1 Das Bildsignal*

Das Bildsignal „B“ repräsentiert das eigentliche Videobild. In ihm werden die Leuchtdichteverhältnisse – der Kontrast – der Vorlage zeilenweise als analoge Spannung in einem Bereich von 0 bis 0,7 Volt übertragen. Dabei wird Schwarz mit etwa 0 Volt und Spitzenweiß mit 0,7 Volt bewertet. Wie das Signal einer einzelnen Zeile bei einem Graubalkenmuster aussieht, zeigt das Graubalkendiagramm (Bild 4) auf Seite 18. Das „B“-Signal wird international auch „Y“- bzw. Luminanz-Signal bezeichnet.

### *2.3.2 Das Austastsignal*

In den Zeiten, in denen der Elektronenstrahl vom Zeilenende zum Zeilenanfang zurückspringt, wird er für die Dauer von 12 µs dunkelgeschaltet, damit die Strahlrückläufe nicht sichtbar werden. Dieser Bereich innerhalb einer Zeile wird als horizontale Austastlücke bezeichnet. Die Austastlücke für den vertikalen Strahlrücklauf, der zweimal je Vollbild notwendig ist, umfasst zwischen zwei Halbbildern jeweils 25 Zeilen. In diesem Bereich kann z.B. der Videotext übertragen werden.

### *2.3.3 Das Synchronsignal*

Abtaststrahl von Bildquelle (z.B. Kamera) und Schreibstrahl der Bildröhre müssen synchron laufen, d.h. zu gleichen Zeiten an gleichen Orten des Bildfeldes stehen. Um das zu gewährleisten, wird in jeder Zeile ein Synchronsignal – gemeinhin auch als „Sync" bezeichnet – übertragen. Dies geschieht während der horizontalen Austastlücke, in deren Verlauf der „Sync" für die Dauer von 4,7 µs von der Austastspannung 0 Volt auf -0,3 Volt springt.

Da die Halbbilder abwechselnd mit einer ganzen und einer halben Bildzeile beginnen, wird im Bereich des Bildwechsels der „normale" Rhythmus der Synchronsignale verdoppelt. Damit die Synchronisation an diesen Stellen nicht aussetzt, ist während der vertikalen Austastlücke ein besonderes System von „Sync"-Impulsen erforderlich. Auf eine detaillierte Darstellung sei in diesem Rahmen verzichtet.

**Synchronisierung von Abtast- und Schreibstrahl**

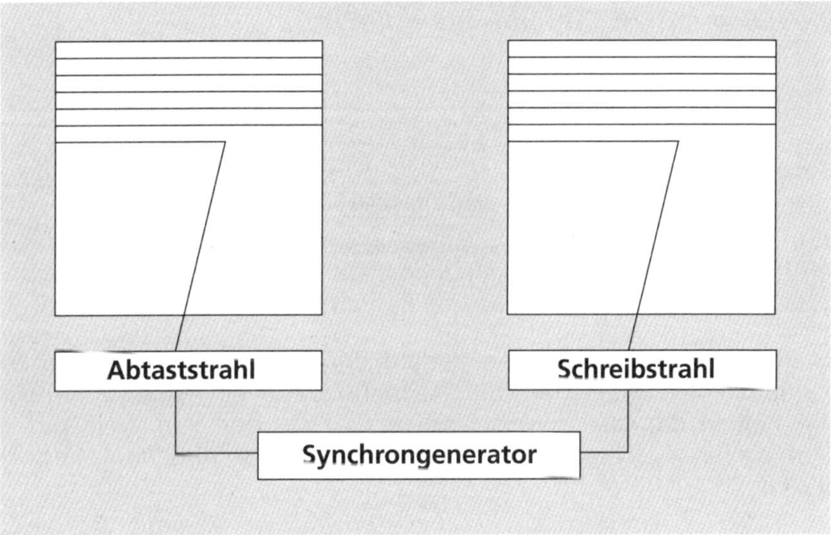


Der Empfänger erhält den „Sync" im übertragenen Fernsehsignal mitgeliefert. Das Heimgerät filtert die negativen Signalanteile (-0,3 V) aus dem Signal heraus und nutzt sie für die Synchronisation des eigenen Schreibstrahls.

Des weiteren kann der „Sync", stellvertretend für das Video-Signal selbst, zur Kontrolle desselben herangezogen werden (sh. Kap. 6.5). Bei jeder Übertragung erfährt das übertragene Signal eine Dämpfung. Kennt der Empfänger – wie bei einem Testbild – die Sollpegel, so kann er das ankommende Signal entsprechend aufbereiten. Im allgemeinen wird aber Bildmaterial übertragen, dessen Pegelstruktur der Empfänger nicht kennt. In diesem Fall kann der – zu -300 mV definierte – „Sync" als ein Maß für die Übertragungsdämpfung herangezogen werden und die notwendige Aufholverstärkung automatisch eingestellt werden.

### *2.3.4 Das BAS-Graubalkendiagramm*

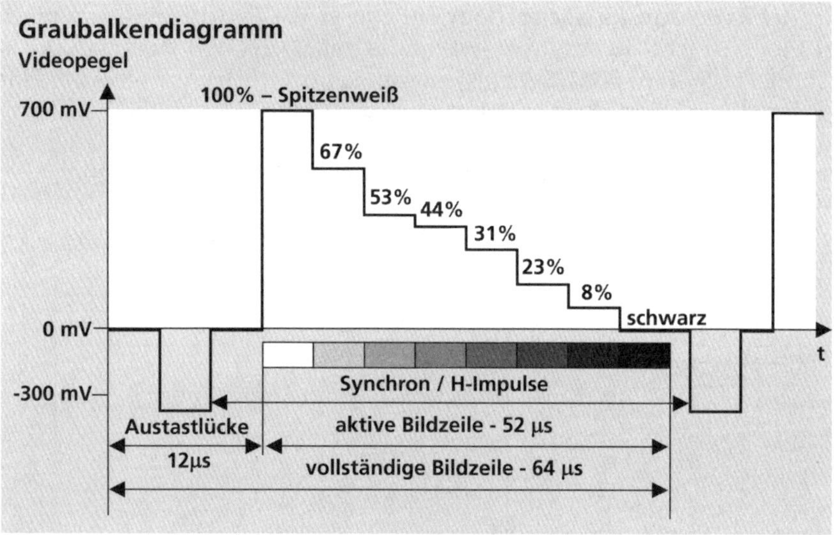


Das Bild gibt einen zeitlichen Verlauf des BAS-Signals über eine Zeile hinweg wieder. Dabei stellt die Treppenstruktur eine Anordnung vertikaler Balken dar, die in verschiedenen Graustufen von Weiß auf der linken bis hin zu Schwarz auf der rechten Seite des Bildschirms angeordnet sind.

Die Gruppierung in Hauptspektralbereichen um die Zeilenfrequenzvielfachen und die relativ geringen Pegel im höheren Frequenzbereich werden bei der Übertragung des Farbsignals genutzt. Im übrigen redet man vom Spektrum des BAS-Signals, meint damit aber das Spektrum des Bildsignals, dem Träger der eigentlichen Information.

## *2.5 Zusammenfassung: „Grundlagen der Schwarz/Weiß-Technik"*

Beim Fernsehen wird die Bildvorlage nacheinander zeilenweise abgetastet, übertragen und im Empfangsmonitor wiederum zeilenweise zu einem Bild zusammengefügt. Der Eindruck eines kontinuierlichen Bildes beruht auf der Trägheit des Auges.

Die mitteleuropäische CCIR-Norm beinhaltet 625 Zeilen pro Vollbild sowie 25 Vollbilder pro Sekunde, die in zwei Abschnitten, sogenannten Halbbildern, übertragen werden.

Das BAS-Signal ist ein Signalgemisch aus verschiedenen Bestandteilen: dem eigentlichen **B**ildsignal, dem **A**ustastsignal sowie dem **S**ynchronsignal – dem „Sync". Das Bildsignal selbst hat ein frequenzdiskretes Spektrum, welches aus Vielfachen der Zeilen- und der Halbbildfrequenz besteht.

Die Bandbreite des Signals hängt von der Feinheit der Bildvorlage ab. Je feiner und kontrastreicher die Details innerhalb eines Bildausschnittes sind, desto höher sind dessen Ortsfrequenzen und deren Amplituden. Umgekehrt lässt sich sagen: je geringer die Bandbreite, desto gröber die Auflösung. Die mitteleuropäische CCIR-Ausstrahlungsnorm begrenzt die Bandbreite bei 5 MHz.

## 3. Das Farbsignal und seine Verarbeitungsstufen

### *3.1 Die RGB-Farbwertsignale*

#### *3.1.1 Spektralzerlegung bei der Bildabtastung*

Die Farbphotographie, der Farbfilm und auch das moderne Farbfernsehen lehnen sich in der Umsetzung von farbigen Vorlagen eng an die Arbeitsweise des Auges an. Farben werden als eine Mischung dreier Grundfarben interpretiert und verarbeitet. Dabei ist sowohl beim Auge als auch bei Photo und Film (auch bei den älteren 1-Röhren- bzw. 1-Chip-Kameras) die Netzhaut bzw. die zu belichtende Fläche durchsetzt mit „Sensoren", die, dicht nebeneinander gepackt, jeweils auf die in ihrem Empfindlichkeitsbereich liegenden Spektralanteile reagieren und dabei den gesamten Spektralbereich auf einer einzigen „Fläche" erfassen.

Demgegenüber erfolgt in den modernen 3-Chip-Farbfernsehkameras über ein sogenanntes Farbteilerprisma eine Zerlegung der Bildvorlage in drei – bezüglich ihrer Bildinhalte – deckungsgleiche Farbauszüge, die, räumlich getrennt, auf ihre Leuchtdichte hin abgetastet werden und als Farbwertsignale **R**ot, **G**rün und **B**lau am Ausgang der Kamera zur Verfügung stehen. Für jeden dieser Farbauszüge gelten bezüglich Spektrum und Pegel die gleichen Überlegungen wie für die Luminanz im Schwarzweiß-System.

### *3.1.2 Farbbildproduktion durch additive Farbmischung*

Da im Gegensatz zum durchleuchteten DIA- oder Filmnegativ (subtraktive Farbmischung) in der Bildröhre Phosphore zum Einsatz kommen, die nach Anregung durch einen Elektronenstrahl selbst leuchten, liegt hierbei eine additive Farbmischung vor.

Bei der Wiedergabe müssen die drei Farbauszüge, unter Ausnutzung der zeitlichen oder geometrischen Auflösungsgrenzen des Sehsinns, wieder so zusammengefügt werden, dass der Eindruck eines farbigen Bildes entsteht. Grundlage aller heutigen Wiedergabebildröhren ist eine Technik, mit deren Hilfe die drei Farbauszüge zeitgleich und in einer einzigen Ebene wieder sichtbar gemacht werden. Dabei sind die Fernsehzeilen in kleine Bildpunkte – sogenannte Farbtripel – unterteilt, die aus jeweils drei Phosphore unterschiedlicher Leuchtfarbe bestehen. Stellt man sich die Bildpunkte in ihrer Grundform als quadratisch vor, so ergeben sich horizontal 768 Bildpunkte. Dementsprechend ist bei Einhaltung des vorgeschlagenen Betrachtungsabstandes von 4 h die innere Struktur der Bildpunkte nicht auflösbar – die Farbtripel verschmelzen zu einem Bildtext (Pixel).

Um die drei Phosphore der Bildpunkte gleichzeitig anzuregen, sind drei unabhängige Elektronenstrahlen erforderlich, die so eingerichtet werden müssen, dass sie innerhalb jedes einzelnen Farbtripels auf den ihnen zugeordneten Phosphor treffen. Dies wird erreicht durch eine hinter der Röhrenfläche angebrachte Schattenmaske, in deren Ebene sich die – von unterschiedlichen Punkten ausgehenden – drei Elektronenstrahlen in jeweils einer Punktöffnung quasi durchdringen, um anschließend, wieder auseinanderstrebend, kurz hinter der Lochmaskenebene auf die jeweiligen Phosphore zu treffen. Röhrenformen wie z.B. „Trinitron"- oder „Lynitron"-Röhren unterscheiden sich von der Schattenmaske in der Anordnung der Maskenöffnungen, in der Strahlführung sowie in der Anordnung der Farbtripel.

### *3.1.3 Maxwelldreieck*

Die Wellenlängen der Eichfarben sind nicht identisch mit jenen, bei denen das Auge Empfindlichkeitsmaxima aufweist. Während beim Auge ein echter Rotsensor fehlt und dieser Bereich offensichtlich vom Gelbsensor hinreichend mit abgedeckt wird, verwendet man aus Gründen, die vornehmlich mit der Farbsättigung zusammenhängen, beim Fernsehen Phosphore, die im langweiligen (rötlichen) Randbereich des sichtbaren Spektrums liegen. Die beiden anderen Phosphore entsprechen mit

Blau (etwa 450 nm) und Grün (etwa 540 nm) in etwa denen des menschlichen Auges. Kommen aus technischen Gründen anders strahlende Phosphore zum Einsatz, dann muss dies durch eine veränderte Filtercharakteristik kompensiert werden.

Man kann sich die gewählten Eichfarben als die Spitzen eines gleichseitigen Dreiecks vorstellen, innerhalb dessen sich durch verschiedene Anteilskombinationen jeder Farbton des sichtbaren Lichts reproduzieren lässt. Dieses Dreieck wird nach dem gleichnamigen Physiker auch Maxwelldreieck genannt.

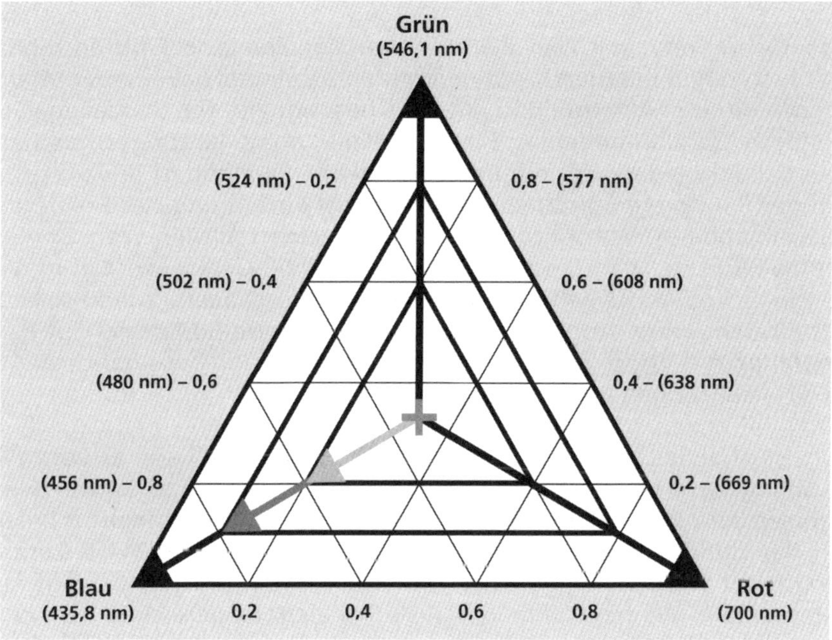


Im Mittelpunkt des Maxwelldreiecks liegt der sogenannte „Unbunt"-Punkt, der Punkt, in dem die drei Farbkomponenten entsprechend ihrem Beitrag zur Helligkeitsbildung (sh. Kap. 1.1.3) gleich stark vertreten sind und dabei die Grauskala – von Weiß bis Schwarz – bilden.

Von diesem Punkt ausgehend, lässt sich jede Farbe auch als Winkel gegenüber einer imaginären Bezugsachse darstellen. Legt man zum Beispiel das Eichrot als 0°-Achse fest und geht dann gegen den Uhrzeigersinn weiter, so überstreicht der Zeiger den Wellenlängenbereich von 700 nm bei 0°, bis hin zu 546 nm – Eichgrün bei 120°. Die Länge eines Zeigers (vom Unbuntpunkt bis zum jeweiligen Farbkoordinatenpunkt), bezogen auf die unter diesem Winkel maximal mögliche Länge bis zum Außenrand, spiegelt die Farbsättigung wieder. Dementsprechend sind die konzentrischen Dreiecke im Inneren Kurven gleicher Farbsättigung; im Unbuntpunkt liegt keinerlei Sättigung in irgendeine Farbrichtung vor, da ja keine Farbe bevorzugt enthalten ist. Auf den Außenseiten des Dreiecks liegt die Sättigung bei 100%.

## *3.1 Die Farbdifferenzsignale*

### *3.2.1 Kompatibilitätsüberlegungen*

Eigentlich könnte mit den RGB-Farbwertsignalen eine Farbfernsehausstrahlung schon realisiert werden. Wenn man einmal davon absieht, dass für die direkte Ausstrahlung dieser Grundsignale der Sendekanal die dreifache Bandbreite eines Schwarz/Weiß-Kanals benötigte, so hätte man dabei in jedem Fall die beste technische Qualität zu erwarten. Neben der Bandbreitenproblematik sprach bei Einführung des Farbfernsehens ein anderer wesentlicher Punkt gegen einen solchen Weg. Es mussten nämlich die herkömmlichen Schwarz/Weiß-Geräte weiterhin Verwendung finden. Schließlich gab es bei den Zuschauern zunächst kaum Farbfernsehgeräte. Andererseits sollte Schwarz/Weiß-Material auf Farbempfängern – wenn auch nicht farbig, so doch ohne zusätzlichen Aufwand – empfangen werden können.

Nun ist aber leicht einzusehen, dass ein RGB-Signal, wie es von allen Farbbildgebern geliefert wird, nicht direkt kompatibel zu Schwarzweiß-Signalen sein kann, denn es fehlt die unmittelbare Information bezüglich der Luminanz und nur diese kann von den Schwarz/Weiß-Geräten verarbeitet werden. Umgekehrt wird ein Farbempfänger, der auf eine unmittelbare Verarbeitung von RGB-Signalen eingereichtet ist, ohne zusätzlichen Schaltungsaufwand mit dem reinen Luminanz-Signal von Schwarz/Weiß-Sendungen nichts anfangen können. Aus diesen Gründen musste das Farbbildsignal so aufbereitet werden, dass daraus die Luminanz direkt entnommen werden konnte.

### *3.2.2 Gewinnung der Luminanz Y*

Aus den drei Farbwertsignalen, in denen ja die Leuchtdichte bezogen auf je einen bestimmten Spektralbereich enthalten ist, muss ein Leuchtdichtesignal gewonnen werden, welches den unterschiedlichen Beitrag verschiedener Farben zum Hellempfinden berücksichtigt. Die drei Farbwertsignale müssen dabei entsprechend der $V_\lambda$-Kurve gewichtet werden.

Dies geschieht in einer Matrixschaltung nach folgender linearen Gleichung:

$$Y = 0{,}3R + 0{,}59G + 0{,}11B$$

### *3.2.3 Die Farbdifferenzsignale R-Y und B-Y*

Damit wäre das Y-Signal gewonnen, aber die jetzt vorhandenen vier Signale erforderten derart ausgestrahlt mittlerweile über 20 MHz Bandbreite. Allerdings ist das Y-Signal ja nichts anderes als eine Linearkombination der RGB-Signale – was heißt, es steckt keine neue, sondern nur eine umgeformte Information darin. Man kann die gleiche Information auch in drei Signalen ausdrücken, wenn diese als Kombination aus zwei Farbkomponenten und dem Y-Signal dargestellt werden. Dies geschieht in den Farbdifferenzsignalen R-Y und B-Y, welche sich aus folgenden Gleichungen ergeben:

$$(R - Y) = R - (0{,}3R + 0{,}59G + 0{,}11B) = +\,0{,}7R - 0{,}59G - 0{,}11B$$
$$(B - Y) = B - (0{,}3R + 0{,}59G + 0{,}11B) = -\,0{,}3R - 0{,}59G + 0{,}89B$$

Aus den drei Signalen Y,R-Y, B-Y lassen sich drei RGB-Signale wieder bilden und trotzdem liegt die Luminanz direkt kompatibel vor.

<u>Stand der Verarbeitung an diesem Punkt:</u>

Drei Signale von 5 MHz Bandbreite, von denen eines direkt schwarzweiß-kompatibel ist.

Signale, die in dieser Form vorliegen, sollen künftig von Digital-MAZ-Systemen nach der 4:4:4-Norm aufgezeichnet werden. Im weiteren Verlauf werden zu den einzelnen Verarbeitungsschritten die jeweils verwendeten MAZ-Formate genannt. Diese werden im Abschnitt III.: „Aufzeichnungsformate“ vorgestellt.

### *3.2.4 Bandbreitenreduzierung in den Farbdifferenzsignalen*

Die Fähigkeit, feine Details farblich korrekt aufzulösen, ist erheblich geringer ausgeprägt (Kap. 1.2.2), als dies bei feinen Hell/Dunkel-Strukturen der Fall ist. Aus diesem Grund muss auch nicht jedes übertragene Luminanz-Detail eine ebenso feine farbliche Zuordnung aufweisen. Da weniger feine Details auch weniger Bandbreite benötigen, werden die beiden Farbdifferenzsignale als Träger der Farbinformation konsequenterweise in ihrer oberen Grenzfrequenz beschnitten. Die Begrenzung im Rahmen der Komponententechnik liegt zwischen 1,5 (Betacam UVW-Serie) und 3 MHz (CCIR 601).

Stand der Verarbeitung an diesem Punkt:

Ein Signal mit voller Bandbreite als Träger der Luminanz-Information sowie zwei bandbegrenzte Farbdifferenzsignale. Bis hierher ist die technische Ausgangsqualität der Signale noch weitgehend erhalten und kann – von der Bandbegrenzung abgesehen – ohne Verlust in RGB-Signale zurückgerechnet werden.

Signale, die in dieser Form vorliegen, werden mit 4-2-2-Digital-MAZ-Systemen nach der CCIR 601-Norm (D5, D1 sowie Digital Betacam) sowie mit den Analog-MAZ-Systemen Betacam SP und MII aufgezeichnet, wobei die Bandbreite der reduziert aufgezeichneten Farbdifferenzsignale unterschiedlich hoch – in jedem Fall aber noch deutlich über den Anforderungen der verschiedenen Farbübertragungsverfahren – liegt.

Anmerkung: Die Entstehung der Bezeichnung 4:4:4 bzw. 4:2:2 liegt in der Historie der Bemühungen um eine weltweite Normung für digitale Video-Abtastung begründet und bezieht sich auf die Abtastrate. In der mittlerweile festgelegten CCIR 601-Norm steht die Ziffer „4" für eine Abtastrate von 13,5 MHz und die Ziffer „2" für eine Abtastrate von 6,75 MHz. Währen die erste Ziffer die Abtastung der Luminanz bezeichnet, machen die beiden letzten Ziffern Aussagen über die Chrominanz-Abtastung. Da die Abtastrate eng mit der zulässigen Signalbandbreite gekoppelt ist, steht die Bezeichnung im Sprachgebrauch auch hierfür. So bezeichnet man im allgemeinen mit 4:4:4 die volle Luminanz- und Farbauflösung (RGB) und mit 4:2:2 volle Luminanz- aber eingeschränkte Farbauflösung (Y, $C_r$, $C_b$).

## *3.3. Das FBAS- oder Composite-Signal*

### *3.3.1 Frequenzverkämmung mittels Farbhilfsträger bzw. SubCarrier (SC)*

Die Übertragungsnormen schreiben am Ausgang des Studios eine Bandbegrenzung des Videosignals vor. Diese wurde schon für Schwarzweiß-Signale festgelegt und sollte bei Einführung des Farbfernsehens nicht geändert werden. Deshalb mussten in einem weiteren Schritt auch noch die Farbdifferenzsignale in den vormals ausschließlich für die Luminanz zur Verfügung stehenden Frequenzbereich integriert werden.

Vor der weiteren Verarbeitung zum FBAS-Signal wird die Bandbreite der Farbdifferenzsignale entsprechend der Anforderungen des jeweiligen Farbübertragungsverfahrens begrenzt, in ihrem Pegel reduziert und nunmehr als „Farbartsignale" bezeichnet. Die Pegelanpassung ist notwendig, da sonst im weiteren Verlauf durch Überpegel Probleme im Sendeweg aufträten. Je nach Farbübertragungsverfahren liegt die Grenzfrequenz zwischen 0,9 MHz und 1,85 MHz. Die Farbartsignale werden mit U/V (PAL), I/Q (NTSC), $D_r/D_b$ (SECAM) bezeichnet.

Die Frequenzanalyse zeigt für Luminanzsignale ein Linienspektrum, dessen Pegel im oberen Frequenzbereich zunehmend kleiner werden und sich um die Zeilenvielfachen (sh. Kap. 2.4.3) gruppieren. Dazwischen bilden sich Lücken, die die Möglichkeit bieten, weitere Informationen zu übertragen. Deshalb kam man auf den Gedanken, die Farbartsignale mittels einer Modulation (sh. Einschub 1 und 2) in diesen oberen Frequenzbereich zu versetzen und zusammen mit der Luminanz im Frequenzmultiplex zu übertragen. Da die Farbartsignale die gleiche Spektralstruktur aufweisen wie die Luminanz, kann das entstehende Signal durch geschickte Wahl der Trägerfrequenz in die Spektrallücken der Luminanz eingeschachtelt werden.

Das Prinzip dieser Einschachtelung – auch Frequenzverkämmung genannt – zeigt folgende Graphik:

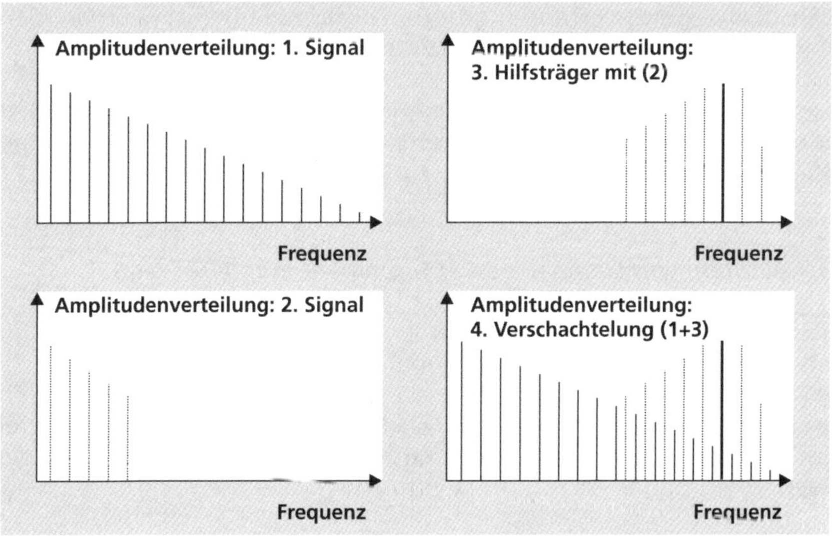

Das Problem, das in diesem Zusammenhang auftritt, liegt darin begründet, dass zwei Farbartsignale frequenzverkämmt mit der Luminanz übertragen werden müssen. Die verschiedenen Farbübertragungsverfahren beschreiten unterschiedliche Wege, um beide Farbartsignale zu übertragen. So verwenden das NTSC- und das PAL-Verfahren die sogenannte Quadratur-Amplitudenmodulation, während das SECAM-Verfahren mit Frequenzmodulation arbeitet und im zeilenweisen Wechsel jeweils nur eines der beiden Farbartsignale überträgt.

Um die Beschreibung der verschiedenen Stufen der Farbsignalverarbeitung – von den drei RGB-Signalen hin zum sendefähigen Composite-Signal – an dieser Stelle nicht mit zu vielen Details zu belasten, sei hier lediglich festgehalten, dass eine solche Übertragung möglich ist. Allen Verfahren gemeinsam ist die Frequenzumsetzung der Farbartsignale und die gemeinsame Übertragung von Luminanz- und Farbartsignalen auf einer Leitung. Die Farbartsignale werden nach der Frequenzumsetzung als Chrominanz bezeichnet.

> Stand der Verarbeitung nach der Frequenzumsetzung, aber noch vor der Spektralverkämmung (Signal 3 der umseitigen Graphik):
>
> Luminanz-Signal in voller 5 MHz-Bandbreite und Chrominanz entsprechend den Anforderungen des jeweiligen Farbübertragungsverfahrens (sh. Kap. 4). Die Chrominanz besteht aus den Farbartsignalen, die in der Frequenz umgesetzt und addiert wurden. Die gesamte Verarbeitungsstufe wird allgemein als Y/C bezeichnet (man spricht auch von Y/C-Komponenten). Diese Stufe weist in allen bislang eingeführten Farbübertragungsverfahren grundsätzlich immer eine trägerfrequente Chrominanz, d.h. in der Frequenz versetzte Farbartsignale, auf.
>
> Signale, die in dieser Form vorliegen, können mit Analog-MAZ-Systemen aufgezeichnet werden, welche über getrennte Y/C-Eingänge verfügen. Dies sind das S-VHS-Format sowie das High 8-Format.

### *3.3.2 Addition von Luminanz und Chrominanz zum FBAS-Signal*

Durch die Addition von Luminanz und Chrominanz entsteht das nunmehr frequenzverkämmte FBAS-Signal.

Dieses FBAS-Signal, international auch Composite-Signal genannt, genügt jetzt der für eine Ausstrahlung festgelegten Bandbreitenanforderung.

Das endgültige FBAS-Signal – schematische Darstellung der Frequenzbereiche:

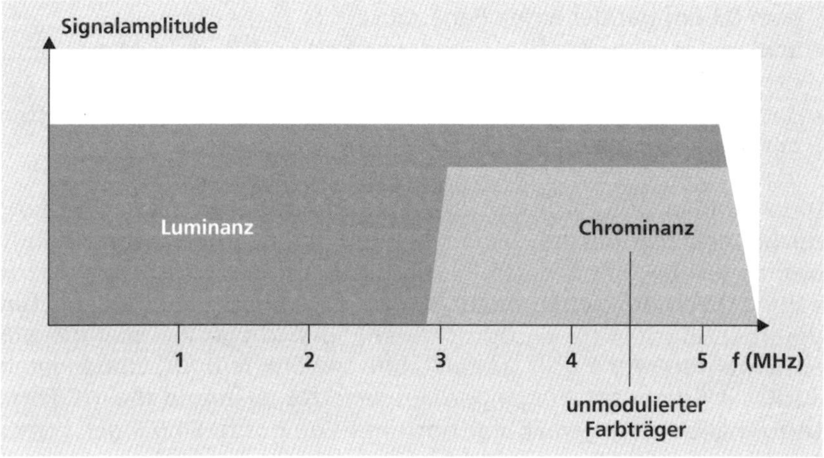


Alle Einschränkungen, welche die Signale in den bisherigen Verarbeitungsstufen erfahren hatten, werden in ihrer Wirkung vom Auge nicht wahrgenommen, da sie geschickt die Grenzen des Sehsinns ausnutzen. Der letzte Schritt hingegen, nämlich die Bildung des FBAS-Signals, bringt Störungen mit sich, die auch deutlich wahrnehmbar sind. Sie entstehen dadurch, dass bei der empfängerseitigen Trennung ein Übersprechen von Luminanz-Anteilen in das Chrominanz-Signal und umgekehrt nicht völlig vermieden werden kann.Um des Vorteils willen, die bisherigen Ausstrahlungskanäle beibehalten zu können und die Anzahl der übertragbaren Kanäle nicht verringern zu müssen, wurden diese Nachteile bei Einführung des Farbfernsehens in Kauf genommen. Seitdem ist es ständiges Bestreben, diese Störungen zu minimieren und die Übertragungsverfahren zu verbessern.

Stand der Verarbeitung an diesem Punkt:

Aus dem BAS-Signal ist durch Addition des Farbsignals das Farb-RAS-Signal geworden. Es wird auch mit Composite bezeichnet und beinhaltet eine Reihe von Nachteilen, die in Kauf genommen werden, um die Sendefähigkeit innerhalb der vorhandenen Schwarzweiß-Kanäle zu erreichen.

Composite-Signale werden mit folgenden Systemen verarbeitet:

- digitale Verarbeitung mit dem D2-Format der Firma Sony, sowie dem D3-Format der Firma Panasonic;
- analoge Verarbeitung auf Videokassetten mit dem U-matic- und dem VHS-Format;
- darüber hinaus sind in den Sendern nach wie vor 1"-MAZ-Systeme mit offenen Spulen nach dem B/C-Format verbreitet.

Die Angaben bezüglich der MAZ-Formate beziehen sich auf die Aufzeichnungsform des jeweiligen Systems, welche den systemtechnisch bestmöglichen Stand darstellt. Natürlich sind praktisch alle Systeme dahingehend abwärtskompatibel, dass sie eingangsseitig die weiteren Verarbeitungsschritte berücksichtigen. So sind zum Beispiel die Komponentenformate nach „unten" hin sowohl mit Y/C-Eingängen als auch mit Composite-Eingängen ausgestattet, während die Y/C-Formate zusätzlich naturgemäß nur noch mit Composite-Eingängen aufwarten können. Allerdings sind bei einer solchen Überspielung von niederwertigem Material auf ein höherwertiges System die Nachteile nicht generell aufgehoben. Ist ein Videosignal erst einmal durch eine bestimmte Verarbeitungsstufe gegangen, so sind deren Beschränkungen in das System eingeführt und können auch durch eine anschließende höherwertige Aufzeichnung nicht ohne weiteres wieder eliminiert werden. Allenfalls können weitere Generationsverluste in Grenzen gehalten werden.

### *3.3.3 Das FBAS-Farbbalkendiagramm*

Das farbige Äquivalent zum BAS-Graubalken ist der F(arb)BAS-Farbbalken. Dabei sind von links nach recht die Signale Weiß, Gelb, Cyan, Grün, Magenta, Rot, Blau und Schwarz als vertikale Balken angeordnet. Die Farben Rot, Grün und Blau enthalten in reiner Form jeweils nur die entsprechende Grundfarbe, während die restlichen drei Farben aus jeweils zwei Grundfarben gebildet werden: Gelb besteht aus Rot und Grün, Cyan wird aus Grün und Blau und Magenta aus Rot und Blau gebildet.

Entsprechend dem Graubalkendiagramm ist auch hier die Luminanz als Treppenstruktur zu erkennen, auf deren Stufen jetzt allerdings die aufaddierte trägerfrequente Chrominanz erkennbar ist. In dieser Darstellung fällt auf, dass die „Unbunt"-Balken Weiß und Schwarz keine Chrominanz-Anteile enthalten. Dies steht offensichtlich im Widerspruch zu der Darstellung im Kapitel 3.1.3 „Maxwelldreieck", wo der Unbuntpunkt als eine Mischung der drei Farbkomponenten gemäß der $V_\lambda$-Kurve dargestellt wurde. Die Lösung liegt in der Verarbeitung der Farbkomponenten zur Luminanz, in welche die drei Farbkomponenten ja schon in entsprechender Gewichtung eingehen. In der Chrominanz sind danach ausschließlich farbige Bildanteile enthalten.

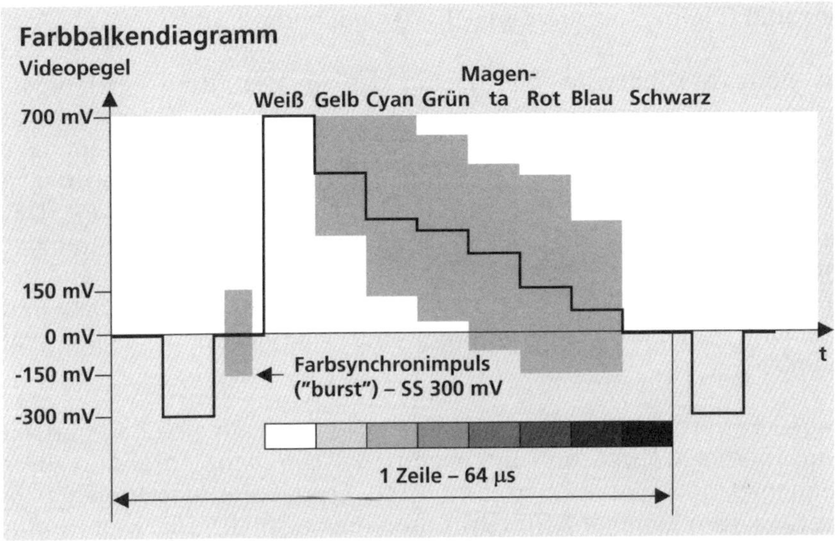


In der hier dargestellten Bildzeile ist auf der hinteren Schwarzschulter, zwischen dem Synchronimpuls und dem Beginn des eigentlichen Bildes, als weitere Änderung gegenüber der BAS-Zeile, die Farbträgerreferenz – der sogenannte „burst" – zu sehen. Dieser ist wichtig für die Rückgewinnung – die Demodulation – der Farbartsignale aus der modulierten Chrominanz, nach der die Farbartsignale wieder in ihrer ursprünglichen Form vorliegen (sh. Einschübe 1 und 2).

Desweiteren wird der „burst" zur Kontrolle des Chrominanz-Pegels herangezogen. Die Signaldämpfung ist nicht für alle Frequenzen identisch. Insofern stellt eine Pegelkorrektur anhand des „Syncs" einen vertretbaren Kompromiss für die reine Luminanz dar. Die Chrominanz liegt aber im oberen Frequenzbereich und wird deshalb in der Regel stärker gedämpft, was zu einer Entsättigung des Farbbildes führt. Deshalb wird der – in diesem oberen Frequenzbereich liegende und zu ± 150 mV definierte „burst" – als Maß für die Dämpfung hoher Frequenzen herangezogen. Im Heimfernsehempfänger wird anhand von „Sync" und „burst" die notwendige Aufholverstärkung für Luminanz und Chrominanz automatisch eingestellt.

### *3.4 Rückführung zum RGB-Signal*

Um das Signal auf Bildschirm sichtbar zu machen, müssen die Informationen wieder voneinander getrennt werden und sämtliche Verarbeitungsschritte bis zum RGB-Signal rückwärts durchlaufen werden. Der in diesem Zusammenhang schwierigste Schritt ist die Trennung von Luminanz und Chrominanz aus dem FBAS-Signal heraus.

Das einfachste, billigste, gleichzeitig das am wenigsten befriedigende Verfahren ist die sogenannte Farbfalle, bei der der Frequenzbereich ober- und unterhalb der Farbhilfsträgerfrequenz, in welchem ja die Farbinformation beinhaltet ist, einfach weggefiltert wird und der verbleibende tieffrequente Rest als Luminanz zur Verfügung steht. Dabei bleiben, je nach Steilheit der Filter, mehr oder weniger Chrominanz-Anteile erhalten und führen zu Fehlinterpretationen, den sogenannten Cross-Luminanz-Effekten (Übersprechen von Chrominanz-Anteilen in das Luminanz-Signal). Diese Störungen sind allerdings nur mäßig wahrnehmbar.

Umgekehrt erhält man das Chrominanz-Signal durch eine Bandpassfilterung. Hierbei werden nun umgekehrt die Luminanz-Anteile in diesem Frequenzband belassen und führen zu Cross-Colour-Störungen (Übersprechen vom Luminanz- in den Chrominanz-Anteil). Die weitere Rückwandlung führt über den Decoder, in dem die Chrominanz wieder in ihre ursprüngliche Frequenzlage zurückversetzt und die Farbartsignale aus der Chrominanz zurückgewonnen werden. Durch Umkehrung der Y-Matrizierung erhält man wieder RGB-Komponenten:

$$R = Y + (R - Y)$$
$$B = Y + (B - Y)$$
$$G = (Y - 0{,}3 \times R - 0{,}11 \times B) \times (1/0{,}59)$$

Die resultierenden RGB-Signale setzen sich aus zwei überlagerten Frequenzbändern zusammen. Zum einen weisen sie über den gesamten Frequenzbereich hinweg identische Spektralanteile auf, die sich nur im absoluten – nicht im relativen – Pegelverlauf unterscheiden. Das sind jene RGB-Anteile, welche zusammen das Luminanz-Signal bildeten. Zum anderen liegen im Bereich unterhalb der Chrominanz-Begrenzung Spektralanteile, in denen sich die RGB-Komponenten unterscheiden. In diesen Anteilen kommt die Farbinformation zum Ausdruck. Damit wird das Schwarzweiß-Bild, welches wie eine feine Strichzeichnung erscheint, quasi wie mit einem groben Pinsel koloriert.

## *3.5 Zusammenfassung: „Das Farbbildsignal und seine Verarbeitungsstufen"*

**Signalwege**

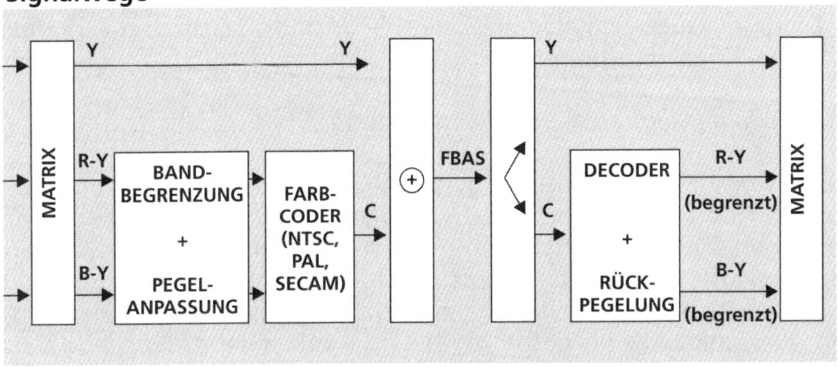


Die Videokamera zerlegt eine Farbvorlage in drei deckungsgleiche Farbauszüge von 5 MHz Bandbreite – die sogenannten Farbwertsignale RGB. Zur Wahrung der Schwarz/Weiß-Kompatibilität wird aus diesen Komponenten durch eine gewichtete Summierung die Luminanz Y gebildet, welche dem reinen Schwarz/Weiß-Signal entspricht. Da dieses von den Farbwertsignalen linear abhängig ist, genügt es, neben dem Y-Signal noch zwei – statt drei – Signale –die Farbdifferenzsignale – zu übertragen.

Da das Auge farbige Details nicht genauso fein auflösen kann wie Schwarzweiß-Details, werden diese Farbdifferenzsignale, in denen die Farbinformation steckt, bandbegrenzt und – nach einer Pegelreduzierung – weiterverarbeitet.

Beim Farbfernsehen sollten die bestehenden Schwarzweiß-Übertragungskanäle weiterhin Verwendung finden. Aus diesem Grund blieb auch die bis dato gültige Signalbandbreite von 5 MHz bestehen. Um nun – zusätzlich zur Luminanz – auch noch die Farbartsignale in diesem Frequenzbereich übertragen zu können, werden diese einer Hilfsträgerschwingung (SubCarrier) aufmoduliert und damit in jenen oberen Frequenzbereich von 3-5 MHz versetzt, in dem die Luminanz-Pegel zunehmend abnehmen. Als Chrominanz C addieren sie sich dann mit der Luminanz zum FBAS- oder Composite-Signal. In diesem Schritt entstehen die für Composite-Signale typischen Cross-Colour- bzw. Cross-Luminanz-Fehler.

Zur sauberen Luminanz/Chrominanz-Trennung sind aufwendige Filter notwendig.

## 4. Digitale Video-Signalverarbeitung – Grundsätzliches zur digitalen Video-Signalverarbeitung

### *4.1 Prinzip der digitalen Signalverarbeitung*

Die analoge Signalverarbeitung ist getragen von dem Bemühen einer exakten Übertragung und Speicherung von Amplituden- und Phasenbeziehungen. Trotz eines hohen Aufwandes erfährt das Signal von Verarbeitungsstufe zu Verarbeitungsstufe eine kontinuierliche Verschlechterung. Das Rauschen, das, auch analoger Natur, nicht vom analogen Signal unterschieden und getrennt werden kann, nimmt über jede Verarbeitungsstufe zu, und Linearitäts- und Phasenverzerrungen verschlechtern das Signal. Das Multigenerationsverhalten in der analogen Ebene war von je her ein kritischer Faktor.

Im Gegensatz zur analogen Technik arbeitet die Digitaltechnik nicht mit dem Signal selbst, sondern mit einer Darstellung – einer Beschreibung – desselben. Das Signal wird durch eine Folge von Binärzahlen – sogenannten Bits – beschrieben, die durch die Digitalisierung gewonnen werden und nur zwei Werte annehmen können – nämlich „0" und „1". Jeweils 8 Bit werden zu einem Byte zusammengefasst.

Ist ein analoges Signal erst einmal digitalisiert (auch hierbei treten natürlich gewisse Fehler auf), dann erfolgt die weitere Verarbeitung in der digitalen Ebene praktisch verlustfrei. Zwar werden die Zahlen in der Übertragung und Speicherung durch die analogen Spannungszustände „High" für „1" und „Low" für „0" ausgedrückt, aber die Erkennung dieser zwei Spannungszustände ist selbst bei solchen Störungen noch möglich, bei denen analoge Signale schon deutlich verrauscht erscheinen. Nachdem die Zahlen erkannt sind, kann das Signal verarbeitet werden. Am Ausgang jeder Verarbeitungsstufe können die Spannungszustände erneut erzeugt werden und liegen somit wieder in einwandfreier Form vor. Sämtliche analogen Störungen wirken nur auf den digitalen Stellvertreter und nicht auf das ursprüngliche Signal selbst.

Ein weiterer wesentlicher Vorteil digitaler Signalverarbeitung besteht darin, dass in der digitalen Ebene praktisch alle Verarbeitungsschritte nur noch durch Rechenvorschriften – sogenannte Algorithmen – beschrieben sind, die auf die binäre Zahlenfolge angewendet werden. Dadurch können viele Eingriffe, die in der analogen Ebene mit hohem Aufwand verbunden sind, einfacher und vielfach besser ausgeführt werden. Darüber hinaus ergeben sich ganz neue Bearbeitungsmöglichkeiten wie z.B. Animation, Effekte und Einzelbildretusche, die bei analoger Signalverarbeitung undenkbar gewesen wären.

Durch die Zerlegung kontinuierlicher Signalverläufe in zeit- und wertdiskrete Zustände, müssen – ähnlich der Normung im Fernsehbereich – sehr klare Vereinbarungen über die Art und Weise der digitalen Umsetzung getroffen werden. Die weltweit gültige Regelung digitaler Video-Signalverarbeitung in der „CCIR-Recommendation 601" schafft hier einen einheitlichen Standard, der den Austausch von Video-Signalen innerhalb der digitalen Ebene zwischen Geräten unterschiedlicher Hersteller ermöglicht.

Die Umwandlung analoger Signale in einen digitalen Datenstrom:

- Abtastung: regelmäßiges Feststellen der analogen Amplitude
- Quantisierung: Beschreiben dieser Amplitude durch Binärzahlen (Bitmuster)
- Datenausgabe: parallel oder seriell
- ev. Fehlerschutz: gegen Speicherungs- bzw. Übertragungsfehler
- ev. Codierung: Anpassung der Datendarstellung an den Übertragungskanal

## *4.2 Digitalisieren eines analogen Signals*

### *4.2.1 Abtastung*

Dem analogen System werden in regelmäßigen Abständen Proben entnommen, die als „Samples" bezeichnet werden. Entsprechend nennt man die Anzahl der Samples, die pro Sekunde entnommen werden, „Samplefrequenz" oder auch „Abtastfrequenz". Diese entspricht dem Kehrwert der „Abtastperiode" T.

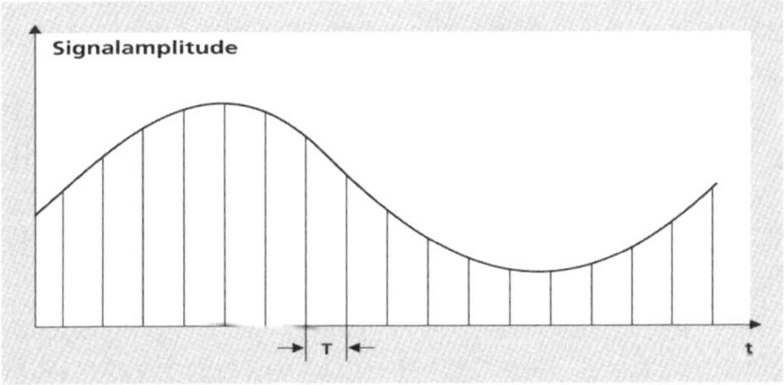

Die Wahl der Abtastfrequenz führt zu einem Interessenkonflikt. Zum einen sollte die Abtastfrequenz möglichst groß sein, damit das zu beschreibende Signal möglichst genau erfasst wird. Zum anderen sollte sie möglichst klein sein, da jeder Abtastwert Daten liefert und dadurch die Datenmenge erhöht. Gesucht wird also die kleinstmögliche Abtastfrequenz, die eine ausreichend genaue Beschreibung des analogen Signals gewährleistet.

Das Abtasttheorem nach Shannon besagt, dass zur sauberen Abtastung einer Signalschwingung die Samplefrequenz mehr als das Zweifache der Frequenz der abzutastenden Schwingung betragen muss. Eine Abtastung mit exakt der zweifachen Grenzfrequenz wird als kritische- oder Nyquist-Abtastung bezeichnet. Sie kann eine eindeutige Rekonstruktion des ursprünglichen Signals deshalb nicht gewährleisten, weil die Abtastzeitpunkte unter Umständen mit den Nulldurchgängen der Grenzfrequenzschwingung zusammenfallen können und dann immer nur den analogen Signalwert „0" erfassen. Wird die Abtastfrequenz noch geringer, so entstehen die sogenannten „Alias-Verzerrungen" – im rekonstruierten Analogsignal treten Frequenzen auf, die im ursprünglichen Signal nicht vorhanden waren (Alias-Frequenzen).

CCIR601 (bekannt unter der Bezeichnung 4:2:2) legt die Abtastung der Luminanz mit 13,5 MHz und die der beiden Farbdifferenzsignale mit 6,75 MHz fest.

### *4.2.2 A/D-Wandlung und Quantisierung*

Nach der Abtastung ist das Sample zunächst nichts weiter als eine Probe des Analogsignals – mithin ein analoger Spannungswert, der in einem sogenannten Analog/Digital-Wandler erst noch digitalisiert werden muss. Dieser A/D-Wandler macht nichts anderes, als festzustellen, wie viele Quantisierungsstufen dem analogen Spannungswert entsprechen. Hierzu wird das Sample zunächst einer sogenannten „Sample-Hold-Stufe" zugeführt. Diese speichert es und stellt es dem A/D-Wandler solange zur Verfügung, bis der Abzählvorgang abgeschlossen ist.

Die Anzahl der Quantisierungsstufen, die dem Samplewert entspricht, wird als n-stellige Binärzahl dargestellt. Die Stelle mit der höchsten Wertigkeit ($2^{n-1}$) bezeichnet man als MSB („most significant bit" – „meistaussagendes Bit"), die Stelle mit der niedrigsten Wertigkeit ($2^0=1$) als LSB („least significant bit" – „wenigstaussagendes Bit").

Wird dabei die Amplitude des Samples mit einer Binärzahl von n Stellen beschrieben, so kann diese Zahl $2^n$ Werte annehmen und auch nur entsprechend viele Amplitudenstufen darstellen. Es werden demnach kontinuierliche (alle Werte zwischen Minimum und Maximum sind möglich) Amplitudenwerte durch diskrete Näherungsstufen ersetzt. Die Stufengröße ergibt sich aus der Differenz von größtem und kleinstem analogen Spannungswert (Spitze – Spitze) dividiert durch die Stufenzahl. Je größer also die Stufenzahl, desto kleiner die Stufengröße und die Näherungsfehler.

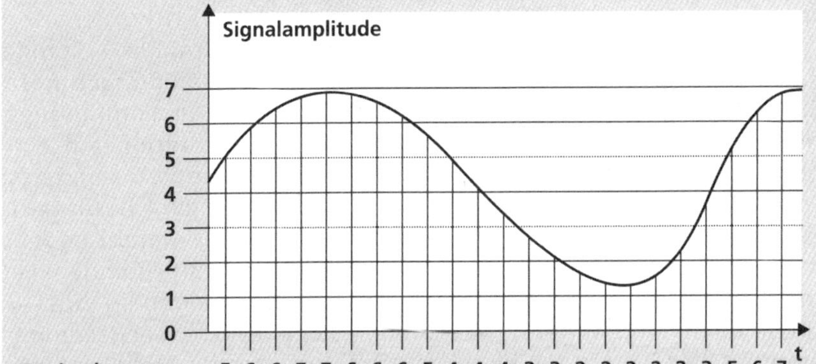


| | | | | | | | | | | | | | | | | | | | | | | | |
|---|---|---|---|---|---|---|---|---|---|---|---|---|---|---|---|---|---|---|---|---|---|---|---|
| Dezimalwert | 5 | 6 | 6 | 7 | 7 | 6 | 6 | 6 | 5 | 4 | 4 | 4 | 3 | 3 | 2 | 2 | 2 | 2 | 2 | 3 | 5 | 6 | 7 |
| MSB $2^2$ | 1 | 1 | 1 | 1 | 1 | 1 | 1 | 1 | 1 | 1 | 1 | 1 | 0 | 0 | 0 | 0 | 0 | 0 | 0 | 0 | 1 | 1 | 1 |
| Binärwert 2 | 0 | 1 | 1 | 1 | 1 | 1 | 1 | 1 | 0 | 0 | 0 | 0 | 1 | 1 | 1 | 1 | 1 | 1 | 1 | 1 | 0 | 1 | 1 |
| LSB $2^0$ | 1 | 0 | 0 | 1 | 1 | 0 | 0 | 0 | 1 | 0 | 0 | 0 | 1 | 1 | 0 | 0 | 0 | 0 | 0 | 1 | 1 | 0 | 1 |

Je nach Anwendung muss diese mit Quantisierung bezeichnete Näherung unterschiedlich fein sein, damit die Näherungsfehler nicht wahrgenommen werden. So wird bei der Audio-CD der Bereich zwischen maximalem Pegel (laut) und minimalem Pegel (leise) mit 16-stelligen Binärzahlen, bei neueren Digital-MAZ-Systemen mit 20-stelligen Binärzahlen beschrieben. Für die Video-Signalverarbeitung nach CCIR601 wird der entsprechende Bereich zwischen Hell und Dunkel (Spitzenweiß und Schwarz) mit 8- bzw. 10-stelligen Binärzahlen beschrieben. Man spricht dabei von einer 8-, 10-, 16- oder 20-Bit-Quantisierung.

Der Quantisierungsvorgang muss für jedes Sample binnen einer Sampleperiode „T" abgeschlossen sein, da dann das nächste Sample zur Verarbeitung ansteht. Je höher also die Abtastfrequenz, desto schneller muss der Wandler arbeiten. Die schnellsten Wandler sind die sogenannten „Flash"-Wandler. Sie arbeiten allerdings mit einem hohen Schaltungsaufwand, da sie für jede der $2^n$ Quantisierungsstufen einen eigenen

Komparator (Vergleicher) benötigen. Gerade der Bau von Flash-Wandlern für die Video-Signalverarbeitung profitiert aber von der geringen Intensitätsauflösung des Auges (ca. 200 Stufen), die eine Quantisierung mit nur 8-Bit (256 Stufen) bzw. 10-Bit (1024 Stufen) zulässt.

### *4.2.3 Ausgabe der Daten*

Am Ende des Quantisierungsvorganges liegen an den n-Ausgängen des A/D-Wandlers n-Bit als „High/Low"-Spannungszustände an. Es gibt zwei Möglichkeiten, die Daten weiter zu übertragen: parallel oder seriell.

Die parallele Übertragung erfordert mindestens n-Leitungen – Standard sind 25-polige sogenannte „Sub-D-Miniatur"-Steckverbindungen mit 11, in sich verdrillten Leitungspaaren („twisted pairs"). Der Empfänger bekommt den Takt – den Rhythmus – der Datenübertragung auf einem eigenen Weg übermittelt. Dadurch kann es keine Verwechslungen geben und der Datenfluss muss nicht – wie bei der seriellen Übertragung – selbsttaktend sein. Auf der anderen Seite ist immer die Gefahr gegeben, dass zusammengehörige Bits durch das sogenannte „Bit-sliding" – Laufzeitdifferenzen zwischen den Leitungen – zeitlich gegeneinander verschoben beim Empfänger ankommen. Solche Laufzeitverschiebungen steigen mit der Länge der Kabel an. Deshalb ist die parallele Übertragung in ihrer Reichweite auf wenige Meter begrenzt und wird nur zur direkten Verbindung zweier benachbart aufgestellter Geräte verwendet. Außerdem ist der Aufwand für mehradrige Leitungen und mehrpolige Steckverbindungen sehr hoch und die doch recht klobigen Kabel lassen sich nachträglich kaum in bestehende Kabelschächte einziehen. Aus diesen Gründen wird in der Regel die serielle Verbindung bevorzugt.

Für die Umwandlung paralleler in serielle Daten, auch „serializing" genannt, kommen Schieberegister zum Einsatz, die die binären Spannungszustände parallel aufnehmen und dann – zeitlich nacheinander (seriell) mit höherer Taktrate – über eine einzige Leitung wieder ausgeben. Da innerhalb der Gerätearchitektur in der Regel parallel gearbeitet wird, ist im Empfänger eine sogenannte „deserializer"-Schaltung erforderlich.

Für die serielle Übertragung können 75-Ohm-Koaxial-Video-Kabel verwendet und mit den üblichen BNC-Steckern verbunden werden. Der Vorteil liegt klar auf der Hand – es können bestehende Kabelwege, die bisher für die Verteilung analoger Signale genutzt wurden, jetzt für die Verteilung digitaler Signale eingesetzt werden. Die Reichweite mit herkömmlichen Koaxial-Kupfer-Leitungen beträgt bis zu max. 300 Meter.

Mit Glasfaserkabeln erreicht man Übertragungsstrecken bis zu mehreren Kilometern. Der Kostenfaktor für ein Koaxial-Kupferkabel von 5 Metern Länge beträgt gegenüber den Kosten für ein gleich langes Parallelkabel nur etwa 1:7!

Aufgrund der fehlenden Taktierung muss allerdings der Empfänger in die Lage versetzt werden, den Takt aus dem übertragenen Signal selbst abzuleiten. Hierfür muss der serielle Datenstrom entsprechend aufbereitet – kodiert – werden. Man spricht in diesem Zusammenhang von einem selbsttaktenden Code.

Bei der Digitalisierung von Video-Komponentensignalen sind für Y, $C_R$ und $C_B$ drei parallele Abtast- und Quantisierungseinrichtungen (Composite nur ein Wandler) erforderlich. Die entsprechenden Daten müssen in geeigneter Weise nacheinander ausgegeben werden. Hierbei benötigt man sogenannte „Multiplexer", welche die Luminanz- und Chrominanzdaten abwechselnd auf die Ausgänge schalten. CCIR601 regelt auch die Reihenfolge dieses zeitlichen Nacheinander. Die Spezifikation für die zugehörigen Interfaces regelt ergänzend CCIR656.

### *7.2.4 Fehlerschutz und Codierung*

Fehlerschutz und Codierung sind von entscheidender Bedeutung für die Funktionsfähigkeit eines digitalen Speicher- bzw. Übertragungssystems. Unter Fehlerschutz versteht man Maßnahmen, die die Wirkung technischer Unzulänglichkeiten in den Speichermedien („Drop-Outs") und Übertragungskanälen auf den Datenstrom eliminieren bzw. minimieren. Dabei werden durch Prüfworte zusätzliche Daten für Fehlererkennung und Fehlerkorrektur – die sog. Redundanz – in den Datenstrom eingebracht.

Codierung versteht sich als Anpassung des Datenstroms auf die Anforderungen des Mediums bzw. des Übertragungskanals. Man spricht auch von Kanalcodierung. Diese muss u.a. die schon angesprochene Forderung erfüllen, selbsttaktend zu sein. Da beide Themen im Detail eher für technisch orientierte Leser interessant sind, sei an dieser Stelle auf die Einschübe 4 und 5 am Ende dieses Kapitels verwiesen.

## *7.3 Zusammenfassung: Grundsätzliches zur digitalen Signalverarbeitung*

Die Digitaltechnik arbeitet nicht mit dem analogen Signal selbst, sondern mit einer Beschreibung desselben, die durch eine Folge von Binärzahlen – sogenannten Bits – erfolgt. Bits werden durch die Digitalisierung gewonnen und können nur zwei Werte annehmen – nämlich „0" und „1". Dargestellt werden Bits als analoge Spannungszustände: „High" (positive Spannung) für „1" bzw. „Low" (0 Volt oder negative Spannung) für „0".

In der digitalen Ebene sind alle Verarbeitungsschritte nur noch durch Rechenvorschriften – sogenannte Algorithmen – beschrieben. Dadurch können viele Eingriffe, die in der analogen Ebene mit hohem Aufwand verbunden bzw. nicht realisierbar sind, einfacher und vielfach besser ausgeführt werden. Darüber hinaus ergeben sich neue Bearbeitungsmöglichkeiten, die bei analoger Signalverarbeitung undenkbar gewesen wären. Vor allem gestatten digitale Signale praktisch unbegrenzt viele Kopiergenerationen.

Bei der Digitalisierung werden die analogen Signale in regelmäßigen Abständen auf ihre Amplitude hin abgefragt – man spricht auch von Abtastung. Diese analogen Amplitudenwerte werden danach quantisiert. Dabei ermittelt der Analog/Digital-Wandler, wie viele sogenannte Quantisierungsstufen dem analogen Signalwert entsprechen. Diese Anzahl von Quantisierungsstufen wird durch Binärzahlen dargestellt. Je mehr Binärzahlen für die Darstellung zur Verfügung stehen, desto kleiner können die Quantisierungsstufen ausfallen, desto exakter wird das analoge Signal beschrieben und desto größer ist der Signal-Rausch-Abstand des rekonstruierten analogen Signals. Digital-Audio arbeitet mit 16- bzw. 20-stelligen, Digital-Video hingegen mit 8- bzw. 10-stelligen Binärzahlen. Man spricht von 8-, 10-, 16- bzw. 20-Bit-Quantisierung.

Die Zerlegung kontinuierlicher Video-Signalverläufe in zeit- und wertdiskrete Zustände erfordert klare Vereinbarungen über die Art und Weise der digitalen Umsetzung. Die weltweite Regelung der digitalen Video-Signalverarbeitung in der „CCIR-Rec. 601" schafft hier einen einheitlichen Standard, der den Austausch von Video-Signalen innerhalb der digitalen Ebene zwischen Geräten unterschiedlicher Hersteller ermöglicht.

Neben Abtastung und Quantisierung sind vielfach noch Maßnahmen zum Fehlerschutz und die Codierung der Daten (Optimierung des Datenstroms auf den jeweiligen Übertragungskanal bzw. das Speichermedium) erforderlich, bevor die Daten an parallelen oder seriellen Ausgängen – sogenannten Schnittstellen – ausgegeben werden können.

## 5. Datenkompression und Datenreduktion – Reduzierung von Datenraten und -mengen

Das Bestreben, Datenmengen zu verkleinern, zu komprimieren oder zu reduzieren, ist kein videotypisches Problem. Überall dort, wo Daten gespeichert oder übertragen werden, ist es letztlich die Beschränktheit der Speicher- bzw. Übertragungskapazität, die eine Verringerung der Datenflut wünschenswert erscheinen lässt. Das Problem ist aber in der Fernseh- und Video-Technik deshalb besonders akut, weil bei der digitalen Video-Signalverarbeitung besonders hohe Datenraten entstehen.

Bei der Video-Produktion kommen zunehmend mehr rechnergestützte, sogenannte „Workstations", zum Einsatz. Deren standardisierte und nicht für die Video-Produktion speziell konzipierten technischen Rahmenbedingungen – beispielsweise die Übertragungsrate vom Rechner auf die Festplatte und zurück via SCSI- oder PCI-Bus – bzw. die Rechenleistung, welche die Verarbeitung in Echtzeit gewährleisten muss, machen eine Verringerung der Datenrate erforderlich. Das gleiche gilt für die Speicherkapazität von Festplatten, durch welche die Dauer des zu speichernden Video-Materials begrenzt wird. Auch das digitale MAZ-Format Digital Betacam kann, unter Beibehaltung der technischen Parameter des analogen Betacam-Formates, nur einen Datenstrom von etwa 127 MBit/s aufzeichnen und arbeitet mit Datenreduktion.

Desweiteren macht auch die Ausstrahlung digitaler Fernsehsignale, die die beschränkten Kapazitäten der bisher rein analog genutzten Ausstrahlungsgeräte nicht sprengen soll, Datenkompression bzw. -reduktion notwendig.

Es gibt im wesentlichen zwei Stufen der Datenreduzierung – die Kompression und die Reduktion. Mit Kompression sei im Rahmen dieses Kapitels jener Prozess bezeichnet, der reversibel – d.h. ohne Verlust an Informationen – erfolgt. In den Quelldaten stecken in der Regel überflüssige Daten, die mit Redundanz bezeichnet werden. Diese zu entfernen, ist die Aufgabe der Datenkompression. Je mehr redundante Daten man entfernt, desto mehr nähert man sich dem sogenannten „Entropie-Punkt" – es verbleibt die reine Information.

Eine Reduzierung über diesen Entropiepunkt hinaus bezeichnet man als Reduktion. Sie ist mit einem Verlust an Information verbunden. Diesen Verlust so zu gestalten, dass wirklich nur solche Daten verloren gehen, die für den Empfänger – in diesem Fall das visuelle System – irrelevant sind, ist die Aufgabe der Irrelevanzreduktion. Das bedeutet im Fall der Video-Bilder, dass ausschließlich solche Bildinhalte weggelassen werden, deren Fehlen unter den jeweiligen Betrachtungsbedingungen für das Auge nicht bemerkbar ist.

Eine weitere Reduzierung über die Irrelevanz hinaus stellt dann eine Relevanzreduktion dar. Diese wird da angewendet, wo zum einen besonders hohe Kompressionsraten (sh. auch Begriffsdefinition, S. 10) erforderlich sind und zum anderen die Aussage der verbleibenden Nachricht nur im Kern verständlich sein muss.

Für Video-Bilder bedeutet dies, dass die Bildqualität u.U. so weit herabgesetzt wird, dass bei formatfüllender Bildwiedergabe die Störungen deutlich, die Bildinhalte nur noch grob gerastert wahrnehmbar sind. Dies ist zum Beispiel beim Off-Line-Schnitt der Fall, wo in der Regel viel Bildmaterial gespeichert und gesichtet werden muss – und es dabei nur in zweiter Linie auf die Bildqualität ankommt. Die Grenzen der Irrelevanzreduktion liegen auch bei der Off-Line-Anwendung in der Regel da, wo jene Bildinhalte verloren gehen, die für die Synchronität entscheidend sind. Dies sind z.B. Lippenbewegungen oder fallende Gegenstände.

## *5.1 Verlustlose Datenkompression – Redundanzreduktion am Beispiel einer Differenz-Puls-Code-Modulation (DPCM)*

### *Einfache DPCM*

Aus dem A/D-Wandler kommen Datenwörter, die jedes Sample mit einer „n"-stelligen Binärzahl ausdrücken. Wird beispielsweise eine konstant graue Fläche mit 0,4 V Spannungspegel dargestellt, so wird der Wandler jedes Sample mit der gleichen Zahlenfolge darstellen und lauter identische Datenwörter ausgeben. In dieser Darstellung steckt sehr viel Redundanz.

An dieser Stelle setzt die DPCM an. Sie nutzt die Ähnlichkeit in den Werten aufeinander folgender Bildpunkte aus und verarbeitet nur die Differenz der einzelnen Werte weiter. Wird also zunächst der Wert (00100111) und dann der Wert (00100110) ausgegeben, so durchlaufen diese Werte jetzt zunächst eine Stufe, welche die beiden Werte miteinander verrechnet:

| | |
|---|---|
| Bitfolge n-1 | 00100111 |
| Bitfolge n | – 00100110 |
| Differenz | 00000001 |

Die 0-wertigen Stellen der Differenz werden abgeschnitten und nur die relevante letzte Stelle wird weiterverarbeitet. Im Ergebnis wurden 7 Bit eingespart. Danach rückt die zweite Zahlenfolge an die Stelle der ersten, und die nächste Zahlenfolge wird zur Subtraktion in das Rechenwerk eingeladen.

Die Datenworte haben jetzt allerdings eine unterschiedliche Länge. Damit der Rechner ein neues Wort unabhängig von der Länge des vorherigen Wortes erkennen kann, müssen die Worte entweder durch ein Zeichen getrennt werden oder ein Modus gefunden werden, der keine Trennung zwischen den Worten benötigt. Dieser Modus könnte z.B. eine Huffman-Codierung sein; dies ist darüber hinaus auch deshalb sinnvoll, weil durch die DPCM eine Konzentration hin zu kleinen und mittleren Werten erfolgt und eine Huffman-Codierung deshalb eine weitere Datenkompression bewirkt.

Bei der Decodierung erfolgt eine Addition der empfangenen Differenz zum jeweiligen Vorgängerwert. Damit dieses Verfahren durch Übertragungsfehler nicht zu sehr gestört wird und dabei die rekonstruierten und die ursprünglichen Werte auseinanderlaufen, müssen von Zeit zu Zeit komplette Werte übertragen werden, die wieder als sicherer Bezugswert dienen können.

Eine Grautreppe soll als Beispiel für eine DPCM dienen. Die gesamte Zeile setzt sich nach CCIR601 aus 720 Pixeln zusammen. In diesem Beispiel wird davon ausgegangen, dass mit 8 Bit quantisiert wird, so dass sich ein Volumen von 5760 Bit/Zeile ergibt. Teilt man die 720 Samples gleichmäßig auf die Graubalken auf, so gruppieren sich jeweils 90 Pixel zu einer Graustufe. Innerhalb der einzelnen Graustufen ergibt sich die Differenz jeweils zu Null. Der Übergang zur jeweils nächsten Graustufe wird durch die Differenz ausgedrückt, wobei Datenworte unterschiedlicher Länge sowie ein Vorzeichen-Bit benötigt werden. Nimmt man einmal an, dass der jeweils erste Wert einer Zeile vollständig dargestellt wird, so summieren sich die Daten wie in umseitiger Tabelle dargestellt. Der Kompressionsgewinn dieser Graubalkenvorlage liegt bei etwa 87%.

Obwohl diese Testvorlage in keinster Weise repräsentativ ist für durchschnittliche Video-Bilder, ist das Verfahren trotzdem sinnvoll, da auch natürliche Video-Bilder von Punkt zu Punkt vielfach große Ähnlichkeiten aufweisen. Natürlich sind in einer normalen durchschnittlichen Bildvorlage nicht derartig identische Werte wie bei dieser Grautreppe zu erwarten. Der erzielbare Kompressionsgewinn wird niedriger ausfallen.

### *5.1.1 Bewertung verlustloser Kompressionsverfahren*

In der Realität normaler Video-Bilder sind die Grenzen verlustloser Datenkompression eng gesteckt. Unabhängig vom Verfahren, liegen nach allgemeiner Ansicht die Kompressionsraten im Mittel bei etwa 50% bzw. Faktor 1:2.

Eine Festplatte mit einer Speicherkapazität von 3 GByte kann danach etwa 4 Minuten 8-Bit-4:2:2-Video und Audio speichern. Das bedeutet, dass ein Redakteur, der einen dreiminütigen Beitrag von einer solchen 3 GByte-Festplatte schneiden möchte, schon bei der Digitalisierung des Materials ganz genau wissen muss, welches Material benötigt wird. Dies entspricht aber nicht dem Gedanken eines „Non-Linearen-Schnittplatzes", der ja letztlich mehr Freiheit bei der Nachbearbeitung bieten soll (Einschub 10). Es wird klar, dass eine weitergehende – nunmehr verlustbehaftete – Kompression erforderlich ist.

## *5.2 Verlustbehaftete Datenkompression – Datenreduktion*

Spricht man von einer Reduktion von Video-Daten, so trifft man in der Regel auf große Skepsis, dass der resultierende Verlust letztlich doch „irgendwo" von Nachteil für die Bildqualität sei. Kaum jemand macht sich in diesem Zusammenhang klar, dass das, als quasi unberührt angesehene, Ausgangsmaterial in sich ja schon das Ergebnis einer radikalen analogen Datenkompression ist. Durch die Begrenzung der Bildwiedergabefrequenz, die Festlegung der vertikalen Auflösung auf 625 Zeilen, die Begrenzung der horizontalen Luminanz-Auflösung auf etwa 520 Linien sowie die Bandbegrenzung der Farbdifferenzsignale werden massive Beschränkungen in das System eingeführt.

Diese Beschränkungen wirken, unabhängig von der Vorlage, zu jedem Zeitpunkt und in jedem Bildausschnitt gleichermaßen. Das analoge System stellt somit zu jedem Zeitpunkt und über der gesamten Bildschirmfläche die Bildqualität zur Verfügung, die ausreichend ist, damit bei ruhendem Bildinhalt und optimaler Kontrastwiedergabe der Sehsinn die Beschränkungen gerade nicht wahrnehmen kann. Es gibt aber neben den Grenzen des optischen Systems – wie sie in Kapitel 1. dargestellt wurden – noch eine Reihe weiterer Effekte, die nur durch eine zielgerichtete Analyse und einen selektiven Zugriff auf das Bildmaterial für eine lokal inhaltsabhängige Einschränkung der Auflösung und somit eine Reduktion von Daten genutzt werden können. Eine derartige quasi dynamische Auflösungsgestaltung kann aber in der analogen Ebene nicht realisiert werden.

Man muss sich des weiteren klar machen, dass der Ausgangsstandard der verschiedenen digitalen Formate – der ja auch die Basis der Kompression bildet – erheblich besser zu bewerten ist, als die bislang zur Verfügung stehende analoge Qualität. Wollte man beispielsweise die digitale 4:2:2-Qualität auf die Qualität der analogen Komponentensysteme reduzieren, so ergäbe sich allein aus dieser Maßnahme eine Datenreduktion von etwa 35%. Derartige Einsparungen wären umfassender Natur und würden wiederum zu jedem Zeitpunkt und über die gesamte Bildfläche gelten. Damit stellten sie aber per se eine Reduktion relevanter Daten dar.

### *5.2.1 Erkennbarkeit von Kompressionsfehlern*

Es gibt drei Wege, digitale Datenströme zu reduzieren. Der eine wurde im letzten Kapitel dargestellt; er bezieht sich auf die Reduktion der in den Daten enthaltenen Redundanz und hat enge Grenzen. Die beiden anderen erscheinen zunächst simpel:

- Übertragung von weniger Abtastwerten (entspricht geringeren horizontalen Auflösung),
- Reduzierung der Wortlängen – gröbere Quantisierung (weniger Grau- und Farbstufen).

Die festgelegten Normen bieten unabhängig vom Bildinhalt eine konstante Bildqualität auch dann, wenn diese Qualität gar nicht notwendig wäre, weil in bestimmten Konstellationen die Auflösungsfähigkeit des visuellen Systems deutlich geringer ist als die angebotene Bildqualität. Wenn man in solchen Bereichen die Auflösung bzw. die Quantisierung herabsetzt, so kann man Daten einsparen, ohne dass dies optisch erkennbar ist.

Dabei entsteht technisch gesehen ein Fehler, der in einem Differenzbild (hier Subtraktion des reduzierten vom nicht reduzierten Bild) sichtbar gemacht werden kann. Das Ziel der verlustbehafteten Kompression – der Reduktion – muss es nun sein, die unvermeidlichen Fehler dort zu machen, wo das visuelle System sie bei normalen, nicht durch Differenzbildung entstandenen Bildern, nicht wahrnehmen kann. Dafür ist es wichtig, eine Reihe weiterer Effekte der visuellen Wahrnehmung zu kennen.

#### 5.2.1.1 Auflösungsverlust bei bewegten Bildern

Vergegenwärtigt man sich den letzten Besuch beim Augenarzt, so wird man sich an den Sehtest vor der Buchstabentafel erinnern:

*„Die großen, formatfüllenden Buchstaben kann man sofort erkennen, die kleineren erfordern schon etwas Bedenkzeit und die winzigen bestehen scheinbar nur aus unscharfen Flecken. Zur Deutung des Experimentes: Man sortiert zunächst nach groben Strukturen, die sich örtlich nur langsam ändern (große Buchstaben, niedrige Ortsfrequenz), und solchen mit immer feineren, die sich immer schneller ändern, bis hin zu den winzigen mit der höchsten Ortsfrequenz."* (FKT-Tutorial Digitale Bildcodierung, Teil 2, S. 116)

Man sortiert also nach Objekten, die sofort zu erkennen sind und solchen, die man genauer ansehen muss, um sie zu identifizieren. Gibt man einem Betrachter ein stehendes Bild als Vorlage, so hat er Zeit, es eingehend zu betrachten und die Auflösung muss so hoch sein, dass er nach einigen Momenten auch die feinen Details erkennen kann. Nimmt man aber eine bewegte Szene als Vorlage, so werden die feinen und bewegten Strukturen bei weitem nicht so gut aufgelöst und können entsprechend vergröbert dargestellt werden. Das kommt in diesen Bildbereichen einer geringeren Signalbandbreite bzw. weniger Abtastwerten gleich.

Wenn allerdings der Zuschauer sich auf ein bewegtes Objekt konzentriert und ihm mit den Augen folgt, dann blendet er den Hintergrund aus und das Objekt steht sozusagen still. In solchen Situationen ist eine geringere Auflösung insofern bedenklich, als z.B. ein vermeintlich strukturierter Baum sich als bloßer schwammig grüner Fleck entpuppen könnte. Da bei der Codierung niemand vorherzusagen vermag, worauf sich ein Zuschauer konzentriert, darf dieses Verfahren erst bei sehr hohen Geschwindigkeiten angewendet werden.

#### 5.2.1.2 Gröbere Quantisierung bei höheren Frequenzen

Aber noch ein weiterer Effekt ist aus diesem Experiment abzuleiten. Nicht nur die feine Struktur ist schwerer zu erkennen, sondern auch die Fehler darin. Gibt man dem Auge als Vorlage eine ruhende Grautreppenstruktur, so können unter optimalen Bedingungen etwa 200 verschiedene Grauwerte erfasst werden. Diese optimalen Bedingungen schließen ein, dass die Grauflächen in ihren Abmessungen gut zu erkennen sind. Genau dies ist bei feinen Details – selbst wenn sie ruhen – schon nicht mehr gegeben. Bildpartien mit hohen Ortsfrequenzen können entsprechend gröber quantisiert werden, was einer Reduzierung der möglichen Grau- bzw. Farbstufen entspricht.

### 5.2.1.3 Oblique-Effekt

Die „Signalverarbeitung" im Gehirn wurde im Laufe der Evolution auf die vorzugsweise auftretenden horizontalen und vertikalen Strukturen optimiert. Dagegen kommen diagonale Strukturen weniger vor. Das hat dazu geführt, dass derartige Strukturen schlechter erkannt werden. Auch diesen sogenannten „Oblique"-Effekt nutzt man aus, indem man entsprechende diagonal verlaufende Strukturen gröber quantisiert als horizontale und vertikale Strukturen gleicher Ortsfrequenz.

### 5.2.1.4 Mach-Effekt

Die Hauptbildinformationen liegt nicht in den regelmäßigen Flächeninhalten, sondern in den Grenzen solcher Flächen, in den Umrandungen.

*„Das wichtige am Objekt, also die Objektkante, wird ... für eine bessere Wahrnehmung hervorgehoben. Dazu nimmt das visuelle System eine Kantenversteilerung vor: Ein Helligkeitssprung an einer Kante wird übertrieben ... Da man grundsätzlich daran gewöhnt ist, derart verfälschte Kanten zu sehen, fällt dieser Effekt im Alltag nie auf."* (FKT-Tutorial Digitale Bildcodierung, Teil 2, S 11 4)

Man kann diesen Effekt ausnutzen und entsprechende Kanten gröber quantisieren. Die Kante wird dadurch zwar mit einer relativ groben Grauabstufung dargestellt, dies wird aber wegen des Mach-Effektes selten bemerkt.

### 5.2.1.5 Maskierung

Blendet man in ein Bild mit lokal unterschiedlicher Bildaktivität ein stehendes Hell/Dunkelmuster ein, so wird dieses Muster zunächst in den regelmäßigen Flächen erkennbar. In den Bereichen mit hoher regelloser Bildaktivität (z.B. Haare in einem Gesicht, Sträucher usw.) tritt das Muster erst bei starker Einblendung zutage. Dieser Effekt wird als Maskierung bezeichnet: unregelmäßige Bildinhalte behindern die Wahrnehmung überlagerter Strukturen.

Desweiteren wird dieses Muster vor allem dann sichtbar, wenn es stehend vor einem bewegten Hintergrund liegt. Der Betrachter sieht das Bild dann wie durch ein Gitter. Besonders störend daran ist, dass sich das Gitter nicht mit dem Bild bewegt, also nicht bestimmten Objekten zuzuordnen ist, sondern als ein technischer Artefakt wahrgenommen wird.

In den nachfolgenden Verfahren JPEG und MPEG können Artefakte ,wie z.B. ein Mosaikmuster, auftreten. Mit einer Logik, die Bildbereiche hoher unstrukturierter Aktivität anzeigt, könnte man gezielt Codierfehler verstecken und dabei mehr Daten einsparen als in gleichmäßig flächigen Bildbereichen.

### *5.3 Motion Picture Expert Group (MPEG)*

Die Bemühungen der MPEG waren, im Gegensatz zu JPEG, von Anfang an auf die Ausstrahlung von Bewegtbildern und deren Verteilung über bestimmte Medien wie z.B. die Video-CD gerichtet. Die erforderlichen Kompressionsraten liegen hierbei noch erheblich über den Möglichkeiten, die z.B. das JPEG- als reines Intra-Verfahren zur Verfügung stellt. MPEG geht deshalb über die Datenkompression innerhalb eines einzigen Bildes hinaus und nutzt die zeitliche Redundanz des Video-Materials für eine weitergehende Kompression mit Kompressionsraten über den Faktor 100 hinaus.

Die verschiedenen Stufen von MPEG definieren in ihren System-Standards jeweils einen Rahmen für die Übertragung von Datenströmen. Dabei handelt es sich um einen standardisierten Zeitmultiplex, der die verschiedenen Audio- und Video-Datenströme in Paketform organisiert und überträgt. Auf eine explizite Darstellung der strukturellen Zusammenhänge soll im Rahmen dieser Veröffentlichung verzichtet werden. Die Datenströme selbst – auch „Elemantary Bitstreams" genannt – sind das Ergebnis von Datenkompressionsverfahren. Dabei schreibt MPEG für die Kompression von Video und Audio keine festen Standards vor, sondern stellt einen Fundus von Werkzeugen (Tools) für die Kompression zur Verfügung, aus denen sich die Anbieter einen maßgeschneiderten Coder entwickeln können. Dabei müssen sie nur auf die Einhaltung vorgegebener Rahmenbedingungen der System-Standards achten.

MPEG ist als ein hierarchischer Standard konzipiert. MPEG 1 wurde 1993 verabschiedet, der Titel MPEG 1 lautet: „Coding of Moving Pictures and Associated Audio for Digital Storage up to about 1,5 MBit/s". Darin findet sich schon die Zielsetzung: die digitale Speicherung auf CD.

Noch während der Entwicklung von MPEG 1 ergaben sich neue Zielsetzungen, die v.a. die Codierung von CCIR601-Signalen und die Bereitstellung von Mehrkanalton beinhalteten. Da sich die Verfahren hierfür nur wenig von den entsprechenden MPEG 1-Verfahren unterscheiden, kann MPEG 2 als Weiterführung von MPEG 1 angesehen werden. MPEG 3 war ursprünglich für die Codierung von HDTV-Signalen gedacht. Wie sich aber herausstellte, bietet MPEG 2 durch Definition verschiedener Auflösungs-Levels die Möglichkeit, die angestrebte HDTV-Auflösung mittels hierarchisch übergeordneter Ebenen zu erreichen. Dabei wird die erhöhte Auflösung als zusätzliches Datenpaket auf die TV-Standarddaten (CCIR601-Auflösung) aufgesetzt. Je nach Standard des Empfängers kann aus den angebotenen Daten die entsprechende Auflösung zurückgewonnen werden. Deshalb wurde MPEG 2 und MPEG 3 unter der Bezeichnung MPEG 2 zusammengefasst und zum Jahresende 1994 verabschiedet.

Unter der Bezeichnung „MPEG-2-4:2:2" bzw. Professional-MPEG" wird derzeit an einem Verfahren gearbeitet, das ausschließlich I-Bilder („I" für „independent") vorsieht, somit den Bildschnitt nach jedem einzelnen Bild gestattet, dafür aber geringere Kompressionsraten ermöglicht, als es das herkömmliche MPEG 2 bietet. Somit wäre der Nachteil gegenüber JPEG aufgehoben, unterscheidet sich von diesem auch kaum noch. Es hätte gegenüber JPEG allerdings den Vorteil der Standardisierung und der Chance auf Datenaustausch zwischen verschiedenen Systemen.

MPEG 4 ist als ein Standard für Video- und Audio-Anwendungen mit sehr niedrigen Datenraten im Bereich von einigen kBit/s konzipiert. Die Anwendungsmöglichkeiten liegen z.B. bei elektronischen Mail-Diensten sowie bei Video-Telephon-Systemen.

## *5.4 Zusammenfassung: „Datenkompression und Datenreduktion"*

Verlustlose Datenkompression reduziert die in den Quelldaten steckende Redundanz, ohne dabei Bildinhalte zu verfälschen. Es gibt verschiedene Verfahren, um die Redundanz zu entfernen. Im Audio- und Video-Bereich wird in erster Linie die DPCM verwendet, die für jeden Wert eine Vorhersage trifft und von dieser sogenannten Prädiktion den tatsächlichen Wert subtrahiert. Anschließend wird nur die Differenz weiterverarbeitet. Da sich dabei vielfach Nullfolgen ergeben, empfiehlt sich eine anschließende Lauflängencodierung. Ein weiteres Verfahren zur Redundanzreduktion ist die Huffman-Codierung. Hierbei werden die statistischen Eigenschaften eines Signals zur Reduktion ausgenutzt.

Verlustbehaftete Datenkompression reduziert Irrelevanzen, das heißt Bildinhalte, deren Verlust nicht wahrgenommen werden kann. Die Trennung relevanter von irrelevanten Bildinhalten arbeitet unter Ausnutzung von psychovisuellen Effekten. Der Zugang zu solchen Irrelevanzen ergibt sich vielfach nach einer Transformation der Signale aus dem Zeitbereich in den Frequenzbereich. Die dabei entstehenden Transformationskoeffizienten werden nach solchen psychovisuellen Kriterien reduziert. Verlustbehaftete Verfahren erreichen Kompressionsraten von mehr als 99% bzw. kleiner als 1:100.

Man muss sich in diesem Zusammenhang verdeutlichen, dass die digitale 4:2:2-Ausgangsbasis – auf die alle Kompressionsangaben bezogen werden – eine erhebliche bessere Qualität bietet, als die analogen Verfahren. Von diesem hohen Standard aus wird die Kompression bewertet. Dabei wäre allein mit der Rückführung der 4:2:2-Auflösung auf jene der analogen Komponenten-Systeme (Beta SP bzw. M II) eine Datenreduktion von knapp 50% und mit der Rückführung auf das PAL-Verfahren eine Reduktion von knapp 70% verbunden. Diese Reduktion würde – im Gegensatz zur selektiv arbeitenden psychovisuellen Kompression – zu jedem Zeitpunkt und über die gesamte Bildfläche gelten und damit sicherlich eine Relevanzreduktion darstellen.

Es gibt Verfahren, die zur Kompression ausschließlich die Daten des zu komprimierenden Bildes selbst verwenden (z.B. JPEG) und solche, die die Ähnlichkeit zwischen aufeinander folgenden Bildern ausnutzen und zur Kompression auch Informationen aus anderen Bildern verwenden (z.B. MPEG). Während bei den ersteren, den sogenannten Intra-Verfahren, jedes Bild unabhängig von anderen Bildern verarbeitet werden kann, ist dies bei den Inter-Verfahren nicht möglich, da die Bildinformation über mehrere andere Bilder verteilt ist. Aus diesem Grund sind Inter-Verfahren zur Verwendung innerhalb des Nachbearbeitungsprozesses nur bedingt geeignet.

## 6. Grundsätzliches zur magnetischen Aufzeichnung analoger Signale

Bei der magnetischen Signalspeicherung wird der zeitliche Ablauf eines elektrischen Signals in eine Ortsverteilung magnetischer Zustände (Remanenzen) auf einem Magnetschichtträger umgesetzt. Dabei besteht ein nichtlinearer Zusammenhang zwischen elektrischem Signal (und magnetisierender Feldstärke) auf einer einen und der im Band verbleibenden Remanenz auf der anderen Seite. Diese Nichtlinearität erfordert Maßnahmen zur Linearisierung. Das im Audio-Bereich verbreitete Linearisierungsverfahren – die HF-Vormagnetisierung – wird im Video-Bereich nicht angewendet. Entsprechend muss nach anderen Lösungen gesucht werden.

Die Wellenlänge der periodischen Ortsverteilung auf dem Band nennt man Bandwellenlänge. Die kürzest mögliche Bandwellenlänge wird begrenzt durch die Feinheit der Magnetpartikel. Zusammen mit der

Schreibgeschwindigkeit (Relativgeschwindigkeit zwischen Magnetkopf und Band) bestimmt sie die höchste aufzeichenbare Frequenz.

Im Wiedergabemagnetkopf wird eine elektrische Spannung induziert, die proportional ist zur Änderung des magnetischen Flusses über der Zeit. Dies führt bei konstantem Bandfluss zu einem Anstieg der Ausgangsspannung zu hohen Frequenzen hin, da bei hohen Frequenzen die Magnetflussänderung rascher erfolgt als bei niedrigen Frequenzen. Dieser mit Omega-Frequenzgang bezeichnete Zusammenhang wird relativiert durch eine Reihe von Faktoren wie Spaltdämpfung, Abstandsverluste und Selbstentmagnetisierung. Der Omegagang sowie die zuletzt genannten Faktoren begrenzen die relative Bandbreite aufgezeichneter Signale auf etwa 10 Oktaven.

Die Spurbreite des Wiedergabekopfes trägt entscheidend zum SNR eines direkt aufgezeichneten und wiedergegebenen Signals bei, bestimmt aber auch den Bandverbrauch und somit die Aufzeichnungsdauer.

## 7. MAZ-Formate zur digitalen Aufzeichnung von Komponentensignalen nach CCIR 601 (4:2:2)

Digitale Komponenten nach CCIR 601 sind im MAZ-Bereich zur Zeit „State of the Art". Chroma-Key ist mit gewissen Einschränkungen möglich, die gesamte Verarbeitung ist transparent und, in Verbindung mit digitalen Video-Effektgeräten und Mischern, vollständig innerhalb der digitalen Ebene durchführbar und ermöglicht dadurch auch komplexe Produktionsvorgänge in Multi-Layering-Technik.

Der digitale CCIR 601-Standard ist mittlerweile zum Allgemeinstandard avanciert. Die Probleme mit seriellen Schnittstellen, die, bei einer Datenrate von 270 MBit/sec, noch vor wenigen Jahren den Luftfahrtfunkverkehr im 120 MHz-Bereich störten, sind gelöst, Verteilereinrichtungen, entsprechende Serializer- und De-Serializer-Schaltungen sowie weitere Peripherie werden angeboten. Auf dieser Basis ist die Verteilung und Handhabung digitaler Signale über eine einzige Leitung – anstatt über drei wie bei den analogen Komponentenverfahren – möglich.

Nach Einschätzung der europäischen Sendeanstalten ist die CCIR Recommendation 601 ausreichend für das 16:9-Bildformat und bietet somit eine hohe Investitionssicherheit zumindest für die neuen 10-Bit-Formate Digital Beta und D5 (auch DCT). Erst mit Beginn der Ausstrahlung von HDTV werden neue Rahmendaten erforderlich. Es herrscht weitgehend Einigkeit darüber, dass die dann eingesetzten Produktionstechniken aber wohl nicht mehr auf Basis von Magnetband arbeiten werden. Bandformate werden dann höchstwahrscheinlich nur noch für die Archivierung eingesetzt werden.

Das D1-4:2:2-MAZ-System ist seit Mitte der 80er Jahre auf dem Markt und wurde bis zur Ankündigung des D5-Fromates allgemein als der beste existierende digitale MAZ-Standard bezeichnet. Die Geräte sind umschaltbar auf 525 Zeilen (NTSC), ausgerüstet mit einer seriellen Schnittstelle zur Übertragung über Standard-Koxial-Kabel bis 300 m und können durch Parallelschaltung zweier MAZ-Geräte als 4:4:4-System arbeiten. Zum jetzigen Zeitpunkt ist D1 eigentlich nicht mehr konkurrenzfähig. Entscheidend dafür sind neben dem Preis vor allem die geringere Aufzeichnungsdichte. Das hat Konsequenzen bei der aufzuzeichnenden Spieldauer je Kassette und bei der Kassettengröße. Die maximale Aufzeichnungsdauer liegt bei 94 Minuten und erfüllt nicht die von der EBU geforderte Dauer von zwei Stunden auf einer Kassette. Aus diesen Gründen lassen sich dem D1-System zum jetzigen Zeitpunkt wohl kaum noch neue Kunden erschließen. Allenfalls Altkunden, die einen Formatwechsel scheuen, werden weiterhin D1-Geräte einsetzen. Die Zukunft liegt bei Digital Betacam bzw. D5.

Unter Wahrung der – auf 10-Bit-Quantisierung – erweiterten CCIR Rec. 601 und der EBU-Forderung nach 2 Stunden Aufnahmekapazität auf einer Kassette, wird bei Digital-Betacam eine Kompressionsrate von etwa 1:2 erforderlich. Eine mittlere Kompressionsrate von 1:2 liegt an den Grenzen verlustloser Kompression. Bei Digital-Beta kommt die Diskrete Cosinus-Transformation zur Anwendung, die im Kapitel Datenkompression beschrieben wurde. Eine wirklich verlustlose Kompression müsste auf die psychovisuelle Bewertung der Transformationskoeffizienten verzichten und sich ausschließlich auf die Huffman- und die Lauflängencodierung der Koeffiziententabelle stützen. Genau das aber geschieht bei Digital-Betacam nicht. Allerdings erfolgt die Bewertung der Transformationskoeffizienten so vorsichtig, dass auch bei kritischen Bildern keine wahrnehmbaren Auswirkungen erkennbar sind. Allgemein wird zur Zeit eine Reduktionsrate von 1:3 als Grenze für die Online-Anwendung angesehen.

Für die großen Sendeanstalten mit ihren riesigen Archivbeständen, die mittlerweile weitgehend von 1"-Formaten auf analog Betacam SP umkopiert sind, liegt ein ganz erheblicher Vorteil von Digital Betacam in der optionalen Wiedergabekompatibilität zu Beta SP. Zwar ist der Kopftrommeldurchmesser des digitalen Formats größer, aber bei Wiedergabe von analogem Material wir die Rotationsgeschwindigkeit soweit herabgesetzt, dass analoge Bänder wiedergegeben werden können.

Digital Betacam zeichnet 10-Bit-Signale auf, wenn sie über die digitalen Schnittstellen angeboten werden, verarbeitet aber analoge Komponentensignale (z.B. Kamerabilder) derzeit über 8-Bit-Wandler. Dies stellt neben der Datenreduktion sicherlich einen weiteren Nachteil gegenüber D5 dar.

D5 baut technisch auf dem D3-Format auf. Nach Aussagen der Firma Panasonic war schon bei der Entwicklung von D3 das Ziel einer künftigen Komponentenaufzeichnung projektiert. Dadurch kann in beiden Maschinen das gleiche Bandmaterial Verwendung finden und beide Geräte arbeiten mit den gleichen Kopfrädern. Die höhere Datenrate wird bei D5 über doppelten Bandvorschub bewältigt. Das reduziert die Aufnahmekapazität auf etwas über zwei Stunden. Mit einem optionalen D3-Recorder kann D3-Material abgespielt werden. Bei D5 erfolgt keine Datenreduktion – somit ist D5 das einzige auf dem Markt angebotene vollständig transparente 10-Bit-MAZ-Format.

Kurz nach Markteinführung von D5 1994 entbrannte eine heftige Werbeschlacht und bei Panasonic hoffte man noch auf den Durchbruch von D5 zum Produktionsstandard. Inzwischen hat sich Digital Betacam als Sende- und Produktionsstandard durchgesetzt. Dabei spielten v.a. die Wiedergabekompatibilität die entscheidende Rolle. Daneben fielen auch die geringeren Folgekosten für Beta-Bandmaterial ins Gewicht – die Preisunterschiede gegenüber D5 können sich über die Nutzungsdauer eines MAZ-Gerätes auf sechsstellige Beträge aufsummieren.

Sowohl Digital Beta als auch D5 (auch D2 und D3) bieten mit der „Read before Write"-Technik die Möglichkeit synchroner Zuspielung und gleichzeitiger Aufzeichnung innerhalb eines einzigen Gerätes. Dies geschieht mit Hilfe der sogenannten „Pre-Read"-Köpfe, die auf der Kopftrommel in Rotationsrichtung vor den Aufzeichnungsköpfen angebracht sind. Dadurch kann das Bild sozusagen vorauseilend ausgelesen, mit weiteren Bildquellen gemischt oder in einem DVE-Gerät bearbeitet und anschließend an der ursprünglichen Bandstelle wieder aufgezeichnet werden. Nachteil: Die Anzahl der Durchläufe steigt und Korrekturen sind nach Ausführung eines Schnittes nicht mehr möglich.

D5 bietet die Möglichkeit, 16:9-Bilder (625 Zeilen) mit 8-Bit-Quantisierung und 18 MHz-Abtastung zu verarbeiten. Mit einem entsprechenden externen Datenreduktionsmodul können auch HDTV-Signale aufgezeichnet werden. Die als Extended CCIR bezeichnete 16:9-Option ist mittlerweile nicht mehr, und HDTV ist noch nicht relevant.

Das DCT-Format der Firma Ampex basiert in seinen mechanischen Parametern weitgehend auf dem D2-Format. Die Aufzeichnungsrate von 137 MBit/s macht Datenreduktion erforderlich. DCT zeichnet sich durch seine exzellente Mechanik und seine Service-Freundlichkeit aus – so können z.B. die Videoköpfe unabhängig von der Kopftrommel gewechselt werden. Dadurch liegen die Betriebskosten extrem niedrig. DCT bietet v.a. in Verbindung mit Graphik-Computern hervorragende Möglichkeiten für Einzelbildaufzeichnung und wird wegen seines exzellenten Handlings im Edit-Betrieb anspruchsvoller Postproduction sowie darüber hinaus bei der Archivierung von Filmmaterial für das Fernsehen (sowohl 525- als auch 625 Zeilen) eingesetzt.

Mit dem D6-Format entwickelte die Firma BTS ein Format für die Aufzeichnung von HDTV-Signalen mit einer Datenrate von bis zu 1,2 GBit/s. Dieses Format wäre auch in der Lage, 4:4:4-Signale mit 625 Zeilen aufzuzeichnen. Da HDTV aber frühestens in zehn oder fünfzehn Jahren zur Ausstrahlung kommt und der Bedarf an 4:4:4-Aufzeichnung keinen Massenmarkt begründet, wurde das Projekt 1995 wieder eingestellt.

## 8. PC-Systeme zur digital non-linearen Verarbeitung verschiedener Video-Ausgangsstufen

### *8.1 Konzeption herkömmlicher Mehrmaschinen-MAZ-Nachbearbeitungsplätze*

Ein herkömmlicher MAZ-Nachbearbeitungsplatz besteht im Kern aus einem oder mehreren Zuspielern und einem Schnitt-Recorder, einem Bildmischer sowie einer Reihe weiterer Peripheriegeräte, wie z.B. Video-Effektgerät (DVE), Bildspeicher, Schriftgenerator usw.

Die Nachbearbeitung gestattet es, das aufgenommene Bandmaterial zu einem Ganzen zusammenzufügen, zu montieren. Dieser mit Schneiden bezeichnete Prozess ist seinem Wesen nach kein Zerschneiden und Aneinanderkleben von Bildsequenzen wie beim klassischen Filmschnitt, sondern ein Umkopierprozess, bei dem das aufgenommene Material in einzelnen Sequenzen sukzessive auf das „Master"-Band umkopiert wird.

Damit diese Überspielung fehlerfrei erfolgen kann, müssen Zuspieler und Recorder zur gleichen Zeit an dem jeweils vorher festgelegten Anfangspunkt einer Sequenz positioniert werden. Von diesem Punkt weg können sie nicht sozusagen aus dem Stand heraus abfahren, sondern müssen wegen diverser Gleichlaufprobleme beim Starten eines Bandes einen ausreichenden Vorlauf haben, um exakt synchronisiert zu werden. Dieser mit „Pre-Roll" bezeichnete Vorlauf liegt im Bereich einiger Sekunden und führt in Verbindung mit dem Suchen des Startpunktes und dem dortigen Warten auf die anderen Maschinen zu „toten" Zeiten, die vom Editier-Befehl bis zur Ausführung vergehen. Da man einen Schnitt in der Regel erst simuliert (Preview) und gegebenenfalls korrigiert, wird der gesamte „Locations"- und Synchronisationsprozess mehrmals durchlaufen. Auf diese Weise kann es für einen einzigen Schnitt durchaus zu „Totzeiten" von etlichen Minuten kommen, je nachdem wie kompliziert der Schnitt ist und wie viel Previews benötigt werden.

Muss eine Kassette gewechselt werden, so dauert es 5-10 Sekunden, bis das Band eingefädelt ist. Stellt man dann fest, dass es leider das falsche Band war, so dauert auch das Entnehmen einige Sekunden und bis dann das richtige Band wiederum am Laufen ist, ist eine Minute vergangen.

Werden im Verlauf einer Schnittmontage Bildsequenzen benötigt, die auf ein und derselben Zuspielkassette aufgenommen wurden, dann wird unter Umständen ein ständiges Umspulen notwendig. Dies auch dann, wenn beim Sichten des Materials nach und nach verschiedene Takes ein und derselben Einstellung angesehen und verglichen werden müssen. Oft kommt es dann vor, dass auf diese Weise erhebliche Umspulzeiten entstehen. Diese, für sich allein betrachtet, kleinen „Totzeiten" summieren sich im Verlauf eines Produktionstages zu erheblichen Zeitverlusten auf.

Ein weiterer, ganz entscheidender Nachteil liegt in der fixierten Anordnung der geschnittenen Sequenzen auf dem Masterband. Es ist im Nachhinein nicht möglich, Szenen einzufügen oder herauszunehmen, ohne erneut zu kopieren und dabei wiederum Zeit- und u.U. auch Qualitätsverluste in Kauf zu nehmen.

### *8.2 Off-Line-Edition*

Der ursprüngliche Gedanke war, den zeitraubenden kreativen und gestaltenden Prozess von der abschließenden Erstellung des fertigen Masters zu trennen und auf einem billigeren System mit herabgesetzter Bildqualität auszuführen. Anschließend sollte der Schnitt dann am teuren und hochwertigen Schnittplatz nachvollzogen werden. Dieser mit Off-Line-Editing bezeichnete Produktionsablauf wurde zunächst ebenfalls mit MAZ-System, wie z.B. dem VHS-Format, durchgeführt. Dies senkte zwar die Kosten für die technische Ausrüstung, bedeutete aber letztlich keine Zeitersparnis, da ein kompletter Umkopierprozess auf

VHS erforderlich wurde und die zeitraubenden Notwendigkeiten des MAZ-Schnittes auch in diese Form der Off-Line-Anwendung eingehen.

Man suchte also nach einem gänzlich anderen Medium mit schnellem Zugriff auf jede einzelne Sequenz, um dadurch loszukommen von den zeitraubenden Nachteilen des MAZ-Schnittes. Des weiteren wurde gefordert, dass die serielle Anordnung einer schon geschnittenen Sequenz aufgehoben und jederzeit umgestaltet werden kann, und damit der Schritt von einem linearen zu einem non-linearen Editiervorgang vollzogen würde. Dies bedeutete letztlich – wie es ein Anbieter formulierte – den Schritt in die Zukunft einer besseren Vergangenheit, nämlich zur Freiheit des Filmschnittes.

Das Medium der Wahl war eine – wie auch immer geartete – Disk, eine Speicherscheibe mit direktem und dadurch schnellerem Zugriff auf jede Speicherstelle. Da vor einigen Jahren noch keine wiederbespielbaren MODs zur Verfügung standen, konzentrierte sich die Entwicklung auf magnetische Festplattenspeicher zur Speicherung digitaler Bilddaten. Eine Verarbeitung der Bilder mit einem PC ermöglichte es, den gesamten Off-Line-Prozess in einem einzigen Gerät durchzuführen und dabei die Schnittsequenzen zu simulieren.

Das eindigitalisierte Bildmaterial wird auf der Festplatte nicht hin und her kopiert, sondern nur in der festgelegten Art und Weise entlang einer Zeitschiene abgerufen. Bildfolgen lassen sich in beliebiger Weise verändern, verschiedene Versionen problemlos und zeitsparend erstellen und vergleichen. Dadurch erst wurde echtes Off-Line-Editing, wie wir es heute kennen, ermöglicht. Die Schnittlisten beziehen sich auf den Timecode, der schon auf den Originalaufnahmen mit aufgespielt wurde. Dadurch ist es möglich, diese Schnittdaten für die Schnittsteuerung der MAZ-Geräte auf Diskette auszugeben und zu verwenden. Jetzt kann der abschließende On-Line-Schnitt theoretisch weitgehend automatisiert ablaufen und sich die Tätigkeit des Bedieners darauf beschränken, die benötigten Zuspielkassetten – entsprechend der Aufforderung des Systems – in die jeweiligen Zuspieler einzulegen.

## *8.3 Nachvollziehbarkeit des Off-Line-Schnittes*

Die Ausgabe der Schnittdaten mittels einer Edit-Decision-List bezieht sich in der Regel auf Grundfunktionen wie Einstiegs- und Ausstiegspunkte, dokumentiert auch versetzte Ton-/Bildschnitte, aber schon bei der Reproduzierbarkeit von Blenden bleiben Fragezeichen. Einfache Blenden, die innerhalb eines definierten Zeitrahmens linear von Quelle 1 auf

Quelle 2 erfolgen, sind noch mit verhältnismäßig wenigen Parametern zu beschreiben und funktionieren in der Regel auch zufrieden stellend. Blenden, deren zeitlicher Ablauf komplexer ist, können aber in der Regel nicht reproduziert werden, so dass sie beim Endschnitt manuell ausgeführt werden müssen. Noch komplexer sind die Daten von Video-Effekten. Es existiert kein standardisiertes Protokoll, nach dem solche Effekte von einem System zum anderen, von einem DVE auf ein anderes übertragen werden könnten. Produktionen, die einen hohen Anteil solcher Blend- oder Effekt-Übergänge aufweisen, bedürfen trotz Off-Line-Schnittes eines so hohen Arbeitsaufwandes für den Endschnitt, dass der Nutzen der vorherigen Off-Line-Erarbeitung, wenn in Frage gestellt, so doch relativiert wird.

### *8.4 Fortschritte der Hardware verbessern Bildqualität und Bearbeitungsmöglichkeiten*

In den Anfangsjahren der PC-gestützten Videobearbeitung war an eine Echtzeitbearbeitung von umkomprimierten Videodaten (Datenrate bei CCIR 601: 270 MBit/s) nicht zu denken. Die oft verwendete SCSI-Schnittstelle mit dem rechnerinternen NU-BUS erlaubt z.B. nur eine Übertragungsrate von einigen MBit/s. Die Originalvideodaten mussten und müssen deshalb z.T. drastisch (1:8 bis 1:100) reduziert werden. Je höher der Kompressionsfaktor desto größer wird einerseits die Speicherkapazität der Festplatte; andererseits wird dadurch die Bildqualität geringer. Für den reinen Off-Line-Schnitt kann die verringerte Bildqualität hingenommen werden.

Gerade für Nachrichtensendungen wird aber rechnerbasierter On-Line-Schnitt angestrebt; mit weiterentwickelten Hardwarekonzepten – Wide-SCSI im Verbund mit dem schnelleren PCI-BUS – und bei einem Reduktionsfaktor von 1:3 – 1:2 sind inzwischen sendefähige Bilder realisiert worden. Die damit erreichte On-Line-Qualität hebt zumindest für den Aktualitätenbereich die Problematik auf, die bei der EDL-basierenden nachträglichen Schnittbearbeitung entstehen.

Eine On-Line-Verarbeitung im PC bietet die Möglichkeit, weitgehend auf teuere Peripherie zu verzichten. Sämtliche Grundfunktionen eines Video-Mischpultes wie Blenden, Trickeffekte und Stanzen können direkt im Rechner durchgeführt werden. Desweiteren lassen sich Titel und Graphiken – in der für moderne Textverarbeitungs- und Layout-Systeme typisch komfortablen Form – im Rechner erstellen und in die Video-Sequenzen einbinden.

Für die Tonbearbeitung bieten praktisch alle Systeme mittlerweile zumindest zwei Ein- und Ausgänge sowie eine größere Anzahl von sogenannten virtuellen Tonspuren innerhalb der Rechnerebene an. Auch wenn deren Möglichkeiten in der Regel spezialisierte Audio-Workstations nicht heranreichen, so ist dennoch ein großer Fortschritt gegenüber den Möglichkeiten eines MAZ-Schnittplatzes zu verzeichnen.

**Begriffsdefinitionen**

In der Farbfernsehtechnik gibt es eine Vielzahl von Begriffen, die mehrfach oder doppeldeutig verwendet werden. Dem Autor erscheint es geboten, im Sinne einer schlüssigen Darstellung eine Reihe von Festlegungen zu treffen. Dabei kann mit Sicherheit davon ausgegangen werden, dass im Einzelfall auch andere Sprachregelungen existieren. Folgende Bezeichnungen seien hiermit eingeführt:

- Video: elektronische Bewegtbildsignale im Rahmen der Bildgewinnung, Bildverarbeitung und Bildverteilung innerhalb und zwischen Produktionsstätten
- Fernsehen: Ausstrahlung von Videosignalen nach verschiedenen Normen und Verfahren über terrestrische und exterrestrische Sender sowie über Kabel; die Abgrenzung zum Begriff „Video" ist vielfach fließend
- Fernsehnormen: auch Abtastnormen, legen die Bildfrequenz und die Zeilenzahl fest
- US-Norm: 525 Zeilen, 30 (eigentlich 29,94) Vollbilder/sec; CCIR-Norm: 625 Zeilen, 25 Halbbilder/sec
- Farbübertragungsverfahren: legen die Art der Farbübertragung innerhalb der Fernsehnormen fest:
- NTSC im Rahmen der US-Norm; PAL und SECAM im Rahmen der CCIR-Norm
- Farbwertsignale: die drei Grundfarben Rot, Grün und Blau
- Luminanz (Y): das reine Helligkeits-, Kontrast- bzw. Schwarz/Weiß-Signal
- Chroma ( C): der Farbanteil innerhalb eines Bildsignals
- Chrominanz (ebenfalls C): Farbanteil, der im Rahmen eines Farbübertragungsverfahrens (NTSC, PAL, SECAM) durch Frequenzumsetzung der Farbartsignale mittels Quadratur-AM bzw. FM entsteht und

mit der Luminanz zum Composite- bzw. FBAS-Signal addiert oder getrennt (Y/C) übertragen wird

- Farbdifferenzsignale: die beiden durch Differenzbildung entstehenden Signale R-Y und B-Y; diese sind zunächst nicht bandbegrenzt, sondern weisen die volle Bandbreite von 5 MHz auf; im Rahmen der Komponententechnik werden aber auch die bandbegrenzten Signale mit R-Y und B-Y bezeichnet – die Begrenzung liegt dabei im Bereich von 1,5 - 3 MHz; die digitalen Farbdifferenzsignale werden mit $C_R$ und $C_B$ bezeichnet.
- Farbartsignale: die Farbdifferenzsignale nach Weiterverarbeitung gemäß den jeweiligen Farbübertragungsverfahren; sie weisen eine spezielle Bandbegrenzung (zwischen 0,9 und 1,85 MHz) auf und werden für die Ausstrahlung in ihrem Pegel reduziert, um Überpegel zu vermeiden.
- U und V: Farbartsignale im Rahmen des PAL-Verfahrens
- I und Q: Farbartsignale im Rahmen des NTSC-Verfahrens
- $D_R$ und $D_B$: Farbartsignale im Rahmen des SECAM-Verfahrens
- Komponenten(signale): die drei analogen Signale Y, R-Y, B-Y bzw. die digitalen Signale Y, $C_R$, $C_B$; Komponentensignale sind transparent, daher nicht Y, UV
- $C_R$ und $C_B$: Farbdifferenzsignale im Rahmen von CCIR 601
- Datenkompression: verlustlose Reduzierung von Video-Daten unter Ausnutzung der darin enthaltenen natürlichen Redundanz; dies ist ein reversibler Prozess
- Datenreduktion: verlustbehaftete Reduzierung von Daten; im einzelnen wird unterschieden zwischen Irrelevanzreduktion und Relevanzreduktion
- Kompressionsfaktor: Verhältnis von komprimierter Datenrate bzw. -menge zu Ausgangsdatenrate bzw. -menge; auch angewendet bei Datenreduktion

# IV. Rechtliche Aspekte bei Events

# Recht und Events

*von Otto Bretzinger*

## 1. Eventspezifisches Vertragsrecht

Jeder Veranstalter und jede Eventagentur wird im Rahmen ihrer Tätigkeit auch mit eventspezifischen vertraglichen Fragen konfrontiert werden. Deshalb müssen die Mitarbeiter und Verantwortlichen mit den Grundlagen des geltenden Vertragsrechts vertraut sein. Neben den allgemeinen Regeln des Vertragsrechts, die insbesondere das Zustandekommen von Verträgen, das Recht der Stellvertretung, die Anfechtbarkeit von Rechtsgeschäften und das Leistungsstörungsrecht betreffen, sind in der Praxis für den Veranstalter beziehungsweise die Eventagentur insbesondere die eventtypischen Vertragsformen von Bedeutung.

### *1.1 Vertragsschluss*

Ein Vertrag kommt durch einen Antrag und dessen Annahme zustande. Dem Antrag und dessen Annahme sind das Angebot und die Bestellung beziehungsweise die Bestellung und die Bestellungsannahme gleichgestellt. Grundsätzlich kann der Erklärende seinen Willen durch jede dazu geeignete Handlung zum Ausdruck bringen (Sprechen, Schreiben, Nicken, Winken u. ä.). Die Erklärungen können auch stillschweigend erfolgen, wenn aus dem Schweigen ein bestimmter rechtsgeschäftlicher Wille geschlossen werden kann.

Mit dem Antrag (Offerte) als empfangsbedürftiger Willenserklärung einer Person bietet diese den Abschluss eines Vertrags an. Aus dem Antrag muss also die Absicht zu entnehmen sein, dass sich der Antragende rechtlich binden will. Vom Antrag im Sinne der § 145 ff. BGB ist insbesondere die „Aufforderung zur Abgabe eines Angebots" zu unterscheiden. In diesem Fall will sich nämlich der Erklärende nicht binden, weil möglicherweise sein Vorrat nicht ausreicht oder er es sich vorbehalten will, die Annahme des Angebots im Einzelfall abzulehnen. Keine Angebote, sondern nur Aufforderungen zu deren Abgabe sind etwa Preislisten, Anzeigen in Zeitungen, Speisekarten oder die Warenauslage im Schaufenster.

Grundsätzlich ist eine Person an den Antrag gebunden, wenn sie einer anderen Person die Schließung eines Vertrages anträgt; etwas anderes gilt nur, wenn die Person die Gebundenheit ausgeschlossen hat (§ 145 BGB). Seine Gebundenheit ausschließen kann der Antragende in der Weise, dass er sein Angebot mit Klauseln wie „freibleibend", „ohne obligo" oder „solange Vorrat reicht" versieht. Der Antragende kann für die Annahme seines Angebots eine Frist bestimmen (zum Beispiel einen bestimmten Zeitpunkt als Endtermin); dann kann die Annahme nur innerhalb der Frist erfolgen (§ 148 BGB).

Der Antrag erlischt in zwei Fällen (§ 146 BGB), nämlich

- durch Ablehnung als empfangsbedürftige Willenserklärung (als Ablehnung verbunden mit einem neuen Antrag gilt nach § 150 Abs. 2 BGB auch die veränderte Annahme eines Angebots);
- durch Ablauf der Annahmefrist.

Mit der Annahme des Antrags kommt der Vertrag zustande. Allerdings muss diese Annahme vorbehaltlos und unverändert erfolgen. Die Annahme ist wie der Antrag eine empfangsbedürftige Willenserklärung; deshalb bedarf sie des Zugangs beim Antragenden. In zwei Ausnahmefällen wird allerdings auf den Zugang verzichtet. In diesen Fällen kommt also ein Vertrag zustande, ohne dass die Annahme erklärt werden muss. Dies ist nach § 151 BGB der Fall, wenn

- nach der Verkehrssitte eine solche Erklärung nicht zu erwarten ist (zum Beispiel bei der kurzfristigen Bestellung eines Hotelzimmers),
- der Antragende auf die Erklärung der Annahme gegenüber dem Antragenden verzichtet hat.

Nur die rechtzeitige Annahme führt zum Vertragsschluss.

- Hat der Antragende für die Annahme des Antrags eine Frist bestimmt, so kann die Annahme nur innerhalb der Frist erfolgen (§ 148 BGB).
- Ist keine Frist bestimmt, kann der Antrag unter Anwesenden oder

mittels Fernsprecher nur sofort angenommen werden (§ 147 Abs. 1 BGB). Unter Abwesenden kann der Antrag nur bis zu dem Zeitpunkt angenommen werden, in welchem der Antragende den Eingang der Antwort unter regelmäßigen Umständen erwarten darf (§ 147 Abs. 2 BGB), bei der Fristberechnung zu berücksichtigen sind hier insbesondere die Zeit der Übermittlung des Antrags an den Empfänger, dessen Überlegungszeit und die Zeit der Übermittlung der Antwort an den Antragenden.

Die verspätete Annahme eines Antrags gilt nach § 150 Abs. 1 BGB als neuer Antrag, Als Ablehnung und neuer Antrag gilt die Annahme mit Änderungen, insbesondere Erweiterungen oder Einschränkungen (§ 150 Abs. 2 BGB).

Kein Vertrag kommt zustande, wenn sich die Willenserklärungen nicht decken, wenn also Antrag und Annahme nicht übereinstimmen. In Zweifelsfällen muss durch Auslegung ermittelt werden, ob die Willenserklärungen auf einander bezogen sind oder nicht. Bei Nichtübereinstimmung der Willenserklärung liegt ein Einigungsmangel (Dissens) vor. Ist dieser Einigungsmangel den Parteien bewusst, spricht man von einem „offenen Dissens", ist er ihnen nicht bewusst, weil nämlich die Erklärungen der Parteien objektiv mehrdeutig sind, liegt ein „versteckter Dissens" vor.

- Für den offenen Dissens trifft § 154 BGB die Rechtsfolgen. Danach ist im Zweifel ein Vertrag nicht geschlossen, solange sich nicht die Parteien über alle Punkte des Vertrages geeinigt haben, über die nach der Erklärung auch nur einer Partei eine Vereinbarung getroffen werden soll. Zu derartigen Situationen kann es insbesondere bei langwierigen Vertragsverhandlungen kommen.
- Maßgebend für die Rechtsfolgen beim versteckten Dissens ist, ob der Einigungsmangel wesentliche Vertragsbestandteile oder nur Nebenpunkte betrifft. Haben sich die Parteien über wesentliche Punkte des Vertrags nicht geeinigt, ist der Vertrag nicht zustande gekommen. Fehlt eine Einigung über einen Nebenpunkt, gilt § 155 BGB; danach gilt das Vereinbarte, sofern anzunehmen ist, dass der Vertrag auch ohne eine Bestimmung über den Nebenpunkt geschlossen sein würde.

Im Bürgerlichen Recht herrscht der Grundsatz der Formfreiheit. Wenn das Gesetz nicht ausdrücklich eine bestimmte vorschreibt, kann eine Willenserklärung grundsätzlich in jeder beliebigen Form abgegeben werden (zum Beispiel mündlich, durch Handbewegung, durch Kopfnicken oder durch Kopfschütteln). Voraussetzung ist selbstverständlich immer, dass der Empfänger die Willenserklärung zweifelsfrei deuten kann. Nur wenn vom Gesetz ausdrücklich eine bestimmte Form vorgeschrieben ist, ist diese zu beachten. Als gesetzliche Formvorschriften kommen insbesondere die Schriftform, die öffentliche Beglaubigung und die notarielle Beurkundung in Betracht. Ein Rechtsgeschäft, das der gesetzlich vorgeschriebenen Form nicht entspricht, ist nichtig (§ 125 Satz 1 BGB).

Schriftform bedeutet die eigenhändige Namensunterzeichnung der Urkunde durch den Aussteller. Bei einem Vertrag muss die Unterzeichnung der Parteien auf derselben Urkunde erfolgen (§ 126 BGB). Die Schriftform ist insbesondere gesetzlich vorgeschrieben für die Bürgschaftserklärung (§ 766 BGB), das Schuldversprechen (§ 780 BGB) und das Schuldanerkenntnis (§ 781 BGB). Die Schriftform wird durch die notarielle Beurkundung ersetzt (§ 126 Abs. 3 BGB).

Unter der öffentlichen Beglaubigung versteht man die Beglaubigung der Unterschrift einer schriftlichen Erklärung durch einen Notar (§ 129 Abs. 1 BGB). Erfasst wird von der Beglaubigung also nur die Unterschrift, das heißt die Identität des Unterzeichners, nicht dagegen der Erklärungsinhalt. Die öffentliche Beglaubigung wird gesetzlich insbesondere gefordert für Erklärungen zwecks Eintragung im Grundbuch (§ 29 Abs. 1 Grundbuchordnung) und Anträge auf Eintragung in das Vereinsregister (§ 77 BGB). Die öffentliche Beglaubigung wird durch die notarielle Beurkundung der Erklärung ersetzt (§ 129 Abs. 2 BGB).

Bei Rechtsgeschäften von grundsätzlicher Bedeutung wird eine notarielle Beurkundung, das heißt die Niederlegung der Erklärung in einer Urkunde durch den Notar verlangt. Es wird also im Gegensatz zur öffentlichen Beglaubigung auch der Erklärungsinhalt notariell beurkundet. Nur bei besonders bedeutenden Rechtsgeschäften ist gesetzlich die notarielle Beurkundung vorgeschrieben, so für die Vermögensübertragung (§ 311 BGB) und die Grundstücksveräußerung (§ 313 BGB). Die notarielle Beurkundung ersetzt die Schriftform und die öffentliche Beglaubigung (§§ 126 Abs. 3, 129 Abs. 2 BGB).

### *1.2 Stellvertretung*

Im Rechts- und Geschäftsleben ist es nicht immer möglich, dass der einzelne persönlich seine Willenserklärungen abgibt und Rechtsgeschäfte abschließt. Dem Bedürfnis, dass eine Person die Rechtswirkung auch aus dem Handeln einer anderen Person für und gegen sich gelten lassen kann, entspricht das BGB, indem es gesetzliche Bestimmungen über die

Vertretung enthält (vgl. §§ 164 bis 181 BGB). Ferner können Personen, die an sich keine Rechtsgeschäfte selbständig vornehmen können, am Rechtsleben teilnehmen. Unter der Stellvertretung im Sinne des BGB versteht man das rechtsgeschäftliche Handeln im Namen des Vertretenen in der Absicht, dass die Rechtswirkungen und Rechtsfolgen nicht den Vertreter, sondern unmittelbar den Vertretenen treffen sollen. Bei der Stellvertretung sind also mindestens drei Personen an einem Rechtsgeschäft beteiligt:

- der Vertretene, in dessen Namen und Interesse der Vertreter handelt;
- der Vertreter, der die Willenserklärung für und gegen den Vertretenen abgibt und
- der Geschäftspartner, als der andere Teil des Rechtsgeschäfts.

Die Stellvertretung ist nur bei Rechtsgeschäften möglich, dagegen nicht bei reinen Tathandlungen, die nicht auf einen rechtlichen, sondern nur auf einen tatsächlichen Erfolg gerichtet sind (zum Beispiel unerlaubte Handlungen).

Eine wirksame Stellvertretung liegt insbesondere nur vor, wenn

- eine eigene Willenserklärung vom Vertreter abgegeben wird,
- der Vertreter im Namen des Vertretenen handelt und
- der Vertreter Vertretungsmacht hat.

Liegen diese Voraussetzungen vor, treffen die Rechtswirkungen und Rechtsfolgen des Geschäfts allein den Vertretenen. Keine rechtsgeschäftliche Beziehung besteht aber zwischen dem Vertreter und dem Geschäftsgegner (§ 164 Abs. 1 BGB).

Zunächst einmal muss der Stellvertreter einen eigenen rechtsgeschäftlichen Willen erklären oder einen solchen entgegennehmen. Die Rechtswirkungen der Willenserklärung treffen dann unmittelbar den Vertretenen; dieser muss sie unmittelbar für und gegen sich gelten lassen. Der Stellvertreter darf folglich nicht geschäftsunfähig sein, denn ein Geschäftsunfähiger hat keinen rechtlich bedeutsamen Willen. Die Willenserklärung eines Geschäftsunfähigen ist nichtig (§ 105 Abs. 1 BGB). Ausreichend für die Stellvertretung ist aber die beschränkte Geschäftsfähigkeit (§ 165 BGB).

Vom Stellvertreter ist der Bote zu unterscheiden, denn dieser gibt keine eigene Willenserklärung ab, sondern übermittelt nur eine (fertige) fremde Willenserklärung. Der Bote ist insoweit nur Hilfsperson für die Übermittlung einer Willenserklärung, selbst aber kein Stellvertreter.

Der Vertreter muss im Namen des Vertretenen handeln (§ 164 Abs. 1 BGB). Es muss also aus den Umständen irgendwie erkennbar sein, dass die Rechtsfolgen aus dem Geschäft nicht den Vertreter, sondern den Vertretenen treffen sollen. Das Handeln im Namen eines anderen muss aber nicht unbedingt ausdrücklich erfolgen; schlüssiges Verhalten reicht aus. Der Name des Vertreters braucht nicht genannt zu werden. Tritt der Wille, in fremdem Namen zu handeln, nicht erkennbar hervor, so kommt der Mangel des Willens, im eigenen Namen zu handeln, nicht in Betracht (§ 164 Abs. 2 BGB); der Vertreter berechtigt und verpflichtet also nur sich selbst und nicht den Vertretenen.

Ausnahmsweise treten bei bestimmten Geschäften die Wirkungen der Stellvertretung auch dann ein, wenn der Vertreter nicht im Namen des Vertretenen handelt. Das ist insbesondere bei solchen Geschäften der Fall, bei denen es für die Vertragsschließenden im Allgemeinen ohne Bedeutung ist, ob der andere Teil im eigenen oder fremden Namen handelt. Dies ist der Fall beim „Geschäft für den, den es angeht", also bei Bargeschäften des täglichen Lebens. Das Geschäft kommt hier, ohne dass der Vertreterwille erkennbar gemacht zu werden braucht, mit dem zustande, den es angeht.

Die Vertretungsmacht kann auf dem Gesetz (gesetzliche Vertretung) oder auf der Grundlage eines Rechtsgeschäfts (Vollmacht) beruhen.

Es bestehen insbesondere folgende gesetzliche Vertretungsverhältnisse:
- Eltern für die Kinder (§ 1626 Abs. 1 BGB);
- Vormund für den Minderjährigen (§ 1793 BGB);
- Pfleger für unter elterlicher Sorge oder Vormundschaft Stehende (§ 1909 Abs. 1 BGB);
- Vorstand für den eingetragenen Verein (§ 26 Abs. 2 BGB);
- Ehegatte für die Deckung des Lebensbedarfs der Familie (§ 1357 Abs. 1 BGB);
- Bürgermeister für die Gemeinde (zum Beispiel § 42 Abs. 1 Gemeindeordnung Baden-Württemberg);
- Vorstand einer Aktiengesellschaft (§ 78 Abs. 1 Aktiengesetz);
- der oder die Geschäftsführer einer Gesellschaft mit beschränkter Haftung (§ 35 Abs. 1 Gesetz betreffend die Gesellschaften mit beschränkter Haftung);
- der oder die Gesellschafter einer Offenen Handelsgesellschaft beziehungsweise der Komplementär einer Kommanditgesellschaft (§§ 125, 161 Abs. 2 Handelsgesetzbuch);
- der Testamentsvollstrecker (§§ 2205 ff. BGB).

Inhalt und Umfang der gesetzlichen Vertretungsmacht ergeben sich im allgemeinen unmittelbar aus dem Gesetz.

Die durch Rechtsgeschäft begründete Vertretungsmacht wird als Vollmacht bezeichnet. Die Erteilung der Vollmacht erfolgt durch (einseitige empfangsbedürftige) Willenserklärung gegenüber dem zu Bevollmächtigenden oder dem Dritten, demgegenüber die Vertretung stattfinden soll (§ 167 Abs. 1 BGB). Weiter kann die Vollmacht durch öffentliche Bekanntmachung erteilt werden (§ 171 Abs. 1 BGB).

Der Grundsatz von Treu und Glauben gebietet es, dass der Rechtsverkehr geschützt werden muss, wenn das Verhalten des Vertretenen nach der Verkehrsauffassung auf das Bestehen einer Bevollmächtigung schließen lässt. Hier ist zwischen Anscheins- und Duldungsvollmacht zu unterscheiden.

- Anscheinsvollmacht liegt vor, wenn jemand als Vertreter auftritt ohne bevollmächtigt zu sein, und der Vertretene dieses Verhalten des angeblichen Vertreters nicht kennt, es aber bei pflichtgemäßer Sorgfalt hätte erkennen und verhindern können und der Geschäftsgegner nach Treu und Glauben annehmen durfte, der Vertretene dulde und billige das Handeln seines „Vertreter".
- Duldungsvollmacht ist gegeben, wenn jemand als Vertreter auftritt ohne bevollmächtigt zu sein, und dies der Vertretene wissentlich zulässt und diese Duldung der Geschäftsgegner so verstehen darf, dass der Handelnde bevollmächtigt sei.

Grundsätzlich bedarf die Vollmacht keiner bestimmten Form und zwar auch dann nicht, wenn sie für Rechtsgeschäfte erteilt wird, die formbedürftig sind (§ 167 Abs. 2 BGB). Im allgemeinen ist es üblich, die Bevollmächtigung in einer Vollmachtsurkunde zu dokumentieren. Diese Urkunde erlangt insbesondere bei einseitigen Rechtsgeschäften des Bevollmächtigten rechtliche Bedeutung, denn ein solches einseitiges Rechtsgeschäft (zum Beispiel die Kündigung) ist unwirksam, wenn der Bevollmächtigte eine Vollmachtsurkunde nicht vorlegt und der andere das Rechtsgeschäft aus diesem Grund zurückweist.

Die Vollmacht erlischt, wenn das ihr zugrundeliegende Rechtsverhältnis erlischt (§ 168 S. 1 BGB). Das einer Vollmacht zugrundeliegende Rechtsverhältnis kann etwa ein Auftrag (§ 662 BGB), ein Dienstvertrag (§ 611 BGB) oder ein Werkvertrag (§ 631 BGB) sein. Natürlich erlischt eine Vollmacht auch dann, wenn der Bevollmächtigte stirbt oder geschäftsunfähig wird. Eine Vollmacht kann auch gegenüber dem Bevollmächtigten oder dem Dritten, dem gegenüber die Vertretung stattfand, widerrufen werden (§ 168 S. 2 BGB). Der Widerruf ist eine einseitige empfangsbedürftige Willenserklärung.

Wie bereits oben dargelegt, begründen die Willenserklärungen eines Vertreters unmittelbar Rechtsfolgen für den Vertretenen. Dies kann natürlich dann nicht gelten, wenn der Vertreter überhaupt keine Vertretungsmacht hat oder die Grenzen seiner Vertretungsmacht überschreitet. Für die jeweiligen Rechtsfolgen eines Rechtsgeschäfts durch einen Vertreter ohne Vertretungsmacht ist es von Bedeutung, ob es sich um einen Vertrag (mehrseitiges Rechtsgeschäft) oder um ein einseitiges Rechtsgeschäft handelt.

Verträge, die durch einen Vertreter ohne Vertretungsmacht abgeschlossen werden, sind zunächst schwebend unwirksam. Sie werden von Anfang an wirksam, wenn sie von dem Vertretenen genehmigt werden (§ 177 Abs. 1 BGB). Verweigert der Vertretene die Genehmigung, wird das Rechtsgeschäft unwirksam. In diesem Fall ist der Vertreter dem Vertretenen gegenüber unter den Voraussetzungen des § 179 Abs. 1 BGB entweder zur Erfüllung oder zum Schadensersatz verpflichtet.

Einseitige Rechtsgeschäfte des Vertreters ohne Vertretungsmacht sind grundsätzlich nichtig. Wird aber vom Geschäftsgegner die vom Vertreter behauptete Vertretungsmacht bei der Vornahme des Rechtsgeschäfts nicht beanstandet oder ist er sogar damit einverstanden gewesen, ist das einseitige Rechtsgeschäft schwebend unwirksam und damit vom Vertretenen genehmigungsfähig (§ 180 BGB).

Der Vertreter ohne Vertretungsmacht haftet nach § 179 BGB, wenn der Vertretene die Genehmigung verweigert. Er haftet nach Wahl des Geschäftsgegners auf Erfüllung oder Schadensersatz (§ 179 Abs. 1 BGB). Die gesetzliche Regelung berücksichtigt dabei das Vertrauen des Geschäftsgegners in die Vertretungsmacht des Vertreters. Allerdings unterliegt die Haftung des Vertreters Einschränkungen, wenn er selbst Vertrauensschutz genießt beziehungsweise der Geschäftsgegner sich auf einen solchen Schutz nicht berufen kann:

- Kannte der Vertreter den Mangel seiner Vertretungsmacht nicht, muss er nach § 179 Abs. 2 nur den sog. Vertrauensschaden ersetzen.
- Der Vertreter ohne Vertretungsmacht haftet nicht, wenn der andere Teil den Mangel der Vertretungsmacht kannte oder kennen musste (§ 179 Abs. 3 S. 1 BGB).
- War der Vertreter ohne Vertretungsmacht in seiner Geschäftsfähigkeit beschränkt, dann haftet er ebenfalls nicht, es sei denn, dass er mit Zustimmung seines gesetzlichen Vertreters gehandelt hat (§ 179 Abs. 3 S. 2 BGB.

### 1.3 Anfechtbare Rechtsgeschäfte

Es gibt Rechtsgeschäfte, die der Gesetzgeber von vornherein für nichtig, also unwirksam erklärt, weil sie in einem Maße mit dem Gesetz unvereinbar sind, das der Gesetzgeber auf keinen Fall akzeptieren will. Andere Rechtsgeschäfte leiden ebenfalls unter Mängeln, die aber nicht so gravierend sind, dass das Rechtsgeschäft gleich unwirksam sein soll. Solche anfechtbare Rechtsgeschäfte haben mit einem nichtigen Rechtsgeschäft gemeinsam, dass auch sie mit einem Mangel behaftet sind. Dieser Mangel führt aber nicht automatisch zur Nichtigkeit der Rechtsgeschäfte. Vielmehr räumt das Gesetz dem oder den Beteiligten bei bestimmten Mängeln das Recht ein, das Rechtsgeschäft anzufechten. Erst die ordnungsgemäße Anfechtung bewirkt dann, dass das Rechtsgeschäft nichtig ist (§ 142 Abs. 1 BGB). Der Anfechtungsberechtigte ist aber nicht dazu verpflichtet, die Wirksamkeit des anfechtbaren Rechtsgeschäfts zu beseitigen. Verzichtet er auf die Anfechtung, bleibt das Geschäft wirksam.

Die Anfechtung des Rechtsgeschäfts erfolgt durch Erklärung gegenüber dem Anfechtungsgegner (§ 143 Abs. 1 BGB). Die Anfechtungserklärung ist also eine (formlose) einseitige empfangsbedürftige Willenserklärung; sie wird wirksam mit ihrem Zugehen (§ 130 BGB). Anfechtungsberechtigt ist regelmäßig derjenige, der die anfechtbare Willenserklärung veranlasst hat, also grundsätzlich nur der Urheber der anfechtbaren Willenserklärung. Anfechtungsgegner ist bei einem Vertrag der andere Teil (§ 143 Abs. 2 BGB ), bei einer einseitigen empfangsbedürftigen Willenserklärung (zum Beispiel Kündigung) der Erklärungsempfänger (§143 Abs. 3 S. 1 BGB) oder bei einer einseitigen nicht empfangsbedürftigen Willenserklärung (zum Beispiel Auslobung nach § 657 BGB) jeder. der aufgrund der Erklärung unmittelbar einen rechtlichen Vorteil erlangt hat (§ 143 Abs. 4 BGB).

Das Anfechtungsrecht erlischt, wenn die Anfechtungsfrist abgelaufen ist oder wenn das anfechtbare Rechtsgeschäft bestätigt wird. Das Anfechtungsrecht ist gesetzlich an eine Ausschlussfrist geknüpft. Ist diese abgelaufen, ist das Anfechtungsrecht verwirkt, das Geschäft also unanfechtbar. Beim Irrtum muss die Anfechtung unverzüglich erfolgen, nachdem der Anfechtungsberechtigte von dem Anfechtungsgrund Kenntnis erlangt hat (§ 121 Abs. 1 S. 1 BGB). „Unverzüglich" bedeutet, dass die Anfechtung ohne schuldhaftes Zögern erfolgen muss. Dem Anfechtungsberechtigten muss natürlich eine bestimmte Überlegungszeit zugestanden werden; auch eine bestimmte Frist zur Einholung eines Rats darf ihm nicht verweigert werden. Die Frist beginnt mit der Kenntnis des Anfechtungsgrundes, also hier des Irrtums, zu laufen. Bei der arglistigen Täuschung beträgt die Anfechtungsfrist ein Jahr nach Entdeckung der Täuschung (§ 124 Abs. 1 und 2 BGB). Die Anfechtung wegen widerrechtlicher Drohung hat ebenfalls binnen Jahresfrist zu erfolgen. Die Anfechtungsfrist beginnt mit dem Zeitpunkt, in dem die Zwangslage aufhört (§ 124 Abs. 1 und 2).

Die Anfechtung einer Willenserklärung ist ausgeschlossen, wenn das anfechtbare Rechtsgeschäft bestätigt wird (§ 144 Abs. 1 BGB). Unter der Bestätigung in diesem Sinne ist zu verstehen, dass die Parteien des Rechtsgeschäfts dieses trotz des Fehlers oder Mangels als rechtsgültig anerkennen. Mit der Bestätigung verzichtet der Antragsberechtigte auf sein Anfechtungsrecht.

Die Gründe, die zur Anfechtung eines Rechtsgeschäfts berechtigen, sind im BGB abschließend geregelt. Als Anfechtungsgründe kommen insbesondere

- der Irrtum (§ 119 BGB),
- die arglistige Täuschung (§ 123 BGB) und
- die widerrechtliche Drohung (§ 123 BGB)

in Betracht.

Grundsätzlich liegt ein Irrtum im Sinne des § 119 BGB vor, wenn bei einer Willenserklärung unbewusst der Wille und die Erklärung auseinanderfallen. Aber nicht alle Fälle des Irrtums berechtigen zur Anfechtung des Rechtsgeschäfts. Nur

- der Irrtum über den Erklärungsinhalt (Inhalts- oder Geschäftsirrtum), § 119 Abs. 1 1. Fall BGB,
- der Irrtum in der Erklärungshandlung (Erklärungsirrtum), § 119 Abs. 1 2. Fall BGB, und
- der Irrtum über wesentliche Eigenschaften (Eigenschaftsirrtum), § 119 Abs. 2 BGB,

sind gesetzlich anerkannte Anfechtungsgründe. Wird eine Willenserklärung vom Berechtigten angefochten, dann hat dieser dem Geschäftsgegner den Vertrauensschaden zu ersetzen (§ 122 Abs. 1 BGB).

Ein Erklärungsirrtum liegt vor, wenn der Erklärende eine Erklärung dieses Inhalts überhaupt nicht abgeben wollte. Der Erklärende hat sich also etwa versprochen, verschrieben oder vergriffen.

Beim Inhalts- oder Geschäftsirrtum irrt der Erklärende inhaltlich über die rechtliche oder tatsächliche Tragweite seiner Erklärung. Vom Erklärungsirrtum unterscheidet sich der Inhalts- oder Geschäftsirrtum insbesondere dadurch, dass die Erklärung jetzt dem Willen des Erklärenden entspricht, der Erklärende aber die rechtliche Bedeutung seines Verhaltens verkennt. Ein Inhalts- oder Geschäftsirrtum liegt etwa vor, wenn der Erklärende über die Person des Geschäftspartners (zum Beispiel wird ein Brief mit einem Angebot an eine falsche Adresse zugestellt) oder über den Gegenstand des Geschäfts irrt.

Ein besonderer Fall des Inhaltsirrtums ist der Irrtum über solche Eigenschaften einer Person oder Sache, die im Verkehr als wesentlich angesehen werden (Eigenschaftsirrtum). Als wesentliche Eigenschaften einer Sache kommen etwa die Leistungsfähigkeit einer technischen Anlage oder die Fahrleistung eines Kraftfahrzeugs in Betracht. Verkehrswesentliche Eigenschaften einer Person sind etwa deren Sachkunde oder Zuverlässigkeit.

Kein Anfechtungsrecht begründet der Irrtum über den Beweggrund (Motivirrtum). Dieser liegt beispielsweise bei einem Irrtum über den Wert des Kaufgegenstands vor. Ein solcher Irrtum geht ausschließlich zu Lasten des Erklärenden. Unter den Motivirrtum fällt auch der sogenannte verdeckte Kalkulationsirrtum. Dieser liegt vor, wenn dem Geschäftspartner lediglich das Ergebnis der Berechnung, nicht jedoch die Kalkulationsgrundlage mitgeteilt wird.

Die Irrtumsanfechtung setzt neben einem anerkannten Irrtumsgrund auch einen Kausalzusammenhang zwischen Irrtum und Willenserklärung voraus. Die Erklärung ist also nur anfechtbar, wenn der Irrtum für sie ursächlich war. Es muss anzunehmen sein, dass der Erklärende die Willenserklärung „bei Kenntnis der Sachlage und bei verständiger Würdigung des Falles nicht abgegeben haben würde". Unsinnige, subjektiv launische oder abergläubige Erwägungen können also keine Berücksichtigung finden.

Wer zur Abgabe einer Willenserklärung durch arglistige Täuschung bestimmt worden ist, kann die Erklärung anfechten (§ 123 Abs. 1 und 2 BGB). Eine arglistige Täuschung liegt dann vor, wenn falsche Tatsachen vorgespiegelt oder wahre Tatsachen entstellt oder mit dem Ziel unterdrückt werden, um einen Irrtum zu erregen oder aufrechtzuerhalten. Die arglistige Täuschung muss nicht unbedingt auf eine Bereicherungsabsicht oder die Schädigung des Vermögens des Getäuschten abzielen. Die Täuschungshandlung kann in einem Tun oder Unterlassen bestehen. Das Verschweigen wahrer Tatsachen ist aber nur dann eine Täuschungshandlung, wenn eine Aufklärungspflicht besteht. Voraussetzung für die Anfechtung ist, dass ein Zusammenhang zwischen der Täuschungshandlung und der Abgabe der Willenserklärung besteht, das heißt, die Täuschungshandlung muss unmittelbar einen Irrtum verursacht oder die Willenserklärung veranlasst haben.

Wer zur Abgabe einer Willenserklärung durch widerrechtliche Drohung bestimmt worden ist, kann die Erklärung anfechten (§ 123 Abs. 1 BGB). Drohung ist die Ankündigung eines Übels für den Fall, dass der Bedrohte die gewünschte Willenserklärung nicht abgibt. Diese Drohung muss widerrechtlich sein. Drohungen mit erlaubten Mitteln (zum Beispiel Kündigung) und zu einem erlaubten Zweck (zum Beispiel Erfüllung des Vertrages) sind also nicht widerrechtlich. Sie berechtigen folglich nicht zur Anfechtung.

### *1.4 Leistungsstörungen*

Das am 1. Januar 2002 in Kraft getretene Schuldrechtsmodernisierungsgesetz hat das seither geltende Leistungsstörungsrecht des BGB grundlegend umgestaltet. Dem neuen Recht liegen folgende Grundsätze zugrunde:

Die grundlegende Regelung ist in § 280 Abs. 1 BGB getroffen: „Verletzt der Schuldner eine Pflicht aus dem Schuldverhältnis, so kann der Gläubiger Ersatz des hierdurch entstehenden Schadens verlangen. Das gilt nicht, wenn der Schuldner die Pflichtverletzung nicht zu vertreten hat". Erfasst werden hier alle aus dem Schuldverhältnis folgenden Verpflichtungen; unbeachtlich ist, ob es um qualitativ schlechte Leistungen geht oder ob weniger als vereinbart geliefert wurde. Der Schuldner haftet aber grundsätzlich nur für Vorsatz und Fahrlässigkeit (§ 276 Abs. 1 BGB). Sein fehlendes Verschulden muss er aber beweisen.

Soweit der Schuldner die fällige Leistung nicht oder nicht wie geschuldet erbringt, kann der Gläubiger Schadensersatz „statt der Leistung" verlangen, wenn er dem Schuldner eine angemessene Frist zur Leistung oder Nacherfüllung bestimmt hat (§ 281 Abs. 1 BGB). Dieser Schritt kommt aber erst in Betracht, wenn die Nachfrist fruchtlos abgelaufen ist. Vorher kommt nur ein „reiner" Schadensersatz in Betracht, der neben der Leistung steht.

Schadensersatz wegen Verzögerung der Leistung kommt erst in Betracht, wenn „Verzug" eingetreten ist. Das ist der Fall, wenn der Schuldner auf eine Mahnung des Gläubigers nicht leistet, die nach dem Eintritt der Fälligkeit erfolgt, und wenn der Gläubiger gemahnt hat. In bestimmten Fällen (zum Beispiel wenn für die Leistung eine Zeit nach dem Kalender bestimmt ist) ist die Mahnung entbehrlich (§ 286 BGB).

Die genannten Grundsätze gelten auch bei gegenseitigen Verträgen (zum Beispiel Kauf- oder Mietverträgen). Bei ihnen kann daneben aber auch ein Rücktrittsrecht in Betracht kommen. Erbringt nämlich bei einem gegenseitigen Vertrag der Schuldner eine fällige Leistung nicht oder nicht vertragsgemäß, so kann der Gläubiger, wenn er dem Schuldner erfolglos eine angemessene Frist zur Leistung oder Nacherfüllung bestimmt hat, vom Vertrag zurücktreten; in den gesetzlich bestimmten Fällen ist eine Mahnung entbehrlich (§ 323 BGB). Der Rücktritt schließt einen Schadensersatzanspruch nicht aus (§ 325 BGB).

Ist für den Schuldner oder für jedermann die Leistung unmöglich, so ist der Anspruch auf die Leistung ausgeschlossen. Gleiches gilt für die sogenannte faktische Unmöglichkeit (§ 275 BGB). Eine unmögliche Leistung muss der Schuldner nicht erbringen, gleichwohl steht dies der Wirksamkeit des Vertrags nicht entgegen (§ 311 Abs. 1 BGB). Hat der Schuldner das in der Unmöglichkeit liegende Leistungsinteresse zu vertreten, muss er Schadensersatz leisten (§ 280 Abs. 1 BGB). Dasselbe gilt für die anfängliche Unmöglichkeit, soweit sie der Schuldner kannte oder kennen musste (§ 311a Abs. 2 BGB).

Eine Sonderregelung enthält § 284 BGB: Hat der Gläubiger im Vertrauen auf die korrekte Durchführung des Vertrags Aufwendungen gemacht, sind sie ihm anstelle des Schadensersatzes statt der Leistung zu ersetzen.

### *1.5 Eventtypische Verträge*

Neben dem Kaufvertrag, dem Mietvertrag und dem Werkvertrag wird ein Veranstalter beziehungsweise eine Eventagentur in der Praxis vor allem mit folgenden eventtypischen Vertragsarten konfrontiert sein:

- Künstlervertrag,
- Konzert- und Aufführungsvertrag,
- Agenturvertrag,
- Zuschauer- und Konzertbesuchervertrag,
- Sponsoringvertrag,
- Koppelungsverkauf

#### *a) Kaufvertrag*

Der Kaufvertrag ist ein gegenseitiger Vertrag. Der Verkäufer einer Sache ist verpflichtet, sie dem Käufer zu übergeben und ihm das Eigentum daran zu verschaffen. Der Käufer ist verpflichtet, den vereinbarten Kaufpreis zu bezahlen und die gekaufte Sache abzunehmen (§ 433 BGB).

Der Verkäufer hat dem Käufer die Sache frei von Sachmängeln zu verschaffen. Die Sache ist frei von Sachmängeln, wenn sie bei Gefahrübergang (= Übergabe der Sache an den Käufer) die vereinbarte Beschaffenheit hat. Soweit eine solche Beschaffenheit nicht vereinbart ist, ist die Sache frei von Sachmängeln, wenn sie sich für die nach dem Kaufvertrag vorausgesetzte Verwendung eignet, sonst, wenn sie sich für die gewöhnliche Verwendung eignet und eine Beschaffenheit aufweist, die bei Sachen der gleichen Art üblich ist und die der Käufer nach der Art der Sache erwarten kann. Ein Sachmangel ist auch dann gegeben, wenn die vereinbarte Montage durch den Verkäufer oder dessen Erfüllungsgehilfen (zum Beispiel Mitarbeiter) unsachgemäß durchgeführt worden ist. Ein Sachmangel liegt auch bei einer zur Montage bestimmten Sache vor, wenn die Montageanleitung mangelhaft ist, es sei denn, die Sache ist fehlerfrei montiert worden. Schließlich steht es einem Sachmangel gleich, wenn der Verkäufer eine andere Sache oder eine zu geringe Menge liefert (§ 434 BGB). Ist die Kaufsache mangelhaft, so stehen dem Käufer die Gewährleistungsansprüche des § 437 BGB zu.

Zunächst einmal kann der Käufer vom Verkäufer Nacherfüllung verlangen. In diesem Fall kann der Käufer nach seiner Wahl Beseitigung des Mangels oder die Lieferung einer mangelfreien Sache verlangen. Die zum Zwecke der Nacherfüllung erforderlichen Aufwendungen, insbesondere Transport-, Wege-, Arbeits- und Materialkosten hat der Verkäufer zu tragen. Nur wenn die Nacherfüllung aus tatsächlichen Gründen nicht in Betracht kommt (zum Beispiel wenn keine Nachlieferung möglich ist) oder wenn die Nachlieferung nur mit unverhältnismäßigen Kosten möglich ist, kann der Verkäufer die vom Käufer gewählte Art der Nacherfüllung verweigern (§§ 437 Nr. 1, 439 BGB).

Wenn die Kaufsache mangelhaft ist, wird dem Käufer ein Rücktrittsrecht eingeräumt, sofern eine dem Verkäufer zuvor gesetzte Frist erfolglos verstrichen ist. Unter bestimmten Voraussetzungen ist die Fristsetzung entbehrlich; in diesem Fall ist dann ein sofortiger Rücktritt nach Übergabe der mangelhaften Sache möglich. Ein Rücktritt vom Kaufvertrag kommt auch dann in Betracht, wenn die dem Käufer zustehende Art der Nacherfüllung fehlgeschlagen oder für den Käufer unzumutbar ist. Ein „Fehlschlagen" ist dann gegeben, wenn auch die Reparatur den Mangel nicht vollständig beseitigt beziehungsweise wenn auch das ersatzweise gelieferte Stück mangelhaft ist. Eine Nachbesserung gilt dann als fehlgeschlagen, wenn auch ein zweiter Versuch erfolglos bleibt (§§ 437 Nr. 2, 440, 323 BGB).

Der Käufer kann, statt vom Kaufvertrag zurückzutreten, den Kaufpreis durch Erklärung gegenüber dem Verkäufer mindern. Bei der Minderung ist der Kaufpreis in dem Verhältnis herabzusetzen, in welchem zur Zeit des Vertragsschlusses der Wert der Sache in mangelfreiem Zustand zu dem wirklichen Wert gestanden haben würde. Gegebenenfalls ist die Minderung durch Schätzung zu ermitteln. Das Recht der Minderung besteht auch bei geringfügigen Mängeln (§§ 437 Nr. 2, 441 BGB).

Der Käufer hat bei einer mangelhaften Lieferung schließlich das Recht, vom Verkäufer Schadensersatz zu verlangen. In Betracht kommt Schadensersatz insbesondere dann, wenn die gelieferte Sache wegen des Mangels weniger wert ist oder wenn die Sache wegen des Mangels nicht zu einem besonders gewinnbringenden Preis weiter veräußert werden kann. Will der Käufer nach § 281 Schadensersatz statt der Leistung, so muss er dem Verkäufer eine angemessene Frist zur Nacherfüllung gesetzt haben (§§ 437 Nr. 3, 440 BGB).

Die Gewährleistungsansprüche des Käufers verjähren grundsätzlich in zwei Jahren. Die Frist beginnt mit der Ablieferung der Sache (§ 438 BGB).

*b) Mietvertrag*

Beim Mietvertrag handelt es sich um einen gegenseitigen Vertrag über die entgeltliche Gebrauchsüberlassung einer Sache. Nach § 535 Abs. 1 BGB ist der Vermieter verpflichtet, dem Mieter den Gebrauch der vermieteten Sache während der Mietzeit zu gewähren; der Mieter ist nach § 535 Abs. 2 BGB verpflichtet, dem Vermieter den vereinbarten Mietzins zu entrichten. Das Mietverhältnis wird durch den Abschluss des Mietvertrags begründet. Grundsätzlich bedarf der Mietvertrag keiner bestimmten Form

Eine wichtige Verpflichtung des Vermieters liegt darin, die Mietsache dem Mieter in einem zum vertragsgemäßen Gebrauch geeigneten Zustand zu überlassen und sie während der Mietzeit in diesem Zustand zu erhalten (§ 535 Abs. 2 S. 2 BGB). Hat die gemietete Sache einen Mangel, so stehen dem Mieter die Rechte nach den §§ 536 bis 536b BGB zu:

- Der Mieter kann vom Vermieter die Beseitigung des Mangels verlangen. Kommt der Vermieter damit in Verzug, darf der Mieter nach § 536a Abs. 1 Nr. 1 BGB den Mangel selbst beseitigen und Ersatz der erforderlichen Aufwendungen verlangen.
- Solange der Mangel besteht, kann der Mieter nach § 536 Abs. 1 Satz 2 die Miete mindern. Ist die vermietete Sache wegen des Mangels überhaupt nicht zu gebrauchen, entfällt die Zahlungspflicht völlig (§ 536 Abs. 1 Satz 1 BGB).

- Der Mieter kann Schadensersatz verlangen, wenn ein Mangel bereits bei Vertragsabschluss vorhanden oder später wegen eines Umstands eingetreten ist, den der Vermieter zu vertreten hat, oder wenn der Vermieter mit der Beseitigung eines Mangels in Verzug kommt (§ 536a Abs. 1 BGB).
- Schließlich hat der Mieter ein Recht zur fristlosen Kündigung. Allerdings kann dieses Recht erst ausgeübt werden, wenn der Vermieter eine ihm gesetzte angemessene Frist hat verstreichen lassen, es sei denn, die Vertragserfüllung hätte für den Mieter kein Interesse mehr (§ 543 BGB).

Auf eine Vereinbarung, durch die die Rechte des Mieters wegen eines Mangels der Mietsache ausgeschlossen oder beschränkt werden, kann sich der Vermieter nicht berufen, wenn er den Mangel arglistig verschwiegen hat (§ 536d BGB).

Ansprüche des Mieters verjähren nach § 195 BGB in drei Jahren. Eine Sonderregelung enthält lediglich § 548 Abs. 2 BGB, wonach der Anspruch auf Ersatz der Aufwendungen bei der Mängelbeseitigung in sechs Monaten verjährt; die Frist beginnt allerdings erst nach der Beendigung des Mietverhältnisses zu laufen.

Das Mietverhältnis endet entweder mit dem Ablauf der vereinbarten festen Mietzeit oder durch Kündigung. Die Kündigung kann entweder fristgemäß (ordentliche Kündigung) oder – unter bestimmten Voraussetzungen – fristlos (außerordentliche Kündigung) erfolgen.

### *c) Werkvertrag*

Durch den Werkvertrag wird der Unternehmer zur Herstellung des versprochenen Werks, der Besteller zur Entrichtung der vereinbarten Vergütung verpflichtet (§ 631 Abs. 1 BGB).

Gegenstand des Werkvertrags kann die Herstellung oder Bearbeitung einer körperlichen Sache (zum Beispiel Errichtung einer Tribüne) oder die Bewirkung eines unkörperlichen Leistungserfolgs sein (zum Beispiel Organisation eines Events). Inhalt der Hauptleistungspflicht ist die mangelfreie Herstellung des Werks. Die Leistung braucht allerdings nicht höchstpersönlich erbracht werden.

Der Besteller hat die vereinbarte Vergütung zu zahlen; sind hierüber keine besonderen Abreden getroffen, wird als Gegenleistung die – für bestimmte Berufssparten – tarifmäßige Vergütung geschuldet, sonst gilt der in diesem Gewerbe allgemein übliche Preis. Der Werklohn wird erst fällig, wenn das Werk mangelfrei hergestellt und – soweit möglich – vom Besteller abgenommen worden ist.

Der Unternehmer hat dem Besteller das Werk frei von Sach- und Rechtsmängeln zu verschaffen. Das Werk ist frei von Sachmängeln, wenn es die vereinbarte Beschaffenheit hat. Das Werk ist frei von Rechtsmängeln, wenn Dritte in Bezug auf das Werk keine oder nur die im Vertrag übernommenen Rechte gegen den Besteller geltend machen können (§ 633 BGB).

Nach § 640 Abs. 1 BGB ist der Besteller verpflichtet, das vertragsmäßig hergestellte Werk abzunehmen, sofern nicht nach der Beschaffenheit des Werks die Abnahme ausgeschlossen ist. Tritt schon vor der Abnahme ein Mangel auf, hat der Besteller zwei Möglichkeiten:

- Er kann nach § 633 Abs. 1 BGB Herstellung eines mangelfreien Werks verlangen oder
- er kann dem Unternehmer eine Frist zur Beseitigung des Mangels setzen, die allerdings nicht vor dem vorgesehenen Zeitpunkt der Ablieferung enden darf.

Tritt nach der Abnahme des Werks ein Mangel auf, kann der Besteller Nacherfüllung verlangen. In diesem Fall kann der Unternehmer nach seiner Wahl den Mangel beseitigen oder ein neues Werk herstellen (§ 635 Abs. 1 BGB). Die Aufwendungen für die Nacherfüllung trägt allein der Unternehmer. Der Besteller kann dem Unternehmer eine angemessene Frist zur Nacherfüllung setzen. Ist diese erfolglos abgelaufen, so kann er den Mangel nach § 637 Abs. 1 BGB selbst beseitigen und Ersatz seiner Aufwendungen vom Unternehmer verlangen.

Ansprüche des Bestellers, die vor der Abnahme entstanden sind, verjähren in der regelmäßigen Verjährungsfrist von drei Jahren (§ 195 BGB). Soweit die Abnahme erfolgt ist, gilt § 634a BGB. Danach läuft eine fünfjährige Frist bei Arbeiten, die sich auf ein Bauwerk beziehen. Eine dreijährige Verjährungsfrist gilt, wenn es nicht um die Herstellung oder die Veränderung einer Sache, sondern um ein immaterielles Gut wie zum Beispiel die Erstellung einer Anwendersoftware geht. Alle anderen Ansprüche, also insbesondere solche wegen Reparatur beweglicher Sachen, verjähren in zwei Jahren.

*d) Künstlervertrag*

Der Künstlervertrag regelt die Rechtsbeziehungen zwischen einem ausübenden Künstler und seinem Auftraggeber (Veranstalter beziehungsweise Eventagentur). Ausübender Künstler ist, wer ein Werk vorträgt oder aufführt oder bei dem Vertrag oder der Aufführung eines Werks künstlerisch mitwirkt (§ 73 Urheberrechtsgesetz). Gegenstand des Künstlervertrags ist die Verpflichtung des Künstlers zu einer bestimmten Darbietung gegen Entgelt.

Ob beim Künstlervertrag ein Dienst-, Arbeits- oder ein Werkvertrag vorliegt, hängt vom Einzelfall ab. Jedenfalls ergibt sich aus dem jeweiligen Vertrag für den Künstler die Verpflichtung, die versprochene Darbietung zu erbringen (Art, Inhalt, Ort und Zeit der Darbietung sind im einzelnen vertraglich zu regeln); der Auftraggeber (Veranstalter oder Eventagentur) ist verpflichtet, die vereinbarte Vergütung zu zahlen.

*e) Konzert-/Aufführungsvertrag*

Der Konzert oder Aufführungsvertrag wird zwischen dem Veranstalter und dem auftretenden Musiker beziehungsweise Künstler geschlossen. Ein Konzertvertrag liegt vor, wenn eine musikalische Darbietung, ein Aufführungsvertrag ist gegeben, wenn eine nicht musikalische Leistung geschuldet wird.

Ob beim Künstlervertrag ein Dienst-, Arbeits- oder ein Werkvertrag vorliegt, hängt vom Einzelfall ab. Der Veranstalter jedenfalls schuldet die Durchführung des Events; insoweit hat er auch die organisatorischen und technischen Voraussetzungen zu schaffen. Er ist sowohl für die Wahrung der gesetzlichen und behördlichen Auflagen für den Event als auch für die Sicherheit des Künstlers verantwortlich. Er schuldet dem Künstler die vertraglich vereinbarte Vergütung, und dies auch dann, wenn die Veranstaltung infolge eines Umstandes ausfällt, der in die Sphäre des Veranstalters fällt. Der Künstler schuldet die im Vertrag näher beschriebene künstlerische Leistung.

*f) Agenturvertrag*

In der Regel werden in der Praxis Konzert-, Aufführungs- oder Künstlerverträge durch eine Agentur vermittelt. Ihr obliegt es, die Verträge zwischen dem Veranstalter und dem Künstler anzubahnen und vorzubereiten. Die Agentur ist dabei Stellvertreter, der Vertrag kommt also zwischen dem Veranstalter und dem Künstler zustande. Der Umfang der Vertretungsmacht richtet sich nach dem zwischen dem Veranstalter beziehungsweise dem Künstler geschlossenen Agenturvertrag.

Die Agentur kann einmal für einen Veranstalter (Eventagentur), sie kann aber auch für den Künstler (Künstleragentur) auftreten. Im ersten Fall kommt der Agenturvertrag zwischen dem Veranstalter und der Agentur zustande. Der Veranstalter beauftragt die Eventagentur mit der Organisation und Durchführung der Veranstaltung. Die Agentur verpflichtet dann den Künstler im Namen des Veranstalters; Vertragspartner des Konzert-/Aufführungsvertrags sind also der Veranstalter und der Künstler. Wenn auf der Seite des Künstlers ebenfalls eine Agentur (Künstleragentur) beauftragt ist, so vertritt diese den Künstler; die Vertragsverhandlungen werden dann von einer Event- und einer Künstleragentur geführt. Vertragspartner des Konzert-/Aufführungsvertrags sind aber auch in diesem Fall der Veranstalter und der Künstler.

Keine Vermittlung liegt vor, wenn die Agentur in eigenem Namen einen Künstler verpflichtet und dessen künstlerische Leistung an interessierte Veranstalter weiter veräußert. In diesem Fall schließt die Eventagentur mit dem Künstler einen Künstlervertrag und mit dem Veranstalter einen Agenturvertrag ab.

### *g) Zuschauer-/Konzertbesuchervertrag*

Vertragspartner des Zuschauer-/Konzertbesuchervertrags ist der Veranstalter und der Besucher einer Veranstaltung. Der Vertrag kommt durch ein Angebot des Besuchers (häufig schlüssig durch Hinlegen des Eintrittsgeldes) und durch die Annahme des Veranstalters (ebenfalls in der Regel schlüssig durch Aushändigung der Eintrittskarte) zustande. Der Zuschauer-/Konzertbesuchervertrag ist ein sogenannter gemischttypischer Vertrag. Der Veranstalter schuldet dem Besucher die Organisation und die Durchführung der Veranstaltung. Insoweit enthält der Vertrag hauptsächlich werkvertragliche Elemente. Mietvertraglicher Art ist die Verpflichtung des Veranstalters, dem Zuschauer einen Patz zur Verfügung zu stellen, von dem er die Veranstaltung verfolgen kann.

Der Zuschauer ist aus dem Zuschauer-/Konzertbesuchervertrag zur Zahlung des vereinbarten Eintrittsgeldes verpflichtet. Die Eintrittskarte ist ein sog. Kleines Inhaberpapier Soweit der Veranstalter die geschuldete Leistung gegen Vorlage des Eintrittskarte erbringt, wird er von seiner Leistungspflicht frei (§§ 807, 808 BGB).

*h) Sponsoringvertrag*

Der Sponsoringvertrag ist ein Vertrag zwischen einem Sponsor (zum Beispiel Unternehmen) und dem Gesponserten (zum Beispiel Künstler, Sportler oder Verein), nach dem der Sponsor berechtigt ist, die werblichen Nutzungsrechte des Gesponserten zur Werbung gegen Zahlung von Geld oder Bereitstellung von Sachmitteln zu nutzen. Auch der Sponsoringvertrag ist ein typengemischter Vertrag; er enthält Elemente des Dienst-, Kauf-, Pacht-, Werk- und Mietvertrags.

*i) Koppelungsverkauf*

Der Koppelungsverkauf ist eine besondere Form des Kaufvertrags, der im Bereich des Sports praktische Bedeutung hat. Es werden Eintrittskarten für die eine Veranstaltung nur zusammen mit Eintrittskarten für eine andere Veranstaltung verkauft. Damit soll durch den Kartenverkauf für eine attraktive Veranstaltung der einer anderen, unattraktiveren Veranstaltung unterstützt werden.

Nach § 19 Abs. 1 des Gesetzes gegen Wettbewerbsbeschränkungen ist die missbräuchliche Ausnutzung einer marktbeherrschenden Stellung durch ein Unternehmen verboten. Insoweit ist ein Koppelungsverkauf aus wettbewerbsrechtlichen Gründen nicht zulässig, wenn das ausrichtende Unternehmen hinsichtlich der attraktiven Veranstaltung eine örtliche marktbeherrschende Stellung innehat und diese Stellung durch den Koppelungsverkauf missbräuchlich ausnutzt.

**2. Künstlersozialversicherung**

Im Rahmen der Vorbereitung eines Events stellt sich für den Veranstalter beziehungsweise die Eventagentur in der Regel die Frage, ob Beiträge für die Künstlersozialversicherung abzuführen sind und wenn ja, wer beitragspflichtig ist. Die Künstlersozialversicherung ist die Sozialversicherung für selbständige Künstler und Publizisten. Gesetzliche Grundlagen enthält das Künstlersozialversicherungsgesetz (KSVG) vom 27.7.1981 (BGBl. S. 705). Danach werden selbständige Künstler und Publizisten in der Rentenversicherung der Angestellten, in der gesetzlichen Krankenversicherung und in der sozialen Pflegeversicherung versichert, wenn sie

- die künstlerische oder publizistische Tätigkeit erwerbsmäßig und nicht nur vorübergehend ausüben und
- im Zusammenhang mit der künstlerischen und publizistischen Tätigkeit nicht mehr als einen Arbeitnehmer beschäftigen, es sei denn, die

Beschäftigung erfolgt zur Berufsausbildung oder ist geringfügig im Sinne des § 8 des Vierten Buches Sozialgesetzbuch.

Künstler im Sinne des Künstlersozialversicherungsgesetzes ist, wer Musik, darstellende oder bildende Kunst schafft, ausübt oder lehrt; Publizist ist, wer als Schriftsteller, Journalist oder in anderer Weise publizistisch tätig ist und Publizistik lehrt (§ 2 KSVG).

### *2.1 Versicherungsfreiheit*

Versicherungsfrei in der Renten- und Krankenversicherung ist, wer nur eine geringfügige künstlerische oder publizistische Tätigkeit ausübt. Das ist gegeben, wenn in dem Kalenderjahr aus selbständiger künstlerischer oder publizistischer Tätigkeit voraussichtlich ein Arbeitseinkommen erzielt wird, das 3.900 Euro nicht übersteigt (§ 3 Abs. 1 KSVG).

Versicherungsfrei in der gesetzlichen Rentenversicherung ist ein Künstler oder Publizist u. a., der aus einer Beschäftigung ein beitragspflichtiges Arbeitsentgelt oder aus einer nicht dem Künstlersozialversicherungsgesetz unterliegenden selbständigen Tätigkeit ein Arbeitseinkommen bezieht, wenn das Arbeitsentgelt oder Arbeitseinkommen während des Kalenderjahres voraussichtlich mindestens die Hälfte der für dieses Jahr geltenden Beitragsbemessungsgrenze in der Rentenversicherung der Arbeiter und Angestellten beträgt (§ 4 KSVG). Versicherungsfrei in der gesetzlichen Krankenversicherung ist zudem der Künstler oder Publizist, der anderweitig versichert oder nach allgemeinen Grundsätzen versicherungsfrei ist (§ 5 KSVG). Im übrigen kann auf Antrag unter bestimmten Voraussetzungen Befreiung von der Krankenversicherungspflicht erteilt werden (§§ 6 ff. KSVG).

### *2.2 Beginn und Dauer der Versicherungspflicht*

Die Versicherungspflicht beginnt an dem Tag, an dem die Meldung des Versicherten bei der Künstlerversorgungskasse eingeht, oder, falls eine solche Meldung fehlt, an dem Tag des Bescheids, durch den die Künstlerversorgungskasse die Versicherungspflicht feststellt. Sie beginnt frühestens an dem Tag, an dem die Voraussetzungen für die Versicherung erfüllt sind (§ 8 Abs. 1 KSVG).

Wenn keine Versicherungspflicht mehr besteht, wird dies mit einem Feststellungsbescheid der Künstlersozialkasse festgestellt. Darin wird auch der Tag bestimmt, an dem die Mitgliedschaft endet. Stichtag ist der Erste des auf die Feststellung folgenden Monats (§ 8 Abs. 2 KSVG).

### 2.3 Auskunfts- und Meldepflicht

Künstler und Publizisten haben sich zur Künstlersozialversicherung anzumelden. Es ist ein entsprechender Meldevordruck auszufüllen; dieser ist zusammen mit den erforderlichen Unterlagen an die Künstlersozialkasse zu übersenden. Bis zum 1. Dezember eines Jahres hat der Versicherte das voraussichtliche Arbeitseinkommen bis zur Beitragsbemessungsgrenze anzumelden (§§ 11 ff. KSVG).

### 2.4 Beiträge, Künstlersozialabgabe

Die Finanzierung der Künstlersozialversicherung erfolgt zur einen Hälfte durch Beitragsanteile des Versicherten, zur anderen Hälfte durch eine Künstlersozialabgabe.

Die Künstlersozialabgabe (= Arbeitgeberanteil) erhebt die Künstlersozialkasse als Umlage nach einem Vomhundertsatz der Bemessungsgrundlage (§ 23 KSVG). Zur Künstlersozialabgabe sind u. a. Buch-, Presse- und sonstige Verlage, Presseagenturen, Theater (ausgenommen Filmtheater), Orchester, Chöre und vergleichbare Unternehmen (Voraussetzung ist, dass ihr Zweck überwiegend darauf gerichtet ist, künstlerische und publizistische Werke und Leistungen öffentlich aufzuführen oder dazubieten), Theater-, Konzert- und Gastspieldirektionen sowie sonstige Unternehmen, deren wesentlicher Zweck darauf gerichtet ist, für die Aufführung oder Darbietung künstlerischer oder publizistischer Werke oder Leistungen zu sorgen, Rundfunk und Fernsehen verpflichtet (§ 24 KSVG Abs. 1).

### 2.5 Leistungen

Die Leistungen der Künstlersozialversicherung entsprechen denen der gesetzlichen Krankenversicherung, der gesetzlichen Rentenversicherung und der sozialen Pflegeversicherung.

# Internationales Steuerrecht

## Steuerabzugsverfahren nach § 50a Einkommensteuergesetz bei ausländischen Künstlern und Sportlern unter Berücksichtigung von Doppelbesteuerungsabkommen

*von Reinhard Hofmann*

### Das Besteuerungsverfahren

Steuerpflichtige, die in Deutschland weder einen Wohnsitz noch ihren gewöhnlichen Aufenthalt haben, sind grundsätzlich nur mit ihren inländischen Einkünften steuerpflichtig. Anknüpfungspunkt ist im Gegensatz zur unbeschränkten Steuerpflicht weniger die Person als die Quelle, aus der die in § 49 Einkommensteuergesetz (EStG) im einzelnen bestimmten Einkünfte fließen. Im Rahmen dieser beschränkten Steuerpflicht bleiben persönliche Verhältnisse nach § 50 EStG weitgehend unberücksichtigt.

Eine Besteuerung im Rahmen der beschränkten Steuerpflicht nach § 49 EStG setzt voraus, dass alle Tatbestandsvoraussetzungen einer der in § 49 EStG aufgeführten Einkunftsart in der Person des beschränkt Steuerpflichtigen vorliegen. Insbesondere muss es sich um inländische Einkünfte handeln.

Die Beurteilung, ob es sich um inländische Einkünfte im Sinne des § 49 EStG handelt, erfolgt grundsätzlich nach deutschem Recht. Unter diesem Aspekt erfolgt beispielsweise die Prüfung der persönlichen Einkünftezurechnung, der Abgrenzung der verschiedenen Einkunftsarten, des Ausübungsorts, der Einkünfteermittlung und auch der Aufzeichnungspflichten. Auf eventuelle Regelungen in Doppelbesteuerungsabkommen (DBA), auf die nachfolgend noch gesondert einzugehen ist, kommt es dabei nicht an.

Die Besteuerung beschränkt Steuerpflichtiger erfolgt entweder bereits im Abzugsverfahren nach § 50a EStG oder aber im Veranlagungsverfahren nach § 50 EStG. Bei im Abzugsverfahren erhobene Einkommensteuer besteht verfahrensrechtlich eine Abgeltungswirkung. Dies bedeutet, dass nur in den Fällen, in denen kein abgeltender Steuerabzug vorgesehen ist, für beschränkt Steuerpflichtige überhaupt ein Veranlagungsverfahren vorgesehen ist, auf das aber in diesem Zusammenhang nicht näher eingegangen werden soll.

Von diesem prinzipiell einkunftsbezogenen Veranlagungsverfahren ist der Erstattungsantrag eines beschränkt Steuerpflichtigen, dessen Einnahmen aus künstlerischen oder sportlerischen Aktivitäten dem Steuerabzug nach § 50a Abs. 4 Nr. 1 und 2 EStG unterliegen, zu unterscheiden. Die entsprechende Regelung in § 50a Abs. 5 Nr. 3 EStG sieht in den Fällen, in denen die mit den steuerabzugspflichtigen Einnahmen in unmittelbarem wirtschaftlichen Zusammenhang stehenden Ausgaben höher sind als die Hälfte der Einnahmen, eine Steuererstattung vor.

Diese berechnet sich stets mit 50 Prozent des Gewinns, also der Einnahmen aus der Darbietung, Ausübung oder Verwertung künstlerischer, sportlicher oder ähnlicher Tätigkeit abzüglich den in unmittelbaren wirtschaftlichen Zusammenhang stehenden Ausgaben. Ein nur mittelbarer Zusammenhang von auftrittsunabhängigen Ausgaben mit den Einnahmen genügt dabei nicht. Dies bedeutet, dass also beispielsweise die Aufwendungen für den Manager oder die Sekretärin nicht berücksichtigt werden können.

Der Nachweis der zu berücksichtigenden Aufwendungen muss stets durch Originalbelege erfolgen. Dabei sind etwaige sich nach deutschem Recht ergebende Abzugsbeschränkungen beispielsweise für Geschenke, Bewirtungen, Bußgelder, etc. zu beachten.

***Beispiel 1:***

Die Einnahmen aus künstlerischer Darbietung in 2002 betragen 10.000 €. Die direkt zuordenbaren Aufwendungen betragen 7.075 €. Darin sind 75 € Bußgeld für zu schnelles Fahren enthalten. Daneben sind zeitanteilig umgerechnet noch Aufwendungen von 2.000 € für den Manager entstanden.

Der Erstattungsbetrag beträgt 1.000 €. Dieser berechnet sich aus den Einnahmen von 10.000 € abzüglich der direkt zuordenbaren Ausgaben von 7.000 € ohne Berücksichtigung sowohl des Bußgelds als auch der nur mittelbaren Aufwendungen für den Manager und damit einem Gewinn von 3.000 €. Die Steuer beträgt 50 Prozent hiervon oder 1.500 €. Bei Anrechnung der einbehaltenen Abzugsteuer von 2.500 € (diese berechnet aus 25 Prozent aus den Einnahmen von 10.000 €) ergibt sich eine Erstattung von 1.000 €.

Der zusätzlich zu erstattende Solidaritätszuschlag beträgt 5,5 Prozent davon und damit 55 €.

Betragen die direkt zuordenbaren Aufwendungen hingegen nur bis zu 5.000 €, so ergibt sich keine Erstattung.

## Das Abzugsverfahren im Allgemeinen

Auch bei beschränkt Steuerpflichtigen unterliegen Einkünfte aus nichtselbständiger Tätigkeit gem. § 49 Abs. 1 Nr. 4 EStG dem Lohnsteuerabzug und Kapitalerträge nach § 49 Abs. 1 Nr. 5 EStG dem Kapitalertragsteuerabzug. Nachfolgend soll aber darauf nicht weiter eingegangen werden, da dieser Steuerabzug abgesehen von bestimmten, sich aus der beschränkten Steuerpflicht ergebenden Besonderheiten grundsätzlich den Gegebenheiten bei unbeschränkter Steuerpflicht entspricht. Als Beispielsfall für eine solche Besonderheit sei hier nur das Fehlen einer Lohnsteuerkarte und deren Ersatz durch eine Bescheinigung des Betriebsstättenfinanzamts nach § 39d EStG genannt.

Nicht weiter erörtert wird auch die in § 50a Abs. 1 bis 3 EStG geregelte Aufsichtsratsteuer in Höhe von 30 Prozent der Aufsichtsratsvergütung ohne jeden Abzug und die in § 50a Abs. 7 EStG vom Finanzamt zur Sicherung eines Steueranspruchs beschränkt Steuerpflichtiger im Einzelfall gesondert anzuordnende Abzugsteuer von grundsätzlich 25 Prozent mit der Möglichkeit, steuermindernde Aufwendungen des nachfolgenden Veranlagungsverfahrens geltend machen zu können.

Wie eingangs erwähnt sieht § 50a Abs. 4 EStG den Steuerabzug bei beschränkt Steuerpflichtigen für

1. durch im Inland ausgeübte oder verwertete künstlerische, sportliche, artistische oder ähnliche Darbietungen erzielte Einkünfte einschließlich der Einkünfte aus anderen mit diesen Leistungen zusammenhängenden Leistungen unabhängig davon, wem die Einnahmen zufließen,

2. Einkünfte aus der Ausübung oder Verwertung einer Tätigkeit als Künstler, Berufssportler, Schriftsteller, Journalist oder Bildberichterstatter einschließlich solcher Tätigkeiten für den Rundfunk oder Fernsehfunk, es sei denn, es handelt sich um Einkünfte aus nichtselbständiger Tätigkeit, die dem Steuerabzug vom Arbeitslohn nach § 38 Abs. 1 Satz 1 Nr. 1 EStG unterliegen oder
3. Einkünfte aus Vergütungen für die Nutzung beweglicher Sachen oder für die Überlassung der Nutzung oder des Rechts auf Nutzung von Rechten, insbesondere von Urheberrechten und gewerblichen Schutzrechten, von gewerblichen, technischen, wissenschaftlichen und ähnlichen Erfahrungen, Kenntnissen und Fertigkeiten wie beispielsweise Plänen, Mustern und Verfahren

vor. Gemeinsame Vorschrift für den Steuerabzug ist der Steuersatz von grundsätzlich 25 Prozent bei Einnahmen über 1.000 € und der Umstand, dass dem Steuerabzug der volle Betrag der Einnahmen unterliegt, ohne dass irgendwelche Abzüge für Betriebsausgaben, Werbungskosten, Sonderausgaben oder Steuern möglich sind. Bei einem Zufluss der Einnahmen nach dem 31.12.2002 beträgt der Steuersatz nur noch 20 Prozent (§ 52 Abs. 58a EStG).

Der Steuerabzug ist bei ab dem 1. Januar 2002 zufließenden Einnahmen aus der Ausübung, nicht aber einer Verwertung einer künstlerischen, sportlichen, artistischen oder ähnlichen Tätigkeit auf null Prozent für Einnahmen bis 250 €, auf 10 Prozent für Einnahmen zwischen 250 € und 500 € und auf 15 Prozent für Einnahmen zwischen 500 € und 1.000 € gestaffelt. Mit diesem Staffelsteuersatz für geringere Einnahmen hat der Gesetzgeber den zunehmend insbesondere aus Künstlerkreisen vorgetragenen rechtlichen Bedenken an der Verfassungsmäßigkeit und Vereinbarkeit der Regelungen zur Abzugsteuer mit dem Gemeinschaftsrecht Rechnung getragen.

***Beispiel 2:***

Bei einer Vergütung von 750 € beträgt die Abzugsteuer 112,50 € zuzüglich 5,5 Prozent Solidaritätszuschlag 6,19 €.

Beträgt die Vergütung hingegen 1.500 €, so beläuft sich die Abzugsteuer in 2002 auf 375,00 € zuzüglich 5,5 Prozent Solidaritätszuschlag 20,63 € und in 2003 nur noch auf 300,00 € zuzüglich 5,5 Prozent Solidaritätszuschlag 16,50 €.

Bemessungsrundlage für die Abzugsteuer sind die Einnahmen einschließlich steuerfreier Reisekosten ohne Abzug von Ausgaben und Steuern. Damit gehört auch unabhängig von der Gewinnermittlungsart die vereinnahmte Umsatzsteuer mit zur Bemessungsgrundlage. Letzteres gilt aber nicht für die nach § 13b Umsatzsteuergesetz (UStG) vom Leistungsempfänger geschuldete Umsatzsteuer.

Nachfolgend soll auch die vorstehend gleichfalls genannte Abzugsteuer auf Lizenzgebühren im weiteren Sinne nach § 50a Abs. 4 Nr. 3 EStG ausgeklammert bleiben.

### Der Steuerabzug im Einzelnen

Steuerschuldner der Abzugsteuer ist der beschränkt Steuerpflichtige als zivilrechtlicher Vergütungsgläubiger. Daraus folgt im Umkehrschluss, dass der Vergütungsschuldner, regelmäßig also der inländische Veranstalter, der die organisatorische und finanzielle Vorbereitung und Durchführung übernimmt und das Unternehmerrisikos trägt, nur als Haftungsschuldner nach § 50a Abs. 5 EStG in Anspruch genommen werden kann.

Der Entstehungszeitpunkt der Abzugsteuer (und des Solidaritätszuschlags dazu) deckt sich mit dem Zufluss, also der Auszahlung der Vergütung. Nach § 50a Abs. 5 EStG hat der Vergütungsschuldner zu diesem Zeitpunkt den Steuerabzug vorzunehmen und bis zum 10. des dem Kalendervierteljahr folgenden Monats an die Finanzkasse des für ihn zuständigen Finanzamts abzuführen und innerhalb der gleichen Frist bei seinem Finanzamt für den Steuerabzug auch eine Steueranmeldung einzureichen.

Parallel zum Steuerabzug hat der Vergütungsschuldner nach § 50a Abs. 5 Satz 7 EStG dem Vergütungsgläubiger nach amtlich vorgeschriebenen Muster eine Bescheinigung über den erfolgten Steuerabzug zu erteilen. Diese Bescheinigung hat insbesondere Bedeutung für ein nachgeschaltetes Erstattungsverfahren und muss Namen und Anschrift des Vergütungsgläubigers, die Art der Tätigkeit und die Höhe der Vergütung in €, den Zahlungstag, den Betrag der einbehaltenen und abgeführten Steuer und das Finanzamt, an das die Steuer abgeführt wurde, enthalten. Als Grundlage hierfür hat der Vergütungsschuldner besondere Aufzeichnungen zu führen, aus denen sich diese Angaben sowie zusätzlich noch die Höhe und der Zeitpunkt der Abführung der einbehaltenen Steuerbeträge ergeben müssen.

Kommt der Vergütungsschuldner seinen Verpflichtungen zum Steuerabzug nicht nach, so ist dessen Haftungsinanspruchnahme möglich. Der beschränkt steuerpflichtige Vergütungsgläubiger hingegen kann nur dann als Haftungsschuldner in Anspruch genommen werden, wenn er positiv weiß, dass der inländische Vergütungsschuldner die einbehaltene Abzugsteuer nicht vorschriftsmäßig abgeführt hat und er dies nicht unverzüglich dem zuständigen Finanzamt mitteilt.

Eine Haftungsinanspruchnahme scheidet aber generell aus, wenn der Steueranspruch oder der Zahlungsanspruch verjährt ist. Auch kommt ein Haftungsinanspruchnahme dann nicht in Betracht, wenn der Steuerabzug infolge eines entschuldbaren Rechtsirrtums unterblieben ist oder der Vergütungsgläubiger in Unkenntnis über die beschränkte Steuerpflicht des Vergütungsschuldners war.

Eine etwaige Haftungsinanspruchnahme erfolgt nach den allgemeinen abgabenrechtlichen Grundsätzen des Haftungsverfahrens mittels Haftungsbescheid, aus dem sich die vom Finanzamt getroffenen Ermessensentscheidungen ergeben müssen. Dabei genügt zur Begründung des Auswahlermessens – warum also das Finanzamt einen Haftungsbescheid erlassen hat – regelmäßig der Hinweis auf die beschränkte Steuerpflicht des Steuerschuldners. Lediglich in Zweifelsfällen sind weitergehende Ausführungen zu den persönlichen und sachlichen Voraussetzungen der Haftungsinanspruchnahme – das sogenannte Entschließungsermessen – erforderlich.

### Doppelbesteuerungsabkommen im Allgemeinen

Doppelbesteuerungsabkommen (DBA) sind seit der zweiten Hälfte des 19. Jahrhunderts bekannt. Sie wurden dort – beispielsweise zwischen Sachsen und Preußen – zunächst zwischen einzelnen Gliedstaaten eines einheitlichen Staatengebildes abgeschlossen. Nachdem vor dem Ersten Weltkrieg nur einige wenige DBA geschossen wurden, erhöhte sich die Zahl der DBA zu Zeiten der Weimarer Republik. Diese hatten teilweise noch bis vor wenigen Jahren Bestand – erst 1989 wurde das letzte Vorkriegs-DBA mit Italien aus dem Jahre 1925 durch ein neues DBA ersetzt.

Nach dem Zweiten Weltkrieg wurden seit 1954 die derzeit 76 DBA der Bundesrepublik abgeschlossen. Diese entsprechen jeweils weitgehend den Vorgaben des OECD-Abkommens, das zur Vereinheitlichung der völkerrechtlichen Verträgen zwischen den einzelnen Staaten und damit gleichzeitig zur Vermeidung von Steueroasen dienen soll. Allerdings müssen beim Abschluss eines DBA auch die eigenständigen Belange der jeweiligen Vertragspartner berücksichtigt werden. Hierzu gehören länderspezifische Besonderheiten beispielsweise im Verhältnis zwischen Grenzstaaten, die regelmäßig zur Ausgestaltung sogenannter Grenzgängerregelungen führen.

Neben dem permanent fortentwickelten und veränderten Bedürfnissen angepassten Musterabkommen auf dem Gebiet der Ertrags- und Vermögenssteuern wurde von der OECD auch ein Musterabkommen auf dem Gebiet der Nachlass-, Erbschaft- und Schenkungssteuern ausgearbeitet. Hierauf soll aber ebenso wenig eingegangen werden wie auf Abkommen auf dem Gebiet der Luftfahrt und der Seeschifffahrt.

DBA dienen – anders als ihr Name aussagt – der Vermeidung einer Doppelbesteuerung, die primär daraus entsteht, dass Anknüpfungspunkt für die Besteuerung eines Staates bei unbeschränkten Steuerpflichtigen grundsätzlich das Welteinkommen ist. Eine Doppelbesteuerung entsteht beispielsweise in den Fällen, in denen durch mehrere Wohnsitze in verschiedenen Staaten jeweils die Voraussetzungen der unbeschränkten Steuerpflicht gegeben sind. Dasselbe gilt, wenn bei nur einem Wohnsitz Besteuerungsmerkmale in anderen Staaten gegeben sind, die dort im Rahmen der beschränkten Steuerpflicht zu erfassen sind.

***Beispiel 3:***

Ein bekannter italienischer Tenor hat sowohl in Italien als auch den USA Wohnsitze. Er ist vom Grundsatz her in beiden Staaten unbeschränkt steuerpflichtig und müsste daher jeweils sein Welteinkommen versteuern.

Ein bekannter ehemaliger Tennisspieler hat seinen alleinigen Wohnsitz in den USA. In Ostdeutschland besitzt er ein Autohaus, aus dem er gewerbliche Einkünfte bezieht. Diese gewerblichen Einkünfte unterliegen in der Bundesrepublik der beschränkten Steuerpflicht.

Ein elementarer Grundsatz sämtlicher bestehender DBA ist, dass ein DBA niemals ein eigenständiges Besteuerungsrecht schaffen kann, sondern stets nur ein national festgelegtes Besteuerungsrecht beschränkt. Vereinfacht ausgedrückt führen DBA-Regelungen zur Zuweisung des Besteuerungsrechts. Dies kann im Extremfall sogar dazu führen, dass aufgrund der nationalen Steuergesetze und der DBA-Regelungen eine Besteuerungslücke entsteht.

***Beispiel 4:***

Artikel 14 Abs. 1 Satz 1 und Abs. 2 Satz 1 DBA Frankreich weist das Besteuerungsrecht für Sozialversicherungsrenten dem Quellenstaat zu. Bezieht nun ein Steuerpflichtiger mit Wohnsitz in Frankreich eine deutsche Sozialversicherungsrente, so kann Frankreich diese nicht besteuern. In Deutschland hingegen sind Sozialversicherungsrenten nicht im Rahmen des § 49 EStG, der die Einkünfte im Rahmen der beschränkten Steuerpflicht abschließend auflistet, aufgeführt. Damit läuft das Deutschland zugewiesene Besteuerungsrecht ins Leere; diese Sozialversicherungsrente kann also auch in Deutschland nicht besteuert werden.

Die Zuweisung des Besteuerungsrechts erfolgt im Allgemeinen nach folgendem Grundschema, wobei Besonderheiten möglich sind:

| **Einkunftsart** | **Besteuerungsrecht** |
|---|---|
| gewerbliche Einkünfte | Betriebsstättenstaat |
| selbständige Einkünfte | |
| Einkünfte im Zusammenhang mit Immobilien | Belegenheitsstaat |
| nichtselbständige Einkünfte | Tätigkeitsstaat |
| Kapitaleinkünfte | Wohnsitzstaat |

Hinzuweisen ist auf zwei wichtige Besonderheiten:

1. Bei nichtselbständigen Einkünften gilt die sogenannte 183 Tage-Klausel, die besagt, dass bei einer Auslandstätigkeit von bis zu 183 Tagen, also weniger als einem halben (Steuer)-Jahr, das Besteuerungsrecht beim Wohnsitzstaat verbleibt. Mit dieser wichtigen Ausnahmeregelung wird nicht zuletzt aus Praktikabilitätsgründen sichergestellt, dass bei Auslandsdienstreisen kein Wechsel des Besteuerungsrechts verbunden ist. Diese 183 Tage-Klausel gilt aber dann nicht, wenn der Arbeitgeber oder dessen Betriebsstätte im ausländischen Tätigkeitsstaat ansässig ist.
2. Bei Kapitaleinkünften gibt es zumeist beschränkt auf 15 Prozent bei Dividenden eine Berechtigung für den Quellenstaat zum Einbehalt einer Quellensteuer.

Zu erwähnen ist noch, dass jedes DBA Begriffsdefinitionen enthält, die zur Auslegung und Durchführung der Bestimmungen des DBA heranzuziehen sind. Dies betrifft beispielsweise auch die Abkommensberechtigung überhaupt und nicht zuletzt die Regelungen für einen zwischenstaatlichen Auskunftsaustausch.

Nachdem in einem DBA das Besteuerungsrecht für die verschiedenen Einkünfte (oder Vermögensteile) einem der beiden Vertragsstaaten zugewiesen wurde, ergibt sich die Erfordernis konkreter Regelungen zur Vermeidung einer Doppelbesteuerung. Hier gibt es zwei mögliche Alternativen, nämlich

1. die Freistellungsmethode; dies bedeutet, dass die im anderen Staat zu besteuernden Einkünfte nur bei der Bemessung des Steuersatzes über den Progressionsvorbehalt berücksichtigt werden können oder
2. die Anrechnungsmethode, wonach die im anderen Staats beispielsweise als Quellensteuer tatsächlich gezahlte oder aber eine fiktive – beispielsweise in Höhe der auf diese Einkünfte bei einer Besteuerung entfallenden Steuer – Steuer auf die bei der Besteuerung anfallende Steuer angerechnet wird.

***Beispiel 5 (Fortsetzung des Beispiels 4):***

Bei der Sozialversicherungsrente erfolgt nach Art. 20 Abs. 2 a) cc) DBA Frankreich die Anrechnung der auf diese Rente entfallende Steuer als fiktive deutsche Steuer auf die französische Steuer. Im Ergebnis führt damit in Frankreich die Sozialversicherungsrente nicht zu einer Steuerbelastung. In Deutschland fehlt es bereits an einer Besteuerungsmöglichkeit überhaupt. Damit ist diese Sozialversicherungsrente definitiv steuerfrei.

Einige DBA, insbesondere mit Entwicklungsländern, sehen als zusätzlichen Investitionsanreiz ausdrücklich die Anrechnung fiktiver Quellensteuern an. Als Beispiele hierfür seien die DBA mit Argentinien, Brasilien und Jamaika genannt.

**Auswirkungen eines DBA auf Abzugsteuern**

§ 50d Abs. 1 EStG stellt ausdrücklich klar, dass der Steuerabzug nach § 50a EStG bzw. den übrigen Bestimmungen des EStG zum Lohn- oder Kapitalertragsteuerabzug auch dann zu erfolgen hat, wenn ein DBA das Besteuerungsrecht ganz oder teilweise einschränkt. Insbesondere kann sich der Vergütungsschuldner nicht darauf berufen, dass der Vergütungsgläubiger nach DBA-Regelungen eine Freistellung erlangen könnte.

Entsprechend der Regelung in Art. 17 des OECD-Musterabkommens weisen alle zur Zeit geltenden DBA der Bundesrepublik Deutschland das Besteuerungsrecht hinsichtlich Vergütungen an beschränkt steuerpflichtige vortragende Künstler oder an Sportler für Inlandsauftritte grundsätzlich der Bundesrepublik Deutschland zu. In diesen Fällen wird auch kein Freistellungsbescheid vom Bundesamt für Finanzen erteilt. Zur Vermeidung einer Doppelbesteuerung dieser Einkünfte des Künstlers oder Sportlers besteuert dessen Wohnsitzstaat die betroffenen Vergütungen nicht (Freistellungsmethode) oder er rechnet die in Deutschland gezahlte Steuer an (Anrechnungsmethode). Welche Methode zur Anwendung gelangt, richtet sich nach dem jeweiligen DBA in Verbindung mit den steuerrechtlichen Vorschriften des Wohnsitzstaates.

In einigen DBA hat die Bundesrepublik Deutschland unter Bestimmten Voraussetzungen aber auf ihr Besteuerungsrecht für diese Einkünfte verzichtet, so dass das Besteuerungsrecht beim Wohnsitzstaat des Künstlers oder Sportlers verbleibt. Im Groben handelt es sich um folgende drei Fallgruppen:
1. Kulturaustausch,
2. Subventionierung aus öffentlichen Mitteln des Entsendestaates und
3. „Bagatellregelung" mit den USA.

Unter Kulturaustausch ist nach den Klauseln in den DBA mit Bulgarien, China, Jugoslawien, Polen, Rumänien, Tschechien, Slowakei, Ungarn und Vietnam der Auftritt im Rahmen des von den Vertragsstaaten gebilligten offiziellen Kulturaustausches zu verstehen.

Die Subventionierung aus öffentlichen Mitteln des Entsendestaates ist nach den Regelungen in den betroffenen DBA dann gegeben, wenn der Aufenthalt des Künstlers oder Sportlers ganz oder in wesentlichem Umfang – zumindest zu einem Drittel – von dem Entsendestaat finanziert wurde. Entsprechende Klauseln finden sich beispielsweise in den DBA mit Italien, Norwegen, Schweden, der Schweiz, Ungarn und den USA.

Aufgrund der „Bagatellregelung" für in den USA ansässige Künstler oder Sportler kann nach Ablauf eines Kalenderjahres der abgeführte Steuerabzug für Einkünfte aus Darbietungen in Deutschland erstattet werden, wenn die Vergütung inklusive Kostenersatz und sonstige Zuwendungen 20.000 $ nicht überschritten hat.

Der Grundfall ist allerdings die Durchführung des Abzugsverfahrens mit dem Haftungsrisiko des Vergütungsschuldners, sofern er den Steuerabzug unterlässt. Nicht beschränkt wird aber die Berechtigung des ausländischen Gläubigers der entsprechenden Einnahmen, auf völlige oder teilweise Erstattung der einbehaltenen und abgeführten Abzugsteuer.

Die Erstattung erfolgt auf Antrag des Vergütungsgläubigers auf der Grundlage eines Freistellungsbescheides beim Bundesamt für Finanzen in Bonn. Hierfür müssen die amtlichen Antragsvordrucke verwandt werden. Infolge des Gesetzestextes handelt es sich bei einem solchen Erstattungsverfahren um ein kombiniertes Erstattungs- und Freistellungsverfahren, da eine Erstattung nur dann erfolgen kann, wenn im nachfolgend im Einzelnen dargestellten Freistellungsverfahren – das also auch noch nach Durchführung des Steuerabzugs eingeleitet werden kann – eine Freistellungsbescheinigung erteilt wurde.

Anträge können sowohl von Einzelpersonen als auch von Personengruppen und Gesellschaften gestellt werden. Bei einem Antrag einer Künstler-Gruppe genügt es, dass alle Mitglieder den Antrag unterschreiben oder entsprechende Vollmachten gegeben haben. Ein aktuelles Muster eines Antragsvordrucks ist beigefügt.

Während die Erstattung bereits begrifflich voraussetzt, dass eine Abzugsteuer einbehalten wurde, besteht auch die Möglichkeit, über eine Freistellung im Vorfeld von einem Steuerabzug überhaupt abzusehen. Aufgrund der derzeit geltenden Rechtslage kann nur in zwei Fällen von einem Steuerabzug nach § 50a EStG abgesehen werden:

1. Hauptanwendungsfall ist die ab 2002 neu geregelte Freistellung im Steuerabzugsverfahren gem. § 50d Abs. 2 EStG.
2. Ein Unterfall dazu ist das sogenannte Kontrollmeldeverfahren nach § 50d Abs. 5 EStG.

### Die Freistellung im Steuerabzugsverfahren

Eine Freistellungsbescheinigung wird vom Bundesamt für Finanzen nur auf schriftlichen Antrag unter Verwendung der dort erhältlichen besonderen Antragsvordrucke für Künstler und Sportler erteilt. Diese Vordrucke sind in deutscher, englischer, italienischer, spanischer, polnischer und russischer Sprachfassung erhältlich. Ein aktuelles Vordruckmuster in deutscher Sprache ist beigefügt. Daneben gibt es noch einen besonderen Vordruck für Künstler aus den USA.

Der Antrag ist grundsätzlich vom Künstler oder Sportler selbst zu stellen. Er kann auch von einem Dritten, beispielsweise dem Vergütungsschuldner, gestellt werden, wenn der Künstler oder Sportler ihn hierzu schriftlich bevollmächtigt hat. Der Antrag soll spätestens drei Monate vor Beginn des beantragten Freistellungszeitraums und nicht früher als ein Jahr vor diesem gestellt werden.

Der Künstler oder Sportler hat durch eine Bestätigung der für ihn zuständigen Steuerbehörde seines Wohnsitzstaates nachzuweisen, dass er dort ansässig ist (§ 50d Abs. 2 EStG). Um sicherzustellen, dass die ausländische Steuerbehörde des Künstlers oder Sportlers von dessen Antrag und den darin im Einzelnen erfassten Einkünften aus der Bundesrepublik Kenntnis erlangt, hat die Ansässigkeitsbestätigung unter Ziffer 11 des Antragsvordrucks zu erfolgen. Bestätigungen auf einen gesonderten Blatt oder solche einer Stadt- oder Gemeindeverwaltung, etc. werden nicht anerkannt.

Eine Sonderregelung gilt für in den USA ansässige Künstler oder Sportler. Diese müssen als natürliche Personen ihre „Social Security Number" oder als Unternehmen bzw. sonstige Rechtsgebilde ihre „Employer Identification Number" sowie die US-Steuerbehörde angeben, bei der die letzte amerikanische Einkommensteuer-Erklärung eingereicht wurde. Die US-Steuerbehörde „Internal Revenue Service (IRS)", die dem US-Finanzministerium, „Department of Treasury" unterstellt ist, erteilt Ansässigkeitsbescheinigungen, die dem Freistellungsantrag beizufügen sind. Ergänzende Hinweise über die Ausstellung einer solchen Ansässigkeitsbescheinigung hat die US-Steuerbehörde in der Informationsschrift „publication 686" veröffentlicht.

Für die Antragstellung gilt eine Frist von vier Jahren. Dies beruht auf dem verfahrensrechtlichen Umstand, dass die volle oder teilweise Freistellung von einer Steuer eine Steuerfestsetzung darstellt. Die Entscheidung darüber ist nach § 155 Abs. 1 Abgabenordnung (AO) ein Steuer(freistellungs)bescheid. Dies bedeutet, dass der beschränkt steuerpflichtige Künstler oder Sportler nur innerhalb der vierjährigen Festsetzungsfrist den Antrag auf Freistellung vom Steuerabzug stellen kann.

Die Festsetzungsfrist beginn mit Ablauf des Kalenderjahres, in dem die betreffenden Vergütungen zugeflossen sind; sie endet mit Ablauf des vierten darauf folgenden Kalenderjahres. Diese Vierjahresfrist gilt auch dann, wenn in einem DBA wie beispielsweise dem DBA Schweiz eine kürzere Frist vorgesehen sein sollte. Die Frist endet allerdings nicht vor Ablauf von sechs Monaten nach Entrichtung der Abzugsteuer. Nach Fristablauf können keine Freistellungsanträge mehr gestellt werden.

***Beispiel 6:***

Dem französischen Künstler A fließt die Vergütung am 2. Januar 2002 zu. Sein belgischer Kollege B erhält seine Vergütung am 30. Dezember 2002. In beiden Fällen beginnt die vierjährige Festsetzungsfrist mit Ablauf des 31. Dezember 2002. Sie endet mit Ablauf des 31. Dezember 2006. Wird – aus welchen Gründen auch immer – die Abzugsteuer jeweils erst am 5. September 2006 entrichtet, endet die Festsetzungsfrist erst am 5. März 2007.

Durch die Freistellung wird der Vergütungsschuldner mit Wirkung für die Zukunft von seinen Verpflichtungen zum Steuerabzug, zur Anmeldung und zur Abführung der Steuer sowie seiner Haftung entbunden. Bei einer nachträglichen Befreiung – also einer Befreiung nach der Auszahlung – werden durch die Freistellung die Voraussetzungen für eine Erstattung (im kombinierten Erstattungs- und Freistellungsverfahren) geschaffen.

Die Geltungsdauer einer Freistellungsbescheinigung ist – beginnend mit dem Antragseingang – auf längstens drei Jahre befristet werden. Daraus folgt, dass Freistellungsbescheinigungen als Dauerbescheinigung auch mit einer kürzeren Geltungsdauer oder aber als Einzelbescheinigung auch beschränkt auf ein bestimmtes Engagement erteilt werden können. Eine rückwirkende Erteilung einer Freistellungsbescheinigung ist ausgeschlossen.

Entsprechend der gesetzlichen Vorgabe in § 50d Abs. 2 Satz 1 EStG werden Freistellungsbescheinigungen grundsätzlich unter Widerrufsvorbehalt nach § 131 AO erteilt. Dies bedeutet, dass diese mit Wirkung für die Zukunft widerrufen werden kann, so dass die befreienden Wirkungen einer erteilten Freistellungsbescheinigung für die Vergangenheit selbst bei einem Widerruf erhalten bleiben. Dies gilt nur dann nicht, wenn der Vergütungsgläubiger an der Erteilung einer rechtwidrigen Bescheinigung mitgewirkt oder er hiervon Kenntnis hatte; in diesem Fall kann eine erteilte Freistellungsbescheinigung nach § 130 AO auch mit Wirkung für die Vergangenheit zurückgenommen werden.

## Das Kontrollmeldeverfahren

In Fällen geringerer Bedeutung kann das Bundesamt für Finanzen den Vergütungsschuldner auf dessen Antrag hin auch ohne Wohnsitzbescheinigung der Vergütungsgläubiger allgemein ermächtigen, ohne Freistellungsbescheinigungen den Steuerabzug zu unterlassen oder nach einem niedrigeren Steuersatz vorzunehmen. Diese Ermächtigung kann mit Auflagen verbunden werden, beispielsweise die Angabe des Namens, des Wohnortes oder des Ortes des Sitzes oder der Geschäftsleitung sowohl des Vergütungsgläubigers als auch des Vergütungsschuldners, der Art der Vergütung, des Bruttobetrages und des Zeitpunkts der Zahlungen sowohl des einbehaltenen Steuerbetrages.

Der formlose Antrag auf Teilnahme an diesem Kontrollmeldeverfahren gilt gleichzeitig als Zustimmung des Vergütungsgläubigers und des Vergütungsschuldners zur Weiterleitung der Angaben des Vergütungsschuldners an den Wohnsitz- oder Sitzstaat des Vergütungsgläubigers. In diesem Antrag verpflichtet sich der Vergütungsschuldner

1. dem Bundesamt für Finanzen für jeden Vergütungsgläubiger eine Jahreskontrollmeldung bis zum Ablauf des Monats April jeden Jahres für das vorhergehende Kalenderjahr zu übersenden,
2. den Ermächtigungsbescheid und je eine Mehrfertigung der Jahreskontrollmeldungen als Beleg zu seinen Unterlagen zu nehmen und
3. dem Vergütungsgläubiger jeweils so früh als möglich, spätestens mit der ersten Zahlung, mitzuteilen, dass seine Zahlungen in das Kontrollmeldeverfahren einbezogen sind und daher keine oder nur eine reduzierte Abzugsteuer einbehalten wird und
4. den ausländischen Vergütungsgläubiger darauf hinzuweisen, dass die geleisteten Zahlungen der Steuerverwaltung seines Heimatstaates durch die deutsche Finanzverwaltung Mitteilung erhält.

Die Ermächtigung, das Kontrollmeldeverfahren anzuwenden, wird vom Bundesamt für Finanzen durch Bescheid regelmäßig unbefristet, allerdings unter dem Vorbehalt jederzeitigen Widerrufs nach § 131 AO (mit Wirkung ausschließlich für die Zukunft) erteilt. Eine rückwirkende Rücknahme nach § 130 AO setzt wie auch bei der Freistellungsbescheinigung voraus, dass der Vergütungsgläubiger an der Erteilung einer rechtwidrigen Bescheinigung mitgewirkt oder Kenntnis hiervon hatte.

Das für den Vergütungsgläubiger zuständige Finanzamt erhält zur Kenntnisnahme eine Abschrift des Ermächtigungsbescheides. In dem Ermächtigungsbescheid weist das Bundesamt für Finanzen auf die zu übernehmenden Verpflichtungen ausdrücklich hin. Eine Ermächtigung kann auch rückwirkend auf den Beginn des laufenden Kalenderjahres erteilt werden. Dies gilt aber dann und insoweit nicht, wenn bereits eine Abzugsteuer an das zuständige Finanzamt abgeführt wurde.

Der Anwendungsbereich des Kontrollmeldeverfahrens ist auf Fälle des § 50a Abs. 4 Nr. 2 und 3 EStG begrenzt. Das Kontrollmeldeverfahren wird insbesondere von Filmproduktionsgesellschaften, Rundfunk- und Fernsehanstalten und Verlagen in Anspruch genommen, wobei folgende Betragsgrenzen zu beachten sind:

1. Einzelzahlungen dürfen einen Bruttobetrag von 5.500 € nicht übersteigen.
2. Die während eines Kalenderjahres insgesamt geleisteten Zahlungen an einen Vergütungsschuldner dürfen einen Bruttobetrag von 40.000 € nicht übersteigen.
3. Filmkomparsen und -statisten können je Film 100 € ausgezahlt werden, ohne dass eine Jahreskontrollmeldung auszustellen ist. Voraussetzung hierfür ist, dass der Filmproduzent aus den Gesamtumständen annehmen konnte, dass der Kleindarsteller Anspruch auf die Anwendung eines DBA hat.

Hat der Vergütungsschuldner Personen in das Kontrollmeldeverfahren einbezogen, bei denen die vorgenannten Höchstbeträge überschritten sind, so ist für diese Personen zu dem Zeitpunkt eine Freistellungsbescheinigung zu beantragen, in dem eine Einzelzahlung von mehr als 5.500 € geleistet wird oder die gesamten Zahlungen an diese den Betrag von 40.000 € überschreiten. Die Jahreskontrollmeldung hat allerdings alle an diese Person geleiteten Zahlungen zu umfassen.

Wird die Höchstgrenze im Laufe eines Jahres überschritten und weigert sich der Vergütungsgläubiger, einen Freistellungsbescheid zu beantragen, so hat der Vergütungsschuldner von der die Jahreshöchstgrenze überschreitenden Vergütung die gesetzliche Steuer einzubehalten und an das Finanzamt abzuführen.

Für diese Höchstgrenze sind Vorschüsse, Teil-, Abschlags- und Abschlusszahlungen sowie Kostenerstattungen für Fahrtkosten, Verpflegungsmehraufwendungen, Übernachtungen, etc. mit zu berucksichtigen und alle während eines Kalenderjahres geleisteten Zahlungen zusammenzurechnen, die sich auf dieselbe Tätigkeit oder Leistung des Gläubigers beziehen. Die enthaltene Umsatzsteuer ist sowohl bei der Berechnung der Höchstbeträge als auch der Ermittlung der Bemessungsgrundlage für die Abzugsteuer gleichfalls zu berücksichtigen. Letzteres gilt aber nicht für die nach § 13b UStG vom Leistungsempfänger geschuldete Umsatzsteuer.

Die jährlich bis zum 30. April des Folgejahres dem Bundesamt für Finanzen zur überstellende Jahreskontrollmeldung muss neben der Bezeichnung „Meldung über die im Jahr JJJJ gezahlten Vergütungen für eine in der Bundesrepublik Deutschland ausgeübte persönliche Tätigkeit" folgende Angaben enthalten:

1. Name, Vorname sowie Wohnort oder Ort der Geschäftsleitung des Vergütungsschuldners;
2. Name, Vorname sowie Staat und Ort des Wohnsitzes oder der Geschäftsleitung des Vergütungsgläubigers einschließlich Postleitzahl, Straße und Hausnummer; die Angabe einer Postfachadresse oder einer c/o-Anschrift ist nicht ausreichend;,
3. Bei Zahlungen an Empfänger mit Wohnsitz oder Sitz in den USA ist deren „Social Security Number", „Employer Identification Number" oder „Taxpayer Identification Number" anzugeben;
4. Bruttobetrag einschließlich gesondert ausgewiesener etwaiger Umsatzsteuer sowie Art der Vergütungen, ausgedrückt durch genaue Angabe der entsprechenden Vorschrift des § 50a EStG;
5. von den Vergütungen einbehaltener Steuerbetrag.

Die Übermittlung der Jahreskontrollmeldungen ist nach Zulassung und Vorgabe der Datensätze durch das Bundesamt für Finanzen auch auf Magnetband oder einem anderen Datenträger möglich. Die Daten aus den übermittelten Jahreskontrollmeldungen werden vom Bundesamt für Finanzen nach Weisungen des Bundesfinanzministeriums aufgrund der bestehenden Regelungen über den Austausch von Auskünften zur Durchführung der DBA den zuständigen Finanzbehörden der in Betracht kommenden ausländischen Staaten übermittelt.

Weitererführende Verwaltungsanweisungen zur Besteuerung ausländischer Künstler oder Sportler

Das Bundesfinanzministerium hat zu vielen Rechtsfragen, die sich in Zusammenhang mit der Besteuerung ausländischer Künstler und Sportler in Deutschland ergeben, in einem Erlass Stellung genommen. Dort wird unter anderem auf die Problematik ausländischer Künstlerverleihgesellschaften und auf Werbeverträge ausländischer Künstler und Sportler eingegangen. Ferner ist darin geregelt, dass ein Entgelt, das für den inländischen öffentlichen Auftritt eines Künstlers und die Verwertung auf Bild- und Tonträgern beispielsweise für eine CD-Produktion anlässlich eines Auftritts gezahlt wird, im Verhältnis ein Drittel persönliche Tätigkeit – also Tätigkeitsvergütung – und zwei Drittel Verwertung – also Lizenzvergütung – aufzuteilen ist, wenn keine Anhaltspunkte für eine anderweitige Aufteilung vorliegen.

Wegen der Einzelheiten der in diesem Erlass angesprochenen komplexen Regelungen wird auf dessen amtliche Veröffentlichung im Bundessteuerblatt 1996 Teil I Seite 89, verwiesen.

Weiterführende Auskünfte können auch von den Internetseiten des Bundesfinanzministeriums, Berlin, unter www.bundesfinanzministerium.de oder des Bundesamts für Finanzen, Bonn, unter www.bff-online.de abgerufen werden.

# V. Veranstaltungssicherheit

# Verkehrssicherungspflichten und Verkehrsorganisation

*von Manfred Schmalzbauer*

Bei fast allen öffentlichen Events, die einen größeren Umfang haben, ist die Inanspruchnahme öffentlichen Verkehrsraumes erforderlich. Dies zieht umfangreiche Sicherungspflichten nach sich, deren grundlegenden Inhalte der Verantwortliche kennen und beachten muss. Unabdingbar ist hierbei die Zusammenarbeit mit Behörden, wobei das Wissen über Zuständigkeiten und Verwaltungsabläufe sehr wichtig und hilfreich ist.

Die nachstehenden Ausführungen sollen das notwendige Wissen vermitteln, um als verantwortlicher Veranstalter den Verkehrssicherungspflichten entsprechen zu können.

Des weiteren ist das auszugsweise angeführte Arbeitspapier zum Ablauf des „New Pop Festival“ bestens geeignet, die Zusammenarbeit mit den zuständigen Behörden anzuzeigen.

Bei Veranstaltungen im öffentlichen Verkehrsraum sind unterschiedliche Gegebenheiten zu beachten. Wichtig ist hierbei zu wissen, was unter öffentlichem Verkehrsraum zu verstehen ist.

Öffentlicher Verkehrsraum sind die Straßen, Wege und Plätze, auf denen sich tatsächlich öffentlicher Verkehr abwickelt, das heißt wo ein unbestimmter, nicht abgegrenzter und nicht untereinander in Verbindung tretender Personenkreis verkehrt.

Hierbei ist es bedeutungslos, in wessen Eigentum sich der Grund und Boden eines solchen Verkehrsraumes befindet. Es ist also sehr wohl möglich, dass ein Privatgrundstück öffentlicher Verkehrsraum ist, wenn sich dort mit dem Einverständnis oder der Duldung des Grundstückseigentümers öffentlicher Verkehr abwickelt.

Dagegen ist der Verkehr auf öffentlichen Straßen nicht öffentlich, solange diese, zum Beispiel bei Arbeitsstellen, durch Verkehrseinrichtungen für alle Verkehrsarten gesperrt sind.

Der hier verwendete Begriff „öffentlicher Verkehr" beinhaltet die Gesamtheit des sich im öffentlichen Verkehrsraum abwickelnden Verkehrsgeschehens. Er umfasst sowohl die Kraftfahrzeuge als auch andere Fahrzeuge, die Schienenfahrzeuge und die Fußgänger. Seine Abwicklung ist durch die Verkehrsgesetze und Verordnungen geregelt.

Der öffentliche Verkehr kann unter bestimmten Voraussetzungen durch die Straßenverkehrsbehörden sowie durch die Straßenbaubehörden mit Zustimmung der Straßenverkehrsbehörden und nach Anhörung der Polizei beschränkt beziehungsweise über die Verkehrsvorschriften hinaus erweitert werden.

Zum öffentlichen Verkehr ist jedermann zugelassen, soweit die Verkehrsvorschriften nicht ein besonderes Zulassungsverfahren vorschreiben. Die zuständigen Behörden können hierbei bestimmte Auflagen machen beziehungsweise über die Verkehrsvorschriften hinausgehende Ausnahmegenehmigungen erteilen.

Aufgrund dieser rechtlichen Gegebenheiten können je nach Umfang eines „Events" zwei Arten von Genehmigungen notwendig werden:

### *1. Sondernutzungserlaubnis*

Die Benutzung einer Straße über den Gemeingebrauch hinaus (Sondernutzung) bedarf der Erlaubnis. Die Erlaubnis darf nur auf Zeit oder auf Widerruf erteilt werden. Über die Erteilung einer solchen Erlaubnis entscheidet die Straßenbaubehörde. Der Erlaubnisnehmer hat Anlagen (zum Beispiel Zelte etc.) so zu errichten und zu unterhalten, dass sie den Anforderungen der Sicherheit und Ordnung sowie den anerkannten Regeln der Technik genügen.

## 2. Verkehrsrechtliche Anordnungen

Maßgebende Rechtsgrundlage für alle verkehrslenkenden, -beschränkenden oder -verbietenden Maßnahmen auf öffentlichen Verkehrsflächen oder auf Privatgrund mit tatsächlich-öffentlichem Verkehr, ist die Straßenverkehrs-Ordnung (StVO). Hierbei sind alle Gebote und Verbote für die Verkehrsteilnehmer durch Verkehrszeichen und -einrichtungen nach der StVO anzuordnen. Diese Anordnung, die einen entsprechenden Antrag voraussetzt, erfolgt durch die jeweilige Straßenverkehrsbehörde in Form eines schriftlichen Bescheides.

Die für den verantwortlichen Veranstalter bestehende Verkehrssicherungspflichten ergeben sich aus den § 823 ff BGB.

Hiernach ist zu Schadenersatz verpflichtet, wer durch schuldhaftes, rechtswidriges Handeln oder Unterlassen einem anderen Schaden zufügt, ohne dass der Schädiger und der Geschädigte durch ein Vertragsverhältnis miteinander verbunden sind.

Die Vorschriften über unerlaubte Handlungen, § 823 ff BGB, die zu Schadenersatz verpflichten, wenn durch schuldhaftes, rechtswidriges Handeln oder Unterlassen einem anderen Schaden zugefügt worden ist, ohne dass der Schädiger und der Geschädigte durch ein Vertragsverhältnis miteinander verbunden sind, begründen die Verkehrssicherungspflicht. Diese Bestimmungen gewinnen für die Sicherheit von Absperrmaßnahmen auf Straßen besondere Bedeutung, da aus ihnen die sogenannte Verkehrssicherungspflicht abgeleitet wird, die Grundlage für Notwendigkeit und Umfang von Sicherungsmaßnahmen ist.

Anhand dreier Beispiele soll die vorgenannte Thematik zum besseren Verständnis näher erläutert werden:

*1. Im Vorfeld einer Veranstaltung wollen Sie Werbeständer auf Gehwegen aufstellen. Ist dies erlaubnispflichtig?*

Ja, da nach der Zweckbestimmung von Gehwegen diese Fußgängern vorbehalten sind (Gemeingebrauch). Das Aufstellen der Werbeständer stellt somit eine Inanspruchnahme einer öffentlichen Sache außerhalb des Gemeingebrauchs dar, ist damit eine Sondernutzung und deshalb von einer Erlaubnis abhängig.

*2. Sie wollen eine Straße in ein Open-Air-Konzert mit einbeziehen, die deutlich mit dem Hinweis „Privatstraße" gekennzeichnet ist. Ist für die Sperrung dieser Straße (Eigentümerduldung vorausgesetzt) eine verkehrsrechtliche Anordnung notwendig?*

Ja, diese ist notwendig, weil allein entscheidend ist, ob eine tatsächliche Zugänglichkeit für die Allgemeinheit vorliegt. Da außer dem Hinweis „Privatstraße" weder ein Benutzungsverbot, noch eine Einschränkung des Benutzerkreises erkennbar ist, ist diese Straße tatsächlich öffentlich.

*3. Sie haben bei einer Veranstaltung einen öffentlichen Platz in Anspruch genommen, der aufgrund einer verkehrsrechtlichen Anordnung ordnungsgemäß abgesperrt wurde. Im Laufe des Abends werden während der Veranstaltung die Absperrgitter umgeworfen und es kommt zu einem Unfall aufgrund der nicht mehr sichtbaren Sperrgitter. Wer ist hier für die Verkehrssicherung verantwortlich?*

Adressat für die verkehrsrechtliche Anordnung ist neben dem Veranstalter der Straßenbaulastträger, da von ihm die Absperrgitter und die Verkehrszeichenbeschilderung angebracht wurden. Daraus ist jedoch nicht die Verpflichtung abzuleiten, diese Beschilderung auch nachts auf ihre Vollständigkeit zu überprüfen. Hier ist vielmehr der Veranstalter in der Pflicht, da der Grundsatz gilt, dass derjenige, der Gefahrenquellen auf der Straße schafft, zur Sicherung des Verkehrs die entsprechenden Vorkehrungen zur Verhütung von Schäden zu treffen hat (hier regelmäßige Kontrolle, ob die Sperrgitter noch stehen).

Zu den Behördenorganisationen und -zuständigkeiten ist noch anzumerken, dass die einzelnen Bundesländer ein uneinheitliches Bild der Gliederung ihrer Verwaltungen aufweisen.

Für Verwaltungshandlungen gegenüber den einzelnen Bürger ist in der Regel die untere Verwaltungsbehörde zuständig (Kreis- beziehungsweise Gemeindeverwaltungen).

Das nachstehend auszugsweise angeführte Arbeitspapier zum Ablauf des Events „New Pop Festival" soll aufzeigen, wie mannigfaltig und komplex die einzelnen Verfahrensabläufe sein können. Es soll als Beispiel aus der Praxis helfen, Zusammenhänge in bezug auf Zuständigkeiten und Verwaltungsabläufe bei einer solchen Veranstaltung zu verdeutlichen.

# Literaturverzeichnis

Bürgerliches Gesetzbuch (BGB)
Richtlinie über die Sicherung von Arbeitsstellen (RSA)
Straßengesetz für Baden-Württemberg (StrG BW)
Straßenverkehrsordnung (StVO)

## Anhang

| Nr. | Aktion | Genauer Inhalt | Zu erledigen durch | Frist |
|---|---|---|---|---|
| 1 | **Fahnen** | Als Anlage ist für den SWR und das HBA eine Liste der Standorte der Fahnenmasten beigefügt. Der SWR wird diese durchsehen und dem HBA mitteilen, an welchen Stellen für das New Pop Festival 2001 beflaggt werden soll.<br><br>Entsprechend der stadtinternen getroffenen Regelung soll die Beflaggung vorwiegend im Bereich der Veranstaltungsorte erfolgen. Da zeitgleich die Große Woche und Konzerte im Festspielhaus stattfinden, stehen dem SWR hauptsächlich Fahnenmasten im Umfeld Leopolds-platz/Fieserbrücke zur Verfügung. Für die Große Woche sollen vorwiegend an den Stadteinfahrten internationale Flaggen und im Bereich des Festspielhauses die Hinweise auf die Veranstaltungen beflaggt werden. | SWR<br><br>HBA/TBA-ZB | 06.08.2001 |
| 2 | **Werbung an den Abspannungen für die Weihnachtsbeleuchtung** | Die Werbung kann im Innenstadtbereich an den Abspannpunkten der Weihnachtsbeleuchtung angebracht werden, wobei ein Schwerpunkt der Leopoldsplatz ist.<br><br>Zusätzlich wurde beim Ortstermin am 05.07.2001 festgelegt, dass eine weitere Werbung in Höhe der Anwesen Lichtentaler Straße 64 und 67 b an der Abspannung der Straßenbeleuchtung angebracht werden kann. Dem SWR wird empfohlen, im Vorfeld Kontakt mit den Hauseigentümern aufzunehmen.<br><br>Antrag bis 06.08.2001 an Stadt Baden-Baden, Amt für öffentliche Ordnung<br><br>Ansprechpartner: Frau X<br>Herr Y<br>Tel: 93-<br>93- | SWR<br><br>SWR | 20.08.2001<br><br>06.08.2001 |
| **Nr.** | **Aktion** | **Genauer Inhalt** | **Zu erledigen durch** | **Frist:** |
| 5 | **Hinterleuchtete Litfass-Säulen** | 10 Freiflächen wurden von der Deutschen Plakatwerbung angeboten.<br><br>Zeitraum: 11.09. – 17.09.2001<br><br>Für das weitere Netz DPW wird auf den Preis von 15,25 DM ein Nachlass von 10 % gewährt.<br><br>Sobald die schriftliche Zusage beim BVA vorliegt, wird dieses den SWR unmittelbar informieren.<br><br>Die Freiflächen müssen unbedingt über die , gebucht und vom Bauverwaltungsamt die Bestätigung der Freiwerbung ausgestellt werden.<br><br>Die Voranmeldung kann bei der , Frau , Tel.: , erfolgen. | BVA<br><br>BVA<br><br>BVA/SWR<br><br>SWR | 27.07.2001<br><br>13.08.2001 |

| | | | | |
|---|---|---|---|---|
| 6 | **Werbeschilder an den Stadteinfahrten („Caracalla-Schilder")** | Die Werbeflächen stehen im Zeitraum 31.08. bis 23.09.2001 zur Verfügung.<br><br>Standorte:<br>1. Steighausplatz/Wolfschlucht<br>2. Fischkultur/Oberbeuern<br>3. Ortsausgang Geroldsau/B 500<br>4. Stadteinfahrt B 500 vor Ebertplatz<br>5. Kuppenheimer Straße in Höhe Gewerbegebiet/Ortseingang | SWR | |

| Nr. | Aktion | Genauer Inhalt | Zu erledigen durch | Frist: |
|---|---|---|---|---|
| 1 | **Möblierung** | Ein großer Teil der Blumenkübel kann in diesem Jahr auf der Fieser-Brücke verbleiben, da hiermit der neue rechteckige Zeltkomplex kaschiert werden soll. Die übrigen Blumenkübel können nicht auf den Parkplätzen bei den Kurhauskolonnaden abgestellt werden, da diese Flächen als Aufstellflächen benötigt werden. Sie sollen daher am Goetheplatz bzw. wieder in der Kaiserallee abgestellt werden. | GA | |
| | | Der Baum an der Fieserbrücke soll vom Gartenamt auf Totholz und vom Sturm „Willi" angebrochene Äste überprüft werden. | GA | 10.09.2001 |
| | | Die endgültige Abstimmung der Details erfolgt bei einem Vororttermin mit allen Beteiligten am 17.09.2001, 9:00 Uhr, Treffpunkt: Fieserbrücke. | SWR / Stadt | |
| | | Aufbau: 14.09.2001 ab 7.00 Uhr<br>Abbau: 24.09.2001 ab 7.00 Uhr<br>Aufbau Zelt am 17.09.2001 | | |
| | | Freigabe Verkehr Kreuzstraße ab 24.09.2001 abends | | |
| | | Der SWR sichert zu, dass der Abbau mit größter Rücksicht auf die Anwohner vorgenommen wird. In der Nachtzeit, d.h. ab 22.00 Uhr, dürfen keine Arbeiten mehr durchgeführt werden, die Lärm erzeugen, so dass die eigentlichen Abbauarbeiten am 24.09.2001 erfolgen müssen.<br>Es dürfen keine LKWs vor dem Hotel Reichert zum Be- und Entladen abgestellt werden . | SWR | |
| | | Hinter der Bühne wird eine Dixie-Toilette aufgestellt. Der genaue Standort wird noch festgelegt und in einen Plan eingetragen. | | |
| | | Antrag auf Sondernutzung bis 06.08.2001 an Stadt Baden-Baden, Amt für öffentliche Ordnung | | |
| | | Ansprechpartner: Frau , Herr<br>Tel: 93- 93- | | |
| 2 | **Hamburger Gitter** | Die Hamburger Gitter für die Auf- und Abbauphase werden durch den SWR am 14.09.2001 bzw. 24.09.2001 ab 9.00 Uhr angeliefert und aufgestellt. | SWR | 14.09.2001<br>24.09.2001 |
| 3 | **Absenken Poller** | Die Poller in der Kaiserallee werden ab dem 17.09.2001 zum Aufbau abgesenkt. | AföO/PGG | 17.09.2001 |
| 4 | **Kühlwagen** | Nachdem auch in diesem Jahr der „Hamilton" nicht zur Verfügung steht, wird der Kühlwagen auf dem Parkstreifen längs der Kurhauskolonnaden untergebracht.<br><br>Auf den Aktenvermerk über das Gespräch am 14.04.2000 und das Ergebnis des Ortstermins am 03.07.2000 wird verwiesen. | AföO/ SWR | |

| Nr. | Aktion | Genauer Inhalt | Zu erledigen durch | Frist: |
|---|---|---|---|---|
| 5 | **Verkehrsführung** | Die Sperrung der Kreuzstraße erfolgt am 17.09.2001 ab 7.00 Uhr bis einschließlich 24.09. 2001. | AföO/TBA | 17.09.2001 |
| | | Auf die Sperrung wird rechtzeitig in der örtlichen Presse hingewiesen. | AföO/Presseamt | 17.09.2001 |
| | | Die verkehrsrechtliche Anordnung wird durch das Amt für öffentliche Ordnung erteilt. | AföO | 01.09.2001 |
| | | Anlieferungen zu den Geschäften sind ungehindert bis 19.09.2001 möglich. | | |
| | | Wie mit dem SWR bereits im vergangenen Jahr abgestimmt, haben die Anwohner die Möglichkeit, während der Sperrung am 20.09., 21.09. und am 22.09.2001 bis 10.30 Uhr anzuliefern. Danach ist keine Anfahrt mehr möglich, da dies die Produktionen stören würde. | | |
| | | Das Persönliche Referat wird kurz vor Beginn des New Pop Festivals noch einmal ein Schreiben an die Anwohner richten und hierauf hinweisen. | I/PR | 31.08.2001 |
| 6 | **Umleitungsbeschilderung** | Die Umleitungsbeschilderung, wird einschließlich Beleuchtung durch das Tiefbauamt bis 17.09.2001 angebracht und am 24.09.2001 nachmittags wieder entfernt. | AföO/TBA | 17.09.2001<br>24.09.2001 |
| | | Für die Hotels Tanneck, Kossmann und Atlantic, die u.a. am Abzweig Kreuzstraße/Fieserbrücke und der Kaiser-Wilhelm-Straße ausgeschildert sind, sowie für alle anderen Hotels, die hiervon betroffen sind, ist eine Umleitungsregelung zu treffen. | AföO | |

| Nr. | Aktion | Genauer Inhalt | Zu erledigen durch | Frist: |
|---|---|---|---|---|
| 6 | **Umleitungsbeschilderung** | Das AföO wird die o.g. Hotels über den Hotel- und Gaststättenverband über die An- und Abfahrtsfahrtsmöglichkeiten während des New Pop Festivals rechtzeitig in Kenntnis setzen. | AföO | 31.08.2001 |
| 7 | **Wasserversorgung** | Die Wasserversorgung wird durch StW-WW bis zum 19.09.2001 sichergestellt. Grundlage ist der bei den Stadtwerken vorhandene Plan mit den Abnahmestellen. | SWR/StW-WW | 19.09.2001 |
| | | Es muss zwischen SWR und StW-WW geklärt werden, ob die Wasserversorgung ab diesem Jahr vom Toilettenhäuschen an der Kaiserallee aus erfolgt, nachdem dieser mit einem neuen Zähler versehen wird. | | |
| 8 | **Entwässerung** | Der Anschluss des Schmutzwassers erfolgt über den Revisionsschacht bei der Deutschen Bank und soll mit Blumenkübeln kaschiert werden. | SWR/TBA-EntW | 18.09.2001 |
| | | Die Details werden zwischen Tiefbauamt - Entwässerung - und SWR noch bei einem gesonderten Ortstermin anhand eines vom SWR zu erstellenden Ver- und Entsorgungsplans der Lounge geklärt. | | 10.09.2001 |
| | | Für andere Veranstaltungen, unter anderem den Weihnachtsmarkt, ist es sinnvoll, dass im Zuge der Elektro- und Straßenbauarbeiten auf der Fieserbrücke, die am 23.07.2001 beginnen, in dem ohnehin vorgesehenen Kabelzugsschächten auch die Möglichkeit für einen Abwasseranschluss geschaffen wird. Dies wird unmittelbar zwischen StW-E und TBA-EntW abgestimmt. | | |

| Nr. | Aktion | Genauer Inhalt | Zu erledigen durch | Frist: |
|---|---|---|---|---|
| V. | Sonstiges | | | |
| 1 | Befahren Lichtentaler Allee | Die Lichtentaler Allee soll in der Zeit vom 20. bis 22.09.2001 befahren werden.<br><br>Antrag bis 06.08.2001 an Stadt Baden-Baden, Amt für öffentliche Ordnung<br>Ansprechpartner: Herr , Herr<br>Tel: 93-<br><br>Der SWR wird sich bemühen, die Fahrten durch die Allee, die vorwiegend ab 17.00 Uhr beginnen, auf die unbedingt notwendigen, eiligen Tranfers zu beschränken. Die sonstigen Fahrzeuge des SWR werden die Kaiserallee, die Werderstraße und Friedrichstraße benutzen. | SWR/ AföO | 06.08.2001 |
| 2 | Parken | Der SWR wird noch einmal alle Mitarbeiterinnen und Mitarbeiter und alle beauftragten Firmen darauf hinweisen, dass weder auf Flächen, die nicht zum Parken zur Verfügung gestellt wurden, noch auf den Gehwegen oder gar in Grünanlagen geparkt werden darf.<br><br>Das AföO wird Verstöße bis hin zum Abschleppen unmittelbar ahnden. | SWR | |
| 3 | Schäden | Wenn Schäden verursacht werden, sollen diese schnellstmöglich an die Stadt mitgeteilt werden. In den vergangenen Jahren sind an der Möblierung des Straßenraums und in den Grünanlagen Schäden durch das New Pop Festival entstanden, die nicht weiter gemeldet wurden. | SWR | |
| Nr. | Aktion | Genauer Inhalt | Zu erledigen durch | Frist: |
| 4 | Telefonliste | SWR und Stadt werden jeweils Telefonlisten mit Ansprechpersonen - nach Aufgabenbereichen geordnet - erstellt und an alle Beteiligten verteilt. | SWR/ Stadt | 31.08.2001 |
| 5 | Abstimmungsgespräch | Die betroffenen Ämtern und Dienststellen werden sich am 17.09.2001, 9.00 Uhr, zu einem Abstimmungsgespräch mit dem SWR auf der Fieserbrücke treffen. Hieran sollen insbesondere AföO, FW, GA, StW-E, StW-W, TBA, TBA-EntW und I-PR teilnehmen. | SWR/AföO, FW, GA, StW-E, StW-W, TBA, TBA-EntW, I-PR | 17.09.2001 |
| 6 | Genehmigungen | Alle Genehmigungen des AföO sollen in einem Bescheid zusammengefasst werden. | AföO | |
| 7 | New Pop Festival 2002 | Unter Vorbehalt wird als Termin 19. – 21.09.2002 genannt.<br><br>Dieser soll von den betroffenen Ämtern und Dienststellen vorgemerkt werden. Soweit Reservierungen von Werbeflächen, Räumen etc. erforderlich sind, werden diese schon jetzt vorgenommen. | Alle beteiligten städtischen Ämter | |
| VI. | Abschlussparty | Findet in diesem Jahr nicht im „La Provence" statt. | | |

# Versicherungen für die Medien- und Eventbranche

*von Friedrich Hummel*

Es gibt ca. 150 Versicherungsgesellschaften, die betriebliche Versicherungen anbieten. Da kann es doch nicht schwer sein, die richtige zu finden. Oder? Bei Medien- und Eventbetrieben sieht die Welt ganz anders aus. Deshalb müssen Sie sich zunächst Gedanken machen: Wie finde ich eine geeignete Versicherung.

Medien- und Eventbetriebe sind so speziell, dass Ihnen nur der Spezialist helfen kann. Ein Kriterium, den richtigen Vermittler gefunden zu haben, ist sicher der Nachweis, dass der Makler, Generalagent oder Vermittler eine Risikoanalyse vornimmt. Dabei wird er gemeinsam mit Ihnen Ihre betriebliche Risikolage detailliert abfragen und prüfen, wo die existenzbedrohenden, die bedeutenden und die weniger wichtigen Risiken liegen. Ein Hinweis für diese Entscheidung ist die Eintrittswahrscheinlichkeit, aber noch wichtiger der denkbare Höchstschaden.

fundamente
| SICHERHEITSKONZEPTE FÜR UNTERNEHMEN |

## Risiko- und Bedarfsanalyse für Firmen

Firma:
Straße:
PLZ/Ort:
Telefon:
Fax:
E-Mail:
Gesellschafter/Inhaber:
Konzernzugehörigkeit:
Beteiligungen:
Niederlassungen: Inland:
Ausland:
Rechtsform: Geschäftsjahr:
Steuerberater:
Ansprechpartner:

**Betriebsdaten**

| Jahr | Umsatz in Tsd. EUR | Wareneinsatz in % |
|---|---|---|
| 20 | | |
| 20 | | |
| 20 | | |

| | | |
|---|---|---|
| Gesamtzahl der Beschäftigten | | Personen |
| – davon Arbeiter | | Personen |
| – davon Angestellte | | Personen |
| Jahreslohn und -gehaltssumme | | Tsd. EUR |
| Betriebsgewinn und Kosten | | Tsd. EUR |
| Anzahl der Vertreter | | Personen |
| Provisionszahlungen | | Tsd. EUR |

**Eigentumsverhältnisse**

| | VN | andere Eigentümer (Name) |
|---|---|---|
| Grundstück | | |
| Gebäude | | |
| Zweigbetriebe | | |
| Lager | | |
| kfm./techn. Einrichtungen | | |

**Betriebsart** (Tätigkeits- bzw. Lieferprogramm, wichtige Kunden, Lieferanten)

**Arbeitsabläufe** (Produktionswege, Energieversorgung, Transportmittel und -wege)

**Nachbarschaftsverhältnisse und Risikobesonderheiten** (z.B. Schichtbetrieb, Bewachung, Feuerschutzanlage)

**Kontakte zur** (Versicherungsscheinnummern)

VF 575-06/01

**fundamente**
| SICHERHEITSKONZEPTE FÜR UNTERNEHMEN |

| Deckungsmöglichkeiten durch folgende Versicherungen | Deckung vorhanden ja | nein | Entscheidungen / Bemerkungen |
|---|---|---|---|
| FBU (EC) | | | |
| ED-BU, LW-BU, ST-BU | | | |
| MBU, Mehrkosten | | | |
| Elektronik-BU | | | |
| Betriebsschließung | | | |
| Haftpflicht | | | |
| Haftpflicht | | | |
| Haftpflicht | | | |
| Haftpflicht | | | |
| Haftpflicht | | | |
| Bauleistung/ -herrenhaftpflicht | | | |
| Mietverlust | | | |
| grundsätzlich F, ED, LW, St (EC) | | | |
| Glas, Leuchtröhren | | | |
| grundsätzlich F, ED, LW, St (EC) | | | |
| Maschinen | | | |
| Elektronik | | | |
| Elektronik | | | |
| Energieausfall | | | |
| Kraftfahrt, Rechtsschutz | | | |
| Haftpflicht | | | |
| Beraubung | | | |
| grundsätzlich F, ED, LW, St (EC) | | | |
| Produkthaftpflicht | | | |
| Montageversicherung | | | |
| Transportversicherung | | | |
| Forderungsausfall | | | |
| Kreditversicherung | | | |
| Leben, Unfall | | | |
| Unfall | | | |
| Unfall, Leben | | | |

fundamente
| SICHERHEITSKONZEPTE FÜR UNTERNEHMEN |

**Folgende Unterlagen sind zur Risikobeurteilung wichtig:**

1. Prospekte zur Produktionspalette und zum Produktionsverfahren
2. Miet-, Leasing- und Wartungsverträge
3. Lagepläne
4. Organisationsplan, evtl. Produktionsflussplan
5. Verzeichnis der Betriebs-/Geschäftsausstattung
6. Pläne zur Energie- und Wasserversorgung
7. Veröffentlichte Bilanzen und Geschäftsberichte
8. Bereits vorliegende Risikountersuchungen wie Brandschutzbericht des Feuerversicherers, Risikostudie gemäß Störfallverordnung, Risikoerfassungsbögen
9. Auflistung des Fuhrparks
10. Unterlagen zur betrieblichen Altersversorgung (z.B. Leistungsplan, versicherungsmathematische Gutachten)

Bei dieser Risikoanalyse werden die Betriebsrisiken erkannt und gewichtet. Kann durch organisatorische Maßnahmen eine Gefahrenreduzierung erreicht werden? Oder besteht die Möglichkeit dieses Risiko zu versichern? Das Unternehmerrisiko bleibt immer bei Ihnen. Die daraus resultierenden Folgeschäden sind weitestgehend über die Betriebshaftpflichtversicherung abgedeckt. Hier erkennen Sie aber den Unterschied zwischen den Versicherungsgesellschaften. Wie hoch sind die Deckungssummen? Wie steht es um den Versicherungsschutz beim Einsatz von feuergefährlichen und explosiven Stoffen im Medien- und Eventbereich?

Hier ein Beispiel aus der Praxis:

In der Silvesternacht wurde vor der Veranstaltungshalle zum Jahreswechsel ein Feuerwerk abgebrannt. Durch den Wind wurden Funken in Richtung der Zuschauer geweht. Eine Zuschauerin erlitt Brandverletzungen im Gesicht.

Sind Schäden an gemieteten beweglichen Sachen mitversichert? Dieses Risiko ist nur bei wenigen Versicherern eingeschlossen. Auch dazu ein konkretes Schadenereignis:

Letzten Sommer wurde für eine Veranstaltung in der Alten Oper Frankfurt ein hochwertiger Plasma-Bildschirm ausgeliehen. Unserem Versicherungsnehmer fiel dieser beim Tragen aus der Hand – es entstand ein Totalschaden von 15.000 Euro.

Und bei Schäden an gemieteten Immobilien, wie sieht es da aus?

Schlüsselverlust bei einer hochwertigen Zentralschließanlage können, müssen aber nicht mitversichert sein.

Selbst Schäden durch „Lärm" sind versichert. Ein Konzertbesucher stellte nach der Rock-Veranstaltung gegen den Veranstalter Ansprüche, da er einen Hörsturz erlitten habe, der auf die übermäßige Lautstärke zurückzuführen sei. Die Grenzwerte waren überschritten.

Wer in dienstlicher Funktion in bestehende Datenverarbeitungsbestände eingreift, benötigt zusätzlich eine Vermögensschaden-Haftpflichtversicherung.

Bei der Versicherung von Sachwerten ist zu entscheiden, ob hier eine klassische Sachversicherung gegen Schäden durch Feuer, Einbruchdiebstahl, Leitungswasser und Sturm/Hagel oder für die elektrischen Gerätschaften eine Spezialversicherung wie Elektronik abgeschlossen werden soll.

Die Elektronikversicherung hat den großen Vorteil, dass die Allgefahrendeckung z.B. auch Bedienungsfehler oder Herunterfallen mitversichert und dass dieser Versicherungsschutz auch über das Domizil hinaus das "Bewegungsrisiko" einschließen kann.

Bei Einbruchdiebstahl ist nur dann Versicherungsschutz gegeben, wenn die Sachen aus einem verschlossenen Raum entwendet werden. Sachen im Freien oder in einer für viele zugänglichen Halle sind bei Entwendung nicht versichert. Auch der verschlossene Lagerraum eines LKWs reicht da nicht aus.

Im Medien- und Eventbereich werden häufig große Werte bewegt. Treten dabei Beschädigungen auf oder verunglückt das Transportfahrzeug, so besteht nur Versicherungsschutz über eine spezielle Transportverssicherung.

Sie sehen also, dass nur eine gewissenhafte Risikoerfassung zu einem sinnvollen Versicherungskonzept führen kann.

Jetzt wissen Sie aber immer noch nicht, ob der Versicherungsvermittler auch die „passende Gesellschaft" vermittelt. Deshalb lassen Sie sich immer ein schriftliches Angebot der Gesellschaft mit Verkaufs- und Produktunterlagen aushändigen. Daraus sehen Sie, ob diese Versicherung sich mit Ihren speziellen Risiken auseinandergesetzt hat. So eine Unterlage könnte wie folgt aussehen.

## Sorgen Sie rechtzeitig vor!

## Das Sicherheitspaket für Medien- und Eventtechnik schützt Sie.

Gut, wenn Sie bisher noch nicht in einer dieser Situationen gewesen sind. Doch auf dieses Glück sollten Sie für die Zukunft nicht ausschließlich bauen. Wie leicht kann ein Schadenfall in die Millionenhöhe gehen – und dann sollte man vorgesorgt haben! Am besten mit dem speziellen Sicherheitspaket [redacted] für Medien- und Eventunternehmen:

**Wir versichern:**

- Personen-, Sach- und Vermögensschäden
- Einsatz von Medien- und Eventtechniken einschl. Umgang mit feuergefährlichen und explosiven Stoffen
- Schäden an gemieteten beweglichen Sachen
- Schäden an gemieteten Immobilien
- Bearbeitungs-, Leitungs- und Schlüsselverlustschäden
- Auslandsschäden

**Mitversichert sind:**

- Umweltschäden (Basisdeckung)
- Abwehr unberechtigter Ansprüche mit Übernahme von Anwalts- und Gerichtskosten
- Privathaftpflicht (einschl. Hundehalterhaftpflicht) für Betriebsinhaber und Geschäftsführer

**Kein Ausschluss bei:**

- grober Fahrlässigkeit

**Zusätzlich bei Mediengestaltern/-informatikern:**

- erweiterte Vermögensschadendeckung und Mitversicherung von Datenlöschung/-beeinträchtigung
- Schäden durch fehlerhafte Produkte, Leistungen, Beratungen einschl. Folgeschäden

**Aktive-Rundum-Schadenregulierung**

**Ein Überblick über die Deckungssummen:**

- 2.000.000 EUR pauschal für Personen- und Sachschäden
- 100.000 EUR für Vermögensschäden
- 1.000.000 EUR für Leitungsschäden
- 30.000 EUR für Mietsachschäden an Immobilien durch sonstige Ursachen
- 30.000 EUR für Mietsachschäden an beweglichen Sachen
- 50.000 EUR für Bearbeitungsschäden
- 50.000 EUR für Schlüsselschäden
- 1.000.000 EUR für Umweltschäden (Basisdeckung)
- 3.000.000 EUR für Privathaftpflicht – Exklusiv

**Selbstbeteiligung:**

20 %, mindestens 500,00 EUR für Mietsachschäden an Immobilien durch sonstige Ursachen

20 %, mindestens 500,00 EUR für Mietsachschäden an beweglichen Sachen

10 %, mindestens 100,00 EUR, maximal 1000,00 EUR
für Leitungsschäden
für Bearbeitungsschäden
für Be- und Entladeschäden
für Schlüsselschäden
für Umweltschäden

## Und nun zu Ihrer eigenen IT-Sicherheit.

| Fundamente Medien | | | | |
|---|---|---|---|---|
| ■ Personen-, Sach- und Vermögensschäden | | | | |
| ■ Einsatz von Medien- und Eventtechniken einschl. Umgang mit feuergefährlichen und explosiven Stoffen | ● | | | |
| ■ Schäden an gemieteten, beweglichen Sachen | ● | | | |
| ■ Schäden an gemieteten Immobilien | ● | | | |
| ■ Bearbeitungs-, Leitungs- und Schlüsselverlustschäden | ● | | | |
| ■ Auslandsschäden (incl. USA/Kanada) | ● | | | |
| ■ Umweltschäden (Basisdeckung) | ● | | | |
| ■ Abwehr unberechtigter Ansprüche mit Übernahme von Anwalts- und Gerichtskosten | | ● | | |
| ■ Grobe Fahrlässigkeit | | ● | | |
| ■ erweiterte Vermögensschadendeckung und Mitversicherung von Datenlöschung/-beeinträchtigung Schäden durch fehlerhafte Produkte, Leistungen, Bearbeitungen einschl. Folgeschäden | | | ● | |

Wir bieten Ihnen Rundumschutz für Ihre eigenen IT-Systeme und -Anwendungen:

- Reparatur- und Wiederbeschaffungskosten für Ihre **Hardware**:
  Versichert ist die unvorhergesehene Beschädigung, Zerstörung oder das Abhandenkommen der versicherten Geräte.
- Wiedereingabe- und Wiederbeschaffungskosten für Ihre **Software**:
  Versichert ist die nachteilige Veränderung oder der Verlust versicherter Daten oder Programme, z. B. durch Störung oder Ausfall der DV-Anlage, Programm-Manipulation, Hacker- oder Virenangriff.
- **Mehrkosten** durch den schadenbedingten Ausfall der Hardware:
  Versichert sind z. B. Kosten für die Benutzung anderer Anlagen oder Anwendung anderer Arbeitsverfahren.
- **Betriebsunterbrechung** durch den schadenbedingten Ausfall der Software oder externer Datennetze:
  Versichert sind der entgangene Betriebsgewinn und die fortlaufenden Kosten.

Wir bieten Ihnen dieses Versicherungspaket in Zusammenarbeit mit dem erfahrenen Elektronikversicherer [redacted]

Ein weiterer Vorteil für Sie: Im Gegensatz zu vergleichbaren Produkten beinhaltet das Elektronikversicherungspaket [redacted] viele beitragsfreie Deckungserweiterungen.

Und nicht zuletzt können Sie die Beratungskompetenz daran fest machen, ob Ihnen bezahlbare Lösungsvorschläge gemacht werden. In der Existenzgründungsphase in jungen Jahren ist eine Risikolebensversicherung - verbunden mit einer Berufsunfähigkeitsrente - für den Vermittler sicher nicht so interessant wie eine kapitalbildende Lebensversicherung. Der finanzielle Aufwand liegt aber bei einem Bruchteil. Wenn Sie dann in einigen Jahren beruflich erfolgreich sind, ist die notwendige Altersversorgung leichter darstellbar.

## Gesetzliche Unfallversicherung

Die gesetzliche Unfallversicherung ist ein Zweig der Sozialversicherung wie die gesetzliche Kranken-, Pflege-, Arbeitslosen- und Rentenversicherung. Sie ist eine Pflichtversicherung und hat für den Betrieb eine besondere Bedeutung.

Versicherungsfälle sind Arbeitsunfälle und Berufskrankheiten. Arbeitsunfälle sind Unfälle, die ein Versicherter in ursächlichem Zusammenhang mit seiner beruflichen Tätigkeit erleidet. Der beruflichen Tätigkeit gleichgestellt ist der Besuch von Schulen und Hochschulen. Als Arbeitsunfälle gelten auch Unfälle auf dem Weg zwischen Wohnung und Arbeitsstätte (Wegeunfälle). Die Leistungen der gesetzlichen Unfallversicherung umfassen:

- Maßnahmen der Prävention (u.a. Herausgabe von Regeln, Beratung),
- Maßnahmen der Rehabilitation (u.a. Heilbehandlung und Berufshilfe),
- Entschädigungen durch Geldzahlungen an Verletzte, Angehörige und Hinterbliebene.

Gesetzliche Grundlage der Unfallversicherung ist das Sozialgesetzbuch VII (SGB VII). Der Abschluss privater Unfall- oder Haftpflichtversicherungsverträge beeinflusst nicht die Versicherung in der gesetzlichen Unfallversicherung.

Hauptträger der gesetzlichen Unfallversicherung sind die gewerblichen Berufsgenossenschaften (BG). Daneben gibt es u.a. die Unfallkassen bei Bund und Ländern sowie die Gemeindeunfallversicherungsverbände (GUVV).

Jeder aufgrund eines Arbeits-, Dienst- oder Lehrverhältnisses Beschäftigte ist ohne Rücksicht auf Alter oder Höhe seines Einkommens kraft Gesetzes gegen die Folgen von Arbeitsunfällen und Berufskrankheiten versichert. Dies gilt unabhängig davon, ob es sich um eine ständige oder nur vorübergehende Tätigkeit handelt.

Freiberuflich tätige Personen und Unternehmer der gewerblichen Wirtschaft und ihre im Unternehmen tätigen Ehepartner sind im Allgemeinen nicht kraft Gesetzes gegen Arbeitsunfälle versichert. Sie können aber von der Möglichkeit Gebrauch machen sich bei der zuständigen BG freiwillig zu versichern. Steht der Ehepartner des Unternehmers zu diesem in einem Beschäftigungsverhältnis (Arbeitsvertrag), so ist der Ehepartner wiederum kraft Gesetzes versichert.

Die Mittel zur Deckung der Aufwendungen der gesetzlichen Unfallversicherung werden ausschließlich von den Unternehmern aufgebracht. Die versicherten Arbeitnehmer zahlen keinen eigenen Beitrag. Durch die Beitragsleistung wird die gesamte zivilrechtliche Haftung des Unternehmers für Körperschäden gegenüber seinen Arbeitnehmern abgelöst. Das bedeutet aber auch, dass nach einem Unfall keine Schmerzensgeldforderungen gegen den Unternehmer oder die gesetzliche Unfallversicherung erhoben werden können.

Eine umfassende Darstellung aller Leistungen ist im Internet unter www.vbg.de oder unter www.unfallkassen.de abrufbar.

Abschließend noch ein Hinweis. Über den Gesamtverband der Deutschen Versicherungswirtschaft (GDV) e.V., Pressestelle Friedrichstr.191, 10117 Berlin, Tel: 030/2020-5117, Fax: 030/2020-6604/05 können Sie je ein Muster-Exemplar der Druckstücke „Aufbruch – Tipps und Informationen für Existenzgründer“ und „Versicherungen für Selbständige – Mehr Sicherheit für Betriebe und Freiberufler“ kostenfrei beziehen. Ausführlich und verständlich erhalten Sie darin weitere Informationen, die Ihnen in Ihren notwendigen Entscheidungen über die betrieblichen Versicherungen sehr helfen.

# Veranstaltungssicherheit

*von Christine-Elisabeth Splietorp
und Wolfgang Kurz*

## Zu Beginn eine Geschichte aus dem Theater

Dass eine Vielzahl von Faktoren bei Veranstaltungen Gefährdungspotentiale bergen, lässt sich am besten an folgendem Beispiel verdeutlichen, dessen Akteure uns im Verlauf dieses Beitrags noch mehrfach begegnen werden.

### *Der Fall „Cyrano"*

Edmond Rostands tragikomisches Heldenstück „Cyrano de Bergerac" wird dem Leser wenn nicht aus dem Theater, so doch vielleicht aus der Verfilmung mit Gérard Depardieu als Darsteller des langnasigen Musketiers und Poeten bekannt sein.

„Cyrano" wird am Theater einer mittelgroßen deutschen Stadt gegeben, die Vorbereitungen sind bereits in vollem Gange. Erster Szenenaufbau ist der Theatersaal des Pariser „Hôtel de Bourgogne" um das Jahr 1640.[1] Für „Cyrano" ist er mit beträchtlichem Aufwand nachgebaut worden. Als jedoch die Kulisse zunächst probeweise aufgestellt werden soll, fällt der seit vielen Jahren am Stadttheater beschäftigte Schreinermeister Pépin – ein wahrer Zauberkünstler, wenn es um die Herstellung von Aufbauten geht – von einer nicht ausreichend befestigten Anlegeleiter und bricht sich wenn auch nicht den Hals, so aber doch sein rechtes Bein.

Der nächste Zwischenfall ereignet sich schon wenige Tage später: Während des Einstellens der Scheinwerfer löst sich ein Apparat aus seiner Aufhängung, kracht auf die Bühne und trifft beinahe Herrn Touchatout. Dieser ist Lokalredakteur einer ortsansässigen Tageszeitung und ins Theater gekommen, um im Wochenendmagazin von den Proben zu berichten. Nachdem er einige Fotos gemacht hat, konnte er es allerdings nicht lassen, sich das Einstellen der Scheinwerfer von der Bühne, also aus nächster Nähe anzusehen. Der unvorhergesehene Zwischenfall ist für Touchatout zwar körperlich folgenlos geblieben, hat jedoch seine Kamera zerstört. Während er noch die Entschuldigungen des Hauses entgegennimmt, spitzt er in Gedanken bereits den Bleistift.

Die Pechsträhne dauert immer weiter an: Bei den Proben für das fechterisch-literarische Duell am Ende des 1. Akts zwischen Cyrano und einem Vicomte de Valvert hat sich der recht ehrgeizige Darsteller des Cyrano zu viel zugetraut: Bei einem Schlagabtausch reagiert er nicht schnell genug auf den Angriff seines Gegners und zieht sich eine Stichwunde in der Magengegend zu. Diese ist nicht nur sehr schmerzhaft, sondern gefährdet auch noch seinen Einsatz für die Dauer der Spielzeit.

Die Premiere rückt immer näher. Nunmehr probt das Ensemble die Balkonszene, in der Cyranos literarisches Genie dem rhetorisch weit weniger begabten, dafür aber sehr schmucken Christian helfen soll, die von beiden angebetete Roxane zu erobern. Dieser dramaturgische Höhepunkt hat es allerdings auch technisch in sich, denn beim Aufstieg des Kavaliers auf den Balkon, um endlich einen Kuss der Schönen in Empfang zu nehmen, gibt die Kulisse unter dem zusätzlichen Gewicht nach und reißt Christian und Roxane etwa eineinhalb Meter in die Tiefe. Beide ziehen sich schmerzhafte Prellungen zu.

Den vielen Zwischenfällen zum Trotz scheint der Tag der Premiere schließlich doch unter guten Vorzeichen zu stehen: Der Vorhang öffnet sich, alles verläuft planmäßig, die Inszenierung gefällt selbst der Presse – bis zum Ende des 4. Akts, der Schlachtszene.

Das Gefecht findet nicht auf der Bühne statt, sondern es werden auf der Seitenbühne pyrotechnische Effekte gezündet, um die Detonationen der Kanonen anzudeuten. Und von dort nimmt schließlich die Katastrophe ihren Lauf: Funken springen unbemerkt in einen abgestellten Wagen, in dem ein Vorhang für eine Kindervorstellung am nächsten Tag lagert. In Sekundenschnelle setzt sich der Stoff in Flammen, die Rauchentwicklung ist so erheblich, dass sie in kürzester Zeit auch vom Publikum wahrgenommen wird. Deshalb springt ein Teil der Theaterbesucher von seinen Sitzen auf, um den Saal auf dem schnellsten Wege zu verlassen, was aber wegen des Dunkels im Zuschauerraum nicht sofort gelingt. Eine regelrechte Panik entsteht, die Flüchtenden behindern sich gegenseitig, an den Ausgängen stürzen sogar mehrere Zuschauer übereinander und versperren den nachfolgenden den Weg nach draußen ...

Um in diesem Beitrag nicht schon zu Beginn ein Horrorszenarium entstehen zu lassen, möchten wir es zum Zwecke der späteren rechtlichen Untersuchung bei nur zwei Folgen belassen: Stadtrat Dr. Sauvage erleidet einen Bluterguss, Bankdirektor de Laval eine Gehirnerschütterung.

Diese zum Glück reichlich zusammenkonstruierte Geschichte zeigt eine Reihe der Risiken bei Veranstaltungen auf, die wir als nächstes behandeln wollen. Denn Bühnenhandwerker, Darsteller und sonstige Mitwirkende einer Veranstaltung begegnen beim Aufbau der Kulissen, bei den Proben und bei der Aufführung eines Theaterstücks einer Vielzahl von Risiken. Aber nicht nur das Geschehen auf der Bühne, sondern auch die bei Theaterproduktionen für Beleuchtung, Ton- und Bühnentechnik eingesetzten Geräte und Anlagen bergen Gefahren. So sind Scheinwerfer, Mikrophone und Lautsprecher in einem Theater – wie übrigens auch anderen Veranstaltungsstätten – im allgemeinen nicht stabil installiert, sondern lediglich für die Spieldauer einer Produktion befestigt, noch dazu in großer Höhe. Fachkreise benutzen hier den Begriff „schwebende Lasten". Grosse Gefahren gehen aber auch von Bühnen- und Orchestergräben aus: statistisch ereignen sich in jedem Jahr zwei tödliche Unfälle dadurch, dass ein Mitwirkender in einen solchen Graben stürzt.

Im nächsten Kapitel haben wir eine Übersicht zusammen gestellt, die die wichtigsten Gefährdungsbereiche skizziert, denen die Mitwirkenden an einer Veranstaltung ausgesetzt sind.

Aber auch Zuschauer sind nicht unerheblichen Risiken ausgesetzt: An über dem Zuschauerraum hängenden Traversen sind oft schwere Scheinwerfer flexibel befestigt. Umfallende Dekorationen und pyrotechnische Effekte können in den Zuschauerraum hinein wirken und dadurch nicht nur Einzelne verletzen, sondern auch – und hierin besteht eine besonders große Gefahr – eine Reaktion beim Publikum als ganzes hervorrufen.

Dabei spielen Aspekte eine Rolle, die aus der physischen und psychologischen Besonderheit der Veranstaltungssituation herrühren: Einerseits halten sich bei den meisten Events viele Menschen gleichzeitig in einem geschlossenen und abgedunkelten Raum auf. Unter dem Eindruck der dargebotenen Leistungen unterliegen sie aber zudem gemeinsamen psychischen Reaktionen. Denn wer könnte sich etwa bei der tragisch endenden Handlung des „Cyrano" seiner Gefühlsregungen entziehen oder bliebe beim Auftritt seiner Kultgruppe gleichgültig? Eine Veranstaltung gleich welcher Art wird gerade dann als gelungen empfunden, wenn sie ihre Zuschauer „packt" und „mitreißt". Ein unvorhergesehener technischer Zwischenfall trifft daher idealerweise auf ein emotional aufgeladenes Publikum. Man muss nicht Experte für Massenpsychologie sein um sich vorzustellen, wie bei einem Theaterbrand beengte Platzverhältnisse und Dunkel im Zuschauerraum dazu beitragen können, irrationale Reaktionen hervorzurufen. Aus diesem Grund ist sehr viel schneller mit der panischen Reaktion eines Publikums zu rechnen als mit derjenigen von Individuen. Sie führt im Extremfall zu rational unkontrolliertem und deshalb völlig rücksichtslosem Fluchtverhalten, wobei es die Gefahr nur noch steigert, dass die meisten Besucher ortsfremd und mit den Rettungswegen nicht vertraut sind.

## Besondere Gefährdungsbereiche in der Veranstaltungstechnik

Sowohl bei baulichen Anlagen als auch bei Spiel- und Szenenflächen besteht eine wesentliche Gefährdung in der Möglichkeit des Abstürzens von höher gelegenen Stellen, z.B. von der Bühne in den Zuschauerraum bzw. in den Orchestergraben, von Aufbauten auf der Bühne oder von Arbeitsgalerien auf den Bühnenboden, was noch schwerwiegendere Folgen haben kann.

Die Beschäftigten – und zwar sowohl das technische als auch das künstlerische Personal – sind vor allem dadurch gefährdet, dass sie fast ständig unter schwebenden Lasten arbeiten müssen. Die allgemein geltende Schutzmaßnahme, sich nicht unter schwebenden Lasten aufzuhalten, kann im Theaterbereich nicht verwirklicht werden. Dabei ist zu unterscheiden, dass einmal die Hängeeinrichtung selbst, zum anderen aber auch die an der Hängeeinrichtung befestigten Gegenstände herabfallen können. Berücksichtigt man die Höhe eines Bühnenhauses (bis zu 25 m), so lässt sich leicht ausrechnen, welche Bewegungsenergie beim Herabfallen von Gegenständen erzeugt wird und welche schweren Verletzungen damit verbunden sein können.

Umbauten sollten auf ein notwendiges Maß beschränkt werden, denn es handelt sich dabei oft um aufwändige, komplizierte Arbeiten, die das eingespielte Zusammenarbeiten von Spezialisten erfordern, besonders dann, wenn ganze Bilder im Dunkeln und mit hoher Geschwindigkeit ausgewechselt werden müssen. Zu vermeiden ist dabei das Arbeiten mit Hilfe von Leitern in großer Höhe. Relativ problemlos ist der Wechsel von Dekorationen, wenn Bühnenwagen u.ä. zur Verfügung stehen.

Gefährdungen treten vor allem auf, wenn mit Beschichtungsstoffen gearbeitet werden muss, die Gefahrstoffe enthalten. Dies betrifft in erster Linie Möbel, aber auch größere Teile der Dekoration.

Von besonderer Bedeutung sind pyrotechnische Gegenstände. Dieser Bereich ist nicht nur im Hinblick auf die Brandverhütung von Interesse – und wird dementsprechend von der Feuerwehr bei den Generalproben besonders sorgfältig untersucht –, sondern bedarf auch aus Gründen der Sprengstoffsicherheit einer sorgfältigen Überwachung.

Da sehr häufig mit Feuereffekten gearbeitet wird und die Auflagen der Feuerwehr wegen der Brandlast im Theater und der objektiv hohen Gefährdung des Publikums bei Entstehen eines Brandes im allgemeinen sehr streng sind (vgl. die Versammlungsstätten-Verordnung), müssen die Requisiteure den Einsatz der entsprechenden Mittel in Zusammenarbeit mit der technischen Leitung und der Regie bzw. den Bühnenbildnern planen und proben. Benutzt werden heutzutage chemische Spezialpräparate unterschiedlicher Art, die u.a. für die Verwendung auf der Bühne entwickelt worden sind. In den meisten Fällen handelt es sich um geleeförmige Pasten, die normalerweise ohne Rauch und Geruchsbelästigung in Metallschalen abgebrannt werden. Sie brennen gleichmäßig über eine längere Zeit und lassen sich verhältnismäßig gut kontrollieren. Da sich die Gefäße erwärmen bzw. erhitzen, sind Schutzmaßnahmen zu treffen, d.h. die Schalen in Sand zu betten oder auf Wasser zu setzen und gegen Umstürzen zu sichern. Diese Mittel sind entfernt von leicht entflammbaren Materialien aufzustellen, weil nicht ausgeschlossen werden kann, dass das Gelee zur Zündquelle wird. Es gibt darüber hinaus Brandmassen, die klebend, auch an senkrechten Flächen, z.B. an Dekorations- und Kulissenteilen, haften. Bei der Verwendung dieser Mittel sind besondere Schutzmaßnahmen zu treffen.

Auch wenn in der Vergangenheit Unfälle beim Umgang mit Feuereffekten selten gewesen sind, setzt der Einsatz dieser Mittel eingehende Beschäftigung mit den chemisch-physikalischen Vorgängen sowie Erfahrung voraus. Unerlässlich ist auch die Beachtung der Betriebsanleitungen der Hersteller, ggf. Rückfragen bei diesem in Zweifelsfällen. Wie problematisch auch diese Beratung sein kann, geht z.B. aus der Betriebsanleitung eines Herstellers hervor, wo es heißt: „Diese Beratung erfolgt nach bestem Wissen, entbindet den Abnehmer jedoch nicht von der Erfordernis, alle meine Artikel in eigener Verantwortung auf Brauchbarkeit im Hinblick auf Sicherheit zu prüfen. Im Einzelfall können andere Sicherheitsmaßnahmen erforderlich sein. Da die Anwendung außerhalb meines Einflusses liegt, kann nicht dafür gehaftet werden".

Bei bestimmten szenischen Erfordernissen reichen diese Mittel nicht aus, z.B. wenn Stichflammen erzeugt werden müssen. Dabei wird dann häufig auf den Einsatz von Bärlappsamen (Lykopodium) zurückgegriffen, wobei wiederum Pasten als Zündquellen benutzt werden. Solche Mittel müssen in festen und geschlossenen Behältern gelagert werden. Empfehlenswert zum Erzeugen einer Stichflamme ist die Benutzung eines Blasebalgs. Der Einsatz von Propangas für Feuereffekte ist mit hoher Explosionsgefahr verbunden und deshalb zu vermeiden.

Zu den Routinetätigkeiten der Requisiteure gehört das Erzeugen von Nebel, z.B. mit Hilfe von Nebelgeräten. Auch dabei treten eine Reihe von Gefahren auf. Sie gehen u.a. aus von den elektrisch betriebenen Geräten selbst, wenn diese nicht entsprechend den VDE-Bestimmungen hergestellt sind. Wichtig ist, dass wegen der Verdampfung von Flüssigkeiten in Nebel Temperaturregler vorhanden sind. Bei Handbetrieb reicht ein Sicherheits-Temperaturbegrenzer (Thermostat) aus. Die zur Zeit angebotenen Flüssigkeiten (Nebel-Fluid o.ä.) sind in der Regel nicht gesundheitsschädlich, es ist jedoch möglich, dass sie bei bestimmten Personen zu allergischen Reaktionen, vor allem im Atemwegsbereich führen können.

Problematisch ist auch der Einsatz von Lasergeräten zur Herstellung von Spezialeffekten. Es dürfen nur Geräte verwendet werden, die der UVV „Laserstrahlung" (BGV B2) und DIN 56912 „Showlaser und Showlaseranlagen" entsprechen (vgl. hierzu § 13 UVV BGV B2). Das Bedienpersonal muss durch Teilnahme an Spezialausbildungen entsprechend qualifiziert sein.

In vielen Darstellungen zählen Waffen – Hieb- und Stichwaffen, aber auch Schusswaffen – zu unverzichtbaren Requisiten. Ihr Einsatz führt gelegentlich zu Unfällen, z.T. mit erheblichen Verletzungsfolgen.

Wichtig sind auch gezielte Unterweisungen im Hinblick auf den Umgang mit Hieb- und Stichwaffen. So sind die Waffen mit ausreichendem Sicherheitsabstand und nicht direkt auf einen Körperteil zu führen. Falls erforderlich sind persönliche Schutzausrüstungen zu verwenden, wie z.B. Abpolsterungen in den Kostümen, da es erfahrungsgemäß bei Fecht- und Kampfszenen auch beim Einsatz stumpfer Waffen zu Verletzungen kommt.

Häufig sind Unfälle von Schauspielern bzw. Sängern auf gespielte Tätlichkeiten zurückzuführen. Abgesehen von nicht eingeplanten Zufälligkeiten treten die meisten Unfälle dann auf, wenn laut Regieanweisung Schlägereien, Raufereien usw. dargestellt werden müssen. Da einerseits vom Regisseur nach Möglichkeit Echtheit dieser Aktionen gefordert wird, andererseits die Darsteller sich relativ stark mit ihrer Rolle identifizieren, führen selbst harmlose Darstellungen, wie z.B. das Austeilen von Ohrfeigen, u.U. zu schwerwiegenden Verletzungen. Da die künstlerische Leitung normalerweise nicht auf solche Szenen verzichten wird, besteht die einzige Schutzmaßnahme darin, sie hinreichend zu proben, insbesondere das kontrollierte Schlagen.

## Quellen des Rechts der Veranstaltungssicherheit

Um die im Eingangsfall geschilderten Schadensfälle wieder aufzunehmen: Zunächst wird es in diesem Beitrag noch nicht um die rechtlichen Konsequenzen gehen, die mögliche Unfälle bei Veranstaltungen haben. Der Gesetzgeber und besonders die für den Erlass von Unfallverhütungsvorschriften (UVV) zuständigen Unfallversicherungsträger haben diese nämlich in erster Linie dazu geschaffen, um Zwischenfälle von vorneherein zu verhindern.

Werden diese Pflichten – die sowohl in Verpflichtungen zu einem Tun als auch zu einem Unterlassen bestehen können – verletzt, tritt eine rechtswidrige Situation ein, die zunächst „nur" auf der Ebene des Verwaltungs- bzw. des Ordnungsrechts relevant ist: Staatliche Bauaufsicht und die technischen Aufsichtsbeamten der Unfallkassen können im Rahmen ihrer Tätigkeit Betriebe besichtigen, Sicherheitsmaßnahmen anordnen und bei bestimmten Normverletzungen Bußgelder verhängen.

Kommt es aufgrund des Regelverstoßes zu einem Unfall, so tritt die zivilrechtliche Haftung für die entstandenen Schäden – Stichwort: Schadensersatzansprüche – in den Vordergrund. Gleichzeitig kann aber auch aufgrund der Verletzung von fremden Rechtsgütern der Verstoß gegen Sicherheitsvorschriften plötzlich strafrechtliche Folgen haben.

Aus welchen Rechtsbereichen kommen nun die für die Veranstaltungssicherheit maßgeblichen Vorschriften?

Hier sind drei große Bereiche zu unterscheiden:

Den ersten bilden die Anforderungen des Arbeitsschutzes, die in ihrer heutigen Form zu einem großen Teil Ergebnisse der Tätigkeit der Europäischen Union sind, welche Standards für den Sicherheits- und Gesundheitsschutz aller europäischen Arbeitnehmer geschaffen hat. So wurden mit dem am 21.8.1996 in Kraft getretenen Arbeitsschutzgesetz (ArbSchG) die 1989 erlassene EG-Rahmenrichtlinie Arbeitsschutz und verschiedene nachgeordnete Arbeitsschutzrichtlinien umgesetzt, wodurch diese in Deutschland geltendes Recht geworden sind. Diese Regelungen greifen im Verhältnis zwischen Arbeitgeber und Arbeitnehmer ein.

Der Schutz von Sicherheit und Gesundheit der Beschäftigten ist in Deutschland einerseits im Privatrecht verankert, indem durch die Arbeitsrechtsprechung eine allgemeine arbeitsvertragliche Fürsorgepflicht des Arbeitsgebers für seine Beschäftigten angenommen wird. Zu dieser gehören insbesondere Schutzpflichten für die Rechtsgüter der von ihm beschäftigten Arbeitnehmer, insbesondere Leben, Gesundheit, Eigentum, Vermögensinteressen und das allgemeine Persönlichkeitsrecht[2].

Neben diesen vertraglichen Schutzpflichten bestehen jedoch, was in der Praxis von großer Bedeutung ist, öffentlich-rechtliche Arbeitsschutzvorschriften, die dem Arbeitgeber „von Gesetzes wegen" ein verantwortliches Verhalten zugunsten der Sicherheit und Gesundheit seiner Arbeitnehmer auferlegen und dadurch die privatrechtliche Säule der Arbeitssicherheit wirksam ergänzen[3]. Ihre Nichtbeachtung hat die bereits oben erwähnten aufsichts- und bußgeldrechtlichen Konsequenzen. Wichtigste Ausprägungen dieses öffentlich-rechtlichen Arbeitsschutzes sind neben dem Arbeitsschutzgesetz vor allem die gesetzliche Unfallversicherung, das Arbeitszeitgesetz, das Mutterschutzgesetz und das Jugendarbeitsschutzgesetz. Diese gelten für alle Betriebe. Zu ihrer Konkretisierung wurden daneben aber noch zahlreiche weitere, speziellere Verordnungen und Unfallverhütungsvorschriften erlassen. Für den Veranstaltungsbereich ist unter anderem die „Unfallverhütungsvorschrift Veranstaltungs- und Produktionsstätten für szenische Darstellung" BGV C1 einschlägig, deren Lektüre von uns dringend empfohlen wird.

Im Gegensatz zu den Arbeitsschutzbestimmungen, deren Schutzzweck vor allem in der Schaffung sicherer Rahmenbedingungen für die arbeitsvertraglichen Leistungen der Arbeitnehmer besteht, knüpfen die Anforderungen des öffentlichen Bauordnungsrechts an die Tatsache an, dass Gebäude, die als Veranstaltungsstätten genutzt werden, besonderen Sicherheitsanforderungen genügen müssen, da die Umstände der Veranstaltungssituation (gleichzeitige Anwesenheit vieler Menschen in geschlossenen Räumen und die weiteren spezifischen Gefahrenquellen) erhöhte Risiken bergen.

Das Bauordnungsrecht zielt in erster Linie auf den Schutz von Leben und körperlicher Unversehrtheit der Besucher einer Veranstaltung ab, da für die an der Produktion Beteiligten durch das Arbeitsschutzrecht an sich schon ein ausreichender gesetzlicher Schutz besteht. Die wichtigsten Normen auf diesem Gebiet enthalten die Versammlungsstättenverordnungen der einzelnen Bundesländer, denn Bauordnungsrecht ist Landesrecht. Besagte Verordnungen regeln, wie Versammlungsstätten, zu denen auch die Veranstaltungsstätten aller Art gehören, gebaut, ausgestattet und betrieben werden müssen. Ihre Rechtsgrundlage findet sich in den jeweiligen Landesbauordnungen, die die Versammlungsstätten als „bauliche Anlagen besonderer Art oder Nutzung" Sonderregelungen zugänglich machen. Für alle Fragen, die diese Sonderregelungen nicht beantworten, gelten die Landesbauordnungen als allgemeine Vorschriften weiter.

Für die Versammlungsstätten wurde mit dem Ziel der Vereinheitlichung der unterschiedlichen Landesvorschriften im Jahre 2002 im Auftrag des Bundesbauministeriums und der Bauministerien der Länder ein Entwurf für eine neue Musterversammlungsstättenverordnung ausgearbeitet, deren Inhalt noch im Laufe des Jahres 2003 an die Stelle der jetzigen Versammlungsstättenverordnungen treten soll. In drei Bundesländern, nämlich Brandenburg, Hessen und Nordrhein-Westfalen ist die Umsetzung in Landesrecht sogar schon erfolgt. In Anbetracht dieser Situation wird im folgenden auf die jeweilige Regelung der Musterversammlungsstättenverordnung (MVStättV) Bezug genommen.

Die Versammlungsstättenverordnungen haben wie alle Gesetze einen klar umrissenen Anwendungsbereich.

Laut § 1 der MVStättV ist diese einschlägig für:

1. „Versammlungsstätten mit Versammlungsräumen, die einzeln mehr als 200 Besucher fassen bzw. Versammlungsstätten mit Versammlungsräumen, die zusammengerechnet mehr als 200 Besucher fassen, sofern diese gemeinsame Rettungswege haben;
2. Versammlungsstätten im Freien mit Szenenflächen, deren Besucherbereich mehr als 1000 Besucher faßt und ganz oder teilweise aus baulichen Anlagen besteht, und
3. Sportstadien, die mehr als 5000 Besucher fassen."

Die Begriffe „Versammlungsstätten", „Versammlungsräume", „Szenenflächen" und „Sportstadien" usw. werden in den Begriffsbestimmungen des § 2 der Musterverordnung definiert. Kleinere Versammlungsstätten fallen unter das allgemeine Baurecht.

Die dritte Gruppe von Pflichten, die im Bereich der Veranstaltungssicherheit bestehen, sind allgemeine Schutz- und Sorgfaltspflichten, die als vertragliche Nebenpflichten oder aber, wenn kein Vertrag vorhanden ist, im Bereich der deliktischen Haftung nach §§ 823 ff. BGB als allgemeine Verkehrssicherungspflichten zum Tragen kommen. In beiden Fällen sind sie erst aufgrund bereits eingetretener Schadensfälle von der Rechtsprechung entwickelt worden, und zwar aus folgendem Grund: Vertragliche Schutzpflichten entstehen, wie wir bereits gesehen haben, im Rahmen eines Arbeitsverhältnisses, wo sie sich u.a. in einer Fürsorgepflicht des Arbeitgebers für bestimmte Rechtsgüter seiner Arbeitnehmer ausdrücken. Aber nicht nur ein Arbeitsvertrag, sondern jeder Vertrag und damit auch Zuschauerverträge zwischen den Besuchern einer Veranstaltung und dem Veranstalter, beinhalten nach dem Prinzip von Treu und Glauben (§242 BGB) Schutzpflichten für die Rechtsgüter des Vertragspartners. Der Inhalt dieser Pflichten ist im allgemeinen weder gesetzlich noch vertraglich festgelegt, sondern ergibt sich eben „nach Treu und Glauben" aus dem aktuellen Vertragskontext. Dieser kann sich im Laufe der Vertragszeit ändern, beispielsweise, weil Maßnahmen nötig werden, an die bisher niemand gedacht hatte. In Verträgen werden daher häufig nur die Hauptleistungspflichten der Parteien (beim Zuschauervertrag, verkürzt gesprochen, Durchführung der Veranstaltung gegen Eintrittsgeld) und die allerwichtigsten Nebenpflichten geregelt. Führen nun bei Vertragsschluss unvorhergesehene Ereignisse zu einem Schadensfall, so ist es Aufgabe der Rechtsprechung zu bestimmen, ob der Schädiger bzw. Verantwortliche seinen Schutzpflichten für die Rechtsgüter des Vertragspartners gerecht geworden ist oder nicht. Dazu gehören vor allem Verkehrssicherungspflichten für (veranstaltungs-) typische, absehbare Gefahren wie beispielsweise überlaute Musik, durch die bei den Zuschauern Gehörschäden hervorgerufen wurden.[4]

Im Bereich der außervertraglichen Haftung spielen Verkehrssicherungspflichten besonders dann eine Rolle, wenn es darum geht, einen Verstoß gegen die im Verkehr erforderliche Sorgfalt festzustellen, die zur Schädigung fremder Rechtsgüter geführt hat, denn in diesem Fall kann eine fahrlässige Verletzung bejaht werden. Ein Beispielsfall aus dem Veranstaltungsbereich sind Verletzungen einer Zuschauerin bei einem Eishockey-Bundesligaspiel durch einen Puck, der über die Seitenbande des Spielfeldes hinausgeschleudert wurde.[5]

## Pflichtverletzungen im Eingangsfall

Ihrem Inhalt nach sind die Verpflichtungen, die sich aus den oben genannten Rechtsquellen ergeben, äußerst vielfältig. Schon im Fall „Cyrano" ist die Bandbreite sehr groß. Sie werden nachfolgend im einzelnen dargestellt, und zwar schon, um das Vertrauen unserer Leser in die Sicherheit von Veranstaltungen wieder herzustellen. Gleichzeitig kann man an ihnen aber auch sehen, mit welcher Detailgenauigkeit Unfallverhütungsvorschriften im Veranstaltungsbereich Sicherheitsfragen regeln.

Zunächst war also Schreinermeister Pépin von einer Leiter gefallen, weil diese nicht richtig befestigt war. Gemäß § 7 der maßgeblichen Arbeitsschutzvorschrift, der Betriebsvorschrift BGV D 36 „Leitern und Tritte", müssen Stufenanlegeleitern mit einer Aufsetz-, Einhak- oder Einhängevorrichtung ausgerüstet sein, die zugleich gewährleistet, dass die Stufen waagerecht sind.[6]

Nächstes Opfer der allgemeinen Nachlässigkeit war der Journalist Touchatout, der von einem herunterfallenden Scheinwerfer beinahe erschlagen wurde und seine wertvolle Kamera verlor. Für die Befestigung von Scheinwerfern – typischen „schwebenden Lasten" – bestimmt § 7 Absatz VI der Unfallverhütungsvorschrift für Veranstaltungs- und Produktionsstätten für szenische Darstellung BGV C1, dass „ortsveränderliche Beleuchtungs-, Bild- und Beschallungsgeräte durch zwei unabhängig voneinander wirkende Einrichtungen gegen Herabfallen gesichert sein müssen".

Das nächste Ereignis, der Unfall bei der Probe der Duellszene, hätte höchstwahrscheinlich dadurch verhindert werden können, dass man die Fechtszene, wie § 20 Abs. I und II der schon zitierten BGV C1 vorschreiben, als „gefährlichen szenischer Vorgang" unter Anwendung von Schutzmaßnahmen geprobt hätte. Die Vorschrift verpflichtet auch dazu, darauf zu achten, dass bei derartigen Vorgängen nur fachlich und körperlich geeignete Personen eingesetzt werden, die sowohl von ihrem technischen Können als auch von ihrer Konstitution her den Anforderungen der Szene gewachsen sind.

Zum Abstürzen des Balkons mit Roxane und Christian: Nach § 4 BGV C1 müssen Flächen und Aufbauten „so bemessen und beschaffen sein sowie so aufgestellt, unterstützt, ausgesteift, eingehängt und verankert werden, dass sie die bei der vorgesehenen Verwendung anfallenden statischen und dynamischen Lasten aufnehmen und ableiten können". Dies war im Falle des Balkons ganz offensichtlich nicht der Fall, so dass dieser zusätzlich hätte befestigt und gestützt werden müssen.

Bei den Ereignissen im Verlauf der Veranstaltung, insbesondere bei der Verwendung pyrotechnischer Effekte zur Darstellung des Schlachtgeschehens, sind gleich mehrere einschlägige Sicherheitsvorschriften nicht berücksichtigt worden:
Die arbeitsschutzrechtliche Vorschrift des § 28 III BGV C1 fordert die Verwendung von geprüftem und zugelassenem pyrotechnischem Mate-

rial und verweist im übrigen auf die sprengstoffrechtlichen Vorschriften. § 24 Absatz IV der 1. Verordnung zum Sprengstoffgesetz sieht zur Vermeidung von Gefahren bei der Verwendung pyrotechnischer Sätze eine vorherige Erprobung und Genehmigung durch die Brandschutz- und Ordnungsbehörden vor. Die Verordnung enthält weiterhin Normen für den Umgang mit pyrotechnischen Artikeln.

Aus baurechtlicher Sicht muss gemäß § 35 Absatz II der neuen Musterversammlungsstättenverordnung die Verwendung pyrotechnischer Gegenstände durch eine nach Sprengstoffrecht geeignete Person überwacht werden. Bei Veranstaltungen mit erhöhten Brandgefahren hat der Betreiber einer Veranstaltungsstätte ausserdem laut § 41 der MVStättV eine Brandsicherheitswache einzurichten.

Erinnern wir uns weiter, dass der Brand dadurch entstand, dass Funken in einen Wagen fielen, in dem ein Vorhang für die Aufführung am nächsten Tag gefallen waren: Ausstattungen, Requisiten und Ausschmückungen dürfen aber gemäß § 34 MVStättV mit Ausnahme des Tagesbedarfs nur außerhalb der Bühne und der Szenenflächen aufbewahrt werden. Auch müssen gerade Vorhänge von Bühnen und Szenenflächen aus „mindestens schwer entflammbarem Material" bestehen (§33 MVStättV). Versammlungsräume und sonstige Aufenthaltsräume mit mehr als 200 $m^2$ Grundfläche sowie Bühnen müssen Rauchabzugsanlagen haben (§ 16 Absatz I MVStättV).

Hinsichtlich des behindernden Dunkels im Zuschauerraum verlangt § 15 der MVStättV eine Sicherheitsbeleuchtung, die so beschaffen ist, dass „sich u.a. Besucher auch bei vollständigem Versagen der allgemeinen Beleuchtung bis zu öffentlichen Verkehrsflächen hin gut zurecht finden können". § 6 der Verordnung enthält Vorschriften über die Führung der Rettungswege. §30 der Unfallverhütungsvorschrift BGV A1 bestimmt ergänzend, dass „Rettungswege und Notausgänge als solche deutlich erkennbar und dauerhaft gekennzeichnet sein und auf möglichst kurzem Weg ins Freie oder in einen gesicherten Bereich führen müssen".

## Systematik und Rang der gesetzlich begründeten Pflichten

Was die Systematik und den Rang insbesondere der arbeitsschutzrechtlichen Normen betrifft, ist an erster Stelle das Arbeitsschutzgesetz selbst, also ein vom Bundesparlament erlassenes Gesetz einschlägig.

Daneben gibt es Rechtsverordnungen, die von der Verwaltung, im allgemeinen einem Ministerium, auf der Basis einer klar definierten gesetzlichen Ermächtigung des Parlamentsgesetzgebers erlassen worden sind (vgl. Art. 80 Absatz I des Grundgesetzes), um allgemeinere Regelungen nach seinen Anweisungen auszugestalten. Hierzu gehören beispielsweise die Verordnung zum Schutz vor gefährlichen Stoffen vom 15. November 1999, veröffentlicht im Bundesgesetzblatt (BGBl) I S. 2233 (Gefahrstoffverordnung) oder die noch recht neue Betriebssicherheitsverordnung vom 7. September 2002, BGBl I S. 3777. Aber auch die baurechtlichen Versammlungsstättenverordnungen, die die Musterversammlungsstättenverordnung umsetzen werden, sind Rechtsverordnungen, erlassen von den Bauministerien der Länder.

Im Bereich des Arbeitsschutzes sind auch die Berufsgenossenschaften in Ausübung einer in § 15 des 7. Buches des Sozialgesetzbuchs (SGB VII) enthaltenen Ermächtigung gesetzgeberisch tätig geworden, und zwar durch den selbständigen Erlass von Unfallverhütungsvorschriften (kurz: UVV). Deren Anzahl ist Legion, jedoch folgt ihre Benennung einer Systematik, die Ihnen helfen wird, sie ihrem Inhalt nach einzuordnen:
Die Bezeichnung BGV (Berufsgenossenschaftsvorschrift) bzw. GUV (Vorschrift der Gesetzlichen Unfallversicherung) wird stets von einem Buchstaben gefolgt, der es erlaubt, diesen Inhalt systematisch zu bestimmen.

Die mit einem „A" gekennzeichneten UVV bezeichnen Basisvorschriften, die jeden Betrieb betreffen, gleichgültig, worauf dessen Tätigkeit gerichtet ist.

Die BGV/GUV „B" enthalten Vorschriften, die auf spezielle Einwirkungen abgestimmt sind wie beispielsweise Lärm, Laserstrahlen oder Gefahrstoffe. Auch sie gelten für alle Betriebe.

„C"-Vorschriften sind dagegen branchen- oder arbeitsverfahrensspezifisch: Für Veranstaltungen ist insbesondere maßgeblich die Unfallverhütungsvorschrift BGV C1 vom 1. April 1998 über Veranstaltungs- und Produktionsstätten für szenische Darstellung.

UVV mit einem „D" beziehen sich auf spezielle Arbeitsmittel, beispielsweise Holzbearbeitungs- und Schleifmaschinen, Winden, Hub- und Zuggeräte oder auch Leitern und Tritte.

Eine umfangreiche Zusammenstellung der für die Veranstaltungssicherheit maßgeblichen Normen enthält die von der Verwaltungs-Berufsgenossenschaft herausgegebene, sehr hilfreiche CD-ROM „Bühnen und Studios".[7]

## Inhaltliche Charakteristika

Der vielfältige Inhalt der verschiedenen Pflichten lässt nur eine ungefähre Einteilung in Gruppen zu. Die Zuordnung kann sich auch nicht generell an der Grobunterteilung zwischen Arbeitsschutzrecht, Bauordnungsrecht und Verkehrssicherungspflichten orientieren, da die meisten Verpflichtungsarten in allen Bereichen vertreten sind. Darüber hinaus gibt es vor allem zwischen Arbeitsschutz- und Baurecht zahlreiche Überschneidungen, zum Teil sogar Ungereimtheiten zwischen den Regelungen für ein und dasselbe technische Problem.[8]

Die weitaus größte Gruppe von Verpflichtungen in beiden Rechtsbereichen betrifft technische Vorgaben zur sicheren Gestaltung und Ausstattung der Arbeitsplätze bzw. der Versammlungsstätten andererseits. Das Arbeitsschutzrecht verpflichtet dabei sehr grundlegend zu einer so genannten Gefährdungsanalyse, d.h. zur Feststellung und Beurteilung der für die Beschäftigten mit ihrer Arbeit verbundenen Gefährdung (vgl. §§ 5 ArbSchG, 3 BetriebssicherheitsVO, 45 BGV A1).

Das Bauordnungsrecht enthält zwar keine ausdrückliche Verpflichtung, eine derartige Analyse zu erstellen, setzt dies aber implizit voraus, beispielsweise dann, wenn es für „Veranstaltungen mit erhöhten Brandgefahren" die Einrichtung einer Brandsicherheitswache anordnet (§ 41 Absatz I MVStättV).

Diese Brandsicherheitswache ist ein Beispiel für präventive Schutzvorkehrungen, zu denen auch zahlreiche Vorschriften des Arbeitsschutzes verpflichten, so etwa § 4 BGV A1, der die Bereitstellung und Gestaltung der persönlichen Schutzausrüstungen regelt, die den Arbeitnehmern zur Verfügung gestellt werden müssen.

Die genannten technischen Vorgaben werden insbesondere durch Pflichten zur Wartung der technischen Anlagen[9] und durch die Verpflichtung zu regelmäßigen technischen Überprüfungen[10] ergänzt, wobei allerdings die hierfür zu beachtenden Zeitabstände zwischen Arbeitsschutz und Bauordnungsrecht auseinander fallen. Auch Warnpflichten, wie etwa durch Kennzeichnung oder Aushang von bestimmten Notfallplänen, kommen in beiden Rechtsmaterien vor.

Aber nicht nur das Vorhandensein einer einwandfrei funktionierenden Technik, sondern auch deren korrekte Handhabung durch die hiermit beauftragten Personen hat das Gesetz im Auge: Eine Fülle von weiteren Verpflichtungen hat über die technische Sicherheit von Konstruktion und Ausstattung hinaus den sicheren Betrieb der Anlagen im Auge. Dies zwingt die Verantwortlichen, Organisations-, Instruktions- und Kontrollstrukturen zu schaffen, die das Risiko von Gefährdungen aufgrund mangelhafter Beherrschung der Technik oder bei unvorhergesehenen Zwischenfällen so weit wie möglich reduzieren.

Hierzu gehören in erster Linie Pflichten bei der Ausgestaltung der Aufbau- und Ablauforganisation, die darauf gerichtet ist, geregelte, kontrollierbare und auch tatsächlich kontrollierte Abläufe in der Tätigkeit der verschiedenen Verantwortlichen und Fachkräfte zu etablieren. Man unterscheidet hierbei zwischen der generellen Organisationsverantwortung, also der Entscheidung, welche Qualifikation für einen bestimmten Arbeitsplatz eingesetzt werden soll, der Auswahlverantwortung – welcher Mitarbeiter wird für die Wahrnehmung der Verantwortung eingestellt bzw. mit dieser beauftragt? – und der Kontrollverantwortung (wie wird kontrolliert, dass dieser Mitarbeiter seinen Pflichten auch tatsächlich nachkommt?).

Das Betriebspersonal muss zudem für die Wahrnehmung seiner Aufgabe regelmäßig unterwiesen werden (Pflicht zur Unterweisung). § 7 Absatz II BGV A 1 verpflichtet etwa zur Unterweisung der Arbeitnehmer über die bei ihrer Tätigkeit auftretenden Gefahren, nach § 42 II MVStättV muss jeder Mitarbeiter zu Beginn seines Arbeitsverhältnisses und danach mindestens einmal jährlich über die Lage und Bedienung der Feuerlöschanlagen unterrichtet werden.

Ein Arbeitgeber hat nicht allein die Arbeitssicherheit seiner Arbeitnehmer zu fördern, sondern muss auch bei der Vergabe von Aufträgen die arbeitsschutzrechtlichen Verpflichtungen weiter reichen, indem er Subunternehmern schriftlich aufgibt, die entsprechenden Regeln zu beachten (§ 5 Absatz II BGV A1) und im Sinne des Arbeitsschutzes mit ihnen zusammen zu wirken (§ 6 Absatz I und II BGV A1). Dabei kommt einer klaren und vorausschauenden Vertragsgestaltung eine große Bedeutung zu.

Also Besonderheiten des Bauordnungsrechts seien folgende erwähnt: Zu den gesetzlichen Pflichten gehört es insbesondere, die vorgeschriebenen baulichen Abnahmen durch das Bauordnungsamt vornehmen zu lassen, sowie eine in der Regel persönliche Anwesenheitspflicht während des Betriebes der Veranstaltungsstätte (§ 38 Absatz II MVStättV). Sind für die Sicherheit der Versammlungsstätte notwendige Anlagen, Einrichtungen oder Vorrichtungen nicht betriebsfähig oder werden Betriebsvorschriften nicht eingehalten werden können, so besteht eine Pflicht zur eigenverantwortlichen Einstellung des Betriebes (§ 38 Absatz IV MVStättV).

## Verantwortliche Personen und Verantwortungsdelegation

Sowohl das Arbeitsschutzrecht als auch das öffentliche Baurecht legen verantwortliche Personen fest und bestimmen dadurch, wer vom Gesetz zur Erfüllung der Sysiphosaufgabe „Sicherheit" in die Pflicht genommen wird. Daraus leitet sich ab, wer von der staatlichen Aufsicht – Unfallversicherungsträger bzw. Bauordnungsamt – zur Durchführung der notwendigen Maßnahmen herangezogen, für eine Regelwidrigkeit mit Geldbuße belegt und bei einem Unfall zum Schadensersatz herangezogen werden kann.

Das Arbeitsschutzgesetz enthält dazu in § 3 Absatz I die folgende generalklauselartige Aussage:
„Der Arbeitgeber ist verpflichtet, die erforderlichen Maßnahmen des Arbeitsschutzes unter Berücksichtigung der Umstände zu treffen, die Sicherheit und Gesundheit der Beschäftigten bei der Arbeit beeinflussen. Er hat die Maßnahmen auf ihre Wirksamkeit zu überprüfen und erforderlichenfalls sich ändernden Gegebenheiten anzupassen. Dabei hat er eine Verbesserung von Sicherheit und Gesundheitsschutz der Beschäftigten anzustreben."

Die Formulierung dieser Vorschrift signalisiert deutlich, dass für den Arbeitsschutz der Arbeitgeber – die Unfallverhütungsvorschrift BGV A1 spricht vom „Unternehmer" – in der Pflicht ist. § 13 des Arbeitsschutzgesetzes regelt die Fälle, in denen neben dem Arbeitgeber noch weitere Personen als Verantwortliche herangezogen werden können: Absatz I der Vorschrift erweitert nämlich den Kreis der Verantwortlichen von Gesetzes wegen auf folgende Gruppen:

1. Den gesetzlichen Vertreter des Arbeitgebers – dies wird etwa dann relevant, wenn der Unternehmer minderjährig oder aufgrund von Geisteskrankheit geschäftsunfähig ist.
2. Die vertretungsberechtigten Organe des Arbeitgebers bzw. den vertretungsberechtigten Gesellschafter einer Personenhandelsgesellschaft. Dies ist dann von Bedeutung, wenn der Arbeitgeber eine juristische Person, z.B. eine Gesellschaft oder Stiftung ist und folglich außer durch seine Organe gar nicht handeln kann. „Vertretungsberechtigter Gesellschafter" meint den Sonderfall einer offenen Handelsgesellschaft, es geht jedoch um dieselbe Rechtswirkung.
3. Verantwortliche in Führungspositionen im Rahmen der ihnen übertragenen Aufgaben und Befugnisse – für diese Variante ist es notwendig, dass der Kompetenz- und Verantwortungsbereich in der Stellenbeschreibung exakt definiert worden ist, da sonst nicht entschieden werden kann, ob der Sachverhalt sich „im Rahmen der übertragenen Aufgaben und Befugnisse" bewegt.

4. „Sonstige nach Absatz 2 oder nach einer auf Grund dieses Gesetzes erlassenen Rechtsverordnung oder nach einer Unfallverhütungsvorschrift beauftragte Personen im Rahmen ihrer Aufgaben und Befugnisse".

Gemäss Absatz 2 nun kann der Arbeitgeber „zuverlässige und fachkundige Personen schriftlich damit beauftragen, ihm obliegende Aufgaben nach diesem Gesetz in eigener Verantwortung wahrzunehmen". Hiermit werden für eine wirksame Pflichtenübertragung zwei wichtige Kriterien aufgestellt: Die Beauftragung hat schriftlich und vor allem an zuverlässige und fachkundige Personen zu erfolgen. Den Arbeitgeber trifft daher in jedem Fall eine Pflicht zur ihrer sorgfältigen Auswahl.

§ 13 BGV A1 ergänzt diese Verantwortung noch, indem er den Unternehmer dazu verpflichtet, die Verantwortungsbereiche der beauftragten Personen abzugrenzen und dafür zu sorgen, dass sie den ihnen übertragenen Pflichten auch nachkommen und sich dabei untereinander abstimmen.

Den Fall einer Beauftragung „nach einer Unfallverhütungsvorschrift" regelt § 6 Absatz I BGV A1, den wir weiter oben bereits genannt haben: Oft werden verschiedene Gewerke einer Veranstaltung von untereinander unabhängigen Firmen übernommen, jedoch gegenüber dem Auftraggeber von einem Hauptunternehmer koordiniert. Man spricht dann von einem Subunternehmerverhältnis. Unter dieser Voraussetzung hat der Hauptunternehmer eine Person zu bestimmen, die die Arbeiten aufeinander abstimmt und dafür zu sorgen, dass dieser Person Weisungsbefugnis nicht nur gegenüber den Beschäftigten des Subunternehmers, sondern auch gegenüber dem Subunternehmer selbst eingeräumt wird.

Die Formulierung „neben dem Arbeitgeber" in § 13 Absatz I Arbeitsschutzgesetz lässt keinen Zweifel daran, dass der Unternehmer durch das Hinzutreten weiterer Verantwortlicher nicht etwa selbst von seiner Verpflichtung frei wird. Dennoch wird im Bereich der bußgeld- und strafrechtlichen Haftung die Frage, ob sein Handeln als fahrlässig eingestuft werden kann, zu verneinen sein, wenn er auf eine formell und inhaltlich „wasserdichte" Verantwortungsdelegation verweisen kann und seine Auswahl-, Organisations- und Kontrollverantwortung erfüllt hat. In solchen Fällen wird nicht der Arbeitgeber, sondern nur der Beauftragte mit Sanktionen belegt, sofern bei ihm ein Verschulden vorliegt.

Die Frage des zivilrechtlichen Schadensersatzes tritt daneben im Arbeitsschutz aus Gründen, die wir noch sehen werden, weitgehend zurück.

Das öffentliche Baurecht, zu dem die Veranstaltungsstättenverordnungen gehören, ist von seiner Entstehung und von seinem Inhalt her Polizeirecht.

Wenn deshalb § 38 Absatz I der neuen Musterveranstaltungsstättenverordnung den Betreiber der Veranstaltungsstätte als Verantwortlichen bestimmt, hat die Vorschrift vornehmlich einen zentralen Begriff des Polizeirechts im Auge, nämlich den des sog. Störers der öffentlichen Sicherheit und Ordnung. Gegen diese Verantwortlichen sind nach den polizeirechtlichen Generalklauseln der Bundesländer ebenso wie nach zahlreichen Spezialvorschriften Polizei- und Ordnungsbehörden zur Vornahme von Verwaltungsakten ermächtigt.

Wer aber ist Betreiber im Sinne der §§ 38 ff. Musterversammlungsstättenverordnung? Nach der Rechtsprechung der Verwaltungsgerichte, insbesondere zum Immissionsschutzrecht, ist Betreiber diejenige natürliche und juristische Person, die rechtlich befugt und tatsächlich imstande ist, bestimmenden Einfluss auf eine Anlage auszuüben. Auf der Basis dieser Kriterien kommen als Betreiber einer Versammlungs- und insbesondere einer Veranstaltungsstätte alle diejenigen natürlichen oder juristischen Personen in Frage, die als Eigentümer, Pächter, Dauermieter oder Betriebsführer/Betreibergesellschaft zur Durchführung von Eigen- und Gastveranstaltungen berechtigt und zum Unterhalt der Versammlungsstätte verpflichtet sind.[11] Da die rechtliche und tatsächliche Möglichkeit zur Einflussnahme auf verschiedene Bereiche eines Hauses auseinander fallen können, ist es möglich, dass es einen Betreiber für den Betrieb und Unterhalt der bau- und betriebstechnischen Anlage/Einrichtungen und einen Betreiber für den Veranstaltungsbetrieb gibt.[12]

Der verantwortliche Betreiber ist nun nach § 38 I MVSTÄTTV ebenso generell wie der Arbeitgeber nach § 3 Arbeitsschutzgesetz für den Arbeitsschutz "für die Sicherheit der Veranstaltung und die Einhaltung der Vorschriften verantwortlich". Die Absätze II bis IV legen einzelne wichtige Pflichten fest.

§ 38 Absatz V Satz 1 lässt eine Übertragung dieser Verpflichtungen, insbesondere der Anwesenheitspflicht beim Betrieb, auf den Veranstalter zu, dies jedoch nur dann, wenn dieser mit der Versammlungsstätte und ihren Einrichtungen vertraut ist. Wie Absatz V Satz 2 des § 38 jedoch sogleich lapidar feststellt, bleibt dadurch die Verantwortung des Betreibers unberührt, d.h. polizeiliche Maßnahmen können sich trotz einer Pflichtenübertragung nach wie vor auch gegen den Betreiber richten, was bei allen Verfügungen, die das Gebäude selbst betreffen, sinnvoll sein wird. Pflichtenübertragungen an den Veranstalter werden in der

Praxis häufig bei Vermietungen der Veranstaltungsstätte für einzelne Abende vorgenommen, ebenso bei Gastspielen, was mitgebrachte Bühnenbildkonstruktionen angeht.

Die Form einer derartigen Pflichtenübertragung ist in der MVStättV nicht geregelt. Jedoch wird auch hier schon aus Beweisgründen Schriftlichkeit, eine Beschreibung des übertragenen Aufgabengebiets und eine Festlegung der übertragenen Rechte und Pflichten zu den Mindestanforderungen gehören. Auch die Weisungsbefugnisse der beauftragten Person sollten unbedingt festgehalten werden. Dies gilt besonders für einen vom Betreiber bzw. Veranstalter nach § 38 Absatz II bzw. IV MVStättV beauftragten Veranstaltungsleiter, der die Anwesenheitspflicht des Betreibers bzw. Veranstalters wahrnehmen kann.

Nach der Bestimmung der polizeirechtlichen Verantwortlichkeit in § 38 spricht die MVStättV übrigens in § 39 von sogenannten „Verantwortlichen für Veranstaltungstechnik". Diese Bezeichnung darf nicht mit dem polizeirechtlich Verantwortlichen verwechselt werden. § 39 verwendet den Begriff „Verantwortliche für Veranstaltungstechnik" lediglich als Oberbegriff für verschiedene technische Fachkräfte, die in den Ziffern 1 bis 4 genannt werden.[13] Diese werden zwar ihren Aufgaben nach häufig Betreiber und Veranstalter bei der Erfüllung ihrer in § 38 Absätze II bis IV MVStättV festgelegten Pflichten vertreten. Hierfür wird jedoch eine ausdrückliche Delegation notwendig sein.

Im Bauordnungsrecht gilt ebenso wie im Arbeitsschutz, dass trotz „Delegation" die Auswahl- und Organisationsverantwortung ebenso wie die Pflicht zur Aufsicht und Kontrolle der Beauftragten stets beim Betreiber verbleiben.

## Zivilrechtliche Haftung

Auf der Ebene der Haftung für die im Ausgangsfall entstandenen Schäden ergibt sich eine Trennung zwischen den Mitwirkenden an der Theaterproduktion, also Darstellern und technischem Personal, im vorliegenden Fall Pépin, Cyrano, Christian und Roxane – sie stehen mit dem Veranstalter oder jedenfalls mit einem an der Produktion beteiligten Unternehmer in einem arbeitsvertraglichen Verhältnis, so dass Arbeitsschutzrecht zur Anwendung kommt – , und den Zuschauern Dr. Sauvage und Bankdirektor de Laval, die durch den Kauf ihrer Eintrittskarten Zuschauerverträge mit dem Veranstalter abgeschlossen hatten.

Der durch den Scheinwerfer verletzte Journalist Touchatout ist dagegen weder Mitwirkender noch Zuschauer. Er nimmt im Innenbereich des

Theaters seine Aufgabe der Berichterstattung wahr. Vertragliche Ansprüche scheiden damit aus, zu seinen Gunsten können jedoch – wie auch zugunsten der anderen Geschädigten – Ansprüche aus den §§ 823 ff. BGB bestehen, die an die schuldhafte und widerrechtliche Verletzung seiner Rechtsgüter bzw. an den Verstoß gegen ein zu seinen Gunsten bestehenden Schutzgesetzes anknüpfen.[14]

Wenden wir uns zuerst dem Bereich des Arbeitsschutzes zu, muss man sich als allerërstes fragen, wer für die Darsteller von Cyrano, Christian, Roxane und für den Theatermeister Pépin eigentlich als Anspruchsgegner in Betracht kommt.

Dies ist selbstverständlich zunächst einmal ihr Arbeitgeber, also im Falle, dass es sich bei der Aufführung um eine Veranstaltung handelt, die das Stadttheater im Rahmen seines eigenen Spielbetriebs durchführt (Eigenveranstaltung), der Betreiber des Stadttheaters, bei dem sie unter Vertrag stehen, sei dies nun die Stadt selbst oder eine private Gesellschaft.

Handelt es sich um eine Fremdveranstaltung, deren Darsteller einem gastierenden Ensemble angehören, ist die Bestimmung des richtigen Anspruchsgegners hingegen nicht so leicht: sollten etwa bei einem Gastspiel Christian und Roxane bei ihrem Absturz vom Balkon durch eine nicht fachgemäße Arbeit des Stadttheaters zu Schaden gekommen sein, jedoch beim gastierenden Ensemble unter Vertrag stehen, ergibt sich die Situation, dass ihr eigener Arbeitgeber diesen Szenenaufbau gar nicht erstellt hat und daher die Verursachungsfrage, der bei Haftungsfragen stets eine entscheidende Bedeutung zukommt, problematisch sein könnte.

Jedoch enthebt gerade in solchen Situationen die öffentlich-rechtliche Komponente des Arbeitsschutzsystems die Geschädigten von dieser Sorge, denn ihr eigener Arbeitgeber hat nach Maßgabe des Arbeitsschutzgesetzes Sicherheit und Gesundheitsschutz seiner Beschäftigten bei der Arbeit zu gewährleisten, gleichgültig, wo sie diese verrichten, und sich zu diesem Zweck mit anderen an der Produktion beteiligten Unternehmern abzustimmen (so der schon mehrfach erwähnte § 6 der Unfallverhütungsvorschrift BGV A1 in seinem Absatz II). Es genügt deshalb, dass Christian und Roxane im Rahmen ihres Arbeitsverhältnisses mit einer nicht sachgerecht erstellten Kulisse in Berührung kamen, unabhängig davon, wer diese gebaut hat.

Die öffentlich-rechtliche Komponente des Arbeitsschutzes geht aber noch weiter: Sie verpflichtet nämlich die Arbeitgeber, für ihre Angestellten Beiträge zur gesetzlichen Unfallversicherung zu leisten, so dass diese bei einem Arbeitsunfall die Regulierung des Schadenfalls übernimmt. Diese Eintrittspflicht des Unfallversicherungsträgers ergibt sich aus den §§ 8, 26 ff. des 7. Buches des Sozialgesetzbuchs (SGB VII) und ist schon deshalb von großem Vorteil, weil dadurch die Abwicklung zwischen dem Geschädigten und seinem Arbeitgeber vermieden wird: Der Versicherte hat gegenüber dem Unfallversicherungsträger Anspruch auf Heilbehandlung, Rehabilitationsmaßnahmen und weitere Leistungen nach Maßgabe des 3. Kapitels des SGB VII, und zwar unabhängig davon, ob ein Verschulden des Arbeitgebers vorliegt, dessen Nachweis bei einer Regulierung zwischen den direkt Beteiligten peinliche und für das weitere Arbeitsverhältnis nicht unbedingt förderliche Fragen aufwerfen würde. Für den Unternehmer und die von ihm bei der Wahrnehmung seiner arbeitsschutzrechtlichen Pflichten eingesetzten Personen besteht aber dennoch ein entscheidender Grund, trotz der Eintrittspflicht des Unfallversicherungsträgers die notwendige Sorgfalt walten zu lassen: Im Falle von grober Fahrlässigkeit hat der Unfallversicherungsträger ihm gegenüber einen sogenannten Regressanspruch auf Erstattung der an den Geschädigten gezahlten Leistungen.

Ausgeschlossen sind im Arbeitsschutz Schmerzensgeldansprüche, d.h. gerade Cyrano, Christian und Roxane können bei der Berufsgenossenschaft bzw. Unfallkasse zwar die Heilung ihrer Verletzungen und Beschwerden, nicht aber eine Entschädigung für die erlittenen Schmerzen erfolgreich geltend machen.

Im übrigen haben Pépin, Cyrano, Roxane und Christian aus dem Arbeitsvertrag auch ohne Unfall ein Recht auf Behebung des sie gefährdenden Zustands, parallel dazu die Möglichkeit, ihre Arbeitsleistung zu verweigern, solange diesem nicht Abhilfe geschaffen ist; ihr Vergütungsanspruch bleibt in der Zwischenzeit erhalten. In besonders schwerwiegenden Fällen haben sie sogar die Möglichkeit, ihr Arbeitsverhältnis gemäss § 626 BGB aus wichtigem Grund zu kündigen, womit allerdings niemand geholfen ist.

Für Manager von Künstlern, gleichgültig aus welchem Bereich, sei an dieser Stelle darauf hingewiesen, dass die Vorschriften des Arbeitsschutzrechts und damit die oben dargestellten Ansprüche aus dem 7. Buch des Sozialgesetzbuchs bei selbständigen Künstlern nicht greifen und es daher äußerst ratsam ist, für diese eine private Unfallversicherung abzuschließen.

Hinsichtlich der geschädigten Zuschauer Dr. Sauvage und de Laval greifen mangels Vorliegens eines Arbeitsverhältnisses die Bestimmungen des Arbeitsschutzes nicht. Der gesetzliche Unfallversicherer scheidet als Anspruchsgegner aus, die Herren müssen sich an den Veranstalter bzw. den Betreiber der Anlage halten und zwar unter Berufung auf die Verletzung baurechtlicher (d.h. im Interesse der Zuschauer geschaffener) oder allgemeiner Sorgfaltspflichten.

Es kommen dabei vor allem Schadensersatzansprüche aus der Verletzung vertraglicher Nebenpflichten in Betracht: Mit dem Erwerb der Eintrittskarte für die Veranstaltung kommt nämlich ein sogenannter Zuschauer- oder Besuchervertrag mit dem Veranstalter zustande. Bei seiner Abwicklung kann der Besucher im Rahmen der Erbringung der ihm vertraglich geschuldeten Leistung, nämlich Durchführung der Veranstaltung, nach dem Grundsatz von Treu und Glauben erwarten, dass Zwischenfälle wie der Brand hinter der Bühne vom Veranstalter vermieden werden bzw. dass für eventuelle Zwischenfälle Schutzmaßnahmen für ihre Gesundheit und körperliche Unversehrtheit getroffen sind. Dies war hier jedenfalls nicht in hinreichendem Umfang der Fall.

Da die Vorschriften der Versammlungsstättenverordnungen in erster Linie den Betreiber der Veranstaltungsstätte für die Sicherheit verantwortlich machen, ist auch hier wiederum die Unterscheidung zwischen einer Eigen- und einer Fremdveranstaltung des Betreibers von Bedeutung: Bei ersterer ist die Haftung „klar", d.h. der Betreiber haftet direkt, sofern eine schuldhafte Verletzung baurechtlicher Normen oder einer Verkehrssicherungspflicht den Schaden verursacht hat.

Bei einer Fremdveranstaltung muss man dagegen etwas weiter ausholen und die Rechtsfigur des „Vertrages mit Schutzwirkung für Dritte" bemühen, bei deren Vorliegen der Mietvertrag zwischen Betreiber und Veranstalter für die Veranstaltung eine Schutzwirkung für die Zuschauer als Vertragspartner des letzteren entfaltet. Letzten Endes haftet auch hier wieder der Betreiber dann, wenn die Schutzpflichtverletzung in seinen Verantwortungsbereich fällt.[15]

Weitere Voraussetzung für die Haftung aus einer Nebenpflichtverletzung ist das Vorliegen eines Verschuldens. Dieses kann entweder die Form des Vorsatzes oder der Fahrlässigkeit annehmen.

Nach der höchstrichterlichen Rechtsprechung ist Vorsatz gegeben entweder bei absichtlichem, d.h. auf die Verletzung abzielendem Handeln oder Unterlassen, bei Handeln/Unterlassen, obwohl der Verantwortliche voraussieht, dass es zu einer Schädigung kommen kann oder aber, wenn er das schädigende Ereignis „billigend in Kauf genommen hat", d.h. mit seinem Eintritt rechnet und sich innerlich denkt: „Und wenn schon!".

Fahrlässigkeit besteht dagegen im „Außer-Acht-Lassen der im Verkehr erforderlichen Sorgfalt", wobei auch hier zwischen verschiedenen Graden und Formen wie einfacher und grober Fahrlässigkeit und Leichtsinnigkeit unterschieden wird.

In Fällen wie dem oben geschilderten wird zumeist von einer fahrlässigen Verursachung auszugehen sein, da der Schädiger den Erfolg seiner Pflichtverletzung trotz aller Unachtsamkeit bei der Instandhaltung seiner Veranstaltungsstätte sicherlich nicht „in seinen Willen aufgenommen hatte", wie dies schon das Reichsgericht für den Vorsatz gefordert hat.

Als zweite Begründung für ihre Schadensersatzansprüche könnten sich Dr. Sauvage und Herr De Laval auf die Haftung aus unerlaubter Handlung gem. §§ 823 ff. BGB, d.h. auf das Argument stützen, sie seien vom Schädiger widerrechtlich in ihren Rechten, in diesem Fall ihrem Recht auf körperliche Unversehrtheit, verletzt worden. Auch für diese Haftung ist das Vorliegen eines Verschuldens notwendig.

Wie wir bereits bei der Präsentation des Eingangsfalles gesehen haben, sind hier zahlreiche Pflichten des Bauordnungsrechts außer Acht gelassen worden, die dem Betreiber des Stadttheaters von Gesetzes wegen obliegen. Das Verschulden der vom Betreiber zur Erfüllung dieser Pflichten bestellten Personen und die Feststellung seiner Ursächlichkeit für die Schädigung muss hier aufgrund der technischen Fragen vermutlich unter Zuhilfenahme eines Sachverständigen geklärt werden.

Im übrigen kommen hier, da die Einschränkungen des Arbeitsschutzrechts nicht greifen, sowohl bei der vertraglichen als auch bei der gesetzlichen Haftung auch Schmerzensgeldansprüche der Geschädigten in Frage.

Schließlich bleiben noch Ansprüche einer letzten Person zu untersuchen: die des Journalisten Touchatout, der mit dem Betreiber in keinerlei Vertragsverhältnis steht und sich demnach bei der Geltendmachung von Schadensersatzansprüchen lediglich auf Ansprüche aus unerlaubter Handlung stützen kann (§§ 823 ff. BGB). Da die Zerstörung seiner Kamera, also ein Schaden an seinem Eigentum, dadurch eingetreten ist, dass ein nicht ausreichend gesicherter Scheinwerfer auf ihn niederstürzte, liegt die Verletzungs„handlung" hier im Unterlassen, die gebotene zweite Sicherung anzubringen, was nach bestimmten rechtlichen Kriterien einer aktiven Handlung gleichzusetzen ist.[16]

§ 7 Absatz VI der Unfallverhütungsvorschrift BGV C1, der zur Anbringung einer zweiten Aufhängung für den Scheinwerfer verpflichtet, gehört allerdings zum Arbeitsschutz, bezweckt also im Prinzip nur den Schutz von an der Produktion Beteiligten, doch hat bereits im Jahre 1967 der Bundesgerichtshof entschieden, dass derartige Vorschriften auch zur Konkretisierung der allgemeinen Verkehrssicherungspflicht des Unternehmers herangezogen werden können, d.h. also gerade auch gegenüber Außenstehenden.[17] Touchatout kann also durchaus unter Berufung auf die genannte Vorschrift einen Anspruch geltend machen. In Anbetracht der Tatsache, dass die Verletzungshandlung in einem Unterlassen besteht, müsste allerdings nachvollziehbar sein, dass das Anbringen der gebotenen zweiten Schutzhalterung die Verletzung „mit an Sicherheit grenzender Wahrscheinlichkeit verhindert" hätte. Für diese Feststellung muss vermutlich auch hier ein Sachverständiger gehört werden, da ein wichtiger Punkt die Beurteilung der zu Grunde liegenden technischen Frage ist.

Der Betreiber der Veranstaltungsstätte kann dem Touchatout allerdings zu Recht entgegen halten, dass er im Moment des Unglücks auf der Bühne längst nichts mehr zu suchen hatte, sondern seinen Besuch im Theater dazu nutzte, um noch weiter beim Einstellen der Scheinwerfer zuzusehen.

Hier wird man ihm sicherlich den Vorwurf eines Mitverschuldens machen können, da nach einschlägigen Unfallverhütungsvorschrift, nämlich § 19 Absatz 1 der BGV C1, gerade beim Auf-, Um- und Abbau (der Unfall geschah beim Einleuchten) der unnötige Aufenthalt im Bereich von Bewegungsflächen und an sonstigen Gefahrenbereichen verboten ist. Andererseits hätte ein verantwortlicher Unternehmer beim Umstellen der Scheinwerfer einen Unbeteiligten auch von der Bühne verweisen müssen, was das Mitverschulden wiederum mindert. Dies abzuwägen ist jedoch stets Aufgabe des erkennenden Gerichts.

## Zum guten Schluss

Sollten Sie nach der Lektüre dieses Beitrags zum Ergebnis gekommen sein, vor einem undurchdringbaren Dickicht von Fragen und Vorschriften zu stehen, so möchten wir Sie trösten: Arbeitssicherheit und Baurecht sind eine recht komplizierte Materie, die sich zumeist nicht auf den ersten Blick erschließt. Sollten Sie aber doch den Entschluss fassen, sich weiter damit zu beschäftigen, werden Ihnen die folgenden Literaturhinweise weiterhelfen.

## Fachliteratur

Gerling, Kurt: Kommentar zur MVStättV 2002, Schriftenreihe der DTHG, Poing 2002, ISBN 3-00-009661-2

Güllemann, Dirk: Veranstaltungsmanagement und Recht, 2. Aufl., Luchterhand, Neuwied 2003, ISBN 3-472-05063-2

Löhr, Volker; Gröger, Gerd: Bau und Betrieb von Versammlungsstätten, Verlag Recht und Wirtschaft, Heidelberg 2003, ISBN 3-8005-1323-4

VBG Verwaltungs-Berufsgenossenschaft: CD-ROM Bühnen und Studios, Stand April 2003

## Anmerkungen

1 In diesem berühmten Saal im früheren Palast der Herzöge von Burgund wurden in der zweiten Hälfte des 17. Jahrhunderts die großen Dramen Racines aufgeführt.

2 Preis, Ulrich, Arbeitsrecht, 1. Auflage Köln 1999, § 37 S. 382 mit weiteren Nachweisen

3 Sogenanntes duales System der Arbeitssicherheit

4 BGH NJW 2001, S. 2019 f.

5 BGH NJW 1984, S. 801 ff.= BGH VersR 1984, 164 ff.

6 Davon abgesehen ist zu bemerken, dass die Benutzung von Leitern beim Aufstellen einer Kulisse schon per se kein sicheres Verfahren darstellt: wesentlich sicherer und effizienter wäre es gewesen, diese an die Bühnenmaschinerie anzuhängen und unter Einsatz dieser Hebemechanik langsam hochzuziehen.

7 Zu bestellen über die Website www.vbg.de.

8 Abweichungen bestehen beispielsweise in der Möglichkeit, sich bei der Erfüllung sicherheitsrelevanter Verpflichtungen vertreten zu lassen, die in der MVStättV wesentlich enger gefasst ist als im Arbeitsrecht. Auch gibt es Diskrepanzen in den Fristen zur Überprüfung technischer Einrichtungen und hinsichtlicher der Breite von Gängen.

9 Vgl etwa §§ 32 I BGV C1, 36 Absatz I MVStättV

10 §§ 39 BGV A1, 33, 34 BGV C1

11 Löhr, Volker; Gröger, Gerd, Bau und Betrieb von Versammlungsstätten, Heidelberg 2003, Kommentar zu § 38 MVStättV, S. 193

12 Löhr/Gröger, ebenda, S. 194

13 Die Absätze II bis IV des § 40 MVStättV bestimmen, dass bei bestimmten in Versammlungsstätten durchzuführenden Arbeiten, Proben und Veranstaltungen ein bzw. zwei „Verantwortliche für Veranstaltungstechnik" anwesend sein müssen. Bei kleineren Veranstaltungsstätten genügt für diese Aufgaben eine „Fachkraft für Veranstaltungstechnik" mit abgeschlossener Berufsausbildung und mindestens drei Jahren Berufserfahrung. Es handelt sich dabei um einen im Jahre 1998 geschaffenen Lehrberuf.

14 Vertragliche Ansprüche sind im allgemeinen weitreichender als eine derartige Haftung aus unerlaubter Handlung, insbesondere kann beim Mitwirken einer Hilfsperson des Schädigers für diesen die Möglichkeit bestehen, sich selbst der Haftung zu entziehen, weil er seiner Auswahlverantwortung nachgekommen ist. Dadurch wird der Geschädigte auf den Angestellten oder Subunternehmer verwiesen, der oftmals weniger solvent und daher als Schuldner weit weniger wünschenswert ist.

15 Vgl. Güllemann, Dirk, Veranstaltungsmanagement und Recht, 2. Auflage, Neuwied 2003

16 Einem Unterlassen kommt dann Handlungsqualität zu, wenn der Schädiger vertraglich, gesetzlich oder aufgrund einer sogenannten Garantenstellung zu einem bestimmten Handeln verpflichtet war.

17 BGH BG 1967, S. 115

# Autorenverzeichnis

***Blum, Werner*** (Jahrgang 1940), Studium der Fachrichtung Nachrichtentechnik an der FH Karlsruhe. 1961 Ingenieur in der Anteilung Fernseh-Messtechnik beim SWF Baden-Baden. 1967 bis 1969 Entwicklungshilfe TRT in Ankara/Türkei. Danach Leitender Ingenieur im FS-Produktionsbetriebs des SWF. Seit 1982 Leiter der Abteilung FS-Produktions- und Sendestudios in der Direktion Technik und Produktion des SWR am Standort Baden-Baden. 1997 Auszeichnung mit dem Ausbildungs-Oscar der Bundesrepublik Deutschland.

***Bretzinger, Otto N.,*** Dr. jur., Jurist und Journalist. Autor und Herausgeber vieler juristischer Fachbücher, so auch Mitherausgeber der Begleitbücher zur Fernsehserie „ARD-Ratgeber Recht". Beim Westdeutschen Rundfunk Köln bei der Redaktion „ARD-Ratgeber Recht" u. a. und zuständig für den Rechts-Informationsdienst und den monatlich erscheinenden Newsletter „recht aktuell". Dozent für Privatrecht an der Staatlichen Studienakademie in Karlsruhe.

***Christ, Jürgen*** (Jahrgang 1958). Nach Musikstudium 1983 Musikredakteur bei SWF 1 in Baden-Baden. Von 1986 bis 1990 Musikredakteur bei Radio Hamburg, von 1988 bis 1990 dort leitender Kulturredakteur, von 1990 bis 1993 Musikchef und Programmdirektor Musik bei Klassik Radio, Hamburg. 1993/94 Director TV-Marketing bei Ufa-Film- und Fernsehgesellschaft, Hamburg. 1994 Gründung der Agentur „Musik Medien Management" mit den Schwerpunkten Kulturmanagement, Medien- und Kulturkommunikation, Lehrtätigkeit (Musikjournalismus, Kultur- und

Medienmanagement), Multimedia-Konzeption/Produktion, zahlreiche Hörfunk-Produktionen. Veröffentlichungen: Christ/Blaes, Richter, Schmidt (Hrsg.) (2002): Einmalig in Europa: das LernRadio in Karlsruhe (= Zukunftsmusik für Kulturwellen. Neue Perspektiven der Kulturvermittlung im Hörfunk) VISTAS Verlag GmbH Berlin. Christ/Loock (Hrsg.) (2/2000): Das Aus fürs Dampfradio – Eine Vision bis 2020 (= KMM-Zeitschrift für kultur- und medienmanagement) Lehrstuhl für Kultur- und Medienmanagement Hamburg.

***Felsberg, Georg*** (Jahrgang 1940), Studium der Theaterwissenschaften, Philosophie, Kunstgeschichte in Marburg, Köln, Tübingen. Fünf Jahre Filmkritiken und aktuelle Beiträge in Presse und Hörfunk. Produzent von aktuellen Kulturbeiträgen. Dreißig Hörfunk-Features für viele ARD-Sender, Schweiz und Österreich. Sieben Hörspiele als Autor und Regisseur. Produzent von über fünfzig Fernseh-Features für die ARD, SWR, SFB als Autor und Regisseur. Entwicklung von Fernseh-Sendereihen u.a. „Kulturszene", „ARD-Buffet", „Kaffee oder Tee". Moderator: „Landesschau", „Kulturszene" und viele Sondersendungen. Programmbereichsleiter Kultur und Unterhaltung, Landesprogramme von SDR und SWF, Abteilungsleiter Service-Programm des SWR. Trainer für ZFP, KMA, Medienakademie München und Europäische Medien- und Event-Akademie. Publikationen (Auswahl): Lyrik in Zeitschriften und Anthologien seit 1958; Festschriftbeiträge: u. a. über „Das Haptische in der Kunst" (Universität Tübingen); Museum für Alltagskultur, Preis von Radio Bremen; Beschäftigung mit Themen der Alltagskultur und Trivialliteratur; Service-Sendungen im Fernsehen, in: Handbuch zur Entwicklung der Medien und Kommunikationsformen, Mouton de Gruyter.

***Freudl, Agathe E.***, Geschäftsführende Gesellschafterin von Freudl & Friends GmbH, Agentur für Öffentlichkeitsarbeit und Events, Karlsruhe. Beruflicher Werdegang: Baden-Airpark AG, Pressesprecherin und Marketingleiterin, Schneider & Koch, Pressesprecherin/Unit Communication Marketing, Schober Direktmarketing, Assistentin Organisationsleitung und Kommunikation, Stadtverwaltung Bretten, Assistentin des Bürgermeisters zuständig für die Presse- und ÖA.

***Freyberg, Burkhard*** (Jahrgang 1949), Studium der Publizistik, Politikwissenschaft und Kunstgeschichte in Mainz und Trier. Abschluss: Magister Artium. 1974 Medienreferent in der Presseabteilung der Staatskanzlei Rheinland-Pfalz in Mainz, 1975 im Wirtschaftsministerium Rheinland-

Pfalz in Mainz. Ab 1978 stellvertretender Geschäftsführer (Marketing) der Gesellschaft für Wirtschaftsförderung Rheinland-Pfalz in Mainz. 1982 Leiter der Abteilung Öffentlichkeit des Südwestfunks in Baden-Baden. Seit 1995 Geschäftsführer der neu gegründeten Südwestfunk Media GmbH, nach der Fusion SWR Media GmbH in Baden-Baden.

***Haas, Mathias*** (Jahrgang 1972), Dipl. Betriebswirt (BA), Senior Account Manager, EMEA. Wirkt und wirkte als operativer Projektleiter, strategischer Einkäufer und immer erreichbarer Kundenbetreuer im Event-Marketing. Als internationaler Schwabe lebt er diese Marketingdisziplin bei der George P. Johnson Company (www.gpjco.com). Er doziert, informiert und diskutiert in schwäbischer, hochdeutscher oder englischer Sprache - auch an der Europäischen Medien- und Event-Akademie. Inhaltliche Schwerpunkte sind Marketing-Events und Messeauftritte in der IT- und Automobilindustrie.

***Haase, Frank*** (Jahrgang 1957), Dr. phil., M.A., Assessor des Lehramts (Gymnasium). Studium der Germanistik, Philosophie und Geschichte. Ab 1984 Mitarbeiter des Südwestfunks, jetzt Redaktionsleiter der Sendereihe „Lämmle live". Seit 1991 Lehrbeauftragter der Universität Stuttgart am Institut für Pädagogik, Philosophie und Psychologie für den Fachbereich Medienpädagogik; seit 2001 Lehrbeauftragter der Universität Basel am Institut für Medienwissenschaften. 1995 Gründungsmitglied des Medienpädagogischen Forschungsverbundes Südwest (MpFS). Forschungsschwerpunkte: Mediengeschichte, Medientheorie und Medienpädagogik. Veröffentlichungen (Auswahl): Die Revolution der Telekommunikation – die Theorie des telekommunikativen Apories. Baden-Baden: Nomos-Verlag 1996; Medien – Codes – Menschmaschinen. Medientheoretische Studien zum 19. und 20. Jahrhundert. Opladen: Westdeutscher Verlag 2000, Brigitte Lämmle/Frank Haase: Erklär mir deine Welt – Therapeutische Gespräche und ihre Grundlagen, Hamburg: Hoffmann und Campe 2002.

***Herz, Hannelore*** (Jahrgang 1959), Verlagskauffrau, Berufsweg im Marketing: Werbeassistentin, Marketingreferentin, Kontakt und Produktion in der Marketingagentur, Leiterin Werbung und PR, Bereichsleiterin Marketing und Kommunikation. Seit 1993 selbständig als freiberufliche Beraterin für Marketing und Kommunikation mit den Schwerpunkten Konzeption, Beratung, Text, Veranstaltungsmanagement. Fachdozentin und Autorin für die Fortbildungen „Fachwirt/in für die Messe-, Tagungs-

und Kongresswirtschaft IHK", Fachkauffrau/-mann Marketing und „Europäische/r Eventmanager/in", Gastdozentin beim Ausbildungsberuf „Veranstaltungskauffrau/-mann", Vorstandsmitglied des HERMESCLUB e.V. Netzwerk für die Fachwirte der Tagungs-, Kongress- und Messewirtschaft. Mitwirkung in Fachausschüssen der IHK Hannover und Lüneburg und des DIHK Berlin für die Fortbildung „Fachwirt/in für die Messe-, Tagungs- und Kongresswirtschaft IHK". Freiberufliche Trainerin in Fachseminaren und Inhouse-Trainings im Bereich Kongress-, Event- und Messemanagement, Marketing, Public Relations und Kommunikation.

***Hofmann, Reinhard,*** Studium an der Finanzhochschule des Landes Baden-Württemberg in Ludwigsburg. Abschlüsse: Diplom-Finanzwirt (1975), Steuerberaterprüfung (1985). Von 1969 bis 1984 bei der Finanzverwaltung Baden-Württemberg, seit 1985 selbständiger Steuerberater. Seit 1982 Lehrbeauftragter an der Berufsakademie Karlsruhe für die Fachbereiche Umsatzsteuer, Außenprüfung, Außensteuerrecht, Doppelbesteuerungsabkommen. Mitglied im Prüfungsausschuss bei der Berufsakademie Karlsruhe für Prüfungen zum Wirtschaftsassistenten, Abschluss als Diplom-Betriebswirt (BA) Fachrichtung Steuern. Von 1998 bis 2000 Lehrbeauftragter an der Berufakademie Lörrach, für den Fachbereich Finanzdienstleistungen.

***Hummel, Friedrich Rolf*** (Jahrgang 1950). Versicherungskaufmann. Seit 1971 Mitarbeiter der Karlsruher Versicherung, seit 1987 Prokurist, seit 1993 Abteilungsdirektor.

***Kiel, Hermann-Josef*** (Jahrgang 1961), Prof. Dr. rer. pol., Studium der Wirtschaftswissenschaften von 1982 bis 1990 an den Universitäten Kassel sowie Universidad de Santiago de Compostela (Spanien). Von 1990 bis 1997 in verschiedenen Dienstleistungsbranchen wie Zeitungsredaktion (Nachrichten für den Außenhandel), Unternehmens- und Kommunalberatung, Wirtschaftsförderungs-, Regional- und Landesentwicklungsgesellschaft tätig. Seit 1997 Professor für BWL, insbesondere Kultur- und Freizeitmanagement im Fachbereich Betriebswirtschaft an der Fachhochschule Heilbronn, Standort Künzelsau. Neben dem Aufbau des neuen Studienschwerpunktes Kultur- und Freizeitmanagement liegen die Lehrschwerpunkte in den folgenden Bereichen: Kultur- und Freizeitwirtschaft, Betriebs- und Finanzierungsformen sowie Marketing für Kultur- und Freizeiteinrichtungen, Standortanalysen, Private-Public-Partnership, Stadt-, Regional- und Standortmarketing, Management von Kultur- und Freizeiteinrichtungen, Eventmarketing und Sponsoring. Darüber hinaus wissenschaftlicher Beirat an der privaten Fachhochschule Schwäbisch Hall, Dozent für den MBA Medien- und Eventmanagement der Europäischen Medien- und Event-Akademie Baden-Baden sowie für die Fernakademie Touristik in Münster.

***Klingler, Walter*** (Jahrgang 1951), Dr. phil., Dipl.-Soz., Studium der Soziologie, Zeitgeschichte und Politischen Wissenschaft in Mannheim. Ab 1981 Mitarbeiter des Südwestfunks, jetzt Leiter der SWR-Medienforschung.

***Kurz, Wolfgang,*** Dipl.-Ing., Jahrgang 1951, hat nach dem Studium der Elektrotechnik an der Universität Stuttgart als Entwicklungsingenieur in der Elektroindustrie gearbeitet und ist seit dieser Zeit als Lehrbeauftragter an verschiedenen Hochschulen und Bildungseinrichtungen tätig geworden. Er ist heute Leiter der Prävention bei der Unfallkasse Baden-Württemberg (UKBW) in Stuttgart und Karlsruhe. Von 1987 bis 1996 war er Obmann der Fachgruppe „Theater" des Bundesverbandes der Unfallkassen (BUK) in München. In dieser Zeit wurde unter seiner Leitung die Neugestaltung des sicherheitstechnischen Regelwerks für Theater, Bühnen, Mehrzweckhallen, Film- und Fernsehstudios vollbracht. Dabei hat er die Belange des sicheren Bühnen- und Studiobetriebs durch Redebeiträge anlässlich zahlreicher Kongressveranstaltungen im In- und Ausland vertreten. Er ist daneben als Gutachter in Sicherheitsfragen zur Bühnen- und Studiotechnik tätig.

***Luppold, Stephan*** (Jahrgang 1960), Dipl.-Kaufmann. Nach fünfzehnjähriger Tätigkeit für ein großes US-amerikanisches EDV-Unternehmen und ein deutsches Softwarehaus jetzt für die Ungerboeck Systems International, die mit ihrem Event Business Management System (EBMS) international Marktführer ist; als Director of Marketing Europe berät er Veranstaltungsstätten, Kongress-Organisatoren und andere Dienstleister der Event-Branche. Lehrbeauftragter an mehreren Fachhochschulen Heilbronn: EDV-gestütztes Veranstaltungs- und Kongress-Management und Pforzheim: Marketing, Informations-Management) und Berufsakademien in Baden-Württemberg (Stuttgart: Informations-Management und Ravensburg: „Messe- und Kongressmanagement"). Fachgebiete sind „Veranstaltungsmanagement" und „Dienstleistungs-Marketing" mit Schwerpunkt informations-logistischen Konzepten für die Veranstaltungswirtschaft. Referent u.a. bei der ICA (Internationale Congress Akademie) und der Europäischen Medien- und Event-Akademie Baden-Baden. Publikationen (Auszug): Der Kultur-Manager (KOGNOS-Verlag):

Dienstleistungsmarketing am Beispiel einer Tagungskonzeption; Elektronische Veranstaltungsorganisation – Anforderungen und Auswahlkriterien; Der elektronische Veranstaltungskalender – Elemente einer regionalen Kulturdatenbank. DeGefest-Schriftenreihe (Verlag Neuer Merkur): Qualitäts-Management in Veranstaltungs-Stätten; Standortmarketing für Veranstaltungsstätten.

***Mäcken, Walter,*** Jahrgang 1953, seit 1989 Abteilungsleiter in der Direktion „Produktion und Technik" des Südwestrundfunk am Standort Baden-Baden. Davor war er viele Jahre als Technischer Leiter und Technischer Direktor in verschiedenen Kultureinrichtungen und Mehrspartentheatern tätig. Das viersemestrige Kontaktstudium an der PH Ludwigsburg in Kulturmanagement schaffte ihm die Grundlage neben dem technischen Expertenwissen zugleich die Ebene des Kulturmanagers vertiefend kennen zu lernen. Im Sommer 1999 wurde ihm als Gründungsmitinitiator die Geschäftsleitung der Europäischen Medien- und Event-Akademie übertragen.

***Overbeck, Peter,*** Dr. phil. (Jahrgang 1963). Studium an der Musikhochschule Detmold (Tonmeister-Diplom 1990) und an den Universitäten Basel, Heidelberg und Paderborn (Musikwissenschaft und Romanistik). Promotion 1998 mit einer Arbeit über Thomas Linley d. J. Mehrjährige Tätigkeit als Programm-Mitarbeiter bei Radio DRS (Studio Basel), als Musikjournalist für Rundfunkanstalten und Fachzeitschriften und als musikalischer Aufnahmeleiter bei Rundfunk-, Fernseh- und CD-Produktionen. Seit 1998 Redaktionsleiter und stellvertretender Institutsleiter beim Aufbaustudiengang „Diplom-Rundfunk-Musikjournalismus" (Institut LernRadio) an der Musikhochschule Karlsruhe. Daneben freiberuflich tätig als Musikjournalist und Tonmeister. Veröffentlichungen zur englischen und französischen Musikgeschichte des 18. Jahrhunderts und zur Interpretation auf Tonträgern.

***Platten, Klaus-Peter*** (Jahrgang 1953), Studium der Theater-, Film und Fernsehwissenschaften, Studium der Architektur an der Universität Stuttgart (Diplomarbeit: „Film- und Fernseharchitektur" bei Prof. Götz und Prof. Längsfeld). Seit 1987 Festanstellung beim SDR als Szenenbildner (auch für SWF, ZDF und freie Firmen), Produktionen: Fernsehspiele, Unterhaltung, Sport, Information, Aktualität und Präsentation. 1988 Seminarauftrag „Set-Design for TV" für das Fernsehen in Sri Lanka (SLRC/SLTTI) durch die Friedrich-Ebert-Stiftung Bonn (zusammen mit M. Britzger, Ausstattungsleiter SDR). Seit 1995 Ausstattungsleiter SWR

Stuttgart. 1998 „Goldener Löwe" für das Szenenbild des Fernsehspiels „Gegen Ende der Nacht" von Oliver Storz (zusammen mit Regine Witzig). Seit 2000 Projektleiter Studienfach „Szenenbild" an der Filmakademie Baden-Württemberg in Ludwigsburg.

***Schmalzbauer, Manfred*** (Jahrgang 1956). 1973 Ausbildung bei der Stadtverwaltung Baden- Baden, seit 1976 beim Amt für öffentliche Ordnung beschäftigt. Zunächst Tätigkeit im Bereich Personenbeförderungs- und Güterkraftverkehrsrecht sowie Fahrerlaubniswesen. 1988 Leiter der Kfz-Zulassungsstelle und seit 1999 Sachgebiets- und stellvertretender Abteilungsleiter im Bereich Verkehrsregelung und Verkehrsüberwachung.

***Schwandner, Gerd*** (Jahrgang 1951), Prof. Dr., Studienabschluss 1976 in Medizin an der Universität Heidelberg, außerdem Studium der Kunstgeschichte, Erziehungswissenschaften und Germanistik an den Universitäten Düsseldorf und Heidelberg; Teilnahme an „Executive Education" Programmen der Harvard Business School (Case Study Teaching) und des Babson College (Symposium for Entrepreneurship Educators SEE). Berufliche Stationen: Die Geschäftsführung des ZKM Zentrum für Kunst und Medientechnologie in Karlsruhe (1995 bis 2000), Staatsrat (beamteter Staatssekretär 1992 bis 1995) in Bremen, Landtagsabgeordneter in Baden-Württemberg von 1984 bis 1992 und klinische Tätigkeiten an verschiedenen Krankenhäusern (1976 bis 1984). Das Wintersemester 1999 / 2000 verbrachte er als Visiting Scholar an der Hong Kong Baptist University. Umfangreiche Vortrags- und Lehrtätigkeit vorwiegend in Westeuropa, Nordamerika, Ost- und Südostasien. Seit dem Sommersemester 2000 an der Fachhochschule Karlsruhe – Hochschule für Technik im Fachbereich Sozialwissenschaften u.a. Internationales Marketing. Zudem aktiv in dem Entrepreneurship Program der Hochschule (www.keim.de) und deutscher Projektmanager eines Trainingsprogramms „Euro-Entrepreneurship Program" (2000 bis 2002) für junge Unternehmer für die EU zusammen mit französischen und belgischen Hochschulen. Seit 1998 Mitbegründer und Gesellschafter mehrerer Firmen im Bereich „Neuer Technologien". Forschungsinteresse gilt Fragen des Entrepreneurship, Globalisierung und Lebensstile. Leitung des Studiengangs „MBA Medien- und Event-Management" an der Europäischen Medien- und Event-Akademie in Baden-Baden.

***Splietorp, Christine-Elisabeth*** Ass. iur., Magíster en Estudios Europeos (Universitat Autònoma de Barcelona), Diploma Postgrado en Gestión y Políticas Culturales (Universitat de Barcelona). Studium der Rechtswissenschaften in Freiburg im Breisgau, Referendariat und Assessorexamen in Berlin. 1993-1995 Dozententätigkeit an der Universität Barcelona und anderen katalanischen Hochschulen. 1995-2002 Notariat Perales-Farrés, Barcelona. Seit 1996 Zulassung als Rechtsanwältin an der Anwaltskammer Barcelona. 2003 Büro in Baden-Baden. Spezialisierung auf deutsch-spanisches Recht und Eventrecht.

***Syhre, Holger,*** nach Ausbildung und rund zehn Jahren am Gewandhaus zu Leipzig (Konzerthaus) zunächst in der Alten Oper Frankfurt/M. (Konzert- und Kongresszentrum) und später als Technischer Leiter der Konzert- und Kongresshalle Bamberg tätig. Seit 1997 stellvertretender Leiter und Technischer Leiter des Internationalen Congress Center München. Aktives Mitglied in der Deutschen Theatertechnischen Gesellschaft (DTHG), des Europäischen Verbandes der Veranstaltungszentren (EVVC) und ehrenamtlich in unterschiedlichen Prüfungsgremien der IHK in der Berufsausbildung der Veranstaltungstechnik. Zudem Dozent an der Ludwig Maximilian Universität München, der Europäischen Medien- und Eventakademie in Baden-Baden und der IHK Akademie in München mit den Schwerpunkten allgemeine Veranstaltungs- und Produktionstechnik sowie Veranstaltungs- und Eventmanagement.

***Walter, Jürgen*** (Jahrgang 1955). 1976 Grundausbildung Elektronik und Abschluss als Elektroinstallateur mit der Gesellenprüfung. Danach Studium der Kirchenmusik in Heidelberg und parallel das Studium der Elektrotechnik an der Universität Karlsruhe. Ab Frühjahr 1984 Entwicklungsingenieur in der systemtechnischen Entwicklung der Siemens AG. Im Herbst 1985 technische Leitung einer technologieorientierten Unternehmungsgründung, die durch das BMFT gefördert wurde. Nach Abschluss der Entwicklung eines Messgerätes für rotationssymmetrische Teile Aufbau eines weiteren Bereiches: digitale Signalverarbeitung. 1992 Berufung in den Fachbereich Feinwerktechnik für die Fachgebiete Informationstechnik und Mikrocomputertechnik der FH Karlsruhe. Das wesentliche Arbeitsgebiet neben der Lehre ist das Internet. 1996 Verleihung des Lehrpreises des Landes Baden-Württemberg. 2002 Nominierung beim Grimme-Online-Award.

Stuttgart. 1998 „Goldener Löwe" für das Szenenbild des Fernsehspiels „Gegen Ende der Nacht" von Oliver Storz (zusammen mit Regine Witzig). Seit 2000 Projektleiter Studienfach „Szenenbild" an der Filmakademie Baden-Württemberg in Ludwigsburg.

***Schmalzbauer, Manfred*** (Jahrgang 1956). 1973 Ausbildung bei der Stadtverwaltung Baden- Baden, seit 1976 beim Amt für öffentliche Ordnung beschäftigt. Zunächst Tätigkeit im Bereich Personenbeförderungs- und Güterkraftverkehrsrecht sowie Fahrerlaubniswesen. 1988 Leiter der Kfz-Zulassungsstelle und seit 1999 Sachgebiets- und stellvertretender Abteilungsleiter im Bereich Verkehrsregelung und Verkehrsüberwachung.

***Schwandner, Gerd*** (Jahrgang 1951), Prof. Dr., Studienabschluss 1976 in Medizin an der Universität Heidelberg, außerdem Studium der Kunstgeschichte, Erziehungswissenschaften und Germanistik an den Universitäten Düsseldorf und Heidelberg; Teilnahme an „Executive Education" Programmen der Harvard Business School (Case Study Teaching) und des Babson College (Symposium for Entrepreneurship Educators SEE). Berufliche Stationen: Die Geschäftsführung des ZKM Zentrum für Kunst und Medientechnologie in Karlsruhe (1995 bis 2000), Staatsrat (beamteter Staatssekretär 1992 bis 1995) in Bremen, Landtagsabgeordneter in Baden-Württemberg von 1984 bis 1992 und klinische Tätigkeiten an verschiedenen Krankenhäusern (1976 bis 1984). Das Wintersemester 1999 / 2000 verbrachte er als Visiting Scholar an der Hong Kong Baptist University. Umfangreiche Vortrags- und Lehrtätigkeit vorwiegend in Westeuropa, Nordamerika, Ost- und Südostasien. Seit dem Sommersemester 2000 an der Fachhochschule Karlsruhe – Hochschule für Technik im Fachbereich Sozialwissenschaften u.a. Internationales Marketing. Zudem aktiv in dem Entrepreneurship Program der Hochschule (www.keim.de) und deutscher Projektmanager eines Trainingsprogramms „Euro-Entrepreneurship Program" (2000 bis 2002) für junge Unternehmer für die EU zusammen mit französischen und belgischen Hochschulen. Seit 1998 Mitbegründer und Gesellschafter mehrerer Firmen im Bereich „Neuer Technologien". Forschungsinteresse gilt Fragen des Entrepreneurship, Globalisierung und Lebensstile. Leitung des Studiengangs „MBA Medien- und Event-Management" an der Europäischen Medien- und Event-Akademie in Baden-Baden.

***Splietorp, Christine-Elisabeth*** Ass. iur., Magíster en Estudios Europeos (Universitat Autònoma de Barcelona), Diploma Postgrado en Gestión y Políticas Culturales (Universitat de Barcelona). Studium der Rechtswissenschaften in Freiburg im Breisgau, Referendariat und Assessorexamen in Berlin. 1993-1995 Dozententätigkeit an der Universität Barcelona und anderen katalanischen Hochschulen. 1995-2002 Notariat Perales-Farrés, Barcelona. Seit 1996 Zulassung als Rechtsanwältin an der Anwaltskammer Barcelona. 2003 Büro in Baden-Baden. Spezialisierung auf deutsch-spanisches Recht und Eventrecht.

***Syhre, Holger,*** nach Ausbildung und rund zehn Jahren am Gewandhaus zu Leipzig (Konzerthaus) zunächst in der Alten Oper Frankfurt/M. (Konzert- und Kongresszentrum) und später als Technischer Leiter der Konzert- und Kongresshalle Bamberg tätig. Seit 1997 stellvertretender Leiter und Technischer Leiter des Internationalen Congress Center München. Aktives Mitglied in der Deutschen Theatertechnischen Gesellschaft (DTHG), des Europäischen Verbandes der Veranstaltungszentren (EVVC) und ehrenamtlich in unterschiedlichen Prüfungsgremien der IHK in der Berufsausbildung der Veranstaltungstechnik. Zudem Dozent an der Ludwig Maximilian Universität München, der Europäischen Medien- und Eventakademie in Baden-Baden und der IHK Akademie in München mit den Schwerpunkten allgemeine Veranstaltungs- und Produktionstechnik sowie Veranstaltungs- und Eventmanagement.

***Walter, Jürgen*** (Jahrgang 1955). 1976 Grundausbildung Elektronik und Abschluss als Elektroinstallateur mit der Gesellenprüfung. Danach Studium der Kirchenmusik in Heidelberg und parallel das Studium der Elektrotechnik an der Universität Karlsruhe. Ab Frühjahr 1984 Entwicklungsingenieur in der systemtechnischen Entwicklung der Siemens AG. Im Herbst 1985 technische Leitung einer technologieorientierten Unternehmungsgründung, die durch das BMFT gefördert wurde. Nach Abschluss der Entwicklung eines Messgerätes für rotationssymmetrische Teile Aufbau eines weiteren Bereiches: digitale Signalverarbeitung. 1992 Berufung in den Fachbereich Feinwerktechnik für die Fachgebiete Informationstechnik und Mikrocomputertechnik der FH Karlsruhe. Das wesentliche Arbeitsgebiet neben der Lehre ist das Internet. 1996 Verleihung des Lehrpreises des Landes Baden-Württemberg. 2002 Nominierung beim Grimme-Online-Award.

***Willert-Kiene, Simone*** (Jahrgang 1966), Atem-, Sprech- und Stimmlehrerin mit staatl. Examen 1990. Rosen Pracitioner: Psychodynamische Körpertherapeutin nach Marion Rosen, Berkley; Zertifikat 1999 mit den Schwerpunkten Körpersprache und Bodyreading: Stimmbildnerin; 1990 bis 1994 Therapeutische Arbeit in verschiedenen Kliniken mit den Schwerpunkten Sprech- und Stimmtherapie: 1994 Gründung eines Zentrums für Sprach-, Sprech- und Stimmtherapie in Bühl/Baden. Parallel dazu Aufbau und Entwicklung sprech- und stimmtechnischer Konzepte für diverse Wirtschafts- und Industrieunternehmen; seither Gruppen- und Einzelcoachings in diesen Bereichen. Seit 1999 Durchführung von Seminaren zu den Themen Kommunikation, Rhetorik, Kreativität und Körpersprache; Einzel- und Gruppencoachings von Personen aus Politik, Wirtschaft und Industrie in den genannten Bereichen. Seit 2002 Dozentin der Europäischen Medien- und Event-Akademie in Baden-Baden.

# TURIN REISEFÜHRER 2025-2026

## Erleben Sie die Magie der Hauptstadt des Piemont

Adam D. Hunsicker

# Inhaltsverzeichnis

PIAZZA

# Einführung

Turin schwirrte mir schon länger im Kopf herum – nicht, weil es eine der berühmtesten Städte Italiens ist, sondern weil es einen stillen Charme versprüht, der einem langsam in die Seele sickert, sobald man es kennenlernt. Ich landete an einem kühlen Herbstnachmittag in der Stadt, bei dem man eine warme Tasse Espresso noch mehr zu schätzen weiß als sonst. Turin schreit nicht nach Aufmerksamkeit wie Rom oder Venedig, aber es zieht einen mit seiner Geschichte, Architektur und dem Rhythmus des Alltags in seinen Bann.

Mein erster Spaziergang führte mich am Po entlang, wo das Wasser ruhig unter jahrhundertealten Steinbrücken hindurchfließt. Der Himmel war bedeckt und tauchte die Fassaden der Häuser am Flussufer in ein sanftes Licht. Ich kam an joggenden Einheimischen und flanierenden Paaren vorbei, die alle mit diesem friedlichen Teil der Stadt vertraut zu sein schienen. Mir fiel auf, dass Turin es schafft, eine funktionierende Stadt und zugleich ein Ort zu sein, an dem die Menschen Zeit zum Durchatmen finden.

An diesem Abend schlenderte ich über die Piazza Castello. Der Platz selbst fühlte sich an wie ein Märchenbuch – umrahmt von prächtigen Palästen und historischen Gebäuden aus der Zeit der Savoyer. Ich blieb in der Nähe des Palazzo

Madama stehen, einem markanten Gebäude, dessen barocke Details meine Aufmerksamkeit sofort erregten. In der Nähe strömten Cafés auf den Platz, und der Duft von frischem Kaffee und Gebäck erfüllte die Luft. Ich setzte mich und bestellte einen Bicerin, eine lokale Spezialität aus Espresso, Schokolade und Schlagsahne. Er ist einfach, köstlich und passt irgendwie perfekt zum Charakter Turins.

Am nächsten Tag wollte ich tiefer in Turins reiche Geschichte eintauchen und machte mich daher auf den Weg zum Ägyptischen Museum. Sein Ruf ist wohlverdient – es beherbergt eine der größten Sammlungen ägyptischer Artefakte außerhalb Kairos. Beim Gang durch die Gänge wurde mir bewusst, wie sehr dieses Museum Turins Identität über seine italienische Identität hinaus prägt. Jedes Artefakt schien eine Geschichte zu erzählen, manche davon jahrtausendealt, und die ruhige Atmosphäre ließ mich über die Verbindung zwischen fernen Kulturen und dieser norditalienischen Stadt nachdenken. Das Erlebnis war demütigend.

Am Nachmittag besuchte ich die Mole Antonelliana, das unverwechselbare Wahrzeichen der Stadt. Von außen wirkt das Gebäude fast wie ein in den Himmel ragender Turm, doch innen birgt es weitere Überraschungen. Der Panoramaaufzug brachte mich hinauf nach oben, von wo aus sich der Blick

über die Stadt erstreckte – eine Mischung aus alten Dächern und fernen Alpen, die zum Greifen nah schienen. Das Gefühl war beruhigend – ein seltener Moment, innezuhalten und die Weite eines Ortes in sich aufzunehmen, der viel größer ist, als eine Karte zeigen kann.

Das Essen in Turin verdient ein eigenes Kapitel. An meinem dritten Tag besuchte ich eine traditionelle Trattoria in einer ruhigen Straße unweit des Universitätsviertels. Es war gut besucht, aber nicht überfüllt, hauptsächlich Einheimische, die sich offensichtlich mit der Speisekarte auskannten. Ich bestellte Agnolotti, die gefüllten Nudeln der Region, serviert mit einer reichhaltigen Fleischsoße, die sich wie eine warme Umarmung auf dem Teller anfühlte. Es war klar, dass Essen hier mehr als nur Nahrung war – es war Teil des kulturellen Gefüges der Stadt, etwas, das weitergegeben und geschätzt wurde.

Nach dem Abendessen traf ich mich mit ein paar Einheimischen in einem nahegelegenen Café, um die berühmte Turiner Aperitivo-Kultur kennenzulernen. Es ging nicht um protzige Bars oder laute Musik, sondern um das einfache Ritual, sich vor dem Abendessen zu treffen und zu entspannen. Gläser klirrten, Gelächter erfüllte die Luft, und Teller mit kleinen Häppchen wurden zwischen den Tischen gereicht. Es fühlte sich weniger wie ein Event an, sondern

eher wie eine Lebensart, die Verbundenheit und Entschleunigung betonte.

Eines Nachmittags fuhr ich mit der Straßenbahn zum Valentino-Park, einer Grünfläche am Fluss, die eine Pause vom historischen Trubel der Stadt bot. Der Park war voller Familien, Jogger und Menschen, die einfach die Sonne genossen, die durch das Herbstlaub fiel. Beim Spaziergang durch den botanischen Garten des Parks fiel mir auf, wie Turin Natur und Stadtleben in Einklang bringt – die Grünflächen bieten Freiraum, ohne den eleganten Charakter der Stadt aus den Augen zu verlieren.

Ich kann nicht über Turin sprechen, ohne die Schokolade zu erwähnen. Ich bin zufällig auf einen kleinen Laden gestoßen, in dem der Besitzer Gianduiotti von Hand herstellte, die seidige Haselnussschokolade, für die Turin berühmt ist. Den Herstellungsprozess zu beobachten war wie Zeuge einer lokalen Kunstform, und das Endprodukt zu probieren war noch besser – zart, reichhaltig und genau richtig süß. Ich kaufte schließlich mehrere Schachteln, da ich wusste, dass sie perfekte Geschenke und kleine Erinnerungen an die Stadt sein würden.

Was mir während meiner Zeit in Turin am meisten in Erinnerung blieb, war die stille Zuversicht. Es gab keine Eile, Eindruck zu machen, keine großen Gesten. Stattdessen bot die

Stadt Momente – einen ruhigen Spaziergang am Fluss, eine perfekte Tasse Kaffee, einen Blick in die Geschichte und Essen, das sich wie zu Hause anfühlte. Jede Ecke schien zum Nachdenken einzuladen, sei es durch die Kunst im Museum oder die Ruhe einer Parkbank.

Als ich mich auf den Weg machte, wurde mir klar, dass Turin einen bleibenden Platz in meiner Erinnerung eingenommen hat. Es ist eine Stadt, die nicht schreit, sondern ihre Geschichten jedem zuflüstert, der zuhören möchte. Ich verließ Turin mit einer tieferen Wertschätzung für Orte, an denen es weniger um Spektakel als um Substanz geht, wo sich das Alltägliche auf unerwartete und bedeutungsvolle Weise entfaltet.

Diese Reise hat mich daran erinnert, warum es beim Reisen nicht immer um die großen Momente geht. Manchmal geht es um die stillen Erlebnisse – die ruhigen Morgenstunden, die Gespräche bei einfachen Mahlzeiten, das Gefühl, am alltäglichen Puls eines Ortes teilzuhaben. Turin bot all das und noch mehr, und deshalb bleibt es mir auch noch lange nach meiner Abreise lebendig in Erinnerung.

## Geographie und Klima

Turin liegt am Rande der Poebene, einer weiten, fruchtbaren Ebene, die vom langsamen Fließen des längsten Flusses Italiens geformt wird. Die Stadt liegt am Fuße der Westalpen, wo die Berge steil aufragen und die Skyline mit ihren zerklüfteten Gipfeln einrahmen, die das Licht im Tagesverlauf unterschiedlich einfangen. Diese Lage verleiht Turin eine einzigartige Mischung aus urbanem Leben und natürlicher Schönheit, wo breite Alleen und historische Gebäude auf ferne schneebedeckte Gipfel treffen.

Der Po schlängelt sich durch die Stadt, sein ruhiges Wasser spiegelt die Architektur an seinen Ufern wider. An klaren Tagen spiegelt der Fluss die wechselnden Stimmungen des Himmels wider, von blassem Blau bis zum schweren Grau des bevorstehenden Regens. Um Turin herum erstrecken sich die Ebenen mit Feldern und kleinen Städten, doch im Westen nähern sich die Berge schnell und erinnern ständig an die Präsenz der Natur.

Turins Klima scheint eine Mischung aus mediterraner Wärme und alpiner Kühle zu sein. Die Sommer sind im Allgemeinen warm, mit Temperaturen zwischen 25 und 30 Grad Celsius. Die Stadt genießt die Sonne, leidet aber selten unter der intensiven Hitze, die man weiter südlich erlebt. Abends sinken

die Temperaturen angenehm und laden zu einem Spaziergang oder einem späten Abendessen im Freien ein.

Die Winter können hart sein, besonders da die nahegelegenen Berge kalte Luft ins Tal leiten. Regelmäßig schneit es und bedeckt die Stadt und die umliegenden Hügel mit einer weißen Decke. Die Kälte in der Luft steht im Kontrast zur Wärme in Turins Cafés und Häusern, wo Kamine und heiße Getränke für Behaglichkeit sorgen. Morgens liegt manchmal Nebel über der Stadt und verleiht den Straßen eine ruhige, fast geheimnisvolle Atmosphäre.

Frühling und Herbst sind kurz, aber farbenfroh. Sie sind geprägt von üppigem Grün und goldenen Blättern, die die Stadtränder sanfter gestalten. Die Niederschläge sind relativ gleichmäßig über das Jahr verteilt, nehmen aber im Frühling und Herbst tendenziell zu und bringen so frisches Leben in die Gärten und Parks der Stadt.

Diese Geografie und das Klima prägen das Turiner Lebensgefühl zu jeder Jahreszeit – von der kühlen, klaren Luft im Winter, die die historischen Gebäude in ihrer ganzen Pracht erstrahlen lässt, bis hin zur sanften Wärme der Sommerabende am Fluss. Turin ist eine Stadt, in der die Natur stets nah ist und Besucher wie Einheimische gleichermaßen an das Gleichgewicht zwischen Berg und Ebene erinnert.

## Geschichte

Turins Geschichte reicht bis in die Antike zurück. Ihre Wurzeln sind tief in der Geschichte verwurzelt und prägten nicht nur die Stadt, sondern eine ganze Region. Lange vor den modernen Straßen und Cafés war das Gebiet die Heimat der Tauriner, eines keltischen Stammes, der der Stadt ihren Namen gab. Die Römer kamen im 1. Jahrhundert v. Chr. und verwandelten die Siedlung in einen strategischen Militärstützpunkt namens Augusta Taurinorum. Überreste dieser Ära tauchen noch immer hier und da auf – Mauerfragmente, alte Straßenführungen – subtile Erinnerungen unter der Oberfläche der Stadt.

Im Laufe der Jahrhunderte wuchs Turin in aller Stille, sein Wohlstand schwankte mit den Gezeiten der europäischen Politik. Das Mittelalter hinterließ seine Spuren in engen Gassen und befestigten Anlagen, während die Renaissance einen Wandel in Kultur und Architektur mit sich brachte. Unter dem Haus Savoyen, das Turin im 16. Jahrhundert zu seiner Hauptstadt machte, erlangte die Stadt weitere Pracht. Diese Zeit prägte den Charakter der Stadt maßgeblich, da prächtige Paläste und breite Boulevards die mittelalterlichen Befestigungsanlagen ersetzten.

Das 18. und 19. Jahrhundert markierte Turins Aufstieg zu einem Zentrum der Macht und Industrie. 1861 wurde die Stadt

zur ersten Hauptstadt des vereinten Italiens und behielt diese Rolle bis zur Übernahme durch Rom. Fabriken und Werkstätten entstanden und machten Turin zu einem Zentrum der Produktion, insbesondere der Automobilindustrie. Marken wie Fiat entstanden hier und wurden Teil der Identität der Stadt.

Krieg und politischer Wandel stellten Turin im 20. Jahrhundert auf die Probe. Die Stadt sah sich Herausforderungen gegenüber, entwickelte sich aber stetig weiter, passte sich den neuen Gegebenheiten an und bewahrte gleichzeitig ihr kulturelles Erbe. Heute reihen sich Spuren der Vergangenheit harmonisch neben modernen Entwicklungen – Museen, Theater und restaurierte Gebäude laden zum Nachdenken über eine Geschichte ein, die Italien geprägt hat.

Ein Spaziergang durch Turin ist wie eine Reise durch die Zeit. Jeder Platz, jeder Stein erzählt einen Teil der Geschichte – von den römischen Gründungen über königliche Ambitionen und industrielle Durchbrüche bis hin zur Widerstandsfähigkeit einer Stadt, die sich immer wieder neu erfunden hat. Die Geschichte ist in der Atmosphäre spürbar, eine stille Präsenz, die Turin seine Tiefe und seinen Charakter verleiht.

## Einwöchige Reiseroute

Der erste Tag beginnt mit einem Spaziergang über die Piazza Castello, Turins pulsierendes Herz. Der Platz wird von beeindruckenden Sehenswürdigkeiten gesäumt, wie dem Palazzo Reale, wo einst die königliche Familie lebte, und dem Palazzo Madama, einem architektonischen Juwel, das mittelalterliche und barocke Stilelemente vereint. Beide sind täglich von 9:00 bis 19:00 Uhr geöffnet. Der Eintritt in den Palazzo Madama kostet etwa 10 €. Ein Besuch im Inneren bietet einen Blick auf die königlichen Gemächer, die prächtige Einrichtung und Kunstsammlungen, die Geschichten aus Turins aristokratischer Vergangenheit erzählen. Von hier aus ist es nur ein kurzer Spaziergang zum nahegelegenen Turiner Dom, in dem das berühmte Turiner Grabtuch aufbewahrt wird. Obwohl das Grabtuch selten ausgestellt wird, birgt der Dom selbst einen stillen Charme und eine lange Geschichte. Der Eintritt ist täglich frei.

Zum Mittagessen bietet sich ein Besuch im Eataly Lingotto in der Via Nizza 230 an, wo Sie lokale Spezialitäten probieren können. Dieser weitläufige Markt ist von 10:00 bis 22:00 Uhr geöffnet und vereint einige der besten Produzenten der Region unter einem Dach. Probieren Sie handwerklich hergestellten Käse, frische Pasta und natürlich die berühmte Gianduja-Schokolade. Die Atmosphäre ist lebhaft und die

Preise variieren je nach Wahl. Rechnen Sie jedoch mit etwa 20 bis 30 Euro für ein herzhaftes Essen.

Den Nachmittag verbringt man am besten im Ägyptischen Museum, dem wohl größten Juwel Turins. Es befindet sich in der Via Accademia delle Scienze 6 und ist täglich von 9:00 bis 18:30 Uhr geöffnet. Eintritt kostet ca. 15 €. Das Museum verfügt über eine der größten Sammlungen ägyptischer Antiquitäten außerhalb Kairos, darunter Mumien, Statuen und kunstvolle Artefakte. Es lohnt sich, sich Zeit zu nehmen – jedes Exponat vertieft Turins unerwartete Verbindung zu antiken Zivilisationen.

Abends in Turin ist ein Aperitivo Pflicht, eine lokale Tradition, bei der Aperitifs mit kleinen Snacks kombiniert werden. Besuchen Sie die Piazza Vittorio Veneto, wo Bars wie das Caffè Mulassano den klassischen Bicerin servieren – eine mehrschichtige Mischung aus Espresso, Schokolade und Sahne. Aperitivos kosten in der Regel ab 8 € und beinhalten in der Regel ein Getränk und eine Auswahl an Snacks. Der Platz ist voller Einheimischer und Besucher und schafft eine lebhafte und zugleich entspannte Atmosphäre.

Der zweite Tag beginnt mit einem Besuch der Mole Antonelliana, Turins Wahrzeichen. Sie befindet sich in der Via Montebello 20 und öffnet um 9:00 Uhr. Der Eintritt kostet etwa 12 €. Fahren Sie mit dem Panoramaaufzug nach oben

und genießen Sie den atemberaubenden Blick auf die Stadt und die dahinterliegenden Alpen. Im Inneren bietet das Nationale Kinomuseum spannende Ausstellungen zur Geschichte des Films und ist ein Muss für Kinoliebhaber.

Erkunden Sie anschließend das Viertel Quadrilatero Romano, nur einen kurzen Spaziergang von der Mole entfernt. Dieses Viertel vereint enge Gassen, Boutiquen und historische Kirchen. Hier können Sie einzigartige Souvenirs kaufen oder in einem der vielen kleinen Cafés einen Kaffee trinken. Zum Mittagessen gibt es hier vielleicht einen Teller Agnolotti, die gefüllten Nudeln aus der Region, in einer Trattoria wie Tre Galli in der Via Santa Teresa. Ein Essen kostet hier etwa 25 € und bietet authentische piemontesische Aromen.

Verbringen Sie Ihren Nachmittag im Parco del Valentino, einer grünen Oase am Po. Der Park ist ganztägig und kostenlos geöffnet und bietet verschlungene Wege, botanische Gärten und das mittelalterliche Borgo Medievale – ein nachgebautes Dorf, das Besucher ins 15. Jahrhundert zurückversetzt. Es ist ein friedlicher Rückzugsort vom städtischen Trubel und ideal für einen gemütlichen Spaziergang oder eine Radtour.

Zum Abendessen empfiehlt sich das Ristorante Consorzio in der Via Monte di Pietà, bekannt für seine Liebe zu regionalen Zutaten und traditionellen Rezepten. Ein Drei-Gänge-Menü

kostet je nach Weinauswahl etwa 40 bis 50 Euro, aber die authentische piemontesische Küche ist es allemal wert.

Der dritte Tag führt Sie außerhalb des Stadtzentrums zur Basilika von Superga, die auf einem Hügel oberhalb von Turin thront. Die Basilika ist von 9:00 bis 18:00 Uhr geöffnet. Kombitickets für Eintritt und Straßenbahn kosten etwa 12 €. Um dorthin zu gelangen, nehmen Sie die historische Superga-Zahnradbahn vom Bahnhof Torino Lingotto. Die malerische Fahrt führt durch Wälder und bietet großartige Ausblicke. Das barocke Innere und die Panoramaterrasse der Basilika sind einen Besuch wert und erinnern zugleich an die Flugzeugkatastrophe von Superga im Jahr 1949, bei der die berühmte Turiner Fußballmannschaft ums Leben kam.

Zurück in der Stadt können Sie den Nachmittag in der GAM – Galleria Civica d'Arte Moderna e Contemporanea – in der Via Magenta 31 verbringen. Das Museum ist von 10:00 bis 18:00 Uhr geöffnet und schließt montags. Der Eintritt kostet etwa 8 €. Es zeigt eine bedeutende Sammlung von Kunst des 19. und 20. Jahrhunderts, darunter Werke italienischer und internationaler Künstler. Der nahegelegene Valentino-Park lädt anschließend zum Entspannen ein.

Abends pulsiert das Nachtleben im Viertel San Salvario. Dieses multikulturelle Viertel ist voller Bars und Restaurants, die von traditionellen Gerichten bis hin zu internationaler

Küche alles bieten. Die Osteria Le Putrelle ist ein beliebter Treffpunkt der Einheimischen und bietet exzellente Piemont-Weine sowie herzhafte Gerichte zu vernünftigen Preisen von etwa 30 € pro Person.

Am vierten Tag erkunden Sie vormittags die Königlichen Gärten und das nahegelegene Venaria Reale, einen prachtvollen Palast vor den Toren Turins. Venaria ist von 9:00 bis 19:00 Uhr geöffnet, Eintrittskarten kosten etwa 15 €. Diese ehemalige königliche Residenz besticht durch weitläufige Gärten, kunstvolle Räume und saisonale Ausstellungen. Venaria ist bequem mit Bus oder Straßenbahn zu erreichen, Fahrkarten kosten unter 3 €. Erleben Sie die Pracht der königlichen Vergangenheit Turins jenseits des Stadtkerns.

Kehren Sie für einen Shopping-Nachmittag in die Innenstadt zurück und erkunden Sie die Via Roma und die Via Garibaldi, zwei der wichtigsten Einkaufsstraßen Turins. Hier finden Sie alles von exklusiven Boutiquen bis hin zu lokalen Märkten. Die Galleria Subalpina, eine überdachte Passage in der Via Po 45, bietet elegante Geschäfte und Cafés und ist täglich geöffnet.

Das Abendessen kann im Mercato Centrale Torino, einer Markthalle in der Via Andrea Doria 22, die bis 23:00 Uhr geöffnet ist, entspannt genossen werden. Hier bieten kleine Stände alles von frischen Meeresfrüchten über Pizza bis hin

zu vegetarischen Gerichten. Die Preise sind flexibel, viele Gerichte sind für unter 15 € erhältlich.

Am fünften Tag erwartet Sie ein kultureller Höhepunkt mit einem Besuch des Museo Nazionale dell'Automobile am Corso Unità d'Italia 40. Das Museum ist von 10:00 bis 18:00 Uhr geöffnet und schließt dienstags. Der Eintritt kostet etwa 12 €. Es würdigt Turins lange Geschichte als Automobilstandort mit Oldtimern und interaktiven Ausstellungen.

Den Nachmittag können Sie dem Porta Palazzo Markt, Europas größtem Freiluftmarkt, auf der Piazza della Repubblica widmen. Hier pulsiert das Leben der Einheimischen, die frische Produkte, Käse und Fleisch kaufen. Täglich von frühmorgens bis etwa 14:00 Uhr geöffnet, bietet ein Bummel durch die Stände einen unverfälschten, authentischen Einblick in das Turiner Alltagsleben.

Abends bietet sich ein Besuch einer Aufführung im Teatro Regio, dem Turiner Opernhaus, an. Saison und Spielplan variieren, daher empfiehlt es sich, sich im Voraus zu informieren. Die Ticketpreise variieren stark und beginnen bei etwa 20 €.

Tag sechs konzentriert sich auf Viertel abseits der ausgetretenen Pfade. Das Viertel Borgo San Paolo, einst ein

Industrieviertel, vereint heute alte Fabriken, die zu kreativen Räumen umgebaut wurden, mit lebhaften Cafés und Straßenkunst. Nehmen Sie nach Möglichkeit an einer geführten Wanderung teil oder schlendern Sie einfach durch Straßen wie die Via Belfiore und die Via Frejus.

Probieren Sie zum Mittagessen Streetfood wie Farinata – einen im Piemont beliebten Kichererbsenpfannkuchen – auf einem lokalen Markt oder in einem kleinen Restaurant. Die Preise für Straßensnacks liegen in der Regel unter 10 €.

Verbringen Sie den Nachmittag im Kinomuseum, falls es am zweiten Tag nicht besucht wurde, oder besuchen Sie den Panoramaaussichtspunkt der Mole Antonelliana erneut, um den Sonnenuntergang zu genießen. Die umliegenden Straßen, wie die Via Po, füllen sich mit Menschen, die einen Aperitif genießen und abends spazieren gehen.

Machen Sie an Ihrem letzten Tag einen gemütlichen Morgenspaziergang durch das Viertel Porta Nuova, wo der prächtige Bahnhof neben modernen Geschäften und Cafés liegt. Besuchen Sie das nahegelegene Museo di Arte Orientale, das von 10:00 bis 18:00 Uhr geöffnet und montags geschlossen ist. Eintritt kostet etwa 8 €. Die Sammlung asiatischer Kunst bietet eine andere kulturelle Perspektive inmitten des europäischen Charmes Turins.

Runden Sie Ihren Turin-Aufenthalt mit einem Besuch in einem der historischen Cafés der Stadt ab, zum Beispiel dem Caffè Torino auf der Piazza San Carlo, das von 7:30 Uhr bis Mitternacht geöffnet ist. Bestellen Sie einen klassischen Espresso oder ein Glas Wermut, eine lokale Spezialität, und beobachten Sie das geschäftige Treiben auf einem der elegantesten Plätze Turins.

Im Laufe der Woche offenbart sich Turin Schritt für Schritt und bietet jeden Tag eine Mischung aus Geschichte, Kultur, Essen und Alltag. Dank des zuverlässigen öffentlichen Nahverkehrs mit Straßenbahnen und Bussen ist die Fortbewegung unkompliziert; eine Wochenkarte kostet etwa 16 €. Viele Sehenswürdigkeiten sind fußläufig erreichbar, sodass die Stadt auch für Italien-Neulinge gut zu bewältigen ist. Mit diesem Reiseplan erhalten Besucher einen umfassenden Einblick in Turins einzigartigen Charakter, ohne sich gehetzt zu fühlen.

## Kurze Fakten zur Stadt

Turin bietet eine Mischung aus Geschichte, Kultur und Naturschönheiten in einem kompakten, übersichtlichen Stadtbild. Die Lage am Fuße der Westalpen verleiht der Stadt eine von vielen Orten aus sichtbare Bergkulisse, die einen Kontrast zu breiten Boulevards und eleganten Piazzas bildet. Die Stadt liegt in der Poebene, Italiens größter Ebene, durchquert vom Fluss Po, der sanft durch den östlichen Teil der Stadt fließt. Diese geografische Lage beeinflusst sowohl das Klima als auch die Atmosphäre der Stadt.

Turin hat rund 870.000 Einwohner und ist damit die viertgrößte Stadt Italiens. Trotz seiner Größe ist das Leben hier gemäßigter als in den größeren Metropolen des Landes wie Mailand oder Rom. Diese Balance zwischen urbaner Energie und entspannter Atmosphäre ist einer der Gründe, warum Besucher Turin so attraktiv finden. Die Stadt ist die Hauptstadt der Region Piemont, die für ihre Küche, ihre Weine und ihr industrielles Erbe bekannt ist.

Ein wesentlicher Bestandteil von Turins Identität ist seine Rolle als Geburtsort der italienischen Automobilindustrie. Die Stadt beherbergt die Hauptsitze von Fiat und anderen Automobilherstellern, die die Wirtschaft der Stadt im 20. Jahrhundert prägten. Heute würdigt das Museo Nazionale dell'Automobile dieses Erbe mit seiner Sammlung von

Oldtimern, Prototypen und interaktiven Ausstellungen. Das Museum befindet sich am Corso Unità d'Italia 40 und ist täglich von 10:00 bis 18:00 Uhr geöffnet, außer dienstags, da ist es geschlossen. Eintrittskarten kosten etwa 12 €.

Die Geschichte Turins ist allgegenwärtig, angefangen bei seinen römischen Ursprüngen. Die Stadt wuchs unter dem Haus Savoyen, das sie zu einer königlichen Hauptstadt machte. Der Königspalast, auch Palazzo Reale genannt, ist nach wie vor ein Muss. Er befindet sich an der Piazza Castello und ist von 9:00 bis 19:00 Uhr geöffnet. Der Eintritt kostet ca. 15 €. Die Räume, Gärten und die Waffenkammer des Palastes erzählen die Geschichte von Turins aristokratischer Vergangenheit. Der nahe gelegene Palazzo Madama vereint mittelalterliche und barocke Architektur und beherbergt das Stadtmuseum für antike Kunst. Es ist täglich von 9:00 bis 19:00 Uhr geöffnet und kostet ca. 10 €.

Eines der Wahrzeichen Turins ist die Mole Antonelliana, ein hoch aufragendes Gebäude, das weithin sichtbar ist. Es beherbergt das Nationale Filmmuseum, eine einzigartige Attraktion, die Filmliebhaber anzieht. Das Museum ist täglich von 9:00 bis 19:00 Uhr geöffnet. Der Eintritt kostet etwa 12 €. Ein gläserner Aufzug bringt Besucher nach oben, von wo aus sie einen Panoramablick bis zu den Alpen genießen können.

Das kulturelle Angebot Turins umfasst mehrere Kunstgalerien, darunter die Galleria Civica d'Arte Moderna e Contemporanea (GAM). Die GAM in der Via Magenta 31 zeigt Werke des 19. und 20. Jahrhunderts und ist von 10:00 bis 18:00 Uhr geöffnet, montags geschlossen. Der Eintritt kostet ca. 8 €. Liebhaber asiatischer Kunst finden im Museo di Arte Orientale in der Via San Domenico 11 eine Auswahl an Sammlungen aus China, Japan und anderen Ländern. Es ist von 10:00 bis 18:00 Uhr geöffnet, montags geschlossen, und kostet ca. 8 €.

Essen nimmt in Turin einen besonderen Stellenwert ein. Bekannt für die piemontesische Küche, bietet die Stadt Gerichte wie Bagna Càuda – einen warmen Sardellen-Knoblauch-Dip – und Agnolotti, eine für die Region typische gefüllte Pasta. Berühmt ist die Stadt auch für ihre Gianduja-Schokolade, eine seidige Mischung aus Schokolade und Haselnüssen. Lokale Märkte wie der Porta Palazzo bieten frische Produkte, Käse und Wurstwaren in lebhafter Atmosphäre. Der Markt ist täglich außer sonntags von frühmorgens bis etwa 14:00 Uhr geöffnet. Ein Besuch bietet Einblicke in den Turiner Alltag und die kulinarischen Traditionen.

Piazza San Carlo und Piazza Castello sind Mittelpunkte des Stadtlebens, umgeben von Cafés, in denen es zum Ritual wird,

draußen bei einem Kaffee oder Aperitivo zu sitzen. Das Caffè Torino an der Piazza San Carlo bewirtet seine Gäste seit dem 18. Jahrhundert und ist für sein klassisches Ambiente und seinen exzellenten Kaffee bekannt. Täglich von 7:30 Uhr bis Mitternacht geöffnet, ist es ein idealer Ort, um die lokalen Rhythmen zu genießen.

Trotz des urbanen Flairs Turins gibt es zahlreiche Außenbereiche. Der Parco del Valentino erstreckt sich entlang des Po mit gewundenen Pfaden, botanischen Gärten und dem mittelalterlichen Borgo Medievale – einem rekonstruierten Dorf aus dem 15. Jahrhundert. Der Park ist kostenlos zugänglich und den ganzen Tag geöffnet, was ihn zu einem beliebten Rückzugsort für Einheimische und Besucher macht. Einen Panoramablick bietet die Basilica di Superga auf einem Hügel etwas außerhalb der Stadt. Sie ist mit der historischen Superga-Zahnradbahn erreichbar und von 9:00 bis 18:00 Uhr geöffnet. Ein Kombiticket für Zug und Basilika kostet etwa 12 €. Der Ort bietet Geschichte, Architektur und einen atemberaubenden Blick auf Turin und die umliegenden Alpen.

Der Verkehr in Turin ist unkompliziert. Die Stadt verfügt über ein gut ausgebautes Straßenbahn- und Busnetz. Eine Einzelfahrkarte kostet 1,70 € und ist 100 Minuten gültig. Eine Wochenkarte ist für etwa 16 € erhältlich. Viele der wichtigsten Sehenswürdigkeiten, insbesondere im historischen Zentrum,

sind bequem zu Fuß erreichbar. Für längere Fahrten stehen Taxis zur Verfügung, die jedoch in der Regel teurer sind.

Turin hat ein kontinentales Klima mit warmen Sommern und kalten Wintern. Die Sommertemperaturen liegen durchschnittlich zwischen 20 °C und 28 °C (68 °F bis 82 °F) und laden zum Flanieren und Verweilen in Straßencafés ein. Die Winter sind kühler, die Temperaturen fallen oft unter den Gefrierpunkt und es schneit regelmäßig, insbesondere in den umliegenden Hügeln. Frühling und Herbst bringen mildes Wetter und farbenfrohe Farben, obwohl es in diesen Jahreszeiten häufig regnen kann.

Der Veranstaltungskalender der Stadt ist vollgepackt mit Veranstaltungen und Festivals, die ihre Kultur und Traditionen in den Mittelpunkt stellen. Das Torino Film Festival, das jeden November stattfindet, zählt zu den wichtigsten Kinoveranstaltungen Italiens und zieht internationale Aufmerksamkeit auf sich. Im Dezember verleihen die Weihnachtsmärkte Plätzen wie der Piazza Castello und der Piazza Vittorio Veneto festlichen Charme. Der Salone del Gusto, eine von Slow Food organisierte Wein- und Gastronomiemesse, findet alle zwei Jahre statt und feiert das kulinarische Erbe der Region mit Verkostungen, Workshops und Ständen. Termine und Details dieser Veranstaltungen

variieren, daher ist es ratsam, sich vor der Planung eines Besuchs zu informieren.

Turin bietet Unterkünfte von Luxushotels über preisgünstige Hostels bis hin zu charmanten B&Bs. Das historische Stadtzentrum ist der bevorzugte Ausgangspunkt für Besucher, die in der Nähe der wichtigsten Sehenswürdigkeiten wohnen möchten. Hotels wie das Hotel Principi di Piemonte bieten komfortable Unterkünfte in der Nähe der Piazza Carlina. Die Preise variieren saisonal, aber rechnen Sie mit Zimmern in Mittelklassehotels zwischen 80 und 150 Euro pro Nacht.

Zum Shoppen gibt es hochwertige Marken, lokale Boutiquen und Kunsthandwerksläden. Die Via Roma und die Via Garibaldi sind Hauptverkehrsadern mit Geschäften, die alles von Mode über Schmuck bis hin zu Kunsthandwerk anbieten. Die Galleria Subalpina, eine überdachte Passage, die die Piazza Castello mit der Via Po verbindet, lädt zum Stöbern und Kaffeetrinken ein.

Das Turiner Nachtleben verbindet Eleganz mit entspanntem Beisammensein. Nach dem Abendessen locken Viertel wie San Salvario oder Quadrilatero Romano, wo Bars bei lebhafter Musik handwerklich gemixte Cocktails und lokale Weine servieren. Hier dominiert die Aperitivo-Kultur: Viele Bars bieten zwischen 18:00 und 21:00 Uhr Getränke und kostenlose Snacks an.

Besucher, die Tagesausflüge planen, können Orte außerhalb der Stadt besuchen, beispielsweise die Sacra di San Michele, eine beeindruckende Abtei auf einem etwa 40 Kilometer entfernten Berggipfel, oder die Weinregion Langhe, berühmt für Barolo und Barbaresco. Beide Ziele sind mit dem Auto oder im Rahmen von geführten Touren ab Turin erreichbar.

# Reisegrundlagen

## Anreise und Fortbewegung

Turin ist gut angebunden, sodass die Anreise unkompliziert ist, egal ob Sie aus anderen Teilen Italiens oder aus dem Ausland anreisen. Der wichtigste Zugang zur Stadt ist der Flughafen Turin (Aeroporto di Torino-Caselle), etwa 16 Kilometer nördlich des Stadtzentrums. Regelmäßige Shuttlebusse verbinden den Flughafen während der Betriebszeiten alle 20 Minuten mit dem Bahnhof Torino Porta Susa. Die Fahrt dauert etwa 40 Minuten und kostet 6 € pro Strecke. Taxifahrten vom Flughafen in die Innenstadt kosten je nach Verkehrslage durchschnittlich etwa 30 €. Reisende, die einen privaten Transfer bevorzugen, können Fahrten online buchen, indem sie online vorab buchen.

Hochgeschwindigkeitszüge verkehren regelmäßig zu den Turiner Hauptbahnhöfen Porta Nuova und Porta Susa. Porta Nuova ist der größere und zentraler gelegene Bahnhof und dient als Knotenpunkt für regionale und internationale Verbindungen, darunter Direktzüge aus Mailand, Rom und Paris. Die Fahrt von Mailand nach Turin dauert mit Hochgeschwindigkeitszügen etwa eine Stunde, sodass Turin von der Finanzhauptstadt aus gut als Tagesausflug zu erreichen ist. Die Preise für Zugtickets variieren je nach

Abfahrtszeit und Klasse. Standardtarife beginnen bei Vorausbuchung bei etwa 20 € pro Strecke. Der Bahnhof Porta Susa bedient viele S-Bahnen und Regionalzüge und ist nur einen kurzen Spaziergang vom historischen Zentrum entfernt.

Mit dem Auto ist Turin über die Autobahnen A4 und A5 erreichbar, die Mailand, Venedig und die französische Grenze verbinden. Das Parken im Stadtzentrum kann schwierig sein, da viele Bereiche für Anwohner reserviert sind oder gebührenpflichtige Parkzonen vorhanden sind. Mehrere Tiefgaragen, wie das Parcheggio Torino Esposizioni am Corso Massimo d'Azeglio 15, bieten Parkmöglichkeiten für etwa 2 bis 3 € pro Stunde. Es empfiehlt sich, sich vorab über die Verfügbarkeit und Gebühren von Parkplätzen zu informieren, wenn Sie mit dem Auto anreisen.

Dank des gut organisierten öffentlichen Nahverkehrs der GTT (Gruppo Torinese Trasporti) ist es in Turin bequem, sich fortzubewegen. Das Netz umfasst Straßenbahnen, Busse und eine U-Bahn-Linie, die wichtige Teile der Stadt abdeckt. Fahrkarten für den öffentlichen Nahverkehr kosten 1,70 € für eine Einzelfahrt und sind 100 Minuten lang in allen Verkehrsmitteln gültig. Bei längeren Aufenthalten oder häufigem Reisen bietet eine Wochenkarte für ca. 16 € unbegrenzte Fahrten und ein günstigeres Preis-Leistungs-Verhältnis. Fahrkarten müssen vor dem

Einsteigen an Automaten, in Tabakläden oder an Zeitungskiosken gekauft und an Bord entwertet werden.

Das Straßenbahnsystem aus dem späten 19. Jahrhundert ist nach wie vor eine effiziente und landschaftlich reizvolle Möglichkeit, sich in der Stadt fortzubewegen. Linien wie die 4 und 7 verbinden das historische Zentrum mit Vierteln wie Borgo San Paolo und Aurora, während die moderne U-Bahn-Linie die Wohngebiete am Stadtrand mit dem Stadtzentrum verbindet und Haltestellen in der Nähe wichtiger Sehenswürdigkeiten wie dem Bahnhof Porta Nuova und der Mole Antonelliana bietet.

Zu Fuß lässt sich Turins kompaktes historisches Zentrum hervorragend erkunden. Straßen wie die Via Roma, die Via Garibaldi und die Via Po bilden ein begehbares Dreieck voller Geschäfte, Cafés und Sehenswürdigkeiten. Die fußgängerfreundlichen Zonen laden zu gemütlichen Spaziergängen zwischen Sehenswürdigkeiten wie der Piazza Castello, dem Palazzo Reale und der Kathedrale ein.

Wer es etwas entspannter angehen lassen möchte, findet zahlreiche Bikesharing-Dienste mit mehreren Stationen in der ganzen Stadt. Nutzer können Elektro- oder herkömmliche Fahrräder über Apps mieten. Das Entsperren kostet etwa 1 €, hinzu kommen weitere Gebühren je nach Nutzungsdauer.

Radfahren entlang des Po oder durch den Parco del Valentino bietet angenehme Routen abseits des Verkehrs.

Taxidienste sind in Turin rund um die Uhr im Einsatz, die Fahrpreise sind jedoch im Vergleich zu öffentlichen Verkehrsmitteln höher. Der Grundpreis beginnt bei etwa 3,50 €, zuzüglich Kilometer- und Gepäckgebühren. Buchungen per Telefon oder über Apps sind üblich, und Taxis sind in der Regel zuverlässig für Fahrten spät in der Nacht oder zum Erreichen von Zielen außerhalb des öffentlichen Verkehrsnetzes.

Turin eignet sich auch hervorragend als Ausgangspunkt für Tagesausflüge mit dem Zug oder Auto. Die nahegelegenen Weinregionen Langhe und Roero sind nur eine Autostunde entfernt und bieten mit ihren Weinbergen und sanften Hügeln eine abwechslungsreiche Landschaft. Die Sacra di San Michele, eine beeindruckende Abtei auf einem Berggipfel, ist mit Bus oder Auto in etwa 40 Minuten erreichbar. Diese Ausflüge erweitern die Möglichkeiten für Reisende, die Stadterkundung mit Natur- und Kulturerlebnissen verbinden möchten.

Große Bahnhöfe und der Flughafen bieten barrierefreie Angebote für Reisende mit eingeschränkter Mobilität. U-Bahn-Stationen sind mit Aufzügen und Rampen ausgestattet, und Busse verfügen über ausgewiesene Plätze für

Rollstühle. Es empfiehlt sich, vor Reiseantritt die Verfügbarkeit bestimmter Services zu prüfen, insbesondere bei weniger häufigen Strecken oder kleineren Haltestellen.

Bei der Orientierung in der Stadt ist ein Stadtplan oder eine Smartphone-App hilfreich, aber nicht unbedingt erforderlich. Die Beschilderung rund um wichtige Sehenswürdigkeiten und Verkehrsknotenpunkte ist klar und mehrsprachig, darunter auch Englisch. Touristeninformationen, wie beispielsweise die an der Piazza Castello, bieten Karten, Broschüren und Informationen zu Tickets und Routen.

Reisende sollten beachten, dass öffentliche Verkehrsmittel in der Regel vom frühen Morgen bis etwa Mitternacht verkehren. Nachtbusse verkehren auf den Hauptstrecken mit reduzierter Frequenz. Bei späteren Rückfahrten stehen Taxis zur Verfügung. Einige Straßenbahn- und Buslinien haben an Wochenenden und Feiertagen angepasste Fahrpläne. Daher kann ein Blick auf die aktuellen Fahrpläne Überraschungen vermeiden.

Die Kraftstoffpreise in Italien schwanken, doch Tankstellen rund um Turin sind täglich geöffnet, einige an den Hauptstraßen sogar rund um die Uhr. Für Besucher, die ein Auto mieten, ist es wichtig, sich mit den italienischen Verkehrs- und Parkvorschriften vertraut zu machen, um Bußgelder zu vermeiden.

Turins gute Verkehrsanbindung und das breite Transportangebot machen die Stadt für Besucher leicht zugänglich und übersichtlich. Ob mit dem Flugzeug, dem Zug oder dem Auto, zu Fuß, mit dem Fahrrad oder mit öffentlichen Verkehrsmitteln – die Stadt bietet unkomplizierte Wege zu den wichtigsten Sehenswürdigkeiten – vom prachtvollen Palazzo Reale und der Mole Antonelliana bis hin zu den lebhaften Märkten und ruhigen Parks am Flussufer. Die Mischung aus Alt und Neu im Verkehrssystem spiegelt Turin selbst wider – eine Stadt, die Geschichte und Moderne in Einklang bringt, ohne dabei ihre einladende Atmosphäre zu verlieren.

## Unterkunftsmöglichkeiten

Turin bietet eine große Auswahl an Unterkünften für jeden Geschmack und jedes Budget – von eleganten Hotels in historischen Gebäuden über gemütliche Boutique-Pensionen bis hin zu praktischen Hostels. Die meisten der besten Unterkünfte der Stadt befinden sich im historischen Zentrum, sodass Sie bequem die wichtigsten Sehenswürdigkeiten erreichen können.

Wer klassischen Luxus sucht, findet im Hotel Principi di Piemonte in der Nähe der Piazza Carlina eine Lage, die Komfort mit Stil verbindet. Das Vier-Sterne-Hotel bietet

geräumige Zimmer, die mit modernen und traditionellen Elementen eingerichtet sind und oft über Marmorbäder und luxuriöse Möbel verfügen. Gäste genießen Annehmlichkeiten wie ein Fitnesscenter und eine Dachterrasse mit Blick auf die Stadt. Die Preise beginnen in der Regel bei etwa 130 € pro Nacht, können aber je nach Saison und Verfügbarkeit schwanken. Die Nähe zum Königspalast und dem Ägyptischen Museum macht das Hotel zum idealen Ausgangspunkt für kulturelle Besichtigungen.

Eine weitere Option der gehobenen Kategorie ist das Grand Hotel Sitea, direkt an der Via Roma, der Haupteinkaufsstraße der Stadt. Das elegante Art-déco-Design des Hotels zieht sich durch die Zimmer und öffentlichen Bereiche und bietet eine Atmosphäre von gehobenem Komfort. Es ist bekannt für seinen aufmerksamen Service und sein Frühstücksbuffet, das von Reisenden hoch gelobt wird. Übernachtungen beginnen hier in der Regel bei etwa 140 €, und dank der zentralen Lage sind die Piazza Castello und die Mole Antonelliana bequem zu Fuß erreichbar.

Boutique-Hotels haben sich in der Turiner Hotelszene eine besondere Nische geschaffen. Das Hotel Victoria bietet ein ruhigeres, persönlicheres Erlebnis in der Via Maria Vittoria, nur einen kurzen Spaziergang vom Stadtzentrum entfernt. Die Zimmer sind individuell eingerichtet und kombinieren

Vintage-Möbel mit modernen Annehmlichkeiten. Der Service wirkt persönlich, ohne aufdringlich zu sein, und die Preise liegen typischerweise zwischen 90 und 120 Euro pro Nacht. Das nahe gelegene Hotel San Tommaso bietet einen ähnlich gemütlichen Aufenthalt in einem umgebauten Gebäude aus dem 19. Jahrhundert mit gut ausgestatteten Zimmern und einem Ruf für Sauberkeit und freundliches Personal. Die Preise liegen hier oft zwischen 70 und 110 Euro pro Nacht.

Reisende, die Wert auf ihr Budget legen, ohne auf eine gute Lage verzichten zu müssen, finden in verschiedenen Hostels und Pensionen ein gutes Preis-Leistungs-Verhältnis. Das Tomato Backpackers ist ein lebhaftes Hostel in der Nähe des Hauptbahnhofs und besonders bei jungen Besuchern und Alleinreisenden beliebt. Es bietet Schlafsäle und Privatzimmer. Die Preise beginnen bei etwa 25 € für Schlafsäle und 60 € für Privatzimmer. Die Gemeinschaftsküche und die Gemeinschaftsräume des Hostels laden zum Kennenlernen anderer Reisender ein, und die Mitarbeiter sind für ihre hilfreichen Tipps bekannt.

B&Bs sind eine weitere beliebte Wahl in Turin und bieten eine gemütliche Umgebung und oft ein authentischeres Nachbarschaftsgefühl. Das B&B Borgo Po beispielsweise liegt in der Nähe des Flusses Po und bietet komfortable Zimmer mit hausgemachtem Frühstück, das in den Preisen

zwischen 60 und 100 Euro pro Nacht inbegriffen ist. Diese kleineren Unterkünfte verleihen dem Aufenthalt eine persönliche Note, und die Gastgeber geben Ihnen gerne lokale Empfehlungen.

Turins Mietwohnungen eignen sich für längere Aufenthalte oder Reisende, die etwas mehr Unabhängigkeit bevorzugen. Plattformen wie Airbnb bieten Unterkünfte in der ganzen Stadt an, von modernen Wohnungen in der Nähe des Bahnhofs Porta Nuova bis hin zu charmanten Zweitwohnungen in ruhigeren Wohnvierteln wie Crocetta. Die Preise variieren stark je nach Größe, Lage und Ausstattung. Rechnen Sie jedoch mit etwa 70 bis 150 Euro pro Nacht für zentral gelegene Apartments für zwei Personen.

Barrierefreiheit wird bei Unterkünften zunehmend berücksichtigt. Viele Hotels und Pensionen bieten Einrichtungen für Reisende mit eingeschränkter Mobilität an. Bei besonderen Bedürfnissen empfiehlt es sich, die Unterkünfte direkt zu kontaktieren, da es im Stadtzentrum einige ältere Gebäude mit eingeschränktem Aufzugszugang gibt.

Für diejenigen, die mit dem Auto anreisen, bieten mehrere Hotels Parkmöglichkeiten direkt vor Ort oder in der Nähe. Parkplätze in Turin können rar und teuer sein, insbesondere in der Altstadt. Daher kann eine frühzeitige Reservierung

hilfreich sein. Das Hotel NH Torino Lingotto Congress bietet beispielsweise eine Tiefgarage mit Tagespreisen um die 20 € und liegt verkehrsgünstig in der Nähe des Messegeländes Lingotto und des Flughafen-Shuttles.

Saisonale Schwankungen beeinflussen Verfügbarkeit und Preise. Turin verzeichnet während Großveranstaltungen wie dem Torino Film Festival im November oder der Lebensmittelmesse Salone del Gusto einen Besucheransturm, der die Preise in die Höhe treiben kann. Es empfiehlt sich daher, in diesen Zeiträumen frühzeitig zu buchen.

Das Frühstücksangebot variiert je nach Unterkunftsart. Luxushotels bieten oft umfangreiche Buffets an, während kleinere B&Bs hausgemachtes Gebäck und Kaffee servieren. Einige preisgünstige Unterkünfte verlangen einen Aufpreis für das Frühstück oder bieten einfache kontinentale Optionen an.

WLAN ist in allen Unterkünften der Stadt verfügbar, die meisten bieten kostenlosen Zugang. Für Reisende, die auf ständige Konnektivität angewiesen sind, kann es sinnvoll sein, die Geschwindigkeit im Voraus zu prüfen.

Wer in die Kultur Turins eintauchen möchte, könnte in Vierteln außerhalb des Zentrums übernachten. San Salvario beispielsweise ist ein pulsierendes Viertel voller Cafés, Bars und Restaurants. Das Angebot reicht vom günstigen Hostel

bis zum stilvollen Apartment. Diese Gegend ist etwas unkonventioneller und lebendiger – ideal für Nachtschwärmer und Feinschmecker.

Eine weitere Option ist Borgo Po am Flussufer. Hier gibt es ruhigere Straßen und einen einfachen Zugang zu Grünflächen wie dem Parco del Valentino. Hier gibt es eher Boutique-Unterkünfte, die nach einem anstrengenden Tag in der Stadt einen ruhigen Rückzugsort bieten.

Egal wo Sie übernachten, dank der kompakten Struktur der Stadt sind Sehenswürdigkeiten wie die Mole Antonelliana, das Ägyptische Museum, der Königspalast und die wichtigsten Plätze bequem zu Fuß oder mit einer kurzen Straßenbahnfahrt erreichbar. Fahrkarten für den öffentlichen Nahverkehr kosten 1,70 € für eine Einzelfahrt und sind 100 Minuten gültig. So können Sie auch größere Teile Turins bequem und unkompliziert erkunden.

## Einkaufen

Turins Einkaufsszene vereint exklusive Eleganz, lokale Tradition und lebhafte Märkte und bietet viel zu entdecken – egal, ob Sie Luxusmarken, Kunsthandwerk oder frische Produkte suchen. Dank der kompakten Stadtstruktur liegen viele wichtige Einkaufsviertel nah beieinander, sodass Sie an einem Nachmittag bequem von Designer-Boutiquen zu historischen Märkten gelangen.

Die Via Roma gilt als Turins wichtigste Einkaufsstraße für gehobene Geschäfte. Dieser breite Boulevard erstreckt sich von der Piazza Castello bis zur Piazza Carlo Felice und ist gesäumt von prächtigen Gebäuden mit Flagship-Stores renommierter italienischer und internationaler Marken. Ein Schaufensterbummel bietet einen Einblick in die kultivierte Seite Turins, wo Handwerkskunst und Stil aufeinandertreffen. Die Straße ist fußgängerfreundlich und meist täglich von 10:00 bis 19:00 Uhr geöffnet. Sonntags sind die Geschäfte in der Regel geschlossen, außer während besonderer Schlussverkäufe oder an Feiertagen.

Nur wenige Schritte entfernt verbindet die Galleria Subalpina stilvoll die Via Roma mit der Via Po. Diese überdachte Passage stammt aus dem späten 19. Jahrhundert und ist nach wie vor ein beliebter Treffpunkt für alle, die elegante Architektur und Shopping schätzen. Im Inneren finden Sie

eine Mischung aus Boutiquen, Antiquariaten und gemütlichen Cafés. Die Öffnungszeiten richten sich in der Regel nach den umliegenden Straßen und reichen in der Regel von morgens bis in den frühen Abend.

Die Via Garibaldi schlägt einen anderen Ton an: eine belebte Fußgängerzone, in der sich Mode mit erschwinglicheren und trendigeren Angeboten vermischt. Besonders an Wochenenden pulsiert hier das Leben, wenn sich Einheimische und Besucher treffen, um in den zahlreichen Geschäften zu stöbern. Hier finden sich kleine, unabhängige Geschäfte neben bekannten Ketten – ein idealer Ort für entspanntes Shoppen und den Erwerb von Alltagsgegenständen. Die Gegend ist familienfreundlich, und oft finden Sie Straßenkünstler, die für eine angenehme Atmosphäre sorgen.

Für frische Lebensmittel und regionale Spezialitäten ist der Porta Palazzo Markt die richtige Adresse. Er befindet sich an der Piazza della Repubblica und ist Europas größter Freiluftmarkt. Er ist täglich von frühmorgens bis etwa 14:00 Uhr geöffnet und sonntags geschlossen. Beim Schlendern durch die geschäftigen Stände entdecken Besucher ein buntes Angebot an saisonalem Obst, Gemüse, Käse und Fleisch. Der Markt bietet auch Bereiche für Gewürze, Blumen und Haushaltswaren. Die Preise variieren stark je nach Anbieter

und Produkt, doch Feilschen ist hier nicht üblich. Der Markt bietet einen authentischen Einblick in die kulinarischen Traditionen Turins und ist bei Einheimischen für den täglichen Einkauf beliebt.

Nur einen kurzen Spaziergang von der Porta Palazzo entfernt liegt der Balon-Markt, der jeden Samstag im Stadtteil Borgo Dora stattfindet. Dieser weitläufige Flohmarkt bietet Antiquitäten, Vintage-Kleidung, Möbel und Kuriositäten aus ganz Italien und darüber hinaus. Er ist eine wahre Fundgrube für Sammler und alle, die einzigartige Souvenirs suchen. Der Markt findet von etwa 8:00 bis 17:00 Uhr statt und ist somit ein idealer Wochenendausflug für Besucher, die etwas abseits der ausgetretenen Pfade suchen.

Schokoladenliebhaber sollten sich die Geschäfte, die auf Gianduja, Turins berühmteste Schokoladen-Haselnuss-Leckerei, spezialisiert haben, nicht entgehen lassen. Geschäfte wie Guido Gobino und Peyrano bieten handgefertigte Pralinen aus hochwertigen Zutaten an. Diese Geschäfte sind in der Regel von 9:00 bis 19:00 Uhr geöffnet und bieten Verkostungsmöglichkeiten sowie elegante Verpackungen – perfekt als Geschenk oder zum persönlichen Genuss.

Ein weiteres Highlight sind die Buchhandlungen, insbesondere in historischen Gebäuden. Die Libreria Bocca in

der Galleria Subalpina ist seit dem 19. Jahrhundert ein beliebter Treffpunkt für Turiner Leser. Sie bietet eine große Auswahl an italienischen und ausländischen Titeln, darunter Kunst, Geschichte und lokale Kultur. Die Atmosphäre des Ladens lädt zum Stöbern ein und macht ihn zu mehr als nur einem Ort zum Bücherkauf, sondern zu einem kulturellen Erlebnis.

Wer sich für Design und Handwerk interessiert, findet in Turins kleineren Straßen Werkstätten und Ateliers, in denen Kunsthandwerker Schmuck, Keramik und Textilien herstellen. In Vierteln wie San Salvario und Crocetta finden sich Boutiquen mit handgefertigten Waren, die oft zeitgenössischen Stil mit piemontesischer Tradition verbinden. Ein Besuch dieser Geschäfte bietet die Möglichkeit, direkt mit den Herstellern in Kontakt zu treten und einzigartige Stücke zu erwerben.

Saisonale Schlussverkäufe, lokal bekannt als Saldi, finden zweimal jährlich statt, typischerweise ab Januar und Juli. Während dieser Zeit bieten viele Geschäfte erhebliche Rabatte an – die perfekte Zeit für die Schnäppchenjagd. Die Schlussverkäufe dauern mehrere Wochen, aber die besten Angebote gibt es oft in den ersten Tagen.

Turin veranstaltet außerdem gelegentlich Design- und Handwerksmessen, auf denen lokale Talente präsentiert

werden. Veranstaltungen wie der Kunsthandwerksmarkt Artigianato Vivo und die Torino Design Week ziehen sowohl Einheimische als auch Besucher an, die kleine Hersteller unterstützen und neue Trends entdecken möchten. Die Termine variieren jährlich, daher empfiehlt es sich, vor einem Besuch die lokalen Angebote zu prüfen.

Achten Sie beim Souvenirkauf auf Produkte, die die Identität der Region widerspiegeln. Produkte wie Barolo-Wein, Trüffel und handwerklich hergestellter Käse stammen aus den nahegelegenen Regionen Langhe und Roero und sind in vielen Fachgeschäften in Turin erhältlich. Flaschen Vermouth di Torino, ein hier erfundener Likörwein, sind ebenfalls beliebte Geschenke. Viele Enotecas und Feinkostläden führen diese regionalen Spezialitäten und bieten fachkundiges Personal, das Ihnen gerne Verkostungstipps und Kombinationsvorschläge gibt.

Das Shopping-Erlebnis in Turin beschränkt sich nicht nur auf die Tagesstunden. Die Stadt pflegt die italienische Tradition des Aperitivo, und viele Bars und Cafés in den Einkaufsvierteln haben bis in den Abend geöffnet. Nach einem erlebnisreichen Tag können Besucher bei einem Glas Wein und kleinen Snacks aus der Region entspannen und die lokale Atmosphäre genießen.

Parkplätze in der Nähe beliebter Einkaufsviertel sind oft begrenzt, aber mehrere Tiefgaragen wie das Parcheggio Torino Esposizioni (Corso Massimo d'Azeglio 15) und das Parcheggio Piazza Castello bieten bequemen Zugang. Die Preise liegen in der Regel zwischen 2 und 3 € pro Stunde. Für längere Parkdauer gibt es Pauschalpreise.

## Italienische Gesetze für Touristen

Touristen, die Turin besuchen, sollten sich über verschiedene italienische Gesetze und Vorschriften im Klaren sein, die das tägliche Reisen betreffen und einen reibungslosen Aufenthalt gewährleisten. Diese Gesetze decken alles ab, von Ausweispflichten und Verkehrsregeln bis hin zum Verhalten im öffentlichen Raum und lokalen Gepflogenheiten. Das Verständnis dieser Grundlagen hilft, Missverständnisse zu vermeiden und ermöglicht es Besuchern, sich ganz auf die reiche Kultur und die Sehenswürdigkeiten der Stadt zu konzentrieren.

In ganz Italien besteht Ausweispflicht. Alle Besucher, unabhängig von ihrer Nationalität, müssen jederzeit einen gültigen Reisepass oder Personalausweis bei sich tragen. Polizei- oder Sicherheitsbeamte können bei Routinekontrollen oder am Eingang bestimmter Orte nach einem Ausweis fragen. Das Nichtvorzeigen eines Ausweises kann zu

Geldstrafen oder vorübergehender Inhaftierung führen, bis die Identität überprüft wurde. Für Reisende aus Nicht-EU-Länder ist es ratsam, gegebenenfalls eine Kopie des Visums oder der Aufenthaltserlaubnis mitzuführen.

Turin hat wie viele italienische Städte strenge Regeln für Fußgängerzonen, insbesondere im historischen Zentrum. Die ZTL (Zona a Traffico Limitato) beschränkt den Fahrzeugverkehr, um Staus und Umweltverschmutzung zu reduzieren. Nur Anwohner, Taxis und autorisierte Fahrzeuge dürfen diese Zonen zu bestimmten Zeiten befahren, in der Regel vom frühen Morgen bis zum späten Abend. Besucher, die mit dem Auto in die Stadt fahren, sollten die deutlich gekennzeichneten Grenzen der ZTL kennen. Unbefugtes Betreten kann zu hohen Bußgeldern führen, die oft per Post an die Autovermietungen geschickt werden, die diese dann an den Mieter weiterreichen. Es ist sicherer, außerhalb der Sperrzonen zu parken und öffentliche Verkehrsmittel oder Taxis zu nutzen, um zentrale Sehenswürdigkeiten wie die Piazza Castello oder die Mole Antonelliana zu erreichen.

Apropos Verkehr: In Italien besteht für alle Fahrzeuginsassen, einschließlich der Vorder- und Rücksitze, strikte Anschnallpflicht. Wer sich nicht anschnallt, kann mit Geldstrafen von über 80 € rechnen. Die Nutzung von Mobiltelefonen während der Fahrt ist verboten, es sei denn, es

werden Freisprecheinrichtungen verwendet. Laut Verkehrsrecht müssen in Tunneln und bei schlechten Sichtverhältnissen die Scheinwerfer eingeschaltet sein. Das öffentliche Verkehrssystem in Turin funktioniert effizient, dennoch ist der Kauf von Fahrkarten vor dem Einsteigen und deren Entwertung im Fahrzeug Pflicht. Wer ohne gültige Fahrkarte fährt, riskiert Geldstrafen von über 50 €.

In Italien gelten Rauchverbote in geschlossenen öffentlichen Räumen und bestimmten Außenbereichen. In Restaurants, Bars, Museen und öffentlichen Verkehrsmitteln ist das Rauchen verboten. Auch in einigen Außenbereichen in der Nähe von Schulen oder Krankenhäusern ist das Rauchen untersagt. Turin setzt diese Regeln durch und verhängt bei Verstößen Geldstrafen. Touristen sollten daher nach ausgewiesenen Raucherbereichen suchen oder im Zweifelsfall das Personal fragen.

Beim Besuch religiöser Stätten wie dem Turiner Dom oder der Basilika von Superga gilt eine angemessene Kleiderordnung. Schultern und Knie müssen grundsätzlich bedeckt sein, Hüte dürfen nicht getragen werden. Dieser Respekt gilt auch für das Verhalten: Lautes Sprechen, Essen und Telefonieren ist nicht erwünscht. Viele Kirchen und Museen verlangen einen geringen Eintrittspreis, der in der Regel zwischen 5 und 15 Euro liegt. Der Eintritt in den

Turiner Dom ist beispielsweise frei, für Sonderausstellungen zum Turiner Grabtuch wird jedoch Eintritt erhoben. Die Öffnungszeiten sind in der Regel von 9:00 bis 18:00 Uhr, variieren aber saisonal.

Der Alkoholkonsum an öffentlichen Orten, einschließlich Straßen und Parks, ist in vielen Teilen Turins eingeschränkt. Lokale Verordnungen verbieten den Konsum außerhalb lizenzierter Lokale, insbesondere nachts, oft, um die öffentliche Ordnung aufrechtzuerhalten. Verstöße gegen diese Vorschriften können zu Geldstrafen oder Polizeieinsätzen führen. Bars und Cafés mit Lizenz bieten sichere Orte, um einen Drink zu genießen, insbesondere während der Aperitivo-Zeit zwischen 18:00 und 21:00 Uhr.

Der Konsum und Besitz jeglicher Form illegaler Drogen, einschließlich Cannabis, ist in ganz Italien illegal. Die Strafen reichen von Geld- bis hin zu Freiheitsstrafen, je nach Substanz und Menge. Die Strafverfolgungsbehörden in Turin setzen diese Gesetze aktiv durch, daher sollten Touristen den Umgang mit kontrollierten Substanzen vermeiden.

Touristen werden dazu angehalten, Kulturdenkmäler und öffentliche Plätze zu respektieren. Das Besteigen von Denkmälern, Graffiti oder die Beschädigung historischer Gebäude ist verboten und wird mit Geldstrafen oder rechtlichen Schritten geahndet. Beispielsweise wird davon

abgeraten, Statuen auf der Piazza Castello oder der Mole Antonelliana zu berühren oder sich darauf zu setzen, da diese Stätten unter italienischem Denkmalschutz stehen.

Turin ist in Sachen Sicherheit für Besucher im Allgemeinen eine sichere Stadt. Dennoch kann es zu Kleinkriminalität wie Taschendiebstahl kommen, insbesondere an überfüllten Touristenattraktionen, auf Märkten und im öffentlichen Nahverkehr. Polizeiwachen (Questura) gibt es in der ganzen Stadt, darunter die Hauptwache in der Via Pietro Micca 14, die wochentags von 8:30 bis 18:00 Uhr geöffnet ist. Touristen sollten Wertsachen sicher aufbewahren und wachsam sein, insbesondere in belebten Gegenden wie dem Markt Porta Palazzo oder in der Nähe von Bahnhöfen.

Beachten Sie, dass Besucher in Italien eine Krankenversicherung für ihren Aufenthalt abschließen müssen. EU-Bürger sollten eine Europäische Krankenversicherungskarte (EHIC) mitführen, die ihnen den Zugang zur öffentlichen Gesundheitsversorgung zu den gleichen Bedingungen wie Einheimischen ermöglicht. Reisenden außerhalb der EU wird empfohlen, vor ihrer Ankunft in Turin eine Reiseversicherung mit Krankenversicherung abzuschließen.

Zu den Notrufnummern in Italien zählen die 112 für allgemeine Notfälle, die 113 für die Polizei und die 118 für

medizinische Hilfe. Diese Nummern sind im ganzen Land gültig und werden von Mitarbeitern betreut, die mehrere Sprachen sprechen, darunter auch Englisch.

Die Währungsgesetze sind unkompliziert: Der Euro ist die einzige akzeptierte Währung. Große Transaktionen über 10.000 € müssen beim Zoll angemeldet werden, und die Geldwäschebestimmungen schreiben die Meldung verdächtiger Bargeldbewegungen vor. Touristen können bei Banken, Wechselstuben und vielen Hotels Geld wechseln, die Kurse variieren jedoch. Kredit- und Debitkarten werden weitgehend akzeptiert, insbesondere in Geschäften, Restaurants und Hotels in Turin.

Das Turiner Nachtleben und das öffentliche Verhalten sind so geregelt, dass Vergnügen und Respekt gegenüber den Einwohnern im Einklang stehen. Lärmschutzverordnungen verbieten laute Musik oder Ruhestörungen nach 23:00 Uhr, insbesondere in Wohngebieten wie San Salvario. Bei Beschwerden kann die Polizei eingreifen. Viele Clubs und Bars setzen Altersgrenzen fest, in der Regel 18 Jahre oder älter, und verlangen einen gültigen Ausweis.

Schließlich fördern Umweltvorschriften die Mülltrennung und das Recycling. Turin stellt deutlich gekennzeichnete Behälter für Papier, Glas, Kunststoff und Biomüll zur Verfügung. Von Gästen in Apartments oder Langzeitunterkünften wird

erwartet, dass sie die örtlichen Recyclingvorschriften beachten. Das Wegwerfen von Müll in der Öffentlichkeit wird mit Geldstrafen geahndet, daher ist Sauberkeit sowohl gesetzlich als auch gesellschaftlich erwünscht.

## Notfallkontakte

In Turin ist es für einen sicheren und entspannten Aufenthalt entscheidend zu wissen, wohin man sich im Notfall wenden kann. Die Notdienste der Stadt arbeiten effizient, und zu wissen, wie man sie erreicht, kann einen großen Unterschied machen, wenn man bei der Erkundung der Gegend auf Schwierigkeiten stößt.

Die universelle Notrufnummer in ganz Italien lautet 112. Diese europaweit einheitliche Nummer verbindet Anrufer mit Polizei, Feuerwehr und medizinischem Dienst und vereinfacht so den Zugang in dringenden Situationen. Die Mitarbeiter sprechen in der Regel Italienisch und Englisch und können schnell Hilfe schicken. Sie ist die erste Wahl bei schwerwiegenden Vorfällen wie Unfällen, Verbrechen, Bränden oder plötzlichen gesundheitlichen Notfällen.

Bei polizeilichen Anliegen erreichen Sie die Polizia di Stato, die italienische Staatspolizei, unter der Nummer 113. Sie ist für die Strafverfolgung, die öffentliche Ordnung und Hilfe bei Fundsachen oder der Meldung verdächtiger Aktivitäten

zuständig. Die Hauptwache der Polizei in Turin befindet sich in der Via Pietro Micca 14 im Stadtzentrum. Sie ist werktags von 8:30 bis 18:00 Uhr geöffnet. Besucher, die einen Diebstahl melden, eine Beschwerde einreichen oder Hilfe bei Verwaltungsangelegenheiten benötigen, finden dort Mitarbeiter, die ihnen gerne weiterhelfen.

Medizinische Notfälle werden über die Nummer 118 abgedeckt, die direkt mit Rettungsdiensten und der Notarztpraxis verbunden ist. Krankenhäuser und Kliniken in ganz Turin koordinieren sich über dieses System, um einen schnellen Transport und eine schnelle Versorgung zu gewährleisten. Für weniger dringende medizinische Probleme oder Gesundheitsberatung stehen in der Stadt mehrere private Kliniken und Apotheken zur Verfügung. Apotheken haben in der Regel montags bis samstags von 8:30 bis 19:30 Uhr geöffnet, einige bieten verlängerte Öffnungszeiten und wechselnden Sonntagsbetrieb an. Die „Farmacia di turno" oder diensthabende Apotheke finden Sie an Schildern in Fenstern oder in Online-Verzeichnissen. Sie bietet rund um die Uhr pharmazeutische Hilfe an.

Bei Bränden ist die 115 zu wählen. Die örtliche Feuerwehr, Vigili del Fuoco, kümmert sich um Brände, Rettungseinsätze und Unfälle mit gefährlichen Stoffen. Die Stationen sind

strategisch über ganz Turin verteilt, um schnelle Eintreffzeiten zu gewährleisten.

Die Carabinieri, eine Militärpolizei mit zivilen Aufgaben, sind unter der Nummer 112 oder auf ihren Wachen zu erreichen. Sie sind häufig in ländlichen und vorstädtischen Gebieten rund um Turin zuständig und leisten zusätzliche Unterstützung bei der Strafverfolgung innerhalb der Stadt.

Neben den offiziellen Notdiensten gibt es in Turin eine Reihe spezialisierter Hotlines. Beispielsweise bietet die Anti-Gewalt- und Stalking-Hotline (1522) Unterstützung für Opfer häuslicher Gewalt oder Belästigung. Der Dienst bietet vertrauliche Beratung und Unterstützung in mehreren Sprachen. Ebenso kann das Giftinformationszentrum über die Notaufnahme der örtlichen Krankenhäuser erreicht werden, um Informationen zum Umgang mit giftigen Substanzen zu erhalten.

Ausländische Touristen, die konsularische Unterstützung benötigen, sollten sich an die Botschaft oder das Konsulat ihres Landes wenden. In Turin selbst gibt es mehrere Konsulate, darunter die von Frankreich, Spanien und Deutschland, die Unterstützung von verlorenen Pässen bis hin zu Rechtsberatung anbieten. Für andere Länder befindet sich die nächstgelegene Botschaft in Rom, viele Konsulate bieten jedoch auch Notrufnummern und erste Hilfe an.

Zu den öffentlichen Krankenhäusern in Turin gehört die Città della Salute e della Scienza di Torino, einer der größten Gesundheitskomplexe Italiens, der sich über mehrere Standorte erstreckt. Die zentrale Notaufnahme befindet sich in der Via Cherasco 15 und ist rund um die Uhr geöffnet. Sie bietet umfassende Versorgung bei Traumata, medizinischen Notfällen und Facharztbehandlungen. Ein weiteres großes Krankenhaus, das Ospedale Mauriziano Umberto I in der Via Michele Coppino 26, bietet Notfallversorgung und allgemeine Versorgung an. Dic Notaufnahmen sind rund um die Uhr geöffnet.

Bei zahnärztlichen Notfällen stehen private Zahnkliniken zur Verfügung, deren Öffnungszeiten jedoch eingeschränkt sein können. Viele Zahnärzte bieten einen Bereitschaftsdienst für dringende Fälle an. Ihre Unterkunft oder die örtliche Apotheke kann Ihnen oft Empfehlungen geben.

Zur Unterstützung psychischer Probleme gibt es in Turin Beratungsstellen und Krisen-Hotlines. Diese Dienste werden von Krankenhäusern und gemeinnützigen Organisationen betrieben und bieten vertrauliche Hilfe bei Angstzuständen, Depressionen oder Traumata. In Notfällen werden über die Nummern 112 und 118 entsprechende Hilfsdienste angerufen.

Reisende, die auf Mobiltelefone angewiesen sind, sollten sicherstellen, dass ihre Geräte Notrufe ohne aktive SIM-Karte

oder Guthaben tätigen können. In Italien sind Notrufe an die 112 und andere Notrufnummern auch von gesperrten oder inaktiven Telefonen aus möglich.

Der Verlust von Dokumenten, einschließlich Reisepässen und Ausweisen, sollte umgehend der örtlichen Polizei gemeldet werden. Die Questura in der Via Pietro Micca unterstützt bei der Meldung und kann bei Bedarf vorläufige Dokumente ausstellen. Es ist außerdem ratsam, sich an Ihre Botschaft zu wenden, um Ersatzdokumente oder Reiseunterstützung zu erhalten.

Bei Störungen oder Unfällen mit Bussen, Straßenbahnen oder Zügen sind lokale Notfallkontakte hilfreich. Die GTT, das öffentliche Verkehrsunternehmen, betreibt während der Geschäftszeiten, in der Regel von 7:00 bis 20:00 Uhr, Kundenservice-Hotlines. Bei Bahnnotfällen bieten die Hauptbahnhöfe Torino Porta Nuova und Porta Susa Hilfe an. Bahnbetreiber bieten außerdem Hotlines für Fahrgäste an, die sofortige Hilfe benötigen.

Beim Besuch beliebter Touristenattraktionen wie der Piazza Castello, der Mole Antonelliana oder des Ägyptischen Museums befinden sich in der Regel Notfallstationen mit in Erster Hilfe geschultem Personal in der Nähe. Diese Attraktionen verfügen außerdem über Besucherinformationsschalter, die Sie zur nächstgelegenen

medizinischen Einrichtung weiterleiten oder Ihnen bei Problemen helfen können.

Turins Polizei und Rettungsdienste arbeiten eng mit den Tourismusbüros zusammen. Das zentrale Touristeninformationszentrum an der Piazza Castello bietet Orientierungshilfe, Karten und Kontaktinformationen für Notfälle. Dort wird auch mehrsprachige Hilfe angeboten.

In weniger dringenden Fällen sind Apotheken die erste Anlaufstelle für kleinere Verletzungen, rezeptfreie Medikamente und Gesundheitsberatung. Das italienische Wort für Apotheke lautet „farmacia“ und diese sind üblicherweise mit einem grünen Kreuz gekennzeichnet. Viele Apotheken sind auf reisebedingte Gesundheitsprobleme wie Sonnenbrand, Insektenstiche oder Verdauungsprobleme spezialisiert.

Für allgemeine, nicht dringende Hilfe kontaktieren Sie bitte die Nummer 800 555 444 mit dem italienischen Touristenhilfsdienst, der Informationen und Beratung bietet. Obwohl es sich nicht um eine Notrufnummer handelt, ist sie eine nützliche Anlaufstelle für Reisende, die Hilfe bei der Orientierung, der Unterkunft oder lokalen Gepflogenheiten benötigen.

In Notfällen ist es wichtig, die örtlichen Gesetze zu kennen. Die Polizei ist befugt, Personen bei Bedarf festzunehmen und zu verhören. Kooperation ist erforderlich. Das ständige Mitführen eines Ausweises ist Pflicht. Ordnungswidrigkeiten sind verboten, und Verstöße können mit Geldstrafen geahndet werden.

Schließlich gibt es in Turin mehrere Freiwilligenorganisationen und gemeinnützige Gruppen, die Touristen und Einheimische in Krisenzeiten unterstützen. Organisationen wie das Rote Kreuz (Croce Rossa Italiana) leisten bei Bedarf zusätzliche medizinische Unterstützung und Katastrophenhilfe.

# Erkundung der Top-Viertel

## Historisches Zentrum

Turins historisches Zentrum präsentiert sich als kompaktes Viertel, in dem Jahrhunderte alte Geschichte nahtlos in das pulsierende Alltagsleben übergehen. Ein Spaziergang durch die Straßen fühlt sich an wie ein lebendiges Museum, in dem jede Piazza und jeder Palazzo eine Geschichte erzählt. Das Zentrum des Viertels bildet die Piazza Castello, den Hauptplatz und Mittelpunkt des Geschehens der Stadt, umgeben von bemerkenswerter Architektur, Museen, Cafés und Geschäften.

Die Piazza Castello selbst zieht die Blicke auf sich. In ihrem Herzen erhebt sich der Palazzo Reale, der Königspalast von Turin. Diese prachtvolle Residenz des Hauses Savoyen empfängt täglich von 9:00 bis 19:00 Uhr Besucher. Eintrittskarten kosten etwa 15 €. Im Inneren zeugen opulente Räume, antike Möbel und Kunstsammlungen vom Geschmack und der Macht des ehemaligen italienischen Königshauses. Die Palastgärten, die während der Öffnungszeiten zugänglich sind, bieten einen ruhigen, grünen Rückzugsort inmitten des geschäftigen Treibens der Stadt.

Gegenüber dem Palazzo Reale befindet sich der Palazzo Madama, ein markantes Gebäude, das mittelalterliche Festungsreste mit eleganten barocken Anbauten verbindet. Es beherbergt das Museo Civico d'Arte Antica mit Skulpturen, Gemälden und dekorativer Kunst aus mehreren Jahrhunderten. Der Eintritt ist täglich von 9:00 bis 19:00 Uhr geöffnet und kostet ca. 10 €. Die vielschichtige Architektur des Palastes lädt Besucher ein, Turins Entwicklung von einer mittelalterlichen Festung zur kultivierten Hauptstadt zu würdigen.

Ein kurzer Spaziergang führt zum Turiner Dom (Cattedrale di San Giovanni Battista), der als Ruhestätte des Turiner Grabtuchs bekannt ist. Obwohl das Grabtuch selbst selten ausgestellt ist, lädt das schlichte, aber würdevolle Innere des Doms zu einer spirituellen Pause ein. Der Eintritt ist frei und die Öffnungszeiten sind in der Regel von 7:00 bis 19:00 Uhr. Die Lage des Doms in der Nähe der Piazza Castello macht ihn zu einer idealen Ergänzung für jede Reiseroute.

Das historische Zentrum besticht durch elegante Arkaden, die Fußgängern Schutz bieten und auf Turins Ruf als Stadt der Cafés und des intellektuellen Austauschs hinweisen. Die Via Roma, die sich von der Piazza Castello zur Piazza San Carlo erstreckt, ist ein Paradebeispiel für diesen Stil. Gesäumt von Luxusboutiquen, Cafés und historischen Gebäuden, wimmelt

es hier von Käufern und Einheimischen. Die Piazza San Carlo, oft als Turins „Wohnzimmer“ bezeichnet, lockt mit ihren Zwillingskirchen, Cafés wie dem Caffè Torino und der lebhaften Atmosphäre der Sitzbereiche im Freien viele Besucher an.

Die Mole Antonelliana, von vielen Punkten der Altstadt aus sichtbar, ist ein Wahrzeichen und kulturelles Wahrzeichen. Ursprünglich als Synagoge gedacht, beherbergt das hoch aufragende Gebäude heute das Nationale Filmmuseum, das täglich von 9:00 bis 19:00 Uhr geöffnet ist und für etwa 12 € Eintritt kostet. Besucher können mit einem gläsernen Aufzug nach oben fahren und von dort aus einen atemberaubenden Blick auf die Stadt genießen. Die Ausstellungen des Museums zeichnen die Geschichte des Films und der Kinokunst nach und machen es zu einem Highlight für Kulturliebhaber.

Die Piazza Vittorio Veneto in der Nähe des Po bietet ein anderes Flair. Der weitläufige Platz, gesäumt von Arkaden und Cafés, erwacht abends, besonders zur Aperitivo-Zeit, zum Leben. Hier können Besucher entspannen und dem Fluss zusehen. Sie haben die Möglichkeit, die historische Ponte Vittorio Emanuele I. zu überqueren und zum Parco del Valentino zu gelangen, einem großen Park mit botanischen Gärten und dem mittelalterlichen Borgo Medievale, einem nachgebauten Dorf aus dem 15. Jahrhundert. Der Park ist

kostenlos und täglich geöffnet und bietet eine grüne Oase nur wenige Schritte vom Stadtzentrum entfernt.

Kunstliebhaber kommen in den Galerien des historischen Zentrums voll auf ihre Kosten. Die Galleria Civica d'Arte Moderna e Contemporanea (GAM) in der Via Magenta 31 zeigt Werke italienischer und internationaler Künstler aus dem 19. und 20. Jahrhundert. Sie ist von 10:00 bis 18:00 Uhr geöffnet und montags geschlossen. Der Eintritt beträgt ca. 8 €. In der Nähe finden in kleineren Galerien und Ausstellungsräumen wechselnde Ausstellungen statt, die Turins anhaltendes Engagement für die zeitgenössische Kultur widerspiegeln.

Essen und Trinken sind ein wesentlicher Bestandteil des historischen Stadterlebnisses. Klassische Cafés, manche davon seit Jahrhunderten, bieten kräftigen Espresso, Gebäck und den traditionellen Bicerin – ein mehrschichtiges Getränk aus Espresso, Schokolade und Sahne. Die Restaurants der Gegend servieren piemontesische Spezialitäten wie Agnolotti und Bagna Càuda, oft mit saisonalen Zutaten aus der Region zubereitet. Abends blüht hier die Aperitivo-Kultur, die Besucher dazu einlädt, gemeinsam mit den Einheimischen in lebhaftem Ambiente Wein zu trinken und kleine Snacks zu genießen.

Beim Einkaufen trifft hochwertige Mode auf Kunsthandwerk. In der Via Roma und den angrenzenden Straßen finden Sie bekannte Marken neben unabhängigen Boutiquen mit handgefertigtem Schmuck, Lederwaren und lokalem Kunsthandwerk. Der nahegelegene Mercato di Porta Palazzo, nur einen kurzen Spaziergang vom historischen Zentrum entfernt, ergänzt dies mit seiner geschäftigen Marktatmosphäre und den Ständen mit frischen Lebensmitteln.

Kulturelle Veranstaltungen füllen regelmäßig die Plätze und Veranstaltungsorte des historischen Zentrums. Saisonale Märkte, Musikfestivals und Freiluftausstellungen verwandeln öffentliche Räume und verleihen dem historischen Gefüge eine dynamische Note. Ein Blick in die lokalen Veranstaltungskalender kann Ihnen Gelegenheiten bieten, Konzerte auf der Piazza Castello zu besuchen oder an Feiertagsfeiern teilzunehmen.

Für diejenigen, die an geführten Erkundungen interessiert sind, starten mehrere Wandertouren vom historischen Zentrum aus, die Themen von der königlichen Geschichte und Kunst bis hin zu Turins Rolle bei der italienischen Einigung behandeln. Die Touren beinhalten oft Besuche versteckter Innenhöfe, nicht öffentlich zugänglicher Paläste und charmanter Seitenstraßen abseits der ausgetretenen Pfade.

Die Zugänglichkeit ist im Allgemeinen gut. Die meisten größeren Standorte sind mit Rampen oder Aufzügen ausgestattet. In einigen älteren Gebäuden kann der Zugang jedoch eingeschränkt sein. Daher ist für Personen mit eingeschränkter Mobilität eine frühzeitige Planung ratsam.

Die kompakte Größe des historischen Zentrums eignet sich ideal für Erkundungen zu Fuß. Gepflasterte Straßen und Fußgängerzonen laden zum Flanieren und häufigen Verweilen in Cafés oder Geschäften ein. Öffentliche Verkehrsmittel wie Straßenbahnen und Busse bedienen die Peripherie und verbinden das Zentrum mit anderen Stadtteilen und Sehenswürdigkeiten.

Wenn der Tag zum Abend wird, verwandelt sich das historische Zentrum vom Touristenmagneten zum gesellschaftlichen Mittelpunkt. Bars, Weinkeller und Theater füllen sich mit Einheimischen und Besuchern, die das pulsierende Turiner Nachtleben genießen möchten. Die Mischung aus altem Charme und zeitgenössischer Kultur sorgt dafür, dass das Viertel auch nach Einbruch der Dunkelheit noch lebendig bleibt.

## Modeviereck

Das Quadrilatero della Moda in Turin ist das wichtigste Modeviertel der Stadt. Hier vereinen sich Stil, Eleganz und italienische Handwerkskunst in einem eleganten urbanen Ambiente. Dieses gehobene Einkaufsviertel zwischen Via Roma, Via Lagrange, Via Garibaldi und Via Carlo Alberto zieht sowohl Einheimische als auch Besucher an, die nach exklusiven Boutiquen, Designermarken und einer unverwechselbaren Atmosphäre suchen, die Turins anspruchsvollen Geschmack widerspiegelt.

Die Straßen hier pulsieren vor Energie, aber auf eine gemäßigte Art und Weise – hier fühlt sich Schaufensterbummel wie eine Kunstform an und jedes Schaufenster präsentiert eine sorgfältig kuratierte Auswahl. Im Gegensatz zu den geschäftigen Einkaufszentren größerer Städte bietet Turins Modeviertel ein intimes Erlebnis mit weltberühmten Marken, lokalen Ateliers und Kunsthandwerksläden. Diese Mischung verleiht dem Quadrilatero della Moda einen einzigartigen Charme, der Modefans anspricht, die Luxus und Authentizität gleichermaßen schätzen.

Die Via Roma bildet das Herzstück des Viertels und verbindet die Piazza Castello mit der Piazza San Carlo. Gesäumt von Arkaden bietet sie windgeschützte Wege, die selbst an

geschäftigen Tagen ein Gefühl von Eleganz und Ruhe vermitteln. Die Geschäfte öffnen hier gegen 10:00 Uhr und schließen in der Regel gegen 19:00 Uhr. In der Ferienzeit gelten längere Öffnungszeiten. Hier finden Sie Flagship-Stores italienischer Modehäuser neben internationalen Namen – eine harmonische Mischung aus Tradition und Moderne.

Die Via Lagrange, eine Abzweigung der Via Roma, bietet ein etwas ruhigeres Einkaufserlebnis. Hier finden Sie eine Reihe von Boutiquen, die sich auf Lederwaren, Schuhe und maßgeschneiderte Kleidung spezialisiert haben. Diese Straße zeigt Turins Verbundenheit mit dem Kunsthandwerk, wo Qualität und Handwerkskunst nach wie vor an erster Stelle stehen. Kleine Werkstätten befinden sich neben Designer-Outlets und bieten Besuchern die Möglichkeit, handwerkliche Arbeit hautnah zu erleben oder einzigartige Stücke zu erwerben, die anderswo nicht erhältlich sind.

Die Via Garibaldi, die am nördlichen Rand des Quadrilatero liegt, bildet mit ihrer fußgängerfreundlichen, lebhaften Atmosphäre einen Kontrast. Hier finden sich einige Luxusgeschäfte, aber auch trendige Marken und Concept Stores sprechen ein jüngeres Publikum an. Die Mischung aus historischen Gebäuden und modernen Schaufenstern spiegelt

die dynamische Turiner Modekultur wider, in der neue Ideen mit tief verwurzelten Traditionen koexistieren.

Die Via Carlo Alberto bildet die östliche Grenze des Viertels und bietet eine Mischung aus Mode- und Kulturangeboten. Cafés und Kunstgalerien laden zum Verweilen zwischen den Einkaufstouren ein. Die entspannte Atmosphäre der Straße ergänzt die lebhafte Atmosphäre der umliegenden Geschäfte und lädt zum Verweilen und Genießen ein.

Neben den Einkaufsmöglichkeiten beherbergt das Quadrilatero della Moda mehrere historische Cafés und Restaurants, in denen Gäste bei Espresso, Gebäck oder traditionellen piemontesischen Gerichten neue Kraft tanken können. Das Caffè Mulassano beispielsweise am Rande der Piazza Castello gilt als Geburtsort des Bicerin, Turins legendärem Kaffee-Schokoladen-Getränk. Das elegante Interieur und die klassische Speisekarte machen es zu einer passenden Ergänzung nach einem Tag in den umliegenden Boutiquen.

Kunstliebhaber werden die Nähe des Viertels zu kulturellen Sehenswürdigkeiten besonders schätzen. Das Ägyptische Museum und der Palazzo Madama liegen nur wenige Schritte entfernt und bieten Weltklasse-Ausstellungen und architektonische Meisterwerke. Diese Sehenswürdigkeiten bilden einen perfekten Ausgleich zum konsumorientierten Teil

des Viertels und ermöglichen es, Shopping und Sightseeing zu kombinieren.

Für alle, die individuelle Mode suchen, gibt es mehrere Ateliers im Quadrilatero, die sich auf maßgeschneiderte Kleidung und Maßschneiderei spezialisiert haben. Diese Werkstätten legen Wert auf persönlichen Service, edle Materialien und traditionelle Techniken und sprechen Besucher an, die ein einzigartiges Souvenir oder ein Statement-Stück suchen. Es wird empfohlen, im Voraus Termine zu vereinbaren, da viele Ateliers nur auf private Einladung oder zu eingeschränkten Öffnungszeiten arbeiten.

Auch Juweliergeschäfte säumen Teile des Viertels und präsentieren Kollektionen, die von klassischem italienischen Design bis hin zu zeitgenössischen Kreationen reichen. Diese Geschäfte arbeiten oft mit Edelmetallen und Edelsteinen aus der Region oder dem Ausland und richten sich an Kunden, die Wert auf edle Ästhetik und Handwerkskunst legen.

Saisonale Schlussverkäufe bieten eine hervorragende Gelegenheit, das Quadrilatero della Moda zu erleben, ohne den vollen Preis zu bezahlen. Normalerweise beginnen diese Veranstaltungen im Januar und Juli und führen dazu, dass Geschäfte im gesamten Viertel ihre Preise deutlich reduzieren. Obwohl die Atmosphäre weiterhin gehoben ist, ziehen die Schlussverkäufe viele Menschen an, die auf der Suche nach

Schnäppchen für Luxusartikel sind. Es empfiehlt sich, frühzeitig zu kommen und an Spitzentagen mit Wartezeiten zu rechnen.

Während der Turin Fashion Week wird das Viertel zum Mittelpunkt für Veranstaltungen, Modenschauen und Branchentreffen. Während viele Veranstaltungen nur auf Einladung zugänglich sind, sind öffentliche Shows und Pop-up-Ausstellungen gelegentlich für Besucher geöffnet. Das Festival unterstreicht Turins Rolle als aufstrebende Modestadt und feiert Kreativität und Innovation in historischem Ambiente.

Die Barrierefreiheit ist im Allgemeinen gut. Die meisten Geschäfte verfügen über barrierefreie Eingänge und geräumige Innenräume. Aufgrund des historischen Charakters einiger Gebäude kann es jedoch vorkommen, dass bestimmte Boutiquen nur eingeschränkt rollstuhlgerecht sind. Es lohnt sich daher, sich vorab über spezielle Bedürfnisse zu informieren.

Das Quadrilatero della Moda ist gut mit öffentlichen Verkehrsmitteln erreichbar. Die nahegelegenen Bahnhöfe Porta Nuova und Porta Susa bieten Regional- und Hochgeschwindigkeitsverbindungen. Straßenbahnen und Busse halten regelmäßig entlang der Via Roma und den angrenzenden Straßen, sodass das Viertel von anderen Teilen

Turins aus leicht zu erreichen ist. Zu den Parkmöglichkeiten in der Nähe gehören Tiefgaragen wie der Parcheggio Piazza Castello mit durchschnittlichen Stundentarifen von 2 bis 3 €.

## Saint Charles

Die Piazza San Carlo wird oft als „Salon Turins“ bezeichnet – ein großer, eleganter Platz, der als gesellschaftlicher und kultureller Mittelpunkt im historischen Zentrum der Stadt dient. Sein langer, rechteckiger Grundriss wird von gleichförmigen Barockgebäuden mit filigranen Bögen und schmiedeeisernen Balkonen eingerahmt. Der Platz ist Tag und Nacht voller Leben und verbindet Alltagsstress mit historischen Momenten und spektakulären Spektakeln.

Im Herzen von San Carlo stehen die beiden Zwillingskirchen Santa Cristina und San Carlo Borromeo, die sich auf beiden Seiten des Platzes spiegeln. Beide stammen aus dem 17. Jahrhundert und ihre Fassaden sind von klassischen Säulen und dekorativen Statuen geprägt. Besucher sind herzlich eingeladen, die Fresken, Altarbilder und die ruhige, andächtige Atmosphäre zu bewundern. Santa Cristina ist fast täglich von 9:00 bis 18:00 Uhr geöffnet. Der Eintritt ist frei, Spenden sind jedoch willkommen. San Carlo Borromeo hat ähnliche Öffnungszeiten und bietet gelegentlich Konzerte und

Veranstaltungen an, die den kulturellen Reiz des Platzes noch verstärken.

Die Mitte des Platzes wird von der Reiterstatue von Emmanuel Philibert, Herzog von Savoyen, dominiert. Die 1838 von Carlo Marochetti geschaffene Bronzestatue zeigt den Herzog zu Pferd, sein Schwert nach Frankreich gerichtet – ein Symbol savoyischer Macht und Triumph. Die Statue prägt den Platz optisch und historisch und erinnert Besucher an Turins Rolle als ehemaliger Sitz königlicher Macht.

Rund um die Piazza befinden sich einige der bekanntesten Cafés Turins, die über Jahrhunderte hinweg als Treffpunkte für Künstler, Intellektuelle und Politiker dienten. Das 1822 gegründete Caffè San Carlo bewahrt seinen traditionellen Charme mit Marmorböden, vergoldeten Spiegeln und Kristallleuchtern. Es ist von frühmorgens bis Mitternacht geöffnet und bietet klassischen italienischen Kaffee, Gebäck und leichte Mahlzeiten. Gäste verweilen oft bei einem Bicerin, Turins berühmtem Kaffee-Schokoladen-Creme-Gemisch. Ein weiteres historisches Lokal ist das Caffè Torino am nördlichen Rand des Platzes, das ebenso für sein Ambiente und seine Getränke berühmt ist.

Die Piazza dient das ganze Jahr über als Veranstaltungsort für zahlreiche öffentliche Veranstaltungen. Von

Open-Air-Konzerten und Kulturfestivals bis hin zu saisonalen Märkten und Festen – San Carlo bietet Aktivitäten, die Einheimische und Besucher gleichermaßen zum Zusammenkommen einladen. In der Weihnachtszeit füllt sich der Platz mit festlichen Lichtern, Holzständen und saisonalen Leckereien und schafft so eine warme Atmosphäre, die einen Kontrast zur winterlichen Kälte der Stadt bildet.

Für Shoppingbegeisterte ist die Lage von San Carlo ideal. Die Piazza grenzt an die Via Roma und die Via Po, zwei der wichtigsten Einkaufsstraßen Turins. Die Via Roma ist bekannt für ihre eleganten Boutiquen und Luxusmarken, während sich die Via Po in Richtung Fluss erstreckt und von Arkaden, Buchhandlungen und gemütlichen Cafés gesäumt ist. Diese Straßen bieten alles von Haute Couture bis hin zu Waren des täglichen Bedarfs, was die Gegend um San Carlo zu einem idealen Ausgangspunkt für Shopping-Touren macht.

Kunst und Kultur prägen die Umgebung des Platzes. Der nahe gelegene Palazzo Madama, nur einen kurzen Spaziergang entfernt, beherbergt das Museo Civico d'Arte Antica und zeugt von Turins vielschichtiger Geschichte. Auch der Königspalast und der Turiner Dom sind leicht zu erreichen und laden Besucher ein, Sightseeing mit Entspannung auf der Piazza zu verbinden.

Der weitläufige Platz der Piazza San Carlo eignet sich perfekt zum Beobachten von Menschen oder für eine Pause zwischen Museumsbesuchen. Bänke und Terrassen laden zum Ausruhen ein, während die saisonalen Sitzgelegenheiten im Freien der umliegenden Cafés zum Verweilen bei einem Aperitif oder Eis einladen. Das Design des Platzes lädt zum Flanieren, Treffen und Genießen des Stadtrhythmus ein – auf eine Weise, die zeitlos und lebendig zugleich wirkt.

Der Platz ist mit öffentlichen Verkehrsmitteln gut erreichbar. Straßenbahnlinien und Busse halten in der Nähe, und die fußgängerfreundliche Zone sorgt für ein angenehmes Erlebnis für Besucher zu Fuß. Parkhäuser wie das Parcheggio Piazza San Carlo bieten Möglichkeiten für diejenigen, die mit dem Auto anreisen. In Spitzenzeiten kann die Anzahl der Parkplätze jedoch begrenzt sein.

Das Nachtleben rund um die Piazza San Carlo macht sie noch attraktiver. Bars und Cocktailbars haben bis spät geöffnet und ziehen ein vielfältiges Publikum an – von Einheimischen bis zu Touristen. Die Balance zwischen entspanntem Charme tagsüber und energiegeladenen Abenden macht die Piazza zu einem Mittelpunkt des Turiner Gesellschaftslebens.

Zu den nahegelegenen Kultureinrichtungen gehören das Teatro Carignano und das Nationale Filmmuseum in der Mole Antonelliana, beide nur einen kurzen Spaziergang von San

Carlo entfernt. Ihr Programm ergänzt oft die auf dem Platz stattfindenden Veranstaltungen und schafft so einen lebendigen Kulturkorridor.

Die barrierefreien Einrichtungen rund um die Piazza San Carlo kommen Besuchern mit eingeschränkter Mobilität entgegen. Glatte Gehwege und Einrichtungen in der Nähe erleichtern die Fortbewegung. Informationspunkte am Platz bieten Karten und Tipps und sorgen für eine einladende Atmosphäre für alle Gäste.

Ob Sie eine Kaffeepause einlegen, ein Festival besuchen oder einfach nur die architektonische Schönheit genießen – die Piazza San Carlo fängt die Essenz von Turins Mischung aus Geschichte, Kultur und Alltag ein. Hier treffen Vergangenheit und Gegenwart aufeinander und laden Besucher ein, die Stadt von ihrer elegantesten und faszinierendsten Seite zu erleben.

## Mole Antonelliana

Die Mole Antonelliana ist Turins unverwechselbares Wahrzeichen und dominiert mit ihrem 167 Meter hohen Turm die Skyline. Ursprünglich im 19. Jahrhundert als Synagoge konzipiert, wurde das Gebäude aufgrund seiner dramatischen Silhouette und seines ehrgeizigen Ausmaßes schnell zu einem Wahrzeichen der Stadt. Heute beherbergt die Mole das Nationale Filmmuseum und bietet Besuchern eine

faszinierende Mischung aus architektonischer Pracht, kulturellen Entdeckungen und Panoramablicken.

Die Mole Antonelliana in der Via Montebello 20 ist täglich von 9:00 bis 19:00 Uhr geöffnet. Die letzte Aufzugfahrt ist gegen 18:30 Uhr geplant. Der Eintritt kostet ca. 12 € für Erwachsene. Studenten, Senioren und Kinder erhalten Ermäßigungen. Es empfiehlt sich, Tickets vorab online zu buchen, insbesondere in der Hochsaison oder an Wochenenden, da das Museum dann sehr gut besucht ist.

Der Entwurf des Gebäudes spiegelt die Vision des Architekten Alessandro Antonelli wider, dessen Namen es trägt. Der Bau begann 1863, dauerte jedoch aufgrund der technischen Komplexität und der wechselnden Nutzung Jahrzehnte. Die hoch aufragende Kuppel und der schlanke Turm der Mole sind ein markantes Beispiel der Ingenieurskunst des 19. Jahrhunderts und machen sie zu einem der höchsten Mauerwerksbauten Europas. Die Fassade, eine Mischung aus neoklassizistischem und eklektischem Stil, besticht durch kunstvolles Mauerwerk und Statuen, die ihre imposante Präsenz unterstreichen.

Das Nationale Kinomuseum erstreckt sich über mehrere Etagen und verwandelt die Mole in ein kulturelles Zentrum, das die Geschichte und Kunst des Films zelebriert. Die Ausstellungsstücke reichen von frühen optischen Geräten und

Vintage-Kameras bis hin zu Kostümen und Filmplakaten. Interaktive Installationen laden Besucher ein, die Magie des Kinos zu erleben, während thematische Bereiche alles von Animation und Spezialeffekten bis hin zu einflussreichen Regisseuren und Filmgenres abdecken. Diese Sammlung bietet eines der umfassendsten Kinoerlebnisse Europas und spricht sowohl Gelegenheitsbesucher als auch Filmliebhaber an.

Ein Höhepunkt des Besuchs ist die Panoramafahrt mit dem Aufzug zur oberen Aussichtsplattform der Mole. Der verglaste Aufzug fährt entlang der Innenkurve des Gebäudes und bietet einen einzigartigen Blick auf die nach oben steigende Mole. Oben angekommen, werden Besucher mit einem atemberaubenden Blick über Turin, den Po und die umliegenden Alpen belohnt. An klaren Tagen glitzern die fernen Gipfel vor der Skyline und bilden einen markanten Kontrast zu den eleganten Dächern und historischen Vierteln der Stadt. Der Aussichtspunkt verfügt über Informationstafeln mit Informationen zu den wichtigsten Sehenswürdigkeiten, die von oben sichtbar sind, und macht ihn sowohl malerisch als auch lehrreich.

Für Fotografen und Touristen ist die Terrasse der Mole ein idealer Ort, um beeindruckende Stadtansichten einzufangen, insbesondere bei Sonnenuntergang, wenn das Licht weicher

wird und die Lichter der Stadt zu funkeln beginnen. Der Zugang zur Terrasse ist im Museumseintritt inbegriffen und bietet Platz für viele Besucher, ohne dass es beengt wirkt.

Im Erdgeschoss und in der Lobby des Museums befinden sich ein Buchladen und ein Café. Hier können Besucher in Kinopublikationen stöbern oder eine Kaffeepause inmitten der unverwechselbaren Architektur des Gebäudes genießen. Der Laden bietet eine Auswahl an Film-Erinnerungsstücken, Reiseführern und lokalen Kunsthandwerksprodukten und bietet Besuchern so wertvolle Souvenirs.

Die Mole Antonelliana ist auf Barrierefreiheit bedacht. Aufzüge und Rampen machen die meisten Bereiche für Menschen mit eingeschränkter Mobilität zugänglich, obwohl einige Bereiche des historischen Gebäudes noch ursprüngliche bauliche Merkmale aufweisen. Mitarbeiter stehen Besuchern bei besonderen Bedürfnissen oder Fragen zur Seite und sorgen so für ein integratives Erlebnis.

In der Mole finden regelmäßig Bildungsprogramme und Sonderveranstaltungen statt. Filmvorführungen, Workshops und Wechselausstellungen ergänzen die Dauerausstellung und sorgen dafür, dass das Museumsangebot das ganze Jahr über abwechslungsreich und spannend bleibt. Aktuelle Informationen zu den Öffnungszeiten und Tickets finden Sie

auf der offiziellen Website oder bei den Besucherinformationsstellen in Turin.

Die Mole Antonelliana liegt nur einen kurzen Spaziergang von der Piazza Castello und anderen historischen Sehenswürdigkeiten entfernt und befindet sich somit in günstiger Lage im Zentrum von Turin. Dank der nahegelegenen Haltestellen des öffentlichen Nahverkehrs, darunter Straßenbahnen und Busse, ist die Anfahrt bequem möglich. Für Autofahrer stehen Parkmöglichkeiten in den umliegenden Tiefgaragen zur Verfügung. In Stoßzeiten können die Parkplätze jedoch schnell belegt sein.

Die Präsenz der Mole geht über ihre physische Struktur hinaus. Sie erscheint auf Turins Flaggen und Logos, symbolisiert den Innovationsgeist der Stadt und dient als Treffpunkt für die Einheimischen. Ihre nächtliche Silhouette, beleuchtet vom Himmel, bietet einen romantischen und unvergesslichen Anblick für alle, die durch die Altstadt schlendern.

Zusammen mit nahegelegenen Sehenswürdigkeiten wie dem Ägyptischen Museum, dem Palazzo Madama und dem Königspalast rundet ein Besuch der Mole Antonelliana einen kulturellen Rundgang ab, der Kunst, Geschichte und Technologie vereint. Das Gebäude selbst mit seinem imposanten Anspruch und seinem filmischen Herz ist ein

absolutes Muss für alle, die Turins einzigartige Mischung aus Tradition und Moderne erleben möchten.

## Valentino Park

Der Parco del Valentino bietet eine grüne Oase direkt am Ufer des Po und ist Turins beliebtester öffentlicher Park. Auf über 500.000 Quadratmetern vereint er Naturschönheit, kulturelles Erbe und Erholungsraum und bietet eine willkommene Abwechslung vom städtischen Trubel. Der Park erstreckt sich zwischen dem Corso Massimo d'Azeglio und dem Fluss und ist vom Stadtzentrum aus bequem zu Fuß oder mit der Straßenbahn erreichbar.

Der Eintritt in den Parco del Valentino ist frei und ganzjährig vom frühen Morgen bis zum späten Abend geöffnet. Die genauen Schließzeiten ändern sich jedoch je nach Jahreszeit. Die breiten Wege, schattigen Gassen und offenen Rasenflächen des Parks laden zum Spazierengehen, Radfahren oder einfach zum Entspannen ein, während Sie das Leben entlang des Flusses beobachten.

Ein herausragendes Merkmal des Parks ist das Borgo Medievale, ein sorgfältig rekonstruiertes mittelalterliches Dorf, das die piemontesische Architektur des 15. Jahrhunderts nachbildet. Das Dorf wurde für die italienische Generalausstellung 1884 erbaut und umfasst ein Schloss,

Handwerksbetriebe und eine kleine Kapelle. Besucher können durch enge Kopfsteinpflasterstraßen schlendern und einen Blick in Kunsthandwerksläden werfen, in denen traditionelles Handwerk wie Töpfern und Weben vorgeführt wird. Das Borgo ist täglich geöffnet, der Eintritt ist frei und beherbergt häufig kulturelle Veranstaltungen, mittelalterliche Messen und lehrreiche Workshops, die Geschichte lebendig werden lassen.

Der Botanische Garten nimmt einen großen Teil des Parco del Valentino ein und bietet eine vielfältige Pflanzensammlung aus aller Welt. Der Giardino Botanico Reale di Torino wird von der Universität Turin verwaltet und zeigt Bäume, Sträucher und Blumen, sortiert nach geografischer Herkunft. Gewächshäuser beherbergen empfindliche tropische Arten, während die Außenbereiche saisonale Blüten und Themengärten präsentieren. Der Botanische Garten ist täglich von 9:00 bis 18:00 Uhr geöffnet. Der Eintritt kostet etwa 5 €. Es werden Führungen angeboten, die Einblicke in die Pflanzenbiologie, den Naturschutz und die Geschichte des Gartens bieten.

Die Gestaltung des Parks lädt sowohl zur aktiven Nutzung als auch zur Entspannung ein. Radfahrer und Jogger nutzen die Wege parallel zum Po, während Picknickplätze Familien und Freunde dazu einladen, unter alten Bäumen Decken auszubreiten. Saisonale Imbissstände und Cafés in der Nähe

der Parkeingänge bieten Erfrischungen von Espresso und Eis bis hin zu leichten Snacks. Überall im Park verteilt laden Bänke zum Lesen und Leute beobachten ein.

Der Parco del Valentino beherbergt außerdem mehrere Denkmäler und Skulpturen, die seine kulturelle Bedeutung unterstreichen. Der Neptunbrunnen steht in der Nähe des Borgo Medievale, ein barocker Brunnen mit mythologischen Figuren, der die Landschaft um ein dramatisches Wasserspiel bereichert. Verstreute Statuen erinnern an bedeutende piemontesische Persönlichkeiten, und sorgfältig gepflegte Blumenbeete säumen die Wege mit Farbe.

Veranstaltungen und Festivals beleben den Park das ganze Jahr über. Freiluftkonzerte, Theateraufführungen und Kunstinstallationen verwandeln Grünflächen in lebendige Kulturstätten. Die Freiluftlage macht den Park in den Sommermonaten zu einem beliebten Ausflugsziel für Einheimische und Touristen, insbesondere im Juni und Juli, wenn warme Abende den Tag verlängern.

Für Familien bietet der Parco del Valentino Spielplätze und offene Felder, auf denen Kinder frei herumlaufen können. Die sichere und einladende Umgebung des Parks macht ihn zu einem beliebten Wochenendziel für die Bewohner. Saisonale Aktivitäten wie Drachensteigen und Yoga-Kurse im Freien ziehen ebenfalls ein vielfältiges Publikum an.

Der Park ist unkompliziert zu erreichen. Die nächstgelegenen Straßenbahnhaltestellen sind Lungo Po Diaz und Lungo Po Antonelli, die eine gute Anbindung an das öffentliche Verkehrsnetz von Turin bieten. Fußgänger erreichen den Park vom Stadtzentrum aus in etwa 15 Minuten über Uferwege oder durch benachbarte Viertel. Parkmöglichkeiten gibt es in den umliegenden Straßen und im Parkhaus Parcheggio Lungo Po Antonelli. Die Parkgebühr beträgt durchschnittlich 2 € pro Stunde.

Die Lage des Parco del Valentino am Flussufer bietet malerische Ausblicke, insbesondere im Frühling, wenn die Kirschblüten blühen, oder im Herbst, wenn das Laub die Landschaft in Rot- und Goldtöne färbt. Vogelbeobachter können am Ufer eine Vielzahl von Arten beobachten, was das Erlebnis im Stadtpark noch spannender macht.

Nahegelegene Attraktionen runden einen Besuch des Parks ab. Das Museo Nazionale del Cinema in der Mole Antonelliana auf der anderen Seite des Flusses bietet ein kontrastreiches Kulturerlebnis. Historische Stätten wie das Castello del Valentino, ein UNESCO-Weltkulturerbe im Park, bieten architektonisches Interesse. Dieses Schloss aus dem 17. Jahrhundert mit seinen formalen Gärten beherbergt die Architekturfakultät der Polytechnischen Universität Turin und bietet zeitgenössisches Design und Ausstellungen.

Die Kombination aus Naturräumen, historischen Rekonstruktionen und Freizeiteinrichtungen macht den Parco del Valentino zu einem vielseitigen Reiseziel. Ob ruhige Momente am Fluss, kulturelle Erkundungen im mittelalterlichen Dorf oder aktive Freizeitaktivitäten auf Radwegen – hier finden Besucher zahlreiche Möglichkeiten. Der Park spiegelt Turins Mischung aus Tradition und Moderne wider und bietet ein grünes Herz, in dem Geschichte und Freizeit nahtlos miteinander verschmelzen.

Der Wechsel der Jahreszeiten bringt neue Erlebnisse mit sich. Im Winter verlieren die Bäume des Parks ihre Blätter und geben den Blick auf die Skyline der Stadt und die fernen Alpen frei. Die frühen Morgenstunden können neblig sein und eine ruhige, besinnliche Stimmung verbreiten, während an Sommertagen Familien picknicken und Paare Hand in Hand spazieren gehen. Abends laden beleuchtete Wege und das sanfte Rauschen des Wassers zum Nachdenken unter dem Sternenhimmel ein.

Für alle, die einen längeren Aufenthalt planen, bieten mehrere Cafés im und in der Nähe des Parks leichte Mahlzeiten an, darunter traditionelle piemontesische Gerichte und moderne Snacks. Saisonale Menüs legen den Schwerpunkt auf regionale Zutaten, und die Außenterrassen bieten in den wärmeren Monaten ein angenehmes Ambiente.

## Mittelalterliches Dorf

Borgo Medioevale, eingebettet im Parco del Valentino am Ufer des Po, bietet eine lebendige Zeitreise ins 15. Jahrhundert und verdeutlicht Turins Engagement für die Bewahrung und Würdigung seiner regionalen Geschichte. Dieses rekonstruierte mittelalterliche Dorf ist keine Ruine, sondern eine sorgfältig gefertigte Nachbildung, die für die italienische Generalausstellung 1884 errichtet wurde. Mit bemerkenswerter Liebe zum Detail fängt es die Essenz eines piemontesischen Dorfes ein und verbindet Architektur, Handwerkskunst und Alltag auf eine Weise, die Besucher jeden Alters verzaubert.

Besucher betreten Borgo Medioevale durch imposante Steintore, die zu engen, gepflasterten Straßen führen, die von Fachwerkhäusern, Zinnentürmen und befestigten Mauern gesäumt sind. Der Grundriss des Dorfes spiegelt die typische Organisation einer mittelalterlichen Siedlung wider, mit verwinkelten Gassen, die zu einem zentralen Platz führen. Dieser offene Platz dient oft als Veranstaltungsort für lokale Feste und kulturelle Veranstaltungen und verleiht dem Dorf eine lebendige, bewohnte Atmosphäre.

Im Herzen von Borgo Medioevale steht das Schloss, eine Festung mit Wehrmauern, Zinnen und Wachtürmen, die an die Militärarchitektur des Spätmittelalters erinnern. Das Schloss

ist für die Öffentlichkeit zugänglich, sodass Besucher die Wälle und Innenhöfe erkunden können. Von oben bietet sich ein atemberaubender Blick auf den umliegenden Park und den Po, der einen eindrucksvollen Kontrast zur mittelalterlichen Atmosphäre des Dorfes bildet. Der Eintritt ins Borgo ist frei und macht es zu einem kulturellen Juwel für Turin-Besucher. Das Dorf ist in der Regel täglich von 9:00 bis 19:00 Uhr geöffnet, mit leichten Abweichungen je nach Saison.

Einer der faszinierendsten Aspekte des Borgo sind die über das ganze Dorf verteilten Handwerksbetriebe. Erfahrene Handwerker demonstrieren traditionelle Handwerksberufe wie Schmiedekunst, Töpferei, Weberei und Tischlerei. Diese Live-Vorführungen bieten Einblicke in die Technologien und Fertigkeiten mittelalterlicher Gemeinschaften. Besucher können Handwerkern bei der Arbeit zusehen, Fragen stellen und sogar handgefertigte Souvenirs kaufen – ein lehrreiches und interaktives Erlebnis.

Die schlichte, aber kunstvoll dekorierte Dorfkapelle bietet einen ruhigen Ort der Besinnung und offenbart die religiöse Hingabe, die im Mittelalter eine zentrale Rolle spielte. Im Inneren finden sich Fresken und antike Möbel, die die historische Atmosphäre noch verstärken.

Borgo Medioevale bietet das ganze Jahr über Themenveranstaltungen, die die mittelalterliche Kultur

lebendig werden lassen. Zu den Festen gehören oft kostümierte Künstler, mittelalterliche Musik, historische Nachstellungen und traditionelle Essensstände. Diese Veranstaltungen ziehen Einheimische und Touristen gleichermaßen an und bieten eine lebendige Ergänzung zum alltäglichen Charme des Dorfes. Ein Blick in den offiziellen Turiner Kulturkalender vor Ihrem Besuch hilft Ihnen, diese besonderen Erlebnisse in Ihre Reise einzuplanen.

Die Lage von Borgo Medioevale im Parco del Valentino trägt zu seiner Attraktivität bei. Nach der Erkundung des Dorfes können Besucher die baumgesäumten Wege, botanischen Gärten und Uferpromenaden des Parks weiter erkunden. Der nahe gelegene Neptunbrunnen, ein beeindruckendes barockes Wasserspiel, ergänzt das mittelalterliche Ambiente mit seiner künstlerischen Pracht.

Die Erreichbarkeit ist im Allgemeinen gut. Gepflasterte Wege führen zum und durch das Dorf, einige unebene Pflastersteine spiegeln jedoch die historische Bauweise wider. Das Gelände bietet Besucherinformationspunkte, Rastplätze und Einrichtungen für einen angenehmen Aufenthalt.

Wer Geschichte und Küche verbinden möchte, findet in mehreren Cafés und Restaurants in der Nähe des Parkeingangs traditionelle piemontesische Gerichte sowie moderne Optionen. Lokale Spezialitäten wie Bagna Càuda

oder Agnolotti nach einem Vormittag im Borgo Medioevale bereichern das kulturelle Erlebnis.

Die Nähe des Dorfes zum Zentrum von Turin – nur eine kurze Straßenbahnfahrt oder ein 15-minütiger Spaziergang – macht es zu einer einfachen Ergänzung jeder Reiseroute, die sich auf das Erbe der Stadt konzentriert. Haltestellen der öffentlichen Verkehrsmittel am Lungo Po Diaz oder Lungo Po Antonelli bieten bequemen Zugang. Für Autofahrer bieten Parkmöglichkeiten in der Nähe des Parks praktische Optionen, die Verfügbarkeit kann jedoch an geschäftigen Wochenenden oder Festivals variieren.

Borgo Medioevale ist nicht nur eine statische Ausstellung; es ist ein dynamischer Ort, der Besucher mit den mittelalterlichen Wurzeln Turins verbindet und gleichzeitig eine ansprechende, familienfreundliche Umgebung bietet. Die Kombination aus Architektur, Handwerkskunst und Veranstaltungen sorgt dafür, dass jeder Besuch neue Entdeckungen bietet. Ob beim Schlendern durch die engen Gassen, beim Beobachten von Handwerkern oder beim Erklimmen der Burgmauern – Besucher verlassen den Ort mit einem tieferen Verständnis der Vergangenheit des Piemont und seines bleibenden kulturellen Erbes.

## Andere Stadtteile

Turins Charme reicht weit über das historische Zentrum hinaus. Die verschiedenen Stadtviertel bieten jeweils eine einzigartige Atmosphäre und Sehenswürdigkeiten, die unterschiedliche Facetten der Stadt offenbaren. Die Erkundung dieser Viertel vermittelt ein tieferes Verständnis für Turins kulturelle Vielfalt, kulinarischen Reichtum und das moderne Leben und ist daher für jeden Besucher, der mehr als nur die üblichen Sehenswürdigkeiten sucht, eine Reise wert.

San Salvario ist eines der lebendigsten Viertel Turins und bekannt für sein multikulturelles Flair und sein dynamisches Nachtleben. Einst ein Arbeiterviertel, hat sich San Salvario zu einem Treffpunkt für junge Einheimische und internationale Besucher entwickelt. In den Straßen wimmelt es von Cafés, Bars und Restaurants mit Aromen aus aller Welt sowie traditionellen piemontesischen Lokalen. Via Madama Cristina und Via Nizza bilden die Hauptverkehrsadern, gesäumt von farbenfroher Straßenkunst und lebhaften Märkten. Die Parks des Viertels, wie der nahegelegene Parco della Pellerina, bieten tagsüber Grünflächen zum Entspannen. San Salvario ist außerdem Austragungsort kultureller Veranstaltungen wie Musikfestivals und Freiluftmärkte, insbesondere in den wärmeren Monaten, was zu seiner jugendlichen und vielseitigen Energie beiträgt.

Nördlich des Stadtzentrums liegt Borgo Po, ein Viertel, das ruhige Wohngegenden mit malerischer Schönheit verbindet. Am Fluss Po gelegen, ist es bei all jenen beliebt, die die Nähe zur Natur schätzen, ohne auf städtische Annehmlichkeiten verzichten zu müssen. Borgo Po besticht durch elegante Villen und baumgesäumte Alleen, die Turins aristokratische Vergangenheit widerspiegeln. Der Parco del Valentino, eine der größten Grünflächen der Stadt, die für ihren botanischen Garten und ihr mittelalterliches Dorf bekannt ist, ist bequem zu erreichen. Besucher finden in dieser Gegend charmante Cafés und Kunsthandwerksläden sowie ruhige Plätze mit Blick auf den Fluss. Borgo Po zieht Familien und Berufstätige an, die ein ruhigeres Leben in fußläufiger Entfernung zum Zentrum von Turin suchen.

Crocetta ist ein weiteres elegantes Viertel, geprägt von der Architektur des frühen 20. Jahrhunderts und gehobenen Wohnhäusern. Seine breiten Boulevards und grünen Straßen verleihen ihm eine kultivierte, ruhige Atmosphäre. Crocetta ist zudem ein Zentrum für zeitgenössische Kunst und Design und beherbergt Galerien und Kreativstudios, die lokale Talente präsentieren. Die Gastronomieszene des Viertels bietet eine Mischung aus traditionellen Trattorien und modernen Bistros und bietet einen Einblick in die kulinarische Entwicklung des Piemonts. Crocettas günstige Lage in der Nähe der Polytechnischen Universität macht es bei Studenten und

Akademikern beliebt und trägt zu seiner intellektuellen Lebendigkeit bei.

Aurora ist ein Viertel im Wandel. Einst ein Industrie- und Arbeiterviertel, verbindet es heute authentisches lokales Leben mit wachsenden kulturellen Initiativen. Hier befindet sich der geschäftige Porta Palazzo Markt, Europas größter Freiluftmarkt, auf dem Stände mit frischem Obst und Gemüse, Käse, Fleisch und Kunsthandwerk überquellen. Der Markt findet täglich vom frühen Morgen bis zum späten Nachmittag statt und ist ein wahrer Genuss für Besucher, die einen authentischen Eindruck vom Turiner Alltagsgeschäft gewinnen möchten. Neben dem Shopping sind in Aurora neue kreative Räume und Gemeinschaftsprojekte entstanden, die die raue Vergangenheit mit einer hoffnungsvollen Zukunft verbinden.

Vanchiglia, östlich des Stadtzentrums, erfreut sich zunehmender Beliebtheit als kreative Enklave. Hier mischen sich historische Gebäude mit renovierten Lagerhallen, die zu Ateliers, Cafés und Veranstaltungsorten umgebaut wurden. Das Viertel zieht Künstler, Musiker und junge Unternehmer an und schafft eine lebendige Kulturszene, die einen Kontrast zu den traditionelleren Vierteln Turins bildet. Vanchiglia beherbergt unabhängige Buchhandlungen, Vintage-Läden und experimentelle Galerien und bietet Besuchern die

Möglichkeit, Turins innovatives Leben zu entdecken. Regelmäßig finden in der Gegend Veranstaltungen statt, darunter Open-Air-Konzerte und Kunstmessen, insbesondere im Frühling und Sommer.

Valentino ist ein weiteres sehenswertes Viertel, vor allem wegen seiner Anbindung an den Parco del Valentino und des Castello del Valentino. Das Schloss, ein UNESCO-Weltkulturerbe, zeugt vom barocken Erbe Turins. Es dient heute als Teil der Polytechnischen Universität, Besucher können jedoch seine Gärten und die Umgebung erkunden. Das Viertel selbst verbindet Wohncharme mit der Nähe zur Natur und bietet ruhige Straßen und Zugang zu Spazierwegen am Flussufer.

Wer sich für Turins Industriegeschichte und deren fortwährende Neuerfindung interessiert, sollte Borgo San Paolo in Betracht ziehen. Einst dominiert von Fabriken und Lagerhallen, hat sich das Viertel allmählich zu gemischt genutzten Gebäuden entwickelt. Neue Cafés und Kulturräume haben dem Viertel, das seinen Arbeitergeist bewahrt hat, neues Leben eingehaucht. Hier blüht auch Straßenkunst und liefert farbenfrohe Kommentare zum sozialen Leben der Stadt.

Jedes dieser Viertel profitiert vom effizienten öffentlichen Nahverkehrsnetz Turins, das Straßenbahnen, Busse und

U-Bahnen umfasst und sie mit dem historischen Zentrum und darüber hinaus verbindet. San Salvario ist beispielsweise bequem mit den Straßenbahnlinien 4 und 7 zu erreichen, während Borgo Po mit dem Bus und einem angenehmen Spaziergang entlang des Po erreichbar ist. Besucher können diese Viertel bequem mit öffentlichen Verkehrsmitteln erkunden, die für eine Einzelfahrt 1,70 € kosten. Für längere Aufenthalte eignen sich auch Tages- und Wochenkarten.

Das gastronomische Angebot in diesen Vierteln reicht von traditionellen piemontesischen Trattorien über moderne Fusion-Restaurants bis hin zu zwanglosem Streetfood. Beim Stöbern auf den lokalen Speisekarten entdecken Sie Spezialitäten wie Tajarin-Pasta, Vitello Tonnato und Bagna Càuda sowie internationale Einflüsse, die Turins wachsende Vielfalt widerspiegeln. Märkte und Fachgeschäfte bieten die Möglichkeit, regionale Weine, Käsesorten und Schokolade zu probieren und so die kulinarische Reise zu bereichern.

Das Einkaufsangebot in diesen Vierteln reicht von exklusiven Boutiquen in Crocetta bis zu den lebhaften Ständen des Porta Palazzo-Marktes in Aurora. Kunsthandwerker, Vintage-Händler und unabhängige Designer bevölkern Viertel wie Vanchiglia und bieten all jenen ein Angebot, die nach einzigartigen Fundstücken und handgefertigten Waren suchen. Wochenendmärkte und spontane Events bereichern das

Einkaufserlebnis zusätzlich und zeigen Turins Mischung aus Tradition und Innovation.

Kulturelle Einrichtungen und Gemeindezentren bieten oft Workshops, Ausstellungen und Aufführungen an und laden Besucher ein, lokale Künstler und Traditionen kennenzulernen. Bibliotheken und kleine Theater in der Nachbarschaft bereichern das intellektuelle Leben, während Festivals und Straßenfeste die Gemeinden zu gemeinsamen Feierlichkeiten zusammenbringen.

Wer Turins historisches Zentrum jenseits seiner Grenzen erkundet, entdeckt eine Stadt voller Kontraste und Verbindungen – wo Alt und Neu nebeneinander existieren, wo Grünflächen auf urbane Energie treffen und wo vielfältige Bevölkerungsgruppen zu einem reichen sozialen Gefüge beitragen. Ob vom Nachtleben, der Kunst, der Natur oder der Geschichte angezogen – Besucher, die sich in diese Viertel wagen, entdecken ein umfassenderes Bild von Turin, das seine berühmten Sehenswürdigkeiten mit der Authentizität des Alltagslebens verbindet.

Die Planung eines Besuchs mehrerer Stadtteile ist angesichts der Größe Turins und der Verkehrsanbindung unkompliziert. Wandertouren, Fahrradverleih und öffentliche Verkehrsmittel bieten flexible Möglichkeiten, während geführte Spaziergänge

durch die Nachbarschaft tiefere Einblicke in den Charakter und die Geschichten jedes Viertels bieten.

# Kultur und Erbe

## Barockarchitektur

Turins Barockarchitektur zeugt von der historischen Bedeutung der Stadt als Hauptstadt des Hauses Savoyen und einer europäischen Großmacht im 17. und 18. Jahrhundert. Der Barockstil zeichnet sich durch Grandiosität, dynamische Formen und üppige Dekoration aus – eine Bildsprache, die beeindrucken, inspirieren und Autorität ausdrücken sollte. Ein Spaziergang durch Turins Straßen offenbart dieses vielschichtige Erbe in Palästen, Kirchen und öffentlichen Plätzen und bietet die Möglichkeit, eines der schönsten Barockdenkmäler Italiens außerhalb Roms zu erleben.

Die Piazza Castello ist ein idealer Ausgangspunkt, um Turins barocke Schätze zu erkunden. Hier zieht der Palazzo Reale (Königspalast) mit seinen kunstvollen Fassaden und den angelegten Gärten die Blicke auf sich. Der Palastkomplex, täglich von 9:00 bis 19:00 Uhr geöffnet (Eintritt ca. 15 €), präsentiert elegante Fresken, Stuckarbeiten und vergoldete Innenräume, die barocke Opulenz verkörpern. Beim Gang durch die großen Säle stoßen Besucher auf beeindruckende Räume mit kunstvollen Deckengemälden und reich verzierten Möbeln. Die Kapelle des Heiligen Grabtuchs, die zur Aufbewahrung der berühmten Reliquie erbaut wurde, ist ein

Höhepunkt religiöser Barockarchitektur und verbindet spirituelle Symbolik mit künstlerischer Meisterhaftigkeit.

Unweit des Palastes präsentiert der Palazzo Madama eine einzigartige Mischung aus mittelalterlichem und barockem Stil. Seine von Filippo Juvarra entworfene Barockfassade gilt als eines der schönsten Beispiele der Stadt. Das Gebäude beherbergt das Museo Civico d'Arte Antica, in dem Besucher Kunstwerke bewundern können, die die architektonische Umgebung perfekt ergänzen. Die eleganten Innenräume des Palazzo mit ihren geschwungenen Linien und dramatischen Licht- und Schattenkontrasten zeugen von der für das Barock charakteristischen Theatralik.

Turins Kirchen sind wichtige Träger barocker Architektur und Kunst. Die von Guarino Guarini entworfene Kirche San Lorenzo besticht durch ihre komplexe Geometrie und die kunstvolle Kuppel. Besucher werden vom Lichtspiel angezogen, das durch die Fenster in die reich verzierten Innenräume fällt und kunstvolle Fresken und skulpturale Details enthüllt. Die Öffnungszeiten der Kirche variieren, sie öffnet jedoch in der Regel am Vormittag und schließt am späten Nachmittag. Der Eintritt ist in der Regel frei, für Interessierte werden jedoch Führungen angeboten.

Eine weitere bedeutende Barockkirche ist die Basilica di Superga, die auf einem Hügel oberhalb von Turin thront. Die

im frühen 18. Jahrhundert von Juvarra erbaute Basilika verbindet klassische Formen mit barocker Pracht. Der Innenraum ist geprägt von Marmoraltären, bemalten Decken und einem grandiosen Altarbereich. Besucher können Superga mit der historischen Zahnradbahn vom Bahnhof Torino Lingotto aus erreichen. Kombitickets für Zug und Basilika kosten etwa 12 €. Der Panoramablick von der Terrasse der Basilika verleiht dem Besuch eine besondere Note.

Auch die Stadtplanung des Barock hinterließ ihre Spuren, insbesondere durch breite Alleen und beeindruckende öffentliche Plätze. Via Po und Via Roma zeichnen sich durch elegante Arkaden und Fassaden aus, die barocke Stilelemente widerspiegeln und harmonische Straßenbilder schaffen, die Fußgänger an sorgfältig inszenierten Ausblicken vorbeiführen. Die Arkadengänge mit ihren rhythmischen Säulen und detailreichen Gesimsen bieten Schutz und ein Gefühl von Erhabenheit, typisch für die Stadtarchitektur dieser Zeit.

Die Piazza San Carlo ist ein Beispiel barocker Stadtgestaltung mit ihrem symmetrischen Grundriss, eingerahmt von den beiden Kirchen Santa Cristina und San Carlo Borromeo. Beide Kirchen verfügen über barocke Innenräume mit reichem Stuck, Fresken und skulpturalen Elementen, die Dramatik und Emotion betonen. Die Piazza selbst fungiert als

öffentliche Bühne und lädt unter dem wachsamen Blick der kunstvollen Fassaden der Gebäude zum geselligen Beisammensein ein.

Die barocke Architektur Turins erstreckt sich auch auf weniger bekannte Sehenswürdigkeiten wie den Palazzo Carignano. Die geschwungene Backsteinfassade und die kunstvollen Innenräume machen diesen Palast zu einem herausragenden Beispiel barocker Wohnarchitektur. Heute beherbergt er das Nationalmuseum des Risorgimento, das das architektonische Erbe mit der Geschichte der italienischen Einigung verbindet. Das Museum ist täglich von 10:00 bis 18:00 Uhr geöffnet, Eintrittskarten kosten etwa 10 €.

Ein Spaziergang durch Turins Barockviertel offenbart zahlreiche Details – geschwungene Giebel, verzierte Balkone, Maskenskulpturen und dekorative Gesimse –, die besondere Aufmerksamkeit verdienen. Die für den Barock typische Verschmelzung von Architektur, Skulptur und Malerei schafft immersive Umgebungen, in denen Kunst und Raum die Besucher auf mehreren Ebenen fesseln.

Mehrere Führungen konzentrieren sich speziell auf das barocke Erbe Turins, vermitteln historischen Kontext und zeigen verborgene Schätze. Diese Touren beinhalten oft den Zugang zu privaten Palästen oder Kirchen und bieten Perspektiven, die Gelegenheitswanderern nicht zur Verfügung

stehen. Die Buchung eines Führers fördert die Wertschätzung der Symbolik und der technischen Errungenschaften der Stadtarchitektur.

Öffentliche Veranstaltungen finden häufig in barocken Umgebungen statt. Konzerte in Kirchen wie San Lorenzo oder Aufführungen auf Piazzas erinnern an den Geist dieser Zeit, als Musik und Kunst eng mit dem höfischen und religiösen Leben verbunden waren. Saisonale Märkte und Feste beleben diese historischen Orte und verbinden Vergangenheit und Gegenwart auf lebendige Weise.

Die Zugänglichkeit barocker Stätten ist unterschiedlich. Wichtige Sehenswürdigkeiten sind für Besucher mit eingeschränkter Mobilität ausgestattet, einige ältere Gebäude weisen jedoch noch ursprüngliche Merkmale wie schmale Treppen auf. Besucherzentren und Informationsstellen in der ganzen Stadt bieten Karten, Audioguides und Unterstützung, um ein integratives Erlebnis zu gewährleisten.

Das Engagement der Stadt für den Erhalt ihres barocken Erbes zeigt sich in laufenden Restaurierungsprojekten. Diese Bemühungen schützen wertvolle Fresken, Mauerwerke und Strukturelemente und stellen sicher, dass Turins architektonische Schätze auch für zukünftige Generationen erhalten bleiben.

Ein Essen in der Nähe barocker Stätten rundet das Erlebnis ab. Viele historische Cafés und Restaurants befinden sich in Gebäuden aus dieser Zeit oder in angrenzenden Straßen und servieren piemontesische Küche in einem Ambiente, das die Umgebung perfekt ergänzt. Regionale Gerichte inmitten barocker Eleganz zu genießen, verbindet die Sinne mit der kulturellen Vielfalt der Stadt.

## Königspalast von Turin

Der Königspalast von Turin (Palazzo Reale) ist eines der beeindruckendsten und historisch bedeutendsten Wahrzeichen der Stadt und verkörpert die Pracht des Hauses Savoyen, das über das Piemont herrschte und später Italien vereinigte. Der Palast befindet sich prominent an der Piazza Castello und diente vom 16. bis zum frühen 19. Jahrhundert als königliche Residenz und politisches Zentrum. Er hinterließ ein bemerkenswertes architektonisches und künstlerisches Erbe, das die Besucher weiterhin fasziniert.

Besucher können den Königspalast täglich von 9:00 bis 19:00 Uhr betreten, der letzte Einlass erfolgt in der Regel gegen 18:00 Uhr. Tickets kosten ca. 15 € für Erwachsene, ermäßigte Preise gibt es für Studenten, Senioren und Gruppen. Eine frühzeitige Buchung wird empfohlen, insbesondere in der Hochsaison und an Wochenenden, um lange Warteschlangen

zu vermeiden und Zugang zu beliebten Bereichen des Palastes zu erhalten.

Beim Annähern an den Palast fällt die imposante Fassade auf, die barocke und klassische Architekturelemente vereint. Der weitläufige Innenhof lädt Besucher in eine Welt königlicher Pracht ein, eingerahmt von symmetrischen Flügeln, die mit Statuen, Pilastern und dekorativen Gesimsen geschmückt sind. Das Äußere spiegelt die Doppelfunktion des Palastes als Machtsitz und private Residenz wider und verbindet festungsartige Solidität mit eleganter Ornamentik.

Im Inneren offenbart der Palast seine wahre Pracht. Die Staatsgemächer zeigen Räume, in denen einst Könige, Königinnen und Würdenträger residierten. Üppig dekoriert mit Deckenfresken, kunstvollen Stuckarbeiten und vergoldeten Zierleisten vermitteln diese Gemächer den Reichtum und die Förmlichkeit des Hoflebens. Ein Highlight ist der Thronsaal mit seinen reich bestickten Wandteppichen und massiven Kronleuchtern, die die Autorität des Herrschers unterstreichen.

Der Palast beherbergt eine umfangreiche Kunstsammlung mit Gemälden, Skulpturen und dekorativen Kunstwerken, die die Kulturgeschichte des Piemonts veranschaulichen. Porträts der Familie Savoyen, religiöse Szenen und mythologische Motive schmücken die Wände und vermitteln ein visuelles Bild von

der Macht und dem Mäzenatentum der Dynastie. Neben den Kunstwerken spiegeln antike Möbel, Porzellan und Silberwaren den raffinierten Geschmack und die Handwerkskunst der damaligen Zeit wider.

Eines der herausragendsten Merkmale des Palastes ist die Königliche Bibliothek mit Tausenden von Bänden, die von den Savoyern zusammengetragen wurden. Die eleganten Lesesäle und Galerien der Bibliothek bestechen durch geschnitzte Holzregale, Deckenfresken und sorgfältig erhaltene Manuskripte und bieten einen Einblick in die intellektuellen Bestrebungen des königlichen Haushalts.

Die Kapelle des Heiligen Grabtuchs (Cappella della Sacra Sindone) im Palast ist von besonderer Bedeutung. Erbaut, um das Turiner Grabtuch – das berühmte Leinentuch, von dem viele glauben, es trage das Bild Christi – aufzubewahren, ist die Kapelle ein Meisterwerk barocker Architektur, entworfen von Guarino Guarini. Ihre hohe Kuppel und die kunstvollen Marmoreinlagen schaffen eine atemberaubende spirituelle Atmosphäre. Obwohl das Grabtuch selbst selten öffentlich ausgestellt ist, bleibt die Kapelle ein Wallfahrtsort und weckt großes künstlerisches Interesse. Der Eintritt zur Kapelle ist im Palastticket enthalten.

Die vom Palastgelände aus zugänglichen Royal Gardens bieten einen ruhigen Rückzugsort inmitten gepflegter

Rasenflächen, Zierbrunnen und Skulpturen. Diese Gärten spiegeln den Landschaftsstil des 17. und 18. Jahrhunderts wider und ergänzen die Architektur des Palastes. Sie bieten Raum für Freizeit und formelle Veranstaltungen. Die Gärten sind täglich von Sonnenaufgang bis Sonnenuntergang geöffnet und kostenlos. Sie eignen sich ideal für einen besinnlichen Spaziergang oder ein Picknick nach der Besichtigung des Palastes.

Die königliche Waffenkammer im Palastkomplex zeigt eine beeindruckende Auswahl an Waffen, Rüstungen und militärischen Artefakten aus der Savoyer Sammlung. Besucher können kunstvoll verzierte Helme, Schwerter und Rüstungen bewundern, die Jahrhunderte europäischer Kriegsführung und Handwerkskunst widerspiegeln. Die Waffenkammer ist während der Öffnungszeiten des Palastes geöffnet und erfordert je nach Besucherpaket ein separates Ticket oder einen kombinierten Eintritt.

Führungen durch den Palast werden in mehreren Sprachen angeboten und bereichern das Erlebnis durch die Enthüllung historischer Zusammenhänge, architektonischer Details und Anekdoten aus dem Leben der Familie Savoyen. Audioguides bieten Flexibilität für alle, die den Palast lieber in ihrem eigenen Tempo erkunden möchten.

Dank seiner Lage an der Piazza Castello ist der Palast von anderen Sehenswürdigkeiten Turins wie dem Palazzo Madama, dem Turiner Dom und dem Einkaufsviertel Via Roma aus bequem zu erreichen. Öffentliche Verkehrsmittel sind mit nahegelegenen Straßenbahn- und Bushaltestellen erreichbar. Parkhäuser wie das Parcheggio Piazza Castello bieten Komfort für alle, die mit dem Auto anreisen.

Für alle, die ein erweitertes kulturelles Erlebnis suchen, ist der Königspalast Teil des Turiner Museumsnetzwerks und bietet kombinierte Ticketoptionen, die auch andere Sehenswürdigkeiten einschließen. Saisonale Ausstellungen und besondere Veranstaltungen, darunter Konzerte und historische Nachstellungen, finden oft im Palast oder seinen Gärten statt und bereichern den Besuch.

Die gastronomischen Einrichtungen rund um die Piazza Castello runden den Palastbesuch ab. Historische Cafés und Restaurants bieten die Möglichkeit, die piemontesische Küche zu probieren. Gerichte wie Vitello Tonnato und Tajarin werden in elegantem Ambiente serviert. Bei einem Nachmittagskaffee oder Aperitif in den nahegelegenen Lokalen können Sie entspannen und die Atmosphäre des Platzes genießen.

## Museen und Galerien

Turin bietet eine reiche Auswahl an Museen und Galerien, die die historische Tiefe, künstlerischen Errungenschaften und wissenschaftlichen Innovationen der Stadt widerspiegeln. Die kulturellen Einrichtungen der Stadt decken vielfältige Interessen ab – von antiken Zivilisationen und königlichem Erbe bis hin zu moderner Kunst und Kino – und bieten Besuchern ein intensives Erlebnis in sorgfältig kuratierten Räumlichkeiten.

Das Ägyptische Museum (Museo Egizio) ist eines der Kronjuwelen Turins und das älteste Museum, das sich ausschließlich ägyptischen Altertümern widmet. Es befindet sich in der Via Accademia delle Scienze 6 und ist täglich von 9:00 bis 18:30 Uhr geöffnet. Der Eintritt kostet etwa 15 €. Das Museum beherbergt eine der weltweit umfangreichsten Sammlungen außerhalb Kairos, darunter Mumien, Statuen, Papyri und Alltagsgegenstände, die das Leben am Nil über Jahrtausende hinweg dokumentieren. Die Museumsführung führt die Besucher durch thematisch gestaltete Räume, die Bestattungsrituale, religiöse Artefakte und das gesellschaftliche Leben im alten Ägypten präsentieren. Moderne Ausstellungstechniken und interaktive Displays bereichern den Besuch und sprechen sowohl Wissenschaftler als auch Familien an.

Nicht weit entfernt befindet sich der Palazzo Madama, ein historisches Gebäude, in dem sich das Museo Civico d'Arte Antica befindet. Die Sammlung des Museums umfasst mittelalterliche bis barocke Kunst und umfasst Skulpturen, Gemälde und Dekorationsstücke, die die künstlerische Geschichte Turins erzählen. Der Palast selbst ist ein architektonisches Wunderwerk und verbindet mittelalterliche Festungsreste mit eleganten barocken Anbauten. Täglich von 9:00 bis 19:00 Uhr geöffnet, der Eintritt kostet ca. 10 €. Wechselausstellungen und kulturelle Veranstaltungen erweitern die Dauerausstellung um neue Perspektiven.

Das Nationale Kinomuseum in der Mole Antonelliana in der Via Montebello 20 bietet eine einzigartige kulturelle Reise. Geöffnet von 9:00 bis 19:00 Uhr und mit einem Eintrittspreis von ca. 12 € ist es ein Muss für Filmliebhaber. Die Ausstellungen umfassen frühe optische Geräte, historische Kameras, Kostüme und Kulissen und geben Einblick in die technologische und künstlerische Entwicklung des Kinos. Eine Fahrt mit dem gläsernen Aufzug führt Besucher auf eine Panoramaterrasse auf der Mole, von der aus sich ein atemberaubender Blick auf Turin und die Alpen bietet. Das innovative Design des Museums verbindet Kinoerlebnis mit architektonischer Pracht.

Für moderne und zeitgenössische Kunst ist die Galleria Civica d'Arte Moderna e Contemporanea (GAM) in der Via Magenta 31 ein beliebtes Ziel. Die Galerie ist dienstags bis sonntags von 10:00 bis 18:00 Uhr geöffnet und montags geschlossen. Der Eintritt beträgt ca. 8 €. Die Sammlung der GAM umfasst italienische und internationale Künstler und beleuchtet Strömungen vom 19. Jahrhundert bis in die Gegenwart. Gemälde, Skulpturen und Installationen füllen großzügige Räume, die zum Austausch und zur Reflexion anregen. Regelmäßige Wechselausstellungen sorgen für neue Inhalte und behandeln oft aktuelle gesellschaftliche Themen anhand der Kunst.

Das Museo Nazionale dell'Automobile am Corso Unità d'Italia 40 zeugt von Turins Geschichte als italienische Automobilhauptstadt. Es ist täglich außer dienstags von 10:00 bis 18:00 Uhr geöffnet. Der Eintritt kostet ca. 12 €. Die Ausstellungen des Museums zeichnen die Entwicklung des Automobils von frühen Prototypen bis hin zu modernen Fahrzeugen nach und zeigen Oldtimer, Rennmaschinen und futuristische Modelle. Interaktive Exponate und ein detaillierter historischer Kontext sprechen Autoliebhaber und Familien gleichermaßen an.

Turin würdigt auch asiatische Kunst im Museo di Arte Orientale in der Via San Domenico 11. Geöffnet von Dienstag

bis Sonntag von 10:00 bis 18:00 Uhr, montags geschlossen. Der Eintritt kostet ca. 8 €. Die Sammlung des Museums umfasst Kulturen aus China, Japan, Indien und Südostasien und umfasst Keramiken, Skulpturen, Textilien und religiöse Artefakte. Die ruhige Atmosphäre lädt zum Nachdenken ein und bietet einen Kontrast zu den europäisch geprägten Institutionen der Stadt.

Kleinere Galerien und Ausstellungsräume in ganz Turin beherbergen zeitgenössische Kunstausstellungen, Fotoausstellungen und kulturelle Veranstaltungen und spiegeln oft die dynamische Kreativszene der Stadt wider. Viertel wie Vanchiglia und San Salvario sind bekannt für ihre unabhängigen Galerien und von Künstlern betriebenen Räume und bieten aufstrebenden Talenten eine Plattform.

Für Familien und Wissenschaftsbegeisterte bietet das Museo Regionale di Scienze Naturali in der Via Giovanni Giolitti 36 Ausstellungen zu Geologie, Paläontologie und Naturgeschichte. Geöffnet von Dienstag bis Sonntag von 9:00 bis 18:00 Uhr und mit einem Eintrittspreis von ca. 8 € bietet es Dinosaurierskelette, Mineraliensammlungen und interaktive Ausstellungen, die jüngere Besucher begeistern.

Das Castello di Rivoli Museo d'Arte Contemporanea, etwas außerhalb von Turin gelegen, verdient als führende Institution für zeitgenössische Kunst Erwähnung. Es befindet sich in

einem Schloss aus dem 17. Jahrhundert in der Via Diego Pellico 3 und ist von Mittwoch bis Sonntag von 11:00 bis 19:00 Uhr geöffnet. Der Eintritt kostet etwa 12 €. Das Museum zeigt innovative Werke internationaler Künstler, die oft konventionelle Grenzen aufbrechen und zum Dialog über aktuelle Themen einladen.

Praktische Aspekte bereichern das Museumserlebnis. Viele Museen bieten Kombitickets oder City-Pässe an, die Kosten sparen und bevorzugten Zugang ermöglichen. Audioguides und mehrsprachige Informationstafeln unterstützen internationale Besucher. Cafés und Buchhandlungen in großen Museen bieten gemütliche Pausen und die Möglichkeit, sich intensiver mit den präsentierten Themen auseinanderzusetzen.

Barrierefreiheit hat in allen Turiner Museen Priorität. Die meisten Museen verfügen über Rampen, Aufzüge und barrierefreie Einrichtungen. Besucher mit eingeschränkter Mobilität werden gebeten, sich vorab über die jeweiligen Unterkünfte zu informieren.

Die Museen und Galerien Turins liegen fußläufig erreichbar, oft in unmittelbarer Nähe zueinander und zu anderen Sehenswürdigkeiten der Stadt. Das Kulturviertel ist gut an den öffentlichen Nahverkehr angebunden, Straßenbahn- und Bushaltestellen befinden sich in der Nähe der Haupteingänge. Bei einem Spaziergang zwischen den Sehenswürdigkeiten

können Besucher die architektonische Schönheit der Stadt genießen und versteckte Winkel entdecken.

## Feste und Feiern

Turins Kalender ist voller Feste und Feierlichkeiten, die das reiche kulturelle Erbe und das pulsierende zeitgenössische Leben widerspiegeln. Das ganze Jahr über verwandelt die Stadt ihre historischen Plätze, Straßen und Veranstaltungsorte in lebendige Szenen aus Musik, Kunst, Essen und Tradition und bietet Besuchern die Möglichkeit, Turin durch seine lokalen Rhythmen und Feste zu erleben.

Eines der wichtigsten jährlichen Ereignisse der Stadt ist das Torino Film Festival, das jeden November stattfindet. Als Italiens ältestes Filmfestival zieht es internationale Filmemacher, Schauspieler und Cineasten an. Veranstaltungsorte wie das Cinema Massimo und das Nationale Filmmuseum bieten Filmvorführungen, Workshops und Vorträge. Die Ticketpreise variieren: Einzelne Vorführungen kosten in der Regel zwischen 5 und 10 Euro, Festivalpässe bieten breiteren Zugang. Das Festival rückt aufstrebende Talente und Avantgarde-Kino ins Rampenlicht und ist ein Magnet für Filmkultur-Enthusiasten.

Weihnachten in Turin ist eine Zeit der Wärme und des Staunens. Von Ende November bis Anfang Januar erstrahlen

die Plätze der Stadt, insbesondere die Piazza Castello und die Piazza San Carlo, in festlichem Glanz und festlichen Lichtern. Holzbuden mit Kunsthandwerk, saisonalen Lebensmitteln und Geschenken schaffen eine traditionelle Atmosphäre. Die Weihnachtsmärkte sind täglich von 10:00 bis 20:00 Uhr geöffnet und laden Besucher ein, lokale Köstlichkeiten wie Torrone und Glühwein zu probieren. Saisonale Konzerte und Weihnachtskrippen sorgen für festliche Stimmung und ziehen Familien und Touristen gleichermaßen an.

In den wärmeren Monaten lockt der Turiner Sommer mit zahlreichen Freiluftveranstaltungen. Musikfestivals, Open-Air-Kinovorführungen und Theateraufführungen finden in Parks, auf Plätzen und in historischen Innenhöfen statt. Bemerkenswerte Veranstaltungsorte sind der Parco del Valentino und die Piazza Vittorio Veneto. Viele Veranstaltungen sind kostenlos oder kostengünstig, fördern eine breite Beteiligung und sorgen für gemeinschaftliche Erlebnisse unter dem Sternenhimmel.

Der Salone del Gusto, organisiert von der Slow-Food-Bewegung, findet alle zwei Jahre im Oktober im Lingotto Fiere statt. Es ist eine Weltklasse-Food-Messe, die regionale und internationale kulinarische Traditionen feiert. Tickets kosten in der Regel rund 20 € für einen ganztägigen Eintritt, Studenten und Senioren erhalten Ermäßigungen.

Besucher können an Verkostungen, Workshops und Präsentationen von Produzenten teilnehmen, die sich nachhaltiger und handwerklicher Lebensmittel verschrieben haben. Die Veranstaltung unterstreicht Turins Status als gastronomische Hauptstadt und bietet eine praxisnahe Möglichkeit, die vielfältige Esskultur der Stadt kennenzulernen.

Der Karneval, der in den Wochen vor der Fastenzeit gefeiert wird, bietet farbenfrohe Paraden, Maskenbälle und Straßenaufführungen. Obwohl er nicht so groß ist wie der Karneval in Venedig, spiegelt die Turiner Version die piemontesischen Traditionen mit farbenfrohen Kostümen und mitreißender Musik wider. Auf öffentlichen Plätzen und in Theatern finden besondere Veranstaltungen statt, manche mit Eintrittskarten, andere kostenlos. Die wichtigsten Feierlichkeiten finden oft rund um die Piazza Castello statt, wo sich Familien und Feiernde treffen, um die festliche Atmosphäre zu genießen.

Die Festa di San Giovanni, Turins Schutzpatronat am 24. Juni, wird von stadtweiten Feierlichkeiten mit Feuerwerk, Konzerten und Prozessionen geprägt. Der Abend gipfelt in einem spektakulären Feuerwerk über dem Po, das von verschiedenen Aussichtspunkten wie dem Murazzi-Ufer aus sichtbar ist. Während der Eintritt zu den Hauptveranstaltungen

frei ist, sind für einige Konzerte oder besondere Aktivitäten möglicherweise Eintrittskarten erforderlich. Dieses Fest verbindet religiöse Tradition mit volkstümlichem Fest und bietet ein typisch turinesisches Erlebnis.

Kunstliebhaber sollten sich die Torino Graphic Days nicht entgehen lassen, ein zweijährliches Festival für Grafik, Comic und Illustration. Ausstellungen, Workshops und Märkte füllen Veranstaltungsorte in der ganzen Stadt, oft inklusive kostenloser Straßenveranstaltungen. Das Festival zieht internationale Künstler und Verleger an und bietet eine Plattform für kreativen Austausch und Entdeckungen.

Jazzliebhaber kommen beim Torino Jazz Festival auf ihre Kosten, das Ende November oder Anfang Dezember stattfindet. Konzerte mit italienischen und internationalen Künstlern finden in historischen Theatern, Clubs und Open-Air-Veranstaltungsorten statt. Die Ticketpreise variieren je nach Künstler und Veranstaltungsort stark. Zusätzlich zu den kostenpflichtigen Konzerten gibt es einige kostenlose Open-Air-Shows.

Der Frühling bringt eine Reihe kultureller Veranstaltungen mit sich, die mit Ostern in Verbindung stehen, darunter religiöse Prozessionen und Konzerte in Kirchen und Theatern. Die Feierlichkeit dieser Feierlichkeiten steht im Kontrast zur

Energie anderer Feste und bietet besinnliche Momente im spirituellen und künstlerischen Gefüge Turins.

Die Stadtviertel veranstalten ihre eigenen Feste. In San Salvario finden Straßenfeste und multikulturelle Veranstaltungen statt, bei denen die vielfältigen Gemeinschaften Turins gefeiert werden. Im Aurora-Viertel finden lokale Märkte und Musikdarbietungen statt, die die Graswurzelkultur in den Mittelpunkt stellen.

Öffentliche Plätze wie die Piazza San Carlo und die Piazza Vittorio Veneto dienen das ganze Jahr über als Bühne für temporäre Ausstellungen, Live-Musik und Tanz, oft kostenlos und für alle zugänglich. Diese Veranstaltungen verwandeln städtische Räume in lebendige Treffpunkte und untermauern Turins Ruf als Stadt, die Tradition und Innovation gleichermaßen schätzt.

Für beliebte Veranstaltungen wie das Torino Film Festival und den Salone del Gusto empfiehlt sich eine frühzeitige Planung, da Unterkünfte und Tickets schnell ausgebucht sein können. Aktuelle Informationen zu Terminen, Tickets und Veranstaltungsorten finden Sie auf den offiziellen Websites und in den örtlichen Tourismusbüros.

Der Verkehr während Festivals verkehrt in der Regel nach dem regulären Fahrplan. Bei Großveranstaltungen ist jedoch

ein verstärkter Betrieb üblich. In zentralen Bereichen kann es zu Straßensperrungen und Fußgängerzonen kommen. Besucher sollten daher Karten und Durchsagen beachten, um sich problemlos zurechtzufinden.

## Traditionelle Küche

Die traditionelle Küche Turins zelebriert das reiche landwirtschaftliche Erbe des Piemonts und vereint herzhafte Aromen, saisonale Zutaten und jahrhundertealte Rezepte, die die Verbundenheit der Region mit Land und Leuten offenbaren. Die Erkundung der Gastronomieszene der Stadt bietet mehr als nur sättigende Mahlzeiten – sie öffnet ein Fenster zur lokalen Kultur, in der Essen ein Eckpfeiler des gesellschaftlichen Lebens und der Tradition ist.

Im Mittelpunkt der kulinarischen Identität Turins steht die Verwendung frischer, hochwertiger Zutaten aus den nahegelegenen Regionen Langhe, Roero und Monferrato. Diese Regionen liefern wertvolle Produkte wie weiße Trüffel, Barolo-Wein, Haselnüsse und verschiedene Käsesorten, die alle eine Hauptrolle in vielen Gerichten spielen, die in der ganzen Stadt serviert werden.

Eine klassische Vorspeise zu jedem piemontesischen Essen ist Bagna Càuda, ein warmer Dip aus Knoblauch, Sardellen, Olivenöl und Butter, der traditionell mit verschiedenen rohen

und gekochten Gemüsesorten wie Kardonen, Paprika und Sellerie serviert wird. Dieses Gericht verkörpert den gemeinschaftlichen Geist der lokalen Küche und lädt zum Teilen und gemütlichen Plaudern am Tisch ein. Viele traditionelle Trattorien in Turin bieten Bagna Càuda auf ihrer Speisekarte an, insbesondere in den Herbst- und Wintermonaten, wenn Wurzelgemüse und Blattgemüse Saison haben. In mittelpreisigen Restaurants müssen Sie mit etwa 10 bis 15 Euro für eine Portion rechnen.

Ein weiterer Eckpfeiler der Turiner Küche sind Agnolotti, eine Art gefüllte Pasta, die typischerweise mit gebratenem Fleisch, Gemüse oder einer Mischung aus beidem gefüllt ist. Die Pastataschen werden oft mit einer reichhaltigen Fleischsauce oder brauner Butter und Salbei angemacht, was die einfachen, aber intensiven Aromen der Region hervorhebt. Restaurants wie das Tre Galli in der Via Santa Teresa sind seit langem für ihre Agnolotti bekannt. Die Preise liegen üblicherweise bei etwa 15 bis 20 Euro pro Portion.

Vitello tonnato, dünn geschnittenes Kalbfleisch, kalt serviert mit einer cremigen Thunfisch-Kapern-Sauce, vereint die Aromen von Land und Meer in einer delikaten Balance. Dieses Gericht ist das ganze Jahr über ein fester Bestandteil der piemontesischen Speisekarte und wird häufig als Antipasto serviert. Sein kühles, herzhaftes Profil macht es zu

einer idealen Vorspeise an warmen Tagen oder als Teil eines mehrgängigen Menüs. Rechnen Sie mit etwa 12 bis 18 € für diesen Klassiker.

Turins reiche Süßwarentradition verdankt viel der berühmten Gianduja-Schokolade, einer seidigen Mischung aus Kakao und lokal angebauten Haselnüssen. Die Chocolatiers der Stadt, wie Guido Gobino und Peyrano, fertigen handwerklich Gianduiotti – kleine, einzeln verpackte Pralinen – und bieten einen süßen Geschmack des regionalen Erbes. Die Geschäfte öffnen täglich von ca. 9:00 Uhr bis in die frühen Abendstunden und laden Besucher zum Probieren und Kaufen ein – von wenigen Euro für kleinere Sortimente bis hin zu höheren Preisen für Geschenkboxen.

Bicerin, ein geschichtetes Heißgetränk aus Espresso, Schokolade und Schlagsahne, nimmt in der Turiner Cafékultur einen besonderen Platz ein. Traditionell in kleinen, runden Gläsern serviert, bietet es besonders an kühlen Tagen ein wohltuendes und genussvolles Erlebnis. Historische Cafés wie das Caffè Mulassano und das Caffè Torino servieren Bicerin neben anderem Gebäck und Kaffeespezialitäten. Die Preise liegen typischerweise zwischen 4 und 7 Euro pro Portion.

Fleischgerichte sind in der piemontesischen Küche sehr beliebt, wobei Brasato al Barolo (in Barolo-Wein geschmortes Rindfleisch) besonders beliebt ist. Langsam gegart, bis es zart

ist, nimmt das Rindfleisch die intensiven Aromen des kräftigen lokalen Weins auf und verleiht ihm ein Gericht voller Tiefe und Wärme. Mit Polenta oder Kartoffelpüree wird es zu einer herzhaften und sättigenden Mahlzeit. In traditionellen Restaurants kosten solche Hauptgerichte je nach Lokal und Beilagen 20 bis 35 Euro.

Die kulinarische Szene Turins bietet auch hervorragenden Käse von den nahegelegenen Almen. Toma und Castelmagno sind lokale Sorten, die für ihre Textur und ihren Geschmack geschätzt werden. Käseläden und -märkte in der ganzen Stadt bieten Verkostungen und Verkäufe an, wobei die Preise je nach Qualität und Sorte variieren. Der Markt Porta Palazzo, der größte Freiluftmarkt Europas, ist ein hervorragender Ort, um diese Produkte neben frischem Obst, Gemüse und Wurstwaren zu entdecken.

Für Naschkatzen gibt es neben Gianduja auch Bonet, einen reichhaltigen Pudding aus Schokolade und Amaretti, der oft mit Rum oder Kaffee verfeinert wird. Es handelt sich um ein traditionelles piemontesisches Dessert, das in vielen Trattorien erhältlich ist und normalerweise zwischen 5 und 8 Euro kostet.

Das gastronomische Angebot in Turin reicht von historischen Cafés und familiengeführten Trattorien bis hin zu modernen Bistros, die mit regionalen Zutaten auf neue Weise

experimentieren. Die Trattoria Valenza beispielsweise ist bekannt für ihre authentischen Rezepte in einladender Atmosphäre. Mahlzeiten in solchen Lokalen kosten in der Regel ab etwa 25 € pro Person für ein Drei-Gänge-Menü, exklusive Wein.

Apropos Wein: Turins Lage in der Nähe einiger der renommiertesten Weingüter Italiens bedeutet, dass Wein zu jeder Mahlzeit dazugehört. Lokale Bars und Enotecas bieten eine große Auswahl an Barolo, Barbaresco und Dolcetto. Gläser mit lokalem Wein gibt es in der Regel ab 5 €, Flaschenpreise variieren je nach Hersteller und Jahrgang stark.

Die piemontesische Aperitivo-Kultur ist in Turin sehr lebendig. Viele Bars bieten zwischen 18:00 und 21:00 Uhr eine großzügige Auswahl an kleinen Gerichten und Getränken an. Diese Tradition lädt zum geselligen Beisammensein und zum Probieren verschiedener Aromen ein, von Oliven und Käse bis hin zu kleinen Sandwiches und Gemüsedips. Beliebte Treffpunkte sind die Piazza Vittorio Veneto und das Viertel San Salvario, wo sich die Einheimischen nach der Arbeit zum Entspannen treffen.

Märkte spielen eine wichtige Rolle in der Turiner Esskultur. Neben der Porta Palazzo bieten kleinere Märkte wie der Mercato Centrale Torino frische Zutaten, Streetfood-Stände

und Kochvorführungen. Diese täglich geöffneten Märkte bieten eine lebendige Atmosphäre und einen Einblick in das alltägliche Leben. Besucher können mit Händlern ins Gespräch kommen und regionale Spezialitäten probieren.

Saisonalität ist ein zentraler Bestandteil der piemontesischen Küche. Die Speisekarten ändern sich je nach verfügbaren Produkten und traditionellen Festen. Im Herbst stehen Trüffel und Pilze im Mittelpunkt, während im Winter deftiges Fleisch und Konserven im Vordergrund stehen. Im Frühling und Sommer stehen frisches Gemüse, Kräuter und leichtere Gerichte im Vordergrund. Dadurch bleibt die Turiner Küche vielfältig und eng mit ihrer natürlichen Umgebung verbunden.

## Kulturelle Etikette

Die Kenntnis der kulturellen Etikette Turins bereichert jeden Besuch und ermöglicht Reisenden einen respektvollen und bedeutungsvollen Umgang mit den Menschen und Traditionen der Stadt. Turin ist ein Ort, an dem Geschichte, Kultiviertheit und Regionalstolz den Alltag prägen. Das Verständnis der lokalen Bräuche sorgt für ein angenehmeres und lohnenderes Erlebnis.

Die Begrüßungen in Turin folgen italienischen Normen und beginnen mit einem höflichen „Buongiorno“ tagsüber und „Buonasera“ abends. Bei der ersten Begegnung ist ein fester Händedruck unter Männern und zwischen Männern und Frauen üblich, während Frauen sich selbst in ungezwungener Atmosphäre oft mit einem leichten Kuss auf beide Wangen begrüßen. Die Anrede mit Titeln wie „Signore“ oder „Signora“ gefolgt vom Nachnamen vermittelt Respekt, insbesondere bei formellen oder beruflichen Begegnungen.

Pünktlichkeit wird in Turin besonders bei Geschäftstreffen und formellen Terminen geschätzt. Ein paar Minuten früher zu kommen, signalisiert Respekt, während übermäßige Verspätung als unhöflich gelten kann. Bei gesellschaftlichen Anlässen wie Abendessen oder Zusammenkünften kann es jedoch zu entspannteren Zeiten kommen, und Gäste kommen dann nicht selten etwas später als zur angegebenen Zeit.

Tischetikette spielt in Turins Kultur eine wichtige Rolle. Mahlzeiten sind oft gemütliche Angelegenheiten, bei denen Gespräche und die Wertschätzung des Essens im Vordergrund stehen. Wenn Sie zu einem Einheimischen nach Hause eingeladen werden, ist es höflich, ein kleines Geschenk wie Blumen, Wein oder Schokolade mitzubringen. Das Ausziehen der Schuhe vor dem Betreten von Privatwohnungen ist nicht immer erforderlich, wird aber geschätzt. Beachten Sie daher die Hinweise des Gastgebers.

Warten Sie am Tisch, bis der Gastgeber das Zeichen zum Beginn der Mahlzeit gibt, bevor Sie mit dem Essen beginnen. Brot wird üblicherweise direkt auf die Tischdecke oder einen Beilagenteller gelegt und eher als Beilage als separates Gericht serviert. Die Turiner Küche ist reichhaltig und abwechslungsreich, daher zeugt es von Wertschätzung, alles zu probieren. Komplimente an den Koch oder Gastgeber sind herzlich willkommen. Der richtige Umgang mit dem Besteck – Gabel in der linken Hand, Messer in der rechten – und das Vermeiden, die Ellbogen auf dem Tisch abzustützen, tragen zu guten Manieren bei.

Wenn Sie in Cafés und Restaurants Essen oder Getränke bestellen, zeugt die Anrede „Per favore“ (bitte) und „Grazie“ (danke) von Höflichkeit. Trinkgeld ist nicht obligatorisch, wird aber gerne gesehen; es ist üblich, die Rechnung

aufzurunden oder für guten Service etwa 5–10 % zu geben. In zwangloseren Cafés sind kleine Trinkgelder zwar weniger üblich, aber dennoch willkommen.

In Turin wird Diskretion und Respekt gegenüber anderen großgeschrieben. Lautes Sprechen im öffentlichen Raum oder in öffentlichen Verkehrsmitteln ist verpönt. Eine moderate Lautstärke während Gesprächen respektiert die gemeinsamen Räume. Warteschlangen sind in der Regel geordnet, und die Menschen warten geduldig an Geschäften, Fahrkartenschaltern und Haltestellen.

Die Kleiderordnung in Turin tendiert zu legerer Eleganz und spiegelt die elegante und dennoch entspannte Atmosphäre der Stadt wider. Obwohl es für die meisten Veranstaltungsorte keine strenge Kleiderordnung gibt, zeugt gepflegte Kleidung und der Verzicht auf zu legere Kleidung – wie Sportkleidung oder Flip-Flops – in Restaurants oder Theatern von Respekt. Beim Besuch religiöser Stätten wie der Kathedrale von Turin oder der Basilica di Superga ist dezente Kleidung erforderlich, die Schultern und Knie bedeckt. Hüte sollten beim Betreten abgelegt werden.

Zur Fotoetikette gehört es, vor dem Fotografieren von Personen, insbesondere auf Märkten oder in traditionellen Vierteln, eine Genehmigung einzuholen. In Museen und Kirchen kann das Fotografieren mit Blitzlicht zum Schutz der

Kunstwerke verboten sein. Beachten Sie daher die entsprechenden Schilder und Anweisungen des Personals.

Soziale Interaktionen beinhalten oft Gesten, und das Verständnis ihrer Bedeutung kann Missverständnisse vermeiden. Beispielsweise signalisiert Blickkontakt während eines Gesprächs Aufmerksamkeit, während fehlender Blickkontakt als Desinteresse wahrgenommen werden kann. Handgesten ergänzen die Sprache, sollten aber maßvoll eingesetzt werden. Direkt auf jemanden zu zeigen, kann als unhöflich empfunden werden, daher ist die Verwendung einer offenen Hand vorzuziehen.

Der Sprachgebrauch ist ein weiterer Aspekt der kulturellen Etikette. Obwohl Italienisch die Amtssprache ist, sprechen viele Turiner regionale piemontesische Dialekte und zunehmend auch Englisch, insbesondere unter jüngeren Generationen und in Touristengebieten. Einfache italienische Sätze wie „Buongiorno“, „Per favore“ und „Grazie“ werden gerne verwendet und tragen zum Aufbau einer guten Beziehung bei. Langsames und deutliches Sprechen fördert die Kommunikation.

Zur Einkaufsetikette gehört eine höfliche Begrüßung beim Betreten eines Geschäfts und ein Dank an das Personal beim Verlassen. Feilschen ist in Turins Einzelhandelsgeschäften nicht üblich, kann aber auf Märkten wie der Porta Palazzo, wo

über Produkte oder Souvenirs verhandelt wird, durchaus akzeptabel sein. Auf Märkten zeugt es von gutem Benehmen, Waren sorgfältig zu prüfen und respektvoll mit ihnen umzugehen.

Die Achtung lokaler Bräuche bei Festen und religiösen Feiern fördert die Teilnahme und das Verständnis. Die Einhaltung von Prozessionsregeln, wie z. B. das stille Stehen oder das Abnehmen des Hutes bei religiösen Paraden, bringt Besucher mit den gesellschaftlichen Gepflogenheiten in Einklang. Bei vielen Veranstaltungen sind Touristen willkommen, erwarten aber respektvolles Verhalten, einschließlich angemessener Kleidung und dem Verzicht auf störende Verhaltensweisen.

Zur Verkehrsetikette gehört es, älteren, schwangeren oder behinderten Fahrgästen in Bussen und Straßenbahnen Sitzplätze anzubieten. Das Entwerten der Fahrkarten vor dem Einsteigen ist Pflicht. Kontrolleure führen Stichprobenkontrollen durch und verhängen Bußgelder bei Fahrpreisvergehen. Leises Sprechen in öffentlichen Verkehrsmitteln und das Vermeiden von Telefongesprächen tragen zu einer angenehmen Atmosphäre für alle bei.

In Turin ist das Umweltbewusstsein stark ausgeprägt. Recycling ist weit verbreitet, und Besucher werden gebeten, ihren Müll gemäß den örtlichen Vorschriften zu trennen. Müll ist verpönt und wird mit Geldstrafen geahndet. Daher ist die

Nutzung von Mülleimern und Sauberkeit wichtig. Öffentliche Parks und historische Stätten sind auf die Aufmerksamkeit der Besucher angewiesen, um ihre Schönheit zu bewahren.

Beim Besuch von Museen und Galerien schützt die Einhaltung der ausgehängten Regeln zum Berühren von Exponaten, Fotografieren und zur Geräuschkulisse die Integrität des kulturellen Erbes. Höflicher Umgang mit dem Personal und das Stellen von Fragen bereichern das Erlebnis und fördern den gegenseitigen Respekt.

In gesellschaftlichen Zusammenhängen wird Pünktlichkeit bei kulturellen Veranstaltungen wie Oper, Theater und Konzerten erwartet. Applaus ist nach den Aufführungen üblich, und Mobiltelefone sollten stummgeschaltet werden, um Störungen zu vermeiden. Die Kleiderordnung für Theater empfiehlt oft elegante Kleidung, passend zur kultivierten Kulturszene Turins.

TORINO

# Abenteuer und Aktivitäten

## Historische Spaziergänge

Turins historische Stadtrundgänge bieten eine umfassende Möglichkeit, die vielschichtige Vergangenheit der Stadt zu erkunden und führen Besucher durch Jahrhunderte der Architektur, Politik und Kultur, die diese elegante norditalienische Stadt geprägt haben. Diese Touren konzentrieren sich in der Regel auf das historische Zentrum und die wichtigsten Sehenswürdigkeiten und verweben Geschichten von Königen, Kunst und Revolution in das Gefüge der Straßen und Plätze.

Die meisten Touren beginnen in der Nähe der Piazza Castello, Turins zentralem Platz und Zentrum des Geschehens. Von hier aus führen Guides Gruppen an bedeutenden Sehenswürdigkeiten wie dem Königspalast, dem Palazzo Madama und dem Turiner Dom vorbei und zeigen die Bedeutung dieser Wahrzeichen jenseits ihrer beeindruckenden Fassaden. Der Königspalast, einst Sitz des Hauses Savoyen, bietet einen Einblick in Turins Rolle als ehemalige Hauptstadt und seinen Einfluss auf die italienische Einigung. Der Eintritt in den Palast ist unabhängig von den Führungen. Tickets kosten etwa 15 € und sind von 9:00 bis 19:00 Uhr geöffnet.

Viele Touren beinhalten jedoch Hintergrundgeschichten aus den Innen- und Außenhöfen des Palastes.

Die einzigartige Kombination mittelalterlicher und barocker Architektur im Palazzo Madama ist oft ein wichtiges Thema bei Rundgängen. Die Führer erläutern die Verwandlung von der Festung zur königlichen Residenz und heben Details wie die kunstvolle Fassade von Filippo Juvarra hervor. Besucher erhalten Einblicke in die künstlerischen und politischen Veränderungen, die die Entwicklung des Palastes beeinflusst haben. Das im Gebäude untergebrachte Stadtmuseum ist von 9:00 bis 19:00 Uhr geöffnet. Eintrittskarten kosten etwa 10 €. Führungen konzentrieren sich jedoch meist auf das Äußere und die umliegenden Plätze.

Der Turiner Dom ist ein weiterer beliebter Anlaufpunkt. Der Eintritt ist zwar frei, doch die Verbindung des Doms zum Turiner Grabtuch, einem der geheimnisvollsten und verehrtesten Relikte der Stadt, verleiht den Führungen eine besondere Note. Die Führer erzählen oft Geschichten über die Geschichte und Bedeutung des Grabtuchs und erläutern architektonische Elemente der Renaissance und des Barock.

Wandertouren führen typischerweise durch Turins elegante Arkaden und große Alleen wie die Via Roma und die Via Po. Diese Straßen zeigen barocke Stadtplanung. Führer weisen auf Merkmale wie die harmonischen Fassaden und die

frühzeitige Einführung fußgängerfreundlicher Designs in der Stadt hin. Zu den Haltestellen können historische Cafés wie das Caffè Torino und das Caffè San Carlo gehören, in denen Besucher etwas über das intellektuelle und kulturelle Leben der Stadt erfahren, einschließlich berühmter Persönlichkeiten, die diese Orte besuchten.

Ein Höhepunkt vieler Führungen ist die Mole Antonelliana, Turins ikonischer Turm und Heimat des Nationalen Filmmuseums. Obwohl für das Museum ein separates Ticket (ca. 12 €) erforderlich ist, vermitteln die Führer oft historische Hintergründe und architektonische Details zum Bau und zur Symbolik der Mole. Für Interessierte ist der Museumsbesuch bei einigen Führungen bereits integriert oder wird als Anschlusserlebnis empfohlen.

Neben den zentralen Sehenswürdigkeiten führen einige Wandertouren auch in Viertel, die die Sozialgeschichte Turins offenbaren. Beispielsweise bietet das Quadrilatero Romano, ein Viertel mit engen Gassen und antiken Ruinen, Einblicke in die römischen Ursprünge und mittelalterlichen Veränderungen der Stadt. Hier können die Führer an Handwerksbetrieben, Kirchen und versteckten Innenhöfen Halt machen und Geschichten erzählen, die die Vergangenheit mit der Gegenwart verbinden.

Der Parco del Valentino ist oft Ziel längerer Spaziergänge, insbesondere Touren, die Turins Verbindung zu Natur und Freizeit im historischen Kontext beleuchten. Das mittelalterliche Dorf Borgo Medioevale im Park wird manchmal als separater Besuch angeboten, um ein rekonstruiertes piemontesisches Dorf aus dem 15. Jahrhundert kennenzulernen.

Die Tourdauer beträgt in der Regel zwei bis drei Stunden und bietet ein ausgewogenes Verhältnis von ausführlichen Geschichten und einem angenehmen Tempo. Die Gruppengröße variiert von kleinen privaten Touren bis hin zu größeren öffentlichen Touren. Die Preise für geführte Wanderungen beginnen bei etwa 20 bis 30 € pro Person. Private Touren kosten je nach Länge und individueller Gestaltung mehr.

Die meisten Touren finden täglich statt und beginnen oft am Vormittag, um die kühleren Stunden und den geringeren Andrang zu nutzen. Eine frühzeitige Buchung wird empfohlen, insbesondere während der Touristensaison und an Wochenenden, um Plätze zu sichern und das Erlebnis individuell anzupassen. Viele Unternehmen bieten mehrsprachige Reiseleiter an, wobei Englisch, Französisch, Deutsch und Spanisch zu den gängigen Sprachen gehören.

Für Individualreisende stehen in den Turiner Tourismusbüros und auf Online-Plattformen Karten und Apps für selbstgeführte Rundgänge zur Verfügung. Diese Tools bieten Routen, Kommentare und interessante Punkte, sodass Besucher die Stadt in ihrem eigenen Tempo erkunden und gleichzeitig historische Einblicke gewinnen können.

- Die Rundgänge beinhalten auch praktische Tipps, beispielsweise zu den besten Zeiten für Besuche beliebter Sehenswürdigkeiten, wo man lokale Speisen und Getränke findet und wie man sich im öffentlichen Nahverkehr von Turin zurechtfindet. Diese Empfehlungen bereichern den gesamten Besuch und stellen sicher, dass die Gäste ihre Erkundung auch nach der Führung fortsetzen können.

## Kulinarische Touren

Die kulinarischen Touren in Turin bieten einen tiefen Einblick in die berühmte kulinarische Szene des Piemonts und verbinden Verkostungen, Geschichten und Einblicke hinter die Kulissen einer Region, die für ihre hochwertigen Zutaten und ihre reichen Traditionen bekannt ist. Diese geführten Erlebnisse führen die Besucher über typische Restaurants hinaus und führen sie zu Märkten, historischen Cafés,

Handwerksbetrieben und lokalen Restaurants, die zusammen ein umfassendes Bild der gastronomischen Identität Turins vermitteln.

Die meisten kulinarischen Touren beginnen auf den geschäftigen Märkten der Stadt. Porta Palazzo – der größte Freiluftmarkt Europas – ist ein beliebter Ausgangspunkt. Hier führen Guides Gruppen durch Stände voller saisonaler Produkte, Frischkäse, Wurstwaren und aromatischer Kräuter. Bei Verkostungen bei ausgewählten Anbietern erhalten Besucher einen direkten Einblick in die Rohstoffe der piemontesischen Küche. Die Touren finden in der Regel während der Marktzeiten vom frühen Morgen bis zum frühen Nachmittag statt und ermöglichen so eine lebhafte Interaktion mit Anbietern und Produzenten.

Vom Markt aus führen kulinarische Touren oft durch die Altstadt von Turin, wo jahrhundertealte Cafés und Schokoladenläden auf Sie warten. Ein Stopp in Lokalen wie dem Caffè Mulassano oder dem Caffè Torino macht Reisende mit Bicerin bekannt, Turins legendärem Schichtgetränk aus Espresso, Schokolade und Sahne. Die Verkostung dieser Spezialität zusammen mit lokalem Gebäck vermittelt Besuchern einen Einblick in die Turiner Cafékultur und die gesellschaftlichen Rituale. Diese Cafés öffnen früh, oft gegen

7:00 Uhr, und schließen spät abends, was eine flexible Tourenplanung ermöglicht.

Schokolade nimmt auf Turiner Food-Touren einen besonderen Platz ein. Bei Besuchen in handwerklichen Schokoladenfabriken wie Guido Gobino und Peyrano können die Teilnehmer handgefertigte Gianduja probieren - eine in der Region einzigartige Mischung aus Schokolade und Haselnüssen. Diese Geschäfte, die in der Regel von morgens bis abends geöffnet sind, bieten Einblicke in traditionelle Produktionsmethoden. Einige Touren beinhalten Vorführungen oder Workshops, in denen die Gäste etwas über die Schokoladenherstellung lernen können.

Die herzhaften Gerichte der piemontesischen Küche werden auch auf vielen kulinarischen Touren angeboten. Bei Stopps in traditionellen Trattorien oder familiengeführten Osterias werden den Gästen Spezialitäten wie Agnolotti (gefüllte Nudeln), Bagna Càuda (ein warmer Sardellen-Knoblauch-Dip) und Vitello Tonnato (Kalbfleisch mit Thunfischsauce) vorgestellt. Bei den Mahlzeiten oder Probierplatten an diesen Orten werden oft Zutaten und Kochtechniken erklärt, wodurch die Bedeutung von Saisonalität und regionalen Zutaten hervorgehoben wird. Die typischen Preise für Verkostungen oder leichte Mahlzeiten,

die in den Touren enthalten sind, liegen je nach Veranstaltungsort zwischen 15 und 30 €.

Wein ist ein wesentlicher Bestandteil der Turiner Esskultur. Viele Touren beinhalten Stopps in Enotecas oder Weinbars, wo die Gäste bekannte regionale Sorten wie Barolo, Barbaresco und Dolcetto probieren können. Erfahrene Sommeliers begleiten die Verkostungen oft und geben historische Einblicke und Empfehlungen zur Weinbegleitung. Diese Treffen vermitteln ein tieferes Verständnis des piemontesischen Weinbaus und seiner Verbindung zu den Esstraditionen.

Neben öffentlichen Angeboten gibt es auch private kulinarische Touren, die auf individuelle Interessen eingehen und Besuche bei lokalen Bauernhöfen, Käsereien oder während der Saison sogar Trüffelsuchern beinhalten können. Solche Ausflüge beinhalten oft Transporte außerhalb der Stadt und vermitteln ein praxisnahes Verständnis der Herkunft der Zutaten. Diese umfangreicheren Touren erfordern in der Regel eine Voranmeldung und kosten über 100 € pro Person, was den exklusiven Charakter des Erlebnisses widerspiegelt.

Turins kulinarische Touren beschäftigen sich auch mit Streetfood und aktuellen kulinarischen Trends. Beim Erkunden lebendiger Viertel wie San Salvario entdecken Sie eine Mischung aus traditionellen Rezepten, die von jungen

Köchen adaptiert wurden, und internationalen Einflüssen. Foodtrucks, Pop-up-Küchen und kleine Spezialitätenläden sorgen für Abwechslung und veranschaulichen die sich entwickelnde Gastronomielandschaft Turins.

Die Führungen dauern in der Regel zwischen zwei und vier Stunden und bieten geführte Verkostungen sowie gemütliche Spaziergänge entlang der Marktstände, durch historische Straßen und zu kulinarischen Highlights. Die Gruppengröße variiert von kleinen Gruppen mit sechs Personen bis hin zu größeren Gruppen von zwanzig oder mehr Personen. Englischsprachige Reiseleiter sind üblich, und viele Unternehmen bieten Führungen in weiteren Sprachen an, um internationalen Besuchern entgegenzukommen.

Eine frühzeitige Buchung ist insbesondere in der Hauptsaison und an Wochenenden ratsam, um sich bevorzugte Zeiten und Tourarten zu sichern. Viele Veranstalter bieten flexible Stornierungsbedingungen und private Optionen, sodass Erlebnisse ganz einfach an individuelle Bedürfnisse angepasst werden können.

Praktische Tipps sind bequeme Schuhe und eine wiederverwendbare Wasserflasche, da die Touren oft mehrere Kilometer lang sind. Einige Touren berücksichtigen nach vorheriger Ankündigung auch Ernährungseinschränkungen,

um Vegetariern, Veganern oder Allergikern ein angenehmes Erlebnis zu bieten.

Die Zugänglichkeit variiert je nach Tour. Während die meisten Stadtrouten für Personen mit eingeschränkter Mobilität machbar sind, können einige Ausflüge auf den Bauernhof oder in die Natur eine Herausforderung darstellen. Die Bestätigung der Details mit den Touranbietern hilft, eine optimale Organisation zu gewährleisten.

Neben Verkostungen bieten kulinarische Touren in Turin kulturelle Einblicke und erzählen Geschichten über lokale Feste, kulinarische Geschichte und die soziale Rolle des Essens im piemontesischen Leben. Diese Erzählungen bereichern das sensorische Erlebnis und vermitteln einen Kontext, der die Wertschätzung für jedes Gericht und jede Zutat vertieft.

## Weinproben

Turins Weinverkostungen bieten Ihnen einen Einblick in die berühmten Weinberge und jahrhundertealten Weinbautraditionen des Piemonts – alles in unmittelbarer Nähe der eleganten Straßen der Stadt. Turin, bekannt als Hauptstadt einer der renommiertesten Weinregionen Italiens, ist der ideale Ort, um berühmte Sorten wie Barolo, Barbaresco, Dolcetto und den typischen Likörwein der Region, Wermut, zu probieren und kennenzulernen.

Weinproben in Turin finden in verschiedenen Umgebungen statt, von gemütlichen Enotecas und Weinbars bis hin zu organisierten Touren in die nahe gelegene Landschaft von Langhe und Roero. Viele Veranstaltungsorte im Stadtzentrum, insbesondere rund um die Piazza Vittorio Veneto und die Via Lagrange, sind auf piemontesische Weine spezialisiert und kombinieren diese mit lokalem Käse, Wurstwaren und Schokolade, um das gastronomische Erbe der Region hervorzuheben.

Eine der bekanntesten Enotecas ist die Enoteca Cavour in der Via Cavour 13. Sie ist täglich von 10:00 bis 22:00 Uhr geöffnet und bietet eine große Auswahl an regionalen Weinen, darunter auch seltene Jahrgänge und weniger bekannte Marken. Die Verkostungen können locker oder strukturiert sein. Die Preise für drei bis fünf Weine liegen je nach

Auswahl typischerweise zwischen 15 und 40 Euro. Kompetentes Personal führt Besucher durch Geschmacksprofile, Rebsorten und Alterungsprozesse und macht die Weinprobe sowohl für Anfänger als auch für Kenner zugänglich.

Für diejenigen, die ein intensiveres Erlebnis suchen, organisieren verschiedene Unternehmen geführte Weinproben ab Turin. Diese halb- oder ganztägigen Ausflüge führen zu renommierten Weingütern in Barolo, Barbaresco und den umliegenden Hügeln. Die Touren beinhalten in der Regel Kellerbesichtigungen, Erklärungen zu traditionellen und modernen Weinherstellungsmethoden sowie Verkostungen verschiedener Weine, begleitet von lokalen Köstlichkeiten. Die Preise für diese Touren beginnen bei etwa 80 € pro Person und können bei privaten oder Deluxe-Optionen über 150 € liegen. Oft sind Transport, Mahlzeiten und Besuche mehrerer Weingüter im Preis inbegriffen.

Die Nähe des Museo Nazionale dell'Automobile zu mehreren Enotecas ermöglicht es Besuchern, kulturelle und kulinarische Erlebnisse in einem einzigen Ausflug zu verbinden. Ebenso eignen sich die historischen Cafés in Turins Vierteln Quadrilatero Romano und San Salvario als ideale Verkostungsorte, wo oft Wein zusammen mit dem

traditionellen piemontesischen Bicerin oder handgemachter Schokolade genossen wird.

Wermut di Torino nimmt in der Turiner Weinkultur einen besonderen Platz ein. Die Stadt beherbergt mehrere Produzenten, die Verkostungen und Führungen anbieten, darunter die historische Destillerie Martini & Rossi am Corso Vittorio Emanuele II. Bei den Besuchen erfahren Sie mehr über die Mischung der Pflanzen, die den einzigartigen Geschmack des Wermuts ausmachen, und seine Rolle in klassischen Cocktails wie Negroni und Americano. Destillerieführungen finden in der Regel wochentags nach Vereinbarung statt. Die Kosten für Verkostungen betragen etwa 20 bis 30 Euro.

Weinfeste in Turin, darunter das jährliche Barolo & Friends und das Slow Wine Event, bieten die Möglichkeit, Weine verschiedener Produzenten an einem Ort zu verkosten. Diese Veranstaltungen finden meist im Frühjahr oder Herbst statt und bieten Seminare, Speisenempfehlungen und den direkten Austausch mit Winzern. Die Eintrittspreise liegen zwischen 20 und 50 Euro. Eine Voranmeldung wird empfohlen.

Für Weinliebhaber, die ihr Wissen vertiefen möchten, bieten mehrere Turiner Einrichtungen Weinkurse und Workshops an. Diese Kurse behandeln Verkostungstechniken, die Kombination von Wein und Speisen sowie regionale

Geschichte und werden oft von Sommeliers oder zertifizierten Dozenten geleitet. Die Kurse variieren in Länge und Preis: Einführungskurse kosten etwa 50 Euro, umfassendere Programme mehrere Hundert Euro.

Die Weinverkostungsorte in Turin sind hervorragend erreichbar. Viele befinden sich in fußläufiger Entfernung zu den wichtigsten Hotels und Verkehrsknotenpunkten. Öffentliche Verkehrsmittel wie Straßenbahnen und Busse verbinden die wichtigsten Stadtteile regelmäßig. Für Autofahrer stehen Parkplätze zur Verfügung.

Zur Etikette bei Verkostungen gehört es, jede Probe langsam zu genießen, Aromen und Geschmacksrichtungen zu schätzen und den Gastgebern durch Fragen zu begegnen. Spucken ist bei professionellen Verkostungen erlaubt, in ungezwungener Atmosphäre jedoch weniger üblich. Trinkgeld wird gerne gegeben, ist aber nicht obligatorisch.

## Einkaufen in der Via Roma

Die Via Roma zählt zu den elegantesten und belebtesten Einkaufsstraßen Turins und schlängelt sich mit einer Mischung aus Pracht und Barrierefreiheit durch das historische Zentrum. Diese breite, mit Arkaden gesäumte Straße erstreckt sich von der Piazza Castello bis zur Piazza Carlo Felice und präsentiert die kultivierte Seite Turins, wo Haute Couture, Kunsthandwerk und historische Architektur aufeinandertreffen. Ein Spaziergang entlang der Via Roma bietet ein typisch turinesisches Einkaufserlebnis, das Luxus und lokalen Charakter vereint.

Hier finden Käufer eine kuratierte Mischung aus internationalen Luxusmarken, italienischen Modehäusern und eleganten Boutiquen. Flagship-Stores von Marken wie Gucci, Prada und Louis Vuitton prägen die Straße und ziehen Besucher an, die auf der Suche nach den neuesten Trends in Sachen Mode und Handwerkskunst sind. Diese Geschäfte öffnen in der Regel gegen 10:00 Uhr und schließen gegen 19:00 Uhr. In der Ferienzeit oder während des Schlussverkaufs gelten verlängerte Öffnungszeiten. Die sorgfältig gestalteten Schaufenster bieten einen Vorgeschmack auf saisonale Kollektionen und italienisches Flair für Modepräsentation.

Neben diesen internationalen Marken finden sich in der Via Roma Geschäfte, die sich auf traditionelle piemontesische Waren spezialisiert haben, darunter Lederwaren, Schmuck und edle Textilien. Mehrere familiengeführte Geschäfte prägen das Straßenbild seit Jahrzehnten und führen das handwerkliche Erbe mit handgefertigten Produkten fort. Besucher finden handgefertigte Handtaschen, Seidenschals und maßgeschneiderte Schuhe, die Turins Wertschätzung für Qualität und Design widerspiegeln. Die Preise variieren stark und reichen von günstigen Souvenirs bis hin zu Luxusartikeln, die Hunderte oder Tausende von Euro kosten.

Die Straße selbst ist von Arkaden gesäumt – überdachte, von Säulen getragene Gänge –, die Schutz und Schatten bieten und so das Einkaufen bei jedem Wetter angenehm machen. Diese Arkaden sind mehr als nur funktional; ihre gewölbten Decken und klassischen Details tragen zum eleganten Ambiente der Via Roma bei. Wer unter diesen eleganten Bögen verweilt, spürt, wie sich das Leben inmitten des geschäftigen Treibens der Stadt entspannt.

Cafés und Pasticcerias entlang der Via Roma laden zum Shoppen ein: Espresso, Gebäck oder die lokale Spezialität Bicerin – ein geschichtetes Kaffee-Schokoladen-Getränk in kleinen Gläsern. Historische Lokale wie das Caffè Torino bieten charmante Innenräume und Sitzgelegenheiten im

Freien – der perfekte Ort, um Leute zu beobachten oder den nächsten Einkaufsbummel zu planen.

Während die Via Roma von hochwertiger Mode dominiert wird, finden sich in ihr auch ausgewählte Buchhandlungen, Antiquitätenläden und Kunstgalerien. Diese Orte bilden einen kulturellen Kontrast zum Einzelhandel und bieten Raum, die literarischen und künstlerischen Traditionen Turins zu entdecken. Die Galerien zeigen zeitgenössische und klassische Werke, oft in wechselnden Ausstellungen, die den Besuchern piemontesische und andere Künstler näherbringen.

Die Straße verbindet weitere wichtige Einkaufs- und Kulturviertel, darunter die Galleria Subalpina und die Piazza San Carlo. Dank dieser Nähe lässt sich ein Einkaufstag problemlos mit Besuchen von Museen, Theatern oder historischen Stätten verbinden. Die Gegend ist gut an den öffentlichen Nahverkehr angebunden: Straßenbahnen und Busse halten in der Nähe. Parkhäuser wie das Parcheggio Piazza Castello bieten Autofahrern eine Alternative, allerdings können die Parkplätze in Stoßzeiten schnell belegt sein.

Die saisonalen Schlussverkäufe, die typischerweise im Januar und Juli stattfinden, verwandeln die Via Roma in ein lebhaftes Ziel für Schnäppchenjäger. Die Geschäfte reduzieren ihre Preise deutlich und ziehen so viele Menschen an, die Designer- und Luxusartikel mit Rabatten suchen. In den ersten

Tagen der Schlussverkäufe gibt es die größte Auswahl, aber auch den größten Andrang. Daher sind Timing und Geduld entscheidend.

Für Besucher, die ein individuelles Erlebnis wünschen, bieten mehrere Geschäfte maßgeschneiderte Dienstleistungen oder private Shopping-Termine an. Diese Optionen bieten individuelle Betreuung und Zugang zu exklusiven Kollektionen, die die Mischung aus Tradition und modernem Luxus der Straße widerspiegeln.

## Besuch der Märkte

Turins Märkte bieten einen lebendigen, sinnlichen Einblick in das tägliche Leben, die kulinarischen Traditionen und das Kunsthandwerk der Stadt. Ein Besuch dieser geschäftigen Zentren offenbart eine Stadt, die modernes Leben mit tief verwurzelten Gemeinschaftsbeziehungen verbindet und Märkte zu einem wesentlichen Bestandteil des Turin-Erlebnisses macht. Von frischen Produkten und lokalen Spezialitäten bis hin zu Antiquitäten und Vintage-Fundstücken – die Märkte der Stadt bieten ein breites Spektrum an Geschmäckern und Interessen.

Porta Palazzo gilt als Kronjuwel unter den Turiner Märkten. Er liegt an der Piazza della Repubblica und ist Europas größter Freiluftmarkt. Er findet sechs Tage die Woche,

Montag bis Samstag, von etwa 7:00 bis 14:00 Uhr statt. Sonntags ist das Angebot etwas eingeschränkter, hauptsächlich mit Essensständen. Die schiere Größe und Vielfalt hier kann überwältigend und zugleich berauschend sein. Frisches Obst und Gemüse aus den fruchtbaren Böden des Piemonts erfüllt Stand für Stand mit Farben und Düften. Saisonale Spezialitäten wie weiße Trüffel im Herbst oder frischer Spargel im Frühling ziehen besondere Aufmerksamkeit auf sich.

Käseliebhaber finden hier eine Fülle regionaler Sorten, darunter Toma, Castelmagno und Robiola, sowie internationale Klassiker. Der Markt bietet außerdem eine große Auswahl an Wurstwaren, wie den berühmten Prosciutto Crudo und lokale Salumi, die auf Wunsch oft dünn geschnitten werden. Beim Bummel durch die belebten Gänge können Käufer Oliven, Honig, Kräuter und Gewürze probieren. Die Preise variieren, sind aber in der Regel erschwinglich, was die Rolle des Marktes als Einkaufsziel für Einheimische und Touristen widerspiegelt.

Der Fischmarkt in der Porta Palazzo bietet täglich eine Auswahl an frischem Fang aus dem nahegelegenen Mittelmeer und den umliegenden Flüssen. Händler bieten alles von Dorade und Sardellen bis hin zu Flussforellen an und geben oft Kochtipps und Rezepte. Die Atmosphäre ist

lebhaft, Stammgäste und neugierige Besucher unterhalten sich angeregt.

Neben Lebensmitteln tragen auch die Bereiche für Kleidung, Haushaltswaren und Blumen der Porta Palazzo zur Vielfalt des Marktes bei. Textilstände bieten alles von Schals bis hin zu Konfektionskleidung, oft zu Schnäppchenpreisen. Auch Kunsthandwerker und Antiquitätenhändler sind hier vertreten und machen den Markt zu einer wahren Fundgrube für Vintage- und Sammlerstücke.

Eine kleinere, aber ebenso stimmungsvolle Alternative ist der Balon-Markt, der jeden Samstag im Viertel Borgo Dora stattfindet. Er ist von etwa 8:00 bis 17:00 Uhr geöffnet und Turins größter Flohmarkt. Hier werden Antiquitäten, Sammlerstücke und Kuriositäten ausgestellt. Die Stände sind überfüllt mit Vintage-Kleidung, Möbeln, Büchern und Erinnerungsstücken und ziehen Sammler und Gelegenheitsstöber gleichermaßen an. Die Preise variieren stark, wobei einige Artikel aufgrund ihrer Seltenheit oder Handwerkskunst hohe Preise erzielen.

Der Charme von Balon liegt nicht nur in seinen Waren, sondern auch in seiner lebendigen Atmosphäre. Händler verfügen oft über jahrzehntelange Erfahrung und erzählen gerne Geschichten zu ihren Stücken, wodurch eine gesellige Atmosphäre entsteht. In den nahegelegenen Cafés kann man

ausruhen und die Fundstücke Revue passieren lassen, während Straßenmusiker und Künstler für festliche Stimmung sorgen.

Der Mercato Centrale Torino, in der Nähe des Bahnhofs Porta Nuova in der Via Maria Vittoria 38 gelegen, bietet ein modernes Markterlebnis unter einem Dach. Täglich von 8:00 bis 24:00 Uhr geöffnet, vereint er Stände mit frischen Lebensmitteln und Essbereiche, in denen Besucher zubereitete Gerichte probieren können. Der Markt präsentiert handwerkliche Produkte von Bäckern und Metzgern bis hin zu Käsereien und Chocolatiers und legt dabei Wert auf Qualität und regionale Herkunft. Die Preise für die einzelnen Gerichte variieren, sodass Sie problemlos mehrere Gerichte probieren können, ohne eine komplette Mahlzeit zu sich zu nehmen.

In verschiedenen Stadtteilen finden während der Woche auch Bauernmärkte statt, die saisonale Produkte und Kunsthandwerk direkt vom Erzeuger anbieten. Diese Märkte legen oft Wert auf biologische und nachhaltige Landwirtschaft und bieten die Möglichkeit, mit den Erzeugern in Kontakt zu treten. Standorte und Öffnungszeiten ändern sich saisonal, daher empfiehlt es sich, die lokalen Angebote oder Touristeninformationen zu prüfen.

Beim Besuch der Märkte in Turin geht es nicht nur ums Einkaufen – es geht darum, die Rhythmen und Traditionen der

Stadt kennenzulernen. Frühmorgens suchen Einheimische Zutaten für Familienessen aus, während später Touristen und Gelegenheitskäufer die Stände erkunden und Kostproben probieren. Die Atmosphäre ist typischerweise lebhaft, aber respektvoll. In einigen Bereichen wie Balon ist Feilschen erlaubt, auf Lebensmittelmärkten jedoch weniger.

Praktische Tipps sind Bargeld, da viele Händler keine Karten akzeptieren, und wiederverwendbare Taschen, um lokale Nachhaltigkeitsbemühungen zu unterstützen. Aufgrund der Größe des Marktes und des Kopfsteinpflasters, insbesondere am Balon und an der Porta Palazzo, sind bequeme Schuhe ratsam.

Märkte in Turin sind nicht nur Verkaufsflächen, sondern auch soziale Treffpunkte. Sie fördern den Zusammenhalt in der Gemeinde, bewahren das kulinarische Erbe und unterstützen kleine Produzenten und Handwerker. Besucher profitieren von der Möglichkeit, direkt von den Prägenden der piemontesischen Esskultur zu probieren, zu lernen und einzukaufen.

Die Saison spielt eine große Rolle bei den Marktangeboten. So lockt beispielsweise die Trüffelsaison im Herbst spezialisierte Händler und kulinarische Veranstaltungen rund um diesen begehrten Pilz an. Auf den Märkten im Frühling und Sommer werden frische Beeren, Kräuter und Gemüse

angeboten, während im Winter Konserven und herzhafte Produkte im Mittelpunkt stehen.

Die wichtigsten Märkte sind gut erreichbar. Porta Palazzo ist an mehrere Straßenbahn- und Buslinien angebunden. Für Autofahrer stehen in der Nähe Parkmöglichkeiten zur Verfügung. Die Nähe zum Hauptbahnhof macht den Mercato Centrale für Bahnreisende bequem erreichbar.

# Natur und Landschaften

## Parks und Gärten

Turins Parks und Gärten bieten erfrischende Grünflächen inmitten der eleganten Stadtlandschaft und laden Einheimische und Besucher gleichermaßen zum Entspannen, Erkunden und Genießen der Natur ein. Die Bereiche reichen von weitläufigen öffentlichen Parks mit botanischen Sammlungen bis hin zu gemütlichen, saisonal blühenden Plätzen und bieten vielfältige Erlebnisse, die das reiche architektonische und kulturelle Erbe Turins ergänzen.

Der Parco del Valentino ist der bedeutendste Park der Stadt und erstreckt sich entlang des Po-Ufers. Auf über 500.000 Quadratmetern bietet er eine Mischung aus Naturschönheit, historischen Stätten und Freizeiteinrichtungen. Der ganzjährig von Sonnenaufgang bis Sonnenuntergang geöffnete und frei zugängliche Park bietet auf seinen breiten Wegen Platz für Spaziergänger, Jogger und Radfahrer, während schattige Bänke zum Ausruhen und Entspannen einladen. Im Parco del Valentino liegt das Borgo Medioevale, ein sorgfältig rekonstruiertes mittelalterliches Dorf mit Burg, Handwerksbetrieben und engen Kopfsteinpflasterstraßen, das Geschichte lebendig werden lässt – und das ohne Eintrittsgebühr. Besucher verbringen hier oft Stunden und

genießen die Kombination aus Grünfläche und kultureller Erkundung.

Der botanische Garten des Parks, bekannt als Giardino Botanico Reale, beherbergt eine vielfältige Sammlung von Pflanzenarten aus aller Welt. Der von der Universität Turin verwaltete Garten ist täglich von 9:00 bis 18:00 Uhr geöffnet. Der Eintritt kostet etwa 5 €. Besucher können durch thematische Bereiche wie mediterrane Pflanzen, tropische Gewächshäuser und Heilkräuter schlendern und so Einblicke in die botanische Vielfalt und den Artenschutz gewinnen.

Die Piazza Vittorio Veneto am Rande des historischen Zentrums in der Nähe des Po bietet einen belebten, offenen Platz mit Arkaden, Cafés und eleganten Gebäuden. In den wärmeren Monaten verwandelt sich die Piazza mit Sitzgelegenheiten im Freien und geselligen Zusammenkünften zu einem Treffpunkt für Einheimische, die Aperitifs und das Nachtleben genießen. Obwohl es sich technisch gesehen um einen Platz handelt, ähneln seine Größe und Atmosphäre einem Park und machen ihn zu einer unverzichtbaren Grünfläche.

Für einen ruhigeren Rückzugsort bieten die Gärten des Schlosses Valentino eine formale Landschaftsgestaltung mit gepflegten Rasenflächen, geformten Hecken und dekorativen Springbrunnen. Das Schloss selbst, ein

UNESCO-Weltkulturerbe, beherbergt heute die Architekturfakultät der Polytechnischen Universität Turin. Besucher können die Gärten frei erkunden und die Harmonie zwischen Natur und barocker Gestaltung bewundern.

Eine weitere bemerkenswerte Grünfläche ist der Parco della Pellerina nordwestlich des Stadtzentrums. Mit einer Fläche von rund 840.000 Quadratmetern ist er Turins größter Stadtpark. Der von früh morgens bis abends geöffnete Park bietet ausgedehnte Wander- und Radwege, Picknickplätze und Spielplätze und ist daher bei Familien und Outdoor-Fans beliebt. Sportanlagen wie Fußball- und Tennisplätze tragen zur Attraktivität des Parks bei. Der Eintritt ist frei und ermöglicht eine breite öffentliche Nutzung.

Der Giardino Sambuy, ein kleinerer, aber charmanter Garten in der Nähe des Ägyptischen Museums, bietet einen ruhigen Rückzugsort mitten in der Stadt. Seine schattigen Bänke und Blumenarrangements laden bei Museumsbesuchen oder Stadtbummeln zum Verweilen ein. Dieser Bereich unterstreicht Turins Engagement für die Erhaltung von Grünflächen in dicht bebauten Gebieten.

Kunstliebhaber kommen im Parco Michelotti auf ihre Kosten: Die Skulpturen und Installationen sind in die Landschaft integriert und bieten eine faszinierende Mischung aus Natur und Kreativität. Er ist ein beliebter Veranstaltungsort für

Open-Air-Ausstellungen und Gemeinschaftsveranstaltungen und unterstreicht die Verbindung kultureller und natürlicher Attraktionen der Stadt.

Die botanischen Einrichtungen Turins erstrecken sich über öffentliche Parks hinaus. Der Orto Botanico dell'Università di Torino in der Via Carlo Alberto 10 ist eine Forschungs- und Bildungseinrichtung mit einer Sammlung seltener Pflanzen. Er ist wochentags von 9:00 bis 17:00 Uhr geöffnet und bietet bei freiem Eintritt Führungen und Workshops zu Pflanzenwissenschaften und Biodiversität an.

Der Wechsel der Jahreszeiten bietet in Turins Parks und Gärten immer wieder neue Erlebnisse. Im Frühling blühen Tulpen, Kirschblüten und Magnolien und verwandeln die Grünflächen in farbenfrohe Spektakel. Der Herbst lockt mit goldenem Laub und Erntedankfesten, während die ruhigeren Wintermonate die Architektur und Struktur laubloser Gartengestaltung offenbaren.

In diesen Grünflächen finden häufig Veranstaltungen statt, darunter Musikkonzerte, Freilichttheater, Yoga-Kurse und Lebensmittelmärkte. Insbesondere der Parco del Valentino wird an Sommerabenden zu einem lebendigen Veranstaltungsort mit kulturellen Festivals und Gemeindetreffen, die die natürliche Umgebung beleben.

Die Zugänglichkeit ist im Allgemeinen gut: Gepflasterte Wege und Einrichtungen sind für Besucher mit eingeschränkter Mobilität geeignet. Informationspunkte und Beschilderungen in den Parks helfen den Gästen bei der Orientierung und beim Entdecken interessanter Orte.

Die Turiner Parks sind gut mit öffentlichen Verkehrsmitteln verbunden. Straßenbahnen und Busse bedienen die wichtigsten Eingänge, während zentrale Parks wie der Valentino und die Piazza Vittorio Veneto von wichtigen Sehenswürdigkeiten aus fußläufig erreichbar sind. Parkmöglichkeiten in der Nähe größerer Parks sind vorhanden, können aber zu Stoßzeiten belegt sein. Daher empfiehlt es sich, frühzeitig anzureisen oder öffentliche Verkehrsmittel zu nutzen.

## Malerische Aussichten

Turin bietet zahlreiche Aussichtspunkte, an denen Besucher die einzigartige Mischung aus urbaner Eleganz und natürlicher Schönheit genießen können. Von atemberaubenden Panoramen der Stadtlandschaft, eingerahmt von den fernen Alpen, bis hin zu ruhigen Flussufern und Rückzugsorten auf Hügeln bieten diese Orte unvergessliche Perspektiven, die das Verständnis für Turins Landschaft und Charakter vertiefen.

Einer der berühmtesten Aussichtspunkte befindet sich auf der Mole Antonelliana. Der gläserne Aufzug des Nationalen Filmmuseums führt hinauf zu einer Panoramaterrasse in 85 Metern Höhe. Die Terrasse ist täglich von 9:00 bis 19:00 Uhr geöffnet, Tickets kosten etwa 12 € und bieten einen ungehinderten 360-Grad-Blick. Von hier aus schlängelt sich der Po durch die Stadt, unter ihm erstrecken sich historische Dächer und am Horizont erstreckt sich die schneebedeckte Alpenkette. Am frühen Morgen herrscht sanftes Licht und weniger Menschenmassen, während Sonnenuntergänge die architektonischen Juwelen der Stadt in warme Farben tauchen.

Ein weiterer erstklassiger Aussichtspunkt ist die Basilica di Superga, die auf einem Hügel etwa 20 Minuten außerhalb des Stadtzentrums thront. Sie ist mit der historischen Superga-Zahnradbahn vom Bahnhof Torino Lingotto aus erreichbar. Kombitickets für Zug und Basilika kosten etwa 12

€. Der Aufstieg belohnt Besucher mit einem atemberaubenden Blick auf Turins gitterartige Straßen, die Po-Ebene und die umliegenden Berge. Die Basilika selbst ist ein barockes Meisterwerk, und ihre Terrasse bietet eine ruhige Kulisse, um das Panorama zu genießen. An klaren Tagen reicht der Blick weit in die Voralpen, was sie zu einem beliebten Ort für Fotografen und Naturliebhaber macht.

Zurück in der Stadt bietet der Parco del Valentino am Flussufer zahlreiche malerische Orte. Beim Spazieren oder Radfahren entlang des Po stoßen Besucher auf ruhige, von üppigen Bäumen gesäumte Bereiche und historische Brücken wie die Ponte Vittorio Emanuele I. Von diesen Ufern aus erhebt sich die Mole Antonelliana dramatisch in den Himmel, und die Silhouetten der nahegelegenen Hügel verleihen dem Blick Tiefe. Der Park ist ganzjährig geöffnet, kostenlos und beliebt für Picknicks, Spaziergänge und Sonnenuntergänge.

Die Piazza Vittorio Veneto, einer der größten Plätze Europas, bietet einen lebendigen Blick auf die Stadt. Von der weitläufigen Fläche mit ihren Arkaden und Cafés können Besucher das pulsierende Leben der Stadt und den Flusslauf genießen. Abends spiegeln sich die Lichter im Wasser und schaffen eine romantische Atmosphäre, während die lebhaften Cafés zum Verweilen einladen. Dank seiner zentralen Lage ist

er ein gut erreichbarer und stimmungsvoller Ort, um das Turiner Stadtbild zu genießen.

Wer einen besseren Blick auf das Zentrum sucht, findet auf dem Monte dei Cappuccini einen ruhigen Rückzugsort auf einem Hügel. Am Westufer des Po gelegen, beherbergt dieser Ort ein historisches Kloster und Panoramaterrassen mit Blick auf die Stadt. Der Eintritt ist frei, und der Hügel ist mit einer kurzen Busfahrt oder einem gemütlichen Spaziergang entlang des Flusses erreichbar. Von hier aus kann man den Kontrast zwischen Turins barocker Architektur und der umgebenden Natur, einschließlich des grünen Valentino-Parks und der fernen Berge, bewundern.

Die Gärten des Königspalastes bieten zudem einen bezaubernden Blick auf die Palastfassade und das umliegende historische Zentrum. Obwohl eher intim als panoramisch, ergänzen diese Ausblicke die architektonische Pracht und bieten einen ruhigen Rahmen für eine Pause während einer Stadtrundfahrt. Die Gärten sind von 8:30 Uhr bis zur Abenddämmerung geöffnet und für die Öffentlichkeit kostenlos zugänglich.

Ein Spaziergang über die Fußgängerbrücke Ponte Umberto I über den Po führt zum Stadtteil Vanchiglia, wo sich von einigen Aussichtspunkten aus ein einzigartiger Blick auf die Skyline der Stadt bietet. Aus dieser Perspektive entsteht durch

die Mischung historischer und moderner Bauwerke ein faszinierendes Stadtbild, das es zu erkunden lohnt.

Die Jahreszeiten beeinflussen die Qualität und Atmosphäre der malerischen Aussichten Turins. Das goldene Licht des Herbstes bereichert die Farben der Stadt, während die frische Winterluft die Sicht auf die Berge verbessert. Der Frühling bringt blühende Bäume und eine sanftere Atmosphäre mit sich, und der Sommer bietet lange Abende, die sich perfekt für den Blick auf den Sonnenuntergang von der Terrasse aus eignen.

Besucher, die malerische Ausblicke genießen möchten, sollten ihren Besuch so planen, dass er mit Sonnenaufgang oder Sonnenuntergang zusammenfällt, um eine dramatische Beleuchtung zu gewährleisten. Wochentags ist es morgens oft ruhiger, während sich an Wochenenden und Feiertagen mehr Einheimische und Touristen an beliebten Orten treffen.

Die wichtigsten Aussichtspunkte sind im Allgemeinen gut erreichbar. Die meisten Orte verfügen über Rampen, befestigte Wege oder Shuttle-Services. So ermöglicht beispielsweise der Aufzug der Mole Antonelliana die Panoramaterrasse auch für Personen mit eingeschränkter Mobilität, während die Superga-Bahn eine bequeme Fahrt zum Gipfel der Basilika ermöglicht.

Die Kombination aus malerischen Ausblicken und nahegelegenen Sehenswürdigkeiten rundet das Erlebnis ab. Die Mole Antonelliana lässt sich gut mit dem Besuch des Kinomuseums kombinieren, Superga bietet architektonische und historische Einblicke, und der Parco del Valentino ergänzt Freizeit und Kultur durch das mittelalterliche Dorf.

## Hügel und Landschaft in der Nähe

Die Hügel und die Landschaft rund um Turin bilden einen erfrischenden Kontrast zum eleganten Stadtkern und bieten die Möglichkeit, Natur, Geschichte und ländliche Traditionen in unmittelbarer Nähe der geschäftigen Straßen zu erkunden. Sanfte Weinberge, charmante Dörfer und Panoramaaussichtspunkte schaffen eine abwechslungsreiche Landschaft, in der Besucher entspannen, wandern oder in die berühmte Weinkultur des Piemonts eintauchen können.

Im Süden und Südosten liegen die Hügel der Langhe und des Roero, UNESCO-geschützte Landschaften, die für ihren Weinbau, ihre Trüffel und ihre mittelalterlichen Burgen berühmt sind. Diese Gebiete sind von Turin aus mit dem Auto oder organisierten Touren leicht zu erreichen. Die Fahrzeit beträgt je nach Ziel durchschnittlich ein bis zwei Stunden. Hier erstrecken sich Weinberge über sanfte Hügel und bringen einige der wertvollsten Weine Italiens hervor, darunter Barolo,

Barbaresco und Nebbiolo. Weinproben und Kellerführungen sind üblich und bieten detaillierte Einblicke in die lokale Weinherstellung und die Möglichkeit, renommierte Sorten zu verkosten.

Die Stadt Alba, etwa eine Autostunde von Turin entfernt, bildet das Tor zur Langhe. Ihre belebten Marktplätze, die historische Architektur und ihr gastronomischer Ruf machen sie zu einem lohnenden Tagesausflug. Alba ist außerdem für seine Trüffelmessen im Herbst bekannt, die Feinschmecker anziehen, die diese seltene Delikatesse probieren möchten. Trüffeljagd-Exkursionen unter der Leitung von Experten und ihren Hunden bieten eine aktive Möglichkeit, die Vielfalt der Landschaft zu erleben.

Barolo, eingebettet im Herzen der Langhe, verbindet malerischen Dorfcharme mit von Weinhandlungen gesäumten Straßen und Weinmuseen. Das Castello di Barolo beherbergt das WiMu (Weinmuseum), das täglich von 10:00 bis 18:00 Uhr geöffnet ist und die Geschichte und Kultur des piemontesischen Weins präsentiert. Die Terrassen und Hänge des Dorfes bieten malerische Spaziergänge mit Panoramablick auf Weinberge und Täler – ideal zum Fotografieren oder zum ruhigen Nachdenken.

Näher an Turin gelegen, bietet der Superga-Hügel, gekrönt von der Basilica di Superga, einen leicht zugänglichen

Rückzugsort auf dem Land mit atemberaubendem Blick auf die Stadt. Die historische Zahnradbahn, die den Bahnhof Torino Lingotto mit der Basilika verbindet, benötigt etwa 20 Minuten und verkehrt täglich von morgens bis zum frühen Abend. Kombitickets für Zug und Basilika kosten etwa 12 €. Wanderfreunde können den Hügel auch über Wanderwege erreichen und werden mit Ausblicken auf die Stadt und die Alpen belohnt.

Nordwestlich der Stadt erstrecken sich die Hügel des Monferrato über eine sanfte Landschaft mit Burgen, Weinbergen und malerischen Dörfern. Diese weniger besuchte Gegend bietet ein ruhigeres Landerlebnis. Städte wie Casale Monferrato und Asti bieten kulturelle Sehenswürdigkeiten, lokale Märkte und Weinproben. Die Region Monferrato ist bekannt für ihre Weine Moscato d'Asti und Barbera, die in der lokalen Küche und bei Festen eine wichtige Rolle spielen.

In diesen ländlichen Gebieten gibt es zahlreiche Outdoor-Aktivitäten. Wander- und Radwege schlängeln sich durch Wälder, Weinberge und entlang von Flüssen und sind für jedes Niveau geeignet. Die Wege führen oft an historischen Kirchen, Bauernhöfen und archäologischen Stätten vorbei und verbinden so körperliche Aktivität mit kultureller Entdeckung. Mehrere lokale Reiseveranstalter bieten geführte Wanderungen und Fahrradverleih an, wobei

die Optionen auf unterschiedliche Interessen und Fitnessniveaus zugeschnitten sind.

Für alle, die sich für Agritourismus interessieren, bieten viele Bauernhöfe und Landgüter in der Nähe von Turin Übernachtungen oder Tagesausflüge an. Diese Betriebe bieten oft Weintouren, Kochkurse und Verkostungen von selbst produziertem Käse, Honig und Wurstwaren an. Die Preise für solche Erlebnisse variieren, aber Agriturismi bieten in der Regel authentische und intensive Einblicke in das piemontesische Landleben.

Historische Schlösser prägen die Landschaft und bieten architektonische Highlights sowie Einblicke in die feudale Vergangenheit der Region. Das Castello di Agliè, etwa 50 Kilometer nordwestlich von Turin, ist eine dieser Sehenswürdigkeiten. Es ist von April bis November geöffnet und besticht durch prachtvolle Innenräume, weitläufige Gärten und Führungen. Der Eintritt kostet etwa 10 €. Im Schloss finden saisonale Ausstellungen und Veranstaltungen statt, die die regionale Geschichte und Kultur beleuchten.

Naturparks in der Nähe von Turin, wie der Parco Naturale della Collina di Superga, schützen die lokale Flora und Fauna und bieten Möglichkeiten zur Vogelbeobachtung, zum Picknicken und zur Naturfotografie. Der Eintritt in diese Parks ist frei und sie sind das ganze Jahr über geöffnet. Die gut

markierten Wege eignen sich sowohl für Familien als auch für Freizeitwanderer.

Kulinarischer Tourismus floriert in den Hügeln und auf dem Land. Viele Dörfer veranstalten Feste, bei denen lokale Speisen und Weine gefeiert werden. Veranstaltungen wie Weinlesefeste, Trüffelmessen und Kastanienfeste laden Besucher ein, saisonale Traditionen zu erleben. Zu diesen Anlässen gehören oft Verkostungen, Musik und Märkte, die das Kennenlernen der lokalen Kultur fördern.

Die Anreise in diese ländlichen Gebiete erfolgt über Regionalzüge, Busse und organisierte Touren. Ein Mietwagen bietet maximale Flexibilität und ermöglicht die Erkundung abgelegener Dörfer und Weinberge in Ihrem eigenen Tempo. Die Fahrpläne der öffentlichen Verkehrsmittel variieren saisonal, daher empfiehlt es sich, sich vorab zu informieren.

Die Unterkunftsmöglichkeiten reichen von luxuriösen Weinguthotels und historischen Villen bis hin zu rustikalen Bauernhäusern und Bed & Breakfasts. Viele Unterkünfte legen Wert auf Nachhaltigkeit und regionale Produkte, was das authentische Landerlebnis noch verstärkt.

# Praktische Informationen

## Packliste

Das Packen für eine Reise nach Turin erfordert sorgfältige Vorbereitung, um dem saisonalen Klima, dem kulturellen Angebot und den zahlreichen Aktivitäten der Stadt gerecht zu werden. Ob Sie durch historische Straßen schlendern, Museen besuchen, die lokale Küche probieren oder die umliegenden Hügel erkunden – ein gut gepackter Koffer sorgt für Komfort und Vergnügen.

Turin hat ein kontinentales Klima mit ausgeprägten Jahreszeiten. Die Winter sind kalt und fallen oft unter den Gefrierpunkt, während die Sommer warm, aber nicht übermäßig heiß sind. Frühling und Herbst bringen milde Temperaturen und gelegentliche Niederschläge mit sich, daher ist es wichtig, mehrere Schichten Kleidung einzupacken. Eine leichte, wasserdichte Jacke oder ein Regenschirm sind empfehlenswert, um unvorhersehbare Regenfälle, insbesondere im Frühling und Herbst, zu vermeiden.

Die Wahl der Kleidung sollte Stil und Zweckmäßigkeit in Einklang bringen. Turiner bevorzugen lässig-elegante Kleidung. Daher eignen sich lässige Jeans und bequeme Oberteile für Tagesausflüge. Für Restaurants oder kulturelle

Veranstaltungen ist jedoch ein Hauch von Eleganz ratsam. Ein paar elegantere Kleidungsstücke wie ein Blazer oder eine elegante Bluse tragen dazu bei, in Theatern, feinen Restaurants oder historischen Cafés nicht aufzufallen.

Bequeme Wanderschuhe sind unerlässlich. Turins Kopfsteinpflasterstraßen und historische Viertel erfordern festes Schuhwerk, idealerweise wasserdicht, wenn Sie in den feuchteren Monaten reisen. Turnschuhe oder feste Ballerinas eignen sich gut für tagsüber, während elegante Schuhe die Abendgarderobe ergänzen. Für Ausflüge in Parks oder in die Berge sind Wanderschuhe oder -stiefel von Vorteil.

In den kälteren Monaten sollten Sie einen Schal und Handschuhe mitnehmen, da die Temperaturen besonders abends stark sinken können. Sonnenhut, Sonnenbrille und Sonnenschutzmittel sind bei Sommerreisen wichtig, um sich vor der starken Alpensonne zu schützen, die von der blassen Architektur der Stadt reflektiert wird.

Elektronik wie Smartphones, Kameras und Ladegeräte gehören zum Standard, aber für lange Sightseeing-Tage sollten Sie tragbare Powerbanks in Betracht ziehen. Ein Universaladapter ist unerlässlich, da in Italien Stecker des Typs L mit 230 V verwendet werden. Ein kompakter Reiseschirm, eine wiederverwendbare Wasserflasche und ein

Tagesrucksack oder eine Tragetasche erhöhen den Komfort und die Bequemlichkeit.

Persönliche Gegenstände wie Toilettenartikel und Medikamente sollten eingepackt werden. Turin bietet jedoch überall in der Stadt Apotheken (Farmacia) an, in denen Sie wichtige Dinge kaufen können. Falls Sie bestimmte Medikamente benötigen, ist es ratsam, ausreichend Vorräte und Rezepte mitzuführen. Grundlegende Erste-Hilfe-Artikel wie Pflaster und Schmerzmittel sorgen für ein beruhigendes Gefühl.

Zu den Dokumenten gehören ein gültiger Reisepass oder Personalausweis, Reiseversicherungsdaten, Unterkunftsbestätigungen und etwaige Reservierungstickets. Fotokopien oder digitale Backups sind für den Fall von Verlust oder Diebstahl ratsam. Ein kleiner Bargeldbetrag in Euro ergänzt die Kartenzahlung, die zwar weithin akzeptiert, aber nicht überall verfügbar ist, insbesondere auf Märkten oder in kleineren Geschäften.

Auch kulturelle Aspekte beeinflussen das Packen. Beim Besuch religiöser Stätten wie dem Turiner Dom oder der Basilica di Superga ist dezente Kleidung erforderlich, die Schultern und Knie bedeckt. Ein leichter Schal oder ein Tuch ist hierfür praktisch und entspricht den lokalen Gepflogenheiten.

Wer Konzerte, Theater oder gehobene Restaurants besucht, sollte eine halbformelle Kleidung wählen, die dem eleganten Turiner Gesellschaftsleben entspricht. Bei Abendveranstaltungen sind die Einheimischen oft elegant, aber nicht übermäßig formell gekleidet.

Bei Outdoor-Aktivitäten oder Ausflügen in die Natur kann zusätzliche Ausrüstung wie Ferngläser, Insektenschutzmittel oder Wanderstöcke hilfreich sein. Ein Blick auf die lokalen Wettervorhersagen vor der Abreise hilft, die Packliste entsprechend anzupassen.

Saisonspezifische Hinweise: Im Winter sollten Reisende Thermokleidung, dickere Mäntel und gefütterte Schuhe mitnehmen. Im Frühling und Herbst sind vielseitige Kleidungsschichten und wasserdichte Ausrüstung erforderlich. Im Sommer profitieren Reisende von atmungsaktiven Stoffen und leichter Kleidung, wobei auf Sonnenschutz zu achten ist.

Die Einkaufsmöglichkeiten in Turin ermöglichen Last-Minute-Einkäufe oder Ersatz. Märkte wie Porta Palazzo und Kaufhäuser bieten Kleidung und Accessoires an, sodass Sie nicht zu viel Gepäck mitnehmen müssen.

Effizientes Packen bedeutet auch, den Koffer nach Tag und Aktivität zu sortieren. Separate Fächer oder Packwürfel

helfen, Ordnung zu halten und erleichtern so den Übergang vom Sightseeing zum Essen oder zu Abendveranstaltungen.

## Budget-Tipps

Turin bietet Reisenden mit kleinem Budget eine Fülle von Erlebnissen und bietet zahlreiche Möglichkeiten, die reiche Kultur, Küche und Geschichte der Stadt zu genießen, ohne zu viel auszugeben. Mit kluger Planung und Ortskenntnis können Sie die wichtigsten Sehenswürdigkeiten besichtigen, regionale Spezialitäten genießen und sich kostengünstig in der Stadt bewegen.

Die Unterkunftsmöglichkeiten sind vielfältig, und eine sorgfältige Auswahl ist der erste Schritt zur Kostenkontrolle. Die Stadt bietet zwar Luxushotels und Boutique-Unterkünfte, aber auch preisbewusste Reisende finden in gut gelegenen Hostels, Pensionen und Drei-Sterne-Hotels ein gutes Preis-Leistungs-Verhältnis. Die Gegend um den Bahnhof Porta Nuova und das historische Zentrum bietet eine gute Anbindung an Sehenswürdigkeiten und öffentliche Verkehrsmittel. Wer im Voraus bucht, kann oft günstigere Preise erzielen, insbesondere außerhalb der Hauptreisezeit. Plattformen, die Privatzimmer oder Apartments anbieten, bieten zudem kostengünstige Alternativen für längere Aufenthalte.

Die Transportkosten in Turin sind angemessen. Das gut ausgebaute öffentliche Verkehrsnetz umfasst Straßenbahnen, Busse und eine U-Bahn, die wichtige Punkte miteinander verbindet. Einzelfahrkarten kosten 1,70 €, sind 100 Minuten gültig und ermöglichen Umstiege innerhalb dieser Zeit. Bei Mehrfachfahrten bieten Tages- (5 €) oder Wochenkarten (17,50 €) Ersparnisse. Fahrkarten können an U-Bahn-Stationen, in Tabakläden oder über mobile Apps erworben werden, wodurch höhere Fahrpreise beim Kauf an Bord vermieden werden. Zu Fuß lässt sich Turins kompaktes Zentrum oft am besten erkunden. Das spart Geld und vermittelt ein umfassenderes Bild der Stadt.

Gut essen mit kleinem Budget ist möglich, ohne auf Qualität oder Authentizität verzichten zu müssen. Turins Märkte, insbesondere die Porta Palazzo, bieten frische Zutaten und verzehrfertiges Streetfood zu lokalen Preisen. Panzerotti (frittiertes gefülltes Gebäck), Focaccia oder frisches Obst an Marktständen kosten nur einen Bruchteil eines Restaurantbesuchs und bieten Besuchern regionale Aromen. Für ein gemütliches Essen suchen Sie traditionelle Trattorien oder Osterias abseits der Touristenzentren auf. Dort bieten Menüs und Tagesgerichte herzhafte Portionen zu moderaten Preisen – rechnen Sie mit etwa 15 bis 20 Euro für ein komplettes Menü.

Turiner Cafés servieren exzellenten Kaffee und Gebäck zu vernünftigen Preisen, insbesondere wenn man die Servicegebühren an belebten Plätzen vermeidet. Wer an der Theke bestellt, spart Geld, und Einheimische genießen oft schnell einen Espresso oder Bicerin an der Bar. Für einen günstigen Aperitif bieten viele Bars am frühen Abend kostenlose Snacks zu den Getränken an und bieten so einen Einblick in das lokale Gesellschaftsleben, ohne zu viel Geld auszugeben.

Sightseeing mit kleinem Budget wird durch zahlreiche kostenlose oder günstige Attraktionen erleichtert. Große Museen wie der Palazzo Madama und das Ägyptische Museum bieten an bestimmten Tagen, oft am ersten Sonntag im Monat, ermäßigten oder kostenlosen Eintritt. Informieren Sie sich auf offiziellen Websites über aktuelle Angebote, um den Zugang zu maximieren. Stadtführungen mit Schwerpunkt auf Turins Geschichte und Architektur werden möglicherweise auf „Zahlen Sie, was Sie möchten"-Basis angeboten, sodass die Teilnehmer entsprechend ihren Möglichkeiten beitragen können.

Parks und Gärten bieten kostenlose Freizeitgestaltung. Der Parco del Valentino und die vielen kleineren Grünflächen der Stadt laden zum Entspannen, Picknicken oder Spazieren ein, ohne einen Euro auszugeben. Saisonale Veranstaltungen und

Open-Air-Konzerte in diesen Bereichen sind oft kostenlos, insbesondere im Sommer.

Kluges Einkaufen schont auch das Budget. Während Turin entlang der Via Roma und den umliegenden Straßen Luxusboutiquen beherbergt, bieten Märkte und unabhängige Geschäfte in Vierteln wie San Salvario und Vanchiglia erschwingliche Mode, Kunsthandwerk und Souvenirs. Feilschen ist in Geschäften in der Regel nicht üblich, kann aber an Marktständen höflich versucht werden, Non-Food-Artikel zu erwerben.

Viele Lokale bieten vor bestimmten Öffnungszeiten freien oder ermäßigten Eintritt. Lokale Bars in beliebten Vierteln bieten eine lebendige Atmosphäre ohne hohe Eintrittspreise, insbesondere unter der Woche. Ein Blick auf die Veranstaltungskalender hilft, günstige Konzerte, Kunstausstellungen und Kulturabende zu entdecken.

Die Kommunikationskosten lassen sich durch den Kauf von Prepaid-SIM-Karten mit Datentarifen, die in Tabakläden und Mobilfunkshops erhältlich sind, senken. So vermeiden Sie Roaming-Gebühren und profitieren von einer zuverlässigen Konnektivität für Navigation und Informationen.

Reisende sollten auf kleine Einsparungen achten, die sich summieren, z. B. durch das Auffüllen wiederverwendbarer

Wasserflaschen an öffentlichen Brunnen, das Vermeiden von Taxis zugunsten öffentlicher Verkehrsmittel oder das Gehen zu Fuß und das Mitnehmen von Snacks an langen Besichtigungstagen.

Wer Tickets im Voraus online bucht, erhält oft günstigere Preise und vermeidet Warteschlangen. Das spart Geld und Zeit. City-Pässe, die mehrere Attraktionen und den öffentlichen Nahverkehr kombinieren, können für Reisende, die intensiv erkunden möchten, kostengünstig sein.

Und schließlich kann der Austausch mit Einheimischen Insidertipps zu günstigen Restaurants, versteckten Sehenswürdigkeiten und saisonalen Rabatten liefern. Die Einwohner Turins sind im Allgemeinen freundlich und geben gerne Tipps, wenn man sie respektvoll anspricht.

## Sprachführer

Turins Sprachenlandschaft ist vor allem vom Italienischen geprägt, der Amtssprache, die in der Stadt und der Region weit verbreitet ist. Besucher werden jedoch auch auf regionale Dialekte, historische Einflüsse und eine wachsende Präsenz anderer Sprachen stoßen, die Turins reiches kulturelles Gefüge und seinen sich entwickelnden kosmopolitischen Charakter widerspiegeln. Das Verständnis dieses sprachlichen Kontexts kann die Kommunikation, die kulturelle

Wertschätzung und die täglichen Interaktionen während eines Besuchs erheblich verbessern.

Das in Turin gesprochene Italienisch folgt der üblichen Grammatik und dem üblichen Wortschatz, doch der piemontesische Akzent und lokale Ausdrücke verleihen ihm eine besondere Note. Während formelles Italienisch in offiziellen Zusammenhängen, Medien und Bildung verwendet wird, finden sich in informellen Gesprächen oft Wörter und Ausdrücke des piemontesischen Dialekts – Überbleibsel der regionalen Identität der Stadt. Dieser Dialekt, lokal als „Piemontèis“ bekannt, ist unter jüngeren Generationen weniger verbreitet, bleibt aber Teil des kulturellen Erbes, insbesondere in der Volksmusik, bei Festen und traditionellen Märkten.

Einfache italienische Sätze sind für Reisende in Turin hilfreich, da die Englischkenntnisse der Einwohner variieren. In Touristengebieten gibt es in der Regel englischsprachiges Personal in Hotels, Restaurants und an wichtigen Sehenswürdigkeiten. In Vierteln, auf Märkten oder in kleineren Geschäften kann es jedoch schwieriger sein, die Sprache zu beherrschen. Einfache Begrüßungen wie „Buongiorno“ (Guten Morgen), „Per favore“ (Bitte) und „Grazie“ (Danke) werden gerne angenommen und tragen zum Aufbau einer guten Beziehung bei. Höfliche Ausdrücke wie

„Mi scusi“ (Entschuldigung) und „Parla inglese?“ (Sprechen Sie Englisch?) erleichtern die alltägliche Kommunikation.

Beim Bestellen von Speisen oder Getränken bereichert die Verwendung italienischer Begriffe der lokalen Küche das Erlebnis. So ist es beispielsweise unkompliziert, nach „un caffè“ (einem Espresso) oder „un bicchiere di vino“ (einem Glas Wein) zu fragen. Das Auswendiglernen der Namen beliebter Gerichte wie „bagna càuda“ oder „agnolotti“ signalisiert kulturellen Respekt und Interesse. Speisekarten in touristisch geprägten Lokalen enthalten oft englische Übersetzungen, in ländlichen Trattorien oder traditionellen Osterias hingegen oft nicht, sodass eine gewisse Sprachkenntnis hilfreich ist.

Zahlen sind beim Einkaufen, im Transportwesen und bei der Orientierung unerlässlich. Das Zählen von eins bis zehn („uno“, „due“, „tre“ usw.) ermöglicht eine klare Kommunikation bei der Besprechung von Preisen, Mengen oder Zeiten. Ebenso kann es von unschätzbarem Wert sein, nach dem Weg zu fragen – „Dove si trova…?“ (Wo ist…?) – und die grundlegenden Antworten zu verstehen.

Die Bildungs- und Kultureinrichtungen der Stadt bieten Sprachressourcen an. Die wichtigsten Bibliotheken und Tourismusbüros Turins bieten Sprachführer, Wörterbücher und gelegentlich auch Sprachkurse oder

Konversationsgruppen an. Diese Ressourcen unterstützen Besucher, die ihre Italienisch- oder Piemontesischkenntnisse vertiefen möchten.

Mehrsprachige Beschilderung ist an wichtigen Touristenattraktionen, Museen und Verkehrsknotenpunkten üblich. Karten, Reiseführer und Tickets sind in der Regel auf Italienisch und Englisch verfügbar, gelegentlich auch auf Französisch oder Deutsch, da Turin in der Nähe der Nachbarländer liegt. Durchsagen und Fahrpläne des öffentlichen Nahverkehrs sind in der Regel auf Italienisch und manchmal auch auf Englisch verfügbar, was Nicht-Italienischsprachigen die Orientierung erleichtert.

Die Präsenz von Einwanderergemeinschaften bringt zusätzliche Sprachen in die Klanglandschaft Turins. Arabisch, Rumänisch und Chinesisch werden unter anderem in verschiedenen Vierteln und auf Märkten gesprochen und spiegeln die Vielfalt der Stadt wider. Dieser Multikulturalismus beeinflusst kulturelle Veranstaltungen, Küche und Handel und trägt zur Entwicklung der Identität Turins bei.

Für Besucher, die der italienischen Sprache nicht mächtig sind, können Smartphone-Apps mit Übersetzungs- und Sprachlernfunktionen Kommunikationslücken effektiv schließen. Beliebte Apps funktionieren offline und verfügen

über Spracherkennung, was die Interaktion in Geschäften, Restaurants und im öffentlichen Nahverkehr erleichtert.

In formellen Situationen, wie z. B. in Behörden, Botschaften oder medizinischen Einrichtungen, ist Italienisch die Standardsprache. Daher können Übersetzungshilfe oder Vorkenntnisse erforderlich sein. Viele Krankenhäuser und Konsulate bieten Informationen auf Englisch an, und Dolmetscher stehen auf Anfrage zur Verfügung.

Bei kulturellen Veranstaltungen, Konzerten oder Theateraufführungen sind Programmhinweise und Ankündigungen oft auf Italienisch, bei größeren Produktionen können jedoch auch englische Zusammenfassungen enthalten sein. Die Teilnahme an diesen Veranstaltungen bereichert den Spracherwerb und das kulturelle Verständnis.

Auch nonverbale Kommunikation spielt in Turin eine Rolle. Gesten wie Nicken, Lächeln oder Handbewegungen ergänzen die Sprache und werden weithin verstanden. Blickkontakt ist in der italienischen Kultur wichtig und signalisiert Aufmerksamkeit und Respekt im Gespräch.

Das Erlernen einiger lokaler Ausdrücke verbessert die Interaktion und kann Türen zu tieferen Verbindungen öffnen. Sätze wie „Che bello!“ (Wie schön!) oder „Andiamo!“ (Los

geht's!) vermitteln Begeisterung und helfen, das Eis zu brechen.

Die Achtung sprachlicher Gepflogenheiten erstreckt sich auch auf Tonfall und Höflichkeit. Italiener verwenden im beruflichen oder ungewohnten Kontext oft das formelle „Lei" und wechseln im Freundes- und Familienkreis zum informellen „tu". Es ist ratsam, zunächst eher förmlich zu sprechen.

## So bleiben Sie sicher

Turin zählt zu den sichersten Städten Italiens. Dennoch sollten Besucher die üblichen Reisevorkehrungen beachten, um einen sorgenfreien Aufenthalt zu gewährleisten. Die Stadt verbindet den Charme der alten Welt mit modernem urbanen Tempo, wobei typische Herausforderungen wie Kleindiebstahl oder überfüllte öffentliche Plätze gelegentlich auftreten können. Das Ergreifen einfacher Maßnahmen erhöht sowohl die persönliche Sicherheit als auch den Genuss der Sehenswürdigkeiten Turins.

Taschendiebstahl ist für Touristen die häufigste Gefahr, insbesondere in belebten Gegenden wie der Piazza Castello, dem Porta Palazzo Markt und in der Nähe wichtiger Verkehrsknotenpunkte wie dem Bahnhof Porta Nuova. Wertgegenstände sollten sicher und außerhalb der Reichweite

aufbewahrt werden. Ein Geldgürtel oder eine Umhängetasche, die eng am Körper getragen wird, verringert das Risiko. Vermeiden Sie große Bargeldbeträge und seien Sie beim Umgang mit Geldbörsen oder Handys in der Öffentlichkeit diskret. In Straßenbahnen, Bussen und überfüllten Geschäften ist es ratsam, aufmerksam zu sein.

Ein Spaziergang durch die Altstadt birgt tagsüber kaum Risiken, nachts ist jedoch Vorsicht geboten, insbesondere in weniger belebten Vierteln oder schlecht beleuchteten Straßen. Wer sich in dicht besiedelten und gut beleuchteten Gegenden aufhält, vermeidet unnötige Gefahren. Viertel wie San Salvario sind zwar pulsierend und beliebt für ihr Nachtleben, aber spät in der Nacht kann es gelegentlich zu Unruhen kommen. Wer sich in Gruppen bewegt und abgelegene Gebiete nach Einbruch der Dunkelheit meidet, erhöht die Sicherheit.

Der öffentliche Nahverkehr in Turin ist im Allgemeinen sicher und zuverlässig. Straßenbahnen und Busse verkehren regelmäßig, und Fahrkarten müssen beim Einsteigen entwertet werden, um Bußgelder zu vermeiden. Bahnhöfe und Haltestellen im Zentrum sind in der Regel gut bewacht. Wie in jeder Stadt ist es jedoch wichtig, im öffentlichen Nahverkehr aufmerksam zu sein und auf die Sicherheit von Wertgegenständen zu achten.

Die Notdienste in Turin sind reaktionsschnell. Unter der Nummer 112 erreichen Sie Polizei, medizinische Versorgung und Feuerwehr. Die Touristenpolizei („Polizia Turistica“) ist an wichtigen Standorten im Einsatz, unterstützt Besucher und überwacht Gebiete, in denen Kleinkriminalität häufig vorkommt. Ihre Präsenz trägt zur allgemeinen Sicherheit bei, und es wird empfohlen, sie bei Bedarf um Rat oder Hilfe zu bitten.

Die Gesundheits- und Hygienestandards in Turin entsprechen den europäischen Normen. Leitungswasser ist trinkbar, und Apotheken („farmacia“) sind weit verbreitet und bieten medizinische Versorgung und Beratung an. Für Nicht-Italienischsprachige gibt es in vielen Apotheken Mitarbeiter, die auf Englisch kommunizieren. Ein kleiner Erste-Hilfe-Kasten und persönliche Medikamente sind für Reisen praktisch.

Taxis buchen Sie am besten über offizielle Unternehmen oder Apps, anstatt sie auf der Straße heranzuwinken. Registrierte Taxis sind an Taxameter und offiziellen Markierungen zu erkennen. Ähnlich verhält es sich mit Mitfahrdiensten. Es empfiehlt sich jedoch, die Legalität und Zuverlässigkeit im Voraus zu prüfen.

Betrügereien, die auf Touristen abzielen, sind selten, aber möglich. Besucher sollten sich vor aufdringlichen Verkäufern

oder Fremden, die ungebetene Hilfe anbieten, in Acht nehmen, insbesondere in der Nähe von Touristenattraktionen. Höfliches Ablehnen und Weitergehen schreckt solche Annäherungsversuche in der Regel ab. Beim Geldwechsel sollten Sie offizielle Banken oder autorisierte Wechselstuben nutzen, um ungünstige Kurse oder Falschgeld zu vermeiden.

In Turin kommt es gelegentlich zu Straßenprotesten oder Demonstrationen. Die meisten sind friedlich, dennoch ist es ratsam, große Menschenansammlungen zu meiden, um Störungen oder Konfrontationen zu vermeiden. Informieren Sie sich über lokale Nachrichten oder Hotel-Updates, um Ihre Reisepläne entsprechend anzupassen.

Auch der Umweltschutz spielt eine Rolle. Die Luftqualität in Turin schwankt, insbesondere in den Wintermonaten, wenn aufgrund von Temperaturinversionen Schadstoffe eingeschlossen werden. Empfindliche Personen sollten daher die Wettervorhersage prüfen und an Tagen mit schlechter Luftqualität Aktivitäten im Freien einschränken.

Die Einhaltung lokaler Gepflogenheiten trägt zur persönlichen Sicherheit und zu positiven Interaktionen bei. Beim Besuch religiöser Stätten wird zu dezenter Kleidung geraten. Höflichkeit und Geduld in überfüllten Räumen oder beim Anstehen entsprechen den sozialen Normen und reduzieren potenzielle Reibereien.

Eine Reiseversicherung mit Kranken-, Diebstahl- und Reiseabbruchsschutz wird dringend empfohlen. Sie bietet Sicherheit und Zugang zu Supportleistungen, falls unerwartete Probleme auftreten.

Das Nachtleben ist sehr vielfältig. Obwohl viele Clubs und Bars sicher funktionieren, ist es ratsam, beim Trinken und bei persönlichen Gegenständen vernünftig zu sein. Vereinbaren Sie Treffpunkte mit Ihren Begleitern und organisieren Sie vor dem Ausgehen die Transportmöglichkeiten.

Bei Outdoor-Aktivitäten wie Wandern in den umliegenden Bergen oder auf dem Land erhöht die Überprüfung der Wetterbedingungen und des Schwierigkeitsgrades des Weges sowie die Mitnahme geeigneter Ausrüstung die Sicherheit. Es ist ratsam, jemanden über Ihre Reiseroute und die voraussichtliche Rückkehrzeit zu informieren.

Die Turiner Krankenhäuser und Kliniken bieten eine hochwertige Versorgung. Im Notfall kann es entscheidend sein, den Standort der nächstgelegenen Einrichtung zu kennen – wie zum Beispiel das Ospedale Città della Salute e della Scienza in der Nähe des Corso Bramante. Die meisten Krankenhäuser verfügen über mehrsprachiges Personal oder bieten Übersetzungsdienste an.

## Internet und Kommunikation

Turin bietet zuverlässige Internet- und Kommunikationsdienste, die sowohl Kurzzeitbesuchern als auch Langzeitbesuchern die Vernetzung erleichtern. Ob Sie Karten prüfen, mit Einheimischen kommunizieren oder Erfahrungen austauschen möchten – die Infrastruktur der Stadt ermöglicht ein reibungsloses digitales Erlebnis in den historischen Straßen und modernen Vierteln.

Öffentliches WLAN ist in weiten Teilen der Turiner Innenstadt und in wichtigen Touristengebieten verfügbar. Mehrere Gemeinden und private Unternehmen bieten kostenlose WLAN-Netzwerke an, insbesondere rund um die Piazza Castello, die Piazza Vittorio Veneto und beliebte Einkaufsstraßen wie die Via Roma. Diese Netzwerke bieten in der Regel ausreichende Geschwindigkeiten für Surfen, Messaging und soziale Medien, wobei die Leistung je nach Nutzeraufkommen variieren kann. Für die Verbindung ist in der Regel eine einfache Registrierung oder das Akzeptieren der Bedingungen in einer Browser-Eingabeaufforderung erforderlich.

Die meisten Cafés, Restaurants, Hotels und öffentlichen Bibliotheken bieten ihren Gästen WLAN an. Einrichtungen wie das Caffè Torino und das Caffè Mulassano bieten kostenlosen Zugang und laden Besucher dazu ein, bei Kaffee

oder Gebäck zu verweilen, E-Mails zu lesen oder ihre Reise zu planen. Hotels, von der Luxus- bis zur Budgetunterkunft, bieten WLAN standardmäßig an. Einige bieten zudem schnellere Verbindungen oder Business Center für Gäste an.

Für Reisende, die ständigen Internetzugang wünschen, ist der Kauf einer lokalen Prepaid-SIM-Karte eine bequeme und kostengünstige Option. Große italienische Mobilfunkanbieter wie TIM, Vodafone und WindTre sind in ganz Turin mit Geschäften und Kiosken vertreten, unter anderem in der Nähe des Bahnhofs Porta Nuova und in Einkaufsvierteln. Prepaid-Pakete bieten in der Regel Datenpakete von 5 GB bis 30 GB. Die Preise liegen je nach Laufzeit und Datenvolumen zwischen 10 und 30 €. Diese SIM-Karten bieten 4G-LTE-Abdeckung in der gesamten Stadt und Umgebung und gewährleisten so eine reibungslose Konnektivität für Navigation, Kommunikations-Apps und Streaming.

Die Aktivierung von Prepaid-SIM-Karten ist unkompliziert, erfordert aber aufgrund italienischer Vorschriften einen gültigen Reisepass oder Personalausweis. Mitarbeiter in offiziellen Geschäften helfen in der Regel bei der Einrichtung und können die verfügbaren Pakete auf Englisch erklären. Einige auf Touristen ausgerichtete Anbieter bieten speziell auf Besucher zugeschnittene SIM-Karten mit vereinfachten Preisen und ohne langfristige Bindung an.

Neben Mobilfunkdaten bieten Turins Internetcafés und Coworking-Spaces auch digitale Nomaden und Remote-Arbeiter an. Orte wie Toolbox Coworking oder Open Incet bieten Highspeed-Internet (kabelgebunden und kabellos), Konferenzräume und Druckservices. Diese Orte veranstalten oft Networking-Events und bieten flexible Mitgliedschaften an, was sie ideal für Reisende macht, die Arbeit und Entdeckungsreisen miteinander verbinden möchten.

Postdienste werden über die Poste Italiane angeboten, die Filialen in ganz Turin unterhält. Diese Filialen bearbeiten Post und Pakete und bieten grundlegende Kommunikationsdienste wie Fax und Kopierservice an. Die Öffnungszeiten sind in der Regel werktags von 8:30 bis 13:30 Uhr und von 14:30 bis 18:00 Uhr, samstags kürzer. Größere Filialen in der Nähe von Hauptbahnhöfen bieten längere Öffnungszeiten und mehrsprachigen Service.

Die Nutzung von Festnetztelefonen ist zurückgegangen, ist aber in Hotels und Geschäftszentren weiterhin verfügbar. Öffentliche Münzfernsprecher sind zwar seltener, finden sich aber immer noch in der Nähe von Verkehrsknotenpunkten und Sehenswürdigkeiten. Viele Einheimische nutzen Smartphones als primäres Kommunikationsmittel.

Beim technischen Support oder bei Mobilfunkanbietern können Sprachbarrieren auftreten, obwohl größere Anbieter oft englischsprachiges Personal haben. Die Verwendung von Übersetzungs-Apps oder das Bereitstellen von Schlüsselbegriffen kann die Kommunikation beim Kauf von SIM-Karten oder Internetdiensten erleichtern.

Das Aufladen von Geräten ist dank zahlreicher Steckdosen in öffentlichen Bereichen, Cafés und Hotels problemlos möglich. Reisende sollten geeignete Adapter für italienische Steckdosen Typ L mitführen, die 230 Volt bei 50 Hz liefern. Powerbanks sind empfehlenswert, wenn Sie tagelang unterwegs sind und keinen zuverlässigen Zugang zu Steckdosen haben.

Für Notfälle oder wichtige Informationen bieten Apps wie MyCicero und Muoversi Torino Echtzeit-Updates zu Fahrplänen des öffentlichen Nahverkehrs, Ticketkäufen und städtischen Dienstleistungen. Diese Apps können kostenlos heruntergeladen werden und funktionieren problemlos mit mobilen Daten oder WLAN.

Touristeninformationszentren in Turin bieten Karten, Broschüren und gelegentlich kostenlose WLAN-Hotspots. Sie dienen Besuchern als hilfreiche Anlaufstelle für die Orientierung bei Kommunikations- und Konnektivitätsoptionen.

Schließlich ist Cybersicherheitsbewusstsein bei der Nutzung öffentlicher Netzwerke wichtig. Die Nutzung von VPN-Diensten, die Vermeidung sensibler Transaktionen über offenes WLAN und die Aktualisierung von Geräten erhöhen den Datenschutz.

# Abschluss

Am Ende Ihrer Reise durch Turin bleiben Ihnen die vielen Facetten der Stadt – Geschichte, Kultur, Küche und Landschaften – in Erinnerung. Sie bieten mehr als nur einen flüchtigen Besuch, sondern eine bedeutsame Verbindung zu einem Ort, an dem Vergangenheit und Gegenwart harmonisch verschmelzen. Turin ist eine Stadt, die Neugier belohnt und Reisende einlädt, hinter die eleganten Fassaden zu blicken und Geschichten zu entdecken, die ins Kopfsteinpflaster eingraviert sind, über Jahrhunderte gewachsene Aromen und Traditionen, die den Alltag prägen.

Der Reichtum Turins liegt nicht nur in seinen großartigen Monumenten und berühmten Museen, sondern auch in den subtilen Details – den stillen Ecken eines Parks, in dem sich die Einheimischen bei Sonnenuntergang treffen, dem lebhaften Geplauder an einem geschäftigen Marktstand, der herzlichen Gastfreundschaft eines Trattoriabesitzers, der sein Familienrezept mit Ihnen teilt. Dieser Reiseführer bietet mehr als nur Wegbeschreibungen und Empfehlungen; er möchte Ihnen das Wissen und die Einblicke vermitteln, die Sie brauchen, um den Geist Turins tief zu erleben.

Ob Sie durch die Altstadt schlendern, von der Mole Antonelliana aus den Panoramablick genießen oder die

nahegelegenen Hügel und Weinberge erkunden – Sie haben einen Blick auf eine Stadt voller Kontraste und Harmonie erhascht. Turins urbaner Charme verschmilzt nahtlos mit natürlicher Schönheit, seine imperiale Vergangenheit bereichert die moderne Lebendigkeit und sein kulinarisches Erbe bereichert das gesellschaftliche Leben. Jedes Viertel erzählt eine einzigartige Geschichte, jede Piazza pulsiert in ihrem eigenen Rhythmus, und der Kulturkalender der Stadt sorgt dafür, dass es immer etwas zu feiern oder zu entdecken gibt.

Praktische Hinweise zu Transport, Unterkunft, Shopping und Sicherheit sorgen für ein angenehmes und sicheres Erlebnis. Turin heißt Besucher, die bereit sind, die Stadt zu erkunden, mit Offenheit und Respekt willkommen und bietet einfachen Zugang zu seinen Schätzen, egal ob zu Fuß, mit der Straßenbahn oder mit dem Fahrrad. Wenn Sie lokale Bräuche, Sprachtipps und Budgetüberlegungen kennen, können Sie sich sicher in der Stadt zurechtfinden und alltägliche Momente zu unvergesslichen machen.

Essen und Wein prägen Turins Identität. Von Marktständen bis hin zu gehobener Küche – die Aromen des Piemonts sind eng mit Ort und Tradition verbunden. Probieren Sie Agnolotti, genießen Sie Gianduja-Schokolade oder genießen Sie ein Glas Barolo in einer gemütlichen Enoteca – und erleben Sie

jahrhundertealte kulinarische Rituale, die sich ständig weiterentwickeln. Kulinarische Touren und Weinproben bieten Ihnen die Möglichkeit, die Vielfalt der Region zu erleben und zu verstehen und Ihre Verbindung zu Turin über das Sightseeing hinaus zu bereichern.

Die Grünflächen der Stadt, vom Parco del Valentino bis hin zu ruhigen Gärten und Aussichtspunkten am Hang, bieten Erholung und Weitblick. Diese Parks und malerischen Aussichten laden zum Nachdenken, Entspannen und Genießen der Naturlandschaft Turins vor der Kulisse der Alpen ein. Ausflüge in die nahegelegene Landschaft eröffnen weitere Einblicke in das ländliche Leben, die Weinberge und mittelalterliche Dörfer und vermitteln ein umfassenderes Bild des Erbes und der Landschaft des Piemonts.

Turins Feste, Märkte und kulturelle Veranstaltungen beleben die Stadt das ganze Jahr über und verwandeln Straßen und Plätze in Bühnen für gemeinschaftlichen Ausdruck und Feiern. Die Teilnahme an diesen pulsierenden Momenten bietet die Möglichkeit, Turin durch die Augen seiner Bewohner zu sehen und authentische Verbindungen zu knüpfen, die Reiseführer allein nicht einfangen können.

Wie bei jedem Reiseziel wird Ihr Turin-Erlebnis von Ihrer Bereitschaft geprägt, die Stadt aufmerksam zu erkunden, sich auf lokale Gepflogenheiten einzulassen und die Nuancen der

Stadt zu respektieren. Dieser Reiseführer dient als Grundlage, doch das wahre Wesen Turins offenbart sich in Momenten der Entdeckung – sei es im Gespräch mit einem lokalen Handwerker, bei einem ruhigen Spaziergang durch ein historisches Viertel oder bei einem gemeinsamen Essen mit neuen Freunden.

Wenn Sie den Geist Turins in Ihren Erinnerungen, Fotos oder Geschichten weitertragen, bewahren Sie ein Stück einer Stadt, die Tradition und Moderne mit müheloser Eleganz vereint. Möge Ihre Zeit hier Sie zu weiteren Reisen in die vielfältigen Regionen und Kulturen Italiens inspirieren und Sie daran erinnern, dass es beim Reisen nicht nur um Orte geht, sondern auch um die Verbindungen und Erlebnisse, die sie zu bleibenden Schätzen machen.

Printed in Poland
by Amazon Fulfillment
Poland Sp. z o.o., Wrocław

54984289R00109